ସ୍ୱାଧୀନତା ପରବର୍ତ୍ତୀ ଓଡ଼ିଆ ପ୍ରବନ୍ଧ ଓ ପ୍ରାବନ୍ଧିକ ମନୋଜ ଦାସ

ସ୍ୱାଧୀନତା ପରବର୍ତ୍ତୀ ଓଡ଼ିଆ ପ୍ରବନ୍ଧ ଓ ପ୍ରାବନ୍ଧିକ ମନୋଜ ଦାସ

ଡକ୍ଟର ଅଜୟ କୁମାର ସାହୁ

ବ୍ଲାକ୍ ଈଗଲ୍ ବୁକ୍ସ
ଭୁବନେଶ୍ୱର, ଓଡ଼ିଶା

BLACK EAGLE BOOKS
Dublin, USA

ସ୍ୱାଧୀନତା ପରବର୍ତ୍ତୀ ଓଡ଼ିଆ ପ୍ରବନ୍ଧ ଓ ପ୍ରାବନ୍ଧିକ ମନୋଜ ଦାସ / ଡକ୍ଟର ଅଜୟ କୁମାର ସାହୁ

ବ୍ଲାକ୍ ଈଗଲ୍ ବୁକ୍ସ : ଭୁବନେଶ୍ୱର, ଓଡ଼ିଶା ● ଡବଲିନ୍, ଯୁକ୍ତରାଷ୍ଟ୍ର ଆମେରିକା

BLACK EAGLE BOOKS

USA address:
7464 Wisdom Lane
Dublin, OH 43016

India address:
E/312, Trident Galaxy, Kalinga Nagar,
Bhubaneswar-751003, Odisha, India

E-mail: info@blackeaglebooks.org
Website: www.blackeaglebooks.org

First International Edition Published by
BLACK EAGLE BOOKS, 2025

POST-INDEPENDENCE ODIA ESSAYS & ESSAYIST MANOJ DAS
by **Dr. Ajay Kumar Sahoo**

Cover & Interior Design: Ezy's Publication

ISBN- 978-1-64560-721-2 (Paperback)

Printed in the United States of America

ଉତ୍ସର୍ଗ

ସବୁ ଦୁଃଖ କଷ୍ଟର ବୋଝକୁ ମୁଣ୍ଡେଇ ମତେ ଯିଏ
ଜ୍ଞାନର ଆଲୋକ ଆଡ଼କୁ ଆଣିଛନ୍ତି ସେଇ ଈଶ୍ୱରତୁଲ୍ୟ,
ପରମ ପୂଜ୍ୟ ବାପାଙ୍କୁ ଏହି ଉପହାରଟି ।

- ଅଜୁ

କୃତଜ୍ଞତା

ପୁସ୍ତକ ରଚନା କେବଳ ଜ୍ଞାନ ଓ ଅନୁଭବର ଫଳମାତ୍ର ନୁହେଁ, ଏହା ଏକ ଦୀର୍ଘ ଯାତ୍ରା। ଯେଉଁ ଯାତ୍ରାରେ ଅନେକ ବ୍ୟକ୍ତି ବିଶେଷଙ୍କ ଅବଦାନ ଓ ସହଯୋଗ ରହିଥାଏ। ଏହି ପୁସ୍ତକ ପ୍ରସ୍ତୁତି ମଧ୍ୟ ଏକ ଦୀର୍ଘଯାତ୍ରା ଥିଲା, ଯେଉଁଥିରେ ଅନେକ ବ୍ୟକ୍ତି, ସଂସ୍ଥା ଓ ଅନୁଭୂତି ମୋତେ ଅପାର ସାହାଯ୍ୟ, ପ୍ରେରଣା ଓ ଶକ୍ତି ଦେଇଥିଲେ। ସେଥିପାଇଁ ମୁଁ ତାଙ୍କୁ ଏଠାରେ ହୃଦୟର ଗଭୀରତମ ସ୍ତରରୁ କୃତଜ୍ଞତା ବ୍ୟକ୍ତ କରୁଛି। ସର୍ବ ପ୍ରଥମେ, ମୁଁ ମୋର ମାର୍ଗଦର୍ଶକ ଡକ୍ଟର ସୁମନ୍ତ ନାଏକ ସାର୍‌ଙ୍କୁ ଧନ୍ୟବାଦ ଜଣାଉଛି, ସେ ସର୍ବଦା ମୋ ଜ୍ଞାନ ଓ ଚିନ୍ତନ ଶକ୍ତିକୁ ଉନ୍ନତ କରିବାରେ ମୋତେ ପ୍ରେରିତ କରିଥିଲେ। ତାଙ୍କର ମାର୍ଗଦର୍ଶନ, ଗବେଷଣା ଦୃଷ୍ଟିକୋଣ, ଆକଟ ଓ ସାହାଯ୍ୟ ଏହି ପୁସ୍ତକର ମୂଳ ଆଧାର। ସେ ଦେଇଥିବା ସମୟ, ଧୈର୍ଯ୍ୟ ଓ ପ୍ରେରଣା ପାଇ ମୁଁ ତାଙ୍କ ନିକଟରେ ଚିରଋଣୀ ରହିବି।

ମୋ ମାତାପିତାଙ୍କ ପ୍ରତି ମୋର ଅପାର କୃତଜ୍ଞତା ଅଛି। ସେମାନେ ମୋତେ ଶିକ୍ଷାର ମୂଲ୍ୟ ବୁଝାଇଛନ୍ତି, ମୋର ସ୍ୱପ୍ନ ପାଇଁ ସଦା ସର୍ବଦା ପ୍ରେରଣା ଦେଇଆସିଛନ୍ତି। ସେମାନଙ୍କ ଭଲପାଇବା ଓ ଆଶୀର୍ବାଦ ବିନା ଏହି ପ୍ରୟାସ ଅସମ୍ଭବ। ଏହି ଅବସରରେ ଦାଦାଖୁଡ଼ି, ଭାଇଭଉଣୀ, ଧର୍ମପତ୍ନୀ ଏବଂ ଯେଉଁ ବନ୍ଧୁମାନେ ମୋ ସହ ନିରନ୍ତର ରହି ସୂଚନା ସଂଗ୍ରହ, ଅଭିମତ, ସମୀକ୍ଷା ଓ ମନୋବଳ ଦେଇଥିଲେ, ସେମାନଙ୍କୁ ମଧ୍ୟ ମୁଁ ଅଶେଷ ଧନ୍ୟବାଦ ଜଣାଉଛି। ସେମାନଙ୍କ ଚିନ୍ତା ଓ ମତାମତ ଏହି କାମକୁ ଅଧିକ ସମୃଦ୍ଧ କରିଛି। ମୁଁ ଏହି ଅବସରରେ ତାଙ୍କ ପ୍ରତି ମଧ୍ୟ ଆଭାର ପ୍ରକାଶ କରୁଛି, ଯେଉଁମାନେ ପ୍ରତ୍ୟକ୍ଷ ଭାବେ ଏହି ପୁସ୍ତକରେ ସହଯୋଗ କରିନଥିଲେ ମଧ୍ୟ, ମୋ ଜୀବନର ପ୍ରାରମ୍ଭିକ ଅବସ୍ଥାକୁ ଗଠନ କରିଛନ୍ତି, ତାଙ୍କ ଅନୁପସ୍ଥିତିରେ ତାଙ୍କ ଅବଦାନ ଅଦୃଶ୍ୟ ନୁହେଁ।

ମୁଁ ଏହି ପୁସ୍ତକ ପାଠକମାନଙ୍କୁ ଧନ୍ୟବାଦ ଜଣାଉଛି, ଯେଉଁମାନେ ଏହାକୁ ଭଲପାଇବେ, ବ୍ୟବହାର କରିବେ ଓ ଏହାର ମୂଲ୍ୟ ବୁଝିବେ। ପାଠକ ହିଁ ଯେଉଁଠି ଏକ ରଚନାକୁ ସଫଳତା ଦେଇପାରନ୍ତି, ସେମାନଙ୍କ ପ୍ରତି ମୋର ଶ୍ରଦ୍ଧା ଓ କୃତଜ୍ଞତା ଅପାର।

ପରିଶେଷରେ, ମୁଁ ଆଶା କରେ ଏହି ପୁସ୍ତକ ଆପଣଙ୍କ ଜ୍ଞାନର ଉନ୍ନତିରେ ସାହାଯ୍ୟକାରୀ ହେବ ଓ ଆପଣଙ୍କ ଅନ୍ତଃକରଣକୁ ଛୁଇଁପାରିବ।

ଅଜୟ କୁମାର ସାହୁ

ସୂଚିପତ୍ର

ଅଗ୍ରକଥନୀ

ମନୋଜ ଦାସ ଏକ ସାରସ୍ୱତ ବିସ୍ମୟ। ଚେତନା ରୂପାନ୍ତରର ଏକ ସୃଜନୀ ଶିଳ୍ପୀ। କବି, ଗାଳ୍ପିକ, ଔପନ୍ୟାସିକ, ପ୍ରାବନ୍ଧିକ ସବୁ ବର୍ଗର ପାଠକ ପାଇଁ ମନୋଜଙ୍କ ଲିଖନୀରୁ ଝରିଛି ଅମୃତ। ଓଡ଼ିଆ ସାହିତ୍ୟରେ ନିଜ ସାଧନାର ବଳିଷ୍ଠ ସ୍ୱାକ୍ଷର ପାଇଁ ସମଗ୍ର ବିଶ୍ୱରେ ପରିଚିତ ଏଇ ଓଡ଼ିଆ ଶିଳ୍ପୀ। ଆଜୀବନ ନୈତିକ ଆଦର୍ଶ, ଭାରତୀୟ ସଂସ୍କୃତି ଓ ବୈଦିକ ବିଚାର ଉପରେ ପ୍ରତିଷ୍ଠିତ ମନୋଜୀୟ ସୃଜନୀ ସମ୍ଭାର ଯେତିକି ଉଦାତ୍ତ ଓ ଗମ୍ଭୀର, ସେତିକି ମାନବୀୟ ସଂବେଦନ ଓ ଚେତନାର ରୂପାନ୍ତରରେ ଶାଣିତ ଓ ପ୍ରଖର।

ଗଳ୍ପ ହେଉ କି ଉପନ୍ୟାସ କିମ୍ବା କିଶୋର ଉପଯୋଗ ଲେଖା ହେଉ ସବୁଠି ମନୋଜ ଦାସ ନିଆରା ଚରିତ୍ର ଚୟନ, କଥାବସ୍ତୁ ପୁଣି କାହାଣୀ ଭିତରେ ଉପକାହାଣୀର ସଂଯୋଜନା ସହିତ ଏକ ଦିବ୍ୟ ତଥା ପରମ ସମ୍ଭାର ଉପଲବ୍ଧି ହିଁ ତାଙ୍କ ସୃଜନ ସାରାଂଶ। ଏକ କ୍ରମବିବର୍ତ୍ତନରେ ବିଶ୍ୱାସ ମନୋଜ ଦାସଙ୍କ କଥା ଜଗତ ସଂପର୍କରେ ଅନେକ ଗବେଷଣା, ଆଲୋଚନା ରହିଛି। ମାତ୍ର ମନୋଜୀୟ ଭାବ ବିଳାସ ପୁଣି ଭାରତୀୟ ସଂସ୍କୃତି ଓ ଆଧ୍ୟାତ୍ମିକ ପରମ୍ପରା ପ୍ରତି ପ୍ରତିବଦ୍ଧ ମନୋଜଙ୍କ ପ୍ରବନ୍ଧ ଜଗତ ଗଳ୍ପ ଉପନ୍ୟାସ ପରି ବେଶ୍ ବଳିଷ୍ଠ ଓ ରୋଚକ। ମନୋଜ ଦାସ ସାହିତ୍ୟର ସବୁ ପ୍ରକରଣରେ ଖୁବ୍ ସୁଖପାଠ୍ୟ। ଅନ୍ତର୍ନିହିତ ଚେତନାର ପ୍ରକାଶ, ଶ୍ଳେଷ ଓ ପ୍ରତିପନ୍ନମତିତା ତାଙ୍କର ପ୍ରତିଟି ରଚନାକୁ ସ୍ୱତନ୍ତ୍ର ସୌନ୍ଦର୍ଯ୍ୟ ପ୍ରଦାନ କରିଥାଏ। ସନ୍ଧାନ ଓ ସଂକେତ, ବିପୁଳାଚ ପୃଥ୍ୱୀ, ଭାରତର ଐତିହ୍ୟ ଶତକ ପ୍ରଶ୍ନର ଉତ୍ତର ପରି ଗ୍ରନ୍ଥମାନଙ୍କୁ କେବଳ ଗତାନୁଗତିକ ପ୍ରବନ୍ଧ କହିଦେଲେ ହେବନାହିଁ। ମନୋଜୀୟ ସୃଜନ ଜିଜ୍ଞାସା ସହ କଳ୍ପନାର ଯେଉଁ ଅପୂର୍ବ ସମନ୍ୱୟ ତାହା ହିଁ ମନୋଜ ଦାସଙ୍କୁ ଅନ୍ୟମାନଙ୍କ ଠାରୁ ଅଲଗା କରିପାରିଛି।

ଗଳ୍ପ, ଉପନ୍ୟାସ, ପ୍ରବନ୍ଧ, ରମ୍ୟ କଥା ସବୁଠି ମଣିଷର ଦାୟିତ୍ୱ ଭବିଷ୍ୟତକୁ ନେଇ ଚିନ୍ତିତ ଲେଖକ ଗୋଟେ ଗାରିମାମୟ ଜାତିର ଐତିହ୍ୟ, ସଂସ୍କୃତି, ଜୀବନାଦର୍ଶକୁ କଥା ଛଳରେ ପ୍ରକାଶ କରିବାର ସାମର୍ଥ୍ୟ ରଖିଛନ୍ତି । ଚେତନାକୁ ପ୍ରଦୀପିତ କରିବାଭଳି ବେଦ ଉପନିଷଦର ଅସଂଖ୍ୟ ଘଟଣା ଓ ଚରିତ୍ରମାନଙ୍କ ମାଧମରେ ନିଜ ଚେତନାକୁ ପ୍ରକାଶ କରିବାର ଅଭୀପ୍ସା ତାଙ୍କ ଲେଖନୀକୁ ଭାରତୀୟ ସଂସ୍କୃତି ପ୍ରତି ସମର୍ପିତ କରିଥିଲା । ମନୋଜଙ୍କ ଲେଖନୀ ସତରେ ତନ୍ଦ୍ରାଲୋକର ପ୍ରହରୀ ।

ମନୋଜ ଦାସଙ୍କ ଗଳ୍ପ ଦିଗନ୍ତ ପରି ତାଙ୍କ ପ୍ରବନ୍ଧ ମାନସ ବି ଦିଗନ୍ତ ବିସ୍ତାରୀ । ସୌଭାଗ୍ୟର କଥା ମନୋଜଙ୍କ ପ୍ରବନ୍ଧକୁ ନେଇ ଏକ ପୂର୍ଣ୍ଣାଙ୍ଗ ଗବେଷଣା ଗ୍ରନ୍ଥ ପ୍ରକାଶ ପାଇବାକୁ ଯାଉଛି । ଧରଣୀଧର ବିଶ୍ୱବିଦ୍ୟାଳୟର ଓଡ଼ିଆ ବିଭାଗର ଅଧାପନା କରୁଥିବା ଡକ୍ଟର ଅଜୟ କୁମାର ସାହୁଙ୍କ ଏହା ବିଦ୍ୟାବାରିଧି ପାଇଁ ନିବନ୍ଧ ଗ୍ରନ୍ଥ ଯାହା ଏବେ ପୁସ୍ତକ ରୂପେ ପ୍ରକାଶ ପାଇବାକୁ ଯାଉଛି । ଡକ୍ଟର ସାହୁ ମନୋଜ ଦାସଙ୍କ ସମଗ୍ର ଗଦ୍ୟସୃଷ୍ଟି ଉପରେ ଗବେଷଣା କରି ମନୋଜୀୟ ଚେତନାର ବହୁବିଧ ଉପଲବ୍ଧିକୁ ପାଠକ ପାଇଁ ଅନାବରଣ କରିଛନ୍ତି ।

ଇତିହାସ , କିମ୍ବଦନ୍ତୀ, ପୁରାଣ, ବେଦ, ଉପନିଷଦ, ସଂସ୍କୃତି, ଆଧ୍ୟାତ୍ମିକତା ସବୁ ବିଶ୍ଳେଷଣ କରିଛନ୍ତି ଡକ୍ଟର ସାହୁ । କଳାତ୍ମକ ଦୃଷ୍ଟିରୁ ମନୋଜ ଦାସ ଗଳ୍ପ ଉପନ୍ୟାସରେ ଯେମିତି ଅତୁଳନୀୟ ପ୍ରବନ୍ଧରେ ବି ସେମିତି ଅବିସ୍ମରଣୀୟ । ଏପରି ସତ୍ୟକୁ ନିଜ ଆଲୋଚନା ଜରିଆରେ ଉନ୍ମୋଚିତ କରିବାରେ ସମର୍ଥ ଡଃ ସାହୁ ।

ଓଡ଼ିଆ ସାହିତ୍ୟରେ ଅସଂଖ୍ୟ ଛାତ୍ରଛାତ୍ରୀ ଅନୁସନ୍ଧିତ୍ସୁ ଗବେଷକମାନଙ୍କ ପାଇଁ "ସ୍ୱାଧୀନତା ପରବର୍ତ୍ତୀ ଓଡ଼ିଆ ପ୍ରବନ୍ଧ ଓ ପ୍ରାବନ୍ଧିକ ମନୋଜ ଦାସ"ପୁସ୍ତକ ଏକ ଆଲୋକ ବର୍ତ୍ତିକା ହୋଇ ଉଭାହେବ । ମନୋଜୀୟ ସୃଜନ ରହସ୍ୟର ଗବେଷଣା ଓ ବିଶ୍ଳେଷଣ ସମୟରେ ପୁସ୍ତକଟି ନିଜର ଉପାଦେୟତା ପ୍ରମାଣିତ କରିପାରିବ ।

ଡଃ ସାହୁ ଜଣେ ନିରଳସ ତଥା ଜିଜ୍ଞାସୁ ଗବେଷକ । ଏ ପ୍ରକାର ସାରସ୍ୱତ ପ୍ରୟାସ ଓଡ଼ିଆ ସାହିତ୍ୟର ଛାତ୍ରଛାତ୍ରୀମାନଙ୍କ ସହ ବୃହତ୍ତର ମନୋଜୀୟ ପାଠକମାନଙ୍କୁ ଆମୋଦିତ ଓ ଉଦ୍‌ବୁଦ୍ଧ କରିବାରେ ସମର୍ଥ ହେବ । ଏଇ ଅବସରରେ ମନୋଜ ଦାସଙ୍କ ଲେଖନୀକୁ ପ୍ରଣାମ କରି ଡଃ ଅଜୟ କୁମାର ସାହୁଙ୍କୁ ଅଭିନନ୍ଦନ ଜଣାଇବା ସହ ଗ୍ରନ୍ଥଟିର ପାଠକୀୟ ଆଦୃତି ଆଶା କରୁଛି ।

ସୁଧା ଦାଶ

ଅବସର ପ୍ରାପ୍ତ ଓଡ଼ିଆ ପ୍ରଫେସର

ଧରଣୀଧର ବିଶ୍ୱବିଦ୍ୟାଳୟ, କେନ୍ଦୁଝର

ପ୍ରଥମ ପରିଚ୍ଛେଦ

ସ୍ୱାଧୀନତା ପରବର୍ତ୍ତୀ ଓଡ଼ିଆ ପ୍ରବନ୍ଧ ସାହିତ୍ୟର ବିକାଶ ଧାରା:

'ପ୍ରବନ୍ଧ' ଏକ ବୌଦ୍ଧିକ ଚିନ୍ତନର ପ୍ରତିଫଳିତ ରୂପ। ସାହିତ୍ୟ ଜଗତରେ ଏହା ଏକ ସ୍ୱତନ୍ତ୍ର ବିଭାଗ। ଏହାର ସୃଷ୍ଟିକର୍ତ୍ତା ସ୍ୱକୀୟ ଚିନ୍ତା ଚେତନାରେ ବିଶ୍ୱକୁ ଅନୁଧ୍ୟାନ କରିବାର କ୍ଷମତା ରଖିଥାଏ। ଯଦିଓ ଏଥିରେ ରସାଳ ଅଭିବ୍ୟକ୍ତିର ଆନନ୍ଦ ନଥାଏ, ତଥାପି ଜ୍ଞାନର ସର୍ବୋଚ୍ଚ ଦିଗଟି ଜାଜ୍ୱଲ୍ୟମାନ। ବିଶେଷକରି ପ୍ରବନ୍ଧ ସାହିତ୍ୟର ଗୂଢ଼ ରହସ୍ୟମୟତାକୁ ଅତ୍ୟନ୍ତ ସୂକ୍ଷ୍ମ ଦୃଷ୍ଟିକୋଣରେ ବିଚାର ଆଲୋଚନା କରାଯାଇଥାଏ। କବି ପରି ସେ ଭାବୁକ କିମ୍ବା ଗାଳ୍ପିକ ପରି ସେ ଦୟାଶୀଳ ନହୋଇ ଚେତନାର ଦିଗ୍‌ବଳୟକୁ ନିଜସ୍ୱ ବିଚାରରେ ଉନ୍ମୋଚିତ କରିଥାଏ। ଗଳ୍ପ, ଉପନ୍ୟାସ ରଚନା କରିବା ପରି ପ୍ରବନ୍ଧ ଏକ ସହଜକଳା ନୁହେଁ। ପ୍ରାବନ୍ଧିକ ବିଭିନ୍ନ ଦିଗକୁ ଦୃଷ୍ଟିରେ ରଖି ବିଚାରବୋଧର ଉତ୍କର୍ଷତା ପ୍ରତିପାଦିତ କରିଥାନ୍ତି। ପ୍ରବନ୍ଧର ନିଷ୍ପନ୍ନ 'ପ୍ର' ଉପସର୍ଗ 'ବନ୍ଧ୍' ଧାତୁରେ 'ଅ' ପ୍ରତ୍ୟୟରୁ ହୋଇଛି। ଯାହାର ଅର୍ଥ ପ୍ରକୃଷ୍ଟ ଶୈଳୀରେ ଓ ସ୍ୱତନ୍ତ୍ର ଭାବେ ବାନ୍ଧିରଖିବାର କଳା।

ପ୍ରାଚୀନ ଓଡ଼ିଆ ସାହିତ୍ୟ ସମ୍ଭାରକୁ ଲକ୍ଷ୍ୟକଲେ ଜଣାପଡ଼େ ତତ୍କାଳୀନ ସମୟରେ ସାହିତ୍ୟର ପରିସର ମଧ୍ୟରେ କବିତା ଓ ଗଳ୍ପରେ ସୀମିତ ରହୁଥିଲା ପରନ୍ତୁ, ସମୟର ଚୋରାବାଲିରେ ମଣିଷ ଧୀରେ ଧୀରେ ବିଜ୍ଞାନର ଯୁକ୍ତିଭିତ୍ତିକ ଦୁନିଆକୁ ଆସିବାପରେ ନୂତନ ଚିନ୍ତା ଚେତନାରେ ପ୍ରତିଫଳିତ ହେଲା। ଯାହା ଦ୍ୱାରା ସ୍ରଷ୍ଟା ମାନସିକତା କେବଳ ଗଳ୍ପ, କବିତା, ନାଟକ ପାଖରେ ଅଟକି ନ'ଯାଇ, ପ୍ରବନ୍ଧ ଭଳି ସାହିତ୍ୟ ବିଭାଗକୁ ଉନ୍ମୋଚନ କରିବାକୁ ଆରମ୍ଭ କଲା। ତେବେ ଆଧୁନିକ ଯୁଗର ଗଦ୍ୟ ସାହିତ୍ୟରେ ସର୍ବଶ୍ରେଷ୍ଠ ଅଧ୍ୟାୟ ରୂପେ ପ୍ରବନ୍ଧ ସାହିତ୍ୟଟି ମୁଣ୍ଡ ଟେକିଲା। ମୁଦ୍ରାଯନ୍ତ୍ର ଆବିଷ୍କାର ପରେ ପରେ କାବ୍ୟ ଓ ପୁରାଣଆଦି ସାହିତ୍ୟକୁ ଆଲୋଚକମାନେ ପୂର୍ବପରି ପ୍ରାଧାନ୍ୟ ନଦେଇ, ସାମାଜିକ ସମସ୍ୟାକୁ ସାହିତ୍ୟରେ ପ୍ରବନ୍ଧ ଜରିଆରେ ଆଙ୍କିବାକୁ ଚେଷ୍ଟା କଲେ। ଏହାର ସଫଳ ମୂଲ୍ୟାୟନ ୧୮୭୩ ମସିହାରେ ରାଧାନାଥ ରାୟଙ୍କ 'ବିବେକୀ' ଓଡ଼ିଆ ପ୍ରବନ୍ଧ ସାହିତ୍ୟରେ ପ୍ରଥମ ସନ୍ତାନରୂପେ ଜନ୍ମ ନେଇଥିଲା। ଧୀରେ ଧୀରେ ବିଭିନ୍ନ ପତ୍ରିକାମାନ ସୃଷ୍ଟି ହେବା ଫଳରେ ନୂଆ ନୂଆ ସମସ୍ୟାକୁ ଭିତ୍ତିକରି ପ୍ରାବନ୍ଧିକମାନେ ପ୍ରବନ୍ଧ ରଚନା କରିବା ଆରମ୍ଭ କରିଥିଲେ। ଏଥିପାଇଁ ଡକ୍ଟର ନଗେନ୍ଦ୍ର

ନାଥ ମିଶ୍ର କୁହନ୍ତି- "ଆଧୁନିକ ନିବନ୍ଧ କଳା ଆଧୁନିକ ନଗର ଜୀବନ ପରି ସମୃଦ୍ଧ, ବିଚିତ୍ର ଓ ରହସ୍ୟାବୃତ୍ତ। ବହୁଜନ, ବହୁ ଦୃଶ୍ୟ, ବହୁ ସମସ୍ୟାର ବହୁ ସମାଧାନରେ ଆଧୁନିକ ନଗର ଜୀବନ ଯେପରି ଚଳଚଞ୍ଚଳ, ବହୁ ଭାବ, ବହୁ ଅନୁଭବ, ବହୁରୂପ, ବହୁସଜ୍ଜା ଓ ସଙ୍କେତରେ ଆଧୁନିକ ନିବନ୍ଧ ସେହିପରି ଗତିଧର୍ମୀ।"[୧]

ପ୍ରାଚୀନ ଓଡ଼ିଆ ସାହିତ୍ୟରେ ଛନ୍ଦୋବଦ୍ଧ କବିତାକୁ ପ୍ରବନ୍ଧ କୁହାଯାଉଥିଲା। ପରେ ପରେ ପ୍ରବନ୍ଧର ବ୍ୟାପକତା ଅନୁସାରେ ପ୍ରବନ୍ଧର ସଂଜ୍ଞା ମଧ୍ୟ ପରିବର୍ତ୍ତନ ହେବାକୁ ଲାଗିଲା। ଏଥିରେ ପ୍ରାବନ୍ଧିକ କୌଣସି ନୀତିନିୟମକୁ ନ'ମାନି ବନ୍ଧନମୁକ୍ତ ହୋଇ ଲେଖିବାକୁ ଯଥେଷ୍ଟ ପ୍ରୟାସ କରେ। ପ୍ରାଚୀନ ସାହିତ୍ୟରେ ପ୍ରବନ୍ଧ ଶବ୍ଦର ବ୍ୟବହାରକୁ ଲକ୍ଷ୍ୟକଲେ- 'ଭାଗବତ'ରେ ଜଗନ୍ନାଥ ଦାସ ଲେଖିଛନ୍ତି- "ଭାଷା ପ୍ରବନ୍ଧେ ଭାଗବତ। କହଇ ବିପ୍ର ଜଗନ୍ନାଥ।" ସେହିପରି 'ବିଦଗ୍ଧ ଚିନ୍ତାମଣି'ରେ ଅଭିମନ୍ୟୁ ସାମନ୍ତସିଂହାର ଲେଖିଛନ୍ତି- "ଯମକାଦି ଚିତ୍ରକାବ୍ୟ ପ୍ରବନ୍ଧ, ପ୍ରବନ୍ଧ,। ଯଥା ଜାତ ଧନ୍ଦା ଏଟି ବୁଦ୍ଧ ମନବୋଧ।" 'ଚତୁର ବିନୋଦ'ରେ ବ୍ରଜନାଥ ବଡ଼ଜେନା ଉଲ୍ଲେଖ କରିଛନ୍ତି- "ନାମ ଗ୍ରନ୍ଥ ପ୍ରବନ୍ଧେଣ କାଳଃ ଗଚ୍ଛିତି ଧୀମତାଂ"। ପରି କେତେକ ରଚନାରୁ ଦେଖିବାକୁ ମିଳେ। ହେଲେ ଆଧୁନିକ ସମାଲୋଚକଙ୍କ ଦୃଷ୍ଟିରେ ପ୍ରବନ୍ଧର ସଂଜ୍ଞା କିନ୍ତୁ ଭିନ୍ନ। ସେଥିମଧ୍ୟରୁ-

(୧) ସମାଲୋଚକ କ୍ଷେତ୍ରବାସୀ ନାୟକଙ୍କ ମତରେ- "ପ୍ରବନ୍ଧ ରଚନା ପାଇଁ ଏକାଧାରରେ 'କବିର ଅନୁଭବ, ଗବେଷକର ଅନୁସନ୍ଧିତ୍ସା, ଔପନ୍ୟାସିକ ଓ ଗାଳ୍ପିକର ବାସ୍ତବ ଅଧ୍ୟୟନ ତଥା ଆହରଣ ଦକ୍ଷତା ଏକାନ୍ତ ଆବଶ୍ୟକ।"[୨]

(୨) ଆଲୋଚକ ଅସିତ୍ ମହାନ୍ତିଙ୍କ ମତରେ- "କୌଣସି ଏକ ବିଷୟବସ୍ତୁକୁ ନେଇ ଯୁକ୍ତିନିଷ୍ଠ, ଆଲୋଚନା ସମ୍ବଳିତ, କ୍ଷୁଦ୍ର ଗଦ୍ୟ ରଚନା ହେଉଛି ପ୍ରବନ୍ଧ।"[୩]

(୩) ଡକ୍ଟର ସନ୍ତୋଷ ତ୍ରିପାଠୀଙ୍କ ମତ ହେଉଛି- "ଗଦ୍ୟ ପ୍ରଜାତିର ପ୍ରକୃଷ୍ଟ ବସ୍ତୁ ଭାବଦ୍ୟୋତିକ କଳାବନ୍ଧନ ହେଉଛି 'ପ୍ରବନ୍ଧ'। ଆଧୁନିକ ବାଙ୍ମୟ ପରମ୍ପରାର ନନ୍ଦନତାତ୍ତ୍ୱିକ ସିଦ୍ଧାନ୍ତ ଗଦ୍ୟରେ ଭାବତାତ୍ତ୍ୱିକ କାବ୍ୟିକ ସୌନ୍ଦର୍ଯ୍ୟ ଓ ପ୍ରାଣପ୍ରବାହକୁ ସମର୍ଥନ କରି ପ୍ରବନ୍ଧ-ସୃଜନ-ବ୍ୟାପାରକୁ ଲଳିତ/ରମ୍ୟ ନିବନ୍ଧରେ ରୂପାନ୍ତରିତ କରି ଦେଇଛି।"[୪] ସେହିପରି ଇଂରାଜୀ ସାହିତ୍ୟରେ ପ୍ରବନ୍ଧର ବିଷୟବସ୍ତୁ ଓ ଶୈଳୀ ଦୃଷ୍ଟିରୁ କେତେକ ସଂଜ୍ଞା ମଧ୍ୟରେ-

(୪) The world university encyclopaediaରେ ପ୍ରବନ୍ଧର ସଂଜ୍ଞା ସମ୍ପର୍କରେ ଉଲ୍ଲେଖ ଅଛି- "Essay a literary composition shorter and less formal then a treatise and which embodies the opinion of the writer on some general subject the term is sometimes uses inter changeable with the word treatise." (5)

(5) Hudsonu ମତରେ- "Whatever its theme and the range of subject matter is of course practically unlimited the true essay is essentially personal."(6)

(6) Joseph T. Shipley ତାଙ୍କ 'Dictionary of world literary terms' ପୁସ୍ତକରେ ପ୍ରବନ୍ଧର ସଂଜ୍ଞା ଦବାକୁଯାଇ କୁହନ୍ତି "In general, it is a composition, usually in prose of moderate length and on a restricted topic" (7)

ବିଶେଷ କରି ଏହି ସମୟର ପ୍ରବନ୍ଧ ସାହିତ୍ୟକୁ ମୁଖ୍ୟତଃ ପରିସର, ଉପସ୍ଥାପନ ଓ ଭାବ ଦୃଷ୍ଟିରୁ- (୧) ବସ୍ତୁନିଷ୍ଠ ପ୍ରବନ୍ଧ ବା ତନ୍ମୟଧର୍ମୀ ପ୍ରବନ୍ଧ (Formal, informative or objective essay),(2) ବ୍ୟକ୍ତିନିଷ୍ଠ ବା ମନ୍ମୟଧର୍ମୀ ପ୍ରବନ୍ଧ (personal or subjective essay) ଭାବରେ ଦୁଇ ଭାଗରେ ବିଭକ୍ତ କରାଯାଇଛି।

(୧) ବସ୍ତୁନିଷ୍ଠ ପ୍ରବନ୍ଧ- ଏହି ଧର୍ମୀ ପ୍ରବନ୍ଧକୁ ସାଧାରଣତଃ ତନ୍ମୟ, ତଥ୍ୟପୂର୍ଣ୍ଣ, ଏବଂ ଚିନ୍ତାମୂଳକ ପ୍ରବନ୍ଧ ବୋଲି କୁହାଯାଇଥାଏ। ପ୍ରାବନ୍ଧିକଙ୍କ ଚେତନାର ଭାବଗର୍ଭ ମୂଳକ ବିଷୟବସ୍ତୁ ଏଥିରେ ମୌଳିକ ଉପାଦାନ ରୂପେ ବର୍ଣ୍ଣିତ ହୋଇଥାଏ। ବସ୍ତୁନିଷ୍ଠ ପ୍ରବନ୍ଧ ହୃଦୟାବେଗ ନହୋଇ, ମସ୍ତିଷ୍କ ଉପରେ ଅଧିକ ଗୁରୁତ୍ୱ ଦେଇଥାଏ। ଏଥିରେ ଅଧିକ ମାତ୍ରାରେ; ଯୁକ୍ତିଶୀଳ ଚିନ୍ତା ଓ ପ୍ରାବନ୍ଧିକଙ୍କର ନୈର୍ବ୍ୟକ୍ତିକ ଦୃଷ୍ଟିକୋଣ ପରିଲିକ୍ଷିତ ହେବା ସହିତ, ଶୃଙ୍ଖଳିତ ବିଚାର, ବିଷୟବସ୍ତୁର ଗୁରୁତ୍ୱ, ଏବଂ ଯୁକ୍ତି ପ୍ରବଣତା ଉପରେ ଧ୍ୟାନ ଦେବାକୁ ପଡ଼ିଥାଏ।

(୨) ବ୍ୟକ୍ତିନିଷ୍ଠ ପ୍ରବନ୍ଧ- ଏଥିରେ ପ୍ରାବନ୍ଧିକଙ୍କ ସୌନ୍ଦର୍ଯ୍ୟ ପ୍ରତି ଦୃଷ୍ଟିଭଙ୍ଗୀ ଓ ରସାଳ ଅଭିବ୍ୟକ୍ତି ପ୍ରକାଶ ପାଇବା ସହିତ, ନିଜର କଳ୍ପନା ରାଜ୍ୟକୁ ସଂପୂର୍ଣ୍ଣ ରୂପେ ବିଚାର କରିବା ପାଇଁ କ୍ଷମତା ମଧ୍ୟ ରହିଥାଏ। ଏଣୁ ଏହା ନିଜସ୍ୱ ଅନୁଭୂତି ମୂଳକ ହୋଇଥାଏ। ବିଷୟ ନିର୍ବାଚନରେ ଏଥିରେ ପ୍ରାବନ୍ଧିକଙ୍କର ସଂପୂର୍ଣ୍ଣ ଅଧିକାର ରହିଥିବାରୁ ତାଙ୍କ ସୃଜନଶୀଳତା ସହିତ ବର୍ଣ୍ଣନା ବିଳାସୀ ଏବଂ ମନସ୍ତାତ୍ତ୍ୱିକ ଦିଗକୁ ଭିତ୍ତିକରି ରଚିତ ହୋଇଥାଏ। ସାଧାରଣତଃ ଦେଖିବାକୁଗଲେ ଏଥିରେ ରମ୍ୟରଚନା, ଭ୍ରମଣ ବୃତ୍ତାନ୍ତ ଓ ଜୀବନାନୁଭୂତିର ବିଚାର ବିମର୍ଷତା ଉପଲବ୍ଧି ହୁଏ। ଏତଦ୍ ବ୍ୟତୀତ ବିଷୟବସ୍ତୁର ବିଭିନ୍ନତା ଓ ସ୍ୱତନ୍ତତାକୁ ଦୃଷ୍ଟିରେ ରଖି ପ୍ରବନ୍ଧକୁ ଆଉ କେତେକ ଭାଗରେ ବିଭକ୍ତ କରାଯାଇଥିବାର ମଧ୍ୟ ଦେଖିବାକୁ ମିଳେ ସେଗୁଡିକ ମଧ୍ୟରେ- ୧-ବିବରଣାତ୍ମକ

(Narrative), ୨-ବର୍ଣ୍ଣନାତ୍ମକ (Descriptive), ୩-ଚିନ୍ତାମୂଳକ (Reflective), ୪-ଲୋକପ୍ରିୟ (Familiar), ୫-ତଥ୍ୟମୂଳକ (Informative), ୬-ତାତ୍ତ୍ୱିକଧର୍ମୀ (Argumentative) ୭-ବିଶ୍ଳେଷଣାତ୍ମକ (Analytical), ୮-ଯୁକ୍ତିମୂଳକ (Logical) ୯-ଆବେଗାତ୍ମକ (Emotional), ୧୦-ନିରୀକ୍ଷଣାତ୍ମକ (Observation) ପରି ଭାଗ କରାଯାଇଛି ।

ସଭ୍ୟତାର ବିକାଶରେ ପ୍ରବନ୍ଧ ଧୀରେ ଧୀରେ ନିଜର ସ୍ୱତନ୍ତ୍ରତା ଜାହିର କଲା । ପ୍ରାବନ୍ଧିକମାନେ ତଥାକଥିତ ସମାଜର ଘଟୁଥିବା ଘଟଣାକୁ ପ୍ରତିବାଦ କରିବାର ମୁଖ୍ୟ ମାଧ୍ୟମ ରୂପେ ଏହି ପ୍ରବନ୍ଧର କଳାତ୍ମକ ଦିଗଟିକୁ ଆପଣାଇ ନେଲେ । ବହୁରୂପୀ ଏଣ୍ଡୁଅ ପରି ପ୍ରବନ୍ଧ ନିଜର କାୟା ପରିବର୍ତ୍ତନ କରିବାକୁ ଲାଗିଲା । ଯୁଗ ପରେ ଯୁଗ ଓ ଧାରା ପରେ ଧାରା ବଦଳିବା ପରି ପ୍ରବନ୍ଧର ଉଭୟ ଆଙ୍ଗିକ ଓ ଆତ୍ମିକ ରୂପ ମଧ୍ୟ ପରିବର୍ତ୍ତନ ହେବାକୁ ଲାଗିଲା । ଜ୍ଞାନ ବିଜ୍ଞାନର ଉନ୍ନତି, ଧର୍ମ ଦର୍ଶନର ପ୍ରଖରତାରେ ପ୍ରବନ୍ଧର ବିଷୟବସ୍ତୁରେ ମଧ୍ୟ ନୂତନ ମାନର ଦେଖିବାକୁ ମିଳିଲା । ପ୍ରବନ୍ଧ କଳା ହେଉଛି ଏକ ସାର୍ବଜନୀନ ଶିକ୍ଷଣୀୟ କଳା ସେଥିପାଇଁ କୁହାଯାଇଛି- 'poetry reveals heart, prose reveals personality' ଅର୍ଥାତ୍– କବିତା ହୃଦୟକୁ ଚିହ୍ନେଇଲା ବେଳେ, ପ୍ରବନ୍ଧ ବ୍ୟକ୍ତିର ବ୍ୟକ୍ତିତ୍ୱକୁ ପ୍ରତିଫଳିତ କରାଏ । ଏଣୁ କୁହାଯାଇପାରେ ମାନବ ସଭ୍ୟତାର ସଫଳ ନିୟନ୍ତ୍ରଣ ପାଇଁ ପ୍ରବନ୍ଧ ସାହିତ୍ୟର ଆବଶ୍ୟକତା ଅପରିହାର୍ଯ୍ୟ ।

ଓଡ଼ିଆ ପ୍ରବନ୍ଧ ସାହିତ୍ୟର ଜନ୍ମଦାତା ରୂପେ ସମ୍ବାଦପତ୍ରକୁ ଗ୍ରହଣ କରାଯାଏ । କାରଣ ଉନ୍ନବିଂଶ ଶତକର ପ୍ରାରମ୍ଭରେ ଇଂରେଜମାନେ ଓଡ଼ିଶାକୁ ଆସିବାପରେ ସେମାନେ ନିଜର ବଂଶ ବିସ୍ତାର କରିବାକୁ ଆରମ୍ଭ କରିଥିଲେ । ଏଣୁ ବାଣିଜ୍ୟର ଉଦ୍ଦେଶ୍ୟ ନେଇଆସିଥିବା ଇଂରେଜ ନିଜର ଧର୍ମ ଓ ଶିକ୍ଷାକୁ ପ୍ରଚାର ପ୍ରସାର କରିବା ନିମନ୍ତେ, ବିଭିନ୍ନ ପ୍ରକାଶନୀ ସଂସ୍ଥାମାନ ପ୍ରତିଷ୍ଠା କରି ଭିନ୍ନ ଭିନ୍ନ ପତ୍ରିକାମାନ ପ୍ରକାଶ କରିବା ଅବକାଶରେ, ଓଡ଼ିଶାର ବିଭିନ୍ନ ଅଞ୍ଚଳରେ ଶିକ୍ଷାନୁଷ୍ଠାନ ମାନ ଆରମ୍ଭ କଲେ ଫଳରେ କେବଳ ମିଶନାରୀ ପତ୍ରିକା ନୁହେଁ ବରଂ ଓଡ଼ିଶାର ଅନେକ ବରେଣ୍ୟ ସାହିତ୍ୟ ସାଧକମାନେ ବିଭିନ୍ନ ପତ୍ରିକାମାନ ପ୍ରକାଶ କରିବାକୁ ଆରମ୍ଭ କଲେ । ଫଳରେ ଓଡ଼ିଆ ସାହିତ୍ୟର ଭୂୟୋବିକାଶ ଆରମ୍ଭ ହେବାକୁ ଲାଗିଲା । ଜନ୍ମ ନେଲା ରାଶି ରାଶି ପ୍ରବନ୍ଧମାନ ଯାହା, ସେ ସମୟର ବାତାବରଣକୁ ସଂପୂର୍ଣ୍ଣ ପରିବର୍ତ୍ତନ କରିବାକୁ ସକ୍ଷମ ହୋଇପାରିଲା । ୧୮୬୬ ମସିହାର ନଅଙ୍କ ଦୁର୍ଭିକ୍ଷ ଜନିତ ଖାଦ୍ୟ ସମସ୍ୟା, ଅବହେଳିତ ସାମାଜିକ ଚିତ୍ର, ସମସାମୟିକ ଶିକ୍ଷା ବ୍ୟବସ୍ଥାରେ ଉନ୍ନତି ଆଦି ସମ୍ପର୍କରେ ରାଧାନାଥ ରାୟ, ବ୍ୟାସକବି ଫକୀରମୋହନ ସେନାପତି, ମଧୁସୁଦନ ରାଓ, ରାମଶଙ୍କର ରାୟ, ବିଶ୍ୱନାଥ

କର, ଚନ୍ଦ୍ରମୋହନ ମହାରଣା, ସାଧୁଚରଣ ରାୟ ଆଦି ପ୍ରାବନ୍ଧିକମାନେ ପ୍ରାଥମିକ ପର୍ଯ୍ୟାୟରେ ପ୍ରବନ୍ଧ ଲେଖିବାକୁ ଉଦ୍ୟମ କରିଥିଲେ।

ପ୍ରବନ୍ଧ ହେଉଛି ଗଦ୍ୟ ସାହିତ୍ୟର ସବୁଠାରୁ ବଳିଷ୍ଠ ବିଭାଗ। 'ଗଦ୍' ଧାତୁରୁ 'ଗଦ୍ୟ' ଶବ୍ଦ ସୃଷ୍ଟି। ଯାହାର ଅର୍ଥ ହେଉଛି 'ବ୍ୟକ୍ତବଚନ'। ଉପନ୍ୟାସ ଓ ଗଳ୍ପର ସ୍ରଷ୍ଟା ଯେତେବେଳେ ସ୍ୱାଧୀନ ଭାବରେ କଳ୍ପନା ବିଳାସୀ ହୋଇପାରନ୍ତି, ପ୍ରବନ୍ଧ କ୍ଷେତ୍ରରେ ସେତେବେଳେ ତାହା ସମ୍ଭବ ହୁଏ ନାହିଁ। ପ୍ରବନ୍ଧ ରଚନାକାରଙ୍କର ପ୍ରଧାନ ଧର୍ମ ହେଉଛି ଶୃଙ୍ଖଳିତ, ସୁସଜ୍ଜିତ ଓ ସୁଚିନ୍ତିତ ଧାରାର ସଂପୂର୍ଣ୍ଣତା ମଧ୍ୟରେ ରହି ରଚନା କରିବା। ଇଂରାଜୀ **Essay** ର ଆଭିଧାନିକ ଅର୍ଥ ହେଉଛି ଉଦ୍ୟମ, ଚେଷ୍ଟା ବା ପ୍ରଯତ୍ନ। ଓଡ଼ିଶାରେ ଯେତେବେଳେ ପାଶ୍ଚାତ୍ୟ ଶିକ୍ଷାର ପ୍ରସାର ଅର୍ଥାତ୍ ୧୮୦୩ ମସିହାରେ ଇଂରେଜମାନଙ୍କର ଓଡ଼ିଶା ପ୍ରବେଶ ପରେ ପରେ ଓଡ଼ିଆ ପତ୍ରପତ୍ରିକା ମାନଙ୍କରେ କାୟା ବିସ୍ତାର ହେବାକୁ ଲାଗିଲା। କାରଣ ମିଶନାରୀମାନେ ଧର୍ମ ପ୍ରଚାର କରିବା ଉଦ୍ଦେଶ୍ୟରେ ପ୍ରଥମ କରି ପ୍ରିଣ୍ଟିଂ କମ୍ପାନୀ ସ୍ଥାପନ କଲେ। ଧର୍ମ ପ୍ରଚାର ସହିତ ସେମାନେ ଛୋଟ ଛୋଟ ଘଟଣାକୁ ସେଥିରେ ଆଲୋଚନା କରିବାକୁ ଲାଗିଲେ। ଯାହା ଦ୍ୱାରା ଓଡ଼ିଆ ସାହିତ୍ୟର ବିକାଶ ଧୀରେ ଧୀରେ ଆରମ୍ଭ ହେବାକୁ ଲାଗିଲା। ମିଶ୍ନାରୀମାନଙ୍କ ମୁଦ୍ରାଯନ୍ତ୍ର ପ୍ରତିଷ୍ଠା ପରେ ପରେ ଓଡ଼ିଶାର କେତେକ ମହତ୍ ଜନନାୟକ ମାନେ ନୂତନ ପତ୍ରପତ୍ରିକା ପ୍ରକାଶ କରିବା ପାଇଁ ବିଭିନ୍ନ ଆଡ଼େ ପ୍ରେସ୍‌ମାନ ସ୍ଥାପନ କଲେ ଫଳରେ ଗୋଟିଏ କିମ୍ବା ଦୁଇଟି ନୁହେଁ, ଅନେକ ପତ୍ରିକା ପ୍ରକାଶ ପାଇବାକୁ ଲାଗିଲା। ଯେଉଁଥିରେ ବିଶିଷ୍ଟ ରଚନାକାରମାନେ ସେମାନଙ୍କ ରଚନା ଗୁଡ଼ିକୁ ଆଲୋଚନା ପାଇଁ କ୍ଷେତ୍ର ପାଇଗଲେ। ଫଳରେ ବିଭିନ୍ନ ଦୃଷ୍ଟିକୋଣକୁ ନେଇ ପ୍ରାବନ୍ଧିକମାନେ ପ୍ରବନ୍ଧ ରଚନା କରିବାକୁ ଲାଗିଲେ।

ଆଲୋଚନାର ସୁବିଧାକୁ ନେଇ ଓଡ଼ିଆ ପ୍ରବନ୍ଧ ସାହିତ୍ୟକୁ ଦୁଇ ଭାଗରେ ବିଭକ୍ତ କରାଯାଇପାରେ ଯଥା-

୧- ସ୍ୱାଧୀନତା ପୂର୍ବବର୍ତ୍ତୀ ପ୍ରବନ୍ଧ

୨- ସ୍ୱାଧୀନତା ପରବର୍ତ୍ତୀ ପ୍ରବନ୍ଧ। ମାତ୍ର, ସାଂପ୍ରତିକ ସମୟ ପାଇଁ ଆମେ ଓଡ଼ିଆ ପ୍ରବନ୍ଧ ସାହିତ୍ୟର ବିକାଶ ପର୍ବକୁ ଚାରୋଟି ଅଧ୍ୟାୟରେ ଆଲୋଚନା କରିପାରିବା ଯେପରି-

(କ) ପ୍ରାଥମିକ ପର୍ଯ୍ୟାୟ (୧୮୬୬-୧୯୦୦)

(ଖ) ଦ୍ୱିତୀୟ ପର୍ଯ୍ୟାୟ (୧୯୦୦-୧୯୩୬)

(ଗ) ତୃତୀୟ ପର୍ଯ୍ୟାୟ (୧୯୩୬-୧୯୪୭)

(ଘ) ଚତୁର୍ଥ ପର୍ଯ୍ୟାୟ (୧୯୪୭- ଏଯାବତ୍)

ବିଂଶ ଶତକର ପ୍ରାରମ୍ଭ ତଥା ସ୍ୱାଧୀନତା ପୂର୍ବବର୍ତ୍ତୀ ସମୟରେ ଓଡ଼ିଶାରେ ପତ୍ରପତ୍ରିକାର ଅଭାବ ଆଉ ଦେଖିବାକୁ ମିଳିନଥିଲା। ଏଣୁ ଲେଖକମାନେ ଯେଉଁ ଲେଖା ଲେଖିଲେ ସେଥିରୁ ବିମୁଖତା ଆଣିଲେ ନାହିଁ ବରଂ ପତ୍ରପତ୍ରିକାରେ ଲେଖାଗୁଡ଼ିକ ପ୍ରକାଶ ପାଇବା ଯୋଗୁଁ ସାହିତ୍ୟିକମାନେ ସାହିତ୍ୟ ରଚନାରେ ମନୋନିବେଶ କଲେ ଫଳରେ ଓଡ଼ିଆ ସାହିତ୍ୟ ଭଣ୍ଡାର କୁସୁମିତ ହେବାକୁ ଲାଗିଲା। ପ୍ରାଥମିକ ଅବସ୍ଥାରେ ଯେଉଁ ସାମାଜିକ ସମସ୍ୟାକୁ ନେଇ ପ୍ରବନ୍ଧ ଲେଖା ଯାଉଥିଲା, ଏହି ଧାରା ଧୀରେ ଧୀରେ ପରିବର୍ତ୍ତନ ହେବାକୁ ଲାଗିଲା। ପରେ ପ୍ରାବନ୍ଧିକମାନେ ରାଜନୈତିକ ପ୍ରଭାବ, ନାରୀ ଜାଗରଣ, ପାରିବାରିକ ସମସ୍ୟା ଓ ଏହାର ସମାଧାନକୁ ଏହି ପ୍ରବନ୍ଧ ଜରିଆରେ ଆଲୋଚନା କରିଥିଲେ। ଏଣୁ ବିଂଶ ଶତକର ପ୍ରାରମ୍ଭରେ ପ୍ରକାଶ ପାଇଥିବା ମୁକୁର, ସତ୍ୟବାଦୀ, ସମାଜ, ନବଭାରତ, ପତ୍ରିକାର ଅବଦାନ ଅତୁଳନୀୟ। ଏଥିରେ ଦୈନନ୍ଦିନ ଘଟୁଥିବା ତତ୍କାଳୀନ ସମାଜର ସମସ୍ୟାକୁ ନେଇ ପ୍ରାବନ୍ଧିକ ମାନେ ଲେଖନୀ ଚାଳନା କରିଥିଲେ।

ସ୍ୱାଧୀନତା ପରବର୍ତ୍ତୀ ସମୟରେ କେବଳ ଓଡ଼ିଆ ସାହିତ୍ୟ ନୁହେଁ, ସମଗ୍ର ଭାରତୀୟ ସାହିତ୍ୟରେ ନବଜାଗରଣର ସୂତ୍ରପାତ ଆରମ୍ଭ ହୁଏ। ଫଳରେ ନୂତନ ଜାତୀୟ ଜୀବନର ମୂଲ୍ୟବୋଧକୁ ଭିତ୍ତିକରି ନବଲେଖକଗଣ ସାହିତ୍ୟ ସର୍ଜନା ଆରମ୍ଭ ହେଲା। ଏହି ସମୟର ପରିବର୍ତ୍ତିତ ଭିତ୍ତିଭୂମି ଯଥା ନୂତନମାନର ଶିକ୍ଷା ବ୍ୟବସ୍ଥାରେ ବିଦେଶବାଞ୍ଛା ପ୍ରୟୋଗ ହେଲା। ନବସୃଷ୍ଟ ପତ୍ରପତ୍ରିକା ସଂସ୍ଥାର ବହୁଳ ପ୍ରଚାର ପ୍ରସାର, ଶିକ୍ଷା, ସଭ୍ୟତା ଓ ସାଂସ୍କୃତିକ ଚିନ୍ତନରେ ନୂତନ ମୋଡ଼ ଆଣିଲା, ଯାହା ସାହିତ୍ୟିକମାନଙ୍କୁ ପ୍ରଭାବିତ କରିବାକୁ ଲାଗିଲା। ଫଳରେ ବିଭିନ୍ନ ପରୀକ୍ଷାଧର୍ମୀ ପ୍ରବନ୍ଧ ଆରମ୍ଭ ହେଲା। ସେଥିମଧ୍ୟରେ ଜାତୀୟତା ପ୍ରୀତି, ସାମାଜିକ ନ୍ୟାୟ ବ୍ୟବସ୍ଥା, ନୂତନ ରାଜନୈତିକ ଚିନ୍ତାଧାରା, ସାମ୍ୟବାଦୀ ଚିନ୍ତାର ପ୍ରତିଫଳିତ ଚିତ୍ର, ମନୋବିଜ୍ଞାନର ଜଟିଳତତ୍ତ୍ୱ, ନୃତତ୍ତ୍ୱର ଗଭୀର ଅନୁସନ୍ଧାନ, ଇତିହାସର ପୁନରାବୃତ୍ତି ଆଦି ବିଭିନ୍ନ ପର୍ଯ୍ୟାୟକୁ ନେଇ ପ୍ରବନ୍ଧର କଳେବର ପ୍ରସ୍ତୁତ ହେବାକୁ ଲାଗିଲା। ଏଥିରେ ବ୍ୟକ୍ତି ମାନସିକତାର ଗୂଢ଼ ରହସ୍ୟମୟତା ଠାରୁ ଆରମ୍ଭ କରି ଉକ୍ଟ ଦାରିଦ୍ରତା, ଶିକ୍ଷାନୀତିର ବ୍ୟାପକ ପରିବର୍ତ୍ତନ, ଦୁର୍ନୀତି ବିରୋଧରେ ତୀବ୍ର ଅସନ୍ତୋଷ, ଆତଙ୍କବାଦ ଓ ସନ୍ତ୍ରାସବାଦ ଭଳି ସମସ୍ୟାକୁ ନେଇ ପ୍ରବନ୍ଧ ରଚନା କରାଗଲା। ସମାଲୋଚକ ଯତୀନ୍ଦ୍ର ମୋହନ ମହାନ୍ତିଙ୍କ ମତରେ- "ସ୍ୱାଧୀନତା ପରବର୍ତ୍ତୀ ସମୟରେ ଏସବୁ ସେହିପରି ସାଧାସିଧା ସ୍ୱଷ୍ଟ ହୋଇ ରହିଲା ନାହିଁ। ମନୋଭାବରେ ନାନା ଜଟିଳତା ଓ ବିବିଧତା ଆସିଗଲା। ଆବେଗ, ସମ୍ବେଦନଶୀଳତା, ଦୃଷ୍ଟିଭଙ୍ଗୀ ଓ ବିଚାରଧାରା ପ୍ରଭୃତିରେ ପରିବର୍ତ୍ତନ ଆସିବା

ସଙ୍ଗେ ସଙ୍ଗେ ଗୋଟିଏ ଦିଗରେ ସାମାଜିକ, ରାଜନୈତିକ ଓ ସାଂସ୍କୃତିକ ପରିବେଶ ସହିତ ସମ୍ପୃକ୍ତ ହୋଇ ବିଭିନ୍ନ ବିଷୟବସ୍ତୁ; ଓ ଅନ୍ୟ ଦିଗରେ ଲେଖକର ମନସ୍ତାତ୍ତ୍ୱିକ ଅନୁଭବ ସହିତ ଜଡ଼ିତ ହୋଇ ମଣିଷ ଜୀବନର ସ୍ଥିତି ଓ ଜୀବନଚେତନା ସମ୍ପର୍କରେ ବିଭିନ୍ନ ମିଶ୍ରିତ ଧାରଣା ସ୍ପଷ୍ଟ ହୋଇ ଉଠିଲା।"[୮]

ସ୍ୱାଧୀନତା ପରବର୍ତ୍ତୀ ଓଡ଼ିଆ ପ୍ରବନ୍ଧ ସାହିତ୍ୟକୁ ବିକାଶ ଦିଗରେ ଆଗେଇନେବାକୁ ଅନେକ ଖ୍ୟାତିସମ୍ପର୍ଣ୍ଣ ପ୍ରାବନ୍ଧିକ ଆତ୍ମଚେଷ୍ଟା କରିଛନ୍ତି। ସେହି ପ୍ରତିଭାବାନ୍ ପ୍ରାବନ୍ଧିକ ଓ ସେମାନଙ୍କର ସୃଷ୍ଟି ସମ୍ପର୍କରେ ନିମ୍ନରେ ଆଲୋଚନା କରାଗଲା- ସେମାନଙ୍କ ମଧ୍ୟରୁ ସୂର୍ଯ୍ୟକାନ୍ତ ଦାସ, ଗୋଲୋକ ବିହାରୀ ଧଳ, ଡକ୍ଟର ମାୟାଧର ମାନସିଂହ, ସୁରେନ୍ଦ୍ର ମହାନ୍ତି, ଡକ୍ଟର ସଦାଶିବ ମିଶ୍ର, ଗଙ୍ଗାଧର ରଥ, ଡକ୍ଟର ଗୋକୁଳାନନ୍ଦ ମହାପାତ୍ର, ଡକ୍ଟର କୁଳମଣି ସାମଲ, ବସନ୍ତ କୁମାର ବେହେରା, ଚିତ୍ତରଞ୍ଜନ ଦାସ, ଜାନକୀବଲ୍ଲଭ ମହାନ୍ତି, ଡକ୍ଟର ବିଦ୍ୟାଧର ପାଢୀ, ସର୍ବେଶ୍ୱର ଦାସ, ମହାପାତ୍ର ନୀଳମଣି ସାହୁ, ବୈକୁଣ୍ଠନାଥ ରଥ, କିଶନ ପଟ୍ଟନାୟକ, ହୃଷୀକେଶ ରାୟ, ସାତକଡ଼ି ହୋତା, ଚନ୍ଦ୍ରଶେଖର ରଥ, ହୃଦାନନ୍ଦ ରାୟ, କୃଷ୍ଣଚରଣ ବେହେରା, ସୀତାକାନ୍ତ ମହାପାତ୍ର, ଅଧ୍ୟାପକ ବିଶ୍ୱରଞ୍ଜନ, ବିଜୟାନନ୍ଦ କର, ମଧୁସୂଦନ ପତି, ସୁରେନ୍ଦ୍ରନାଥ ଶତପଥୀ, କବିପ୍ରସାଦ ମିଶ୍ର, ରବୀନ୍ଦ୍ରମୋହନ ସେନାପତି, ନିତ୍ୟାନନ୍ଦ ସ୍ୱାଇଁ, ଗୌରହରି ଦାସ, ଦାସ ବେନେହୁର ଆଦି ବେଶ୍ ପରିଚିତ।

ଡକ୍ଟର ମାୟାଧର ମାନସିଂହ (୧୯୦୫-୧୯୭୩)

ଓଡ଼ିଆ ସାହିତ୍ୟରେ ଜଣେ ବଳିଷ୍ଠ ପ୍ରାବନ୍ଧିକ ଭାବେ ମାୟାଧର ମାନସିଂହ ବେଶ୍ ପ୍ରଶଂସିତ। ତାଙ୍କ ପ୍ରବନ୍ଧରେ ସ୍ୱାଧୀନଚିନ୍ତା, ଗୁରୁଗମ୍ଭୀର ତଥ୍ୟ ସହିତ ଗଭୀର ଭାବୋଚ୍ଛ୍ୱାସ ଦୃଷ୍ଟିଗୋଚର ହୁଏ। ମାନସିଂହଙ୍କ ପ୍ରବନ୍ଧରେ ଉକ୍ତ ସମୟରେ ଘଟୁଥିବା ସତ୍ୟନିଷ୍ଠ ତଥ୍ୟ ସହିତ ବ୍ୟକ୍ତିଗତ ଅନୁଭୂତି ପର୍ଯ୍ୟାଲୋଚିତ ହୋଇଥାଏ। ତାଙ୍କ ପ୍ରବନ୍ଧ ଗୁଡ଼ିକ ମଧ୍ୟରେ 'ଜୀବନ ପଥ'(୧୯୪୯), 'ଓଡ଼ିଆ ସମାଜ ଓ ସାହିତ୍ୟ' (୧୯୫୧), 'ଶିକ୍ଷା, ଶିକ୍ଷକ ଓ ଶିକ୍ଷାୟତନ' (୧୯୫୩) ଆଦି ସାରସ୍ୱତ ପ୍ରବନ୍ଧ ପୁସ୍ତକ। ମଣିଷ ଯେତେବେଳେ ଆତ୍ମସଚେତନ ହୋଇ କର୍ମ କରିବ ସେତେବେଳେ ଯାଇ ନିଜ ଲକ୍ଷ୍ୟ ସ୍ଥଳରେ ପହଞ୍ଚିପାରିବ ବୋଲି 'ନିଜ ଦାୟିତ୍ୱ' ପ୍ରବନ୍ଧରେ ଉଲ୍ଲେଖ କରିଛନ୍ତି। ସଙ୍କଟାପର୍ଣ୍ଣ ଓଡ଼ିଆ ଜାତିର ଦାୟିତ୍ୱକୁ ମନେପକେଇଦବାକୁ ଯାଇ 'ଓଡ଼ିଆମାନେ ପଛୁଆ ଓ ଦରିଦ୍ର କାହିଁକି?' ପ୍ରବନ୍ଧରେ ଉଲ୍ଲେଖ କରିଛନ୍ତି; ଆଧୁନିକ ଓଡ଼ିଆ ସମାଜ ନିଜର ଐକ୍ୟ ପରମ୍ପରାକୁ ପଛରେ ପକାଇ ପାଶ୍ଚାତ୍ୟର ନୂତନ ଘୋଡ଼ଣୀ ପିନ୍ଧୁଥିବା ବେଳେ

ପଡ଼ୋଶୀ ରାଜ୍ୟ ଏଠାକୁ ଆସି ନିଜର ଆଧିପତ୍ୟ ବିସ୍ତାର କରିବାକୁ ଲାଗିଛନ୍ତି । 'ତ୍ୟାଗ' ପ୍ରବନ୍ଧରେ ଡକ୍ଟର ମାନସିଂହ ଲେଖିଛନ୍ତି- ସୃଷ୍ଟି ପ୍ରକ୍ରିୟାରେ ସବୁଠାରୁ ମହତ୍ତର ଉପାଦାନ ହେଉଛି 'ତ୍ୟାଗ' । ଯାହା ଫଳରେ ମଣିଷ ଆଜି ପ୍ରକୃତି ଠାରୁ ସବୁ କିଛି ପାଇ ନିଜକୁ ଏ ଧରା ପୃଷ୍ଠରେ ବଞ୍ଚାଇ ରଖିଛି । ଜଣେ ଯଦି ଅନ୍ୟ ପ୍ରତି ତ୍ୟାଗ କିମ୍ବା ସହାନୁଭୂତିର ଭାବ ନ'ଦେଖାଇବ ତେବେ ମଣିଷ ପକ୍ଷେ ବଞ୍ଚିବା ବଡ଼ ବିଷମ ହୋଇପଡ଼ିବ । ପ୍ରାବନ୍ଧିକଙ୍କ ମତରେ ତ୍ୟାଗ ହିଁ ସଂସାରର ସର୍ବଶ୍ରେଷ୍ଠ ଧର୍ମ । ସ୍ୱାର୍ଥକୈନ୍ଦ୍ରିକ ମନୋଭାବକୁ ଛାଡ଼ି ଅନ୍ୟପ୍ରତି ନିଜର ସମର୍ପଣ ଭାବକୁ ସୃଷ୍ଟି କରିପାରିଲେ ତ୍ୟାଗର ପ୍ରକୃତ ମୂଲ୍ୟ ପ୍ରତିଫଳିତ ହେବ । ଏଥିପାଇଁ ପ୍ରାବନ୍ଧିକ କୁହନ୍ତି- "ସୃଷ୍ଟିର ଏହି ତ୍ୟାଗ ଧର୍ମ ଆମ୍ଭମାନଙ୍କ ଜୀବନରେ ପ୍ରତିଫଳିତ ହେବା ଉଚିତ । ସାଧାରଣତଃ ଲୋକେ ସ୍ୱାର୍ଥପୋଷଣ ହିଁ ଜୀବନର ଚରିତାର୍ଥତା ବୋଲି ମନେକରନ୍ତି । କିନ୍ତୁ ସୃଷ୍ଟି ନିୟମ ବୁଝିବସିଲେ, ତାହା ଜୀବନ ଧର୍ମର ବ୍ୟଭିଚାର ମାତ୍ର । ସାମାନ୍ୟ କୀଟଠାରୁ ପ୍ରବଳତମ ସମ୍ରାଟ ପର୍ଯ୍ୟନ୍ତ କେହି ଅନ୍ୟର ତ୍ୟାଗ ଓ ସେବା ଛାଡ଼ି ତିଷ୍ଠି ପାରିବେ ନାହିଁ... ।"[୯]

'ଶିକ୍ଷା, ଶିକ୍ଷକ, ଶିକ୍ଷାୟତନ' ଶୀର୍ଷକ ପ୍ରବନ୍ଧଟି ପ୍ରାବନ୍ଧିକ ସାଂପ୍ରତିକ ସମୟର ତ୍ରୁଟିପୂର୍ଣ୍ଣ ଶିକ୍ଷା ବ୍ୟବସ୍ଥାକୁ ନେଇ ରଚନା କରିଛନ୍ତି । ଆମ ଦେଶର ଶିକ୍ଷା ବ୍ୟବସ୍ଥାରେ ଯେଉଁସବୁ ଅସୁବିଧା ଦେଖାଯାଉଛି ତା'ର ମୂଳ କାରଣ ଆମେ ଆମ ପୂର୍ବ ପରମ୍ପରା, ପ୍ରଚଳିତ ବ୍ୟବସ୍ଥା ଓ ଆଦର୍ଶବୋଧ ଠାରୁ ସଂପୂର୍ଣ୍ଣ ରୂପେ ଦୂରେଇ ଯାଇଛେ । ବର୍ତ୍ତମାନର ଶିକ୍ଷା ବ୍ୟବସ୍ଥା ପାଶ୍ଚାତ୍ୟ ଶୈଳୀକୁ ଅନୁସରଣ କରି ପ୍ରଚଳିତ ହେଉଥିବାରୁ, ଶିକ୍ଷା ବ୍ୟବସ୍ଥାରେ ଯାବତୀୟ ଅସୁବିଧା ମୁଣ୍ଡ ଟେକୁଛି । ଶିକ୍ଷାର ଯେଉଁ ମୂଳ ଉଦ୍ଦେଶ୍ୟ ଚରିତ୍ର ଗଠନରେ ନିହିତ ଥିଲା ତାହା ଆଜି ନିଷ୍ଫଳ ହେଇଯାଇଛି । ସୁତରାଂ ପ୍ରାବନ୍ଧିକ ଜଣେ ଉଚ୍ଚ ଶିକ୍ଷିତ ଓ ବହୁ ଅଭିଜ୍ଞତା ସମ୍ପର୍ଣ୍ଣ ବ୍ୟକ୍ତି ହୋଇଥିବାରୁ ତାଙ୍କ ଦୃଷ୍ଟିର ଦିଗ୍‌ବଳୟ ବିଶ୍ୱମୁଖୀ ମନେ ହୁଏ ।

ଡକ୍ଟର ସଦାଶିବ ମିଶ୍ର-(୧୯୦୯-୧୯୯୪)

ସତ୍ୟବାଦୀ ବନବିଦ୍ୟାଳୟରେ ପଣ୍ଡିତ କୃପାସିନ୍ଧୁଙ୍କ ସଂସ୍ପର୍ଶରେ ଆସି ପରବର୍ତ୍ତୀ ଜୀବନରେ ଓଡ଼ିଆ ପ୍ରବନ୍ଧ ସାହିତ୍ୟରେ ବେଶ୍ ଖ୍ୟାତି ଅର୍ଜନ କରିପାରିଥିଲେ ପ୍ରାବନ୍ଧିକ ସଦାଶିବ ମିଶ୍ର । ପାଟଣା ବିଶ୍ୱବିଦ୍ୟାଳୟରୁ ଅର୍ଥନୀତିରେ ଏମ୍.ଏ. ପାଶ୍ କରି ଭାରତୀୟ ଅର୍ଥନୀତି ଉପରେ ଗଭୀର ଜ୍ଞାନ ଅର୍ଜନ କରିଥିବାରୁ ସରଳ ଭାଷାରେ ଓଡ଼ିଆରେ ଅର୍ଥନୀତି ବିଷୟକୁ ବୁଝାଇବାରେ ସକ୍ଷମ ହେଲେ । ତାଙ୍କ ରଚିତ ପ୍ରବନ୍ଧ ଗୁଡ଼ିକ ପ୍ରଥମେ ନବଭାରତ, ସମାଜ, ପୌରୁଷ ଆଦି ପତ୍ରିକାରେ ପ୍ରକାଶ ପାଉଥିଲା । ବିଶେଷ କରି ତାଙ୍କ ପ୍ରବନ୍ଧରେ

ଦେଶର ଅର୍ଥନୈତିକ ଉନ୍ନତି କିପରି ଆସିବ, ଭାରତୀୟ ସାମାଜିକ ଓ ସାଂସ୍କୃତିକ ମୂଲ୍ୟବୋଧର ଅକ୍ଷୁର୍ଣ୍ଣତା, ପ୍ରାଚ୍ୟ-ପାଶ୍ଚାତ୍ୟ ଜୀବନଚର୍ଯ୍ୟା ସହିତ ଆମ ଜୀବନ ଚର୍ଯ୍ୟା ମଧ୍ୟରେ ଏକ ସାମଞ୍ଜସ୍ୟର ବିଚାରବୋଧ ଏବଂ ଅଧୁନା ଆମର ରାଜନୈତିକ ଓ ଅର୍ଥନୈତିକ ଜୀବନବୋଧ କିପରି ଅସନ୍ତୁଳିତ ତାହା ବେଶ୍ ମାର୍ମିକ ଭାବେ ଆଲୋଚିତ ହୋଇଛି। ତାଙ୍କ ରଚିତ ପ୍ରବନ୍ଧ ପୁସ୍ତକ 'ଅର୍ଥ ଓ ଅର୍ଥାନ୍ତର' (୧୯୮୫), ଯେଉଁଥିରେ ୨୪ ଗୋଟି ପ୍ରବନ୍ଧ ସଂକଳିତ। ସେହିପରି (୧୯୮୬) ମସିହାରେ 'ମାତୃପୂଜା ମଣ୍ଡପ' ପ୍ରବନ୍ଧ ପୁସ୍ତକରେ ୩୧ଟି ପ୍ରବନ୍ଧକୁ ନେଇ ସଂକଳିତ ହୁଏ। ଏଥିରେ 'ସମୂହ ଦୃଷ୍ଟି', 'ରାମ ରାଜ୍ୟ', 'କଟକ ଲେଭରକ୍ରସିଂ', 'ଯୋଡ଼ିବ ଆମକୁ କିଏ', 'ଦାରିଦ୍ର୍ୟ ଭଞ୍ଜନ', 'ଓଡ଼ିଶା ଓ ଓଡ଼ିଆ', 'ସତ୍ୟବାଦୀ ସ୍କୁଲ', 'ଶିଳାନ୍ୟାସ', 'ନାରଦସ୍ତୁତି', 'ନରମାରାଷ୍ଟ୍ର', 'ଉପେକ୍ଷିତ ନଗର', 'ପ୍ରାଚ୍ୟ ଓ ପାଶ୍ଚାତ୍ୟ' ଆଦି ପ୍ରବନ୍ଧ ଦେଖିବାକୁ ମିଳେ।

'ସମୂହ ଦୃଷ୍ଟି' ତାଙ୍କ ରଚିତ ଏକ ବହୁ ପ୍ରସିଦ୍ଧ ପ୍ରବନ୍ଧ। ଯେଉଁଥିରେ ଗାନ୍ଧୀଜୀଙ୍କ 'ନ୍ୟାସିତତ୍ତ୍ୱ' ବ୍ୟବସ୍ଥା ତଥା ଆମ ସମାଜର ଧନୀ ଓ ଶିଳ୍ପପତିମାନେ ପାଉଥିବା ସମସ୍ତ ସୁବିଧା ସୁଯୋଗ କିପରି ଦରିଦ୍ର ଓ ଅସହାୟ ମଣିଷମାନଙ୍କ ମଧ୍ୟରେ ଏକ ସମନ୍ୱୟ ଆଣିପାରିବ ତାହାର ବିଚାର ଏହି ପ୍ରବନ୍ଧ ଜରିଆରେ ସେ ବୁଝାଇଛନ୍ତି। ଲେଖକଙ୍କ ବିଚାରରେ– "ମହାତ୍ମାଜୀ ଗଢିବାକୁ ଚାହୁଁଥିଲେ ଏକ ସୁସ୍ଥ ସମାଜ, ଏକ ସମୂହ ପରିବାର। ସେଥିରେ ନଥିବ ଶୋଷଣ, ଅନାଚାର, ଥିବ ବିଚାର ଏବଂ ସମନ୍ୱୟ। ଗାନ୍ଧୀଜୀଙ୍କ ପରିକଳ୍ପନାରେ ମୂଳମନ୍ତ୍ର ସମୂହ ଦୃଷ୍ଟି ସମାଜପାଇଁ ଆତ୍ମଉତ୍ସର୍ଗ। ସେସବୁ ବିବୃତିରେ ପରିଣତ ହେଇଯାଇଛି। ସମାଜ ଦୃଷ୍ଟିସ୍ଥାନରେ ତେଜିଉଠିଛି କ୍ଷମତାର ସଂଘର୍ଷ, ଉକ୍ଟ ଆତ୍ମସେବା ନ୍ୟାସୀତତ୍ତ୍ୱ ଉଭେଇ ଯାଇଛି। ଗାନ୍ଧୀ ବିଚାରକୁ ପରିହାରକରି ତାଙ୍କରି ରଚନାର ସାମୂହିକ ଉଧାରକରି ସ୍ୱାର୍ଥସିଦ୍ଧି କରିବାର ପ୍ରଚେଷ୍ଟା କରିଛି ଏକ ସାମାଜିକ ସଙ୍କଟ।" (୧୦)

ସଚ୍ଚି ରାଉତରାୟ (୧୯୧୩ -୨୦୦୪)

ଜ୍ଞାନପୀଠ ବିଜେତା ସଚ୍ଚି ରାଉତରାୟ ସାହିତ୍ୟର ପ୍ରାୟ ସମସ୍ତ ବିଭାଗରେ ନିଜର ନାମକୁ ଲିପିବଦ୍ଧ କରିଛନ୍ତି। ତାଙ୍କ ସୃଜନାତ୍ମକ ସୃଷ୍ଟିକଳା ସମାଜର ସମସ୍ତବର୍ଗର ବ୍ୟକ୍ତିବିଶେଷଙ୍କ ଜୀବନର କଥାକୁ ନେଇ ଆଧାରିତ। ବିଶେଷକରି ତାଙ୍କ ସାହିତ୍ୟରେ ପଲ୍ଲୀ ଜୀବନର ବାସ୍ନା ଅଧିକ ପରିସ୍ଫୁଟିତ ହୁଏ। ଯଦି ତାଙ୍କ ପ୍ରବନ୍ଧ ସାହିତ୍ୟକୁ ଲକ୍ଷ୍ୟ କରାଯାଏ ତେବେ, ଆଞ୍ଚଳିକତା ଠାରୁ ଆରମ୍ଭ କରି ଜାତୀୟ ଏବଂ ବେଦ ଉପନିଶେଦ ଠାରୁ ଆରମ୍ଭ କରି ଐତିହାସିକ ରୂପଚିତ୍ର ପର୍ଯ୍ୟନ୍ତ ସବୁକିଛି ଦେଖିବାକୁ ମିଳେ।

୨୦୦୪ରେ ପ୍ରକାଶିତ 'ପ୍ରବନ୍ଧ ପ୍ରାମାଣିକ' ପୁସ୍ତକରେ ୧୬ଟି ପ୍ରବନ୍ଧ ସ୍ଥାନିତ, ସେଗୁଡ଼ିକ ମଧ୍ୟରେ- 'ଓଡ଼ିଶାରେ ଅଥର୍ବ ବେଦର ଉଦ୍ଧାର', 'ଓଡ଼ିଶାରେ ଯୀଶୁଖ୍ରୀଷ୍ଟଙ୍କ ରହଣୀ ଓ ଶିକ୍ଷାଲାଭ', 'ପ୍ରଥମ ଗ୍ରନ୍ଥ ରାମାୟଣ ନା ମହାଭାରତ ?', 'ବିଶ୍ୱର ପ୍ରାଚୀନତମ ଦେବତା ଜଗନ୍ନାଥ', 'କଟକ ମହାନଗରର ଜନ୍ମଜାତକ', 'ସିଂହଳ ଓ ଓଡ଼ିଶାର ପ୍ରାଚୀନ ସମ୍ପର୍କ', 'ବଙ୍ଗଦେଶରେ କଳିଙ୍ଗ ରାଜବଂଶର ରାଜତ୍ୱ', 'ତପଙ୍ଗ ବିଦ୍ରୋହ- ଫିରିଙ୍ଗି କଳି ଭାରତ', 'ଖୁରୁଧାର ଏକ ଅନମନୀୟ ବ୍ୟକ୍ତିତ୍ୱ- ବାହୁବଳିନ୍ଦ୍ର', 'ପଶ୍ଚିମବଂଗ ସରକାରଙ୍କ ପୁସ୍ତକରେ ଓଡ଼ିଆ ଶହୀଦ୍', 'ଆଧୁନିକ ଚିତ୍ର-କଳା', 'ଚାଇନିଜ୍ ରଙ୍ଗମଞ୍ଚରେ ସାଂସ୍କୃତିକ ବିପ୍ଳବ', 'କବୟିତ୍ରୀ ସିଲିଭିୟା ପ୍ଲାଥ୍ ଓ ତାଙ୍କ ଦ୍ୱିତୀୟ କବର', 'ମହାନ୍ କଳାକର ହରୀନ୍ ଦା', 'ସ୍ୱାଧୀନତା ଅବ୍ୟବହିତ ପୂର୍ବ ଓ ପର', 'ମଧ୍ୟ ରାତ୍ରିର ସୂର୍ଯ୍ୟ', 'ପ୍ରେମ ଓ ପୂଣ୍ୟ' ପ୍ରଭୃତି ପ୍ରବନ୍ଧ ଦେଖିବାକୁ ମିଳେ।

ସୂର୍ଯ୍ୟକାନ୍ତ ଦାସ (୧୯୨୧-୨୦୦୩)

ସ୍ୱାଧୀନତା ପରବର୍ତ୍ତୀ ଓଡ଼ିଆ ପ୍ରବନ୍ଧ ସାହିତ୍ୟରେ ଡାକ୍ତର ସୂର୍ଯ୍ୟକାନ୍ତ ଦାସ ଏକ ଅନନ୍ୟ ପ୍ରତିଭା। ସମାଜର ରାଜନୈତିକ ବିଚାରଧାରା, ସାଂପ୍ରତିକ ସମାଜର ସମସ୍ୟା, ବାଣିଜ୍ୟ କ୍ଷେତ୍ରରେ ଅବ୍ୟବସ୍ଥା, ଅର୍ଥନୀତି ଉପରେ ପଡୁଥିବା ପ୍ରଭାବ, ସଂସ୍କୃତି ଓ ଆନ୍ତର୍ଜାତିକ ଭାବଭୂମିକୁ ଭିତ୍ତିକରି ତାଙ୍କ ପ୍ରବନ୍ଧ ହୋଇ ଉଠିଛି ଉଚ୍ଚକୋଟୀର ଓ ଜନାଦୃତ। ତାଙ୍କ ପ୍ରବନ୍ଧଗୁଡ଼ିକ ବିଶେଷ କରି ଦେଶ ବିଦେଶରେ ଦେଖାଯାଉଥିବା ବାଣିଜିକ ଓ ଆନ୍ତର୍ଜାତିକ ସମସ୍ୟାର ବୁଝାମଣା ସହିତ ଗାନ୍ଧୀବାଦୀ ଆଦର୍ଶକୁ ଭିତ୍ତିକରି ଅନେକ ପ୍ରବନ୍ଧ ସୃଷ୍ଟ। ଜଣେ ନିର୍ଭୀକ ଓ ବ୍ୟଙ୍ଗ ବିଦ୍ରୂପଧାରାକୁ ଗ୍ରହଣ କରି ନୂତନ ଦୃଷ୍ଟିଭଙ୍ଗୀରେ ଅତ୍ୟନ୍ତ ସରଳ ଭାଷାରେ ନିଜର ପ୍ରବନ୍ଧମାନ ସୃଷ୍ଟି କରିଛନ୍ତି। ତାଙ୍କ ରଚନାଗୁଡ଼ିକ ନବଭାରତ, ଚତୁରଙ୍ଗ, ଝଙ୍କାର, ନବପତ୍ର ଓ ସମ୍ବାଦ ଆଦି ଖବର କାଗଜରେ ପ୍ରକାଶ ପାଇଛି। ତାଙ୍କ ରଚନାଗୁଡ଼ିକ ମଧ୍ୟରେ 'ଅଳକାପୁରି ଆମେରିକା', 'ଗାନ୍ଧୀ ଓ ବିକେନ୍ଦ୍ରିତ ଅର୍ଥନୀତି, 'ମହାତ୍ମା ଗାନ୍ଧୀ', 'ଜାପାନ ଓ ଶାନ୍ତି ଚୁକ୍ତି', 'ନାଗରାଇଜ', 'ମସ୍କୋ ଦର୍ଶନ', 'ବିଶ୍ୱ ସରକାର ସଂଗଠନ' ଓ 'ଫସଲ ବୀମା ଯୋଜନା' ଭଳି ପ୍ରବନ୍ଧ ପୁସ୍ତକ ଗୁଡ଼ିକ ପାଠକଙ୍କ ପ୍ରିୟଭାଜନ ହୋଇପାରିଛି।

ଗୋଲୋକ ବିହାରୀ ଧଳ (୧୯୨୧-୧୯୭୪)

ଏହି ସମୟର ଅନ୍ୟତମ ସଫଳ ପ୍ରାବନ୍ଧିକଭାବେ ଗୋଲୋକ ବିହାରୀ ଧଳ ବେଶ୍ ଜଣାଶୁଣା। କେବଳ ପ୍ରବନ୍ଧ ଜଗତ ନୁହେଁ ବରଂ ଜଣେ ସୁନାମଧନ୍ୟ ଭାଷାବିତ୍

ଓ ସଫଳ ଅନୁବାଦକ ରୂପେ ୧୯୬୦ ମସିହାରେ ସେ 'ଗୋଦାନ' ଅନୁବାଦ ସାହିତ୍ୟ ପାଇଁ ଓଡ଼ିଶା ସାହିତ୍ୟ ଏକାଡେମୀ ଦ୍ୱାରା ପୁରସ୍କୃତ ହୋଇଛନ୍ତି। ଶ୍ରୀ ଧଳଙ୍କ ରଚିତ ପ୍ରବନ୍ଧଗୁଡ଼ିକରେ ଭାରତୀୟ ଜନମାନସର କଥା, ସମାଜ, ଜାତୀୟ ଓ ଆନ୍ତର୍ଜାତୀୟ ସମସ୍ୟାର ଘଟଣାଅଂଶ ସହିତ ଆମ ଭାଷା ଓ ଶିକ୍ଷାର ସାଂପ୍ରତିକ ଅବସ୍ଥା ସ୍ପଷ୍ଟ ଚିତ୍ରିତ ହୋଇଛି। ସ୍ୱାଧୀନ ଜାତି ଓ ଯୁବ ସମାଜକୁ ଦେଶ ଓ ଜାତି ପାଇଁ ଥିବା ତାଙ୍କ କର୍ତ୍ତବ୍ୟ ସମ୍ପର୍କରେ ପ୍ରାବନ୍ଧିକ ନିଜ ପ୍ରବନ୍ଧ ମାଧ୍ୟମରେ ସ୍ମରଣ କରାଇଦେଇଛନ୍ତି। ତାଙ୍କ ରଚିତ ପ୍ରବନ୍ଧ ପୁସ୍ତକ ଗୁଡ଼ିକ ମଧ୍ୟରେ 'ଓଡ଼ିଆ କେବେ'(୧୯୬୩), 'ବିଚାର ଆଲୋଚନା'(୧୯୬୬), 'ଗାନ୍ଧୀଜୀ ଓ ଭାଷା ସମସ୍ୟା'(୧୯୬୯) ଆଦି ପୁସ୍ତକ ସହିତ କେତେକ ଭ୍ରମଣ ଧର୍ମୀ ପୁସ୍ତକ ଓ ଜୀବନଚରିତ ପ୍ରବନ୍ଧ ସୃଷ୍ଟି କରିଛନ୍ତି। ତାଙ୍କ ପ୍ରବନ୍ଧରେ ସଂଳାପଧର୍ମୀ ଓ ବ୍ୟଙ୍ଗଶୈଳୀ ବେଶ୍ ଆକର୍ଷଣୀୟ ମନେହୁଏ। 'ଭାଷା ଜାତି ଓ ଜାତୀୟତା' ପ୍ରବନ୍ଧରେ ସେ କହିବାକୁ ଚାହିଁଛନ୍ତି- ଯେ ମାତୃଭାଷା ମାତୃସ୍ତନ୍ୟ ପରି ପରନ୍ତୁ ଆଧୁନିକ ମଣିଷ ନିଜ ମାତୃଭାଷାକୁ ନେଇ ଗର୍ବ କରିବା ପ୍ରତିବଦଳରେ ନିଜକୁ ବିଦେଶୀ ଭାଷାର ଜାଲରେ ସର୍ବଦା ଆବଦ୍ଧ କରି ରଖୁଛି। ଏଥିପାଇଁ ସେ ପ୍ରବନ୍ଧରେ ଲେଖିଛନ୍ତି– "ଭାଷା ମନୁଷ୍ୟର ପ୍ରାଣ, ମନୁଷ୍ୟର ମନୁଷ୍ୟତା; ଭାଷା ଯୋଗୁଁ ମନୁଷ୍ୟ ପଶୁ ନ ହୋଇ ଦେବତା। ଦେଶର ମୁକ୍ତି ହେଉଛି ଶରୀରର ମୁକ୍ତି, ଭାଷାର ମୁକ୍ତି, ଆତ୍ମାର ମୁକ୍ତି। ଜନତାକୁ କେବଳ ଅନ୍ନ, ଜଳ, ବସ୍ତ୍ର ଯୋଗାଇ ବିଦେଶୀ ଭାଷାଜାଲରେ ମୂକ କରି ରଖିଲେ, ତା'ର ଆତ୍ମା ବିକଶିତ ହୁଏ ନାହିଁ; ମୂକତାର ନିର୍ମମ ଦୁଃଖରେ ତାହା ମଉଳି ପଡ଼େ। ସେ ବିକାଶ ପାଇଁ ଲୋଡ଼େ ମାତୃଭାଷା, ଯାହା ମାତୃସ୍ତନ୍ୟ ସଙ୍ଗେ ଝରିଆସି ଆତ୍ମା ସହିତ ଓତଃପ୍ରୋତ ଭାବରେ ମିଶି ରହେ। କାଉ ମୟୂରପୁଚ୍ଛ ପିନ୍ଧି ମୟୂରର ବାହାନା କରିପାରେ, କିନ୍ତୁ ସେ ମୟୂର ହୁଏନାହିଁ; ମାଗିଆଣିବା ତରକାରୀ ସୁଆଦ ଲାଗିପାରେ, କିନ୍ତୁ ସେଥିରେ ପେଟପୂରେ ନାହିଁ। ଇଂରେଜ ଜାତି ପର ସମ୍ପତ୍ତିରେ ସାମ୍ରାଜ୍ୟ ଡେରିଥିଲା। ଆଜି ସେ ସାମ୍ରାଜ୍ୟ ନାହିଁ କିମ୍ବା ସେ ସମ୍ପଦ ନାହିଁ, କିନ୍ତୁ, ମାର୍କିନ୍ ଜାତି ନିଜ କୋଡ଼ି କୋଦାଳରେ ମାଟିଖୋଳି ଆଜି ବିଶ୍ୱ ବଜାରର ବଳିଷ୍ଠ ସୌଦାଗର। ସବୁ ବଳିଷ୍ଠ ଜାତି ନିଜକୁ ପ୍ରକାଶ କରେ ନିଜ ଭାଷାରେ।"[୧୧]

ଜଣେ ନିର୍ଭୀକ ଓ ସ୍ପଷ୍ଟବାଦୀ ପ୍ରାବନ୍ଧିକ ଭାବେ ସେ ଜଣାଶୁଣା। ଏହି ଭାବର ତାଙ୍କ ରଚିତ ପ୍ରବନ୍ଧ ମଧ୍ୟରେ 'ସ୍ୱାଧୀନତା', 'ସ୍ୱାଧୀନ ଜାତିର ନୂତନ ମୂଲ୍ୟବୋଧ', 'ଶିକ୍ଷା ଓ ଶିକ୍ଷକ' ଓ 'ସାଧନା ଓ ଶୃଙ୍ଖଳା' ଭଳି ଅନେକ ପ୍ରବନ୍ଧ ଦୃଷ୍ଟି ଗୋଚର ହୁଏ। ଭାରତୀୟମାନଙ୍କ ମଧ୍ୟରେ ସମୟାନୁବର୍ତ୍ତିତାର ଘୋର ଅଭାବ ଓ କର୍ତ୍ତବ୍ୟ ପଥରେ

ଅହେତୁକ ଅବହେଳା ପ୍ରାବନ୍ଧିକଙ୍କ ମନରେ ସୃଷ୍ଟି କରିଛି କ୍ଷୋଭ। ଛୋଟ ଛୋଟ ଦେଶ ଜାପାନ ଓ ଇଂଲଣ୍ଡର କଥା ସେ ମଧ୍ୟ ଉଦାହରଣ ଦେଇଛନ୍ତି। ଦେଶର ଯୁବ ଶକ୍ତିକୁ ସୁଯୋଗ ଓ ଉତ୍ସାହ ମିଳୁନଥିବା ଯୋଗୁଁ ସେ ବିଦ୍ରୂପ କରି କହିଛନ୍ତି- "ଯେଉଁ ଦେଶର ଯୁବଶକ୍ତି ଉତ୍ସାହ ଓ ଆଦର୍ଶ ଅଭାବରୁ ଅକାଳରେ ଅବସନ୍ନ ହୋଇପଡ଼େ, ସେହି ଦେଶର ଭବିଷ୍ୟତ ତମସାଚ୍ଛନ୍ନ ହୋଇପଡ଼େ।"[୧୨] ଶ୍ରୀଯୁକ୍ତ ଧଳଙ୍କ ପ୍ରବନ୍ଧର ମୁଖ୍ୟ ବୈଶିଷ୍ଟ୍ୟ ହେଉଛି ସଂକ୍ଷିପ୍ତ ଶୈଳୀ, କବିତ୍ୱପୂର୍ଣ୍ଣ ଭାଷା, ପାଠକଙ୍କ ଆଗ୍ରହ ସୃଷ୍ଟି କଲା ପରି ପ୍ରବନ୍ଧର ନାମକରଣ, ବହୁଳ ଢଗଢମାଳିର ପ୍ରୟୋଗ ଓ ଲୋକ ଭାଷାର ପ୍ରୟୋଗ ଆଦିଗୁଡ଼ିକ ଅନ୍ୟତମ।

ସୁରେନ୍ଦ୍ର ମହାନ୍ତି(୧୯୨୨-୧୯୯୦)

ସ୍ୱାଧୀନୋତ୍ତର ଓଡ଼ିଆ ପ୍ରବନ୍ଧ ସାହିତ୍ୟ ଜଗତରେ ଜଣେ ଚିନ୍ତାଶୀଳ ଓ ମନନଧର୍ମୀ ପ୍ରାବନ୍ଧିକ ଭାବେ ସୁରେନ୍ଦ୍ର ମହାନ୍ତିଙ୍କ ପ୍ରତିଭା ବିସ୍ମୟକର ମନେ ହୁଏ। ଜଣେ ସଫଳ ସାମ୍ବାଦିକ ହୋଇଥିବା ଯୋଗୁଁ ଫିଚରଧର୍ମୀ ପ୍ରବନ୍ଧ ଲେଖିବାରେ ସେ ଧୂରୀଣ। ରାଜନୀତିରୁ ତାଙ୍କ ଜୀବନ ଗଢି ଉଠିଥିବାରୁ ସାମାଜିକ ସମସ୍ୟା, ରାଜନୈତିକ ଚିନ୍ତାଧାରା ଓ ଇତିହାସ କିମ୍ବଦନ୍ତୀକୁ ଆଶ୍ରୟକରି ସେ ଅନେକ ଫିଚରଧର୍ମୀ ସାହିତ୍ୟ ସୃଷ୍ଟି କରିଛନ୍ତି। ୧୯୫୯ ମସିହାରେ ତାଙ୍କ ରଚିତ ପ୍ରଥମ ପ୍ରବନ୍ଧ ପୁସ୍ତକ 'ଉତ୍କଳ ଯୁଗେ ଯୁଗେ' ପ୍ରକାଶ ପାଇଥିବା ବେଳେ, ୧୯୬୭ ମସିହାରେ ପ୍ରକାଶ ପାଇଥିବା 'ସୁରେନ୍ଦ୍ର ବିଚିତ୍ରା' ସଂକଳନରେ ଅନେକ ପ୍ରବନ୍ଧ ପ୍ରକାଶ ପାଇଲା। ଏଥିରେ ଥିବା କେତେକ ପ୍ରବନ୍ଧ ଗୁଡ଼ିକ ମଧ୍ୟରେ ଓଡ଼ିଆ 'ସାହିତ୍ୟରେ ଅନ୍ଧକାର ଯୁଗ', 'ଶୂନ୍ୟବାଦ ଓ ମହିମା ଧର୍ମ', 'ଓଡ଼ିଶାରେ ବୌଦ୍ଧଧର୍ମ', 'କ୍ଷୁଧିତ ବ୍ରହ୍ମପୁତ୍ର', 'ସତ୍‌ନାମୀ ଓ ମହିମାଧର୍ମ' ଆଦି ପ୍ରବନ୍ଧ ଗୁଡ଼ିକରେ ଭ୍ରମଣ ଜନିତ ସିଦ୍ଧାନ୍ତ ସହିତ ବୌଦ୍ଧଧର୍ମୀ ଚିନ୍ତାଧାରା ପ୍ରକଟିତ ହୋଇଛି। ପ୍ରାବନ୍ଧିକଙ୍କ ବହୁ ପାଠକୀୟତା ଲାଭ କରିଥିବା 'ଶେଷସ୍ତମ୍ଭ' ସଂକଳନଟିରେ ଶହେଟି ରଚନାକୁ ନେଇ ପ୍ରସ୍ତୁତ। ଯାହା ୧୯୮୪ ରୁ ୧୯୮୯ ମସିହା ଦୈନିକ ଖବର କାଗଜରେ ପ୍ରକାଶ ପାଉଥିବା ରଚନା ମାନ। ଏହା ବ୍ୟତିରେକ ତାଙ୍କ ରଚିତ 'ଅନ୍ୟ ଦୃଷ୍ଟିରେ' ଓ 'ନରୋତ୍ତମ ଚକଡ଼ା' ଅନ୍ୟତମ ସଫଳ ରଚନା କୁହାଯାଇପାରେ। ଅନ୍ୟ କେତେକ ଫିଚର ଧର୍ମୀ ଲେଖା ମଧ୍ୟରେ 'ଯନ୍ତ୍ରର କ୍ଷୁଧା', କାଗଜ ଡଙ୍ଗା', 'ମାଟିର ଦାର୍ଶନିକ', 'ଓଡ଼ିଆର ନିଦ', 'ମଦ୍ୟ ଓ ବନ୍ୟା' ଭଳି କେତେକ ରଚନା ଦେଖିବାକୁ ମେଳେ।

ଗୋକୁଳାନନ୍ଦ ମହାପାତ୍ର (୧୯୨୨-୨୦୧୩)

ସ୍ୱାଧୀନତା ପରବର୍ତ୍ତୀ ଓଡ଼ିଆ ପ୍ରବନ୍ଧ ଜଗତରେ ବିଜ୍ଞାନର ଚିନ୍ତା ଚେତନାକୁ ନେଇ ଜଣେ ସଫଳ ବୈଜ୍ଞାନିକ ପ୍ରବନ୍ଧକାର ଭାବେ ଗୋକୁଳାନନ୍ଦ ମହାପାତ୍ର ସମସ୍ତଙ୍କ ଶ୍ରଦ୍ଧାଭାଜନ ହୋଇପାରିଛନ୍ତି। ତାଙ୍କ ରଚିତ ବିଜ୍ଞାନ ମୂଳକ ପ୍ରବନ୍ଧ ମଧ୍ୟରୁ 'ବିଜ୍ଞାନ ବିଚିତ୍ରା', 'ଯୁଗାନ୍ତକାରୀ ଆବିଷ୍କାର', 'କୃତ୍ରିମ ଉପଗ୍ରହ', 'ଚନ୍ଦ୍ରର ମୃତ୍ୟୁ', 'ଗୋକୁଳାନନ୍ଦ ବିଜ୍ଞାନ ବିଚିତ୍ରା' ଇତ୍ୟାଦି ଅନ୍ୟତମ। ମହାପାତ୍ରଙ୍କ ପ୍ରବନ୍ଧରେ ବିଜ୍ଞାନର ଯୁଗାନ୍ତକାରୀ ପଦକ୍ଷେପ ଗୁଡ଼ିକ କିପରି ମଣିଷ ଜୀବନକୁ ପ୍ରଭାବିତ କରିଛି ତାହା ଜଣାପଡ଼େ। ଆଧୁନିକ ସମୟରେ କୁସଂସ୍କାର ଓ ଅନ୍ଧବିଶ୍ୱାସକୁ ଦୂରକରି ବିଜ୍ଞାନର ସିଦ୍ଧାନ୍ତରେ ଅନୁପ୍ରାଣିତ ହେବାପାଇଁ ପ୍ରାବନ୍ଧିକ ମତ ଦିଅନ୍ତି ଯେ- "ଖାଦ୍ୟ ହେଲା ମଣିଷର ଜୀବନ। ଖାଦ୍ୟ ନହେଲେ ମଣିଷ ବଞ୍ଚିପାରେ ନାହିଁ। ଶିକ୍ଷା କୁହ, ସଭ୍ୟତା କୁହ, ସଂସ୍କୃତି କୁହ, ଶାନ୍ତି କୁହ, ରାମରାଜ୍ୟ କୁହ, ସବୁରିମୂଳରେ ରହିଛି ଖାଦ୍ୟ। ଖାଦ୍ୟ ନହେଲେ ଶିକ୍ଷା, ସଭ୍ୟତା, ଶାନ୍ତି, ରାମରାଜ୍ୟ ଓ ସବୁକିଛି ଧ୍ୱଂସ ପାଇଯିବ। ଯେଉଁ ଦେଶରେ ଖାଦ୍ୟ ନାହିଁ, ସେଠି ଶିକ୍ଷା, ସଭ୍ୟତା, ଶାନ୍ତି କିଛି ଉଧେଇପାରିବ ନାହିଁ। ଖାଦ୍ୟ ଅଭାବହେଲେ, ମଣିଷ ଖାଇବାକୁ ନପାଇଲେ ହିତାହିତ ଜ୍ଞାନଶୁନ୍ୟ ହୋଇ କେତେ କ'ଣ କରିବସେ, ଯାହା ଫଳରେ ତା'ର ଶିକ୍ଷା, ସଭ୍ୟତା, ସଂସ୍କୃତି ପାଣିଫୋଟକା ଭଳି ମିଳେଇ ଯାଏ। ଏହିସବୁ ଦୃଷ୍ଟିରୁ ଦେଖିଲେ ପ୍ରତ୍ୟେକ ଦେଶର ପ୍ରଧାନ ହେଲା ଖାଦ୍ୟ।"[୧୩] ଖାଦ୍ୟକୁ ନେଇ ପ୍ରାବନ୍ଧିକଙ୍କ ଏହିପରି ବୈଜ୍ଞାନିକ ଚିନ୍ତା ବଳିଷ୍ଠ ବ୍ୟକ୍ତିତତ୍ୱର ପ୍ରମାଣ ଦିଏ। ଏହିପରି ଚିନ୍ତାଧାରା ଆଧାରିତ ଅନ୍ୟାନ୍ୟ ପ୍ରବନ୍ଧ ଗୁଡିକ ମଧ୍ୟରେ- 'ଯାନ୍ତ୍ରିକ ଭୂତ', 'କୃତ୍ରିମ ମାଂସ', 'ଯାନ୍ତ୍ରିକ ଗାଈ ଓ କୃତ୍ରିମ ଦୁଗ୍ଧ', 'ବୀଜାଣୁବୋମା' ଇତ୍ୟାଦି।

ରାମଚନ୍ଦ୍ର ମହାନ୍ତି (୧୯୨୩)

ଚଳିତ ଶତାବ୍ଦୀର ଅନ୍ୟତମ ସଫଳ ପ୍ରାବନ୍ଧିକ ହେଉଛନ୍ତି ରାମଚନ୍ଦ୍ର ମହାନ୍ତି। ତାଙ୍କଦ୍ୱାରା ରଚିତ ପ୍ରବନ୍ଧଗୁଡ଼ିକ 'ଋତୁଶ୍ରୀ', 'ଆଲୋକ', 'ନାରୀସୁରକ୍ଷା', 'ରଥୀ ସାରଥି' ଓ 'କାଶତଣ୍ଡି' ଆଦି ପତ୍ରିକାରେ ବିଭିନ୍ନ ସମୟରେ ପ୍ରକାଶିତ। ଯାହାକୁ ପରବର୍ତ୍ତୀ ସମୟରେ 'ଚିନ୍ତା- ଅନୁଚିନ୍ତା' ନାମକ ପୁସ୍ତକ ଆକାରରେ ପ୍ରକାଶ କରାଯାଇଛି। ଏଥିରେ ସମାଜରେ ପ୍ରଚଳିତ ନୀତି ଓ ଧର୍ମ, ନାରୀନିର୍ଯ୍ୟାତନା ପ୍ରତି ସଚେତନତା, ଜାତିପ୍ରଥା ବ୍ୟବସ୍ଥା, ରାଜନୀତିରେ ସଂସ୍କାରବୋଧ ଆଦି ଚିନ୍ତାଧାରାକୁ ନେଇ କେତେକ ପ୍ରବନ୍ଧ ସନ୍ନିହିତ। ତତ୍ ମଧ୍ୟରେ 'ଜୀବନ-ଏକ ଗପ', 'ନାରୀର ହୀନତା', 'ନାରୀଜାଗରଣ', 'ଭୁଲ୍', 'ଅଭିଶାପର ଅନ୍ତରାଳରେ', 'ପଣ୍ଡିତ ପୁଅ

ମାଙ୍କଡ଼ ମାରିଲେ ଦୋଷ ନାହିଁ', 'ଧର୍ମାଚରଣ' ଭଳି ପ୍ରବନ୍ଧ ଦେଖାଯାଏ।

ନାରୀ ପ୍ରତି ସମାଜରେ ଦେଖାଯାଉଥିବା ନିର୍ଯାତନାକୁ ଶ୍ରୀଯୁକ୍ତ ମହାନ୍ତି 'ନାରୀଜାଗରଣ' ପ୍ରବନ୍ଧରେ ବର୍ଣ୍ଣନା କରିଛନ୍ତି। ପୁରୁଷ କୈନ୍ଦ୍ରିକ ସମାଜରେ ନାରୀ ଆଜି ଅସୁରକ୍ଷିତ ମନେ କରୁଛି। ତା'ର କାରଣ କେବଳ ପୁରୁଷ ନୁହଁନ୍ତି। ସମପରିମାଣରେ ନାରୀମାନଙ୍କର ମଧ୍ୟ ଭୂମିକା ରହୁଛି। ନାରୀ ଜାଗରଣ, ନାରୀ ପ୍ରଗତି ବୋଲି ଆଜି ଯେଉଁ ସଭା ସମିତି ହେଉଛି, ସେଥିରେ ନାରୀର ଭୂମିକା ସ୍ୱଚ୍ଛ। ଏଣୁ ନାରୀ ଯେତେଦିନ ଯାଏ ନିଜକୁ ଦୁର୍ବଳ ମନେ କରୁଥିବ, ସେତେଦିନ ଯାଏଁ ଏହାର ପ୍ରତିକାର ହୋଇପାରିବ ନାହିଁ। ପ୍ରାବନ୍ଧିକଙ୍କ ଭାଷାରେ- "ତେଣୁ ଏ ନାରୀ ଜାଗରଣ ପ୍ରକୃତ ଜାଗରଣ ନୁହଁ। ଯେଉଁଦିନ ନାରୀମାନେ ପୁରୁଷର ଚକ୍ରାନ୍ତ ବୁଝି ନିଜର ମର୍ଯ୍ୟାଦା, ସ୍ୱାଧୀନତା ରକ୍ଷା କରିବା ପାଇଁ ଇଚ୍ଛା କରିବେ, ସେହିଦିନ ସେମାନଙ୍କର ପ୍ରକୃତ ଜାଗରଣ ହେଲା ବୋଲି ବୁଝିବାକୁ ହେବ।"[୧୪] ଶ୍ରୀଯୁକ୍ତ ମହାନ୍ତିଙ୍କ ଦ୍ୱିତୀୟ ପ୍ରକାଶିତ ପ୍ରବନ୍ଧ ପୁସ୍ତକଟି ହେଉଛି 'ଚିନ୍ତା-ଚେତନା' ଏଥିରେ ପ୍ରକାଶ ପାଇଥିବା ଅନେକ ରଚନା 'ସପ୍ତର୍ଷି' ପତ୍ରିକାରେ ପ୍ରକାଶିତ ହୋଇଥିଲା। ସେଥିରେ ଥିବା ପ୍ରବନ୍ଧ ଗୁଡିକ ହେଉଛି- 'ଆଧ୍ୟାତ୍ମିକ ସାଧନା ଓ ନାରୀ', 'ନିରକ୍ଷରତାର ରୂପ', 'ଭାଗ୍ୟ ବନାମ କର୍ମ', 'ସ୍ୱଭାବ ଛାଡ଼ିବି କେମନ୍ତେ', 'ଅନାହାର ମୃତ୍ୟୁ', 'ସମାଜରେ ଆର୍ଥିକ ବିଷମତା', ଓ 'ପରିବର୍ତ୍ତନ' ଭଳି କେତେକ ପ୍ରବନ୍ଧ ଦେଖିବାକୁ ମିଳେ।

ଚିତ୍ତରଞ୍ଜନ ଦାସ (୧୯୨୩-୨୦୧୦)

ସ୍ୱାଧୀନତା ପରବର୍ତ୍ତୀ ସମୟର ଜଣେ ସଫଳ ପ୍ରାବନ୍ଧିକ ଭାବେ ଚିତ୍ତରଞ୍ଜନ ଦାସଙ୍କ ପ୍ରତିଭା ଅବିସ୍ମରଣୀୟ। ଜଣେ ବହୁଭାଷା ଓ ଜ୍ଞାନର ପ୍ରବୀଣ ଅଧିକାରୀ ହୋଇଥିବା ଯୋଗୁଁ ତାଙ୍କ ଚିନ୍ତା ଚେତନାରେ ଜୀବନ, ଜଗତ ଠାରୁ ଆରମ୍ଭ କରି ଶିକ୍ଷା, ସଂସ୍କୃତି, ସାହିତ୍ୟ, ସମାଜ ଓ ସଭ୍ୟତା ଆଦି ବିଭିନ୍ନ ଉପାଦାନ ତାଙ୍କ ପ୍ରବନ୍ଧରେ ବିଷୟବସ୍ତୁ ରୂପେ ଦେଖିବାକୁ ମିଳେ। ତାଙ୍କ ପ୍ରବନ୍ଧପୁସ୍ତକ ଗୁଡ଼ିକ ମଧ୍ୟରେ 'ଶିଳା ଓ ଶାଳଗ୍ରାମ'(୧୯୫୮), 'ସମାଜ, ପରିବର୍ତ୍ତନ ଓ ବିକାଶ' (୧୯୮୬), 'କେତେ ଦିଗନ୍ତ' (୧୯୭୨), 'ତରଙ୍ଗ ଓ ତଡ଼ିତ୍'(୧୯୭୫), 'ମା ନିଶାଦ'(୧୯୭୫), 'ଏକଲବ୍ୟ କାହାଣୀ ଓ ଅନ୍ୟାନ୍ୟ ପ୍ରବନ୍ଧ'(୧୯୭୮), 'ଜାତିରେ ମୁଁ ଯବନ'(୧୯୭୮), 'ଶିକ୍ଷାରୁ ସଂକ୍ରମଣ'(୧୯୮୧) 'ସଂସ୍କୃତି ଓ ଓଡ଼ିଆ'(୧୯୮୧), 'ଗାନ୍ଧି ଗୋପବନ୍ଧୁ'(୧୯୮୧), 'ନଖ ଦର୍ପଣେନ'(୧୯୮୨), 'ପଶ୍ୟତି ଦିଶି ଦିଶି'(୧୯୮୬), 'ଅରମ୍ୟ ରଚନା'(୧୯୮୬), 'ଓଡ଼ିଶା ଓ

ଓଡ଼ିଆ'(୧୯୮୮), 'ବିଶ୍ୱକୁ ଗବାକ୍ଷ'(୧୯୯୪), 'ଶିକ୍ଷା ଓ ବିବେକ', 'ନେତା ଓ ନାରାୟଣ'(୧୯୯୦) ଇତ୍ୟାଦି।

ଶ୍ରୀଯୁକ୍ତ ଦାସଙ୍କ ପ୍ରବନ୍ଧରେ ମାନବ ସୁଲଭ ଗୁଣ ଠାରୁ ଆରମ୍ଭ କରି ଓଡ଼ିଶାର ସଂସ୍କୃତି ଓ ପରମ୍ପରାର ନିଚ୍ଛକ ଚିତ୍ର ସହିତ ଶିକ୍ଷାର ବିକାଶ ଏବଂ ଯୁବ ଶକ୍ତିର ଉନ୍ନତି କିପରି ରାଷ୍ଟ୍ର ପାଇଁ ମଙ୍ଗଳ ହେବ ସେ ସମ୍ପର୍କରେ ବର୍ଣ୍ଣନା କରିଛନ୍ତି। ତାଙ୍କ ମତାନୁସାରେ ଆଜିର ଏ ସମାଜକୁ ସେହିମାନେ ଗଢିଛନ୍ତି, ଯେଉଁମାନେ ସମକାଳୀନ ସମାଜ ଓ ଯୁଗକୁ ଅସ୍ୱୀକାର କରନ୍ତି। ସେମାନେ ଏ ସମାଜକୁ କେବଳ ଗଢିଛନ୍ତି ତାହା ନୁହଁ ପରିବର୍ତ୍ତନ ମଧ୍ୟ କରିଛନ୍ତି। ପ୍ରାବନ୍ଧିକଙ୍କ ମତରେ "ମାନି ନେଉଥିବା ମଣିଷ ଏହି ସଂସାରକୁ ଗଢି ନାହିଁ, ଅମାନିଆ ଗଢିଛି। ଯୁଗକୁ ମାନିନେବା ଓ ତାହାରି ସହିତ ଖାପ୍ ଖୁଆଇ ନେବାକୁ ଚେଷ୍ଟା କରୁଥିବା ମଣିଷ ଯୁଗର ଗ୍ରାସରେ ପଡ଼ିଯାଇଛି। ଯୁଗର ସୀମାକୁ ଏକମାତ୍ର ସୀମା ବୋଲି ମାନିନେବାକୁ ଅସ୍ୱୀକାର କରୁଥିବା ମଣିଷ ହିଁ ଯୁଗେ ଯୁଗେ ନୂଆ ଯୁଗର ଅବତାରଣା କରାଇଛି। କେବଳ ସେହି ଭ୍ରମ ଭିତରୁ ବାଟ ବତାଇଛି, ଅନ୍ଧାର ଭିତରେ ଆଲୁଅର ସତର୍କବାଣୀ ଶୁଣାଇଛି। ମାନି ନେଉଥିବା ମଣିଷ ଭୋଗ କରିଛି, ବଡ଼ ଲୋକ ହୋଇଛି, କିନ୍ତୁ ସୁଖର ଅଠା ଭିତରେ ସେ ଅଟକି ରହିଯାଇଛି।"(୧୫)

ସେମିତି 'ଜାତିରେ ମୁଁ ଯବନ' ପ୍ରବନ୍ଧରେ ଉଲ୍ଲେଖ କରିଛନ୍ତି- ପ୍ରତ୍ୟେକ ମଣିଷକୁ ଏଠାରେ ଯବନ ପରି ହେବା ଆବଶ୍ୟକ। ତେବେ ଯାଇ, ସେ ନିଜେ ନିଜର ଭୌତିକ ଚିନ୍ତାକୁ ପରିବର୍ତ୍ତନ କରିପାରିବ। ମଣିଷ ପାଇଁ ଏ ସଂସାର ଏକ ବିଶ୍ୱ ପରି। ସନ୍ନ୍ୟାସୀମାନେ ଆମର ଏହି ସଂସାରକୁ ବି ନୂଆ ଧାରାରେ ଗଢିବାଲାଗି ଅନୁରାଗ ଦେଖାଇଛନ୍ତି। ସଂସାରଟିକୁ ଏଠି ସମସ୍ତଙ୍କ ଘର ପରି ତିଆରି କରିବାରେ ଆଗ୍ରହ ଦେଖାଇଛନ୍ତି। ତେବେ ମାଳୀ ପରି କେତେ ଫୁଲକୁ ଗୋଟିଏ ସୂତାରେ ବାନ୍ଧିଲେ ଫୁଲ ହାରଟି ସଂପୂର୍ଣ୍ଣ ହେବ, ତାହା ସେ ଆଗରୁ ସ୍ଥିର କରିଥାଏ। ଜାତି ଓ ଉପଜାତି ପ୍ରଥାକୁ ଢାଲ କରି ଅସ୍ୱଚ୍ଛତା ମଧ୍ୟରେ ମଣିଷ ଯେତେ, ଯେଉଁଠି ବାଡ଼ ବସାଇ ଭାଗବାଣ୍ଟ କରି ସଂସାରଟାକୁ ଅସୁନ୍ଦର କରିପକାଇବାକୁ ମଧ୍ୟ ପଛାଉନାହିଁ। ବରଂ ସେମାନେ ସେଗୁଡ଼ିକୁ ସିଧା ଅସ୍ୱୀକାର କରୁଛନ୍ତି। ସନ୍ନ୍ୟାସୀମାନେ ଆମ ଭିତରେ ଥିବା ଅନେକ ଶୂନ୍ୟତା, ଅନେକ ଅହଂକାର, ଅନେକ ମଳିନତାକୁ ଧରେଇଦେବାକୁ ଆସନ୍ତି। କବିର ସନ୍ଥ ଥିଲେ ସେ କୌଣସି ନିର୍ଦ୍ଦିଷ୍ଟ ଜାତିର ଲୋକ ବୋଲି ନିଜର ପରିଚୟ ଦେଉ ନଥିଲେ। ଶ୍ରୀଯୁକ୍ତ ଦାସ ଏଠାରେ କହିଛନ୍ତି– "କୁମ୍ଭାର ହୋଇ ମୁଁ ହାଣ୍ଡି ଗଢେ, ଧୋବା ହୋଇ ମହଲ କାଚେ, ମୁଁ ମୋଚି ହୋଇ ଚମଡ଼ା ପାଗ କରେ, ମୁଁ ସବୁ ଜାତି ଉଦେଇ ଦେଇ

ସାରିଛି। ମୁଁ ତେଲି ହୋଇ ତେଲ ପେଡ଼େ, ପାପ ଓ ପୂଣ୍ୟ ମୋର ଦୁଇଟି ଆସନ, ପାଞ୍ଚଣ ବାଡେଇ ମୁଁ ପାଞ୍ଚ ବଳଦଙ୍କୁ ମୁଁ ଚଳାଏ, କ୍ଷତ୍ରୀୟ ହୋଇ ଖଣ୍ଡା ଧରି ମୁଁ ସକଳ ଯୁଦ୍ଧରେ ଯୁଦ୍ଧ କରେ। ମୁଁ ଭଣ୍ଡାରି, ମୁଁ ବଢେଇ, ମୁଁ ଅବଧୂତ, ଜୁଆଖେଳରେ ମୁଁ ଯମକୁ ହରାଇଦିଏ। ଶରୀରକୁ ଡଙ୍ଗା କରି ମନର ମଙ୍ଗ ଧରି ଜିହ୍ୱାର ଆହୁଲା ପକାଇ ମୁଁ ଭବସାଗର ପାରି ହୁଏ ଓ ସମସ୍ତଙ୍କୁ ପାର କରାଏ।"[୧୬] ଶ୍ରୀଯୁକ୍ତ ଦାସଙ୍କ ପ୍ରବନ୍ଧର ମୁଖ୍ୟ ବୈଶିଷ୍ଟ୍ୟ ହେଉ ଛି, ଯୁକ୍ତିନିଷ୍ଠ ବିଶ୍ଳେଷଣ, ଉଦ୍‌ବୋଧନ ଧର୍ମୀ ରଚନା, ସରଳ ଓ ସହଜ ଶବ୍ଦକୁ ଯାଦୁକରି ଶୈଳୀରେ ପ୍ରୟୋଗ, ବ୍ୟଙ୍ଗାତ୍ମକ ପ୍ରକାଶଭଙ୍ଗୀ ଇତ୍ୟାଦି।

ସର୍ବେଶ୍ୱର ଦାସ (୧୯୨୫-୨୦୦୯)

ସାଂପ୍ରତିକ ସମୟର ଅନ୍ୟତମ ସୁନାମଧନ୍ୟ ପ୍ରାବନ୍ଧିକ ଭାବେ ସର୍ବେଶ୍ୱର ଦାସଙ୍କୁ ଗ୍ରହଣ କରାଯାଇପାରେ। ଜଣେ ଆଧାତ୍ମିକ ଚେତନାବାଦୀ ହୋଇଥିବା ଯୋଗୁଁ, ତାଙ୍କ ପ୍ରବନ୍ଧରେ ଧର୍ମ ଓ ସଂସ୍କୃତି ମୂଳମନ୍ତ୍ର ରୂପେ ଦୃଶ୍ୟମାନ ହୁଏ। ତାଙ୍କ ପ୍ରବନ୍ଧକୁ ଦେଖିବାକୁ ଗଲେ ବୈଦିକ ସଂସ୍କୃତିଠାରୁ ଆରମ୍ଭ କରି ପ୍ରାଚ୍ୟ-ପାଶ୍ଚାତ୍ୟ ସାହିତ୍ୟ ତତ୍ତ୍ୱ, ସାଂପ୍ରତିକ ମଣିଷ ଜୀବନର ସମସ୍ୟା, ଆଧୁନିକ ସଭ୍ୟତାର କଳୁଷିତ ବାତାବରଣ, ମହାମନିଷୀଙ୍କ ଜୀବନାଲେଖ୍ୟ ଓ ବାସ୍ତବ ସମାଜର ପ୍ରତ୍ୟେକ ପରିସ୍ଥିତି ତାଙ୍କ ପ୍ରବନ୍ଧର ମୁଖ୍ୟ ସ୍ୱର। ତାଙ୍କ ରଚିତ ପ୍ରବନ୍ଧ ପୁସ୍ତକ ମଧ୍ୟରେ 'ବେଦ ବୈଭବ', 'ବୈଦିକ ପ୍ରବନ୍ଧାବଳୀ', 'ଋଗ୍ ବେଦରେ ନାଟକୀୟତା', ବେଦରୁ ଆଧୁନିକ' ଭଳି କେତେକ ପ୍ରବନ୍ଧ ପୁସ୍ତକ ଦେଖିବାକୁ ମିଳେ। ଯେଉଁଥିରେ ତାଙ୍କ ବିଚାର ଆଲୋଚନାର ମୂଲ୍ୟବୋଧ ଅନୁମେୟ କରିହୁଏ। ସେମିତି 'ଭାରତ ଓ ପାଶ୍ଚାତ୍ୟଧାରା', 'ସାହିତ୍ୟ ଓ ପରମ୍ପରା' ଆଦି ପୁସ୍ତକରେ ଚେତନାଧର୍ମୀ ଓ ଭାରତୀୟ ସଂସ୍କୃତିପ୍ରତି ଥିବା ଆତ୍ମଉତ୍ସର୍ଗ ଜାଗରଣ ଗୁଞ୍ଜରିତ ହୁଏ। ଯାହା ଜୀବନଜଗତ ଠାରୁ ସେ ଅନୁଭବ କରୁଥିଲେ, ତାହା ତାଙ୍କ ପ୍ରବନ୍ଧ ସାହିତ୍ୟରେ ସୌନ୍ଦର୍ଯ୍ୟତତ୍ତ୍ୱରେ ଅଭିମନ୍ତ୍ରିତ କରାଉଥିଲେ।

ମହାପାତ୍ର ନୀଳମଣି ସାହୁ (୧୯୨୬-୨୦୧୬)

ଗଳ୍ପ ଜଗତରେ ଖ୍ୟାତି ଅର୍ଜନ କରିଥିବା ମହାପାତ୍ର ନୀଳମଣି ସାହୁ ପ୍ରବନ୍ଧ ତଥା ରମ୍ୟରଚନା ଲେଖିବାରେ ଜଣେ ଧୂରୀଣ ସ୍ରଷ୍ଟା। 'ଧ୍ୱନି ଧ୍ୱନି ପ୍ରତିଧ୍ୱନି', 'ମନୁଷ୍ୟ ସ୍ୱାଧୀନ କି ?', 'ସ୍ୱପ୍ନ ସ୍ୱପ୍ନ ଅନେକ ସ୍ୱପ୍ନ', 'ଦେବଦାସର ଦୃଷ୍ଟିପାତ', 'କଳିଯୁଗର ଶେଷ ବେଳାରେ' ଆଦି ପ୍ରବନ୍ଧ ପୁସ୍ତକ ଗୁଡିକ ଉଚ୍ଚକୋଟିର ମନେ ହୁଏ। ସେ ତାଙ୍କ ରଚନାରେ ପ୍ରାଚୀନ ଐତିହ୍ୟ, ସଂସ୍କୃତି ଓ ପରମ୍ପରାକୁ ଚମତ୍କାର ଢଙ୍ଗରେ ପରିବେଷଣ

କରିପାରନ୍ତି। ସାମାଜିକ ବିଷୟ ବସ୍ତୁଠାରୁ ଆରମ୍ଭ କରି ରାଜନୀତି ପାଣିପାଗ, ସାହିତ୍ୟିକ ପୃଷ୍ଠଭୂମି, ସାଂସ୍କୃତିକ ବୈଚିତ୍ରତା, ଆଦି ଘଟଣାକୁ ବ୍ୟଙ୍ଗବିଦ୍ରୂପ କରି ପ୍ରବନ୍ଧରେ ନୂତନ ଜୀବନ୍ୟାସ ଦେଉଥିଲେ। ଏହି ଧର୍ମୀ ପ୍ରବନ୍ଧ ଗୁଡ଼ିକ ମଧ୍ୟରେ 'ଦୁର୍ଗାପୂଜା ପରେ', 'ଦୁର୍ନୀତି ସୌଭାଗ୍ୟ', 'ବୈମାତୃକ ନା ବୈପିତୃକ', 'ସ୍ୱମର୍ଯ୍ୟାଦା ଓ ଆତ୍ମମର୍ଯ୍ୟାଦା', 'ରାଜନୀତି ହଟାଅ', 'ରାଜନୀତିରେ କୂଟନୀତି ଓ କପଟଚାର', ଆଦି ପ୍ରବନ୍ଧ। ଜଣେ ନିର୍ଭୀକ ସ୍ରଷ୍ଟା ଭାବେ ସେ ରାଜନୀତି, ଶାସନ ଓ ପ୍ରଶାସନିକ ବ୍ୟବସ୍ଥାରେ ଥିବା ଅଧିକାରୀମାନଙ୍କୁ ସମାଲୋଚନା କରିବାରେ କୌଣସି ଅବହେଳା କରୁନଥିଲେ। 'ଦେବଦାସର ଦୃଷ୍ଟିପାତ'ରେ ସେ ଲେଖିଛନ୍ତି- "ଆମେ ସମାଜରେ ବିଭିନ୍ନ ସମ୍ପର୍କ ଭିତରେ ରହିଛେ। ଆମର ପ୍ରତ୍ୟେକର ରୁଚି, ନୀତି, ଆଦର୍ଶ, ଓ କର୍ମପନ୍ଥାରେ ବିଭେଦ ରହିବ, ପାର୍ଥକ୍ୟ ବି ରହିବ। ଆମେ ମଧ୍ୟ ଆବଶ୍ୟକ ପଡ଼ିଲେ ଅନ୍ୟ ବ୍ୟକ୍ତି ସହିତ ସଂଗ୍ରାମ କରିବା। ଗୋଟିଏ ମତବାଦ ବା ଆଦର୍ଶ ବିରୋଧରେ ଆମର ମତ ବ୍ୟକ୍ତ କରିବା। ଏହା ମଧ୍ୟ ହୋଇପାରେ ଯେ, ସମାଜର ଜଣେ ବିଶିଷ୍ଟ ବ୍ୟକ୍ତିଙ୍କ ନୀତି, କାର୍ଯ୍ୟ ମତବାଦ ବିରୋଧରେ ଆମକୁ ଠିଆ ହେବାକୁ ପଡ଼ିବ, ଏପରିକି ବିଦ୍ରୋହ ବିପ୍ଳବ ମଧ୍ୟ କରିବାକୁ ପଡ଼ିବ। ରାଜନୀତି, ସାହିତ୍ୟ, ସଂସ୍କୃତି, ଶାସନ ବା ପ୍ରଶାସନିକ କ୍ଷେତ୍ରରେ ଉଚ୍ଚାସନ ଅଧିରତ କୌଣସି ବ୍ୟକ୍ତି ବିଶେଷଙ୍କ କାର୍ଯ୍ୟ ସମ୍ବନ୍ଧେ ଆମକୁ ସ୍ପଷ୍ଟ ସମାଲୋଚନା କରିବାକୁ ପଡ଼ିପାରେ।"(୧୭) ଦୈନନ୍ଦିନ ପ୍ରକାଶ ପାଉଥିବା ଖବର କାଗଜରେ ପ୍ରାବନ୍ଧିକ କେତେକ ସ୍ତମ୍ଭ ପ୍ରକାଶ କରି, ସାଂପ୍ରତିକ ସମୟର ଚିନ୍ତା ଚେତନାକୁ ବିଶ୍ଳେଷଣ କରିଛନ୍ତି। ଚିନ୍ତାମୂଳକ ଓ ସମସ୍ୟାଭିତ୍ତିକ ପ୍ରବନ୍ଧ ସହିତ ବୌଦ୍ଧିକ ବିଚାର ଓ ହାସ୍ୟା ରସାତ୍ମକ ବାକ୍ୟ ଗଠନ ତାଙ୍କ ପ୍ରବନ୍ଧକୁ ଲୋକପ୍ରିୟ କରିପାରିଛି।

ଶ୍ରୀନିବାସ ମିଶ୍ର (୧୯୨୭)

ଜଣେ ସଫଳ ସମାଲୋଚକ, ପ୍ରାବନ୍ଧିକ, ଗବେଷକ, ସମ୍ପାଦକ ଏବଂ ଅନୁବାଦକ ଭାବେ ଓଡ଼ିଆ ସାହିତ୍ୟରେ ଖ୍ୟାତି ଅର୍ଜନ କରିଛନ୍ତି ଶ୍ରୀଯୁକ୍ତ ମିଶ୍ର। ଓଡ଼ିଆ ଭାଷା ସାହିତ୍ୟର ଉନ୍ନତି କରିବା ଥିଲା ତାଙ୍କର ମୂଳଲକ୍ଷ୍ୟ। ଏହି ଦିଗରେ ସେ ଓଡ଼ିଆ ଭାଷାର ପ୍ରାୟୋଗିକ ଶୁଦ୍ଧତା ନିମନ୍ତେ ସତଚେଷ୍ଟିତ ହୋଇଥିଲେ। 'ଝଙ୍କାର' ଓ 'ସମାଜ' ପତ୍ରିକାର ପ୍ରକାଶିତ କେତେକ ପ୍ରବନ୍ଧକୁ ନେଇ ୧୯୬୭ ରେ ତାଙ୍କର ପ୍ରଥମ ପ୍ରବନ୍ଧ ପୁସ୍ତକ 'ସାହିତ୍ୟ କଥା' ପ୍ରକାଶ ପାଏ। ଯେଉଁଥିରେ ସାହିତ୍ୟରେ ଥିବା ମୌଳିକ ସମସ୍ୟା ଓ ବ୍ୟକ୍ତି ସଚେତନତାର ଉଚିତ୍ ପଦକ୍ଷେପ ସମ୍ପର୍କରେ ଆଲୋଚନା କରାଯାଇଛି। ଏଥିରେ ଥିବା ପ୍ରବନ୍ଧ ଗୁଡ଼ିକ ହେଲା 'ସାହିତ୍ୟ ସୃଷ୍ଟି, ସ୍ରଷ୍ଟା ଓ ସହୃଦୟ',

'କାବ୍ୟର ଆତ୍ମା', 'ନାଟକର ଇତିବୃତ', 'ସର୍ବଜନନୀର କଳା ନାଟକ', 'ସାହିତ୍ୟରେ ଅନ୍ତର୍ନିହିତ ଉପଦେଶକତା', 'ସାହିତ୍ୟରେ ମାନବିକତାର ଆବେଦନ', 'ସାହିତ୍ୟ ଓ ଆଧୁନିକ ଜଗତ', 'ସମୀକ୍ଷା ରୀତି ଓ ଓଡ଼ିଆ ସମାଲୋଚନା ସାହିତ୍ୟ', ପ୍ରଭୃତି ପ୍ରବନ୍ଧ ଦେଖାଯାଏ। ମନୁଷ୍ୟ ଓ ପ୍ରକୃତି ମଧ୍ୟରେ ସାହିତ୍ୟ ହେଉଛି ପ୍ରତିବିମ୍ବ। ପ୍ରତ୍ୟେକ ବ୍ୟକ୍ତି ମଧ୍ୟରେ ସ୍ୱୟଂ ସୃଜନଶୀଳତା ଜାଗରଣ ହେଲେ, ସେ ଉନ୍ନତ ଜୀବନ ଧାରଣ କରିବା ସହିତ ଏହି ସଂସାରଟି ମଧ୍ୟ ଈଶ୍ୱରମୟ ହୋଇଯିବ। ଏଥିପାଇଁ ଅଗ୍ନିପୁରାଣରେ କୁହାଯାଇଛି ଯେ, କବି ହେଉଛନ୍ତି ଦ୍ୱିତୀୟ ପ୍ରଜାପତି ସଦୃଶ୍ୟ। ପ୍ରଫେସର ମିଶ୍ର 'ସାହିତ୍ୟରେ ମାନବିକତାର ଆବେଦନ' ପ୍ରବନ୍ଧରେ ଏଥିପାଇଁ କହିଛନ୍ତି–"ଆତ୍ମଗତ ଭାବୋଚ୍ଛ୍ୱାସକୁ ପ୍ରକାଶ କରିବାର ଅଦମ୍ୟ ଆକାଂକ୍ଷାରୁ ସାହିତ୍ୟ ଜନ୍ମଲାଭ କରିଥିଲେ ସୁଦ୍ଧା ସମୂହ ଭାବରେ ମାନବିକତାର ପ୍ରଖ୍ୟାପନ, ମାନବ ମହିମାର ପ୍ରତିଷ୍ଠା ଓ ମାନବ କଲ୍ୟାଣ ସାଧନ ସାହିତ୍ୟର ପ୍ରଧାନ ଉଦ୍ଦେଶ୍ୟ। ଯେଉଁ ସାହିତ୍ୟରେ ଏହି ଉଦ୍ଦେଶ୍ୟ ଯେତେ ପ୍ରକଟିତ, ସେ ସୃଷ୍ଟି ସେତେ ସଫଳ। ମାନବିକତାର ଉଦାର ମହିମା କୀର୍ତ୍ତନ କରି ସାହିତ୍ୟ ମନୁଷ୍ୟ ହୃଦୟରେ ଚିରନ୍ତନ ପ୍ରତିଷ୍ଠା ଲାଭ କରେ। ସୃଷ୍ଟିକୁ ଅମର କରିବାରେ ହିଁ ସ୍ରଷ୍ଟାର ଆନ୍ତରିକ କାମନା ନିହିତ।"[୧୮]

ବୈକୁଣ୍ଠନାଥ ରଥ (୧୯୨୮-୧୯୯୯)

ସାଂପ୍ରତିକ ସମୟର ଜଣେ ଚିନ୍ତାଧର୍ମୀ ପ୍ରାବନ୍ଧିକ ଭାବେ ଖ୍ୟାତି ଆର୍ଜନ କରିଥିବା ପ୍ରାବନ୍ଧିକ ହେଉଛନ୍ତି ବୈକୁଣ୍ଠନାଥ ରଥ। ତାଙ୍କ ରଚିତ ପ୍ରବନ୍ଧ ପୁସ୍ତକ ମଧ୍ୟରେ 'ଓଡ଼ିଆ ଗଦ୍ୟ ସାହିତ୍ୟ'(୧୯୬୮), 'ଜାତି ଓ ଜାଗୃତି'(୧୯୭୫), 'ଚିନ୍ତା ଓ ଚରିତ', 'ସାହିତ୍ୟର ଆକାଶ'(୧୯୮୬), 'ବିନ୍ଦୁ ଓ ବିସ୍ତାର'(୧୯୯୧), 'ଚର୍ଯ୍ୟା ଓ ଚର୍ଚ୍ଚା'(୧୯୯୮), ଏବଂ 'ଗବାକ୍ଷ'(୧୯୯୯) ଆଦି ରଚିତ। ଶ୍ରୀଯୁକ୍ତ ରଥଙ୍କ ପ୍ରବନ୍ଧ ଗୁଡ଼ିକ ବିଶେଷକରି ଚରିତମୂଳ, ସାହିତ୍ୟଧର୍ମୀ, ଦାର୍ଶନିକ, ସାମାଜିକ, ରାଜନୈତିକ ଭଳି ଦିଗ ଉପରେ ପର୍ଯ୍ୟବେଶିତ। ଚରିତମୂଳକ ପ୍ରବନ୍ଧ ମଧ୍ୟରେ- 'ଗୋପାଳକୃଷ୍ଣଙ୍କ କବିତାର ବିଚାର', 'ଶଶିସେଣା କାବ୍ୟ', 'ଫକୀରମୋହନଙ୍କ ଗଳ୍ପରେ ଆଧୁନିକ ଶିକ୍ଷାପ୍ରାପ୍ତ ଚରିତ୍ର', 'ନନ୍ଦକିଶୋର ଓ କନକଲତା', 'ଓଡ଼ିଆ ସାହିତ୍ୟରେ ପଣ୍ଡିତ ଗୋପବନ୍ଧୁ', 'ରାଜକବି ସଚ୍ଚିଦାନନ୍ଦ' ଇତ୍ୟାଦି ସାହିତ୍ୟଧର୍ମୀ ଓ ତାଙ୍କ ଚିନ୍ତାମୂଳକ ପ୍ରବନ୍ଧ ମଧ୍ୟରେ- 'ଲେଖା ଓ ଲେଖକର ଜୀବନ', ଆଧୁନିକ ସମାଜ ଓ ଲେଖକ', 'କହି ଜାଣିଲେ', 'କଳା ଓ ପ୍ରତାରଣା' ଭଳି କେତେକ ରଚନା ଦେଖିବାକୁ ମିଳେ। ପ୍ରାବନ୍ଧିକ ରଥ ସ୍ୱାଧୀନତା ପରବର୍ତ୍ତୀ ସମୟରେ ଘଟୁଥିବା କେତେକ ଜୀବନ୍ତ ନମୁନାକୁ

ତାଙ୍କ ପ୍ରବନ୍ଧରେ ଆବଦ୍ଧ କରିଛନ୍ତି । ସମାଜର ଅନେକ ସ୍ତରରେ କେତେକ ସାମାଜିକ ଅସମାଜିକ ତଥା ମୁଷ୍ଟିମେୟ ଯୁବକଙ୍କୁ ଉପଜୀବ୍ୟ କରି 'ଦାଦା' ପ୍ରବନ୍ଧରେ ରଚନା କରିଛନ୍ତି । ପ୍ରାବନ୍ଧିକଙ୍କ ରଚନାର ସବୁଠାରୁ ବଳିଷ୍ଠ ଉପାଦାନ ହେଉଛି, ବ୍ୟଙ୍ଗ ବିଦ୍ରୂପ ଶୈଳୀରେ ପ୍ରବନ୍ଧ ରଚନା କରି ସମାଜକୁ ସଚେତନ କରାଇବା ସହ ଗୁରୁଗାମ୍ଭୀର୍ଯ୍ୟ ବାକ୍ୟ ଏବଂ ରାଜନେତାମାନଙ୍କର ସମାଜପ୍ରତି ଥିବା ବକ୍ରଦୃଷ୍ଟିକୁ ସେ ଅତି ଚମତ୍କାର ଢଙ୍ଗରେ ବର୍ଣ୍ଣନା କରିଛନ୍ତି । ସାଂପ୍ରତିକ ରାଜନୀତି ଗୋଟିଏ ଫେସନରେ ପରିଣତ ହେଲାଣି । ଫଳରେ ନବାଗତ ଯୁବକମାନେ ଏଥିରେ ପ୍ରବେଶ କରିବାକୁ ବେଶ୍ ଆଗ୍ରହୀ ଜଣାପଡୁଛନ୍ତି । ଯାହାକୁ ପ୍ରାବନ୍ଧିକ ବର୍ଣ୍ଣନା କରିବାକୁ ଯାଇ ଲେଖିଛନ୍ତି- "ସ୍ୱାଧୀନତା ପରେ ରାଜନୀତି ଆୟ କରିବା ଏକ ସଂସ୍ଥାରେ ପରିଣତ ହେଲା । ଅଧିକ ଯୁବକ ରାଜନୀତିକୁ ମୁହେଁଇଲେଣି, ପ୍ରତି ଗାଁରେ ଭିନ୍ନ ଭିନ୍ନ ରାଜନୀତି ଦଳର ଲୋକେ । ସେମାନେ ଦଳୀୟ ଆଦର୍ଶ କି ତତ୍ତ୍ୱ ବୁଝନ୍ତି ନାହିଁ । ଗାଁ ଲାଗି କି ଦେଶ ଲାଗି ଭାବନ୍ତି ନାହିଁ ।"[୧୯]

ପ୍ରାବନ୍ଧିକ ରଥଙ୍କ ରଚିତ 'ବିନ୍ଦୁ ଓ ବିସ୍ତାର' ପ୍ରବନ୍ଧର ସଙ୍କଳନରେ ଥିବା 'ଅପରାହ୍ଣର ଚିନ୍ତା' ପ୍ରବନ୍ଧରେ ପ୍ରକୃତିର ରମଣୀୟ ରୂପ ସବୁଜ ବନାନୀର ମନୋରମ ଦୃଶ୍ୟ ପ୍ରାବନ୍ଧିକଙ୍କୁ ବିମୁଗ୍ଧ କରିଛି, ଫଳତଃ ପ୍ରାବନ୍ଧିକ ଏଥିରେ କାବ୍ୟିକ ପରିଭାଷାରେ ପ୍ରବନ୍ଧଟି ରଚନା କରିଛନ୍ତି । ପ୍ରାବନ୍ଧିକ ରଥଙ୍କ ପ୍ରବନ୍ଧରେ କେବଳ ସମାଜ କିମ୍ବା ଶିକ୍ଷା ଓ ପ୍ରକୃତିକୁ ନେଇ ପ୍ରବନ୍ଧମାନ ଦେଖାଯାଏ ନାହିଁ ବରଂ, ପୁରାଣର ଚରିତ୍ର ଓ କଥାବସ୍ତୁ, ବିଜ୍ଞାନର ଅଗ୍ରଗତି, ଶିକ୍ଷାର ବାସ୍ତବ ରୂପଚିତ୍ର ଆଦି ତାଙ୍କ ପ୍ରବନ୍ଧରେ ମଧ୍ୟ ଦୃଶ୍ୟମାନ ହୁଏ ।

ପଠାଣି ପଟ୍ଟନାୟକ (୧୯୨୮ -୨୦୧୭)

ସଫଳ ସମୀକ୍ଷକ ଭାବେ ଖ୍ୟାତି ଅର୍ଜନ କରିଥିବା ପଠାଣି ପଟ୍ଟନାୟକ ଓଡ଼ିଆ ପ୍ରବନ୍ଧ ସାହିତ୍ୟରେ ଜଣେ ଧୂରୀଣ ସ୍ରଷ୍ଟା ରୂପେ ଗ୍ରହଣୀୟ । ତାଙ୍କ ପ୍ରବନ୍ଧ ପୁସ୍ତକ ମଧ୍ୟରେ 'ସାହିତ୍ୟରେ ସଙ୍କଟ', 'ବିପ୍ଳବୀ ନେତା ଧରଣୀଧର', 'ଜୟଦେବ ବଙ୍ଗାଳୀ କି ଓଡ଼ିଆ', 'ସାହିତ୍ୟ ମନୀଷା', 'ସମାଜ ଓ ସାହିତ୍ୟ', 'ସାହିତ୍ୟ ଓ ସଂସ୍କୃତି', 'ଶ୍ରୀଜଗନ୍ନାଥ ଓ ଆଧ୍ୟାତ୍ମିକ ଚେତନା' ଇତ୍ୟାଦି ବେଶ୍ ସ୍ମରଣୀୟ । ପ୍ରାବନ୍ଧିକ ଜଣେ ସଚେତନଧର୍ମୀ ସମାଜ ସଂସ୍କାରକ ହୋଇଥିବାରୁ ତାଙ୍କ ପ୍ରବନ୍ଧରେ ସମାଜ ସଂସ୍କାରର ଯେତେସବୁ ମୂଲ୍ୟବୋଧ ଗୁଞ୍ଜରିତ ହୁଏ । ଦୁଇ ଦୁଇଟି ବିଶ୍ୱଯୁଦ୍ଧ ପରେ ମଣିଷର ଅବକ୍ଷୟ ମନ ଅସଂଯତ ହୋଇପଡ଼ିଛି । ଏଥିପାଇଁ ପ୍ରାବନ୍ଧିକ 'ବିଂଶ ଶତାବ୍ଦୀ ଭସ୍ମାସୁର'

ପ୍ରବନ୍ଧରେ ସମାଜର ଅନେକ ଗୁଡ଼ିଏ ପରିବର୍ତ୍ତିତ ଚିତ୍ର ଆମ ସାଂସ୍କୃତିକ ଜୀବନକୁ ଧ୍ୱଂସ କରିବାରେ ସଫଳ ହୋଇଛି। ଜୀବନର ସର୍ବୋଚ୍ଚ ଲକ୍ଷ୍ୟଟି ବିଶୃଙ୍ଖଳାର ପଥର ତଳେ ନିଷ୍ପେସିତ ହୋଇଯାଉଛି। ଅହଂକାର ସର୍ବସ୍ୱ ଆଧୁନିକ ମଣିଷ ଏବେ ନିଜର ଆଧିପତ୍ୟ ବିସ୍ତାର କରିବା ପାଇଁ ପାଶବିକତାର ଫାଶ ବିଛାଉଛି। ଫଳ ସ୍ୱରୂପ ସାଂପ୍ରତିକ ସମୟରେ ମାନବିକ ମୂଲ୍ୟବୋଧର ସ୍ଖଳନ ଘଟୁଛି।

ଜଣେ ସଫଳ ସାହିତ୍ୟ ସମୀକ୍ଷକ ହୋଇଥିବାରୁ ୧୯୯୮ ପ୍ରକାଶିତ 'ସାହିତ୍ୟ ମନୀଷା' ପ୍ରବନ୍ଧରେ ତିନିଗୋଟି ଦୀର୍ଘ ପ୍ରବନ୍ଧ ଆଲୋଚନା କରିଛନ୍ତି। ଏଥିରେ ସାହିତ୍ୟ ସହିତ ଓଡ଼ିଆ ଜାତିର ଇତିହାସ, ଓଡ଼ିଆ ସମ୍ବାଦ ପତ୍ରର ବିକାଶ, ଭାଷା ଆନ୍ଦୋଳନର ଭୂମିକା ଆଦି ସମ୍ପର୍କରେ ବର୍ଣ୍ଣନା କରିଛନ୍ତି। ସେମିତି 'ସାହିତ୍ୟ ଓ ସମାଜ' ପ୍ରବନ୍ଧ ପୁସ୍ତକଟି ୧୯୭୫ ମସିହାରେ ପ୍ରକାଶ ପାଏ। ଏଥିରେ ସର୍ବମୋଟ ଅଠରଟି ପ୍ରବନ୍ଧ ସ୍ଥାନିତ। ବିଶେଷକରି ଏହି ପ୍ରବନ୍ଧ ଗୁଡ଼ିକ ସାହିତ୍ୟ, ସମାଜ ଏବଂ ସଂସ୍କୃତି ଆଦି ନାମରେ ତିନି ଭାଗରେ ବିଭକ୍ତ। ଓଡ଼ିଶାରେ ଜଗନ୍ନାଥ ସଂସ୍କୃତିକୁ ନେଇ 'ଶ୍ରୀଜଗନ୍ନାଥ ଓ ଆଧ୍ୟାତ୍ମିକ ଚେତନା' ନାମରେ ଏକ ସମାଲୋଚନାତ୍ମକ ପ୍ରବନ୍ଧ ପୁସ୍ତକ ୧୯୯୩ ପ୍ରକାଶ କରିଥିଲେ। ଏଥିରେ ଥିବା ବାଇଶଟି ପ୍ରବନ୍ଧ ରାମାୟଣରେ ଥିବା ରାମ ଓ ଜଗନ୍ନାଥ ସଂସ୍କୃତି ଉପରେ ଆଧାରିତ। ପଟ୍ଟନାୟକଙ୍କ ପ୍ରବନ୍ଧ ଗୁଡ଼ିକ ବିଶେଷ କରି ଗବେଷଣା ଧର୍ମୀ ହୋଇଥିବାରୁ, ସେଥିପାଇଁ ସେ ବିଦଗ୍ଧ ପାଠକଙ୍କ ପାଖରେ ସେ ବେଶ୍ ଆଦୃତି ଲାଭ ପାଇପାରିଛନ୍ତି।

ପ୍ରାବନ୍ଧିକ ଚନ୍ଦ୍ରଶେଖର ରଥ (୧୯୨୯-୨୦୧୮)

ବଳିଷ୍ଠ ଔପନ୍ୟାସିକ ତଥା ଜଗନ୍ନାଥ ପ୍ରେମୀ ଚନ୍ଦ୍ରଶେଖର ରଥ ଓଡ଼ିଆ ପ୍ରବନ୍ଧ ଜଗତରେ ଜଣେ ପ୍ରତିଭା ସମ୍ପନ୍ନ ବ୍ୟକ୍ତିତ୍ୱ। ତାଙ୍କ ଜୀବନର ଗଭୀର ଅନୁଭୂତି ଓ ଭାବନାର ଗାମ୍ଭୀର୍ଯ୍ୟପୂର୍ଣ୍ଣ ଆବେଗକୁ ଆଧ୍ୟାତ୍ମିକପଥ ଦେଇ ପ୍ରବନ୍ଧରେ ପ୍ରତିଫଳିତ କରାଇଛନ୍ତି। ସେ ଉଭୟ ପ୍ରାଚ୍ୟ ଓ ପାଶ୍ଚାତ୍ୟ ଦାର୍ଶନିକଙ୍କୁ ଯଥେଷ୍ଟ ମାତ୍ରାରେ ଅନୁସରଣ କରିଛନ୍ତି। ସେମାନଙ୍କ ମଧ୍ୟରେ ଭାରତୀୟ ଦାର୍ଶନିକ ତଥା ଯୁଗଜନ୍ମା ବୁଦ୍ଧ, ଶଙ୍କରାଚାର୍ଯ୍ୟ, ଶ୍ରୀଅରବିନ୍ଦ ଆଦିଙ୍କ ଠାରୁ ଆରମ୍ଭ କରି ପାଶ୍ଚାତ୍ୟ ମହାମନୀଷୀ ସକ୍ରେଟିସ୍, ପ୍ଲେଟୋ, ଆରିଷ୍ଟୋଟଲ, କାମ୍ୟୁ, ସାର୍ତ୍ରେ, ସିଗ୍ମଣ୍ଡ ଫ୍ରଏଡ୍, ବ୍ରାଡଲେ ଆଦିଙ୍କ ଦର୍ଶନରେ ଅନୁପ୍ରାଣିତ ହୋଇଥିଲେ। ତାଙ୍କ ରଚିତ ପ୍ରବନ୍ଧ ସଂକଳନ ଗୁଡ଼ିକ ମଧ୍ୟରେ 'ମନ ଅରଣ୍ୟ'(୧୯୭୧), 'ଦୃଷ୍ଟି ଓ ଦର୍ଶନ'(୧୯୭୧), 'ଏ ଯେଉଁ ପୃଥିବୀ'(୧୯୭୫), 'ମୁଁ ସତ୍ୟଧର୍ମା କହୁଛି'(୧୯୭୭), 'ମଧୁସନ୍ଧାନ'(୧୯୭୮), 'ଉତ୍ତରଅରଣ୍ୟ'

(୧୯୮୦), 'ଅଶ୍ରୁତ ସ୍ୱର'(୧୯୮୧), 'କ୍ରୀତଦାସର ସ୍ୱପ୍ନ'(୧୯୮୧) ଏବଂ 'ରଥସପ୍ତକ' (୧୯୮୩) ପରି କେତକ ପୁସ୍ତକ ରଚନା କରିଛନ୍ତି। ତାଙ୍କ ପ୍ରବନ୍ଧର ଭାବଧାରାକୁ ଆମେ ବିଶେଷତଃ ଆଧ୍ୟାତ୍ମିକ, ସାହିତ୍ୟଧର୍ମୀ, ଅଲୌକିକ ଚିନ୍ତନ ଏବଂ ସୂକ୍ଷ୍ମ ମାନବିକ ମୂଲ୍ୟବୋଧର ବିଚାରରେ ଆଲୋଚନା କରିପାରିବା।

'ରଥସପ୍ତକ' ପ୍ରବନ୍ଧରୁ ସେ ଜଣେ ଆସ୍ତିକ ଚିନ୍ତା ଚେତନାର ଦାର୍ଶନିକ ଭାବେ ଓଡ଼ିଆ ପ୍ରାବନ୍ଧ ସାହିତ୍ୟ ଜଗତରେ ପରିଚିତ। ତାଙ୍କ ପ୍ରବନ୍ଧରେ ଏକ ପ୍ରକାର ନାଟକୀୟ ଉତ୍କଣ୍ଠା ରହିଥିବାରୁ ପାଠକୀୟ ବିମୁଖତା ଦେଖିବାକୁ ମିଳେ ନାହିଁ। ଏଣୁ 'ରଥସପ୍ତକ' ପ୍ରବନ୍ଧଟିକୁ ଅଧ୍ୟୟନ କଲେ ଗଦ୍ୟମଧ୍ୟରେ ଏକପ୍ରକାର ପଦ୍ୟର ଆଭାସ ସ୍ଫୁରିତ ହୁଏ। ଯେମିତି "ଅଞ୍ଜଳିବିଦ୍ଧ ହୋଇ ମୋର ହାତ ଯୋଡ଼ିକ ଯଦି କଟାଳ କରନ୍ତି ଯେ, ସେମାନଙ୍କର ଚରମ ଅଭିଳାଷ ଚରିତାର୍ଥ କରିବାକୁ ସେମାନେ ପ୍ରଭୁର ଗରୁଡ଼ ଖମ୍ବକୁ କୁଣ୍ଢାଇବେ; ଗୋଡ଼ ଯୋଡ଼ିକ ଥାଇ କହନ୍ତି ଯେ, ଶରଧା ବାଲିରେ ଘଡ଼ିଏ ମାତ୍ର ଠିଆହେବେ ଏବଂ ଆଖି ଯୋଡ଼ିକ ଅପଲକ ଶୂନ୍ୟକୁ ଚାହିଁ ଯାଚନା କରନ୍ତି ଯେ, ପ୍ରଭୁର ଚକା ନୟନରେ ଥରେ ପଖାଳି ହେବେ- ତେଣିକି ମୋର ଆଉ କ'ଣ ଆୟତ୍ତ ଥାଇପାରେ? ମୋ ବଚନ ସତ୍ୟ, ସୁଧିଜନେ! ମୋ ଅଙ୍ଗେ ଅଙ୍ଗେ ଉତ୍କଣ୍ଠା, ରୋମେ ରୋମେ ଉନ୍ମୁଖତା, ମୋର ଶାଖାରେ ଶାଖାରେ ଗୋଟିଏ ମାତ୍ର ଶ୍ୟାମଳ ସତ୍ୟ ପଲ୍ଲବିତ! ମୁଁ କ୍ଷେତ୍ର ଯିବି ସୁଧି ଜନେ! ମୋତେ ବାଟ କାଢି ନେଇଯାଅ! ସଂସାର, ହୁଗୁଳି ଯାଅ ମୋ ପଦରେ, ମୋତେ ମୁକ୍ତ କର! କର୍ମ ଜଞ୍ଜାଳ, ଖସିପଡୁ ମୋ ହାତ ଯୋଡ଼ିକରୁ, ମୋତେ ସ୍ୱଚ୍ଛନ୍ଦ କର, ସହଜ କର,! ମୋ ଆଖିଯୋଡ଼ିକରୁ ପୁଛି ହୋଇଯାଉ ମୋହାଞ୍ଜନ। ମୋତେ ଦୃଷ୍ଟି ଦିଅ! ହେ ଦଶ ଦିଗପାଳ, ମୋତେ ଧରି ରଖ! ଦେବତା, ଗନ୍ଧର୍ବ, ଯକ୍ଷ ରକ୍ଷାଦି ମୋତେ ବେଢ଼ିରହି। ହେ ମୋର ଅଗଣିତ ପିତୃପୁରୁଷ, ମୋ ପଛରେ ଠିଆ ହୁଅ! ମୁଁ କ୍ଷେତ୍ର ଯିବି! ମୁଁ କ୍ଷେତ୍ର ଯିବି! ମୁଁ କ୍ଷେତ୍ର ଯିବି! ମୁଁ କ୍ଷେତ୍ର ଯିବି!!!।"[୨୦] ଭକ୍ତଟିର ଆର୍ତ୍ତନାଦ ଓ ସମର୍ପଣ ଭାବନା ଉକ୍ତ ପ୍ରବନ୍ଧରେ ଦେଖିବାକୁ ମିଳେ। ମନେ ହୁଏ ସତେ ଯେମିତି ପ୍ରାବନ୍ଧିକ ପଞ୍ଚେଇନ୍ଦ୍ରିୟର ସମସ୍ତ ସୀମା ରେଖାକୁ ଅତିକ୍ରମ କରି ଭଗବାନଙ୍କ ପାଖରେ ନିଜକୁ ସମର୍ପିତ କରିଛନ୍ତି।

ରବୀନ୍ଦ୍ରମୋହନ ସେନାପତି (୧୯୨୯)

ସାଂପ୍ରତିକ ସମୟରେ ଅନ୍ୟତମ ସଫଳ ପ୍ରାବନ୍ଧିକ ଭାବେ ରବୀନ୍ଦ୍ରମୋହନ ସେନାପତି ଅତି ଜଣାଶୁଣା। ତାଙ୍କ ସୃଷ୍ଟିଗୁଡିକ ରମ୍ୟରଚନା ଧର୍ମୀ ହୋଇଥିବାରୁ ତାହା

ପାଠକୀୟ ଆଦୃତ ହୋଇପାରିଛି । ତାଙ୍କ ରଚନାର ଶୈଳୀ କାବ୍ୟିକ ଧର୍ମୀ ଏବଂ ବୌଦ୍ଧିକ ବିଚାର ବିମର୍ଶ ରହିଥିବା ଯୋଗୁଁ ତାହା ପଢିବାକୁ ସୁଖ ପ୍ରଦହୁଏ । ତାଙ୍କ ପ୍ରବନ୍ଧ ଗୁଡ଼ିକ ମଧ୍ୟରେ 'ଓଡ଼ିଶାରେ ପ୍ରତ୍ନତାତ୍ତ୍ୱିକ କାର୍ଯ୍ୟ', 'ବିଲୁଆ ବିଚାର', 'ଉତ୍କଳ ଦିବସର ଅନୁଚିନ୍ତା', 'ଓଡ଼ିଶାର ପଲ୍ଲୀ ପାଠାଗାର', 'ମଠରେ ଖାଏ ଖଟରେ ସୁଏ', 'କାମଲ ସାମ୍ବାଦିକତାର ନଗ୍ନ ରୂପ' ଆଦି ପ୍ରବନ୍ଧରେ ଛାତ୍ରଛାତ୍ରୀମାନେ କିପରି ଭବିଷ୍ୟତର ରାଷ୍ଟ୍ର ନିର୍ମାଣ କରିପାରିବେ ଓ ଜୀବନକୁ ଉଚିତ୍ ମାର୍ଗରେ ଅନୁସରଣ କରାଇପାରିବେ ତାହା ସେ ବର୍ଣ୍ଣନା କରିଛନ୍ତି ।

ସେମିତି ସାଂପ୍ରତିକ ସମୟର ରାଜନୀତିକ ବ୍ୟବସ୍ଥା ଏବଂ ପ୍ରଶାସନିକ ସ୍ତରରେ ଦେଖାଯାଉଥିବା ଅଭାବ ଅସୁବିଧାକୁ ସେ 'ନେତୃତ୍ୱର ଦିଗ', 'ବିଚାର ବ୍ୟବସ୍ଥା', 'ଓଡ଼ିଆଙ୍କ ଆତ୍ମଗ୍ଲାନି', 'ମୁଁ ରେଡ଼ିଓ କହୁଛି', 'ପ୍ରଶାସନିକ କଳ', 'ନାଚ ନାଚ ନାଚରେ', 'ଭୁବନେଶ୍ୱରରୁ ହାଇଦ୍ରାବାଦ', 'ଚାକିରି କରିବ ପୋଲିସ, ମାଛ ଖାଇବା ଇଲିଶ' ଭଳି ପ୍ରବନ୍ଧରେ ବର୍ଣ୍ଣନା କରିଛନ୍ତି । ଆମ ସମଜରେ ଏହା ବର୍ତ୍ତମାନ ଏକ ଦୈନନ୍ଦିନ ଘଟଣାରେ ରୂପାନ୍ତରିତ ହେଲାଣି । ସେନାପତି ବାବୁଙ୍କ ରଚନାରେ ଇଂରେଜୀ ସାହିତ୍ୟିକ ଜେ. ବି ପ୍ରିଷ୍ଟଲଙ୍କ ପ୍ରଭାବ ସହିତ ଓଡ଼ିଆ ସାହିତ୍ୟର ବଳିଷ୍ଠ ରମ୍ୟରଚନାକାର ଫକୀରମୋହନ ସେନାପତିଙ୍କ ଠାରୁ ଗୋବିନ୍ଦ ତ୍ରିପାଠୀଙ୍କ ପର୍ଯ୍ୟନ୍ତ ରଚନା ଶୈଳୀରେ ସମପରିମାଣର ପ୍ରଭାବ ଦେଖିବାକୁ ମିଳେ ।

କେବଳ ସେତିକି ନୁହେଁ, ଓଡ଼ିଶାର କଳା, ସାହିତ୍ୟ ଓ ଭାସ୍କର୍ଯ୍ୟ ପ୍ରତି ପ୍ରାବନ୍ଧିକଙ୍କର ଗଭୀର ମାତୃତ୍ୱବୋଧ ଥିବାଯୋଗୁଁ ସେ 'ପ୍ରାନ୍ତେ ପ୍ରାନ୍ତେ ଓଡ଼ିଆ ଭାଷା', 'ଓଡ଼ିଶାର ସ୍ଥାପତ୍ୟ ଓ ଭାସ୍କର୍ଯ୍ୟ', 'ଓଡ଼ିଶାର ସଂଗୀତ', 'ଓଡ଼ିଶାର ଚିତ୍ରକଳା ଓ ନୃତ୍ୟକଳା' ଭଳି କେତେକ ପ୍ରବନ୍ଧ ରଚନା କରିଛନ୍ତି । ଯେଉଁଥିରୁ ପ୍ରାବନ୍ଧିକଙ୍କ ଜାତୀୟତା ପ୍ରୀତିର ଭାବ ଗୁଞ୍ଜରିତ ହେଉଥିବାର ଜଣାପଡ଼େ । ସେ ତାଙ୍କ 'ଓଡ଼ିଆ ସାହିତ୍ୟ, କଳା ଓ ସଂସ୍କୃତି' ପ୍ରବନ୍ଧରେ କହିଛନ୍ତି ଯେ- "ଓଡ଼ିଆ ସଂଗୀତର ପ୍ରସାର ଓ ପ୍ରଚାର ଆରମ୍ଭ ହୁଏ ଜାନୁଆରୀ ୧୯୪୩ ରେ କଲିକତା ରେଡ଼ିଓ ଷ୍ଟେସନରୁ । ଯେଉଁଠାରେ ଓଡ଼ିଆ ସଂଗୀତ ପ୍ରସାର ହେଲା । ୧୯୪୮ ଜାନୁଆରୀରେ ଓଡ଼ିଶାର କଟକଠାରେ ରେଡ଼ିଓ ଷ୍ଟେସନ ପ୍ରତିଷ୍ଠିତ ହେବାପରେ ଓଡ଼ିଆ ସଂଗୀତର ପ୍ରସାରଣ ଦ୍ୱାରା ସଙ୍ଗୀତଜ୍ଞ ଓ ଜନସାଧାରଣଙ୍କ ମଧ୍ୟରେ ସଂଗୀତର ଆଦର ବଢିଲା । ଓଡ଼ିଶୀ ସଂଗୀତ ବଞ୍ଚିରହିଲା । ପରେ ପଲ୍ଲୀଗୀତ, ଆଧୁନିକ, ଭଜନ, ସୁଗମ ସଂଗୀତ ଓ ଶାସ୍ତ୍ରୀୟ ସଂଗୀତ ପ୍ରୋଗ୍ରାମମାନ ହେଲା । ବାଣୀକଣ୍ଠ ନିମାଇଁଚରଣ ହରିଚନ୍ଦନ ଜଣାଣ ଓ ଭଜନ ଗୀତରେ ଓଡ଼ିଶାବାସୀଙ୍କୁ ଅଭିଭୂତ କରି ପକାଇଥିଲେ ।"[୨୧]

କୁଳମଣି ସାମଲ (୧୯୨୯-୨୦୧୩)

ସାଂପ୍ରତିକ ସମୟର ଅନ୍ୟତମ ଖ୍ୟାତି ସମ୍ପର୍ଣ୍ଣ ବୈଜ୍ଞାନିକ ପ୍ରାବନ୍ଧିକ ଭାବେ କୁଳମଣି ସାମଲ ବେଶ୍ ଚର୍ଚ୍ଚିତ। ଶିକ୍ଷାର ବିକାଶ ଓ ମାନବସଭ୍ୟତାର ଅଗ୍ରଗତି ନିମନ୍ତେ ବିଜ୍ଞାନର ଆବଶ୍ୟକତା କେତେ ଦରକାର ତାହା ସମସ୍ତଙ୍କୁ ଜଣା। ଏଣୁ ବିଦ୍ୟାଳୟ ଠାରୁ ଆରମ୍ଭ କରି ବିଶ୍ୱବିଦ୍ୟାଳୟ ପର୍ଯ୍ୟନ୍ତ ସର୍ବତ୍ର ବିଜ୍ଞାନ ଭିତ୍ତିକ ରଚନା ଆବଶ୍ୟକ। ଯାହାର ଅଭାବକୁ ପୂରଣ କରିବାକୁ ଯାଇ କୁଳମଣି ସାମଲ ବିଜ୍ଞାନ ଭିତ୍ତିକ ପ୍ରବନ୍ଧ ପୁସ୍ତକ ରଚନା କରିଥିଲେ। ସମଗ୍ର ଓଡ଼ିଆ ସାହିତ୍ୟ ପାଇଁ ଏହା ଏକ ଅନବଦ୍ୟ କଳା ଥିଲା। ତାଙ୍କ ଦ୍ୱାରା ରଚିତ 'ବୈଜ୍ଞାନିକ ଜୀବନୀ' ପ୍ରବନ୍ଧ ପୁସ୍ତକଟି ଦୁଇ ଭାଗରେ ବିଭକ୍ତ। ପ୍ରଥମ ଭାଗରେ ୫୨ଟି ପ୍ରବନ୍ଧ ଥିଲାବେଳେ ଦ୍ୱିତୀୟ ଭାଗରେ ୫୦ଟି ପ୍ରବନ୍ଧ ସ୍ଥାନିତ। ଅନ୍ୟତମ ପ୍ରବନ୍ଧ ପୁସ୍ତକ ମଧ୍ୟରେ 'ପରିବେଶ କଥା', 'ଆମେ ଓ ଆମ ବୈଜ୍ଞାନିକତା', 'ଗ୍ରହରୁ ଗ୍ରହାନ୍ତର ଯାତ୍ରା', 'ତାରା ରାଇଜର କଥା', 'ବିଜ୍ଞାନର ବିଜୟ ଯାତ୍ରା', 'ତୁମ ପାଇଁ ବିଜ୍ଞାନ କଥା' ଏବଂ 'ଚନ୍ଦ୍ରଲୋକକୁ ଯାତ୍ରା' ଆଦି ଦେଖିବାକୁ ମିଳେ। ତାଙ୍କ ପ୍ରବନ୍ଧରେ ସମାଜ ପାଇଁ ବିଜ୍ଞାନର ଅବଦାନ ଯେପରି ଶିକ୍ଷା, ସ୍ୱାସ୍ଥ୍ୟ, କୃଷି, ଶିଳ୍ପ, ଯୁଦ୍ଧ ଯନ୍ତ୍ରାଂଶ, ସଂଗୀତ, ନୃତ୍ୟ, ଭଳି ଅନେକ କ୍ଷେତ୍ରରେ ବିଜ୍ଞାନକୁ କିପରି ଆମେ ପ୍ରୟୋଗ କରୁଛେ ତାହା ଦେଖିବାକୁ ପାଉ।

କିଶନ ପଟ୍ଟନାୟକ(୧୯୩୦-୨୦୦୪)

ସ୍ୱାଧୀନତା ପରବର୍ତ୍ତୀ ସମୟର ଜଣେ ଆଗଧାଡ଼ିର ପ୍ରାବନ୍ଧିକ ହେଉଛନ୍ତି କିଶନ ପଟ୍ଟନାୟକ। ସେ କଟକରୁ ପ୍ରକାଶ ପାଉଥିବା 'କୃଷକ ପତ୍ରିକା' ଏବଂ ସମ୍ବଲପୁରରୁ ପ୍ରକାଶ ପାଉଥିବା 'ସାଥୀ' ପତ୍ରିକା ସହିତ 'ବିକଳ୍ପ ବିଚାର' ପତ୍ରିକାର ସଂପାଦକତ୍ୱ କରୁଥିଲେ। ତାଙ୍କ ରଚିତ ପ୍ରବନ୍ଧ ପୁସ୍ତକ ମଧ୍ୟରେ 'ଭାରତୀୟ ବୁଦ୍ଧିଜୀବୀର ସଂକଳ୍ପ ଓ ଅନ୍ୟାନ୍ୟ ପ୍ରବନ୍ଧ', 'ବିଚାରର ଟିପାଖାତା' ଆଦି ଦେଖିବାକୁ ମିଳେ। ସୁସ୍ଥ ସମାଜ ଗଢିବା ପାଇଁ ସାହିତ୍ୟ ଜରିଆରେ ସେ ଏକ ବୃହତ ବିପ୍ଳବ ଆରମ୍ଭ କରିଥିଲେ। ଏହି ସଙ୍କଳନରେ ଥିବା 'ଏକ ବିଚାର ବିହୀନ ଶତାବ୍ଦୀ', 'ଦଳିତ ରାଜନୀତି ଓ ଶୂଦ୍ର ସଂସ୍କୃତି', 'ଭାରତୀୟ ରାଷ୍ଟ୍ରର ଦୁର୍ଗତି', 'ଜଳର ଭବିଷ୍ୟତ', 'ହିନ୍ଦୁଧର୍ମ ଓ ଭାରତୀୟ ରାଷ୍ଟ୍ର', 'ନାରୀର ଦାସତ୍ୱ ଓ ମୁକ୍ତି', 'ବର୍ଣ୍ଣାଶ୍ରମରୁ ନବ ବ୍ରାହ୍ମଣବାଦ', 'ଆଞ୍ଚଳିକ ବୈଷମ୍ୟ ଓ ସ୍ୱତନ୍ତ୍ର ରାଜ୍ୟ', 'ତାଙ୍କ ସମୟର ଓଡ଼ିଶା' ଆଦି ପ୍ରବନ୍ଧରେ ରାଜନୀତି ଠାରୁ ଆରମ୍ଭ କରି ସମାଜନୀତି, ରାଷ୍ଟ୍ର କଲ୍ୟାଣ ଠାରୁ ଆରମ୍ଭ କରି ଆଞ୍ଚଳିକ ସମସ୍ୟା ପର୍ଯ୍ୟନ୍ତ ସମସ୍ତ ବିଭାଗକୁ ସେ ବେଶ୍ ଚମତ୍କାର ଢଙ୍ଗରେ ପରିବେଷଣ କରିପାରନ୍ତି।

ସରକାରଙ୍କୁ ତୀବ୍ର ସମାଲୋଚନା କରିବାରେ ସେ କେବେ ନିଜକୁ ଭୟଶୀଳ ମନେକରୁନଥିଲେ। ଦୁର୍ଗମ ଅଞ୍ଚଳର ଅବହେଳିତ ଚିତ୍ରପ୍ରତି ସରକାର କୌଣସି ଦୃଷ୍ଟିପାତ ପଡୁନଥିବାରୁ ପ୍ରାବନ୍ଧିକ କ୍ଷୋଭ ପ୍ରକାଶ କରିଛନ୍ତି। କେବଳ ସେତିକି ନୁହେଁ ସରକାରଙ୍କ ପ୍ରଚଳିତ ନୀତି ଓ ବ୍ୟବସ୍ଥାକୁ ଲକ୍ଷ୍ୟକରି 'ବିଚାରର ଟିପଖାତାରେ' ଲେଖିଛନ୍ତି- "ପଞ୍ଚବାର୍ଷିକ ଯୋଜନାଗୁଡ଼ିକର ପ୍ରାରମ୍ଭିକ ଉଦ୍ଦେଶ୍ୟ ଅନ୍ତତଃ ମୌଳିକ ବସ୍ତୁଗୁଡିକରେ ଆତ୍ମନିର୍ଭରଶୀଳତା ଥିଲା। ମୌଳିକ ବସ୍ତୁଗୁଡ଼ିକ କହିଲେ ଖାଦ୍ୟଶସ୍ୟ, ଇସ୍ପାତ, ସିମେଣ୍ଟ ଆଦି। ପରବର୍ତ୍ତୀକାଳରେ ଭାରତର ଭବିଷ୍ୟତ ନିର୍ମାଣ ପାଇଁ ଦେଶର ଶାସକ ଶ୍ରେଣୀ ଅଧିକରୁ ଅଧିକ ମାତ୍ରାରେ ପାଶ୍ଚାତ୍ୟ ଦେଶମାନଙ୍କର ମାର୍ଗଦର୍ଶନଦ୍ୱାରା ପରିଚାଳିତ ହୋଇବସିଲା। ବ୍ୟକ୍ତିଗତ ଓ ସାମାଜିକ ଜୀବନର ବିଭିନ୍ନ କ୍ଷେତ୍ରରେ ଅତ୍ୟାଧୁନିକ ପ୍ରଯୁକ୍ତିବିଦ୍ୟା (ଟେକ୍‌ନୋଲଜି) ର ପ୍ରୟୋଗ କରିବା ହେଉଛି ଆଧୁନିକୀକରଣ।"[୨୨]

ସୁରେନ୍ଦ୍ର ନାଥ ଶତପଥୀ (୧୯୩୨)

ଜଣେ ସଂସ୍କୃତି ସଚେତନଧର୍ମୀ ପ୍ରାବନ୍ଧିକ ଭାବେ ଓଡ଼ିଶାରେ ଖ୍ୟାତିଅର୍ଜନ କରିଥିବା ସାହିତ୍ୟିକ ହେଉଛନ୍ତି ପ୍ରାବନ୍ଧିକ ସୁରେନ୍ଦ୍ର ନାଥ ଶତପଥୀ। ଭାରତୀୟ ସଂସ୍କୃତିର ମୌଳିକ ମୂଲ୍ୟବୋଧକୁ ସେ ଚମତ୍କାର ଢଙ୍ଗରେ ପରିବେଷଣ କରିପାରୁଥିଲେ। ଭାରତୀୟ ବ୍ୟକ୍ତିବିଶେଷଙ୍କ ପାଖରେ ଯେଉଁ ଉଦାର ଗୁଣର ପରିଚୟ ଦେଖିବାକୁ ମିଳେ, ତାହା ଆମ ସଭ୍ୟତା, ସଂସ୍କୃତି ଓ ପରମ୍ପରାର ଏକ ପ୍ରଧାନ ଧାରା କୁହାଯାଇପାରେ। ଭାରତୀୟ ସଂସ୍କୃତିର ମୂଳ ମନ୍ତ୍ର ହେଉଛି 'ବିଭିନ୍ନତା ମଧ୍ୟରେ ଏକତା'। ଏଠାରେ ବହୁ ଧର୍ମ, ବହୁ ଜାତି, ବହୁ ବର୍ଣ୍ଣ ଥିଲେ ସୁଦ୍ଧା ସମସ୍ତେ ଏକତାର ସୂତ୍ରରେ ବାନ୍ଧିହୋଇ ରହନ୍ତି। 'ବସୁଧୈବ କୁଟୁମ୍ବକମ୍' ହେଉଛି ଆମ ସନାତନ ଧର୍ମର ମୁଖ୍ୟ ଉଦ୍ଦେଶ୍ୟ। ଏହି ସବୁ ଭିତ୍ତିଭୂମିକୁ ଆଧାର କରି ପ୍ରାବନ୍ଧିକ ଅନେକ ପ୍ରବନ୍ଧ ଲେଖିଛନ୍ତି। ତାଙ୍କ ସୃଷ୍ଟି ଗୁଡ଼ିକ ମଧ୍ୟରେ 'ଭାରତୀୟ ସଂସ୍କୃତି', 'ସଂସ୍କାର ଓ ସଂସ୍କୃତି' ଏବଂ 'ଧର୍ମ ଓ ସଂସ୍କୃତି' ପୁସ୍ତକରେ ଅନେକ ପ୍ରବନ୍ଧ ଲେଖିଛନ୍ତି। ଜଣେ ସଫଳ ଗବେଷକ ହୋଇଥିବାରୁ ତାଙ୍କ ପ୍ରବନ୍ଧରେ ଉଚ୍ଚକୋଟୀର ଚିନ୍ତାଧାରା ପ୍ରତିଫଳିତ ହୁଏ। ବେଦ ଉପନିଷେଦ ଠାରୁ ଆରମ୍ଭକରି ଭାରତୀୟ ଦର୍ଶନ, ପାଶ୍ଚାତ୍ୟ ଦର୍ଶନ, ଭାରତୀୟ ପ୍ରତ୍ନତତ୍ତ୍ୱ ତଥା ନୃତତ୍ତ୍ୱକୁ ଆଧାର କରି ଲେଖିଥିବା ପ୍ରବନ୍ଧ ମଧ୍ୟରେ 'ଆର୍ଯ୍ୟ ସଂସ୍କୃତି ଏକ : ବିହଙ୍ଗାବଲୋକନ', 'ଆର୍ଯ୍ୟ ସଂସ୍କୃତି', 'ଋଗ୍ ବେଦର ତାତ୍ତ୍ୱିକ ଆଲୋଚନା', 'ବୈଦିକ ସଂସ୍କୃତିର ପୁନଃର୍ମୂଲ୍ୟାୟନ,' 'ଭାରତୀୟ ନନ୍ଦନତତ୍ତ୍ୱ', 'ଗୀତଗୋବିନ୍ଦର କୃଷ୍ଣାର୍ଥବୋଧକ ଶବ୍ଦାବଳୀ', 'ଗୀତାର ଗୋଟିଏ ଶ୍ଳୋକର ସମୀକ୍ଷା', 'ବାସୁଦେବ- ଧର୍ମର ପ୍ରାଚୀନତା',

'ଭାରତୀୟ ଯଜ୍ଞ ସଂସ୍କୃତି', 'ରାମାୟଣର ରଚନାକାଳ', 'ଆଦି ବୌଦ୍ଧ ସଂସ୍କୃତି', 'ବେଦାନ୍ତ ଦର୍ଶନରେ ମାୟା', 'ବୈଦିକ ମାତୃଭୂମି', 'ସାମବେଦର ପ୍ରଥମ ମନ୍ତ୍ର ଓ ଭକ୍ତିବାଦ' ଆଦି ପ୍ରବନ୍ଧରେ ସନାତନ ଧର୍ମର ପୁରୁଷାର୍ଥ ଠାରୁ ଆରମ୍ଭ କରି ବିଶ୍ୱଚିନ୍ତନରେ ବେଦାନ୍ତର ଦର୍ଶନ ଭଳି ଅନେକ ଉପାଦାନ ଦେଖିବାକୁ ମିଳେ। 'ଧର୍ମ' ଆମ୍ଭ ପରି ଆମ ସଂସ୍କୃତିର ସୁରକ୍ଷା ଦେଇଥାଏ। ଫଳରେ ଆମ ମଧ୍ୟରେ ଦୟା କ୍ଷମା କରୁଣାର ଭାବ ଉପଲବ୍ଧି ହୁଏ। ଏଥିପାଇଁ ପ୍ରାବନ୍ଧିକ 'ଧର୍ମ ଓ ସଂସ୍କୃତି', ପ୍ରବନ୍ଧରେ ଉଲ୍ଲେଖ କରିଛନ୍ତି- "ଧର୍ମକୁ ଦେଖି ହୁଏନାହିଁ, କିନ୍ତୁ ଏହାର କାର୍ଯ୍ୟକାରିତାକୁ ଦେଖିହୁଏ। ଏହାର ସ୍ଥିତି ବୈଜ୍ଞାନିକ ସତ୍ୟ ଯେଉଁପରି ଚୁମ୍ବକରେ ଲୁହାକୁ ଟାଣିବା ଗୁଣଟି ବୈଜ୍ଞାନିକ ସତ୍ୟ। ମନୁଷ୍ୟଠାରେ ଦୟା, କ୍ଷମା, ନିର୍ଭୀକତା, ସହନଶୀଳତା ସମବେଦନା ଆଦି ଗୁଣମାନ ଦେଖାଯାଏ। ଏହା ମନୁଷ୍ୟଠାରେ ମୂଳରୁ ନଥିଲେ ଦେଖା ଦିଅନ୍ତି ବା କିପରି ? ସନାତନ ଧର୍ମ ଅନୁସାରେ ଏହି ଶୀଳ ବା ସଦାଚାର ସମୂହ ଏକ ସୁସ୍ଥ, ମୁକ୍ତ ଓ ନିର୍ଭୀକ ସମାଜ ଗଢ଼ିବା ପାଇଁ ଏକାନ୍ତ ଆବଶ୍ୟକ।"[୨୩]

କୃଷ୍ଣଚରଣ ବେହେରା (୧୯୩୨-୨୦୧୭)

ଓଡ଼ିଆ ସାହିତ୍ୟରେ ଗବେଷଣା କ୍ଷେତ୍ରରେ ପ୍ରସିଦ୍ଧ ଅର୍ଜନ କରିଥିବା ଡକ୍ଟର କୃଷ୍ଣଚରଣ ବେହେରା ସାଂପ୍ରତିକ ସମୟର ଜଣେ ବଳିଷ୍ଠ ପ୍ରବନ୍ଧକାର। ସାହିତ୍ୟ, ସଂସ୍କୃତି ଓ ଇତିହାସକୁ ଆଧାର କରି ପ୍ରାବନ୍ଧିକ ବେହେରା ଅନେକ ପ୍ରବନ୍ଧ ଲେଖିଛନ୍ତି ତାଙ୍କ ପ୍ରବନ୍ଧ ପୁସ୍ତକ ମଧ୍ୟରେ 'କଥା ସାହିତ୍ୟ'(୧୯୬୦), 'ଅଶ୍ଳୀଳତା ବିପକ୍ଷରେ'(୧୯୬୬), 'ଓଡ଼ିଆ ଉପନ୍ୟାସ'(୧୯୬୮), 'କେତୋଟି ସାହିତ୍ୟିକ ଅଭିଭାଷଣ'(୧୯୭୦), 'ଅଧ୍ୟାପକର ବେଦନା'(୧୯୭୨), 'ଶ୍ରୀଜଗନ୍ନାଥ', 'ନାଟ୍ୟ ସାହିତ୍ୟ ପରିଚୟ'(୧୯୭୮), 'ଚରୁ ଓ ଚରିତା'(୧୯୭୯), 'ମଧ୍ୟସ୍ଥ ବାଣୀ'(୧୯୮୦), 'ସମ୍ମାନ ସନ୍ଦର୍ଭ'(୧୯୮୧), 'ପ୍ରଗତି ସାହିତ୍ୟ'(୧୯୮୮), 'ବିକ୍ଷା ବିଚିତ୍ର'(୧୯୯୧), 'ପ୍ରସଙ୍ଗ : ଧର୍ମ ଓ ଶିକ୍ଷା'(୧୯୯୩), 'କୁସୁମକେଳି', ଆଦି ପ୍ରବନ୍ଧ ସଙ୍କଳନରେ ସାହିତ୍ୟର ବିଚାର ବିମର୍ଶ ସହିତ ଛାତ୍ର ଛାତ୍ରୀ ମାନଙ୍କ ପାଇଁ ଅନେକଗୁଡ଼ିଏ ଉପାଦେୟ ମନ୍ତବ୍ୟ ନିହିତ ରହିଛି। ଯାହା ଓଡ଼ିଆ ସାହିତ୍ୟ ପାଇଁ ସ୍ୱତନ୍ତ୍ର ପ୍ରୟାସ ବୋଲି କୁହାଯାଇପରେ। ତାଙ୍କ ରଚନାର ବିଧି ଓ ବିଧାନ ହେଉଛି ନୂତନ ଶୈଳୀକୁ ଗ୍ରହଣ, ଆଲୋଚନାତ୍ମକ ପ୍ରକ୍ରିୟା, ଚିନ୍ତାଶୀଳ ଅଭିବ୍ୟକ୍ତି, ଆବେଗାତ୍ମକ ଭାବନା, ବ୍ୟଙ୍ଗାତ୍ମକ ପଦ୍ଧତିର ପ୍ରୟୋଗ ଇତ୍ୟାଦି ରଚନାର ମୂଳ ଉଚ୍ଛ୍ୱାସ। ତାଙ୍କ ପ୍ରବନ୍ଧରେ ପାଠକ ରୁଚି ଅନୁଯାଇ ଭାଷା ସରଳ ଏବଂ ଭାବ ଗମ୍ଭୀର ଦେଖିବାକୁ

ମିଳେ । ଶ୍ରୀଯୁକ୍ତ ବେହେରା ପ୍ରାଚ୍ୟ ପ୍ରାବନ୍ଧିକଙ୍କୁ ଯଥାବିଧି ଅନୁସରଣ କରି ନିଜର ଗବେଷଣାତ୍ମକ ଦୃଷ୍ଟିଭଙ୍ଗୀ ପ୍ରବନ୍ଧରେ ପ୍ରୟୋଗ କରୁଥିଲେ ।

ପ୍ରଦ୍ୟୁମ୍ନ ବଳ(୧୯୩୨-୧୯୯୯)

ସ୍ୱାଧୀନତା ପରବର୍ତ୍ତୀ ସମୟରେ ଭାରତୀୟ ଜନଜୀବନରେ ଦେଖାଯାଉଥିବା ସାମାଜିକ ସମସ୍ୟା, ବିସ୍ଥାପନ ସମସ୍ୟା, ଶିଳ୍ପ ଅଭିବୃଦ୍ଧି ଯୋଗୁଁ ଅସୁବିଧାର କାରଣ, ଜଙ୍ଗଲ ଅବକ୍ଷୟ ପରିଣାମ ଆଦିକୁ ଦୃଷ୍ଟିପାତକରି ପ୍ରବନ୍ଧ ରଚନା କରିବାରେ ପ୍ରଦ୍ୟୁମ୍ନ ବଳଙ୍କ ଖ୍ୟାତି ଅଜସ୍ର ମନେହୁଏ । ତାଙ୍କ ଦ୍ୱାରା ରଚିତ ପ୍ରବନ୍ଧ ପୁସ୍ତକ ମଧ୍ୟରେ 'ପ୍ରଥମ ବିଶ୍ୱ ଅନ୍ୟ ପୃଥିବୀ'(୨୦୦୦), 'ସ୍ୱପ୍ନର ଓଡ଼ିଶା'(୨୦୦୦), 'ଜୀବନ ଚର୍ଯ୍ୟା-୧'(୨୦୦୦), 'ଜୀବନ ଚର୍ଯ୍ୟା-୨' (୨୦୦୧), 'ଚେତନାର ଚିତ୍ରକଳ୍ପ'(୨୦୦୧), 'ଉନ୍ମେଷ'(୨୦୦୯) ଇତ୍ୟାଦି ପ୍ରବନ୍ଧ ଅନ୍ୟତମ । ପ୍ରାବନ୍ଧିକ ବଳଙ୍କ 'ଚେତନାର ଚିତ୍ରକଳ୍ପ' ପ୍ରବନ୍ଧ ପୁସ୍ତକଟି କେତେଗୁଡ଼ିଏ ପ୍ରାଥମିକ ଚିନ୍ତାଧାରାକୁ ନେଇ ରଚିତ ହୋଇଥିବାର ଦେଖିବାକୁ ମିଳେ । ଆତ୍ମ ସଚେତନତା ଏବଂ ଆତ୍ମ ସମୀକ୍ଷା ପ୍ରତି ଜାଗ୍ରତ ହେବାକୁ ସେ ମାନବ ଜାତିକୁ ପ୍ରେରଣା ଦେଇଛନ୍ତି । ଏହି ଧରଣର କେତେକ ପ୍ରବନ୍ଧ ମଧ୍ୟରେ- 'ଭିତ୍ତି ବିନା ସ୍ଥିତି କି ସମ୍ଭବ ?', 'ସଂସ୍କୃତି ଓ ମାନବିକତା', 'ପୃଥିବୀ ମୃତ୍ୟୁ ପଥରେ', 'ବ୍ୟକ୍ତି ସ୍ୱାଧୀନତା : ଏକ ବିଳମ୍ବିତ ସ୍ୱପ୍ନ', 'ଆଧ୍ୟାତ୍ମିକତାର ଭିନ୍ନରୂପ' ଏବଂ 'ଜନ୍ମ ଜୀବନ ମୃତ୍ୟୁ' ଆଦି ପ୍ରବନ୍ଧ ଦେଖାଯାଏ ।

ସେମିତି 'ସ୍ୱପ୍ନର ଓଡ଼ିଶା'ରେ ଥିବା ପ୍ରବନ୍ଧ ଗୁଡ଼ିକ ମଧ୍ୟରେ 'ଆମେ ଓଡ଼ିଆ', 'ଉତ୍କଳ ସମ୍ମିଳନୀ କ'ଣ ସକ୍ରିୟ ହେବ', 'ଆଦର୍ଶ ଆଚରଣ ବିଧି', 'ସଂବାଦପତ୍ର ତଥା ସାମ୍ବାଦିକ ମାନଙ୍କର ଏକତା ଓ ଦୃଢତା କାହିଁ', 'ଚତୁର୍ଥ ସ୍ତମ୍ଭର ଶକ୍ତି', 'ସମ୍ବାଦିକତାର ମୂଲ୍ୟାୟନ', 'ସ୍ୱାର୍ଥ ସାଧନ ପାଇଁ ତିନି ଶକ୍ତିର ଚାପ' ଇତ୍ୟାଦି ଦେଖାଯାଏ । ଏହି ପ୍ରବନ୍ଧ ଗୁଡ଼ିକ ପ୍ରଗତିବାଦୀ ପତ୍ରିକାରେ ନିୟମିତ ପ୍ରକାଶିତ ହୁଏ । ଯେଉଁଥିରେ ସମସାମୟିକ ଘଟଣା ଅଧିକ ପରିମାଣରେ ଦେଖାଯାଏ । ସାଂପ୍ରତିକ ସମୟରେ ରାଜନୀତିରେ ସଙ୍କଟ ଜଗତୀକରଣର ପ୍ରଭାବରେ ସାମାଜିକ ନିରୀହ ବ୍ୟକ୍ତିମାନେ ଅତ୍ୟାଚାରିତ ହୋଇଛନ୍ତି । ସମ୍ବିଧାନର ଚତୁର୍ଥ ସ୍ତମ୍ଭ କୁହାଯାଉଥିବା ସମ୍ବାଦିକମାନେ ଆଜିମଧ୍ୟ ନୀରବ । ମୌଳିକ ଧର୍ମପ୍ରତି ସେମାନେ ସଚେତନ ହୋଇନାହାଁନ୍ତି । ପରିବେଶ ପ୍ରତି ସରକାରଙ୍କ ଚିନ୍ତାନାହିଁ ଚିଲିକା ଓ ଗୋପାଳପୁର ନିକଟରେ ବସାଯାଇଥିବା କଳକାରଖାନା ଯୋଗୁଁ ହେଉଥିବା ବ୍ୟାପକ ଜଙ୍ଗଲ କ୍ଷୟ

ଭଳି ପ୍ରସଙ୍ଗକୁ ଭିତ୍ତିକରି ସେ 'ଚିଲିକାର ସଂରକ୍ଷଣ : ଜୀବନ ପାଇଁ, କେବଳ ଜୀବିକା ପାଇଁ ନୁହେଁ', 'ଧ୍ୱଂସକାରୀ ଜଳ ଚାଷ', 'ସବୁଜ ହସର ଢେଉ' ଭଳି ପ୍ରବନ୍ଧରେ ଆଲୋଚନା କରିଛନ୍ତି।

ଡକ୍ଟର କୃଷ୍ଣପ୍ରସାଦ ମିଶ୍ର (୧୯୩୩-୧୯୯୪)

ଚଳିତ ଶତାବ୍ଦୀର ଅନ୍ୟତମ ସଫଳ ପ୍ରାବନ୍ଧିକ ଭାବେ ଡ଼କ୍ଟର କୃଷ୍ଣ ପ୍ରସାଦ ମିଶ୍ର ପ୍ରସିଦ୍ଧ ଅର୍ଜନ କରିଛନ୍ତି। ସାହିତ୍ୟର ସମସ୍ତ ବିଭାଗରେ ତାଙ୍କର ଯଥେଷ୍ଟ ଅଧିକାର ରହିଥିଲେ ସୁଦ୍ଧା, ପ୍ରବନ୍ଧ ସାହିତ୍ୟ ପ୍ରତି ତାଙ୍କ ଦୂରଦୃଷ୍ଟି ଅତୀବ ପ୍ରଶଂସନୀୟ ମନେହୁଏ। ତାଙ୍କ ଦ୍ୱାରା ପ୍ରକାଶିତ 'ଦର୍ଶନ ଓ ସମାଲୋଚନା' ପ୍ରବନ୍ଧ ପୁସ୍ତକଟି ବେଶ୍ ପାଠକୀୟତା ଲାଭ କରିଛି। ତାଙ୍କ ପ୍ରବନ୍ଧରେ ସମାଜର ସାଂସ୍କୃତିକ ମୂଲ୍ୟବୋଧ ସହିତ ପ୍ରାଚ୍ୟ ଓ ପାଶ୍ଚାତ୍ୟ ଦାର୍ଶନିକ ଚିନ୍ତା ଏବଂ ଧାର୍ମିକ ଆଦର୍ଶ ସହିତ ସାହିତ୍ୟିକ ବିଚାରଧାରା ପ୍ରତିଫଳିତ ହୁଏ। ଏହି ଧରଣର ପ୍ରବନ୍ଧ ଗୁଡ଼ିକ ମଧ୍ୟରେ 'ବଶିଷ୍ଠଙ୍କ କଳ୍ପନା ବିଳାସ', 'ଆଚାର୍ଯ୍ୟ ପରମ୍ପରାରେ ସ୍ୱାମୀଜୀ', 'ଭାରତରେ ବୁଦ୍ଧିବାଦର ପରମ୍ପରା', 'ଦୁଇଟି ପରମ୍ପରାର ଜନକ', 'ରାଷ୍ଟ୍ରପୁରୁଷ ଶଙ୍କର', 'ବୀର ଶ୍ରୀ ଗଜପତି', 'ସ୍ୱାମୀ ଶିବାନନ୍ଦ', 'ଫକୀରମୋହନଙ୍କ ସାହିତ୍ୟରେ ଭାରତୀୟ ଦର୍ଶନ', 'ଭଞ୍ଜ ଓ ଆଦର୍ଶ', 'ଓଡ଼ିଆ ସାହିତ୍ୟରେ ଉପେକ୍ଷିତ ଦିଗ', 'ଓଡ଼ିଆ କ୍ଷୁଦ୍ରଗଳ୍ପରେ ଆଧୁନିକତା', 'ଜଗନ୍ନାଥ ଧର୍ମ ଓ ସଂସ୍କୃତି', 'ଅତୀତ ଓଡ଼ିଶାର ବୈଷ୍ଣବ ଧର୍ମ', 'ଆଦ୍ୟନାରୀ ଓ ଆଦିପୁରୁଷ', 'ମାନବୀୟ ଦୃଷ୍ଟିକୋଣ ଓ ଧର୍ମ', ' ଓଡ଼ିଶାର ଧର୍ମ-ଦର୍ଶନରେ ଯାଜପୁର', ଭଳି ଅନେକ ପ୍ରବନ୍ଧ ଲେଖିଛନ୍ତି।

ପ୍ରାଚୀନ କାଳରୁ ବୁଦ୍ଧିବାଦୀ ପରମ୍ପରା ଭାରତବର୍ଷରେ ପ୍ରଚଳିତ। କେହି କେହି ଏହାକୁ ବୈଦିକ ଯୁଗରୁ ପ୍ରଚଳିତ ବୋଲି ପ୍ରାବନ୍ଧିକ ମିଶ୍ର ତାଙ୍କ ଦର୍ଶନ ଓ ସମାଲୋଚନା ଧର୍ମୀ ପ୍ରବନ୍ଧରେ ଉଲ୍ଲେଖ କରିଛନ୍ତି। ସେହି ପରି ଭାରତୀୟ ପୁରାଣ ଉପନିଷେଦକୁ ଆଧାର କରି 'ବଶିଷ୍ଠଙ୍କ କଳ୍ପନା-ବିଳାସ' ପ୍ରବନ୍ଧଟି ରଚନା ହୋଇଛି। ଶଙ୍କରଙ୍କ ବେଦାନ୍ତ ଦର୍ଶନ ଓ ତାଙ୍କ ଜୀବନୀକୁ ଆଦର କରି ପ୍ରାବନ୍ଧିକ 'ରାଷ୍ଟ୍ରପୁରୁଷ ଶଙ୍କର' ପ୍ରବନ୍ଧଟି ଉଲ୍ଲେଖ କରିଥିଲେ। ସାଂପ୍ରତିକ ସମୟରେ ମାନବ ସଭ୍ୟତା ପାଇଁ ନୈତିକ ଜ୍ଞାନର ଯଥେଷ୍ଟ ଆବଶ୍ୟକତା ରହିଛି ଯାହାକୁ ପ୍ରାବନ୍ଧିକ ଲକ୍ଷ୍ୟ କରି 'ଦର୍ଶନ ଓ ସମାଲୋଚନା' ପୁସ୍ତକରେ ଲେଖିଥିଲେ- "ମାନବ ପାଇଁ ମାନବିକତାଠୁ ବଳି ବଡ଼ ଆଦର୍ଶ ନାହିଁ। ବିଶ୍ଳେଷଣ କଲେ ଅନ୍ୟ ଯେକୌଣସି ତଥାକଥିତ ପରମ୍ପରା ଆଦର୍ଶ ମାନବିକତା ଉପରେ ପ୍ରତିଷ୍ଠିତ ବୋଲି ଜଣାପଡ଼ିବ। ସବୁ ଶ୍ରେଷ୍ଠତା, ଶୁଭ୍ରତାର,

ଏହା ଶେଷ ନିର୍ଣ୍ଣାୟକ।"(୨୪) ତାଙ୍କ ପ୍ରବନ୍ଧରେ ଭାଷା ସରଳ ଏବଂ ଚିତ୍ରଧର୍ମୀ ପ୍ରକାଶ ଶୈଳୀ ଯୋଗୁଁ ପଠାକୀୟ ଆଦୃତି ଲାଭ କରିପାରିଛି।

ବାସୁଦେବ ସାହୁ (ଅର୍ଥନୀତି)(୧୯୩୪)

ସ୍ୱାଧୀନତା ପରବର୍ତ୍ତୀ କାଳର ଅନ୍ୟତମ ନିଷ୍ଠାବାନ୍ ପ୍ରାବନ୍ଧିକ ଭାବେ ବାସୁଦେବ ସାହୁ ନିଜର ପରିଚୟ ତିଆରି କରିପାରିଛନ୍ତି। ଅଧୁନା ଦେଖା ଯାଉଥିବା ସମାଜର ନୀତିବାଦୀଧାରା, ବାସ୍ତବବାଦୀ ଜୀବନ ଚିତ୍ର, ବୈପ୍ଳବିକ ଭାବଭୂମି, ଅର୍ଥନୈତିକ ସମସ୍ୟା ଆଦି ଦିଗ ଉପରେ ତାଙ୍କ ପ୍ରବନ୍ଧ ଗୁଡ଼ିକ ଆଧାରିତ। ତାଙ୍କ ପ୍ରବନ୍ଧ ପୁସ୍ତକ ଗୁଡ଼ିକ ମଧ୍ୟରେ 'ସାହିତ୍ୟ ଓ ସମାଜବାଦ', 'ସମାଜ ଜିଜ୍ଞାସା', 'ସାହିତ୍ୟ, ସମାଜ ଓ ଅର୍ଥନୀତି', 'ସମାଜ ଓ ଜୀବନ', 'ସମାଜ ଓ ସମ୍ପ୍ରତି', 'ନାନା ରୂପେ ନାରୀ', ଇତ୍ୟାଦି ଅନ୍ୟତମ। ସେ ତାଙ୍କ ପ୍ରବନ୍ଧରେ ସମାଜ, ସାହିତ୍ୟ ଏବଂ ଅର୍ଥନୀତିରେ ଏକ ମିଶ୍ରିତ ସମନ୍ୱୟ ରକ୍ଷା କରିଥିବା ଦେଖାଯାଏ। ପ୍ରାବନ୍ଧିକ ଦର୍ଶାଇଛନ୍ତି ଯେ, ବର୍ତ୍ତମାନର ସମାଜରେ ଶାରୀରିକ ଶ୍ରମଠାରୁ ମାନସିକ ଶ୍ରମକୁ ଅଧିକ ପ୍ରାଧାନ୍ୟ ଦେବାରେ ଆମ ସଂସ୍କୃତିର ଏକ ମୁଖ୍ୟ ବୈଶିଷ୍ଟ୍ୟ ଗ୍ରହଣ କରିଛି। ଜଣେ ସଂସ୍କୃତି ସମ୍ପନ୍ନ ସାମାଜିକ ନାଗରିକ ଭାବେ ସେ ମାଟି, ପାଣି, ପବନ, ଭାଷା, ତଥା ସାହିତ୍ୟକୁ ଅହେତୁକ ଭଲପାଇଛନ୍ତି। ଏହିଧରଣର ପ୍ରବନ୍ଧଗୁଡ଼ିକ ମଧ୍ୟରେ 'କଳା, ସଂସ୍କୃତି ଓ ସାହିତ୍ୟ', 'ସମାଜବାଦୀ ସଂସ୍କୃତି', 'ସାହିତ୍ୟ ଓ ଅର୍ଥନୀତି', 'ଗଣସାହିତ୍ୟ ଓ ସମାଜବାଦୀ ଚେତନା', 'ପ୍ରକୃତି ଓ ମଣିଷ', 'ସ୍ୱପ୍ନ ଓ ବାସ୍ତବତା', 'ମହତ୍ତର ଚିନ୍ତା ଓ କଳା', 'ପ୍ରକୃତି ଓ ଜୀବନ' ଏବଂ 'ବ୍ୟକ୍ତି ଜୀବନ' ପରି କେତେକ ପ୍ରବନ୍ଧ ଦେଖିବାକୁ ମିଳେ।

ପ୍ରାବନ୍ଧିକ ସାହୁ ତାଙ୍କ ରଚିତ 'ବିଦ୍ରୋହ, ବିକାଶ ଓ ଗଣତନ୍ତ୍ର', 'ସୁନୀତି ଓ ପ୍ରଗତି', 'ଓଡ଼ିଆ ଜାତୀୟତା', 'ଜନଜୀବନ ଓ ଶିକ୍ଷା' ଓ 'ନ୍ୟାୟ ଓ ଦୁର୍ନୀତି' ଆଦି ପ୍ରବନ୍ଧରେ ଜାତୀୟ ଜୀବନ, ରାଜନୈତିକ ଚିତ୍ର, ସଂସ୍କୃତିକ ମୂଲ୍ୟବୋଧ, ଅର୍ଥନୈତିକ ବ୍ୟବସ୍ଥା ଏବଂ ଧାର୍ମିକ ଚିନ୍ତନର ପ୍ରତିଫଳିତ ଚିତ୍ର ଦେଖାଇଛନ୍ତି। ନାରୀ ଜୀବନକୁ ଆଧାରିତ କରି ପ୍ରାବନ୍ଧିକ ସାହୁ କେତେକ ପ୍ରବନ୍ଧ ରଚନା କରିଛନ୍ତି। ସାଂପ୍ରତିକ ସମୟରେ ନାରୀ ଭୋଗୁଥିବା ଦୁର୍ଦ୍ଦଶା, ନାରୀ ମନସ୍ତତ୍ତ୍ୱ ଏବଂ ନାରୀ ପ୍ରତି ସମ୍ମାନ ବୋଧ ରହିବା ଆବଶ୍ୟକ ବୋଲି ସେ ତାଙ୍କ 'ନାରୀ ଜାୟା, ଜନନୀ, ଭଗିନୀ, ପ୍ରଣୟନୀ', 'ଦେବୀରୁ ରୂପଜୀବୀ', 'ପ୍ରାଚୀନ ଭାରତୀୟ ଦର୍ଶନରେ ନାରୀ ଓ ପୁରୁଷ' ଆଦି ପ୍ରବନ୍ଧରେ ଉଲ୍ଲେଖ କରିଛନ୍ତି।

ସୀତାକାନ୍ତ ମହାପାତ୍ର (୧୯୩୭)

ସାଂପ୍ରତିକ ସମୟ ଖଣ୍ଡରେ ଜଣେ ସଫଳ ସାହିତ୍ୟିକ ଭାବେ ଓଡ଼ିଶାର ପୁରପଲ୍ଲୀରେ ଖ୍ୟାତି ଅର୍ଜନ କରିଥିବା କବି ସୀତାକାନ୍ତ ମହାପାତ୍ର ମଧ୍ୟ ପ୍ରବନ୍ଧ ସାହିତ୍ୟରେ ଜଣେ ଧୂରୀଣ ସ୍ରଷ୍ଟା ଭାବେ ପରିଚିତ। ସେ କେତେବେଳେ ନିସଙ୍ଗ ମଣିଷର ଜୀବନ ପୂର୍ଣ୍ଣ କରିବା ପାଇଁ ପ୍ରବନ୍ଧ ଲେଖିଛନ୍ତି, ତ ଆଉ କେବେ ଆଦିବାସୀ ଜନଜୀବନର କଥାକୁ ପ୍ରବନ୍ଧରେ କହିଛନ୍ତି। ତାଙ୍କ ପ୍ରବନ୍ଧ ପୁସ୍ତକ ମଧ୍ୟରେ 'ନିସଙ୍ଗ ମଣିଷ', ଓ 'ସଂଭୋଗ, ନିର୍ଜନତା ଓ ଅନ୍ୟାନ୍ୟ ପ୍ରବନ୍ଧ'। ଏଥିରେ ସେ ମଣିଷର ଏକଲାପଣ ଓ ମଣିଷ ମନରେ ଲୁଚିରହିଥିବା ଆତ୍ମଭିମାନକୁ ଦର୍ଶାଇଛନ୍ତି। ଏହି ଧରଣର ପ୍ରବନ୍ଧ ଗୁଡ଼ିକ ମଧ୍ୟରେ 'ଯାନ୍ତ୍ରିକ ଛନ୍ଦ ଓ ନିର୍ମୂଳୀମନ', ପ୍ରଗତି ଓ ନିସଙ୍ଗ ଆତ୍ମା', 'ପ୍ରକୃତିରୁ ଆତ୍ମା-ନିର୍ବାସନ', 'ମାନସିକ ଅବସାଦ ଓ ଅସମାଜିକତା', 'ସମାଜ ଓ ବ୍ୟକ୍ତି', 'ଶବ୍ଦ ଓ ବାସ୍ତବତା', 'ଶବ୍ଦରୂପ ଓ ଧ୍ୱନି', 'ବାସ୍ତବତା ଓ ପ୍ରତୀକ', 'ସଂସ୍କୃତି ଆମ ପରିଚୟ', 'ନିର୍ଭୀକ ଜିଜ୍ଞାସା', 'ଜାତିର ପରିଚୟ', 'ଆନ୍ତରିକ ଅନୁଭବ ଓ କଳ୍ପନାକ୍ଷମ' ଆଦି ପ୍ରବନ୍ଧ ଦେଖିବାକୁ ମିଳେ।

ମଣିଷର ବିକାଶ ପଛରେ ତା'ର ଜାତି ଓ ସମାଜକୁ ପ୍ରାବନ୍ଧିକ ଗ୍ରହଣ କରିଛନ୍ତି। ଏହି ଜାତି ଓ ସମାଜକୁ ନେତୃତ୍ୱ ନେବା ଓ ସମାଜତତ୍ତ୍ୱବିତ୍ ମାନେ ଆଲୋଚନା ପର୍ଯ୍ୟାଲୋଚନା କରିବା ଦ୍ୱାରା ସେମାନେ ଆଜି ଲୋକଲୋଚନକୁ ଆସିପାରିଲେ। ଯାହା ତାଙ୍କ ମୌଳିକ ଅଧିକାର ତାହା ସେମାନେ ପାଇପାରିଲେ। ଏଥିପାଇଁ ପ୍ରାବନ୍ଧିକ କୁହନ୍ତି- "ଗୋଟିଏ ସମାଜ' ଜାତି ବା ଗୋଷ୍ଠୀ 'ପରିଚୟ' କେଉଁଥିରୁ ମିଳିଥାଏ, ସେ ସମ୍ପର୍କରେ ସମାଜତତ୍ତ୍ୱବିତ୍ ଓ ନୃତତ୍ତ୍ୱବିତ୍ ମାନେ ବିଶଦ ଆଲୋଚନା କରିଛନ୍ତି। ପରିଚୟ ବା identify ସମାଜକୁ ବା ଜାତିକୁ ଆତ୍ମଭିମାନ ବା ସ୍ୱାଭିମାନ ଦେଇଥାଏ ଓ ଅନ୍ୟମାନଙ୍କଠାରୁ ତା'ର ଭିନ୍ନତା ତଥା ବୈଶିଷ୍ଟ୍ୟକୁ ସୁଚାଇଥାଏ। ଆତ୍ମାଭିମାନ ପଛରେ ଲୁଚି ରହିଥାଏ ତା'ର ଇତିହାସ, ତା'ର ଭାଷା, ସାହିତ୍ୟ, କଳା, ସଂକ୍ଷେପରେ ସାମୂହିକ ସଂସ୍କୃତି। ସ୍ୱାଭିମାନ ବା ଆତ୍ମଗର୍ବରେ ମିଶି ରହିଥାଏ ପ୍ରାଚୀନତାର ସ୍ମୃତି, ଶକ୍ତିମୟ ସ୍ମୃତି ଓ ସ୍ୱପ୍ନ ଗତକାଲି ଆସନ୍ତା କାଲିର ପରିପୂରକତା ଜାତିର ମନସ୍ତତ୍ତ୍ୱରେ ଗଭୀରଭାବରେ ଖୋଦିତ ହୋଇ ରହେ।"(୨୫)

ରାସବିହାରୀ ବେହେରା (୧୯୩୮)

ପ୍ରାବନ୍ଧିକ ରାସବିହାରୀ ବେହେରା ସ୍ୱାଧୀନତା ପରବର୍ତ୍ତୀ ଓଡ଼ିଆ ପ୍ରବନ୍ଧ ସାହିତ୍ୟରେ ଜଣେ ସଫଳ ରଚୟିତା ଭାବ ପରିଚିତ। ତାଙ୍କ ପ୍ରବନ୍ଧର ଶୈଳୀ ନିଜସ୍ୱ

ଦୃଷ୍ଟିକୋଣରେ ବିଚାରଶୀଳ ହୋଇଥିବାରୁ ତାହା ମୌଳିକ ମନେହୁଏ। ଜଣେ ସ୍ୱଷ୍ଟବାଦୀ ଓ ସତ୍ୟପ୍ରକାଶ ସିଦ୍ଧାନ୍ତର ବ୍ୟକ୍ତି ହୋଇଥିବା ଯୋଗୁଁ ତାଙ୍କ ସାହିତ୍ୟ ସୁଖପାଠ୍ୟ ମନେହୁଏ। ତାଙ୍କ ଦ୍ୱାରା ରଚିତ ପ୍ରବନ୍ଧ ଗୁଡ଼ିକ 'ପ୍ରବନ୍ଧ ମଞ୍ଜୁଷା' ପୁସ୍ତକରେ ସନ୍ନିହିତ। ସ୍ୱାଧୀନତା ପରବର୍ତ୍ତୀ ସମୟରେ ଭାରତର ଅର୍ଥନୀତିକୁ ନେଇ ବ୍ୟାପକ ଅବ୍ୟବସ୍ଥା ପ୍ରାବନ୍ଧିକ ଏଥିରେ ଦେଖାଇବାକୁ ଚେଷ୍ଟା କରିଛନ୍ତି। ତତ୍କାଳୀନ ସମୟର ବୈଦେଶିକ ଋଣଭାର ଯୋଗୁଁ ଶିଳ୍ପର କ୍ଷତି ହୋଇଥାଏ ଏହାର ପ୍ରମୁଖ କାରଣ ବୈଦେଶିକ ଜ୍ଞାନ କୌଶଳର ଅଭାବ। ବୃହତ୍ ଜନସଂଖା ଭବିଷ୍ୟତର ଭାରତକୁ ବିପଦ ହେବ ବୋଲି ପ୍ରାବନ୍ଧିକ ପୂର୍ବାନୁମାନ କରନ୍ତି। ଫଳରେ ଖାଦ୍ୟ ସମସ୍ୟା ଠାରୁ ଆରମ୍ଭ କରି ବେକାରୀ ଅଭିବୃଦ୍ଧି, ବାସସ୍ଥାନର ଅଭାବ, ଭଳି ଅନେକ ପ୍ରତିବନ୍ଧକ ଆମକୁ ସାମ୍ନା କରିବାକୁ ପଡିଥାଏ। ଯାହାକୁ ଆକଳନକରି ପ୍ରାବନ୍ଧିକ ଅନେକ ପ୍ରବନ୍ଧ ରଚନା କରିଥିଲେ।

ଆଲୋଚ୍ୟ ପ୍ରବନ୍ଧ ପୁସ୍ତକରେ ଥିବା ପ୍ରବନ୍ଧ ଗୁଡ଼ିକ ମଧ୍ୟରେ- 'ଭାରତର ଅର୍ଥନୈତିକ ସଂସ୍କାର', 'ଧର୍ମନିରପେକ୍ଷତା', 'ଆମ ଭବିଷ୍ୟତ', 'ଜନସଂଖ୍ୟା ବୃଦ୍ଧି ଓ ତା'ର ସମାଧାନ', 'ମିଳିତ ଜାତିସଂଘ ଦିବସର ତାତ୍ପର୍ଯ୍ୟ', 'ମଧୁବାବୁ ଓ ସ୍ୱତନ୍ତ୍ର ଓଡ଼ିଶା', 'ବର୍ତ୍ତମାନର ଆବଶ୍ୟକତା', 'ସ୍ୱରାଜ ଆନ୍ଦୋଳନ ଓ ସର୍ବୋଦୟ ଭାବନା', ଆଦି ପ୍ରବନ୍ଧ ଦେଖିବାକୁ ମିଳେ। ଭାରତ ହେଉଛି ଏକ ଗ୍ରାମ ବହୁଳ ଦେଶ ଏଣୁ ଆମର ଅର୍ଥନୀତି ସର୍ବଦା କୃଷିଭିତ୍ତିକ ହେବା ଆବଶ୍ୟକ। ଦେଶ ସ୍ୱାଧୀନତା ପରେ ଆମର ଗମନା ଗମନ, ବାସଗୃହ, ବିଦ୍ୟୁତ୍ ଯୋଗାଣ, ପାନୀୟ ଜଳ ଯୋଗାଣ ଆଦିର ସୁବିଧା ନିମନ୍ତେ ବ୍ୟାପକ ଅର୍ଥର ଆବଶ୍ୟକତା ହେଲା। ଫଳରେ ଆମେ ଋଣଗ୍ରସ୍ତ ହେଲୁ ଯାହାଦ୍ୱାରା ଆମ ଆର୍ଥିକ ମେରୁଦଣ୍ଡ ଦୁର୍ବଳ ହୋଇ ପଡ଼ିଲା। ଏଥିପାଇଁ ପ୍ରାବନ୍ଧିକ କୁହନ୍ତି- "ଆମର ବୈଦେଶିକ ଋଣର ବହୁଅର୍ଥ ସରକାରୀ ଉଦ୍ୟୋଗରେ ବିନିଯୋଗ କରାଗଲା। ଅମଲାତନ୍ତ୍ରର ନାଲିଫିତା ପ୍ରଭାବରେ ଏବଂ ଦକ୍ଷ କାରିଗରୀ ଏବଂ ପରିଚାଳନାଗତ ଯୋଗ୍ୟତାର ଅଭାବ ଫଳରେ ଶିଳ୍ପକ୍ଷେତ୍ରରେ ବିପୁଳ କ୍ଷତି ଦେଶକୁ ସହ୍ୟ କରିବାକୁ ପଡ଼ିଲା। ଏହି କ୍ଷତିକୁ ଭରଣ କରିବା ପାଇଁ ପ୍ରତିବର୍ଷ ବହୁଅର୍ଥ ଋଣ ଆଣି ଶିଳ୍ପକ୍ଷେତ୍ରରେ ବିନିଯୋଗ କରାଗଲା। ମାତ୍ର ଆଶାନୁରୂପ ଲାଭ ମିଳିପାରିଲା ନାହିଁ। ବର୍ଷକୁ ବର୍ଷ ନିଅଣ୍ଟିଆ ବଜେଟ୍ ପ୍ରସ୍ତୁତ କରି ମୁଦ୍ରାସ୍ଫିତି ହାର ବୃଦ୍ଧି ଘୋଟିଚାଲିଛି। ଋଣରୁ ମୁକ୍ତିପାଇଁ ଅଧିକ ସହାୟକ ଋଣ ନେଇଚାଲିଛୁ। ଫଳରେ ଦିନକୁ ଦିନ ମୂଲ୍ୟବୃଦ୍ଧି ଘୋଟିଚାଲିଛି। ଋଣରୁ ମୁକ୍ତିପାଇଁ ଅଧିକ ଋଣ ନେଇଚାଲିଛୁ। ଆମକୁ ଋଣ ମିଳୁଥିବା ୫୦ ଭାଗ କେବଳ ସୁଧ ପରିଶୋଧ କରିବାରେ ବିନିଯୋଗ କରୁଛୁ। ତେଣୁ ଆମର ଅର୍ଥନୈତିକ ଅଭିବୃଦ୍ଧି ଯେଉଁ ହାରରେ ହେବାକଥା ସେହି ହାରରେ ହୋଇ ପାରୁନାହିଁ।"[୨୬]

ଶରତ କୁମାର ମହାନ୍ତି (୧୯୩୮-୨୦୦୬)

ସ୍ୱାଧୀନତା ପରବର୍ତ୍ତୀ ସମୟର ଅନ୍ୟତମ ସଫଳ ପ୍ରାବନ୍ଧିକ ଭାବେ ଶରତ କୁମାର ମହାନ୍ତି ଓଡ଼ିଆ ସାହିତ୍ୟରେ ଜଣେ ଆଗାଧାଡ଼ିର ସ୍ରଷ୍ଟା। ପ୍ରବନ୍ଧ ସାହିତ୍ୟକୁ ଏକ ନୂଆ ଦିଗ ଓ ନୂଆ ଦୃଷ୍ଟିକୋଣରେ ବାଟ କଢାଇ ନେଇଥିଲେ। ତାଙ୍କ ରଚନାରେ ବୌଦ୍ଧିକ ଆକର୍ଷଣୀୟ ଥିବା ଯୋଗୁଁ ସେ ସମସ୍ତଙ୍କର ପ୍ରିୟ ଭାଜନ ହୋଇପାରିଛନ୍ତି। ବିଶେଷକରି ତାଙ୍କ ପ୍ରବନ୍ଧରେ ସାହିତ୍ୟ, ସଂସ୍କୃତି, ଦର୍ଶନ, ବିଜ୍ଞାନ, ଇତିହାସ, ମନସ୍ତତ୍ତ୍ୱ ଆଦି ସମସ୍ତ ଅଭିବ୍ୟକ୍ତି ରୂଣ୍ଢୀଭୂତ ହୋଇଥିବାର ଦେଖିବାକୁ ମିଳେ। ତାଙ୍କ ପ୍ରବନ୍ଧ ପୁସ୍ତକ ଗୁଡ଼ିକ ମଧ୍ୟରେ 'ସଂସ୍କୃତି ଅପସଂସ୍କୃତି'(୧୯୮୪), 'ବୋଦାଙ୍କ ଦାଦାଗିରି ଓ ଅନ୍ୟାନ୍ୟ ପ୍ରବନ୍ଧ'(୧୯୯୦), 'ଏକବିଂଶ ଶତାବ୍ଦୀର ନଷ୍ଟ ପରିବେଶ'(୧୯୯୧), 'ଏଣୁ ତେଣୁ କିଛି'(୧୯୯୨), 'ବିବର୍ତ୍ତନଶୀଳ ମଣିଷର ସଂଗ୍ରାମ'(୧୯୯୫), 'ଆଟମରୁ କ୍ୱାଣ୍ଟମ'(୧୯୯୮), 'ଶେଷ ଦଶକର ରଚନା'(୧୯୯୯) ଆଦି ଦେଖିବାକୁ ମିଳେ।

ଜଣେ ସଂସ୍କୃତି ସଚେତନଧର୍ମୀ ପ୍ରାବନ୍ଧିକ ଭାବେ ପ୍ରାଚ୍ୟ ଓ ପାଶ୍ଚାତ୍ୟର ଭାବଧାରାକୁ ସେ ଗୁରୁତ୍ୱ ଆରୋପ କରିଛନ୍ତି। ଆଧୁନିକ ମଣିଷ ସଂସ୍କୃତି ସମ୍ପନ୍ନ ନହେଲେ ତା'ର ଭବିଷ୍ୟତ ଅବକ୍ଷୟ ହୋଇଯିବ ବୋଲି ପ୍ରାବନ୍ଧିକ ଅନୁମେୟ କରୁଥିଲେ। କାରଣ ସେ ଜାଣିଥିଲେ, ଯେଉଁ ସଭ୍ୟତା ଆଜି ଲୁପ୍ତ ତା'ର ପ୍ରଧାନ କାରଣ ହେଉଛି ନିଜର ବିଲୁପ୍ତ ସଂସ୍କୃତି ଯୋଗୁଁହିଁ ହୋଇଛି। ଏଣୁ ପ୍ରାବନ୍ଧିକ କହିଛନ୍ତି- "ଓଡ଼ିଆ ଭାଇମାନେ! ଇଟିଲିକୁ ଭଲ ପାଅ, ଆଦର କର, କିନ୍ତୁ ଏଣ୍ଡୁରୀ କି ଅବହେଳା କଲେ ଚଳିବ କି ? ଜଗନ୍ନାଥ ସଂସ୍କୃତିର ଭୁଲ ବାଖ୍ୟା କରନାହିଁ। ନିଜ ମୌଳିକତାର ମୂଲ୍ୟ ନଦେଲେ ଦିନେ ଆମେ ବଙ୍ଗୋପସାଗରରେ ଭାସିଯିବା।"[୨୭] ଏହି ପୁସ୍ତକରେ ଥିବା ଅନ୍ୟତମ ପ୍ରବନ୍ଧ ଗୁଡ଼ିକ ହେଲା 'ଆକାଶିଆ ସ୍ୱପ୍ନ', 'କଳମଣିଷ', 'ନୂଆ ମଣିଷ', 'ପ୍ରଳୟ ସଙ୍କେତ', 'ଭିନ୍ନ ପୃଥିବୀ', 'ଭାରତୀୟ ବୁର୍ଜୁଆ', 'ଧର୍ମ ସଙ୍କଟ ନା ସଂସ୍କୃତି ସଙ୍କଟ', 'ଅପସଂସ୍କୃତିର ସେନାବାହିନୀ' ଇତ୍ୟାଦି। ପ୍ରାବନ୍ଧିକ ମହାନ୍ତି ବହୁ ଜ୍ଞାନର ଅଧିକାରୀ ହୋଇଥିବାରୁ ସେ ପାଶ୍ଚାତ୍ୟ ଦାର୍ଶନିକ କାମ୍ୟୁ, କିଅର୍କେଗାଡ଼, ନିତ୍ ସେ, ସାର୍ତ୍ତେ, ହାଇଡିଗାର୍ ଆଦିଙ୍କ ଦ୍ୱାରା ପ୍ରଭାବିତ ହୋଇ 'ଅସ୍ତିତ୍ୱବାଦର ମର୍ମକଥା' ପୁସ୍ତକଟି ରଚନା କରିଥିଲେ। ସେମିତି ତାଙ୍କ ରଚିତ ବୈଜ୍ଞାନିକ ଧର୍ମୀ ପ୍ରବନ୍ଧ ମଧ୍ୟରେ 'ବିଜ୍ଞାନଦୃଷ୍ଟି', 'ପୃଥିବୀ ଓ ତାର ପ୍ରତିବେଶୀ', 'ସୂର୍ଯ୍ୟର ତୃତୀୟ ଗ୍ରହ', 'ଆକାଶର ଆହ୍ୱାନ', 'ବିଚିତ୍ର ବ୍ରହ୍ମାଣ୍ଡ' ଆଦି ଦେଖିବାକୁ ମିଳେ। ପ୍ରାବନ୍ଧିକ ଆଜିର ବିଜ୍ଞାନ ମଧ୍ୟରେ ପ୍ରାଚୀନ ପରମ୍ପରାକୁ ଦେଖେଇବାକୁ ଚେଷ୍ଟା କରିଛନ୍ତି। ପ୍ରାବନ୍ଧିକ

ପାଠକଙ୍କ ଆଗରେ ଗଦ୍ୟ ଧର୍ମୀ ସଂଳାପ ରଚନା ସହିତ ଛୋଟ ଛୋଟ ବାକ୍ୟ ପରିବେଷଣ କରୁଥିବାରୁ ତାହା ବେଶ୍ ହୃଦୟସ୍ପର୍ଶୀ ମନେ ହୁଏ। କେବଳ ସେତିକି ନୁହେଁ ବ୍ୟଙ୍ଗବିଦ୍ରୂପ ଶୈଳୀରେ ପାଠକମାନଙ୍କୁ ବାନ୍ଧି ରଖିବାର କୌଶଳ ତାଙ୍କୁ ଭଲଭାବେ ଜଣାଥିଲା।

ବିଜୟାନନ୍ଦ କର (୧୯୪୦)

ଦାର୍ଶନିକ ପ୍ରାବନ୍ଧିକ ଭାବେ ଶ୍ରୀଯୁକ୍ତ କର ଓଡ଼ିଆ ପାଠକଙ୍କ ପାଖରେ ପ୍ରଶଂସିତ ହୋଇଛନ୍ତି। ସେ ଦର୍ଶନ ସମ୍ପର୍କରେ ଅନେକ ଗବେଷଣାତ୍ମକ ପ୍ରବନ୍ଧ ରଚନା କରିଥିବାର ଦେଖିବାକୁ ମିଳେ। ସେଥିମଧ୍ୟରୁ 'ଧର୍ମ, ଦର୍ଶନ ଓ ମାନବତାବାଦ', 'ଶାଙ୍ଖ୍ୟ ଦର୍ଶନ', 'ବୌଦ୍ଧିକ ସଙ୍କଟ', ପ୍ରଭୃତି ପୁସ୍ତକ। ପ୍ରାବନ୍ଧିକଙ୍କ 'ଧର୍ମ, ଦର୍ଶନ ଓ ମାନବତାବାଦ' ପୁସ୍ତକରେ ସର୍ବମୋଟ ସତରଟି ପ୍ରବନ୍ଧ ବିଭିନ୍ନ ସମୟରେ 'ସମାଜ', 'ଝଙ୍କାର' ଓ ପ୍ରଜାତନ୍ତ୍ର ଭଳି ପତ୍ରିକାରେ ପ୍ରକାଶ ପାଇଛି। ଏହି ପୁସ୍ତକରେ ଥିବା ସମସ୍ତ ପ୍ରବନ୍ଧ ଧର୍ମ ଓ ଦର୍ଶନ ସମ୍ବଳିତ ଚିନ୍ତାଧାରା ଉପରେ ପର୍ଯ୍ୟବେସିତ। 'ଧର୍ମ, ଦର୍ଶନ ଓ ମାନବତାବାଦ' ପୁସ୍ତକରେ ଥିବା 'ଶ୍ରୀଅରବିନ୍ଦ ଓ ଆଧ୍ୟାତ୍ମିକ ମାନବତାବାଦ' ପ୍ରବନ୍ଧରେ ଉଲ୍ଲେଖ କରିଛନ୍ତି ମାନବତବାଦକୁ କେବଳ ଜାତିଗତ, ଅର୍ଥନୈତିକ କିମ୍ବା ରାଜନୈତିକ ଦୃଷ୍ଟି କୋଣରେ ବିଚାର କଲେ ତାହା ପୂର୍ଣ୍ଣ ମାନବିକତା ଲାଭ କରିପାରିବ ନାହିଁ। ଯେତେବେଳେ ଏହି ମାନବତାବାଦିମାନଙ୍କ କାର୍ଯ୍ୟ ବିଜ୍ଞାନ ସମର୍ଥିତ ହୋଇ ଏକ ଆଦର୍ଶ ରୂପେ କାର୍ଯ୍ୟ କରିବ ସେତେବେଳେ ତାହା ସଫଳ ହୋଇପାରିବ। ପ୍ରାବନ୍ଧିକଙ୍କ ମତରେ-"ରାଜନୈତିକ ଅଥବା ଅର୍ଥନୈତିକ ଦୃଷ୍ଟିକୋଣରୁ ଐକ୍ୟ ଭାବର ସ୍ଥାପନ ଶାଶ୍ୱତ ନ ହୋଇ, ଏକ ଅସ୍ଥାୟୀ ପ୍ରହସନରେ ପରିଣତ ହେବା ସ୍ୱାଭାବିକ। 'ବିଶ୍ୱ ଭାତୃତ୍ୱ', 'ବିଶ୍ୱ-ପରିବାର', ପ୍ରଭୃତି ମହାନ୍ ମାନବୀୟ ଚିନ୍ତାଧାର ଗୁଡ଼ିକ ଶ୍ରୀଅରବିନ୍ଦଙ୍କ ମତରେ ଏକ ନିର୍ଜୀବ, ସାରଶୂନ୍ୟ, ଆତ୍ମା-ରହିତ ମାନବବାଦ ମଧ୍ୟରେ ଯଥାର୍ଥ ଭାବେ ପ୍ରକାଶିତ ହୋଇ ନ ପାରେ, ଏକ ଆଧ୍ୟାତ୍ମିକ ଚିନ୍ତନ ମାଧ୍ୟମରେ ହିଁ ପ୍ରକଟିତ ହେବା ସମ୍ଭବ। ଏହି ଦୃଷ୍ଟି କୋଣରୁ ଶ୍ରୀ ଅରବିନ୍ଦ କହିଛନ୍ତି ଯେ ମାନବିକତାର ଭାବଧାରା ପରିପୃଷ୍ଟ ଆଧ୍ୟାତ୍ମିକ ଧର୍ମୀୟ ଚେତନା ଭବିଷ୍ୟତ ପାଇଁ ଏକମାତ୍ର ଆଶାର ସଂକେତ।"[୨୮]

ସହଦେବ ସାହୁ (୧୯୪୧)

ସାଂପ୍ରତିକ ସମୟରେ ଅନ୍ୟତମ ସଫଳ ପ୍ରାବନ୍ଧିକ ଭାବେ ସହଦେବ ସାହୁ ବେଶ୍ ଜଣାଶୁଣା। ତାଙ୍କ ରଚିତ ପ୍ରବନ୍ଧ ପୁସ୍ତକ ଗୁଡ଼ିକ ମଧ୍ୟରେ- 'ସମସ୍ୟା ଆଜି

କାଲିର', 'ସୃଷ୍ଟିର ଜାତକ ଜୀବନ ଘଡ଼ି', 'ତାରକା ଯୁଦ୍ଧ ଓ ଅନ୍ୟାନ୍ୟ ପ୍ରବନ୍ଧ', 'ବିଜ୍ଞାନ ଓ ସମାଜ', 'ବିଜ୍ଞାନବୋଧ', 'ଅନ୍ୟର ଆଇନରେ' ଇତ୍ୟାଦି ଅନ୍ୟତମ। ଏହି ପ୍ରବନ୍ଧ ପୁସ୍ତକ ଗୁଡ଼ିକ ତାଙ୍କ ଦୃଷ୍ଟି ବଳୟର ସୀମା ଅତିକ୍ରମ କଲାପରି ଅନୁମେୟ ହୁଏ। ଅନ୍ଧବିଶ୍ୱାସ ଓ କୁସଂସ୍କାର ଯୋଗୁଁ ଆଜିମଧ୍ୟ ଅନେକ ନିରୀହ ମଣିଷ ମୃତ୍ୟୁମୁଖରେ ପଡୁଛନ୍ତି। ଏସବୁର ମୂଳ କାରଣ ଶିକ୍ଷାର ଓ ସଚେତନତାର ଘୋର ଅଭାବ। 'ଆଜି ଓ କାଲି' ପ୍ରବନ୍ଧ ପୁସ୍ତକଟି ପ୍ରାବନ୍ଧିକ ସାହୁଙ୍କର ବିଶ୍ୱଚିନ୍ତନର ଏକ ପ୍ରତିଶ୍ରୁତି ଫଳକ ମନେହୁଏ। ବିଶେଷ କରି ଏଥିରେ ସାଂପ୍ରତିକ ସମୟରେ ଶିକ୍ଷା ବ୍ୟବସ୍ଥାରେ ହେଉଥିବା ଦୁର୍ନୀତି, ବ୍ୟାପକ ଜନସଂଖ୍ୟା ଯୋଗୁଁ ଦେଖାଯାଉଥିବା ଖାଦ୍ୟ ସମସ୍ୟା, ଆନ୍ତର୍ଜାତିକ ବ୍ୟବସ୍ଥାରେ ଦେଖା ଯାଉଥିବା ବିପଦ, ଶାସନ କ୍ଷେତ୍ରରେ ପ୍ରଶାସନିକ ଓ ରାଜନୈତିକ ସ୍ତରରେ ଦେଖାଯାଉଥିବା ସମସ୍ୟା ଓ ସାମାଜିକ ଜୀବନରେ ଦେଖା ଯାଉଥିବା କେତେକ ଅବକ୍ଷୟକୁ ଆଧାର କରି ସଙ୍କଳନଟି ପ୍ରସୂତ। ଏଥିରେ ଥିବା କେତେକ ପ୍ରବନ୍ଧ ମଧ୍ୟରେ- 'ବୈଷୟିକ ଜ୍ଞାନ ଓ ଗଣତନ୍ତ୍ର', 'ଆମର ଭାଷା', 'ବିଶ୍ୱର ଖାଦ୍ୟ ସମସ୍ୟା', 'ଭବିଷ୍ୟତ ସମାଜର ରୂପରେଖ', ସତରେ କ'ଣ ପ୍ରଳୟ ହେବ ?', 'ସାଧାରଣ ଲୁଣରେ ଅସାଧାରଣ କଥା', ପୃଥିବୀ ବାହାରେ ଜୀବନ ଅଛି'କି ?', 'ପୋଷାକ ହିଁ ପରିଚୟ', 'ଦେହର ଘଡ଼ି ଆମକୁ ଚଳାଉଛି', 'ଦେହ କ'ଣ ଏକ ଯୁଦ୍ଧକ୍ଷେତ୍ର ?' ଇତ୍ୟାଦି ପ୍ରବନ୍ଧ ଗୁଡ଼ିକ ଅନେକ ଜନାଦୃତି ଲାଭ କରିଛି।

ପ୍ରାବନ୍ଧିକ ସାହୁଙ୍କ 'ବିଜ୍ଞାନ ଓ ସମାଜ' ପୁସ୍ତକଟି ମଧ୍ୟ ଏକ ଉଚ୍ଚକୋଟୀର ଚିନ୍ତାଚେତନା ଉପରେ ଆଧାରିତ। ଏଥିରେ ଥିବା ପ୍ରବନ୍ଧଗୁଡ଼ିକ ବୈଜ୍ଞାନିକ ଚିନ୍ତାଧାରା, ସାଂପ୍ରତିକ ସାମାଜିକ ସମସ୍ୟା ଓ ଅଧୁନା ମୁଣ୍ଡଟେକିଥିବା ଦୂରାରୋଗ୍ୟ ଉପରେ ଆଧାରିତ। ସେଗୁଡ଼ିକ ମଧ୍ୟରେ 'ବନ୍ୟା ମରୁଡ଼ି ସୃଷ୍ଟି କରୁଥିବା ଏଲନିନୋ କ'ଣ ?', 'ବୟସ ବଢ଼ିଲା ବେଳକୁ ଆସ୍ୱିରିନର ଆଦର ବଢୁଛି', 'ଆମର ଦୂରାରୋଗ୍ୟ ରୋଗ ବି ଜୀବାଣୁ ଦ୍ୱାରା ସଂକ୍ରମିତ', 'ଧନୀ ପରିବାରରେ କମ୍ ପିଲା କାହିଁକି ?' ଭଳି କେତେକ ପ୍ରବନ୍ଧ ଦେଖିବାକୁ ମିଳେ।

ନିତ୍ୟାନନ୍ଦ ସ୍ୱାଇଁ (୧୯୪୩)

ସାଂପ୍ରତିକ ସମୟରେ ଅନ୍ୟତମ ପ୍ରସିଦ୍ଧ ପ୍ରାବନ୍ଧିକ ହେଉଛନ୍ତି ନିତ୍ୟାନନ୍ଦ ସ୍ୱାଇଁ। ଭାଗବତରେ ଥିବା ଚବିଶିଗୁରୁ ପ୍ରସଙ୍ଗରୁ ଆମେ ସମସ୍ତେ ଜାଣିଛେ ଅତି ସାନ ବଡ଼ ଜୀବଠାରୁ ମଧ୍ୟ ଆମର ଅନେକ କିଛି ଶିଖିବାର ଅଛି। ଏହି ଚିନ୍ତାଧାରାକୁ ଗ୍ରହଣ କରି ପ୍ରାବନ୍ଧିକ ସ୍ୱାଇଁ ପ୍ରାଣୀ ଜଗତର ଥିବା ଜୀବଜନ୍ତୁଙ୍କୁ ନେଇ ଅନେକ ପ୍ରବନ୍ଧ ଲେଖିଛନ୍ତି।

ଯାହା ବର୍ତ୍ତମାନର ସମାଜ ପାଇଁ ଅତ୍ୟନ୍ତ ଶିକ୍ଷଣୀୟ ଏଥିମଧ୍ୟରୁ 'ବିଦ୍ୟାଳୟରେ ବିଜ୍ଞାନ ଶିକ୍ଷା', 'ଉଇହୁଙ୍କା ବା ରାଜପ୍ରସାଦ', 'କାଉ କଲାଣି କୋଠା', 'ପିମ୍ପୁଡ଼ି କରଇ ପତର ଘର', 'ପ୍ରଜାପତି ପାଇଁ ବିପତ୍ତି', 'ପ୍ରାଣୀ ରାଇଜର ଇଞ୍ଜିନିୟର', 'ଭବିଷ୍ୟତ ବକ୍ତା', 'ଚଢେଇ କରେ ସିଲେଇ' ଇତ୍ୟାଦି ଅନ୍ୟତମ। ପ୍ରାବନ୍ଧିକ ସ୍ୱାଇଁଙ୍କ 'ବିଦ୍ୟାଳୟରେ ବିଜ୍ଞାନଶିକ୍ଷା' ଏକ ଉଚ୍ଚକୋଟୀର ପ୍ରବନ୍ଧ। ଏଥିରେ ସେ ବିଦ୍ୟାଳୟରେ ପଢାଯାଉଥିବା ବିଜ୍ଞାନ ବିଷୟକୁ ଓଡ଼ିଆରେ ଅନୁବାଦ କରି ପଢେଇବା ଦ୍ୱାରା ଯେଉଁ ପରିଭାଷିକ ଅସୁବିଧାଗୁଡ଼ିକ ଦେଖାଯାଉଛି ସେ ସମ୍ପର୍କରେ ବର୍ଣ୍ଣନା କରିଛନ୍ତି। ବର୍ତ୍ତମାନ ସମୟରେ ଛାତ୍ର ଛାତ୍ରୀ ମାନଙ୍କୁ ବିଜ୍ଞାନ ପ୍ରତି ଉତ୍ସାହିତ କରିବା ଆବଶ୍ୟକ। କାରଣ କେବଳ ଅଧିକ ନମ୍ବର ରଖି ପରୀକ୍ଷାରେ କୃତକାର୍ଯ୍ୟ ହୋଇଗଲେ ସମାଜର କୌଣସି ପରିବର୍ତ୍ତନ ହୋଇଯିବ ନାହିଁ, ବରଂ ଘୁଷାବଳଦ ତିଆରି ହେବେ ପରି ସମସ୍ୟା ମୁଣ୍ଡଟେକିବ। ଏଥିପାଇଁ ପ୍ରାବନ୍ଧିକ କହିଛନ୍ତି- "ପ୍ରକୃତରେ ଦେଖିବାକୁ ଗଲେ, ବିଜ୍ଞାନକୁ ବିଦ୍ୟାଳୟାଭିମୁଖୀ କରାଇ ଛାତ୍ରଛାତ୍ରୀ ଅନୁକୂଳ କରାଇବାର ସୁଫଳ ସୁଦୂରପ୍ରସାରୀ; କାରଣ ବିଦ୍ୟାଳୟରେ ହିଁ ରହିଥାଏ ଅଭିଗ୍ରାହୀମନ ବା ରିସିପ୍ଟିଭ୍ ମାଇଣ୍ଡସ୍।"(୨୯)

ସୌଦାମିନୀ ନନ୍ଦ (୧୯୪୪)

ଓଡ଼ିଆ ପ୍ରବନ୍ଧ ସାହିତ୍ୟରେ ଜଣେ ସଫଳ ପ୍ରାବନ୍ଧିକା ଭାବେ ସୌଦାମିନୀ ନନ୍ଦଙ୍କ ପାଣ୍ଡିତ୍ୟର ପରିଚୟ ମିଳେ। ତାଙ୍କ ପ୍ରବନ୍ଧରେ ଜୀବନର ଆବେଗ ଓ ମନ୍ମୟ ଭାବଧର୍ମୀ ରଚନା ଦେଖିବାକୁ ମିଳେ। ପୁରାଣ ଏବଂ ଦାର୍ଶନିକ ଭାବଧାରାକୁ ନେଇ ସେ ଅନେକ ପ୍ରବନ୍ଧ ରଚନା କରିଛନ୍ତି। ତାଙ୍କ ରଚିତ ପ୍ରବନ୍ଧ ଗୁଡ଼ିକ ମଧ୍ୟରେ 'ଶାପଗ୍ରସ୍ତ ଇଶ୍ୱର', 'ଜାତକ ଲଗ୍ନ', 'ଅହଲ୍ୟର ରାତ୍ରି', 'ବଜ୍ରଧାରାର ଗାଥା', 'ତପସ୍ୱିନୀର ପତ୍ର', 'ନଟ ଭୈରବ', 'ଧର୍ମ ଓ ଆଧ୍ୟାତ୍ମିକତା', 'ତତ୍ତ୍ୱର ଶ୍ରୀରାଧା ଓ କବିର ରାଧା', 'ଅହଲ୍ୟାର ସିଦ୍ଧି', 'ଚନ୍ଦ୍ରବଳୀର ପାହାନ୍ତି', ଆଦି ପ୍ରବନ୍ଧ ଦେଖିବାକୁ ମିଳେ।

ରୁଦ୍ରନାରାୟଣ ପୃଷ୍ଟି

ଚଳିତ ଶତାବ୍ଦୀରେ ଓଡ଼ିଶାରେ ପ୍ରକାଶ ପାଉଥିବା ଦୈନିକ ଖବର କାଗଜରେ ରୁଦ୍ର ନାରାୟଣ ପୃଷ୍ଟିଙ୍କ ଚିନ୍ତା ଚେତନାଧର୍ମୀ ପ୍ରସ୍ତୁତ ଅନେକ ପ୍ରବନ୍ଧ ପ୍ରକାଶ ପାଇଛି। ତାଙ୍କର ଅନେକ ଫିଚରଧର୍ମୀ ଲେଖା ତାଙ୍କୁ ପଠକୀୟ ଶ୍ରେୟ ଆଣିଦେଇଛି। ସେଥିମଧ୍ୟରୁ 'ପରିବାର ପାଇଁ ତୁମର କଥା', 'ରାଜନୀତି ଚର୍ଚ୍ଚା', 'ବିକାଶ ଓ ଗଣତନ୍ତ୍ର', 'ମୃତ୍ୟୁରୁ ଅହଂକାର ଜନ୍ମନିଏ' ଇତ୍ୟାଦି ପ୍ରବନ୍ଧ ରଚନା କରିଥିବାବେଳେ, ବିକଶିତ ରାଷ୍ଟ୍ରରେ

ଗଣତନ୍ତ୍ର ବ୍ୟବସ୍ଥାକୁ ନେଇ ମୁଣ୍ଡ ଟେକିଥିବା ସମସ୍ୟାକୁ କେନ୍ଦ୍ରକରି ସେ- 'ସ୍ୱାର୍ଥକୁ ନେଇ ଆଲୋଚନା', 'ଗଣମାଧ୍ୟମ ଦ୍ୱାରା ପ୍ରଭାବିତ ଯୁବ ମାନସ', 'ବୃହତ୍ତର ଜାତୀୟ ସ୍ୱଭାବରେ ସୂକ୍ଷ୍ମ ଭାବନା', 'ସ୍ୱାଭିମାନର ଉଜ୍ଜ୍ୱଳ ଜ୍ୟୋତିଷ୍କ', 'ପଞ୍ଚାୟତି ରାଜର ଅସଲ ସ୍ୱରୂପ', ପ୍ରଭୃତି ପ୍ରବନ୍ଧ ରଚନା କରିଛନ୍ତି। ସାଂପ୍ରତିକ ସମୟ ପାଇଁ ସାମାଜିକ ବିକାଶରେ ପ୍ରତିବନ୍ଧକ ସାଜୁଥିବା ସମସ୍ୟା ମଧ୍ୟରେ ଶିକ୍ଷା, ସ୍ୱାସ୍ଥ୍ୟ, ବୈଷୟିକ ଜ୍ଞାନ ଓ କୃଷି କ୍ଷେତ୍ରରେ ଯେଉଁ ସବୁ ଅସୁବିଧା ସେ ଉପଲବ୍ଧି କରୁଥିଲେ ତାହା ତାଙ୍କ ପ୍ରବନ୍ଧରେ ସେ ବର୍ଣ୍ଣନା କରିଛନ୍ତି। ଜନକଲ୍ୟାଣ ପାଇଁ ସୃଷ୍ଟି ହୋଇଥିବା ରାଜନୀତି ଆଜି ସାମ୍ପ୍ରଦାୟିକତା ଓ ଗୋଷ୍ଠୀ କନ୍ଦଳ ସୃଷ୍ଟି କରି ସଂଘର୍ଷର ମୁଖ୍ୟ କାରଣ ପାଲଟିଛି। ସାମାଜିକ ଦାୟିତ୍ୱ ପ୍ରତି ମଣିଷର ସ୍ପୃହାହୀନତା ପ୍ରାବନ୍ଧିକ ଲକ୍ଷ୍ୟ କରି 'ଜୀବନ ଓ ଜନମତ' ପ୍ରବନ୍ଧରେ କହିଛନ୍ତି-"ଚେଇଁ ଶୋଇବାର କ୍ରମାଗତ ଭାବଗତି ଉଦାସୀନତା କର୍ତ୍ତବ୍ୟ ପାଳନ କ୍ଷେତ୍ରରେ ବ୍ୟକ୍ତିକୁ ସହଜରେ କ୍ଳୀବ କରାଉଥିବା ବେଳେ ସିଧାସଳଖ ସାର୍ବଜନୀନ କଲ୍ୟାଣ ସାଧନ ଦିଗରେ ଏହା ଘୋର ଅନ୍ତରାୟ ସୃଷ୍ଟି କରୁଛି। ଯାହା ଆଳସ୍ୟପରାୟଣ ଓ ନେବାକୁ ଭଲପାଉଥିବା ଦେବାର ନାଁ ଧରୁ ନ ଥିବା ସୃଷ୍ଟି ଏକ ତୁଚ୍ଛ ପ୍ରବୃତ୍ତି। ମଣିଷ ସ୍ୱୀକାର କରିବାକୁ ନାରାଜ, ନିମ୍ନ ସ୍ୱାର୍ଥନ୍ୱେଷୀ ଭାବନା ଓ ହୀନ ସଂକୀର୍ଣ୍ଣ ଆଚରଣଜନିତ କଦର୍ଯ୍ୟ ବିଧାନ ହେତୁ ସମ୍ପୃକ୍ତ ବ୍ୟକ୍ତି ସାମାଜିକ ଦାୟିତ୍ୱବୋଧକୁ ନିଜେ ଅଜାଣତରେ ଗୁଣିତକ ମାତ୍ରରେ ବଢାଇ ଚାଲିଛନ୍ତି।"(୩୦)

ଅଧ୍ୟାପକ ବିଶ୍ୱରଞ୍ଜନ (୧୯୪୭)

ଆଧୁନିକ ସମୟରେ ଅଧ୍ୟାପକ ବିଶ୍ୱରଞ୍ଜନ ପ୍ରବନ୍ଧ ସାହିତ୍ୟରେ ଗୋଟିଏ ଜଣାଶୁଣା ନାମ। ଓଡ଼ିଶାରେ ପ୍ରକାଶ ପାଉଥିବା ଦୈନିକ ସମ୍ବାଦପତ୍ର 'ସମୟ', 'ସମ୍ବାଦ' ଖବର କାଗଜରେ ଅନେକ ଗୁଡ଼ିଏ ସ୍ତମ୍ଭ ଆକାରରେ ନିବନ୍ଧ ପ୍ରକାଶ ପାଉଥିଲା। ଯାହା ପରବର୍ତ୍ତୀ ସମୟରେ 'ପଦ୍ମାବତୀର ପ୍ରଶ୍ନ' ନାମକ ପ୍ରବନ୍ଧ ପୁସ୍ତକରେ ସ୍ଥାନିତ। ବିଶେଷ କରି ଏଥିରେ ଥିବା ପ୍ରବନ୍ଧ ଗୁଡ଼ିକ ସମାଜର ଦିଗ ଉପରେ ଆଧାରିତ। ସେଥିରେ ଥିବା କେତୋଟି ପ୍ରବନ୍ଧ ମଧ୍ୟରେ 'ବନ୍ଦେ ମାତରମ୍', 'ଧନ୍ୟ ପ୍ରଜାତନ୍ତ୍ର', 'ପରମାଣୁରୁ ପିଆଜ', 'ଧନ୍ୟ ଏ ରାଜ୍ୟ', 'ଲଳିତାଙ୍କ ପଣତକାନିରେ ଲୋକତନ୍ତ୍ର', 'ଆମ ଶିକ୍ଷା ଓ ସଂସ୍କୃତି ବ୍ୟଥା', 'ବାବୁମାନେ ଏଥର ପଦାକୁ ଆସ ପରଦା ଖୋଲ', 'ଲୋକେ ଆଉ ଅନ୍ଧାରରେ ନାହାନ୍ତି' ଭଳି ପ୍ରବନ୍ଧରେ ସମାଜର ମୁଣ୍ଡଟେକିଥିବା ରାଜନୈତିକ ସମସ୍ୟା ଓ ଗଣତନ୍ତ୍ରର ଅବକ୍ଷୟ ଚିତ୍ରକୁ ଚିନ୍ତାଶୀଳ ଅଭିବ୍ୟକ୍ତି ଓ ଭାଷାରେ ଶାଳୀନତା ରକ୍ଷା କରି ପ୍ରବନ୍ଧ ରଚନା କରିଛନ୍ତି।

ବର୍ତ୍ତମାନ ସମୟରେ ଗଣତନ୍ତ୍ରରେ ଦେଖାଯାଉଥିବା ସ୍ଥିତି ଓ ସମ୍ଭାବନକୁ ସେ 'ପଦ୍ମାବତୀର ପ୍ରଶ୍ନ' ପୁସ୍ତକରେ ଥିବା 'ପଦ୍ମ ପାଖୁଡାରେ ପୋକ', 'ପିଆଜ ଆଣେ ଲୋତକ' ପ୍ରବନ୍ଧରେ ଆଲୋଚନା କରିଛନ୍ତି । ଅଧୁନା ରାଜନୀତିରେ କଂଗ୍ରେସ ସରକାରଙ୍କ ପ୍ରତି ବିମୁଖ ହୋଇ ପ୍ରଧାନମନ୍ତ୍ରୀ ବାଜପେୟୀଙ୍କ ଆଗମନକୁ ନେଇ ଲୋକମାନଙ୍କ ମଧ୍ୟରେ ଯେଉଁ ନୂତନ ଆଶା ଓ ବିଶ୍ୱାସ ଦେଖାଯାଇ ଥିଲା ତାହା, ଏଇ ପ୍ରବନ୍ଧରେ ଦେଖିବାକୁ ମିଳେ । ପ୍ରାବନ୍ଧିକଙ୍କ ଭାଷାରେ "ଶ୍ରୀ ବାଜପେୟୀଙ୍କ ଆବିର୍ଭାବ ଜନସାଧାରଣଙ୍କ ଭିତରେ ନୂତନ ଆଶା ଓ ଆନନ୍ଦର ସଂଚାର କରିଥିଲା । ଏହି ଲେଖକ ତା'ର ଏକାଧିକ ଲେଖାରେ ଏହି ନୂତନ ନେତୃତ୍ୱକୁ ସ୍ୱାଗତ କରିଥିଲା । ଅଟଳବିହାରୀଙ୍କ ପଙ୍କ ବିମୁକ୍ତ ଲଲାଟ ଚନ୍ଦନ ଚର୍ଚ୍ଚିତ ହେବା ସଙ୍ଗେ ସଙ୍ଗେ ସେହି ଚନ୍ଦନର ସୁରଭି ତଥା ପଙ୍କଜର ଶ୍ରୀବୃଦ୍ଧିରେ ଆମ ଶାସନ ତଥା ରାଜନୈତିକ ପରିବେଶ ସୁଖି ସମୃଦ୍ଧ ହେବ ବୋଲି ଦୃଢ ବିଶ୍ୱାସ । ମାତ୍ର ସେହି ବିଶ୍ୱାସର ଭିତ୍ତି ଭୂମି କ୍ରମଶଃ ଦୋହଲିବାକୁ ଆରମ୍ଭ କଲାଣି ପଦ୍ମ ପାଖୁଡ଼ାରେ ତାଙ୍କର ଛିଟା ଦେଖିବାକୁ ମିଳିଲାଣି । ତା ସାଙ୍ଗକୁ ଦଳ ଯୁକ୍ତ ଶାସନର ସରସୀ ଦଳ ଭିତରେ ଅଦୃଶ୍ୟରେ ଲୁଚି ରହିଥିବ । ପୋକ ମାନେ ମଧ୍ୟ ପଦ୍ମ ପାଖୁଡ଼ାକୁ କାଟି ଦେବାପାଇଁ ବେଶ୍ ଦୃଶ୍ୟମାନ ଭାବରେ ସେମାନଙ୍କ ଲୀଳାଖେଳା ଆରମ୍ଭ କରିଦେଲେଣି ।"[୩୧]

ସୌରୀବନ୍ଧୁ କର (୧୯୪୮)

ସାଂପ୍ରତିକ କାଳର ଅନ୍ୟତମ ସୁପ୍ରସିଦ୍ଧ ପ୍ରାବନ୍ଧିକ ଭାବେ ସୌରୀବନ୍ଧୁ କର ଓଡ଼ିଆ ସାହିତ୍ୟରେ ଏକ ପରିଚିତ ମୁହଁ । ଜୀବନୀଧର୍ମୀ ପ୍ରବନ୍ଧ ବ୍ୟତୀତ ସେ ଧର୍ମ, ଭାଷା ଓ ଜାତୀୟତାକୁ ଆଧାରକରି ଅନେକ ପ୍ରବନ୍ଧ ରଚନା କରିଛନ୍ତି । ତାଙ୍କ ସୃଷ୍ଟି ଗୁଡ଼ିକ ମଧ୍ୟରେ 'ଗାନ୍ଧୀ ବିଚାରଧାରା', 'ଜଗତୀକରଣରେ ନିଯୁକ୍ତି', 'ଗୁଜୁରାଟର ନିଆଁ : ମାନବତାର ଜୁଇ', 'ବିବେକାନନ୍ଦ ବିଚାରଧାରା', 'ବେଦାନ୍ତ ସ୍ୱର', 'ମୋ ଭାଷା ମୋ ସାହିତ୍ୟ', ଇତ୍ୟାଦି ଅନ୍ୟତମ । 'ମୋ ଭାଷା ମୋ ସାହିତ୍ୟ' ତାଙ୍କର ଏକ ଅନବଦ୍ୟ ସୃଷ୍ଟିକଳା ଏହି ଗ୍ରନ୍ଥଟିରେ ଥିବା ପ୍ରବନ୍ଧ ଗୁଡ଼ିକୁ ତିନୋଟି ଧାରାରେ ବିଚାର କରାଯାଇପାରେ । ପ୍ରଥମରେ ବରିଷ୍ଠ ସାହିତ୍ୟିକ ମାନଙ୍କୁ ନେଇ, ଦ୍ୱିତୀୟରେ- ଓଡ଼ିଶାରେ ବିଭିନ୍ନ ଅନୁଷ୍ଠାନ, ସାହିତ୍ୟ ସଭାସମିତି ସମ୍ପର୍କରେ ଓ ତୃତୀୟରେ ବିଭିନ୍ନ ସାହିତ୍ୟିକ ଅନୁଷ୍ଠାନ, ସାହିତ୍ୟ ଓ ଭାଷା ସମ୍ପର୍କିତ । ଏଥିରେ ଥିବା କେତେକ ପ୍ରବନ୍ଧ ମଧ୍ୟରେ 'ଲେଖକ ଦିବସ', 'ସାହିତ୍ୟରେ ରାଜନୈତିକ ନେତା', 'କବି ଅନନ୍ତ ପଟ୍ଟନାୟକ', 'ଲେଖକର ସାମାଜିକ ଦାୟିତ୍ୱ', 'ଓଡ଼ିଆ କବିତାର ନବପର୍ବ', 'ଜାତୀୟ ଯୁବ ଦିବସ',

'ଆଞ୍ଚଳିକ ସଂହତିର ସୁରକ୍ଷା', 'ଶହୀଦ୍ ଦିବସ', 'ସାହିତ୍ୟର ଭବିଷ୍ୟତ', 'ସୃଷ୍ଟି ଓ ସମୀକ୍ଷା' ଇତ୍ୟାଦି ସ୍ଥାନିତ।

ପ୍ରାବନ୍ଧିକ କରଙ୍କ ବହୁଆଲୋଚିତ ପ୍ରବନ୍ଧ ପୁସ୍ତକ ହେଉଛି 'ଗାନ୍ଧୀ ବିଚାର ଧାରା' ଏଥିରେ ଗାନ୍ଧୀଜୀଙ୍କ ଜୀବନଦର୍ଶନ, ସିଦ୍ଧାନ୍ତ ଓ ତାଙ୍କୁ ନେଇ ଭାରତୀୟମାନଙ୍କ ବିଚାରବୋଧକୁ ଆଧାରିତ କରି ପ୍ରବନ୍ଧମାନ ରଚନା ହୋଇଛି। ଗାନ୍ଧୀଜୀଙ୍କ ଜୀବନ ଇତିହାସକୁ ଭାରତ ବର୍ଷ ପାଇଁ ଏକ ଅମୃତ ସ୍ୱାକ୍ଷର ମନେହୁଏ। ଯାହାକୁ ପ୍ରାବନ୍ଧିକ ହୃଦୟଙ୍ଗମ କରି ଉକ୍ତ ପ୍ରବନ୍ଧ ମାନ ରଚନା କରିଛନ୍ତି। ଏଥିରେ ସର୍ବମୋଟ ୩୫ଟି ପ୍ରବନ୍ଧ ଦେଖିବାକୁ ମିଳେ। ସେଥିମଧ୍ୟରୁ 'ଅହିଂସା ମାର୍ଗରେ ବିକାଶ', 'ସ୍ୱଦେଶ ପ୍ରତି ଅଙ୍ଗୀକାର', 'ଗାନ୍ଧୀଜୀଙ୍କ ସାମାଜିକ ଗଠନ ପ୍ରଣାଳୀ', 'ଗାନ୍ଧୀ ଓ ଭାରତ', 'ଶାନ୍ତିର ବୈଜ୍ଞାନିକ ଗାନ୍ଧୀ', 'ଗାନ୍ଧୀଜୀଙ୍କ ଲବଣ ସତ୍ୟାଗ୍ରହ', 'ଆତ୍ମା ପୁରୁଷ ଗାନ୍ଧୀ', 'ଭାରତୀୟ ଦର୍ଶନରେ ଗାନ୍ଧୀଜୀ (୧), (୨)', 'ମାନବିକ ଅଧିକାର- ଗାନ୍ଧିଦର୍ଶନରେ', ଓ 'ଗାନ୍ଧୀ ମାର୍ଗରେ ଜୀବନ ବଞ୍ଚିବା' ଇତ୍ୟାଦି ପ୍ରବନ୍ଧ ଦେଖିବାକୁ ମିଳେ।

ଗୌରହରି ଦାସ (୧୯୬୦)

ଓଡ଼ିଆ ଗଳ୍ପ ଜଗତରେ ଖ୍ୟାତି ଅର୍ଜନ କରିଥିବା ଶ୍ରୀଯୁକ୍ତ ଗୌରହରି ଦାସ ପ୍ରବନ୍ଧ ସାହିତ୍ୟରେ ମଧ୍ୟ ବେଶ୍ ପରିଚିତ। ତାଙ୍କ ପ୍ରବନ୍ଧର ସୃଷ୍ଟିବଳୟ ସମସାମୟିକ ସମାଜର ସାମାଜିକ, ସଂସ୍କୃତିକ ଓ ରାଜନୈତିକ କ୍ଷେତ୍ରରେ ଅବ୍ୟବସ୍ଥାର ଚିତ୍ର ଲୋକ ଲୋଚନକୁ ଆଣି ସଚେତନ ସୃଷ୍ଟି କରାଇବା। ସେ ରଚନା କରିଥିବା ପ୍ରବନ୍ଧ ପୁସ୍ତକ ମଧ୍ୟରେ 'ଓଡ଼ିଶା ଡ଼ାଏରୀ'(୨୦୧୧) ଓ 'କାହାର ଓଡ଼ିଶା'(୨୦୧୨) ଏଥିରେ ଥିବା ପ୍ରବନ୍ଧ ଭିତରେ 'ଖେଳର ନାମ ଦଳବଦଳ', 'ଅରକ୍ଷିତ ଓଡ଼ିଆ ଭାଷା ପାଇଁ କୁମ୍ଭୀର କାନ୍ଦଣା', 'ଦାୟୀ କିଏ', 'ଚତୁର ଚାଣକ୍ୟ', 'ଲୋକେ ଖୁସି ହେବେ କାହିଁକି', 'ସେମାନେ କୁଆଡ଼େ ଯିବେ', 'ଓଡ଼ିଶାକୁ କିଏ କାହିଁକି ଆସିବ', 'ଗୋଟିଏ ଗରିବ ଝିଅର କଥା', 'ଓଡ଼ିଆ ଭାଷାର ସମୃଦ୍ଧି ଓ ପ୍ରସାର', ଇତ୍ୟାଦି ଅନ୍ୟତମ।

ଓଡ଼ିଶାର ଭାଷା ସମସ୍ୟା ଓ ତା'ର ପ୍ରଚାର ପ୍ରସାର ନ କଲେ କେମିତି ତାହା ଆଗାମୀ କାଲି ପାଇଁ ବିପଦ ସୃଷ୍ଟି ହେବ ସେ ସମ୍ପର୍କରେ ପ୍ରାବନ୍ଧିକ 'ଓଡ଼ିଆ ଭାଷାର ସମୃଦ୍ଧି ଓ ପ୍ରସାର'ରେ ବର୍ଣ୍ଣନା କରିଛନ୍ତି। ଭାଷା ବ୍ୟବହାରିଙ୍କ ଉଦାସୀନତା ପାଇଁ ଆଜି ଆମ ଭାଷା ସଙ୍କଟ ଆଡ଼କୁ ଗତି କରୁଛି। ଓଡ଼ିଆ ଭାଷାରେ ପ୍ରକାଶ ପାଉଥିବା ବହିର ସଂଖ୍ୟା ଦିନକୁ ଦିନ କମିବାରେ ଲାଗୁଛି। ଯାହା ଦ୍ୱାରା ଭାଷା ପ୍ରତି ଏକ ଦୁର୍ବଳ ମନା ଓଡ଼ିଆଙ୍କ ଭାବନା ଦେଖାଯାଉଛି। ଏହି ସବୁର ମୂଳକାରଣ ଇଂରାଜୀ ଭାଷାକୁ ଦାୟୀ

କରି ପ୍ରାବନ୍ଧିକ କୁହନ୍ତି- "ଇଂରାଜୀ ଭାଷା କେବଳ ଓଡ଼ିଆ ଜାତି ନୁହେଁ, ବହୁ ଭାରତୀୟ ଭାଷାର ଦୁର୍ଦ୍ଦଶା ପାଇଁ ଦାୟୀ। ଭାରତ ହେଉଛି ପୃଥିବୀରେ ଇଂରାଜୀ କହୁଥିବା ଦେଶ ଭିତରେ ତୃତୀୟ ବୃହତମ ଦେଶ। ତା' ଆଗରେ କେବଳ ଆମେରିକା ଓ ଯୁକ୍ତରାଜ୍ୟ ଅଛନ୍ତି। ତେବେ ଅନ୍ୟ ଭାରତୀୟ ଭାଷା ତୁଳନାରେ ଓଡ଼ିଆ ଭାଷାର ସ୍ଥିତି ଅଧିକ ବିପନ୍ନ। ଏହାର କାରଣ ହେଉଛି, ଇଂରାଜୀ ହେଉଛି କ୍ଷମତାର ଭାଷା ଓ ଅର୍ଥ ଉପାର୍ଜନର ଭାଷା। ପ୍ରତ୍ୟେକ ବାପା ମା' ତାଙ୍କ ପିଲାମାନଙ୍କୁ ଇଂରାଜୀରେ ପଢାଇବାକୁ ଚାହାଁନ୍ତି; କାରଣ ସେମାନେ ନିଜର ପିଲାମାନଙ୍କୁ କ୍ଷମତାର ଉତ୍ସ ସହିତ ଯୋଡ଼ିବାକୁ ଚାହାଁନ୍ତି, ସାମାଜିକ ପ୍ରତିଷ୍ଠାର ଉଚ୍ଚ ସୋପାନରେ ପହଞ୍ଚେଇବାକୁ ଚାହାଁନ୍ତି। ଆଜି ଯଦି କେହି ସେକ୍ସପିୟର କି ହେମିଂୱେ ପଢିବା ପାଇଁ ଇଂରାଜୀ ଭାଷା ଶିକ୍ଷା କରୁଛି ବୋଲି କହେ, ତାହେଲେ ତାଙ୍କୁ ବିରଳ ପ୍ରଜାତିର ପ୍ରାଣୀ ବୋଲି ଧରି ନେବାକୁ ହେବ। ଆଜି ଇଂରାଜୀ କୋକାକୋଲା କମ୍ପାନୀର ଭାଷା, ବିଲ୍ ଗେଟ୍ସ, ଆପୋଲୋ ପ୍ରୋଗ୍ରାମ ଓ ଦିସ୍ନିଲ୍ୟାଣ୍ଡର ଭାଷା। ସେଥିପାଇଁ ଇଂରାଜୀ ଶିକ୍ଷା ପାଇଁ ଆମ ଭିତରେ ଏତେ ବ୍ୟାକୁଳତା।"[୩୨]

ସାଂପ୍ରତିକ ପ୍ରବନ୍ଧ ସାହିତ୍ୟରେ ଏମାନଙ୍କ ବ୍ୟତୀତ ଆହୁରି ଅନେକ ପ୍ରାବନ୍ଧିକ ପ୍ରବନ୍ଧ ରଚନାରେ ସଫଳାୟନ ହୋଇଛନ୍ତି। ବିଶେଷକରି ଏହି ସମୟରେ ବହୁ ପତ୍ରିକା ପ୍ରକାଶ ପାଉଥିବା ଯୋଗୁଁ, ପ୍ରାବନ୍ଧିକମାନେ ଉତ୍ସାହିତ ହୋଇ ବର୍ତ୍ତମାନ ସମୟରେ ଘଟୁଥିବା ଏବଂ ଭବିଷ୍ୟତକୁ ଆକଳନ କରି ଅନେକ ଲେଖା ପ୍ରକାଶ କରୁଛନ୍ତି। ଯେଉଁଥିରେ ସାଧାରଣ ଘଟଣା ଠାରୁ ଆରମ୍ଭ କରି ଅସାଧାରଣ ସମସ୍ୟା ପର୍ଯ୍ୟନ୍ତ ସମସ୍ତ ତଥ୍ୟ ନିହିତ ରହୁଛି। ସେଥିରେ ବିଜ୍ଞାନର ଚିନ୍ତା, ବୈଷୟିକ ଜ୍ଞାନର ଅଭିବୃଦ୍ଧି, ବିଶ୍ୱବାଣିଜ୍ୟକୁ ନେଇ ଉପୁଜି ଥିବା ସମସ୍ୟା, ବେକାରୀ ଯୁବ ସମସ୍ୟାର ଉଦାସୀନତା, ଦେଶ ଦେଶ ମଧ୍ୟରେ ଲାଗିରହିଥିବା ଗୃହଯୁଦ୍ଧ, ସାହିତ୍ୟ, କଳା, ସଂସ୍କୃତି, ଧର୍ମ ଉପରେ ମୁଣ୍ଡଟେକିଥିବା ସମସ୍ୟାକୁ ନେଇ ପ୍ରାବନ୍ଧିକମାନେ କଲମ ଚାଳନା କରୁଛନ୍ତି। ସେମାନଙ୍କର ଗଭୀର ଅନୁସନ୍ଧାନ ଓ ପାଣ୍ଡିତ୍ୟ ପୂର୍ଣ୍ଣ ରଚନା ପରିପାଟୀ ପାଠକ ଆଦୃତ ଲାଭ କରିପାରିଛି। ସେମାନଙ୍କ ମଧ୍ୟରେ ଧନେଶ୍ୱର ମହାପାତ୍ର, ଦେବୀପ୍ରସନ୍ନ ପଟ୍ଟନାୟକ, ବିଦୂଭୂଷଣ ଦାସ, ଗିରିଜା ଭୂଷଣ ପଟ୍ଟନାୟକ, ଭାବଗ୍ରାହୀ ମିଶ୍ର, ଜଗନ୍ନାଥ ପଟ୍ଟନାୟକ, ବିଭୁତି ପଟ୍ଟନାୟକ, ନିଖିଳାନନ୍ଦ ପାଣିଗ୍ରାହୀ, ଡକ୍ଟର ମହେଶ୍ୱର ମହାନ୍ତି, ଅଧ୍ୟାପକ ଦେବେନ୍ଦ୍ରକୁମାର ଦାସ, ସଙ୍ଘମିତ୍ରା ମିଶ୍ର, ସୂର୍ଯ୍ୟନାରାୟଣ ଦାସ, ରାଜେନ୍ଦ୍ର କୁମାର ମହାନ୍ତି, ଅମୂଲ୍ୟ କୁମାର ପଣ୍ଡା, ଜୟନ୍ତ କୁମାର ବିଶ୍ୱାଳ, ଶୁଭକାନ୍ତ ବେହେରା, ପତିତ ପାବନ ମହାପାତ୍ର, ବରେନ୍ଦ୍ରକୃଷ୍ଣ ଧଳ, ଅସିତ୍ ମହାନ୍ତି, ଅରବିନ୍ଦ ପଟ୍ଟନାୟକ, ଗୋପୀନାଥ ବାଗ, ଅଧ୍ୟାପକ ନିତ୍ୟାନନ୍ଦ ସାହୁ, ଶ୍ରୀଯୁକ୍ତ ସତ୍ୟାନାଶ, ଡକ୍ଟର ଧରଣୀଧର

ପାଣିଗ୍ରାହୀ, ଡକ୍ଟର ବ୍ରଜକିଶୋର ସ୍ୱାଇଁ, ପଦ୍ମଚରଣ ନାୟକ ଆଦିଙ୍କ ପ୍ରବନ୍ଧ ସାହିତ୍ୟ ଜନାଦୃତି ହୋଇପାରିଛି।

ସ୍ୱାଧୀନତା ପରବର୍ତ୍ତୀ ଓଡ଼ିଆ ପ୍ରବନ୍ଧ ସାହିତ୍ୟର ବିଶେଷତ୍ୱ :

Martin Grayଙ୍କ ମତରେ– 'the prose essay is a flexible and lively from in the Morden age' ଅର୍ଥାତ୍– ଆଧୁନିକ କାଳର ସବୁଠାରୁ ଅଧିକ ସଚଳ ଓ ଜୀବନ୍ତ ଗଦ୍ୟକୃତି ହେଉଛି 'ପ୍ରବନ୍ଧ'। ସମୟ ଅନୁସାରେ ସାହିତ୍ୟର ଧାରା ବଦଳିବାକୁ ଲାଗିଛି। ପ୍ରବନ୍ଧରେ ମଧ୍ୟ ବ୍ୟାପକ ପରିବର୍ତ୍ତନ ଆଜି ଦେଖାଯାଇଛି। ସାହିତ୍ୟର ଅନ୍ୟ ବିଭାଗ ଅପେକ୍ଷା ଏହା ଅଧିକ ସ୍ୱତନ୍ତ୍ର ରୂପେ ପ୍ରତିପାଦିତ ହୋଇଛି। ପ୍ରାବନ୍ଧିକ ମଣିଷ ଜୀବନର ସୂକ୍ଷ୍ମାଦିସୂକ୍ଷ୍ମକୋଣକୁ ନିରିଖିପାରୁଥିବା ଯୋଗୁଁ, ତାଙ୍କୁ ଜୀବନର ଭାଷ୍ୟକାର ବୋଲି କୁହାଯାଏ। ଜୀବନର ବ୍ୟାପକ ଅଭିଜ୍ଞାନତାକୁ ସେ କେନ୍ଦ୍ରୀଭୂତ କରି ଚମତ୍କାର ଗୁନ୍ଥନ ଶୈଳୀରେ ବର୍ଣ୍ଣନା କରିପାରେ। ମିଶନାରୀମାନଙ୍କ ଦ୍ୱାରା ଓଡ଼ିଶାରେ ୧୮୧୦ ରୁ ୧୮୩୬ ମସିହା ପର୍ଯ୍ୟନ୍ତ ଖ୍ରୀଷ୍ଟଧର୍ମ ପ୍ରଚାର ନିମନ୍ତେ ଗଦ୍ୟରେ ପୁସ୍ତକମାନ ରଚନା କରାଗଲା। ଏହି ଗଦ୍ୟ ରଚନା ଧାରା ଠାରୁ ଆରମ୍ଭ ହୁଏ ପ୍ରବନ୍ଧ ସାହିତ୍ୟର ବିକାଶ। ଶିକ୍ଷାର ବିକାଶ ଯୋଗୁଁ କ୍ରମପର୍ଯ୍ୟାୟରେ ଓଡ଼ିଆ ସାହିତ୍ୟର ବିଭିନ୍ନ ବିଭବ ଗୁଡ଼ିକ ଉନ୍ମୁକ୍ତ ହେବାକୁ ଲାଗିଲା। ଆଧୁନିକ ସାହିତ୍ୟର କାୟା ବିସ୍ତାର ଆରମ୍ଭ ହୁଏ ପାଶ୍ଚାତ୍ୟ ଜଗତର ହାଓ୍ୱାରେ। ୧୯୪୭ ମସିହା ଦେଶ ସ୍ୱାଧୀନ ପରେ ନୂତନ ସ୍ୱପ୍ନରେ ବିଭୋରିତ ଭାରତୀୟମାନେ ଉଚ୍ଚଶିକ୍ଷା ଆଡ଼କୁ ଅଗ୍ରସର ହେଲେ। ସମସ୍ତ ପ୍ରକାର ସୁବିଧା ସୁଯୋଗ ପାଇବା ପାଇଁ ଆକଣ୍ଠ ଚେଷ୍ଟା ହେଲା। ଫଳ ସ୍ୱରୂପ ନିଜ ନିଜ ମଧ୍ୟରେ ପଦୋନ୍ନତି ଓ ବଡ଼ ହେବା ପାଇଁ ସଂଘର୍ଷ ଆରମ୍ଭ ହୁଏ। ତା' ସହିତ ଜୀବନର ଧାଆଁ ଦୌଡ଼ରେ ମଣିଷ ଏତେ ବ୍ୟସ୍ତ ହୋଇଗଲା ଯେ, ନିଜ ନିଜ ଅସ୍ତିତ୍ୱକୁ ଭୁଲିଗଲା। ଯାହାକୁ କେନ୍ଦ୍ରକରି ଗଦ୍ୟ ସାହିତ୍ୟରେ ଗଳ୍ପ ଓ ଉପନ୍ୟାସର ରାଶି ରାଶି ସମ୍ଭାରମାନ ସୃଷ୍ଟି ହେବା ସହ ଓଡ଼ିଆ ପ୍ରବନ୍ଧ ସାହିତ୍ୟର ବିକାଶର ନୂଆ ଦିଗ ଆରମ୍ଭ ହେଲା। ଏହି ସମୟ ମଧ୍ୟରେ ରାଜନୈତିକ ଭାବଧାରକୁ ନେଇ ଏକ ନୂଆ ସମୀକରଣ ଆରମ୍ଭ ହେଲା। ଫଳରେ ସାହିତ୍ୟିକ ପାଣିପାଗ ମଧ୍ୟ ବଦଳିବାକୁ ଲାଗିଲା। ଯାହା ଦ୍ୱାରା ପତ୍ରପତ୍ରିକା ମାନଙ୍କରେ ଅନେକ ଲେଖା ପ୍ରକାଶ ପାଇଲା। ସରକାରଙ୍କ ସୁବିଧା ସୁଯୋଗର ପ୍ରଚାର ପ୍ରସାର ନିମନ୍ତେ ଅନେକ ପତ୍ରିକାର ସୃଷ୍ଟି ହେଲା। ଏହି ପତ୍ରପତ୍ରିକା କେବଳ ଲୋକମାନଙ୍କୁ ସରକାରୀ ସୁବିଧା ସୁଯୋଗ ନୁହେଁ ବରଂ, ସାହିତ୍ୟରେ ଉନ୍ନତି ଯଥା– ଆଲୋଚନା, ସମାଲୋଚନା ଏବଂ ଗବେଷଣା ନିମନ୍ତେ ବହୁ ଉପାଦେୟ

ହୋଇପାରିଲା। ସେଗୁଡ଼ିକର ସୂଚନା ନିମ୍ନରେ ଦିଆଗଲା-

କ୍ର.ସଂ	ପତ୍ରିକା ନାମ	ମସିହା	ପ୍ରକାଶକ	ପ୍ରକାଶିତ ସ୍ଥାନ
୧-	କୁଙ୍କୁମ	୧୯୪୮	ଦେବ ମହାପାତ୍ର	ବମ୍ବେ
୨-	ଝଙ୍କାର	୧୯୪୯	ହରେକୃଷ୍ଣ ମହତାବ	କଟକ
୩-	ଆସନ୍ତାକାଲି	୧୯୫୦	ଯଦୁମଣି ପାରିଜା	କଲିକତା
୪-	ଦିଗନ୍ତ	୧୯୫୦	ମନୋଜ ଦାସ	ବାଲେଶ୍ୱର
୫-	କୋଣାର୍କ	୧୯୫୮	ଗୌରି କୁମାର ବ୍ରହ୍ମା	ଭୁବନେଶ୍ୱର
୬-	ନବପତ୍ର	୧୯୬୨	ରଜନୀକାନ୍ତ ଦାସ	ରାଉରକେଲା
୭-	ସାମ୍ମୁଖ୍ୟ	୧୯୬୩	ରାଧାନାଥ ରଥ	କଟକ
୮-	ପୌରୁଷ	୧୯୬୭	ଜାନକୀବଲ୍ଲଭ ପଟ୍ଟନାୟକ	ଭୁବନେଶ୍ୱର
୯-	ନବରବି	୧୯୭୦	ରବୀନ୍ଦ୍ର କୁମାର ପରିଜା	କଲିକତା
୧୦-	ପଞ୍ଚରଙ୍ଗ	୧୯୭୦	ରାଧାମୋହନ ମିଶ୍ର ଓ ଶ୍ରୀନିବାସ ଉଦଗାତା	ବାଲାଙ୍ଗୀରି
୧୧-	ଗଳ୍ପ	୧୯୭୦	ବିଭୁତି ପଟ୍ଟନାୟକ	କଟକ
୧୨-	ମାନସ	୧୯୭୨	କୃଷ୍ଣ ପ୍ରସାଦ ମିଶ୍ର	କଟକ
୧୩-	ସପ୍ତର୍ଷି	୧୯୭୨	ଭୁବେନଶ୍ୱର ବେହେରା	ସମ୍ବଲପୁର
୧୪-	ଅଧୁନା	୧୯୭୩	ରଘୁନାଥ ମହାପାତ୍ର	କଟକ
୧୫-	ଇସ୍ତାହାର	୧୯୭୫	ନିତ୍ୟାନନ୍ଦ ଶତପଥି	ଭୁବନେଶ୍ୱର
୧୬-	ବାଇଶି ପାହାଚ	୧୯୭୬	ପ୍ରଫୁଲ୍ଲ କୁମାର ମହାନ୍ତି	ବ୍ରହ୍ମପୁର
୧୭-	ଗଳ୍ପଝର	୧୯୭୭	ବଳରାମ ସାହୁ	ଭଦ୍ରକ
୧୮-	ମୂଲ୍ୟାୟନ	୧୯୭୯	ପ୍ରଫୁଲ୍ଲ କୁମାର ଜଗଦେବ	କଟକ
୧୯-	ଏଷଣା	୧୯୮୦	କ୍ଷେତ୍ରବାସୀ ନାୟକ	କଟକ
୨୦-	ପାଞ୍ଚଜନ୍ୟ	୧୯୮୧	ଦୂର୍ଗା ଚରଣ କୁଅଁର	ଭୁବନେଶ୍ୱର
୨୧-	ବସୁନ୍ଧରା	୧୯୮୧	ଗୋପାଳ ଚନ୍ଦ୍ର ମିଶ୍ର	ସମ୍ବଲପୁର
୨୨-	ଗୋକର୍ଣ୍ଣିକା	୧୯୮୨	ରାମାକାନ୍ତ ଜେନା	ଯାଜପୁର
୨୩-	ଫଲଗୁ	୧୯୮୪		ବ୍ରହ୍ମପୁର
୨୪-	କଥା	୧୯୮୭	ସୌମ୍ୟରଞ୍ଜନ ପଟ୍ଟନାୟକ	ଭୁବନେଶ୍ୱର

ଇତ୍ୟାଦି ପତ୍ରିକାମାନ ପ୍ରକାଶ ପାଇଲା। ଯେଉଁଥିରେ ସ୍ୱାଧୀନତା ପରବର୍ତ୍ତୀ ଓଡ଼ିଶା ପୃଷ୍ଠଭୂମିର ସ୍ଥିତି ଓ ସମ୍ଭାବନାକୁ ଉନ୍ନତ କରି ଗଢି ତୋଳିବାକୁ ପ୍ରୟାସ

ହୋଇଥିଲା । ଏଥିରେ ପ୍ରାବନ୍ଧିକମାନେ ନିଜର ପ୍ରବନ୍ଧକଳାକୁ ପ୍ରଚାର ପ୍ରସାର କରାଇଲେ । ଫଳରେ ପ୍ରବନ୍ଧ ସାହିତ୍ୟର ବିକାଶ ପର୍ବ ଗଢିଉଠିଥିଲା । ସ୍ୱାଧୀନତା ପୂର୍ବରୁ ଯେଉଁ ଚିନ୍ତାଚେତନାରେ ପ୍ରବନ୍ଧ ଲେଖାଯାଉଥିଲା, ତାହା ସ୍ୱାଧୀନତା ପରବର୍ତ୍ତୀ ସମୟରେ ଦେଖାଗଲା ନାହିଁ । ବରଂ ଏହାର ନୂତନ କଳେବରଟିଏ ପ୍ରସ୍ତୁତ ହେଲା । ବିଶେଷକରି ଏହି ସମୟରେ ବ୍ୟକ୍ତି ଚେତନାର ପ୍ରତିଫଳିତ ରୂପ ଅଧିକ ମାତ୍ରାରେ ଦୃଶ୍ୟମୟ ହେଲା । ବିଶେଷକରି ଏହି ସମୟରେ ଓଡ଼ିଆ ପ୍ରବନ୍ଧ ସାହିତ୍ୟରେ ରାଜନୈତିକ, ଆର୍ଥନୈତିକ, ବୈଜ୍ଞାନିକ, ଐତିହାସିକ, ଶିକ୍ଷା ଓ ବୈଦେଶିକ ଜ୍ଞାନଭିତ୍ତିକ, ମନସ୍ତାତ୍ତ୍ୱିକ ଧର୍ମୀ, କଳା,ସଂସ୍କୃତି ଓ ଭାସ୍କର୍ଯ୍ୟକୁ ନେଇ ଅନେକ ପ୍ରବନ୍ଧ ଲେଖାଗଲା, ଫଳରେ ପ୍ରବନ୍ଧ ସାହିତ୍ୟ ଆଉ ଗତାନୁଗତିକ ମଧ୍ୟରେ ଆବଦ୍ଧ ନହୋଇ ବିଶ୍ୱମୁଖୀ ଚିନ୍ତା ଚେତନା ଉପରେ ପର୍ଯ୍ୟବେଶିତ ହେଲା । ପରନ୍ତୁ, ପ୍ରବନ୍ଧରେ ପୂର୍ବେ ଯେଉଁ ବୌଦ୍ଧିକତାର ବିମର୍ଷତା ରହୁଥିଲା ତାହା ପରିବର୍ତ୍ତନ ହୋଇ ସୂକ୍ଷ୍ମ ଓ ସହଜ ଚିନ୍ତାରେ ବିଚାର୍ଯ୍ୟ ହେଲା । ଫଳତଃ ଗୁରୁଗାମ୍ଭୀର୍ଯ୍ୟ ଭାଷା ଓ ଅନ୍ତରଙ୍ଗ ଶୈଳୀ ପାଠକୀୟତା ଲାଭକଲା ।

ଏହି ସମୟରେ କେବଳ ମଣିଷ ପାଇଁ ସମାଜର ପୃଷ୍ଠଭୂମି ପରିବର୍ତ୍ତନ ହୋଇନଥିଲା, ବରଂ ସାହିତ୍ୟ ପାଇଁ ମଧ୍ୟ ଏକ ବ୍ୟାପକ କ୍ଷେତ୍ର ସୃଷ୍ଟି ହେଲା । ଏହିଭଳି ସମୟରେ ରାଜନୈତିକ ଦିଗରୁ ଏକ ନୂତନ ବାତାବରଣ ସାମାଜିକ ମୂଲ୍ୟବୋଧକୁ ଆଚ୍ଛନ୍ନ କରିଦେଲା । ଫଳରେ ଭାରତ ବର୍ଷକୁ ଏକ ନୂଆ ଆଶା ଓ ବିଶ୍ୱାସରେ ଲେଖାହେବା ପାଇଁ ପ୍ରସ୍ତୁତ ହେଲା । ତେବେ ଏହି ସମୟରେ ଓଡ଼ିଆ ପ୍ରବନ୍ଧ ପାଇଁ ଅନେକ ଗୁଡ଼ିଏ ବିଶେଷତ୍ୱର ରେଖାପାତ ସୃଷ୍ଟି ହେଲା । ଯେମିତି ଭାରତର ପ୍ରଥମ ପ୍ରଧାନମନ୍ତ୍ରୀ ଜବାହାରଲାଲ ନେହେରୁଙ୍କ ପାଞ୍ଚବାର୍ଷିକ ଯୋଜନା, ସମ୍ବିଧାନ ପ୍ରଣୟନ ବ୍ୟବସ୍ଥା, ଶିକ୍ଷା କ୍ଷେତ୍ରରେ ବ୍ୟାପକ ପରିବର୍ତ୍ତନ ଲାଗି ନୂତନ ଶିକ୍ଷା ନୀତି, ଭୂ-ଦାନ ଆନ୍ଦୋଳନର ରେଖାପାତ, ପ୍ରାଦେଶିକ ସ୍ତରରେ ପ୍ରଚଳିତ ଥିବା ଜମିଦାରୀ ପ୍ରଥାର ଉଚ୍ଛେଦ, ଧର୍ମକୁ କେନ୍ଦ୍ରକରି ମୁଣ୍ଡ ଟେକିଥିବା ସାମ୍ପ୍ରଦାୟିକ ସମସ୍ୟା, ରାଜନୈତିକ ପାଣିପାଗକୁ ପରିବର୍ତ୍ତନ କରିବା ପାଇଁ ଆଞ୍ଚଳିକ ଦଳ ଗଠନ, ଭାରତରେ ବୈଦେଶିକ ନୀତି ପ୍ରଣୟନ, ନାରୀସୁରକ୍ଷା ଓ ନାରୀଶିକ୍ଷା ପ୍ରତି ନୂତନ ବ୍ୟବସ୍ଥାମାନ ପ୍ରଚଳନ ଆଦି ଗୁଡ଼ିକ ପ୍ରବନ୍ଧ ସାହିତ୍ୟରେ ମୁଖ୍ୟ ବିଶେଷତ୍ୱ ବହନ କଲା ।

ଧୀରେ ଧୀରେ ପ୍ରବନ୍ଧ ସାହିତ୍ୟ ବିଶ୍ୱମୁଖୀ ଚେତନାକୁ ଆମୃସ୍ତ କରି ନିଜସ୍ୱ ଚିନ୍ତା ଓ ଚାତୁର୍ଯ୍ୟ ମଧ୍ୟରେ ପ୍ରବନ୍ଧ ରଚନା କରାଗଲା । ତେବେ ଏହି ସ୍ୱାଧୀନତାର ସମୟ ଖଣ୍ଡ ମଣିଷ ମନରେ ବ୍ୟାପକ ପରିବର୍ତ୍ତନ ଆଣିଦେଲା । ଯାହାଦ୍ୱାରା ଓଡ଼ିଆ

ପ୍ରବନ୍ଧ ଆଞ୍ଚଳିକ ତଥା ଆନ୍ତର୍ଜାତିକ ସୀମା ରେଖାକୁ ଅତିକ୍ରମ କରି ବିଶ୍ୱଦରବାରରେ ନିଜର ପ୍ରତିଭା ଜାହିର କରିପାରିଛି। ସଂସ୍କୃତି ସମ୍ପନ୍ନ ଓଡ଼ିଶା ମାଟି ହେଉଛି ଧର୍ମ ଧାରାର ପ୍ରାଣପିଣ୍ଡ। ଏଥିପାଇଁ ସ୍ୱାଧୀନତା ପରବର୍ତ୍ତୀ ପ୍ରବନ୍ଧରେ ଏହାର ପ୍ରଚାର ପ୍ରସାର ଅଧିକ ମାତ୍ରାରେ ଆରମ୍ଭ ହେଲା। ମଣିଷର ଜ୍ଞାନ ଓ ଚିନ୍ତାଧାରା ବିକାଶ ହେବାକୁ ଲାଗିବା ସହିତ ନୂଆ ନୂଆ ସମସ୍ୟାମାନ ଆମ ସମାଜରେ ମୁଣ୍ଡ ଟେକିବାକୁ ଆରମ୍ଭ କଲା। ଏଣୁ, ସାହିତ୍ୟର କଳେବର ନିମନ୍ତେ ନୂଆ ବିଷୟମାନ ଉପସ୍ଥାପିତ ହେଲା। ଦେଶରେ ଜନସଂଖ୍ୟା ବୃଦ୍ଧିଯୋଗୁଁ ଖାଦ୍ୟ ସମସ୍ୟା, ଠାରୁ ଆରମ୍ଭ କରି ବିସ୍ଥାପନ ସମସ୍ୟା ପର୍ଯ୍ୟନ୍ତ ନୂଆ ଭାବ ଉଦ୍ରେକ ହେଲା। ମଣିଷର ମାନସିକତା ଅବକ୍ଷୟ ହୋଇ ମନସ୍ତାତ୍ତ୍ୱିକ ଦିଗରେ ରୋଗଗ୍ରସ୍ତ ହୋଇଗଲା। ବଂଶାନୁକ୍ରମିକ ରାଜନୀତିରେ ନିଜକୁ ଅଧିଷ୍ଠିତ କରି ସମାଜକୁ ଶୋଷଣ କରିବାରେ ଲାଗିଲା। ବିଜ୍ଞାନର ଜଟିଳତା ମଧ୍ୟରେ ଛନ୍ଦିହୋଇ ନିଜ ଆଭିଜାତ୍ୟ ଓ ପରମ୍ପରା ଭାଙ୍ଗିବାକୁ ଆରମ୍ଭ କଲା। ଏହି ସମୟର ପ୍ରକାଶିତ ପ୍ରବନ୍ଧଗୁଡ଼ିକୁ ନିମ୍ନୋକ୍ତ ବିଭାଗୀକରଣରୁ ସହଜରେ ବୁଝିହେବ-

ସାମାଜିକ ପ୍ରବନ୍ଧ (Social Essay)

ମଣିଷର ବୁଦ୍ଧି, ବିବେକ ଓ ଜ୍ଞାନ ଥିବା ଯୋଗୁଁ ସେ ସମାଜରେ ବାସ କରେ। ସେଥିପାଇଁ ସେ ସାମାଜିକ ନୀତି, ନ୍ୟାୟ ଓ ଆଦର୍ଶରେ ସେ ଅନୁବନ୍ଧିତ। ମଣିଷର ଜୀବନ ଚର୍ଯ୍ୟାକୁ ନେଇ ସାଂପ୍ରତିକ ସମୟରେ ଦେଖାଯାଉଥିବା ସମସ୍ୟାକୁ ଆଧାର କରି ଅନେକ ପ୍ରବନ୍ଧ ଲେଖାଯାଇଛି। ସେଥି ମଧ୍ୟରେ ସଦାଶିବ ମିଶ୍ରଙ୍କ 'ନୂତନତର ଅନୁସନ୍ଧାନ', 'ଉତ୍କଳୀୟ ଆତିଥେୟତା', 'ବିଲାତ ମାଟି', 'ଭରା ବିଭବ', 'ଯୁଦ୍ଧ ଓ ବଜାର ଦର', 'ଶେଷ ଅଧ୍ୟାୟ', 'ରାମରାଜ୍ୟ', 'ଯୋଡ଼ିବ ଆମକୁ କିଏ' ଇତ୍ୟାଦି। ପ୍ରାବନ୍ଧିକ ବୈଦ୍ୟନାଥ ମିଶ୍ରଙ୍କ 'ସାମାଜିକ ମୂଲ୍ୟବୋଧ' ପୁସ୍ତକରେ ଅନେକ ସାମାଜିକ ପ୍ରବନ୍ଧ ରଚନା କରିଛନ୍ତି। ସେଥିମଧ୍ୟରେ 'ଅଶାନ୍ତି ଓ ଅସନ୍ତୋଷ', 'ସାମାଜିକ ବିଭ୍ରାଟ', 'ସାମାଜିକ ଅସାମଞ୍ଜସ୍ୟ ଦୂର କରିବାର ଉପାୟ', 'ସାମାଜିକ ବିଭ୍ରାଟ ଦୂର ହେବ କିପରି ?' ଇତ୍ୟାଦି। ସେମିତି 'ଜୀବନଚିନ୍ତା' ପୁସ୍ତକରେ ପ୍ରାବନ୍ଧିକ କପିଳେଶ୍ୱର ଦାସ କେତେଗୁଡ଼ିଏ ସାମାଜିକ ପ୍ରବନ୍ଧ ରଚନା କରିଛନ୍ତି। ସେଥିମଧ୍ୟରେ 'ଅସୀମର ଆହ୍ୱାନ', 'ଜୀବନ ଉପାସନା', 'ମିଳନ ମଣ୍ଡପ', 'ଜୀବନ ପ୍ରଭା', 'ସାମାଜିକ ଇତିହାସ', 'ବିପ୍ଳବ' ଇତ୍ୟାଦି। ପ୍ରାବନ୍ଧିକ ଗୋଲୋକ ବିହାରୀ ଧଳଙ୍କ ସାମାଜିକ ପ୍ରବନ୍ଧ ଗୁଡ଼ିକ ମଧ୍ୟରେ 'ଟଙ୍କା ସୁନା ସଂସାର', 'ନୂଆ ଗାଁ ନୂଆ ସଂସାର', 'ସ୍ୱାଧୀନ ଜାତିର ନୂତନ ମୂଲ୍ୟବୋଧ', 'ରାମରାଜ୍ୟ ଓ ରାମାୟଣ'।

ପ୍ରାବନ୍ଧିକ ଭୁବନେଶ୍ୱର ବେହେରାଙ୍କ 'ମଣିଷ ଦୁଇ', 'ଅମୃତ ସନ୍ତାନ', 'ଡିଙ୍କି ଓ ପ୍ରକୃତି', 'ମଣିଷର ପଥ', 'ମଣିଷ ସମ୍ବନ୍ଧରେ ଏକ ପ୍ରବନ୍ଧ', 'ଭୁଲ' ଆଦି ଗୁଡ଼ିକ ସାମାଜିକ ନୀତି ନ୍ୟାୟ ଉପରେ ଆଧାରିତ। ପ୍ରାବନ୍ଧିକ ଅରବିନ୍ଦ ପଟ୍ଟନାୟକଙ୍କ 'ବିବାହ କ'ଣ ସମସ୍ୟା', 'ଭିଡ଼ ଭିତରେ ଶୃଙ୍ଖଳା', 'କାହାକୁ ମିଛ କାହାକୁ ସତ', 'ଗୋଟିଏ ଜାତି ଓ ତା'ର ପରିବର୍ତ୍ତନ', 'ପରମ୍ପରାର ଧ୍ୱନି', ପ୍ରାବନ୍ଧିକ ସାତକଡ଼ି ହୋତାଙ୍କ 'ସାମାଜ ଓ ଶାସନ ତନ୍ତ୍ର' ଏବଂ 'ସାମାଜିକ ବିଚାର' ପ୍ରବନ୍ଧ ପୁସ୍ତକରେ ଥିବା ସାମାଜିକ ପ୍ରବନ୍ଧ ମଧ୍ୟରେ 'ଜାତିବାଦର ପ୍ରସାର', 'ନିର୍ମଳ ଶାସନ', 'ସମାଜ ଓ ଲୋକ ସଂଗଠନ', 'ସାମାଜିକ ନିୟନ୍ତ୍ରଣର ଆବଶ୍ୟକତା', 'ସାମାଜିକ ପରିବର୍ତ୍ତନର ଗତି ଓ ପ୍ରକୃତି', 'ଅସମାନତା ସର୍ବତ୍ର', 'ସମାଜରେ ଅନୁଷ୍ଠାନମାନଙ୍କର ଭୂମିକା' ଆଦି ଅନ୍ୟତମ। କିଶନ ପଟ୍ଟନାୟକଙ୍କ 'ଭ୍ରଷ୍ଟାଚାରର ମୂଳ କାରଣ ଅନ୍ୱେଷଣ', 'କୃଷକ ରାଜନୀତିର ସୂତ୍ର', 'ପ୍ରଶାସନିକ ସଂସ୍କାର' ଇତ୍ୟାଦି ଦେଖିବାକୁ ମିଳେ।

ସାଂସ୍କୃତିକ ପ୍ରବନ୍ଧ (Cultural Essay)

'ସଂସ୍କୃତି' ହେଉଛି ମାନବ ସଭ୍ୟତାର ବିକାଶର ପ୍ରକାଶ। ଯେଉଁ ଜାତିର ସଂସ୍କୃତି ଯେତେ ଉଚ୍ଚାଙ୍ଗ ସେ ଜାତି ସେତେ ବିକଶିତ। ଧାରାବାହିକ ଭାବେ ସଂସ୍କୃତି ଆଜି ଅତୀତରୁ ଆଧୁନିକ ଆଡ଼କୁ ଗତି କରି ଆସୁଛି। ସମାଜରେ ଦେଖାଯାଉଥିବା ସଂସ୍କୃତିକ ପ୍ରଭାବ, ସାଂସ୍କୃତିକ ମୂଲ୍ୟବୋଧର କ୍ଷୟ, ଆଦି ବିଷୟ ବସ୍ତୁକୁ ଗ୍ରହଣ କରି ସ୍ୱାଧୀନତା ପରବର୍ତ୍ତୀ ସମୟରେ ଅନେକ ପ୍ରବନ୍ଧ ରଚନା କରାଯାଇଛି। ସେଥିମଧ୍ୟରୁ ଚିତ୍ତରଞ୍ଜନ ଦାସଙ୍କ 'ଓଡ଼ିଶାର ଧର୍ମ ସଂସ୍କୃତିର ଧାରା', 'ଓଡ଼ିଶା, ଓଡ଼ିଆ ଓ ଆଦିବାସୀ ସଂସ୍କୃତିର ସ୍ୱରୂପ', 'ଅତୀତ ଓଡ଼ିଶା ସଂସ୍କୃତିକ ବିକାଶ', ସେମିତି ଶରତ କୁମାର ମହାନ୍ତିଙ୍କ 'ଧର୍ମ ସଙ୍କଟ ନା ସଂସ୍କୃତି ସଙ୍କଟ', 'ସଂସ୍କୃତ ଓ ପୋଥି ସାହିତ୍ୟ'। ପ୍ରାବନ୍ଧିକ ସଚ୍ଚି ରାଉତରାୟଙ୍କ 'ଓଡ଼ିଶାରୁ ଅଥର୍ବ ବେଦ ଉଦ୍ଧାର', 'ବିଶ୍ୱର ପ୍ରାଚୀନତମ ଦେବତା ଜଗନ୍ନାଥ', 'ଚାଇନିଜ୍ ରଙ୍ଗମଞ୍ଚ ରେ ସାଂସ୍କୃତିକ ବିପ୍ଳବ', 'ପ୍ରଥମ ଗ୍ରନ୍ଥ ରାମାୟଣ ନା ମହାଭାରତ', ପ୍ରାବନ୍ଧିକ ପଠାଣି ପଟ୍ଟନାୟକଙ୍କ 'ଉତ୍କଳୀୟ ସଂସ୍କୃତି', 'ବିଂଶ ଶତାବ୍ଦୀର ଭସ୍ମାସୁର', 'ସାହିତ୍ୟ ଓ ସଂସ୍କୃତି', 'ସାହିତ୍ୟ, ଇତିହାସ, ଓ ସଂସ୍କୃତି', ପ୍ରାବନ୍ଧିକ ସୌରୀବନ୍ଧୁ କରଙ୍କ 'ଓଡ଼ିଶାର ପରମ୍ପରା', 'ଆମ ସଂସ୍କୃତି ଆମ ଜୀବନ', 'ଓଡ଼ିଶାର କଳା', 'ସଂସ୍କୃତିକ ହିସାବ ନିକାସ', 'ଆମ ସଂସ୍କୃତିକ ଚେତନା', ସେହିପରି ପ୍ରାବନ୍ଧିକ ସୁରେନ୍ଦ୍ରନାଥ ଶତପଥିଙ୍କ 'ବୈଦିକ ସଂସ୍କୃତିର ପୁନଃମୂଲ୍ୟାୟନ,' 'ଆର୍ଯ୍ୟ ସଂସ୍କୃତି ଏକ : ବିହଙ୍ଗାବଲୋକନ', 'ବେଦାନ୍ତ ଦର୍ଶନୀୟ ମାୟା', 'ବୌଦ୍ଧ ସଂସ୍କୃତି',

ଆଦି ଅନ୍ୟତମ। ସଂସ୍କୃତି ପ୍ରେମୀ ପ୍ରାବନ୍ଧିକ ବିଜୟ କୁମାର ନନ୍ଦ କେତେ ଗୁଡ଼ିଏ ସଂସ୍କୃତି ଧର୍ମୀ ପ୍ରବନ୍ଧ ରଚନା କରିଛନ୍ତି। ସେଗୁଡ଼ିକ ମଧ୍ୟରେ ଭାରତୀୟ ପଦ୍ୟ ସାହିତ୍ୟରେ ଜଗନ୍ନାଥ', 'ପୁସ୍ତକ ସଂସ୍କୃତି ବନାମ ଟେଲିଭିଜନ ସଂସ୍କୃତି', 'ମାନବ ସଂସ୍କୃତିର ବିକାଶଧାରା ଜଗନ୍ନାଥ ସଂସ୍କୃତି', 'ଭାରତୀୟ ସାଂସ୍କୃତିକ ପରମ୍ପରାରେ ପୁରାଣ', 'ଆଧୁନିକ ସଂସ୍କୃତି ସଂକଟ', ଇତ୍ୟାଦି। ସେହିପରି ପ୍ରାବନ୍ଧିକ ରବୀନ୍ଦ୍ର ମୋହନ ସେନାପତିଙ୍କ ସଂସ୍କୃତି ଭିତ୍ତିକ ପ୍ରବନ୍ଧ ମଧ୍ୟରେ 'ଓଡ଼ିଆ ସାହିତ୍ୟ, କଳା ଓ ସଂସ୍କୃତି', 'ଓଡ଼ିଶାର କଳା', ଗୋପାଳଚନ୍ଦ୍ର ପଟ୍ଟନାୟକଙ୍କ 'ସଂସ୍କୃତି ଓ ଅସଂସ୍କୃତ', ଡକ୍ଟର ଲକ୍ଷ୍ମୀକାନ୍ତ ତ୍ରିପାଠୀ 'କଙ୍କିର ବ୍ୟଥା' ଆଦି ଗୁଡ଼ିକ ଓଡ଼ିଆ ସାହିତ୍ୟର କଳେବରକୁ ସମୃଦ୍ଧ କରିଛି।

ସାହିତ୍ୟିକ ପ୍ରବନ୍ଧ (Literary Essay)

ମାନବ ସଭ୍ୟତା ପାଇଁ 'ସାହିତ୍ୟ' ହେଉଛି ଆଲୋକ ସଦୃଶ୍ୟ। ମଣିଷ ଜୀବନକୁ ଶୃଙ୍ଖଳିତ ଏବଂ ପରିମାର୍ଜିତ କରିବାର ମୁଖ୍ୟ ଭୂମିକା ସାହିତ୍ୟ ତୁଲାଇ ଥାଏ। ଫୁଲର ବାସ୍ନା ଯେମିତି ସମସ୍ତଙ୍କର ପ୍ରିୟ, ଗଙ୍ଗା ଜଳ ଯେମିତି ସର୍ବତ୍ର ପବିତ୍ର ଠିକ୍ ସେହିପରି ସାହିତ୍ୟ ମନୁଷ୍ୟ ଜୀବନ ପାଇଁ ଅମୃତ ତୁଲ୍ୟ ମନେ ହୁଏ। ସ୍ୱାଧୀନତା ପରେ ମଧ୍ୟ ସାହିତ୍ୟକୁ ଏବଂ ସାହିତ୍ୟିକମାନଙ୍କୁ ନେଇ ଅନେକ ଆଲୋଚନା ସମାଲୋଚନା ହୋଇଛି। ଏହି ଧାରାରେ ଅନେକ ପ୍ରବନ୍ଧ ରଚନା କରାଯାଇଛି ସେଥି ମଧ୍ୟରୁ ପ୍ରାବନ୍ଧିକ ଚିତ୍ତରଞ୍ଜନ ଦାସଙ୍କ 'ଅଚ୍ୟୁତାନନ୍ଦ ଓ ପଞ୍ଚସଖା ଧର୍ମ', 'ଓଡ଼ିଆ ସାହିତ୍ୟର ସଂସ୍କୃତିକ ବିକାଶ ଧାରା', 'ସନ୍ଥ ଭକ୍ତି ସାହିତ୍ୟ', ଓଡ଼ିଶାର ମହିମା ଧର୍ମ' ଆଦି ଗୁଡ଼ିକ ଗବେଷଣାଧର୍ମୀ ପ୍ରବନ୍ଧ ସାହିତ୍ୟ। ପ୍ରାବନ୍ଧିକ ସାତକଡ଼ି ହୋତାଙ୍କ 'ସାହିତ୍ୟ ଓ ଗଣମାଧ୍ୟମ', 'ସାହିତ୍ୟର ପ୍ରତିଶ୍ରୁତି', 'ଦଳିତ ସାହିତ୍ୟ', ଡ଼କ୍ଟର କୃଷ୍ଣପ୍ରସାଦ ମିଶ୍ରଙ୍କ 'ଭଞ୍ଜ ଓ ଆଦର୍ଶ', 'ଗୋଦାବରୀଶଙ୍କ କବିତା', 'ଓଡ଼ିଆ ସାହିତ୍ୟରେ ଉପେକ୍ଷିତ ଦିଗ', 'ଗଳ୍ପ, ଗଳ୍ପ ଓ ଗାଳ୍ପିକ', 'ଦର୍ଶନ ଓ ସମାଲୋଚନା', 'ଲୋକକଥା ରୂପେ ଦାର୍ଢ୍ୟତା ଭକ୍ତି ଓ ତାହାର ସଂସାର ଦୃଷ୍ଟି', 'ଓଡ଼ିଆ କ୍ଷୁଦ୍ର ଗଳ୍ପରେ ଆଧୁନିକତା', ପ୍ରାବନ୍ଧିକ ବୈକୁଣ୍ଠନାଥ ରଥଙ୍କ 'ଆଧୁନିକ ସମାଜ ଓ ଲେଖକ', 'ନନ୍ଦକିଶୋର ଓ କନକଲତା', 'ଓଡ଼ିଆ ସାହିତ୍ୟରେ ପଣ୍ଡିତ ଗୋପବନ୍ଧୁ', 'ସାହିତ୍ୟର ଆକାଶ', 'ଭାଷା ଓ ସଂସ୍କୃତି', 'ଲେଖା ଓ ଲେଖକ ଜୀବନୀ', 'କହି ଜାଣିଲେ', ପ୍ରାବନ୍ଧିକ କପିଳେଶ୍ୱର ଦାସଙ୍କ 'ବାକ୍ୟ ଓ ନୀତି', 'ଆଧୁନିକ ଉତ୍କଳ ସାହିତ୍ୟର କେତୋଟି ଅଭାବ', 'ସାହିତ୍ୟ ଓ ଜୀବନ', 'ସଂସ୍କୃତ ସାହିତ୍ୟର ଗୌରବ', 'ଭଞ୍ଜ ସାହିତ୍ୟର କେତୋଟି ବିଭାଗ',

'କବିବର ସ୍ମୃତି', ଶରତ କୁମାର ମହାନ୍ତିଙ୍କ ରଚିତ 'ବୋଦାଙ୍କର ଦାଦାଗିରୀ', ପ୍ରାବନ୍ଧିକ କୃଷ୍ଣଚରଣ ବେହେରାଙ୍କ ରଚିତ ପ୍ରବନ୍ଧ ପୁସ୍ତକ ମଧ୍ୟରେ 'ଓଡ଼ିଆ ଉପନ୍ୟାସ', 'ପ୍ରସଙ୍ଗ: ଗଳ୍ପ ଉପନ୍ୟାସ', 'ପ୍ରସଙ୍ଗ : ସାହିତ୍ୟ ଆଲୋଚନା', 'ଅଶ୍ଳୀଳ ବିପକ୍ଷରେ', ଶାନ୍ତନୁକୁମାର ଆଚାର୍ଯ୍ୟଙ୍କ 'ସାଂପ୍ରତିକ ଜୀବନରେ ସାହିତ୍ୟର ପ୍ରୟୋଜନ', ପ୍ରାବନ୍ଧିକ ଦାଶରଥି ଦାସଙ୍କ 'ଶବ୍ଦାର୍ଥ ସାହିତ୍ୟ ତତ୍ତ୍ୱ', ବିଜୟ କୁମାର ମହାନ୍ତିଙ୍କ 'ଅଶ୍ରୁ', ଡକ୍ଟର ଲକ୍ଷ୍ମୀକାନ୍ତ ତ୍ରିପାଠୀଙ୍କ 'କଙ୍କିର ବ୍ୟଥା', ହରପ୍ରସାଦ ମିଶ୍ରଙ୍କ 'ଓଡ଼ିଆ ଅକ୍ଷର ତତ୍ତ୍ୱ', ଅଧ୍ୟାପକ ବିଶ୍ୱରଞ୍ଜନଙ୍କ 'ସାହିତ୍ୟର ଆନନ୍ଦ ଓ ଆବେଦନ' ଗଙ୍ଗାଧର ବଳଙ୍କ 'ସମୀକ୍ଷା ଦ୍ୱାଦଶୀ', 'ସାହିତ୍ୟଲୋକ', 'ସାହିତ୍ୟ ଜିଜ୍ଞାସା', ନରେନ୍ଦ୍ରନାଥ ମିଶ୍ର 'ଶୈଳ ଓ ସୀମାନ୍ତ', ପ୍ରହ୍ଲାଦଚରଣ ମହାନ୍ତିଙ୍କ 'ଚମ୍ପାର ଭଗବତ ପାଠ' ଆଦି ପ୍ରବନ୍ଧ ଗୁଡ଼ିକ ଆଜିର ସ୍ଥିତି ଓ ସମ୍ଭାବନାକୁ ଆଧାର କରି ରଚିତ ହୋଇଛି।

ରାଜନୈତିକ ପ୍ରବନ୍ଧ (Political Essay)

୧୯୪୭ରେ ଦେଶ ସ୍ୱାଧୀନ ପରେ ନୂଆ ନୂଆ ବିଚାର ବିମର୍ଷରେ ସ୍ୱତନ୍ତ୍ର ଖସଡ଼ା ପ୍ରସ୍ତୁତ ହେଲା। ଗଣତନ୍ତ୍ର ସୁବିଧା ନିମନ୍ତେ ରାଜନୈତିକ ଦଳ ଗଠନ ଓ ନିର୍ବାଚନ ବ୍ୟବସ୍ଥା ଆରମ୍ଭ ହେଲା। ଫଳରେ ତା'ର ସଫଳ ଓ ବିଫଳ ମୂଲ୍ୟାୟନକୁ ନେଇ ଅନେକ ବାଦ ବିବାଦ ଦେଖା ଦେଲା ଯାହାଦ୍ୱାରା ସାହିତ୍ୟିକମାନେ ସେ ସବୁକୁ ଆଲୋଚନା କରିବା ପାଇଁ କଲମ ଚାଳନା କଲେ। ସ୍ୱାଧୀନତା ପରବର୍ତ୍ତୀ ସମୟରେ ରାଜନୀତି ଓ ଗଣତନ୍ତ୍ରକୁ ଆଧାର କରି ଅନେକ ପ୍ରବନ୍ଧ ଲେଖାଯାଇଥିଲା। ଏଥିରେ ଗୋଟିଏ ଦେଶର ପ୍ରଚଳିତ ଶାସନ ବ୍ୟବସ୍ଥା ଓ ତାକୁ ନେଇ ମୁଣ୍ଡ ଟେକିଥିବା ସମସ୍ୟାମାନଙ୍କ ସମ୍ପର୍କରେ ଆଲୋଚନା କରାଯାଏ। କ୍ଷମତା ବିକେନ୍ଦ୍ରୀକରଣ କରିବା ନିମନ୍ତେ, ଦେଶର ଚାରିଆଡ଼େ ଆଞ୍ଚଳିକ ଦଳ ସୃଷ୍ଟି ହେଲା। ସରକାରୀ ସୁବିଧା ଓ ସୁଯୋଗକୁ ଲୋକାଭିମୁଖୀ କରିବା ସହଜ ମନେହେଲା। ଫଳରେ ସାହିତ୍ୟ କ୍ଷେତ୍ରରେ ଏହାର ଅନେକ ପ୍ରଭାବ ପଡ଼ିଲା। ତେବେ ଏହି ଗଣତନ୍ତ୍ରର ପ୍ରଚଳିତ ବ୍ୟବସ୍ଥାପ୍ରତି ସମାଜର ବ୍ୟକ୍ତିବିଶେଷ ମାନଙ୍କ ପାଇଁ କିପରି ସୁଫଳ ମିଳିପାରିବ ଏବଂ ସମସ୍ତ ଅସୁବିଧାରୁ କିଭଳି ନିରୀହ ଜନତା ତିଷ୍ଠି ପାରିବେ ସେ ସମ୍ପର୍କରେ ଆଲୋଚନା କରିବାକୁ ଯାଇ ଲେଖାଯାଇଥିବା ପ୍ରବନ୍ଧ ଗୁଡ଼ିକ ମଧ୍ୟରେ ହରେକୃଷ୍ଣ ମହତାବଙ୍କ 'ଗାଁ ମଜଲିସ୍', 'ସାହିତ୍ୟ ଓ ରାଜନୀତି', 'ଜୀବିକା ଯଜ୍ଞ', ଆଦି ଗୋଟିଏ ଗୋଟିଏ ଉଚ୍ଚକୋଟୀର ପ୍ରବନ୍ଧ। ସେମିତି ପ୍ରାବନ୍ଧିକ କପିଳେଶ୍ୱର ଦାସଙ୍କ 'ପାଶ୍ଚାତ୍ୟ ରାଜନୀତି ଓ ଆଧୁନିକ ଭାରତ', ଡକ୍ଟର ସଦାଶିବ ମିଶ୍ରଙ୍କ 'ନାରଦ ସ୍ତୁତି' 'ଶିଳାନ୍ୟାସ', ପ୍ରାବନ୍ଧିକ ସାତକୋଡ଼ି

ହୋତାଙ୍କର 'ଗଣତନ୍ତ୍ର ସଂଖ୍ୟାଧିକ ନା ସମସ୍ତଙ୍କର ?', 'ଗଣତାନ୍ତ୍ରିକ ଶାସନ ବ୍ୟବସ୍ଥାରେ ଜନସମ୍ପର୍କ', 'ଭାରତ କାହାର', 'ଗଣତନ୍ତ୍ର, ଆଇନର ଶାସନ ସ୍ୱାଧୀନତା', ସେମିତି ଚିତ୍ତରଞ୍ଜନ ଦାସଙ୍କ 'ରାଜନୀତି ସ୍ଥିରତା', 'ରାଜନୀତି–ଅର୍ଥନୀତି', 'ସାବାଳକ ରାଜନୀତି', 'ଜାଗରଣ ପ୍ରକ୍ରିୟା', 'ଭାରତ ଓ ଆମେରିକା', 'ଗଣତନ୍ତ୍ର ନିର୍ବାଚନରେ ଗତି' ଇତ୍ୟାଦି। ସେହିପରି କିଶନ ପଟ୍ଟନାୟକଙ୍କ 'ଓଡ଼ିଶା ରାଜନୀତିର ନିରାଶା ଓ ଆଶା', 'ଦଳିତ ରାଜନୀତି ଓ ଶୂଦ୍ର ସଂସ୍କୃତି', 'ଭାରତୀୟ ବୁଦ୍ଧିଜୀବୀର ସଙ୍କଟ', 'କୃଷକ ରାଜନୀତିର ସୂତ୍ର', 'ଜଗତୀକରଣ ବନାମ ବାମପନ୍ଥୀ ଚିନ୍ତାଧାରା', 'ଆଞ୍ଚଳିକ ବୈଷମ୍ୟ ଓ ସ୍ୱତନ୍ତ୍ର ରାଜ୍ୟ', 'ଏକ ବିଚାର ବିହୀନ ଶତାବ୍ଦୀ' ଇତ୍ୟାଦି। ଦାସ ବେନେହୁରଙ୍କ 'ଆଜିର ଆଞ୍ଚଳିକ ଆନ୍ଦୋଳନ', 'ଆମର ଜାତିପ୍ରଥା ଓ ଡଃ ଆମ୍ବେଦକର', 'ବୟସ ବନାମ ରାଜନୀତି', 'ଏଣିକି ଗାଁରେ ସରକାର', 'ଗଣତନ୍ତ୍ର ଓ ସାଧାରଣ ମଣିଷ', ସେହିପରି ପ୍ରାବନ୍ଧିକ ଅଧ୍ୟାପକ ବିଶ୍ୱରଞ୍ଜନଙ୍କ ରାଜନୈତିକ ପ୍ରବନ୍ଧ ମଧ୍ୟରେ 'ପଦ୍ମପାଖୁଡ଼ାରେ ପୋକ', 'ଶାସନର ସମତ୍ରିଭୁଜ', 'ଓଡ଼ିଶା ଶାସନ ନବୀନ ଅଧ୍ୟାୟ', 'ଆମ ଗଣତନ୍ତ୍ରରେ ଚାଲି ଓ ଚଳଣି' ଇତ୍ୟାଦି। ଭାବଗ୍ରାହୀ ମିଶ୍ରଙ୍କ 'ଆମ ଶାସନ, ସମାଜ ଓ ରାଜନୀତି' ଏବଂ ବୈଦ୍ୟନାଥ ମିଶ୍ରଙ୍କ 'ଭାରତୀୟ ଚିନ୍ତାଧାରାରେ ସଂଘର୍ଷ', 'ରାଜନୀତି ଅସହିଷ୍ଣୁତା', 'ରାଜନୀତି କ୍ଷମତା ଓ ଅର୍ଥ' ଆଦି ପ୍ରବନ୍ଧ ରଚନା କରିଛନ୍ତି।

ଜାତୀୟତା ମୂଳକ ପ୍ରବନ୍ଧ (Nationality Essay)

ପରାଧୀନ ଭାରତ ବର୍ଷରେ ସ୍ୱାଧୀନତା ପାଇଁ ସଂଗ୍ରାମୀମାନେ ଯେଉଁ ଅକଥନୀୟ ଅତ୍ୟାଚାର ସହିଥିଲେ ତା'ର ପରିଣାମ ସ୍ୱରୂପ ସ୍ୱାଧୀନତା ପରେ ସାହିତ୍ୟିକ ମାନେ ଦେଶମାତୃକା ତଥା ନିଜ ମାଟି, ପାଣି, ପବନ, ଓ ଅଞ୍ଚଳକୁ ନେଇ ଯେଉଁ ଜାତିପ୍ରୀତିଲେଖା ମାନ ଆରମ୍ଭ କଲେ ତାହାକୁ ଜାତୀୟତା ଧର୍ମୀ ରଚନା କୁହାଗଲା। ଓଡ଼ିଆ ସାହିତ୍ୟରେ ସମସ୍ତ ବିଭାଗରେ ଏହାକୁ ଆଧାର କରି ସୃଜନୀକ୍ରିୟା ଆରମ୍ଭ ହେଲା। ଯେଉଁଥିରେ ପ୍ରବନ୍ଧ ସାହିତ୍ୟର କୃତବିତ୍ ପ୍ରାବନ୍ଧିକ ମାନେ ରାଶି ରାଶି ପ୍ରବନ୍ଧ ସୃଷ୍ଟି କଲେ। ସେଥିମଧ୍ୟରେ ପ୍ରାବନ୍ଧିକ ମାୟାଧର ମାନସିଂହଙ୍କ 'ଓଡ଼ିଆ ମାନେ ପଛୁଆ କାହିଁକି', ପ୍ରାବନ୍ଧିକ ସଦାଶିବ ମିଶ୍ରଙ୍କ 'ସତ୍ୟବାଦୀ ସ୍କୁଲ', 'ଆମ ଘର ଏଇ ଓଡ଼ିଶା ରାଇଜେ', 'ଓଡ଼ିଶା ଓ ଓଡ଼ିଆ', 'ତମାଳ ତାଳ ବନରାଜି ନୀଳା', ଗୋଲୋକ ବିହାରୀ ଧଳଙ୍କ 'ଓଡ଼ିଆ କେବେ', 'ଭାଷା, ଜାତି, ଜାତୀୟତା', 'ବଙ୍ଗରେ ବଙ୍ଗଳା', 'ସ୍ୱାଧୀନତା ପରେ ଆଞ୍ଚଳିକ ଭାଷା', 'ଓଡ଼ିଶା, ଓଡ଼ିଆ ଭାଷା ଓ ଭାଷା ଆନ୍ଦୋଳନ',

ସାତକୋଡ଼ି ହୋତାଙ୍କ 'ଜାତୀୟ ଚେତନା ଏକ ଦୃଷ୍ଟିକୋଣ', 'ଓଡ଼ିଶାର ଭାଗ୍ୟ', 'ଜାତୀୟତାବାଦର ସଂଜ୍ଞା ଓ ସ୍ୱରୂପ', 'ଉତ୍କଳ ଦିବସର ମହତ୍ୱ', ଚିତ୍ତରଞ୍ଜନ ଦାସଙ୍କ 'ସାହିତ୍ୟ ଓ ସାନ ଓଡ଼ିଶା' ଭଳି କେତେକ ପ୍ରବନ୍ଧ ଦେଖାଯାଏ ।

ଐତିହାସିକ ପ୍ରବନ୍ଧ (Historical Essay)

ସାହିତ୍ୟ ଓ ଇତିହାସ ଗୋଟିଏ ନଦୀର ଦୁଇଟି କୂଳ । ଗୋଟିଏ ସମାଜର ପ୍ରତିଛବି ହେଲେ, ଅନ୍ୟଟି ଭବିଷ୍ୟତ ପାଇଁ ଦସ୍ତାବିଜ । ଇତିହାସକୁ ଆଧାରିତ କରି ଓଡ଼ିଆ ସାହିତ୍ୟରେ ଅନେକ ପ୍ରବନ୍ଧ ରଚନା କରାଯାଇଛି । ସେଥି ମଧ୍ୟରେ ପ୍ରାବନ୍ଧିକ କୃଷ୍ଣଚନ୍ଦ୍ର ପାଣିଗ୍ରାହୀଙ୍କ 'ଇତିହାସ ଓ କିମ୍ବଦନ୍ତୀ', 'ରାଜା ରାଣୀ', 'ଓଡ଼ିଶାର ସଂସ୍କୃତି ଓ ଇତିହାସରେ ଯାଜପୁର', 'ସାରଳା ସାହିତ୍ୟରେ ଐତିହାସିକ ଚିତ୍ର', 'ମୋ ସମୟର ଓଡ଼ିଶା', 'ଭାରତୀୟ ପ୍ରତ୍ନତତ୍ତ୍ୱ', ହରେକୃଷ୍ଣ ମହତାବଙ୍କ 'ଭାରତରେ ସ୍ୱାଧୀନତା ପ୍ରାପ୍ତି', 'ପ୍ରଥମ ବିଶ୍ୱଯୁଦ୍ଧ', ଉତ୍କଳ ସମ୍ମିଳନୀ', 'ସ୍ୱତନ୍ତ୍ର ଓଡ଼ିଶା ପ୍ରଦେଶ ଗଠନ', ସୁରେନ୍ଦ୍ର ମହାନ୍ତିଙ୍କ 'ଯୁଗେ ଯୁଗେ ଉତ୍କଳ', 'କଳିଙ୍ଗର ପ୍ରତିଶୋଧ' ପ୍ରାବନ୍ଧିକ ବିନାୟକ ମିଶ୍ରଙ୍କ 'ଇତିହାସ ଗବେଷଣା',ଚିତ୍ତରଞ୍ଜନ ଦାସଙ୍କ 'କେତେ ଦିଗନ୍ତ', 'ବିଶ୍ୱକୁ ଗବାକ୍ଷ', 'ଓଡ଼ିଶା ଓ ଓଡ଼ିଆ', ଭଳି ପୁସ୍ତକରେ କେତେକ ଐତିହାସିକ ପ୍ରବନ୍ଧ ଦେଖିବାକୁ ମିଳେ । ପ୍ରାବନ୍ଧିକ ଶରତ କୁମାର ମହାନ୍ତିଙ୍କ 'ଗ୍ରୀକ୍ ଜାତିର ଜୀବନ ଗାଥା', ଯଜ୍ଞ କୁମାର ସାହୁଙ୍କ 'ଓଡ଼ିଶାର ସ୍ୱାଧୀନତା ସଂଗ୍ରାମ', 'ଯୁଗେ ଯୁଗେ ଭାରତ', 'ଓଡ଼ିଶା ଇତିହାସ', ଜଗନ୍ନାଥ ପଟ୍ଟନାୟକଙ୍କ 'ରକ୍ତତୀର୍ଥ ଇରମ', 'ଇତିହାସ ପୃଷ୍ଠରେ ପିପିଲି', 'ବିପ୍ଳବୀ ଧରଣୀଧର', 'ଓଡ଼ିଶା ଇତିହାସରେ କେତୋଟି ରୋମାଞ୍ଚକର କାହାଣୀ', ଦାଶ ବେହେନୁରଙ୍କ 'ଇତିହାସରେ ସରକାରୀ କରଣ', 'ଅହିଂସା କ୍ରୋଧ', 'ମିଛ ଇତିହାସର ସତ ପ୍ରଚାର', 'ଓଡ଼ିଶାରେ ଆଞ୍ଚଳିକ ଆନ୍ଦୋଳନ', ସତ୍ୟନାରାୟଣ ରାଜଗୁରୁଙ୍କ 'ଓଡ଼ିଶାର ସାଂସ୍କୃତିକ ଇତିହାସ', କପିଳେଶ୍ୱର ଦାଶଙ୍କ 'ଇତିହାସର ଆର୍ଥନୀତିକ ଅନୁଶୀଳନ', 'ଇତିହାସ ଉପରେ ନୌଶକ୍ତିର ପ୍ରଭାବ', 'ଇତିହାସର ଶିକ୍ଷଣୀୟତା', 'ଅତୀତ ଭାରତ', 'ବସୁ ପ୍ରହରାଜ', 'ଇତିହାସ ଶିକ୍ଷା', 'ପ୍ରାଚୀନ ଭାରତରେ ସ୍ୱାସ୍ଥ୍ୟରକ୍ଷା', ପତିତପାବନ ମହାପାତ୍ରଙ୍କ 'ତୋଷାଳି ନଗର', ଆଦି ପ୍ରବନ୍ଧ ଦେଖିବାକୁ ମିଳେ ।

ଦାର୍ଶନିକ ପ୍ରବନ୍ଧ (Philosophical Essay)

ସ୍ୱାଧୀନତା ପରବର୍ତ୍ତୀ ସମୟରେ ସାହିତ୍ୟର ବିଭବ ବିସ୍ତାର ରୂପ ନେବାକୁ

ଆରମ୍ଭକଲା । ଭାରତ ଏକ ସନ୍ଥ ମୁନିମାନଙ୍କର ଦେଶ ହୋଇଥିବାରୁ ଭାରତୀୟ ଦର୍ଶନକୁ ବିଶ୍ୱର ଶ୍ରେଷ୍ଠ ଦର୍ଶନ କୁହାଯାଏ । ଏଣୁ, ମହାମୁନି ମାନଙ୍କର ଦର୍ଶନ ପଥକୁ ଆଧାରିତ କରି ଲେଖା ଯାଇଥିବା ଓଡ଼ିଆ ପ୍ରବନ୍ଧ ଗୁଡ଼ିକ ମଧ୍ୟରେ ପ୍ରାବନ୍ଧିକ ବିନାୟକ ମିଶ୍ରଙ୍କ 'ଭାରତୀୟ ଦର୍ଶନ ପ୍ରବେଶିକା', ପ୍ରାବନ୍ଧିକ ହରେକୃଷ୍ଣ ମହତାବଙ୍କ 'ବୁଦ୍ଧ', 'ଗୋଟିଏ ଜାତି ଗୋଟିଏ ଧର୍ମ', 'ଗୀତା ଓ ଜନତା', 'ଗାନ୍ଧୀଜୀ ଓ ବିନୋବା ନୀତି', 'ଶ୍ରୀଅରବିନ୍ଦଙ୍କ ଆହ୍ୱାନ', 'ଗାନ୍ଧୀ ଧର୍ମ', 'ବର୍ଣ୍ଣାଶ୍ରମ ଓ ଜାତି ପ୍ରଥା', 'ମହିଷାସୁରର ବିସ୍ମୟ', 'ଅହିଂସାର ଉପଯୋଗ', 'ଭାରତୀୟ ସଂସ୍କୃତି', 'ଗୀତାର ସାମାଜିକ ଦର୍ଶନ', କପିଳେଶ୍ୱର ଦାସଙ୍କ 'ଅସୀମର ଆହ୍ୱାନ', 'ଚାର୍ବାକ', 'ସସୀମ ଅସୀମ', ଜୀବନ ପ୍ରବାହ', 'ପାଶ୍ଚାତ୍ୟ ଦର୍ଶନର ମୂଳପିଣ୍ଡ ସକ୍ରେଟିସ', 'ଆତ୍ମା ସମର୍ପଣ', 'ବେଦାନ୍ତ ଓ ବିଶ୍ୱଶାନ୍ତି', 'ଜୀବନ ଉପାସନା', ପ୍ରାବନ୍ଧିକ କାଳନ୍ଦୀଚରଣ ପାଣିଗ୍ରାହୀଙ୍କ 'ସତ୍ୟ ଶିବ ସୁନ୍ଦର', 'ବିଶ୍ୱ ରୂପ ଦର୍ଶନ', 'ତ୍ୟାଗ ଓ ପ୍ରେମ', 'ଭୁବନେଶ୍ୱର ବେହେରାଙ୍କ ଅସ୍ତିତ୍ୱବାଦ', 'ବିଜ୍ଞାନ ଓ ଦର୍ଶନ', ଚନ୍ଦ୍ରଶେଖର ରଥଙ୍କ 'ଶୁଣନ୍ତୁ', 'ମୁଁ କିଏ', 'ପରିଚୟ', କୃଷ୍ଣପ୍ରସାଦ ମିଶ୍ରଙ୍କ 'ଦୁଇଟି ପରମ୍ପରାର ଜନକ', 'ଔପନ୍ୟାସିକ', 'ଦାର୍ଶନିକ ଓ ମହାତ୍ମା', 'ଆଚାର୍ଯ୍ୟ ପରମ୍ପରାରେ ସ୍ୱାମିଜୀ', 'ଗୁରୁ', 'ଭାରତର ବୁଦ୍ଧିବାଦର ପରମ୍ପରା', 'ବଶିଷ୍ଠଙ୍କ କଳ୍ପନା ବିଳାସ', 'ପତଞ୍ଜଳିଙ୍କ ଭାଷ୍ୟକାର-ଗାନ୍ଧୀଜୀ', 'ଋଷି ଓ ସନ୍ନ୍ୟାସୀ' ପ୍ରାବନ୍ଧିକ ଶରତ କୁମାର ମହାନ୍ତିଙ୍କ 'ସକ୍ରେଟିସ୍ ଓ ପ୍ଲାଟୋ', 'ଅସ୍ତିତ୍ୱବାଦର ମର୍ମକଥା', 'ଜାମ୍ପଲ୍ ସାର୍ତ୍ରେ', ନଟବର ସାମନ୍ତରାୟଙ୍କ 'ସାଧୁସୁନ୍ଦର ଦାସଙ୍କ ଅଦ୍ୱୈତବାଦ ଚଉପଦୀ ଛାନ୍ଦ', ବେଣୀମାଧବ ପାଢୀଙ୍କ 'କୃଷ୍ଟି ଦୃଷ୍ଟି' ଗୋବିନ୍ଦ ଚନ୍ଦ୍ର ଉଦ୍‌ଗାତାଙ୍କ 'ଉପନିଷଦ୍‌ର ମାହାତ୍ମ୍ୟ' ପରି ପ୍ରବନ୍ଧ ଦେଖିବାକୁ ମିଳେ ।

ମନସ୍ତାତ୍ତ୍ୱିକ ପ୍ରବନ୍ଧ (Psychological Essay)

ସ୍ୱାଧୀନତା ପରବର୍ତ୍ତୀ ସମୟରେ ମନଜଗତର ଗହନ କଥାକୁ ଯୁକ୍ତିନିଷ୍ଠ ଚିନ୍ତାଦ୍ୱାରା ପ୍ରବନ୍ଧ ସାହିତ୍ୟରେ ଆଲୋଚନା କରିବାର ପରମ୍ପରା ଆଧୁନିକ ଯୁଗରେ ଦେଖିବାକୁ ମିଳେ । ଏହି ଧାରଣର ରଚନା ମଧ୍ୟରେ- ଗୋବିନ୍ଦ ତ୍ରିପାଠୀଙ୍କ 'ସାବଧାନ ଭାଇ ସାବଧାନ', 'କଖାରୁ ଫୁଲ', 'କଂସାରୀ ପାରା', କପିଳେଶ୍ୱର ଦାସଙ୍କ 'ପାଶ୍ଚାତ୍ୟ ମନସ୍ତତ୍ତ୍ୱ ଓ ଧର୍ମ ନୀତି', ଗୋପୀନାଥ ମହାନ୍ତିଙ୍କ 'ଛାଇ', ଭୁବନେଶ୍ୱର ବେହେରା 'ଅନ୍ଧାର ଘର', 'ବିଶ୍ୱ ଦେଖ ମଧୁମୟରେ ଜୀବନ', 'କଳ୍ପନାର ରାଜପୁତ୍ର', 'ନାଟର ଗୋବର୍ଦ୍ଧନ', 'ଧନ ନୁହେଁ ମନ', ଚନ୍ଦ୍ରଶେଖର ରଥଙ୍କ 'ଅଥେଲୋ ମନବୃତ୍ତି',

'ବ୍ୟବଧାନ', 'ଶୂନ' 'ଅନନ୍ୟ', 'କାନ୍ଦୁରା,' 'ସାହାରା', ହୃଷୀକେଶ ରାୟଙ୍କ 'ମୁଁ ଆସିଲି କେଉଁଠୁ', 'ଯୌନ ନିର୍ବାଚନ ଓ ପ୍ରତିଦ୍ୱନ୍ଦିତା', 'ଛୋଟ ଶିଶୁ କାନ୍ଦେ କାହିଁକି ?', 'ବିବାହ ପରେ' ଇତ୍ୟାଦି ଅନ୍ୟତମ।

ଅର୍ଥନୀତି ଭିତ୍ତିକ ପ୍ରବନ୍ଧ (Economic Essay)

ସାଂପ୍ରତିକ ସମୟରେ ସମାଜର ବିକାଶ ନିମନ୍ତେ ସାହିତ୍ୟିକମାନେ ବିଭିନ୍ନ ପ୍ରସଙ୍ଗକୁ ଲୋକଲୋଚନାକୁ ଆଣୁଛନ୍ତି। ଯାହା ଦ୍ୱାରା ସାମାଜିକ ସଚେତନତା ଓ ଦେଶର ପ୍ରଗତିରେ ଲୋକମାନେ ସମଭାଗୀ ହୋଇ ପାରୁଛନ୍ତି। ସେଇ କ୍ଷେତ୍ରରେ ଦେଶର ଅର୍ଥନୀତି ଉପରେ ବିଚାର ବିମର୍ଶ କରି ପ୍ରାବନ୍ଧିକମାନେ ଅନେକ ପ୍ରବନ୍ଧ ରଚନା କରିଛନ୍ତି। ସାଧାରଣ ଭାଷାରେ କହିଲେ ଦେଶ ତଥା ଜାତିର ଜନ କଲ୍ୟାଣ ଉଦ୍ଦେଶ୍ୟରେ ଅର୍ଥନୀତି ଉପରେ ସାହିତ୍ୟ ରଚନା କରିବାକୁ ଅର୍ଥନୀତି ଭିତ୍ତିକ ପ୍ରବନ୍ଧ ବୁଝାଯାଏ। ଓଡ଼ିଆ ପ୍ରବନ୍ଧ ସାହିତ୍ୟରେ ଏହିଭଳି କେତେକ ପ୍ରାବନ୍ଧିକ ଓ ପ୍ରବନ୍ଧ ସମ୍ପର୍କରେ ଏଠାରେ ଲକ୍ଷ୍ୟ କରନ୍ତୁ। ପ୍ରାବନ୍ଧିକ ସଦାଶିବ ମିଶ୍ରଙ୍କ 'ଅର୍ଥ ଓ ଅର୍ଥାନ୍ତର' ପ୍ରବନ୍ଧରେ ଥିବା 'ନାରଦ ସ୍ତୁତି', 'ଯୌତୁକ ବ୍ୟାଧି', 'ଓଡ଼ିଶାରେ ଯୋଜନା ଓ ବିକାଶ', 'ପଞ୍ଚମ ଯୋଜନାର ଆଭିମୁଖ୍ୟ' ଇତ୍ୟାଦି। ପ୍ରାବନ୍ଧିକ ସୂର୍ଯ୍ୟକାନ୍ତ ଦାସଙ୍କ ଲିଖିତ 'ମସ୍କୋ ଦର୍ଶନ', 'ଗାନ୍ଧୀଜୀ ଓ ବିକେନ୍ଦ୍ରିକ ଅର୍ଥନୀତି' ପ୍ରବନ୍ଧରେ ଭାରତୀୟ ଅର୍ଥନୀତି ସମ୍ପର୍କରେ ଆଲୋଚନା କରିଛନ୍ତି। ରମାକାନ୍ତ ରାଉତଙ୍କ 'ବିକାଶ ଆମ ଶିକ୍ଷାର', 'ସମାଜ ବିପ୍ଲବ', 'ଦିଗ ଦିଗନ୍ତ', 'ଗ୍ରାମବିକାଶ ଗ୍ରାମ ସଂଗଠନ' ଆଦି ଗୁଡ଼ିକରେ ଅର୍ଥନୀତି ପ୍ରସଙ୍ଗରେ ଆଲୋଚନା କରିଛନ୍ତି। ସେମିତି ପ୍ରାବନ୍ଧିକ ରବୀନ୍ଦ୍ର ମୋହନ ସେନାପତିଙ୍କ ଏହି ଧରଣର କେତେକ ପ୍ରବନ୍ଧଗୁଡ଼ିକ ମଧ୍ୟରେ 'ଜଗତୀକରଣ ଓ ଦାରିଦ୍ର୍ୟ ଉତ୍ପତ୍ତି', 'ଜଳର ଭବିଷ୍ୟତ', 'ଖଣିର ବିକଳ୍ପ', 'ଓଡ଼ିଶାର ଅର୍ଥନୈତିକ ସମସ୍ୟା' ଓ ଅନ୍ୟାନ୍ୟ ପ୍ରବନ୍ଧ ଏବଂ 'ଓଡ଼ିଶାର ଅର୍ଥନୀତି' ପୁସ୍ତକରେ ଦେଖିବାକୁ ମିଳେ। ଠିକ୍ ସେହିପରି ପ୍ରାବନ୍ଧିକ ସାତକୋଡ଼ି ହୋତାଙ୍କ ଅର୍ଥନୈତିକ ପ୍ରବନ୍ଧଗୁଡ଼ିକ ହେଉଛି 'ନୂତନ ପୃଥିବୀ ଏବଂ ଓଡ଼ିଶା', 'ସାଧାରଣ ମଣିଷର ସଂଖ୍ୟା', 'ମଧ୍ୟବିତ୍ତଙ୍କ ଭାରତ' ସେହିପରି ସୌରୀବନ୍ଧୁ କରଙ୍କ 'ଜଗତୀକରଣ ଅର୍ଥନୀତିରେ ନିଯୁକ୍ତି' ସେମିତି ପ୍ରଦ୍ୟୁମ୍ନ ବଳଙ୍କ 'ବିଶ୍ୱବ୍ୟାଙ୍କର ଦରିଦ୍ର ଦେଶଙ୍କୁ ଶୋଷଣ କରିବାର ଛଦ୍ମବେଶ', 'ଅନ୍ତର୍ଜାତିକ ବ୍ୟବସାୟ ବନାମ ଭାରତୀୟ ଗଣତନ୍ତ୍ର', 'ବିପୁଳ ସମ୍ପତିର ଅଧିକାରୀ ଆଜି ଗରିବ କାହିଁକି ?', 'ଡଙ୍କେଲ, ଗାଟ୍ ଓ ବିଶ୍ୱବ୍ୟାଙ୍କ ଫାଶରେ ଭାରତବର୍ଷ', ସେହିପରି ଅଧ୍ୟାପକ ଶତ୍ରୁଘ୍ନ ନାଥଙ୍କ 'ଶିକ୍ଷାର ଅର୍ଥନୀତି', 'ଅର୍ଥନୈତିକ ବିକାଶରେ

ଶିକ୍ଷାର ଭୂମିକା' ଇତ୍ୟାଦି। ପ୍ରାବନ୍ଧିକ ମନମୋହନ ଚୌଧୁରୀଙ୍କ 'ଅର୍ଥନୀତି ଓ ମୂଲ୍ୟବୋଧ', 'ପୁଞ୍ଜି ବଜାର', 'ପୁଞ୍ଜିବାଦର ବିକାଶ', 'ବଜାର ଅର୍ଥନୀତି', 'ଘରୋଇ ବନାମ ରାଷ୍ଟ୍ରାୟତ ଶିଳ୍ପ', 'ବିକଳ୍ପ ଅର୍ଥବ୍ୟବସ୍ଥା : ରାଷ୍ଟ୍ର' ଇତ୍ୟାଦି। ବାସୁଦେବ ସାହୁଙ୍କ 'ନୂତନ ଅର୍ଥନୀତିରେ ଅବହେଳିତ ଦିଗ' 'ଭୂସଂସ୍କାର', 'ଗ୍ରାମ ଉନ୍ନୟନ', 'ଦୁର୍ନୀତି ଓ ଆମ ଅର୍ଥନୀତି' ଏବଂ ସୁରେନ୍ଦ୍ର ନାୟକଙ୍କ 'ବିଶ୍ୱ ବାଣିଜ୍ୟ ଜାଲରେ ଭାରତ', 'ଭାରତରେ ଅର୍ଥନୈତିକ ବିକାଶ' ଆଦି ପ୍ରବନ୍ଧ ଗୁଡ଼ିକ ଓଡ଼ିଆ ସାହିତ୍ୟକୁ ଋଦ୍ଧିମନ୍ତ କରିଛି।

ବୈଜ୍ଞାନିକ ପ୍ରବନ୍ଧ (Scientific Essay)

ବିଜ୍ଞାନର ଜଟିଳ ତତ୍ତ୍ୱକୁ ସାଂପ୍ରତିକ ମାନବ ସଭ୍ୟତା ଆଜି ଉନ୍ମୁକ୍ତ କରିବାକୁ ଲାଗିଛି। ଆମର ଏ ବିକଶିତ ସାମ୍ରାଜ୍ୟକୁ ବିଜ୍ଞାନର ଅବଦାନ ଅତୁଳନୀୟ ବୋଲି କୁହାଯାଇପାରେ। ଏହାର ପ୍ରଚାର ପ୍ରସାର ନିମନ୍ତେ ଆଞ୍ଚଳିକ ଭାଷାରେ ପ୍ରାଥମିକ ପର୍ଯ୍ୟାୟରେ ହେଉ ନଥିଲା। ପରନ୍ତୁ, ସ୍ୱାଧୀନତା ପରେ ଶିକ୍ଷାର ବିକାଶ ଲାଭ ଓ ଆଧୁନିକ ସାହିତ୍ୟର ପ୍ରବନ୍ଧରେ ଏହି ବିଜ୍ଞାନ ଜନିତ ବିଷୟବସ୍ତୁ ଆଲୋଚନା ଅତିମାତ୍ରାରେ ହେବାକୁ ଲାଗିଲା। ସ୍ୱାଧୀନତା ପରବର୍ତ୍ତୀ ଓଡ଼ିଆ ସାହିତ୍ୟରେ ବିଜ୍ଞାନକୁ ନେଇ ରଚିତ ପ୍ରବନ୍ଧ ଓ ପ୍ରାବନ୍ଧିକମାନଙ୍କ ମଧ୍ୟରେ ଗୋକୁଳାନନ୍ଦ ମହାପାତ୍ରଙ୍କ 'ଚନ୍ଦ୍ରଲୋକର ମଣିଷ', 'ଯାନ୍ତ୍ରିକ ଭୂତ', 'ଅସୁନ୍ଦରୀ ନାରୀ ବିଜ୍ଞାନ ସାହାଯ୍ୟରେ ସୁନ୍ଦରୀ ହୋଇପାରେ', 'ପରମାଣୁ ଶକ୍ତି', 'ମଣିଷର ଚନ୍ଦ୍ରଲୋକ ଯାତ୍ରା', 'ଜୀବଜଗତର ସୃଷ୍ଟି', 'ପ୍ଲାଷ୍ଟିକ ଅସ୍ତ୍ରୋପଚାର', 'ଆମ ଆକାଶର ନକ୍ଷେତ୍ର ମଣ୍ଡଳ', 'ବିଶ୍ୱ ଓ ଏହାର ସୃଷ୍ଟି ମଣ୍ଡଳ', 'ପୃଥିବୀର ଦିନରାତି ଓ ଋତୁ ପରିବର୍ତ୍ତନ' ଇତ୍ୟାଦି। ସେମିତି ଶରତ କୁମାର ମହାନ୍ତିଙ୍କ 'ଆକାଶର ଆହ୍ୱାନ', 'ଆଟମରୁ କ୍ୱାଣ୍ଟମ୍', 'ଭୂବିଜ୍ଞାନୀ ସହିତ ପୃଥିବୀ ପରିକ୍ରମା', 'ବିବର୍ତ୍ତନଶୀଳ ମଣିଷର ସଂଗ୍ରାମ', 'ବିଚିତ୍ର ବ୍ରହ୍ମାଣ୍ଡ', 'ବିଜ୍ଞାନ ଦିଗନ୍ତ', 'ଏକବିଂଶ ଶତାବ୍ଦୀର ନଷ୍ଟ ପରିବେଶ' ଇତ୍ୟାଦି। ସେହିପରି କୁଳମଣି ସମାଲଙ୍କ 'ମହାକାଶ ଷ୍ଟେସନ', 'ଚନ୍ଦ୍ର ଏବେବି ମାମୁଁ', 'ଆମ ଉପରେ ମହାକାଶର ପ୍ରଭାବ', 'ଶୁକ୍ରରେ ଲାଭ ସମୁଦ୍ର', 'ପୃଥିବୀରେ ଜଳ କେତେ ?', 'ଆଧୁନିକ ସଭ୍ୟତାର ସନ୍ତକ କମ୍ପ୍ୟୁଟର', 'ମହାକାଳ କୃଷ୍ଣ ତରକା', 'ମହାକାଶ ଯାତ୍ରୀଙ୍କ ଦୁର୍ଦ୍ଦଶା' ଇତ୍ୟାଦି। ସହଦେବ ସାହୁଙ୍କର 'ପୃଥିବୀ ବାହାରେ ଜୀବନ ଅଛି କି ?', 'ବିଷୟର ଖାଦ୍ୟ ସମସ୍ୟା', 'ମଣିଷ ଶରୀରର ଭବିଷ୍ୟତ ରୂପ', 'ତାରକା ଯୁଦ୍ଧ', 'ପୃଥିବୀ ବାହାରେ ଜ୍ଞାନୀ ଜୀବ', 'ବିଜ୍ଞାନର ସୀମା ଓ ସରହଦ କେଉଁଠି' ଇତ୍ୟାଦି। ରବୀନ୍ଦ୍ର ମୋହନ ସେନାପତିଙ୍କ 'ଓଡ଼ିଶାରେ ବିଜ୍ଞାନୀ ଓ କାରିଗରୀ ଜ୍ଞାନର ପ୍ରସାର', 'ଲୋକ

ଚିକିତ୍ସା' ଇତ୍ୟାଦି। ଦେବକାନ୍ତ ମିଶ୍ରଙ୍କର 'ସଇତାନର ଯନ୍ତ୍ର', 'କ୍ୱାଣ୍ଟମ୍ ତତ୍ତ୍ୱରେ ନିହିତ ଦାର୍ଶନିକ ଦୃଷ୍ଟିକୋଣ', 'ଆଇନଷ୍ଟାଇନ : ହେତୁବାଦର ମୂର୍ତ୍ତିମନ୍ତ ପ୍ରତୀକ', 'ବିଜ୍ଞାନ ଓ ପ୍ରଗତି', 'ବୈଜ୍ଞାନିକ ଦୃଷ୍ଟିକୋଣ', 'ବିଜ୍ଞାନ : ସୃଷ୍ଟି କର୍ତ୍ତା ଓ ପ୍ରଳୟ କର୍ତ୍ତା' ଇତ୍ୟାଦି ଅନ୍ୟତମ।

ସମ୍ବାଦଧର୍ମୀ ପ୍ରବନ୍ଧ (Journalistic Essay)

୧୯୫୦ ପରବର୍ତ୍ତୀ ଯୁଗ ଚେତନାର ବିକାଶ ଫଳରେ ସାମାଜିକ ସ୍ତରରେ ଯେଉଁ ଉନ୍ନତି ହୋଇଥିଲା, ତାହାର ପ୍ରଚାର ପ୍ରସାର ଦିଗଟି ଗୁରୁତ୍ୱପୂର୍ଣ୍ଣ ଭୂମିକା ତୁଲାଇଥିଲା। ଏଥିରେ ପତ୍ରପତ୍ରିକାର ବହୁଳ ବ୍ୟବହାର ଜନସଚେତନତା ଆଣିପାରିଥିଲା। ଜନସାଧାରଣଙ୍କୁ ଜାଗରଣ ଓ ଉଦ ?ବୋଧନ କରି ପ୍ରାବନ୍ଧିକମାନେ ଫିଚରଧର୍ମୀ ବା ସମ୍ବାଦ ଶୈଳୀରେ ପ୍ରବନ୍ଧ ରଚନା ଆରମ୍ଭକଲେ। ଯାହାଦ୍ୱାରା ପାଠକର ପ୍ରବନ୍ଧ ପ୍ରତି ଆଗ୍ରହ ବଢିଲା। ସେଥିମଧ୍ୟରୁ ପ୍ରାବନ୍ଧିକ ହରେକୃଷ୍ଣ ମହତାବଙ୍କ 'ଗାଁ ମଜଲିସ୍' ପ୍ରାବନ୍ଧିକ ସାତକୋଡ଼ି ହୋତାଙ୍କ 'ସମୟ', ସୁରେନ୍ଦ୍ର ମହାନ୍ତିଙ୍କ 'ଶେଷ ସ୍ତମ୍ଭ', ଚିତ୍ତରଞ୍ଜନ ଦାସଙ୍କ 'ନଖଦର୍ପଣେନ', ବିଭୁତି ମିଶ୍ରଙ୍କ 'ସର୍ବ ଜନନୀ କାନ୍ଦଣା' ଇତ୍ୟାଦି ଅନ୍ୟତମ।

ଭ୍ରମଣଭିତ୍ତିକ ପ୍ରବନ୍ଧ (Travel Essay)

ଭ୍ରମଣ କେବଳ ମଣିଷର ମାନସିକ ପରିବର୍ତ୍ତନ କରାଇନଥାଏ, ବରଂ ଏହା କଳା, ସଂସ୍କୃତି, ସାହିତ୍ୟ ଓ ଶିକ୍ଷା ଆଦି ବ୍ୟବସ୍ଥା ଗୁଡ଼ିକ ମଣିଷ ଉପରେ ଅନେକ ପ୍ରଭାବ ପକାଇଥାଏ। ଏଣୁ ଆଧୁନିକ ଯୁଗରେ ଅନେକ ସ୍ରଷ୍ଟା ନିଜର ଭ୍ରମଣ ଅନୁଭୂତିକୁ କେନ୍ଦ୍ରକରି ଚିନ୍ତାଶୀଳ ଅଭିବ୍ୟକ୍ତିରେ ଅନେକ ପ୍ରବନ୍ଧ ରଚନା କରିଛନ୍ତି। ସେଗୁଡ଼ିକ ମଧ୍ୟରେ ପ୍ରାବନ୍ଧିକ ଶଶୀଭୂଷଣ ରାୟଙ୍କ 'ବଡ଼ମ୍ବା ପ୍ରକୃତି' ଗୋଲୋକବିହାରୀ ଧଳଙ୍କ 'ଗଙ୍ଗାରୁ ଗୋଦାବରୀ', 'ଆମେରିକା ଅନୁଭୂତି', 'ଲଣ୍ଡନ ଚିଠି', 'ଭ୍ରମଣ ବୃତ୍ତାନ୍ତ', କାଳିନ୍ଦୀଚରଣ ପାଣିଗ୍ରାହୀଙ୍କ 'ଦକ୍ଷିଣାୟନ', କିଶୋରୀ ଚରଣ ଦାସଙ୍କ 'ଚେନାଏ ପୃଥିବୀ ଚିରୁଡ଼ାଏ ଘର', ପ୍ରହ୍ଲାଦ ଚରଣ ମହାନ୍ତିଙ୍କ 'ନାରାୟଣୀ ଯାତ୍ରା', 'ଶାନ୍ତିନିକେତନରେ କିଛିଦିନ', 'ବିରେଇପାଣି ଜଳପ୍ରପାତର ନୈସର୍ଗିକ ସୌନ୍ଦର୍ଯ୍ୟ', 'ଶ୍ରୀଲଙ୍କା ଯାତ୍ରା', 'ଶିମିଳିପାଳର ଅନିର୍ବଚନୀୟ ଆକର୍ଷଣ' ଆଦି ପ୍ରବନ୍ଧ ଦେଖିବାକୁ ମିଳେ।

ଜୀବନୀମୂଳକ ପ୍ରବନ୍ଧ (Biographical Essay)

ସାହିତ୍ୟରେ ଅନେକ ମହାପୁରୁଷଙ୍କର ଜୀବନ ଆଲେଖ୍ୟକୁ ନେଇ ପ୍ରବନ୍ଧମାନ

ରଚନା ହୋଇଥିବାର ଦେଖିବାକୁ ମିଳେ। ସେମାନଙ୍କ ଜୀବନ ଦର୍ଶନର ମହତ୍ତର ଦିଗଗୁଡ଼ିକ ଆଧୁନିକ ମଣିଷ ପାଇଁ ଅନେକ ପ୍ରେରଣା ଓ ଉତ୍ସାହ ସୃଷ୍ଟି କରିଥାଏ। ଫଳରେ ପାଠକ ଏହାକୁ ସହୃଦୟେ ଗ୍ରହଣ କରିଥାଏ। ଓଡ଼ିଆ ସାହିତ୍ୟରେ ଏହିପରି କେତେକ ପ୍ରବନ୍ଧ ମଧ୍ୟରୁ ପ୍ରାବନ୍ଧିକ ମାୟାଧର ମାନସିଂଙ୍କ 'ସରସ୍ୱତୀ ଫକୀରମୋହନ', ପ୍ରାବନ୍ଧିକ କାଳିନ୍ଦୀଚରଣ ପାଣିଗ୍ରାହୀଙ୍କ 'କେମାଲପାଶା ଓ ତୁର୍କ ସମାଜ', 'ଲେଖକର ଆଶ୍ଚର୍ଯ୍ୟ ଟଲଷ୍ଟୟ', 'ମାର୍କଟ୍ୱେନ୍', ଗୋଲକବିହାରୀ ଧଳ 'ଅମର କାହାଣୀ', 'ଅମର ଜୀବନ', 'ଅମର ଯାତ୍ରୀ', 'ଅମର ମଣିଷ', ଶରତ କୁମାର ମହାନ୍ତିଙ୍କ 'ଛତ୍ରପତି ବିବେକାନନ୍ଦ', 'ଗାନ୍ଧୀ ମଣିଷ', ସର୍ବେଶ୍ୱର ଦାସଙ୍କ 'ପ୍ରେମର କବି ଗୋପବନ୍ଧୁ' କବିପ୍ରସାଦ ମିଶ୍ରଙ୍କ 'ଭଗବାନ ଶ୍ରୀରମଣ ମହର୍ଷି', 'ଗାନ୍ଧୀଜୀଙ୍କ ଧର୍ମାନ୍ତର ପ୍ରସଙ୍ଗ', 'ଉପେନ୍ଦ୍ର ଭଞ୍ଜ ଓ ଗୋସ୍ୱାମୀ ତୁଳସୀ ଦାସ', 'ଚାରି ମହାତ୍ମା ଓ ଚାରୋଟି କାହାଣୀ', ଚିନ୍ତାମଣି ମହାନ୍ତିଙ୍କ 'ବଡ଼ମଣିଷଙ୍କ ପିଲାଦିନ', 'ମାନବିକତାର ଇତିହାସରେ ଗୋପବନ୍ଧୁ', 'ଭକ୍ତକବି ଜୀବନ ସମୀକ୍ଷା', 'ଜୀବନୀ କଥା ଓ ବିଶ୍ୱ ସାହିତ୍ୟ କଥା', 'ମନୀଷୀ ନୀଳକଣ୍ଠ', 'ଶିକ୍ଷାପ୍ରେମୀ ଗୋପବନ୍ଧୁ', 'ରବୀନ୍ଦ୍ରନାଥ ଓ ଗୋପବନ୍ଧୁ', ନଟବର ସାମନ୍ତରାୟଙ୍କ 'ବ୍ୟାସକବି ଫକୀରମୋହନ', 'ଯୁଗ ପ୍ରବର୍ତ୍ତକ ସ୍ରଷ୍ଟା ରାଧାନାଥ', 'ଓଡ଼ିଆ ସାହିତ୍ୟକୁ ଅଧ୍ୟାପକ ଆର୍ତ୍ତବଲ୍ଲଭଙ୍କ ଦାନ', ବେଣୀମାଧବ ପାଢୀଙ୍କ 'ଭଞ୍ଜୀୟ କାବ୍ୟ ଭାବନା', ଗଙ୍ଗାଧର ବଳଙ୍କ 'ମହାମାନବର ସାଗର ତୀରେ', 'ସାଂସ୍କୃତିକ', ଦାଶରଥି ଦାସଙ୍କ 'ରାଧାନାଥ ଓ କବି ନୀଳକଣ୍ଠଙ୍କ ଜାତୀୟ ଭାବଚେତନ' ପ୍ରହ୍ଲାଦ ଚରଣ ମହାନ୍ତିଙ୍କ 'ମୁଁ ଦିନେ ମିନା ଥିଲି', 'ମହତାବ ପରିକ୍ରମା', 'ବିପ୍ଳବର ବିଗ୍ରହ ଗାନ୍ଧୀଜୀ', 'ସେବକ ଗୌରୀଶଙ୍କର' ଆଦି ପ୍ରବନ୍ଧ ଦେଖିବାକୁ ମିଳେ।

ସ୍ୱାଧୀନତା ପରବର୍ତ୍ତୀ ଓଡ଼ିଆ ପ୍ରବନ୍ଧ ସାହିତ୍ୟର ଭାଷା ଓ ଶୈଳୀ

ପ୍ରବନ୍ଧର ଭାଷା

ପ୍ରବନ୍ଧର ଭାଷା ସର୍ବଦା ପାଠକୀୟ ଅନୁକୂଳ ହେବା ଆବଶ୍ୟକ। ସାଂପ୍ରତିକ ମଣିଷ ଗତିଶୀଳ ଚେନତାରେ ନିଜକୁ ଆବଦ୍ଧ କରିବାକୁ ଚେଷ୍ଟାରତ। ପ୍ରତ୍ୟେକ ମଣିଷ ନିଜର ଜୀବନରେ ସ୍ୱତନ୍ତ୍ରତାକୁ ଅଗ୍ରାଧିକାର ଦେଇଥାଏ। ସାହିତ୍ୟରେ ମଧ୍ୟ ଏହାର ପ୍ରଭାବ କିଛି କମ୍ ନୁହେଁ। ଫଳତଃ ଅଧୁନା ସାହିତ୍ୟ କ୍ଷେତ୍ରରେ ଭାଷା ଶୈଳୀ ଉପରେ ଅଧିକ ଗୁରୁତ୍ୱ ଦିଆଯାଉଛି। ଯଦିଓ ପ୍ରତ୍ୟେକ ସମୟରେ ନିଜକୁ ମଣିଷ ଆଧୁନିକ ମନେକରେ। ତଥାପି ନବୀନ ଯୁଗର ଏହି ଆଧୁନିକତା ଏକ ଆକସ୍ମିକ ପ୍ରତ୍ୟାବର୍ତ୍ତନ

ରୂପରେଖ ପ୍ରସ୍ତୁତ କରିଛି । ଯାହାଦ୍ୱାରା ସାହିତ୍ୟର ସମସ୍ତ ବିଭାଗ ପରି ପ୍ରବନ୍ଧ କ୍ଷେତ୍ରରେ ତା'ର ଆଭିମୁଖ୍ୟ ଅଧିକ ମାତ୍ରାରେ ପ୍ରଭାବ ପକାଇଛି । ପ୍ରବନ୍ଧର ମହତ୍‌କାଂକ୍ଷା ଉଦ୍ଦେଶ୍ୟଟି 'ପଠନ ଉପଯୋଗିତା' ତା'ର ରଚନାର ଭାଷା ଓ ଶୈଳୀ ଉପରେ ଗୁରୁତ୍ୱଦିଏ । ଅଦ୍ୟବଧି ଓଡ଼ିଆ ପ୍ରବନ୍ଧ ସାହିତ୍ୟରେ ଏକ ବୃହତ ପରିବର୍ତ୍ତନ ଦେଖିବାକୁ ମିଳେ । ଧୀରେ ଧୀରେ ଏହା ଆଲୋଚନାରୁ ସମାଲୋଚନା ଆଡ଼କୁ ଗତି କରୁଥିବାରୁ ଆଜି ଏହାର ଭାଷା ଓ ଶୈଳୀ ଯଥେଷ୍ଟ ପରିମାଣରେ ପରିବର୍ତ୍ତନ ହେବାକୁ ଲାଗିଛି । ସେଥିପାଇଁ Hugh walker ତାଙ୍କ 'The English essay and essayists' ପୁସ୍ତକରେ କହିଛନ୍ତି – "At least, it may be through the essay is a species of prose composition. Usage, however, overleaps even the boundary between prose and verse; and not only do we find in the eighteen century a metrical essay on criticism, but even in the nineteenth we find a metrical Essay on mind." (୩୩)

ଆଜିର ବ୍ୟସ୍ତବହୁଳତା ଜୀବନ ମଧ୍ୟରେ ସାହିତ୍ୟକୁ ସ୍ୱଳ୍ପ ସମୟରେ କିପରି ଅଧ୍ୟୟନ କରି ବୁଝିବାକୁ ପଡ଼ିବ ସେଥିପ୍ରତି ପାଠକ ଯତ୍ନଶୀଳ ହେଉଛି । ତେଣୁ, ପ୍ରବନ୍ଧରେ ଥିବା ବୌଦ୍ଧିକ ଚିନ୍ତାଧାରାକୁ ପଢିବା କିମ୍ବା ବୁଝିବା ପାଇଁ ଯଥେଷ୍ଟ ସମୟର ଅଭାବ ଦେଖାଯାଉଛି । ସେଥିପାଇଁ ପାଠକ ଉପଯୋଗୀ କରିବା ନିମନ୍ତେ ହେଉ କିମ୍ବା ପାଠକ ଅଭିରୁଚି ନିମନ୍ତେ ହେଉ ସାଂପ୍ରତିକ ପ୍ରବନ୍ଧର ଭାଷା ଓ ଶୈଳୀ ମଧ୍ୟ ବ୍ୟାପକ ପରିବର୍ତ୍ତନ ହେବାକୁ ଲାଗିଛି । ସାଧାରଣତଃ ଦେଖିବାକୁ ଗଲେ ସାହିତ୍ୟର ପ୍ରବନ୍ଧର ଆଗମନ ହୁଏ, କବିତା, ଗଳ୍ପ, ଏବଂ ଉପନ୍ୟାସର ବହୁପରେ । କାରଣ ବ୍ୟକ୍ତିପାଖରେ ପ୍ରଥମେ କଳାତ୍ମକ ଭାବ ଗୁଞ୍ଜରିତ ହୁଏ । ତାହା ଯେତେବେଳେ ପରିପକ୍ୱ ଅବସ୍ଥାକୁ ଚାଲିଆସେ ସେତେବେଳେ ସୃଷ୍ଟିହୁଏ ସମୀକ୍ଷାତ୍ମକ ଚିନ୍ତନ । ଏହି ସମୀକ୍ଷାତ୍ମକ ଦୃଷ୍ଟିକୋଣଟି ତାକୁ ପ୍ରବନ୍ଧ ରଚନା କରିବା ପାଇଁ ପ୍ରେରଣା ଓ ସାହସ ଯୋଗାଇଥାଏ । ଜୀବନକୁ ଅର୍ଥପୂର୍ଣ୍ଣ କରିବାର କ୍ଷମତା କେବଳ 'ଭାବ' ପାଖରେ ହିଁ ନିହିତ ରହିଛି । ଏହି 'ଭାବ' ଯେତେବେଳେ ଉତ୍କଟ ରୂପଗ୍ରହଣ କରେ ତାହା ଆଉ ନିଜସ୍ୱ ଆୟତ୍ତାଧୀନ ନ ରହି ପ୍ରକାଶ ହୋଇଯାଏ । ପ୍ରାବନ୍ଧିକ ଚିତ୍ତରଞ୍ଜନ ଦାସଙ୍କ ମତରେ- "ସମ୍ପ୍ରତି ଅଧିକ ରୁ ଅଧିକ ସାହିତ୍ୟ ଶିକାରୀ ଏହି ଶୈଳୀ ଜଙ୍ଗଲ ଭିତରେ ଯାଇ ପଶିଥିବା ସମୟରେ ପ୍ରବନ୍ଧର ଘରେ ମଧ୍ୟ ଆମେ ଶୈଳୀ ବିଷୟରେ କ'ଣ ସବୁ କହିପାରିବା ? ପ୍ରବନ୍ଧ ଭାଗ୍ୟ ଯେ ଆମ ସାହିତ୍ୟର ପ୍ରାଚୀନ ଯୁଗରେ କୌଣସି ପ୍ରବନ୍ଧ ଲେଖା ଯାଉନଥିଲା । ତେଣୁ, ପ୍ରବନ୍ଧର ପରମ୍ପରା ଆପେ ଶୈଳୀଟିଏ ବା ଧାରାଟିଏ ନିର୍ବାଚନ

କରିବାର ଅବକାଶ ଅବଶ୍ୟ ଅଧିକ ପରିଣାମ ରହିଛି । ସାହିତ୍ୟ ବଂଶରେ ସନ୍ତାନମାନଙ୍କ ମଧ୍ୟରେ ପ୍ରବନ୍ଧ ନାମକ ବର୍ଗଟି ହେଉଛି ସର୍ବକନିଷ୍ଠ । ଏଥିରେ ସୁବିଧା ଅସୁବିଧା ଉଭୟ ରହିଛି । ସୁବିଧା ରହିଛି ଏହି କାରଣରୁ ଯେ ପ୍ରବନ୍ଧଲେଖକ ପାଇଁ ଶୈଳୀର କ୍ଷେତ୍ରରେ ଅଧିକ ସ୍ୱାଧୀନତା ରହିଛି, ଅସୁବିଧା ବି ଏଇଥିପାଇଁ ଯେ, ବାଛିବାର ଏହି ପ୍ରକ୍ରିୟାଟିରେ ତାକୁ ଦୃଷ୍ଟାନ୍ତ ଯୋଗାଇଦେବା ସକାଶେ କୌଣସି ପୂର୍ବଗୁଳା ନାହିଁ ।"[୩୪]

ପୂର୍ବରୁ ଆମେ ସମସ୍ତେ ଜାଣିଛେ ଭାଷାହେଉଛି ଭାବର ବାହକ । ଯେଉଁ ପ୍ରାବନ୍ଧିକଙ୍କର ଭାଷାଜ୍ଞାନ ଯେତେ ପରିମାର୍ଜିତ ତାଙ୍କ ସୃଷ୍ଟିକଳା ମଧ୍ୟ ସେତେ ଉଚ୍ଚକୋଟୀର । ଭାଷା ଶୈଳୀ ବେଳେ ବେଳେ ଲେଖାର ଗୁରୁତ୍ୱପୂର୍ଣ୍ଣ ଦିଗଟିକୁ ଦୃଷ୍ଟିଗୋଚର କରାଏ । ତେଣୁ ପ୍ରବନ୍ଧ ଯେଉଁ ବିଷୟକୁ ଆଧାରିତ କରି ଲେଖା ହବାର ଅଛି ସେହି ସେହି ବିଷୟ ପରିସରଭୁକ୍ତ ଶବ୍ଦଶକ୍ତି ପ୍ରତି ପ୍ରାବନ୍ଧିକଙ୍କର ଯଥେଷ୍ଟ ଜ୍ଞାନ ରହିବା ଆବଶ୍ୟକ । ଏଣୁ ପ୍ରବନ୍ଧର ବିଷୟବସ୍ତୁଟି ପାଠକ ଆଦୃତି ଲାଭ କରେ ଭାଷା ପ୍ରୟୋଗକୁ ନେଇ ଅଧୁନା ପ୍ରାବନ୍ଧିକମାନେ ସାଧାରଣ ଲୋକ ପ୍ରଚଳିତ ଭାଷାକୁ ପ୍ରବନ୍ଧରେ ପ୍ରୟୋଗ କରୁଛନ୍ତି । ଯାହାକୁ ପାଠକ ସହଜରେ ବୁଝିପାରୁଛନ୍ତି । ପରନ୍ତୁ, ସେଥିରେ ବୌଦ୍ଧିକ ବିଚାର ଧାରାଟି ଊଣା ପଡ଼ିଯିବା ପରି ମନେ ହେଉଛି । ବର୍ତ୍ତମାନର ପ୍ରବନ୍ଧ ଗୁଡ଼ିକ ବିଶେଷକରି ହାସ୍ୟପରିହାସର ବ୍ୟଙ୍ଗାତ୍ମକ ଶୈଳୀରେ ଲେଖାଯାଉଛି । ମହାପାତ୍ର ନୀଳମଣି ସାହୁଙ୍କ ରମ୍ୟରଚନାକୁ ଲକ୍ଷ୍ୟ କରନ୍ତୁ, ତା'ର ଭାଷା ଶୈଳୀ ପାଠକଙ୍କୁ ସହଜ ଓ ସୁଖବୋଧକ ହେବା ସହିତ ପଢ଼ିବା ପାଇଁ ଏକପ୍ରକାର ଉତ୍କଣ୍ଠା ଯୋଗାଇ ଦିଏ । ଯେମିତି ତାଙ୍କ 'ଭୟଭକ୍ତି ଓ ପ୍ରେମଭକ୍ତି' ଲେଖିଛନ୍ତି- "ପ୍ରେମିକ ପାଖରେ ଜୀବନ ମୂର୍ଚ୍ଛା ସମର୍ପଣ ନ ଆସିଲେ, ପ୍ରେମ ହୁଏନା । ପ୍ରେମ ନହେଲେ କିଏ ଜୀବନ ସମର୍ପି ଦେଇ ପାରିବ ? ଭୟଭକ୍ତି ତ ଜୀବନକୁ ସ୍ୱେଚ୍ଛାରେ ଦାନ କରି ପାରେନା । ତା'ର ତ ଜୀବନ ଯିବାର ଭୟରୁ ଭକ୍ତି ଜନ୍ମିଛି । ଯିଏ ଦେଶ ପାଇଁ ଜୀବନ ଦେଇଛି । ବିଶ୍ୱପାଇଁ ଜୀବନ ଦେଇଛି – ଜୀବନ ଦେଇଛି ସତ୍ୟପାଇଁ – ଭଗବାନଙ୍କ ପାଇଁ- ସେମାନେ ସମସ୍ତେ ପ୍ରେମିଭକ୍ତ ।

ଗୋପୀମାନଙ୍କ ରୂପକ ଦେଇ ମହାଜନ ମାନେ ଏ ପ୍ରେମର ସ୍ୱରୂପ ଓ ଲକ୍ଷଣ ବୁଝାଇଛନ୍ତି । ଗୋପୀମାନେ ଏଇ ପ୍ରେମଭକ୍ତିର ସାଧିକା ଓ ଅଧିକାରିଣୀ ? ଆମ ଭିତରେ ଏଇ ଗୋପୀଭାବ ଆସିଲେ ଯାଇ ଆମେ ପ୍ରେମ ଭକ୍ତିର ସୁଆଦ ପାଇବା । ଗୋପୀମାନେ ଯେଉଁ ରୂପରେ ଭଗବାନଙ୍କୁ ଦେଖିଥିଲେ- ସେ ହେଉଛନ୍ତି ସବୁ ରୂପ ଓ ସବୁ ରସର ଆକାର ।"[୩୫] ଏକବିଂଶ ଶତାବ୍ଦୀରେ ପ୍ରବନ୍ଧ ସାହିତ୍ୟର ପ୍ରାଧାନ୍ୟ ଅନେକ ମାତ୍ରା ବଢ଼ିଯାଇଥିବାର ଦେଖିବାକୁ ମିଳେ । କାରଣ, ବର୍ତ୍ତମାନର ପ୍ରବନ୍ଧ ସାହିତ୍ୟ

ମଧ୍ୟରେ ଭାଷାର କ୍ଲିଷ୍ଟତା ନାହିଁ କି' ବୌଦ୍ଧିକତାର ଜଟିଳ ତତ୍ତ୍ୱରାଶି ନାହିଁ। ଯାହା ଦେଖାଯାଏ ଏକ ପ୍ରକାର ଗତାନୁଗତିକ ଭାଷାର ପ୍ରୟୋଗ। ପାଠକଟିଏ ଥରେ ପଢ଼ିବା ମାତ୍ରେ ତା'ର ଅବବୋଧ ରୁହେନାହିଁ। ବର୍ତ୍ତମାନର ମଣିଷ ଏକ ଦ୍ରୁତ ସଭ୍ୟତା ମଧ୍ୟରେ ବଞ୍ଚୁଥିବା ଯୋଗୁଁ ସ୍ୱଳ୍ପ ସମୟରେ ବିଷୟ ପରିସରକୁ ଅବଲୋକନ କରି ସବୁକିଛି ବୁଝିପାରିବାକୁ ଚେଷ୍ଟାକରୁଛି। ଫଳତଃ ପ୍ରାବନ୍ଧିକ ଭାଷା ଉପରେ ଯଥେଷ୍ଟ ଗୁରୁତ୍ୱଦେଇ ସତର୍କ ସହିତ ଶବ୍ଦ ପ୍ରୟୋଗ, ସରଳ ବାକ୍ୟ ଗଠନ ଓ ପ୍ରବନ୍ଧର ଶେଷାନ୍ତକ ସ୍ପଷ୍ଟ ବୁଝିହେଲା ପରି ରଚନାର ଶୈଳୀ କରିଥାଏ। ପ୍ରବନ୍ଧର ଭାଷା ଯୁଗାନୁସାରେ ସର୍ବଦା ପରିବର୍ତ୍ତନ ହେବାକୁ ଲାଗିଥାଏ। ଏଣୁ ବର୍ତ୍ତମାନର ପ୍ରବନ୍ଧରେ ଗଭୀର ଭାବ ଓ ସାମାଜିକ ଦିଗ ଗୁଡ଼ିକୁ ଲକ୍ଷ୍ୟ କରି ପ୍ରବନ୍ଧ ସବୁ ଲେଖାଯାଉଛି।

୧୯୪୭ ପରବର୍ତ୍ତୀ ପ୍ରବନ୍ଧରେ ଚିନ୍ତା ଚେତନା କେବଳ ସର୍ବଭାରତୀୟ ସ୍ତରକୁ ଅତିକ୍ରମ କରିନାହିଁ ବରଂ, ଭାଷା ମଧ୍ୟ ଆଜି ସମସ୍ତ ବଳୟକୁ ଅତିକ୍ରମକରି ବିଶ୍ୱମୁଖୀ ହେବାକୁ ଲାଗିଛି। କାରଣ ବିଜ୍ଞାନର ଅଗ୍ରଗତି ଯୋଗୁଁ ସାହିତ୍ୟ ଆଜି ସୀମିତ ପରିସର ମଧ୍ୟରେ ନାହିଁ। ସାହିତ୍ୟ ବିଭବରୁ ପ୍ରବନ୍ଧ ଆଜି ଲୋକାଭିମୁଖୀ ହେବା ନିମନ୍ତେ ଓ ବ୍ୟାପକ ପ୍ରଚାର ପ୍ରସାର ହେବା ପାଇଁ ଭାଷାର ଯଥେଷ୍ଟ ଗୁରୁତ୍ୱ ରଖୁଛି। ଫଳରେ ସ୍ୱାଧୀନତା ପରବର୍ତ୍ତୀକାଳରେ ପ୍ରବନ୍ଧର ଅନ୍ତର୍ଦୃଷ୍ଟି ଓ ବହିର୍ଦୃଷ୍ଟି ବ୍ୟାପକତା ଆଡ଼କୁ ପ୍ରସାରିତ ହେଉଛି। ସାଧାରଣ ମଣିଷର ଭାଷାପରି ସରଳ ଓ ସ୍ୱଭାବିକ ହେବା ସହିତ ରଚନାକାରର ଚିନ୍ତା ସ୍ୱଚ୍ଛଳ ଓ ସୂକ୍ଷ୍ମତା ଆଡ଼କୁ ଅଗ୍ରସର ହେଉଛି। ବିଜ୍ଞାନର ଜଟିଳ ତତ୍ତ୍ୱକୁ ପ୍ରାବନ୍ଧିକ ମାନେ ସହଜ ଭାଷାରେ ଆଲୋଚନା କରୁଛନ୍ତି। ପ୍ରାବନ୍ଧିକ ଶରତ କୁମାର ମହାନ୍ତିଙ୍କ 'ଟେଷ୍ଟ ଟିଉବ୍ ବେବି' ପ୍ରବନ୍ଧକୁ ଏଠାରେ ଲକ୍ଷ୍ୟ କରାଯାଇପାରେ "ଏହିପରି ନାନା ମତ ପ୍ରକାଶ ପାଇବା ଓ ଗୋଟିଏ ବଡ଼ ଆଲୋଡ଼ନ ସୃଷ୍ଟି ହେବ ସ୍ୱାଭାବିକ। ଟେଷ୍ଟ ଟିଉବ୍ ବେବି ଦୁର୍ବଳ ବା ବିକଳାଙ୍ଗ ହେବାର ବିପଦ ରହିଛି, କିନ୍ତୁ ବିପଦ ବା ନାହିଁ କେଉଁଠି ? ଏପରି ବିପଦକୁ ମୂଳପୋଛ କରିବା ପାଇଁ ପୁଣି ଉଦ୍ୟମ ହେବ। କିନ୍ତୁ କଥା ହେଉଛି, ଜନ୍ମନିରୋଧର ବହୁଳ ପ୍ରଚାର ସ୍ୱତ୍ତେ ପୃଥିବୀର ଶିଶୁସଂଖ୍ୟା ଆତଙ୍କଜନକ ଭାବେ ବଢ଼ି ଚାଲିଛି। ଏପରି ସ୍ଥଳେ, ପୁଣି ଶିଶୁଙ୍କ ସଂଖ୍ୟା ବଢାଇବା ପାଇଁ ବ୍ୟୟବହୁଳ ଗବେଷଣା ଆବଶ୍ୟକ କ'ଣ ? ଯେତିକି ଶିଶୁ ପୃଥିବୀକୁ ଆସୁଛନ୍ତି, ସେମାନଙ୍କୁ ନିରୋଗ ରଖିବା ପାଇଁ ଦରକାର ପଡୁଥିବା ଗବେଷଣାରେ ଏ ଅର୍ଥବ୍ୟୟ କରାଯାଇ ପାରନ୍ତା।"(୩୬)

ଭାଷାସ୍ଥିର ନୁହେଁ ଗତିଶୀଳ। ଯଥା ସମୟାନୁସାରେ ପ୍ରଚଳିତ ନୂତନ ଶବ୍ଦ ଭାଷାର କଳେବରକୁ ଦୀର୍ଘକାୟ କରିଥାଏ। ଅଧୁନା ମଣିଷର ଜୀବନ ଶୈଳୀ

ସାମାଜିକ, ରାଜନୈତିକ ଏବଂ ଅର୍ଥନୈତିକ ବିକାଶ କ୍ରମରେ ବଦଳିବାକୁ ଲାଗିଛି। ଦ୍ରୁତ ଶିଳ୍ପାୟନ, ବାଣିଜ୍ୟ ବ୍ୟବସାୟର ପ୍ରସାର ଘଟିବ ଫଳରେ ପ୍ରଯୁକ୍ତିବିଦ୍ୟା ଓ ଜ୍ଞାନ ବିଜ୍ଞାନର ମଧ୍ୟ ବ୍ୟାପକ ପରିବର୍ତ୍ତନ ଘଟିବାରେ ଲାଗିଛି। ଫଳତଃ ମଣିଷର ମାନସିକ ବ୍ୟାପାର ନୂଆ ନୂଆ ଚିନ୍ତା ଚେତନା ତାକୁ ଅସ୍ଥିର ଓ ଆତଙ୍କ ସୃଷ୍ଟି କରାଉଛି। ଅନୁରୂପ ଭାବେ ଏହା ମଧ୍ୟ ପ୍ରବନ୍ଧ ସାହିତ୍ୟରେ ପ୍ରତିତ ହେଉଛି। ସଭ୍ୟତା ପରିବର୍ତ୍ତନ ହେବାପରି ଭାଷା ମଧ୍ୟ କ୍ରମଅନୁସାରେ ମାର୍ଜିତ ହେଉଛି। ଗୋଟିଏ ପଟେ ବିଚାରକଲେ ଦେଖାଯାଏ ଅନେକ ଭାଷା ଆଜି ନିଜର ଭାରସାମ୍ୟ ହରାଇ ମୃତବତ୍ ହେଲେଣି। ଏହିପରି ସମୟଚକ୍ରରେ ଆମେ ଯଦି ବିଚାର କରିବା ତେବେ ଦେଖାଯାଏ ପ୍ରବନ୍ଧର ଭାଷା ଗୋଟିଏ ଜାତିର ଭାଷାକୁ ଦୃଢ କରି ତୋଳିବାରେ ସକ୍ଷମ। ପୂର୍ବେ ପ୍ରବନ୍ଧକୁ ପାଠକମାନେ ଯେଉଁ ଆଗ୍ରହ ନେଇ ପଢୁଥିଲେ, ତାହା ଆଜି ଯଥେଷ୍ଟ ପରିବର୍ତ୍ତିତ ହୋଇଛି। ପୂର୍ବ ଅପେକ୍ଷା ସଂକ୍ଷିପ୍ତତା ଏବଂ ସାବଲୀଳତାକୁ ଆଜି ପ୍ରବନ୍ଧର ଶରୀର ବୋଲି ଗ୍ରହଣ କରାଯାଇଛି। ଏହାର ଅନେକ କାରଣ ମଧ୍ୟରୁ ସମୟହୀନତା ଏହାର ଏକ ମୁଖ୍ୟ କାରଣ ଅଟେ।

ଶିଳ୍ପର ବିକାଶ ଏବଂ ଜ୍ଞାନ-ବିଜ୍ଞାନ ଓ ପ୍ରଯୁକ୍ତି ବିଦ୍ୟାରେ ଦେଶ ଆଜି ବହୁ ଆଗକୁ ଗତିକରିଛି। ଏଣୁ ଶିକ୍ଷା କ୍ଷେତ୍ରରେ ମଧ୍ୟ ବିକାଶ ହୋଇଛି। ଯାହାଦ୍ୱାରା ସ୍ୱଳ୍ପ ସମୟ ମଧ୍ୟରେ ମଣିଷ ପୃଥିବୀର ସମସ୍ତ ଖବର ସହଜରେ ଉପଲବ୍ଧି କରିପାରୁଛି। ବିଜ୍ଞାନ ଆଜି ଏତେ ଆଗକୁ ଗତିକରିଛି ଯେ, ଗୋଟିଏ ବିଷୟକୁ ନିଜ ଭାଷାରେ ଜାଣିବା ପାଇଁ ମଣିଷକୁ କୌଣସି ଅସୁବିଧା ହେଉନାହିଁ। ଏହାର ପ୍ରଚାର ପ୍ରସାର ପ୍ରବନ୍ଧ ଜରିଆରେ ପ୍ରାବନ୍ଧିକ ମାନେ ଆହୁରି ବିକଶିତ କରାଇ ଦେଇଛନ୍ତି। ଜ୍ଞାନ ଓ ବିଜ୍ଞାନ ଅଭାବରୁ ଯେଉଁ ଅନ୍ଧବିଶ୍ୱାସ ମଧ୍ୟରେ ସମାଜ ପୂର୍ବରୁ ନିଷ୍ପେସିତ ହେଉଥିଲା ତାହା ଆଜି ପରିବର୍ତ୍ତନ ହୋଇଛି। ପ୍ରବନ୍ଧ ଜରିଆରେ ସହଜ ସରଳ ଭାଷାରେ ପ୍ରାବନ୍ଧିକମାନେ ତାହାକୁ ଗଣବିପ୍ଳବରେ ବଦଳାଇ ଦେଇଛନ୍ତି। ପ୍ରାବନ୍ଧିକ ଦେବକାନ୍ତ ମିଶ୍ର ତାଙ୍କ 'ଚିନ୍ତାରାଜ୍ୟ ସଂଶୟ' ପ୍ରବନ୍ଧରେ ଲେଖିଛନ୍ତି- "ବ୍ୟୟ ସାପେକ୍ଷ ବୈଜ୍ଞାନିକ ଗବେଷଣା ଚଳାଇବା ପାଇଁ ଶିଳ୍ପୋନ୍ନତ ପାଶ୍ଚାତ୍ୟ ଦେଶମାନଙ୍କରେ ପୁଞ୍ଜିର ଅଭାବ ନଥିବାରୁ, ସେହି ଦେଶ ମାନଙ୍କରେ ଅତ୍ୟଳ୍ପ ସମୟ ମଧ୍ୟରେ ବହୁ ଚମକପ୍ରଦ ଉଦ୍ଭାବନ ସଂଘଟିତ ହେଲା ଏବଂ ପ୍ରାୟୋଗିକ କ୍ଷେତ୍ରରେ ଏଗୁଡ଼ିକୁ ଭିତ୍ତିକରି ସେହି ଦେଶର କର୍ମ କୁଶଳୀ ବ୍ୟକ୍ତିମାନେ ପ୍ରତିରକ୍ଷା, ଶିଳ୍ପ, ଚିକତ୍ସା ପ୍ରଭୃତି କ୍ଷେତ୍ରରେ ଅଶେଷ ସମୃଦ୍ଧି ସାଧନ କଲେ। ଶବ୍ଦଠାରୁ ଦ୍ରୁତ ବେଗରେ ଧାବିତ ଜେଟ୍ ବିମାନ, କ୍ଷେପଣାସ୍ତ୍ର, ପ୍ରଳୟଙ୍କରୀ ପରମାଣୁ ବୋମା ଓ ଉଦ୍‌ଜାନ ବୋମା, ବିଭିନ୍ନ ପ୍ରକାର ଆଣ୍ଟି- ବାୟୋଟିକ୍ ଜାତୀୟ ଦୂରାରୋଗ୍ୟ ବ୍ୟାଧି ଉପସମକାରୀ ଔଷଧ, ଅଭିନବ ଶଲ୍ୟ ଚିକତ୍ସା ପଦ୍ଧତି,

ଶକ୍ତି ଯୋଗାଣ ପାଇଁ ଅଭିନବ ଉତ୍ସର ସନ୍ଧାନ ପ୍ରଭୃତି ଐତିହାସିକ ଆବିଷ୍କାରଗୁଡ଼ିକ ଯୋଗୁଁ ବିଜ୍ଞାନ ହିଁ ହେଲା ସର୍ବତ୍ର ବନ୍ଦନୀୟ। ଏହାର ମହିମା କୀର୍ତ୍ତନ କରିବା ପାଇଁ ମନୁଷ୍ୟ ଏହା ବଳରେ ପ୍ରକୃତିକୁ ଜୟକରି ଯେ କୌଣସି ଅଭିଳାଷ ପୂରଣ କରିବା ପାଇଁ କାର୍ଯ୍ୟାରତ ହେଲା।"[୩୭]

କୌଣସି ପ୍ରାବନ୍ଧିକଙ୍କର ଭାବନା ଭାଷାରେ ନ ଥାଏ, ଏହା ସତ୍ୟ। ପରନ୍ତୁ, ଭାଷା ଦ୍ୱାରା ହିଁ ସେ ନିଜର ଭାବଟି ଉପସ୍ଥାପନ କରିବା ପାଇଁ ସକ୍ଷମ ହୋଇଥାଏ। ଏକବିଂଶ ଶତାବ୍ଦୀର ଆରମ୍ଭରୁ ଆମେ ସମସ୍ତେ ପୁରାତନ ବିଧିବ୍ୟବସ୍ଥାକୁ ପ୍ରତିହତ କରି ନୂତନ ଜଗତୀକରଣ ଓ ଜ୍ଞାନ କୌଶଳରେ ବଞ୍ଚିବାକୁ ପ୍ରୟାସ କରୁଛେ। ଏଥିପାଇଁ ସାହିତ୍ୟରେ ଆକର୍ଷଣ ମଧ୍ୟ ବଢ଼ିବାକୁ ଲାଗିଛି। କାରଣ ଲେଖାର ଶୈଳୀ ଭାଷାଦ୍ୱାରା ପାଠକଙ୍କୁ ବାନ୍ଧି ରଖିବାକୁ ଯତ୍ନଶୀଳ ହୋଇଥାଏ। ଏଥିପାଇଁ ଲେଖାକୁ ସର୍ବପ୍ରଥମେ ବିଷୟ ନିର୍ବାଚନ ଓ କ୍ରମିକତା ଉପରେ ଗୁରୁତ୍ୱ ଦେବାକୁ ପଡ଼ିଥାଏ। ଯାହାଦ୍ୱାରା ପାଠକ ରୁଚିକର ଓ ପଠନସ୍ପୃହା ବୃଦ୍ଧି ପାଇବ। ଯଦି ସମ୍ପୃକ୍ତ ବିଷୟ ପ୍ରତି ରଚନାକାରର ଦକ୍ଷତା କମ୍ ଥାଏ, ତେବେ ତାହା ଜନାଦୃତି ହୋଇପାରିବ ନାହିଁ। ଦ୍ୱିତୀୟରେ ଶବ୍ଦର ଶିଷ୍ଟତା ପ୍ରୟୋଗ ଓ ଗଠନ ପ୍ରଣାଳୀରେ ସରଳ ଓ ସାବଲୀଳତା ନିତ୍ୟାନ୍ତ ଜରୁରୀ ହୋଇଥାଏ। ସାଧୁଭାଷାର ସଠିକ୍ ଉପଯୋଗ ପ୍ରାବନ୍ଧିକଙ୍କର ଜ୍ଞାନର ପରିଚୟ ଦେଇଥାଏ। ଏବଂ ଗଠନ ରୀତିରେ ଯଦି ଶବ୍ଦ, ବାକ୍ୟ, ଆଳଙ୍କାରିକ କିମ୍ବା ବ୍ୟଙ୍ଗାତ୍ମକତାର ଗୁରୁତ୍ୱ ବୃଦ୍ଧିପାଏ ତେବେ ଲେଖକର ଭାବଟି ପାଠକକୁ ହୃଦୟସ୍ପର୍ଶୀ କରିପାରେ। ଜଟିଳ ବିଷୟକୁ ଲୋକାଭିମୁଖୀ କରିବା ପାଇଁ ସରଳ ଭାଷା ଓ ସାଧାରଣ ଶୈଳୀରେ ପ୍ରକାଶ କରିବା ହେଉଛି, ଉତ୍ତମ ପ୍ରବନ୍ଧଶୈଳୀର ବିଶେଷତ୍ୱ। ପ୍ରବନ୍ଧ ରଚନାରେ ଲେଖକର ଭାଷାତାତ୍ତ୍ୱିକ ଶୈଳୀ କେତେଗୁଡ଼ିକ ଦିଗଉପରୁ ପର୍ଯ୍ୟବେକ୍ଷଣ କରାଯାଇପାରେ। ଯାହା ଦ୍ୱାରା ଲେଖକ ବ୍ୟବହାର୍ଯ୍ୟ ଭାଷାଜ୍ଞାନଟିକୁ ସହଜରେ ପରୀକ୍ଷା କରାଯାଇ ପାରିବ। ବିଶେଷକରି ପ୍ରାବନ୍ଧିକ ମାନେ ନିଜସ୍ୱ ସ୍ୱତନ୍ତ୍ରତା ବଜାଇ ରଖିବା ପାଇଁ ଲେଖାରେ କେତେଗୁଡ଼ିଏ ନୂତନ ଭାଷା ପ୍ରୟୋଗର ଧାରା ବ୍ୟବହାର କରନ୍ତି। କାରଣ ସେମାନେ ଉପଲବ୍ଧି କରିଛନ୍ତି ଯେ, ଉପଯୁକ୍ତ ଭାଷା ବ୍ୟବହାର ସେମାନଙ୍କ ରଚନାର ଭାବବସ୍ତୁକୁ ଗାମ୍ଭୀର୍ଯ୍ୟମୟ କରିପାରିବ। ନିମ୍ନରେ ସେ ସଂପର୍କରେ ଆଲୋଚନା କରାଗଲା।

ଶବ୍ଦଗଠନ ପ୍ରଣାଳୀ :

ପ୍ରବନ୍ଧରେ ସଂକ୍ଷିପ୍ତମୟ ବାକ୍ୟ ସର୍ବଦା ପାଠକ ପ୍ରିୟ ହୋଇଥାଏ। ଅନ୍ୟଥା ନିଜର ପାଣ୍ଡିତ୍ୟକୁ ଦେଖାଇବାକୁ ଯାଇ ଅସ୍ପଷ୍ଟ ଓ ଅନାବଶ୍ୟକ ଶବ୍ଦ ଗଠନ ଦ୍ୱାରା

ପାଠକ ବିମୁଖତା ସୃଷ୍ଟି ହୁଏ। ଯାହାଦ୍ୱାରା ପ୍ରବନ୍ଧପ୍ରତି ଆନ୍ତରିକ ସ୍ପୃହା କମିଯାଏ। ଏଥିପାଇଁ ପ୍ରବନ୍ଧ ରଚନାରେ ଉପଯୁକ୍ତ ଶବ୍ଦ ସୃଷ୍ଟି ଓ ଶୃଙ୍ଖଳାବୋଧ ନିୟମ ହିଁ ଅତ୍ୟନ୍ତ ଆବଶ୍ୟକ। ଗୋଟିଏ ନିର୍ଦ୍ଦିଷ୍ଟ ବିଷୟବସ୍ତୁ ଚୟନ କରି ସେହି ବିଷୟ ଅନ୍ତର୍ଗତ ଶବ୍ଦ ସଂଯୋଗ ପ୍ରଣାଳୀ ବଡ଼ କଠିନ ବ୍ୟାପାର। ପରନ୍ତୁ, ତାହା ନିଜସ୍ୱ କଳାତ୍ମକ ଦ୍ୱାରା ସମ୍ଭବ ହୋଇ ପାରିବ କାରଣ ଭାଷା ପରିସରଭୁକ୍ତ ବ୍ୟାକରଣଗତ ନିୟମାବଳୀ ଯଦି କୌଶଳପୂର୍ଣ୍ଣ ସହ ବିଷୟବସ୍ତୁ ସମ୍ବଳିତ ଶବ୍ଦପୁଞ୍ଜିମାନଙ୍କୁ ପ୍ରୟୋଗ କରାଯାଏ ତେବେ ତା'ର ଆଙ୍ଗିକ ଶୈଳୀ ଗୁରୁତ୍ୱ ଲାଭକରିବ। ଯେମିତି ବିଜ୍ଞାନଧର୍ମୀ ପ୍ରବନ୍ଧ ପାଇଁ ବିଜ୍ଞାନ ସମ୍ବଳିତ ଶବ୍ଦର ପ୍ରୟୋଗ ନିତ୍ୟାନ୍ତ ହୋଇଥାଏ। ଏଠାରେ ଗୋକୁଳାନନ୍ଦ ମହାପାତ୍ରଙ୍କ 'ଆମ ବିଶ୍ୱ ଓ ଆମ ପୃଥିବୀ' ପ୍ରବନ୍ଧ ସଙ୍କଳନରେ ଥିବା 'ନୀହାରିକା ବା ଗ୍ୟାଲେକ୍ସି' ପ୍ରବନ୍ଧରେ ବ୍ୟବହାର୍ଯ୍ୟ କେତେକ ଶବ୍ଦ ହେଲା- ଦୂରବୀକ୍ଷଣ ଯନ୍ତ୍ର, ପ୍ଲିଆଡେସ, ପରସିୟସ, ହାରକୁଲେସ ପୁଞ୍ଜ, ଏନ ?ଡ୍ରୋମେଡା, ଫିଲାମେଣ୍ଟରୀ, ସିଆଗାନସ ଏବଂ ଶରତ କୁମର ମହାନ୍ତିଙ୍କ 'ଟେଷ୍ଟ ଟିଉବ ବେବି' ପ୍ରବନ୍ଧରେ ବ୍ୟବହାର କରିଥିବା କେତେକ ଶବ୍ଦମଧ୍ୟରେ- ଭ୍ରୁଣ ପ୍ରତିରୋପଣ (Embryo implantation), ନାରୀ ଡିମ୍ବାଣୁ (Ovum), ପୁରୁଷ ଶୁକ୍ରାଣୁ (Sperm), ଆଦି ଶବ୍ଦ ଗୁଡ଼ିକ ସାଧାରଣ ପାଠକ ବୁଝିବା ଟିକେ ଜଟିଳ ହୋଇପାରେ ପରନ୍ତୁ, ଆଲୋଚ୍ୟ ପ୍ରବନ୍ଧ ପାଇଁ ଏହା ଉପଯୁକ୍ତ ଶବ୍ଦ ପ୍ରୟୋଗ ବୋଲି କୁହାଯାଇପାରେ। ଭାଷାବିତ୍ ମାନଙ୍କ ମାତରେ ସଠିକ୍ ଶବ୍ଦଗଠନ ହିଁ ଉପଯୁକ୍ତ ଲେଖକର ଭାଷତାତ୍ତ୍ୱିକ ମାନଦଣ୍ଡକୁ ନିୟନ୍ତ୍ରଣ କରିଥାଏ। ଉପରୋକ୍ତ ଶବ୍ଦ ଦ୍ୱାରାହିଁ ଉକ୍ତ ପ୍ରବନ୍ଧଟି ବୈଜ୍ଞାନିକ ଚିନ୍ତାଧାରା ଉପରେ ଆଧାରିତ ବୋଲି କୁହାଯାଇପାରେ। ଏଣୁ ପ୍ରବନ୍ଧରେ ଭାଷାକୌଶଳ ଦ୍ୱାରା ବିଷୟ ନିୟନ୍ତ୍ରିତ ହୋଇଥାଏ।

ବାକ୍ୟ ସଂଯୋଜନା ପ୍ରଣାଳୀ :

ଭାଷାକୁ ବ୍ୟକ୍ତି କରିବା ପାଇଁ ଉପଯୁକ୍ତ ଶବ୍ଦ ସହିତ ଯଦି ବାକ୍ୟଗଠନ ପ୍ରଣାଳୀ ଠିକ୍ ନରୁହେ ତେବେ, ତାହା ପୂର୍ଣ୍ଣାଙ୍ଗ ଉକ୍ତି ବା ଭାବଟି ସୁସ୍ପଷ୍ଟ ହୋଇନପାରେ। ଏଣୁ ପ୍ରତ୍ୟେକ ସୃଷ୍ଟି ସର୍ଜନାକୁ ସରସ ସୁନ୍ଦର କରିବା ନିମନ୍ତେ ତା'ର ଗୋଟିଏ ନିର୍ଦ୍ଦିଷ୍ଟ ପ୍ରଣାଳୀ ରହିଥାଏ ସେମିତି ପ୍ରବନ୍ଧ ରଚନାରେ ମଧ୍ୟ ବାକ୍ୟ ସଂଯୋଜନା ଏକ ମୁଖ୍ୟକର୍ମ ବୋଲି କୁହାଯାଇପାରେ। ଉଦାହରଣ ସ୍ୱରୂପ- 'ଜୀବନ ଓ ସାହିତ୍ୟ' ପ୍ରବନ୍ଧରେ ପ୍ରାବନ୍ଧିକ ଶରତ ଚନ୍ଦ୍ର ପ୍ରଧାନ କୁହନ୍ତି "ମଣିଷ ଜୀବନକୁ ଖୋଜିଲେ ସାହିତ୍ୟକୁ ଭେଟ। ସାହିତ୍ୟକୁ ହେଜିଲେ ଜୀବନ ପ୍ରକଟେ।"[(୩୮)] ଏଠାରେ ଲକ୍ଷ୍ୟ କରାଯାଇପାରେ ଦୁଇଟି ବାକ୍ୟରେ ମୁଖ୍ୟ ଉପାଦାନ ହେଉଛି 'ଜୀବନ' ଓ 'ସାହିତ୍ୟ' ଦୁହେଁ ଦୁହିଁଙ୍କ

ପାଇଁ ଏହି ବାକ୍ୟ ଦ୍ୱୟରେ ପରିପୂରକ। ଏବଂ ଦୁଇଟି ବାକ୍ୟ ନିଜପାଇଁ ଯଥାର୍ଥ। ଅର୍ଥାତ୍ ଗୋଟିଏ ବିନା ଅନ୍ୟଟି ଅସମ୍ଭବ ମନେହୁଏ।

ପ୍ରାବନ୍ଧିକ ଗୋଲୋକବିହାରୀ ଧଳ ତାଙ୍କ ପ୍ରବନ୍ଧରେ ଭାବ କୌଶଳ ନିମନ୍ତେ ସେ ଅନେକ ଛୋଟ ଛୋଟ ବାକ୍ୟର ପ୍ରୟୋଗ କରିଥିବାର ଦେଖିବାକୁ ମିଳେ ଯଥା- "ଟିପିଟିପି ମେଘ କିଟି କିଟି ଅନ୍ଧାର।, ନୀରବ ନିସ୍ତବ୍ଧ ହ୍ରଦ ତୀର।, ଦୋଷକୁ ଉପେକ୍ଷି ଗୁଣକୁ ଶିଖିବା।, ଗତି ଦେଖିବାକୁ ଗଲେ ଅତି କ୍ଷିପ୍ରଗତି।, ନାରୀ ସ୍ୱାଧୀନତା କହିଲେ ଅତି ଉଗ୍ର ସ୍ୱାଧୀନତା।, କାମୁଡ଼ା କୁତା ମୁଖେ ଦେଲି ଚୁମ୍ବନ।"[୩୮] ସେହିପରି, ପ୍ରଫେସର ଅଭିନ୍ନଚନ୍ଦ୍ର ସାହୁଙ୍କ 'ସର୍ଜନାତ୍ମକ ସାହିତ୍ୟ' ପ୍ରବନ୍ଧକୁ ଲକ୍ଷ୍ୟ କଲେ ଦେଖାଯାଏ- "ଇତିହାସର ଆଖି ଅପହଞ୍ଚ ଆଇମା କାହାଣୀର ଅଗନାଅଗନି ବନସ୍ତ, ଯେଉଁଠି ପତ୍ର ପଡ଼ିଲେ କୁଳାଟିଏ ପଡ଼ିଲା ଭଳି ଲାଗେ, କାଠଟିଏ ପଡିଲେ ଢିଙ୍କି ପଡିଲା ଭଳି ଲାଗେ।"[୩୯] ଏଠାରେ ପ୍ରାବନ୍ଧିକ ଗୋଟିଏ ଦୀର୍ଘ ବାକ୍ୟ ଲେଖି ସାହିତ୍ୟର ସୃଷ୍ଟି ସମ୍ପର୍କର ପ୍ରକାଶ କରିଛନ୍ତି। ଏହି ବାକ୍ୟ କଳାରେ ଇତିହାସ ଏକ ଶବ୍ଦ ନୁହେଁ ବରଂ ଗୋଟିଏ ବ୍ୟକ୍ତି ସତ୍ତା ବୋଲି ଭ୍ରମ ସୃଷ୍ଟି କରୁଛି। ସେଥିପାଇଁ କୁହାଯାଇଛି 'କହି ଜାଣିଲେ କଥା ସୁନ୍ଦର, ବାନ୍ଧିଜାଣିଲେ ମଥା ସୁନ୍ଦର'। ସୁତରାଂ ପ୍ରବନ୍ଧ ରଚନାରେ ବାକ୍ୟ ସଂଯୋଜନା ଏକ ମୁଖ୍ୟ ଭୂମିକା କୁହାଯାଇପାରେ।

ଅର୍ଥଗତ ବୈଶିଷ୍ଟ :-

ପ୍ରବନ୍ଧରେ ବ୍ୟବହୃତ ବାକ୍ୟର ଅର୍ଥଗତ ଦୃଷ୍ଟିରେ ଭିନ୍ନତା ଦେଖିବାକୁ ମିଳେ। ଯାହାକୁ ଆମେ ବ୍ୟଙ୍ଗାତ୍ମକ ଶୈଳୀ ବୋଲି କହିପାରିବା। ମଣିଷ ଦୈନ୍ୟ ଦିନ ଜୀବନରେ ଯଦି ଅନେକ ଅଳଙ୍କାର ପୂର୍ଣ୍ଣ ବାକ୍ୟସହ କଥନ ହୋଇପାରୁଛି ତେବେ ସାହିତ୍ୟିକଟିଏ କେମିତି ବା ନିରାଡ଼ମ୍ବର ଅର୍ଥଗତ ବାକ୍ୟବିନ୍ୟାସ କରିବ। ଅର୍ଥଗତ ବୈଚିତ୍ର ପ୍ରାବନ୍ଧିକଙ୍କୁ ସ୍ୱତନ୍ତ୍ର ପରିଚୟ ଦେଇଥାଏ। ବିଶେଷକରି ପ୍ରବନ୍ଧ ସାହିତ୍ୟର ଏହାକୁ ବୌଦ୍ଧିକ ବିଚାରବୋଲି ଅନୁମାନ କରାଯାଏ ଯେପରି-

ଢଗ ଢମାଳି

-'ମହାଦେବଙ୍କ ଷଣ୍ଢ ପରି ସେମାନେ କାମକରି ଚରିବୁଲି ଚଳିଯାଆନ୍ତି' (ସାତକଡ଼ି ହୋତା/ କାମ ନକରି ଦରମା)।

-'ଆଇଲ ବନ୍ଧୁ ଭଲ କଲ ବସିବାକୁ ନାହିଁ ଠାଆ, ଯେଉଁ ବାଟେ ବାଟେ ଅଇଲବନ୍ଧୁ ସେଇ ବାଟେ ବାଟେ ଯାଆ' (ସଙ୍ଘମିତ୍ରା ମିଶ୍ର/ ହାଟ ଓ ବାଟ)।

-'ଚକ ବୁଲୁଥିଲେ ଅଖ ବୁଲୁଥାଇ ବୁଲି ପଡୁଥାଏ ପହି, ସଂସାର ଭିତରେ

ଘର କରିଥିଲେ ପଥର ପଡ଼ିଲେ ସହି' (ବାବାଜୀଚରଣ ପଟ୍ଟନାୟକ/ କହିବି ନାହିଁ, କହିଲେ ଏ ଘରେ ରହିବି ନାହିଁ)।

- 'ଦେଖ ଅଳକଣା ମେଳଣ, ପ୍ରଭୁ ହରିହର ମିଳନ' (ପଞ୍ଚାନନ କାନୁନ୍‌ଗୋ/ ଓଡ଼ିଶାର ମେଳା ପରମ୍ପରା)।

ଛନ୍ଦ-

-ଡକ୍ଟର ଶ୍ରୀଚରଣ ମହାନ୍ତି ତାଙ୍କ 'ମାକ୍ସ ଓ ଗାନ୍ଧୀ' ପ୍ରବନ୍ଧରେ ଲେଖିଛନ୍ତି- 'ଅନ୍ନ ବିହୁନେ ହଂସ ହାନି। ଯୋଗ ସାଧିବି କାହା ଘେନି।'

-ବ୍ରଜନାଥ ରଥ ତାଙ୍କ 'କବିତା କାହିଁକି ?' ପ୍ରବନ୍ଧରେ ଲେଖିଛନ୍ତି 'ଲୀଳା କରୁଥିଲେ ନୀଳ ବାରିଦେ ଚପଳା। ଦେଖି ତୃପ୍ତ ହେଉଥିଲା ମୋର ନେତ୍ରଡୋଳା।'

ବ୍ୟଙ୍ଗଉକ୍ତି-

-ଗୋବିନ୍ଦ ତ୍ରିପାଠୀଙ୍କ ପ୍ରବନ୍ଧରେ ଅନେକ ହାସ୍ୟ ପୂର୍ଣ୍ଣ ବ୍ୟଙ୍ଗଉକ୍ତି ଦେଖିବାକୁ ମିଳେ ଯେମିତି 'ବଟୁଆ'ରେ ସେ ଉଲ୍ଲେଖ କରିଛନ୍ତି- 'ତୁମର ଆଖି ଅଛି, ସେ ଖେଳ କଣ୍ଢେଇର ଆଖି। ତୁମର ବୁଦ୍ଧି ଅଛି, ସେ କାଉଁରୀ ମନ୍ତ୍ର ଭୁଲା ବୁଦ୍ଧି। ତୁମର ଶିକ୍ଷା ଅଛି; ସେ ପୋଷା ଶୁଆର ଶିକ୍ଷା।"(୪୦)

-ଭୁବନେଶ୍ୱର ବେହେରା 'କଳ୍ପନାର ରାଜପୁତ୍ର'ରେ ଲେଖିଛନ୍ତି- 'ଏବର ଚାଲୁଣି ବିନା ଦ୍ୱିଧାରେ ଛୁଞ୍ଚିର ଫୋଡ଼ାକୁ ବାରମ୍ବାର ଆଙ୍ଗୁଳି ନିର୍ଦ୍ଦେଶ କରି ପରିହାସ କରି ଚାଲିଛି।"(୪୧)

ଲୋକ ଉକ୍ତିର ପ୍ରୟୋଗ -

ଓଡ଼ିଆ-

-'ମାର ମାର, ଭଣ୍ଡାରିଆକୁ ମାର' (ମନମୋହନ ଚୌଧୁରୀ, 'କାୟା ଓ ମାୟା')

-'ଅନ୍ନ ବିହୁନେ ହଂସ ହାନି। ଯୋଗ ସାଧିବି କାହା ଘେନି' (ଡକ୍ଟର ଶ୍ରୀଚରଣ ମହାନ୍ତି, 'ମାକ୍ସ ଓ ଗାନ୍ଧୀ')

-'କିଏବା ଅଛି କଉମତେ, ତାହା ମୁଁ ଜାଣିବି କେମନ୍ତେ।' (ମହାପାତ୍ର ନୀଳମଣି ସାହୁ, 'ଭୟଭକ୍ତି ଓ ପ୍ରେମ ଭକ୍ତି')

ସଂସ୍କୃତ-

-'ସର୍ବେ ଭବନ୍ତୁ ସୁଖୀନଃ, ସର୍ବେ ସନ୍ତୁ ନିରାମୟ' (ସୀତାକାନ୍ତ ମହାପାତ୍ର, 'ସାହିତ୍ୟର ଆଶ୍ୱାସନା')

-'ନାନା ମୁନିନାଂ ମତୟଶ୍ଚ ଭିନ୍ନା' (ବୈଷ୍ଣବ ଚରଣ ସାମଲ, 'ଇଛନ୍ତି ଦାମ୍ଭିକ')

–'ଏକମ୍ ସଦ୍ ବିପ୍ରାଃ ବହୁଧା ବଦନ୍ତି' (ଶାନ୍ତନୁ କୁମାର ରଥ, 'ମଣିଷ')

–'ସା ବିଦ୍ୟା ୟା ବିମୁକ୍ତୟେ' (ରବୀନ୍ଦ୍ରନାଥ ମିଶ୍ର, 'ପଞ୍ଚମ ସ୍ତମ୍ଭ')

ହିନ୍ଦୀ–

–'ଜହାଁ ଗୁଡ୍ ହୋଗା, ୱାହାଁ ଚିଂଟି ହୋଁଗେ' (ଅଜୟ କୁମାର ପଟ୍ଟନାୟକ, 'ଓଡ଼ିଆ ଅନୁବାଦ : ସମସ୍ୟା ଓ ସମ୍ଭାବନା')

–'ୟିଶ୍ ଦେଶ୍ ମେ ଗଙ୍ଗା ବେହେତା ହେ' (ରଞ୍ଜନ କୁମାର ଦାସ, 'ଇଟ୍ ହ୍ୟାପେନ୍ସ ଓନ୍ଲି ଇନ୍ ଇଣ୍ଡିଆ')

–'ଲଡ଼କା ଜାତା, ଲଡକୀ ଜାତୀ ହୈ', ରାତ୍ ଗୟୀ ତୋ ବାତ୍ ଗୟୀ' (ଗୋଲୋକ ବିହାରୀ ଧଳ)

ଇଂରାଜୀ

–'Not doing but being and not being merely but becoming' (ଶରତ ଚନ୍ଦ୍ର ପ୍ରଧାନ, 'ଜୀବନ ଓ ସାହିତ୍ୟ')

–'Man is born free but is found in chains everywhere' (ବିଭୂତି ପଟ୍ଟନାୟକ, 'ଅପୂର୍ଣ୍ଣ ମଣିଷ: ପୁରୁଷ')

–'If knowledge brings the sword. That knowledge takes the sword away' (ଶତ୍ରୁଘ୍ନ ନାଥ, 'ଶିକ୍ଷା ଓ ବିଶ୍ୱଶାନ୍ତି')

–'But the art itself is nature' (ବ୍ରଜବିହାରୀ ବହିଦାର)

ପ୍ରବନ୍ଧର ଶୈଳୀ –

ସାହିତ୍ୟରେ ଶୈଳୀ କହିଲେ ରଚନାର ଭିନ୍ନତାକୁ ବୁଝାଏ । ଏହାର ସମସ୍ତ ବିଭାଗ ଗୋଟିଏ ଅନ୍ୟଠାରୁ ସ୍ୱତନ୍ତ୍ର । ଗଳ୍ପ ଯେପରି ଲେଖାଯାଏ କବିତା ସେହି ପରି ନୁହେଁ; କିମ୍ବା ନାଟକ ଯେମିତି ଲେଖାଯାଏ ପ୍ରବନ୍ଧ ସେହିପରି ଲେଖାଯାଏ ନାହିଁ। ସେଥିପାଇଁ ତ କୁହାଯାଇଛି 'style is the beauty'। ଶୈଳୀର ଭିନ୍ନତା ଯୋଗୁଁ ହିଁ ଜଣେ ବ୍ୟକ୍ତି ଅନ୍ୟ ଜଣଙ୍କ ଠାରୁ ଭିନ୍ନ ହୋଇଥାଏ । ସମୟ ଅନୁସାରେ ବ୍ୟକ୍ତିର ମାନସିକତା ଓ ମାନବିକତା ପରିବର୍ତ୍ତନ ହେବାକୁ ଲାଗିଛି । ଭାଷା ଓ ସାହିତ୍ୟ ମଧ୍ୟ ଶୈଳୀର ଯୁଗସୂତ୍ରକରି ସେତୁଟିଏ ବାନ୍ଧି ଥାଏ । ସାଂପ୍ରତିକ ସମୟରେ ସାହିତ୍ୟର ସମାଲୋଚନା କ୍ଷେତ୍ରରେ ଶୈଳୀତାତ୍ତ୍ୱିକ ପଦ୍ଧତି ଏକ ମୁଖ୍ୟ ବିଷୟବସ୍ତୁ। ସୃଷ୍ଟିକୁ ରଚନା କରିବା ପାଇଁ ପରମାତ୍ମା ଯେପରି ପ୍ରଥମ ଏକ ପ୍ରାକୃତିକ ଉପଦାନକୁ ସୃଷ୍ଟି କଲେ ଠିକ୍

ସେହିପରି, ଦ୍ୱିତୀୟ ପ୍ରଜାପତି ସଦୃଶ୍ୟ ସାହିତ୍ୟିକ ମାନେ ମାନନଶୀଳ ଚିନ୍ତାକୁ ନିଜସ୍ୱ ଶୈଳୀ ମାଧ୍ୟମରେ ଉପସ୍ଥାପନ କରିଥାନ୍ତି। ସାହିତ୍ୟରେ ଶୈଳୀକୁ ଅନୁସନ୍ଧାନ କରିବା ପ୍ରଥମ ଭାଷାବିଜ୍ଞାନରୁ ଆରମ୍ଭ ହୋଇଛି। ଅନୁମେୟ କରାଯାଏ ଏହାର ପ୍ରାରମ୍ଭ ପାଶ୍ଚାତ୍ୟ ଜଗତରୁ ହୋଇଛି। ଲେଖକଙ୍କ ଭାଷାଗତ ପ୍ରଣାଳୀ ଓ ରଚନା ନିର୍ଦ୍ଦିଷ୍ଟ ଭଙ୍ଗୀ ତାଙ୍କ ସୃଷ୍ଟିର କଳା କୌଶଳକୁ ସମୃଦ୍ଧି କରାଇଥାଏ। ସଭ୍ୟତାକୁ ଅଗ୍ରଗତି କାରାଇବାରେ ବିଜ୍ଞାନର ଭୂମିକା ଯେତିକି ଅଛି ଠିକ୍ ସେମିତି ସାହିତ୍ୟକୁ ବୈଜ୍ଞାନିକ ପଦ୍ଧତିରେ ସମାଲୋଚନା କରିବାର ଶୈଳୀର ଭୂମିକା ଯଥେଷ୍ଟ ଗୁରୁତ୍ୱପୂର୍ଣ୍ଣ ହୁଏ। ସାହିତ୍ୟ ଯୁଗ ଅନୁସାରେ ସ୍ତରକୁ ସ୍ତର ବଦଳିବାରେ ଲାଗିଛି। ନୂତନ ଜ୍ଞାନର କୌଶଳର ବିକାଶ ପଦ୍ଧତିରେ ବର୍ତ୍ତମାନର ସାହିତ୍ୟ ଏକ ଭିନ୍ନ ମୋଡ଼ରେ ଗତିକରୁଛି।

ଆଧୁନିକ ଜୀବନ ସହିତ, ସାହିତ୍ୟର ଗତି ଚଳଚଞ୍ଚଳିତ ହୋଇ ପଡ଼ିଛି। ବର୍ତ୍ତମାନର ପ୍ରବନ୍ଧର ମୁଖ୍ୟ ଉଦ୍ଦେଶ୍ୟ ହେଉଛି, ସମାଜିକ ନିୟନ୍ତ୍ରଣ ଓ ସମସ୍ୟାକୁ ଲୋକଲୋଚନକୁ ଆଣିବା। ସାଂପ୍ରତିକ ସମୟରେ ରାଜନୈତିକ, ସଂସ୍କୃତିକ, ସାମାଜିକ ଓ ଦର୍ଶନଭିତ୍ତିକ ଚିନ୍ତା ଚେତନା ହିଁ ପ୍ରବନ୍ଧର ମୁଖ୍ୟ ବିଷୟବସ୍ତୁ ଭାବେ ପ୍ରସ୍ତୁତ ହେଉଛି। ପ୍ରତ୍ୟେକ ସ୍ରଷ୍ଟା ନିଜସ୍ୱ ଶୈଳୀରେ ସୃଜନକ୍ରିୟାକୁ ସମ୍ପାଦନ କରିବାକୁ ଚେଷ୍ଟାକରିଥାଏ। ଲେଖାର ଶୈଳୀ ପାଠକ ଉପରେ ଏମିତି ପ୍ରଭାବ ପକାଇଥାଏ ଯେ, ତାହା ଚିରସ୍ମରଣୀୟ ହୋଇ ରହିଯାଏ। ନିତ୍ୟାନନ୍ଦ ମହାପାତ୍ରଙ୍କ ପ୍ରବନ୍ଧ ଶୈଳୀକୁ ଲକ୍ଷ୍ୟ କରନ୍ତୁ, 'ପତ୍ର ପତ୍ରିମା'ରେ ସେ ଯେଉଁ ଲାଳିତ୍ୟମୟ ରଚନା କୌଶଳ ଅବଲମ୍ବନ କରିଛନ୍ତି ପାଠକ ଶେଷ ପର୍ଯ୍ୟନ୍ତ ପଢିବାକୁ ବାଧହେବ। 'ସ୍ୱଧର୍ମ' ପ୍ରବନ୍ଧରେ ମଣିଷର ସ୍ୱତନ୍ତ୍ରତା ସମ୍ପର୍କରେ ବୁଝାଇବାକୁ ଯାଇ କହିଛନ୍ତି- "ଉପନଈ ସବୁ ବହିଯାଇ ମୂଳ ନଈରେ ମିଶାନ୍ତି। କିଏ କାହାସଙ୍ଗରେ ମିଶେ କହି ହେବ ନାହିଁ। ତଥାପି ଉପନଦୀର ସ୍ୱତନ୍ତ୍ର ସତ୍ତା ଲୋପପାଏ। ମୂଳନଈ ଫୁଲି ଉଠେ ଗର୍ବରେ– କୂଳ ଲଙ୍ଘି ଯାଏ। ସମୁଦ୍ର ଗର୍ଭରେ କିନ୍ତୁ ସହସ୍ର ସହସ୍ର ନଈ ପଡନ୍ତି। କାହିଁ- ସମୁଦ୍ର ତ ସୀମା ଲଙ୍ଘିଯାଏ ନାହିଁ। ସେ ସେମିତି ପ୍ରଶାନ୍ତି-ଗମ୍ଭୀର। ପୁଣି ଉପନଦୀମାନଙ୍କର ସଦାବେଳେ ଆତଙ୍କ- କାଳେ କିଏ କହିବ- ମୋର ସ୍ୱତନ୍ତ୍ର ସତ୍ତା ନାହିଁ ବୋଲି।"[୪୨] ପ୍ରାବନ୍ଧିକ ମହାପାତ୍ର ବିଷୟ ନିର୍ବାଚନରୁ ଆରମ୍ଭ କରି ରଚନା କୌଶଳ, ବାକ୍ୟଗଠନ ପଦ୍ଧତି ଓ ପ୍ରକାଶଭଙ୍ଗୀରେ ଏମିତି ଚମକକୃତ କରୁଥିଲେ, ତାହା ପାଠକ ପ୍ରିୟ ହୋଇପାରୁଥିଲା। ତାଙ୍କ ପ୍ରବନ୍ଧରେ ତଥା କଥିତ ସମାଜ ଜୀବନ ଶୈଳୀ, ଜାତିଭିତ୍ତିକ ସମସ୍ୟା, ସଂସ୍କୃତିକ ଆବେଦନ ଆଧାତ୍ମିକଚିନ୍ତାଧାରା ଏପରି ଲାଳିତ୍ୟ ଶୈଳୀରେ ରଚନା କରିଛନ୍ତି ତାହା ଆଜି ମଧ୍ୟ ପାଠକ ପ୍ରିୟଭାଜନ ହୋଇପାରୁଛି।

ସ୍ୱାଧୀନତା ପରବର୍ତ୍ତୀ ପ୍ରବନ୍ଧର ଶୈଳୀତାତ୍ତ୍ୱିକ ଦୃଷ୍ଟିକୋଣକୁ ବିଚାର କଲେ ଜଣାପଡ଼େ, ଉତ୍କୃଷ୍ଟ ପ୍ରବନ୍ଧ ରଚନା କରିବାରେ କେତେଗୁଡ଼ିଏ ପ୍ରବନ୍ଧକାରଙ୍କୁ ଅନେକ ଦିଗପ୍ରତି ଯତ୍ନବାନ ହେବାକୁ ପଡ଼ିଥାଏ। ସେଥିମଧ୍ୟରେ ଉପଯୁକ୍ତ ଶବ୍ଦ ଚୟନ, ସଂକ୍ଷିପ୍ତଧର୍ମୀ ବାକ୍ୟବିନ୍ୟାସ, ଯୁକ୍ତି ସଙ୍ଗତ ବିଷୟ ବସ୍ତୁର ସରଳୀକରଣ, ଅନୁଚ୍ଛେଦ ପ୍ରକ୍ରିୟା ଆଦିଗୁଡ଼ିକୁ ଲକ୍ଷ୍ୟକରିବାର ଅଛି। ସମାଲୋଚକ ଶ୍ରୀନିବାସ ମିଶ୍ର ମତ ଦିଅନ୍ତି- "ଗଦ୍ୟ ଅଧ୍ୟୟନର ପ୍ରଣାଳୀ ସମ୍ପର୍କରେ ଆଲୋଚକମାନେ କେତେକ ପନ୍ଥା ନିର୍ଦ୍ଦେଶ କରିଛନ୍ତି। ଶବ୍ଦାବଳୀର ସୁନିର୍ବାଚନ, ବାକ୍ୟସମୂହର ଅର୍ଥ ପ୍ରକାଶଗତ କ୍ଷମତା ଓ ସକ୍ରିୟତା, ଅନୁଚ୍ଛେଦ ଗୁଡ଼ିକର ଯଥାଯଥ ବ୍ୟବହାର, ଅଧ୍ୟାୟ ଗୁଡ଼ିକରେ ବିଷୟବସ୍ତୁର ସଙ୍ଗତ ପ୍ରକାଶ ଓ ଯୁକ୍ତିର ସଂଗତି ସାଧାରଣତଃ ବିଚାର୍ଯ୍ୟ। ଏ ସକଳ ପ୍ରତି ସତର୍କତାର ଅଭାବ ହେତୁ ଭାଷାରେ ଅସଞ୍ଜମ, ଭାବପ୍ରକାଶରେ ଅକ୍ଷମତା ଦେଖାଦିଏ। ଗୁରୁତ୍ୱହୀନ ଭାବ ଉପରେ ମନ ଅଧିକ କ୍ଷଣ ନ୍ୟସ୍ତ ରହିବା ଫଳରେ ପାଠକ ଚିତ୍ତ ବିକ୍ଷିପ୍ତ ହୋଇ ରସାନୁଭୂତିରେ ବାଧା ଜାତ ହୁଏ। ଶବ୍ଦାବଳୀର ସୁନିର୍ବାଚନ ଫଳରେ ଲେଖକଙ୍କ ଭାବପ୍ରକାଶ ସୁଗମ ହେବା ସ୍ୱାଭାବିକ। ବାକ୍ୟଗୁଡ଼ିକ ଅନୁଶୀଳନ କାଳରେ ଏହାର ଛନ୍ଦ, ବ୍ୟାକରଣସମ୍ମତ ଗଠନ, ସ୍ୱାଭାବିକତା, ବିଷୟବସ୍ତୁ ଉପଯୋଗିତା ଓ ସ୍ପଷ୍ଟ ଅର୍ଥଦ୍ୟୋତିକତା ପାଠକମାନଙ୍କ ମନକୁ ପ୍ରଭାବିତ କରେ।"[(୪୩)]

ଏହି ସମୟରେ ପ୍ରାବନ୍ଧିକମାନେ ନିଜର ସ୍ୱାତନ୍ତ୍ର୍ୟ ପରିପ୍ରକାଶ କରିବା ନିମନ୍ତେ, ନିଜ ରଚନା ଶୈଳୀରେ ବ୍ୟାପକ ପରିବର୍ତ୍ତନ ସହିତ ପ୍ରାଚୀନ ଧାରାକୁ ମଧ୍ୟ ଅନୁସରଣ କରୁଥିଲେ। ରଚନାରେ ଚିତ୍ରଧର୍ମୀ ଭାଷା ପ୍ରୟୋଗ, ଉପମା ଅଳଙ୍କାର ବ୍ୟବହାର, ଯୁକ୍ତି ଓ ଚିନ୍ତାଧର୍ମୀ ତଥ୍ୟ ଉପସ୍ଥାପନ ଏବଂ ଛୋଟ ଛୋଟ ବାକ୍ୟ ବ୍ୟବହାର ଦେଖିବାକୁ ମିଳେ। ପ୍ରବାନ୍ଧିକମାନେ ଓଡ଼ିଆରେ କଥିତ ସାଧୁ ଉକ୍ତି ବେଦପୁରାଣ ଉପନିଷଦର ମହତ୍ତ୍ୱପୂର୍ଣ୍ଣ ଆପ୍ତି ବାକ୍ୟ, ହିନ୍ଦୀ ଓ ବଙ୍ଗଳାର ପ୍ରସିଦ୍ଧ ଜନଉକ୍ତି ଏବଂ ଇଂରାଜୀ ଭାଷା ସାହିତ୍ୟର ପ୍ରସିଦ୍ଧ ଅନୁଚିନ୍ତା ଗୁଡ଼ିକୁ ମଧ୍ୟ ନିଜ ପ୍ରବନ୍ଧରେ ବ୍ୟବହାର କରିବାକୁ ଆଗ୍ରହୀ ହୋଇଛନ୍ତି। ପ୍ରବନ୍ଧକୁ ଭାବଗର୍ଭ କରିବା ନିମନ୍ତେ ପ୍ରାବନ୍ଧିକମାନେ ବେଳେ ବେଳେ ବିପରୀତଧର୍ମୀ ମତ ଓ ଅତିରଞ୍ଜିତ ବାକ୍ୟ ବ୍ୟବହାର କରନ୍ତି। ଫଳରେ ଆଧୁନିକ ମଣିଷର ଚେତନାକୁ ତାହା ପ୍ରଲୁବ୍ଧ କରାଇଥାଏ। ସାମାଜିକ ପରିସ୍ଥିତି ଅନୁସାରେ ମଣିଷ ଜୀବନକୁ ସେହି ଦିଗରେ ଅଗ୍ରସର କରାଇବା ନିମନ୍ତେ, ସାଂପ୍ରତିକ ପ୍ରାବନ୍ଧିକମାନଙ୍କର ଉଦ୍ୟମ ଗ୍ରହଣ ଉପଯୋଗୀ କୁହାଯାଇପାରେ କୌଶଳ ପୂର୍ଣ୍ଣ ବାକ୍ୟ ଗଠନ, ସହିତ ଶବ୍ଦ ସଂଯୋଜନାର ଆକର୍ଷଣୀୟତା ଏବର ପ୍ରବନ୍ଧର ମୁଖ୍ୟ ଶୈଳୀ ରୂପେ ଦେଖାଯାଏ। ଏଥିପାଇଁ ମାର୍ଟିନ ଗ୍ରେ କୁହନ୍ତି-"Each writer's style is unique to himself but it may be a combination of structures, a favorite or distinctive vocabulary, kinds of imagery"[(୪୪)]

ସ୍ୱାଧୀନତା ପରବର୍ତ୍ତୀ ସମୟରେ ଲେଖକଙ୍କ ମାନସିକ ତଥା ବୌଦ୍ଧିକ ବିଚାରରେ ସଂପୂର୍ଣ୍ଣ ପରିବର୍ତ୍ତନ ହେବାକୁ ଲାଗିଲା ଫଳରେ ପ୍ରବନ୍ଧ ରଚନାର ଶୈଳୀ ମଧ୍ୟ ବ୍ୟାପକଭାବରେ ପରିବର୍ତ୍ତନ ହେଲା। ପ୍ରାବନ୍ଧିକ ମାନେ ବ୍ୟକ୍ତିଗତ ଶବ୍ଦ ସଂଯୋଜନା ରୀତିକୁ ନିଜସ୍ୱ ଶୈଳୀରେ କରିବାକୁ ଲାଗିଲେ। ଯାହାଦ୍ୱାରା ଏହି ସମୟର ପ୍ରବନ୍ଧ ମଧ୍ୟରେ ଅଭିଭାଷଣ ଧର୍ମୀ, ସଂଳାପଧର୍ମୀ, ପତ୍ରପ୍ରେରଣ ଶୈଳୀ, କାବ୍ୟିକଶୈଳୀ, ରମ୍ୟରଚନା ଧର୍ମୀ, ଆତ୍ମକଥନ ଶୈଳୀ, ସ୍ମୃତିକଥନ ଶୈଳୀ ଆଦି ଧାରା ପ୍ରଚଳିତ ହେବାକୁ ଲାଗିଲା। ଏହି ସମୟରେ ଲେଖାଯାଉଥିବା ପ୍ରବନ୍ଧ ସର୍ବଦା ପାଠକ ଅଭିରୁଚି ଅନୁଯାୟୀ ରଚିତ ହେଉଥିବାର ଅନୁମେୟ ହୁଏ।

ପାଦଟୀକା –

(୧) ମିଶ୍ର, ଡକ୍ଟର ନରେନ୍ଦ୍ରନାଥ, 'ଓଡ଼ିଆ ଭାଷା ଓ ସାହିତ୍ୟ : ଏକ ଅଧ୍ୟୟନ', ୧୯୬୮, ପୃ-୧୬୬।

(୨) ନାୟକ, କ୍ଷେତ୍ରବାସୀ, 'ପ୍ରବନ୍ଧ ଓ ପ୍ରାବନ୍ଧିକ', ୧୯୭୨, ପୃ-୬।

(୩) ଏଷଣା, ଊନସପ୍ତତି ଡିସେମ୍ବର, ୨୦୧୪, ପୃ-୪୭।

(୪) ଇସ୍ତାହାର, ୨୭ବର୍ଷ/୩ୟ ସଂଖ୍ୟା, ଜୁଲାଇ-ସେପ୍ଟେମ୍ବର-୨୦୦୫, ପୃ-୪୨।

(୫) 'world university unencyclopedic' vol -୬, page- ୧୭୮.

(୬) ଷଡଙ୍ଗୀ, ଡକ୍ଟର ନୃସିଂହ, 'ସାହିତ୍ୟର ମାନଚିତ୍ର', ୧୯୯୧, ପୃ-୬୫।

(୭) Shipley, Joseph twaddle, 'Dictionary of World literary terms', New edition ୨୦୦୮.

(୮) ସୁବର୍ଣ୍ଣ ରେଖା, ପଞ୍ଚମ ସଂଖ୍ୟା, ୨୦୦୪, ପୃ-୨୮।

(୯) ନାୟକ ଶ୍ରୀ ମୃତ୍ୟୁଞ୍ଜୟ ଓ ଦାସ ଶ୍ରୀ ପ୍ରାଣରଞ୍ଜନ, 'ପ୍ରବନ୍ଧ ସରଣୀ' (ତ୍ୟାଗ), ୧୯୮୨ , ପୃ-୫୧।

(୧୦) ମିଶ୍ର, ସଦାଶିବ, 'ଅର୍ଥ ଓ ଅର୍ଥାନ୍ତର'(ସମୂହ ଦୃଷ୍ଟି), ୧୯୮୫, ପୃ- ୬।

(୧୧) ଧଳ, ଗୋଲୋକ ବିହାରୀ, 'ଓଡ଼ିଆ କେବେ'(ଭାଷା ଜାତି ଓ ଜାତୀୟତା'),୧୯୬୩, ପୃ-୬-୭।

(୧୨) ଧଳ, ଗୋଲୋକ ବିହାରୀ, 'ବିଚାର ଆଲୋଚନା' (ସ୍ୱାଧୀନ ଜାତିର ନୂତନ

ମୂଲ୍ୟବୋଧ), ୧୯୬୬, ପୃ-୧୫-୧୬।
(୧୩) ମହାପାତ୍ର, ଗୋକୁଳାନନ୍ଦ, 'ବିଜ୍ଞାନ ବିଚିତ୍ର', ୧୯୮୭, ପୃ-୧୮୧।
(୧୪) ମହାନ୍ତି, ରାମଚନ୍ଦ୍ର, 'ଚିନ୍ତା ଓ ଅନୁଚିନ୍ତା'(ନାରୀ ଜାଗରଣ), ୧୯୯୭, ପୃ-୪୭।
(୧୫) ଦାସ, ଚିତ୍ତରଞ୍ଜନ, 'ତରଙ୍ଗ ଓ ତଡ଼ିତ୍', ୧୯୭୫, ପୃ-୫।
(୧୬) ଦାସ, ଚିତ୍ତରଞ୍ଜନ, 'ଜାତିରେ ମୁଁ ଯବନ', ୩ୟ ସଂସ୍କରଣ-୨୦୦୬, ପୃ-୧୩।
(୧୭) ସାହୁ, ମହାପତ୍ର ନୀଳମଣି- 'ଦେବଦାସର ଦୃଷ୍ଟିପାତ', ୨୦୦୬, ପୃ-୯୯।
(୧୮) ମିଶ୍ର, ଶ୍ରୀନିବାସ- 'ସାହିତ୍ୟ କଥା'(ସାହିତ୍ୟରେ ମାନବିକତାର ଆବେଦନ) ୧୯୬୭, ପୃ-୬୪।
(୧୯) ରଥ, ବୈକୁଣ୍ଠ ନାଥ, 'ଚର୍ଯ୍ୟା ଓ ଚର୍ଚ୍ଚା, ପୃ-୧୪।
(୨୦) ରଥ, ଚନ୍ଦ୍ରଶେଖର, 'ରଥ ସପ୍ତକ', ୧୯୮୩, ପୃ-୩।
(୨୧) ସେନାପତି, ରବୀନ୍ଦ୍ର ମୋହନ, 'ନାନା ପ୍ରସଙ୍ଗ', ୧୯୯୬, ପୃ-୬୨।
(୨୨) ପଟ୍ଟନାୟକ, କିଶନ, 'ବିଚାରର ଟିପାଖାତ', ୨୦୦୪, ପୃ-୮୨।
(୨୩) ଶତପଥୀ, ସୁରେନ୍ଦ୍ର ନାଥ, 'ଧର୍ମ ଓ ସଂସ୍କୃତି', ୨୦୦୧, ପୃ-୨୦୮।
(୨୪) ମିଶ୍ର, କୃଷ୍ଣ ପ୍ରସାଦ, 'ଦର୍ଶନ ଓ ସମାଲୋଚନା' ୧୯୭୧, ପୃ-୪୬।
(୨୫) ମହାପାତ୍ର, ସୀତାକାନ୍ତ, 'ସଂଭୋଗ, ନିର୍ଜନତା, ଓ ଅନ୍ୟାନ୍ୟ ପ୍ରବନ୍ଧ', ୨୦୧୨, ପୃ-୭୪।
(୨୬) ବେହେରା, ରାସବିହାରୀ, 'ପ୍ରବନ୍ଧ ମଞ୍ଜୁଷା', ୧୯୯୭, ପୃ-୨।
(୨୭) ମହାନ୍ତି ଶରତ କୁମାର, 'ସଂସ୍କୃତି ଓ ଅପସଂସ୍କୃତି', ୧୯୮୪, ପୃ-୧୩୬।
(୨୮) କର, ଶ୍ରୀ ବିଜୟା ନନ୍ଦ, 'ଧର୍ମ, ଦର୍ଶନ ଓ ମାନବତାବାଦ', ୧୯୭୫, ପୃ-୪।
(୨୯) ଦାସ, ବସନ୍ତ ଓ ମହାନ୍ତି, ବୈଷ୍ଣବଚରଣ, 'ପ୍ରବନ୍ଧ ପ୍ରୟୋଧି'(ବିଶ୍ୱବିଦ୍ୟାଳୟରେ ବିଜ୍ଞାନ ଶିକ୍ଷା), ୨୦୧୦, ପୃ-୧୧୧।
(୩୦) ପୃଷ୍ଟି, ରୁଦ୍ରନାରାୟଣ 'ଜୀବନ ଓ ଜନମତ' ୨୦୧୩, ପୃ-୨।
(୩୧) ଅଧ୍ୟାପକ ବିଶ୍ୱରଞ୍ଜନ, 'ପଦ୍ମାବତୀର ପ୍ରଶ୍ନ', ୨୦୧୨, ପୃ-୮।
(୩୨) ଦାସ,ଗୌରହରି, ବୈଷ୍ଣବଚରଣ, 'ପ୍ରବନ୍ଧ ପ୍ରୟୋଧି'(ଓଡିଆ ଭାଷାର ସମୃଦ୍ଧି ଓ ପ୍ରସାର), ୨୦୧୦, ପୃ-୯୩-୯୪।
(୩୩) Hugh, walker- 'The English essay and essayists' (Introduc-

tion), ୧୯୨୮.
(୩୪) ଦାସ, ଚିତ୍ତରଞ୍ଜନ, 'ପ୍ରବନ୍ଧ ପୃଥିବୀ'(ପ୍ରବନ୍ଧର ଶୈଳୀ), ୨୦୦୬, ପୃ-୪୨।
(୩୫) ସାହୁ , ମହାପାତ୍ର ନୀଳମଣି, 'ଭୟଭକ୍ତି ଓ ପ୍ରେମଭକ୍ତି', ୧୯୫୬, ପୃ-୧୩-୧୪।
(୩୬) ମହାନ୍ତି ଶରତ କୁମାର, 'ବିଜ୍ଞାନ ଦିଗନ୍ତ'(ଟେଷ୍ଟ ଟିଉବ୍ ବେବି),୧୯୮୯, ପୃ-୩୨।
(୩୭) ଓଡ଼ିଶା ସାହିତ୍ୟ ଏକାଡ଼େମୀ, 'ଶତାବ୍ଦୀ ର ଶ୍ରେଷ୍ଠ ପ୍ରବନ୍ଧ ସଂକଳନ', ପୃ-୨୧୦।
(୩୮) ଦାସ, ବସନ୍ତ ଓ ମହାନ୍ତି, ବୈଷ୍ଣବଚରଣ, 'ପ୍ରବନ୍ଧ ପ୍ରଯୋଧି'(ଜୀବନ ଓ ସାହିତ୍ୟ), ୨୦୧୦, ପୃ-୬୬।
(୩୯) ତତ୍ରୈବ (ସର୍ଜନାତ୍ମକ ସାହିତ୍ୟ), ୨୦୧୦, ପୃ-୧୩୩।
(୪୦) ବେଶ୍ରା, ଦମୟନ୍ତୀ, 'ପ୍ରବନ୍ଧ ପ୍ରତିଭୂ'(ବଟୁଆ), ୨୦୧୭, ପୃ-୪୫।
(୪୧) ବେଶ୍ରା, ଦମୟନ୍ତୀ, 'ପ୍ରବନ୍ଧ ପ୍ରତିଭୂ'(କଳ୍ପନାର ରାଜପୁତ୍ର), ୨୦୧୭, ପୃ-୭୩।
(୪୨) ମହାପାତ୍ର, ନିତ୍ୟାନନ୍ଦ, 'ପତ୍ର ପତ୍ରିମା'(ସ୍ୱଧର୍ମ), ୧୯୫୬, ପୃ-୧୩।
(୪୩) ମିଶ୍ର, ଶ୍ରୀନିବାସ, 'ଆଧୁନିକ ଓଡ଼ିଆ ଗଦ୍ୟ ସାହିତ୍ୟ', ୧୯୯୫, ପୃ-୯-୧୦।
(୪୪) Gray, Martin- 'A Dictionary of literary terms' ୧୯୮୮ p-୨୦୦.

ଦ୍ୱିତୀୟ ପରିଚ୍ଛେଦ

ମନୋଜ ଦାସଙ୍କ ଜୀବନୀ ଓ ସାରସ୍ୱତ ପ୍ରତିଭା

ଜନ୍ମ :-

'ସ୍ରଷ୍ଟା' ସୃଷ୍ଟି ପାଇଁ ଏକ ଅମୃତ ଫଳ। ଗୋଧୂଳିସମୟର ଶାନ୍ତ ପରିବେଶ ପରି ସାହିତ୍ୟ ମାନବ ସଭ୍ୟତାକୁ ଆତ୍ମତୃପ୍ତି କରାଏ। କେତେବେଳେ ଆକାଶକୁ ଇସାରା କରି ହୃଦୟକୁ ବିଶାଳକରିବା ପାଇଁ ଆହ୍ୱାନ ଦିଏ, ତ କେବେ ପୁଣି ପାଠକଙ୍କ ଆଖିରେ ଅଞ୍ଜନଭରି ନନ୍ଦନବନକୁ ବୁଲାଇ ନିଏ। ସମୟ ଚକ୍ରରେ ସେ ପୁଣି ପଥଭ୍ରଷ୍ଟ ସମାଜକୁ ନିୟନ୍ତ୍ରିତ କରିବା ପାଇଁ ପ୍ରହରୀ ହୋଇ ଜଗିବସେ। ସାହିତ୍ୟିକଟିଏ ସମାଜର ସମସ୍ତ ଆସୁରିକ ପ୍ରବୃତ୍ତିକୁ ତାନ୍ତ୍ରିକ ପରି ସନ୍ଧାନ କରି ଦମନ କରିଚାଲେ। ସେ କେବେ ସାମାଜିକ କିମ୍ବା ରାଜନୈତିକ ବଡ଼ପଣ୍ଡାଙ୍କ ଭୟରେ ଚାପି ନଯାଇ, ସେମାନଙ୍କ ଔଦ୍ଧତ୍ୟକୁ ବୁଲ୍‌ଡୋଜରରେ ଭାଙ୍ଗିଦେବାକୁ ସୂକ୍ଷ୍ମ ପ୍ରୟାସ କରିଥାଏ। ଏ ସବୁର ସଂଯୁକ୍ତ ଫଳ ସ୍ୱରୂପ ହେଉଛି ମନୋଜ ଦାସଙ୍କ ସୃଷ୍ଟି ବଳୟ। ଆଧୁନିକ ସମୟ ଖଣ୍ଡରେ ଜଣେ ଦୀପ୍ତିବନ୍ତ ସାରସ୍ୱତ ପ୍ରତିଭା ପୁରୁଷ ଭାବେ ସେ ସର୍ବ ପରିଚିତ। ମାଟି ଓ ମଣିଷ ପ୍ରତି ଗଭୀର ମମତ୍ୱବୋଧ ତାଙ୍କ ଜୀବନକୁ ପ୍ରଭାବିତ କରିଥିବାରୁ, ସେ ଆଜି ଓଡ଼ିଆ ସାହିତ୍ୟର ପ୍ରଜ୍ଞା ପୁରୁଷ ଭାବେ ବିଦ୍ୟମାନ।

କଳା, ସାହିତ୍ୟ, ଓ ସଂସ୍କୃତ ପାଇଁ ବାଲେଶ୍ୱର ଜିଲ୍ଲା ଓଡ଼ିଶାରେ ପ୍ରସିଦ୍ଧ ଅର୍ଜନ କରିଛି। ଯେଉଁ ମାଟିରେ ଫକୀରମୋହନ, ରାଧାନାଥଙ୍କ ଠାରୁ ଆରମ୍ଭ କରି ବଡ଼ ବଡ଼ ସାହିତ୍ୟିକମାନେ ଜନ୍ମ ହୋଇଥିଲେ, ତାଙ୍କର ଉତ୍ତରଦାୟାଦ ଭାବେ ମନୋଜ ଦାସ ୧୯୩୪ ମସିହା ଫେବୃଆରୀ ୨୭ ତାରିଖ ଭୋଗରାଇ ନିକଟସ୍ଥ ଶଙ୍ଖାରୀ ଠାରେ ଜନ୍ମ ଗ୍ରହଣ କରନ୍ତି। ପିତା ମଧୁସୂଦନ ଦାସ ତତ୍‌କାଳୀନ ସମୟରେ ଓଡ଼ିଶାରେ ତଥା ପଶ୍ଚିମବଙ୍ଗର ସୁନ୍ଦରବନରେ ଜମିଦାରୀ କରୁଥିଲେ। ଉଚ୍ଚ ସମ୍ଭ୍ରାନ୍ତ ପରିବାରରେ ଶ୍ରୀଯୁକ୍ତ ଦାସଙ୍କର ଜନ୍ମ ହୋଇଥିଲେ ସୁଦ୍ଧା ନିଜକୁ ସେ କେବେ ଗର୍ବ ଅହଂକାରରେ ପରିଚିତ କରାଇନାହାନ୍ତି। ପିତା ମାତାଙ୍କର ପଞ୍ଚମ ତଥା ଶେଷ ସନ୍ତାନ ଭାବେ ସେ ସମସ୍ତଙ୍କର ସ୍ନେହ ଶ୍ରଦ୍ଧରେ ବଢିଥିଲେ। ମାତା କାଦମ୍ବିନୀ ଦେବୀ ଜଣେ ଧର୍ମପରାୟଣା ମହିଳା ହୋଇଥିବାରୁ ପିଲାଟିଦିନରୁ ମନୋଜ ଦାସଙ୍କୁ ସେ ଭାରତୀୟ ପ୍ରସିଦ୍ଧ ପୁରାଣଗ୍ରନ୍ଥ ରାମାୟଣ, ମହାଭାରତ ପରି ଧର୍ମଶାସ୍ତ୍ର ଶୁଣାଉଥିଲେ। ପିଲାଦିନେ ତାଙ୍କ ହାତ ଦେଖି

ଜଣେ ଜ୍ୟୋତିଷ କହିଥିଲେ 'ଏ ଶିଶୁ ବଡ଼ ହୋଇ କେବଳ ଅର୍ଥ ନୁହେଁ, ତାହାସହ ପରମାର୍ଥ ମଧ୍ଯ ବାଣ୍ଟିବ। 'ତୁଳସୀ ଦୁଇପତ୍ରରୁ ବସିବା' ପରି ତାଙ୍କ ପ୍ରତିଭା ଖୁବ କମ୍ ବୟସରୁ ସ୍ଫୁରିତ ହୋଇଥିଲା।

ନିଜର ପ୍ରବୀଣ ଉପଲବ୍ଧି ଓ ଦକ୍ଷତା ବଳରେ ସେ ଓଡ଼ିଆ ସାହିତ୍ୟ ନୁହେଁ ବରଂ; ଭାରତୀୟ ସାହିତ୍ୟ ଜଗତରେ ଖ୍ୟାତି ଅର୍ଜନ କରିପାରିଥିଲେ। ଏଥିପାଇଁ ତା'ଙ୍କ ମା' ହିଁ ପ୍ରଥମ ଶ୍ରେୟର ଅଧିକାରୀ। ସେ ଛୋଟ ଥିବା ସମୟରେ ତାଙ୍କ ମା' କେବଳ ପୁରାଣ ଗ୍ରନ୍ଥ ନୁହେଁ; ତାହା ସହିତ ରାଧାନାଥ ଓ ଫକୀରମୋହନଙ୍କ ଅନେକ ପୁସ୍ତକ ତାଙ୍କୁ ପଢିବା ପାଇଁ ପରାମର୍ଶ ଦେଇଥିଲେ। ପରନ୍ତୁ, ତାଙ୍କୁ ଫକୀରମୋହନଙ୍କ ରଚନା ଗୁଡ଼ିକ ଅଧିକ ଆକର୍ଷଣ କରିଥିଲା। ଏଥିପାଇଁ ସେ କୁହନ୍ତି- "ତାଙ୍କ ଜୀବନୀକୁ ମୁଁ ପଢିଛି, ଦୈନ୍ୟଦିନ ଗୀତାପାଠ ଭଳି ବହୁତ ଥର। ଯା' ପରେ କ୍ରମେ ତାଙ୍କର ସବୁ ବହି ପଢି ପକାଇଲି। ମୋର ଜୀବନର ପ୍ରାରମ୍ଭରୁ ଫକୀରମୋହନଙ୍କ ପ୍ରତି ଯେଉଁ ନୈସର୍ଗିକ ଭକ୍ତି ଭାବ ସୃଷ୍ଟି ହୋଇଛି,ଏ ବହିର ଜନ୍ମ ତାହାରି ଫଳରେ।"[୧]

ସୁବର୍ଣ୍ଣରେଖା ନଦୀକୂଳେ ସୁବିସ୍ତିର୍ଣ୍ଣ ଜଳରାଶି। ତହିଁର ପ୍ରାକୃତିକ ସବୁଜ ବଳୟରୁ ତାଙ୍କ ବାଲ୍ୟଜୀବନର ଇତିହାସ ଗଢାହୋଇଛି। ଛୋଟବେଳେ ବାଲିର ପାହାଡ଼ ଉପରେ ଠିଆହୋଇ ଦିଗନ୍ତ ଆକାଶକୁ ଚାହିଁ ମେଞ୍ଚା ମେଞ୍ଚା ସ୍ୱପ୍ନିଳ ଭବନାରେ ବିଭୋରିତ ହେଉଥିଲେ ସେ। ନିଜ ପିଲାଦିନ ସ୍ମୃତିରୁ ସେ କହନ୍ତି- "ଘର ସମ୍ମୁଖର ପ୍ରାନ୍ତର ଥିଲା ବର୍ଷଯାକ ସବୁଜ। ସେ ପ୍ରାନ୍ତରର ସମ୍ଭ୍ରାନ୍ତ ନାଗରିକ ଥିଲେ ଶହ ଶହ ତଳଗଛ। ସେମାନଙ୍କ ଉଦାର ଅବଦାନ- ଅସଂଖ୍ୟ ପାଚିଲା ତାଳ ଉଆରେ ଥିଲା ସମସ୍ତଙ୍କର ସମାନ ଅଧିକାର। ସମୁଦ୍ର ଜୁଆରକୁ ସେ ପ୍ରାନ୍ତର ପ୍ଲାବିତ କରିବାକୁ ଦେଉନଥିଲେ ଯେଉଁସବୁ ବଡ଼ ବଡ଼ ବାଲି-ପାହାଡ଼, ସେମାନଙ୍କୁ ହାଲୁକା ଭାବରେ ଆବରିତ କରିଥିଲେ ନାନା ଧରଣର ବୁଦା ଓ ଲତା- ସୁସ୍ୱାଦୁ ନାନାବିଧ କୋଳିର ଉତ୍ସ।"[୨] ଏହି ଘଟଣାରୁ ଅନୁମେୟ ହୁଏ ପ୍ରାକୃତିକ ପରିବେଶହିଁ ତାଙ୍କ ସୃଜନିଶୀଳତାକୁ ବିକାଶ କରିବାରେ ସକ୍ଷମ ହୋଇଥିଲା।

ଶିକ୍ଷା –

ମନୋଜ ଦାସଙ୍କ ଶୈକ୍ଷିକ ଜୀବନ ଆରମ୍ଭ ହୁଏ ବହୁ ବିଳମ୍ବରେ। ପ୍ରାଥମିକ ସମୟରେ ପାଠପ୍ରତି ତାଙ୍କର ବଡ଼ ବିତସ୍ପୃହା ଥିବାର ଜଣାପଡ଼େ। ପିଲାଦିନେ ତାଙ୍କୁ ପାଠ ପଢେଇବା ପାଇଁ ବଡ଼ଭଉଣୀ ମାନେ ଯେତେ ଲାଞ୍ଚଦେଇ ଶିଖେଇବାକୁ ଚେଷ୍ଟା କଲେମଧ୍ଯ ତାହା ସବୁ ବିଫଳ ହେଇଯାଉଥିଲା। ନିଜ ଘର ନିକଟରେ ବୃତ୍ତି ପାଇବାପାଇଁ

ଅଧ୍ୟୟନ କରୁଥିବା ଛାତ୍ରମାନଙ୍କର ଅଙ୍କ ହେଉନଥିବା ଅପରାଧରେ ଯେଉଁ ଦଣ୍ଡ ଭୋଗୁଥିଲେ ତାହା ଲେଖକଙ୍କ ପାଠ ପ୍ରତି ଭୟ ସୃଷ୍ଟି କରିବା ବଡ଼ କାରଣ ଥିଲା। ପରନ୍ତୁ, ମାମୁଁଙ୍କ ପାଖରେ ରହିବା ସମୟରେ ସେ ମା' ଙ୍କ ଠାରୁ ଜୀବନର ପ୍ରଥମ ଶିକ୍ଷା ଅ, ଆ.. ଆଦି ଅକ୍ଷର ଗୁଡ଼ିକ ଅତି ବାଧ୍ୟତାସହକାରେ ଶିଖିବାକୁ ଆରମ୍ଭ କରିଥିଲେ। ତଥାପି ତାଙ୍କର ପାଠପ୍ରତି ସଂପୂର୍ଣ୍ଣ ଆଗ୍ରହ ଆସିନଥିଲା। ବଡ଼ଭାଇ(ମନ୍ମଥନାଥ ଦାସ) ତା'ଙ୍କୁ ଡରାଇବା ପାଇଁ ବଡ଼ମାଷ୍ଟ୍ରେଙ୍କ କଥା କହୁନ୍ତି। ଏହା ଶୁଣି ଲେଖକ ତାଙ୍କୁ କୁହନ୍ତି- "ମୁଁ ବି ମା'ଙ୍କୁ ଅନାଇ କହିଲି, "ମା', ହେଇ ଅଳ୍ପ ଦୂରରେ ଗୋଟିଏ ଜେଲ୍‌ଖାନା ଅଛି। ଭାଇଙ୍କୁ କୁହ, ସେ ଫାଉଣ୍ଟେନ୍ ପେନ୍‌ଟି ମାତ୍ର ନ ଖୋଲି ସଙ୍ଗେ ସଙ୍ଗେ ସେ ଜେଲ୍‌ଖାନାର ଦ୍ୱାର ମଧ୍ୟ ଖୋଲିରଖନ୍ତୁ।"[୩]

ଶ୍ରୀଯୁକ୍ତ ଦାସଙ୍କ ପ୍ରାଥମିକ ଶିକ୍ଷା ଆରମ୍ଭ ହୁଏ ଶଙ୍ଖାରୀ ପ୍ରାଥମିକ ବିଦ୍ୟାଳୟରେ। ଭଉଣୀମାନେ ତାଙ୍କ ଶିକ୍ଷାପାଇଁ ଅନବରତ ଚେଷ୍ଟା ଚଳାଇଥିଲେ। ସେମାନେ ସ୍ଲେଟ୍‌ରେ ଲେଖି ଲିଭେଇ ଦେଲାପରେ ସେହି ଛାପାଦେଖି ଲେଖକ ଲେଖୁଥିଲେ ଏକଦା ବିଦ୍ୟାଳୟରେ ବଡ଼ମାଷ୍ଟ୍ରଙ୍କ ଠାରୁ ମାଡ଼ ଖାଇବାପରେ କିଛିଦିନ ବିଦ୍ୟାଳୟ ବନ୍ଦକରି ଘରେ ରହି ପଢିବାପାଇଁ ନିଷ୍ପତି ହେଲା। ଏବଂ ସେଠାରେ ପାଠ ପଢେଇବା ପାଇଁ ଜୟକାନ୍ତ ନାମକ ଜଣେ ବଳିଷ୍ଠ ବ୍ୟକ୍ତିଙ୍କୁ ରଖାଗଲା। ପରନ୍ତୁ, ତାଙ୍କ ଆଚରଣ ବିଧି ମନ୍ଦ ଥିବାଯୋଗୁଁ ସେ ମଧ୍ୟ ଘରୁ ବିଦାହେଲେ। ଏହାପରେ ତାଙ୍କ ମନ ପରିବର୍ତ୍ତନ ହେବାରୁ ପୁନଃ ବଡ଼ମାଷ୍ଟ୍ରେଙ୍କ ଠାରୁ ନିମ୍ନ ପ୍ରାଥମିକ ଶିକ୍ଷା ଶେଷକଲେ। ଏହା ପରେ ନିଜ ଘର ଠାରୁ ଦେଢମାଇଲି ଦୂରରେ ଥିବା 'ଆଦର୍ଶ ଉଚ୍ଚ ପ୍ରାଥମିକ ବିଦ୍ୟାଳୟ'ରେ ଅଧ୍ୟୟନ ଆରମ୍ଭ କଲେ। ସେହି ସମୟରେ ଏକ ଝଡ଼ତୋଫାନରେ ଉକ୍ତ ବିଦ୍ୟାଳୟଟି ସଂପୂର୍ଣ୍ଣ ଭାଙ୍ଗିଯାଇଥିଲା ଓ ସେହି ଭଙ୍ଗ ଘରେ ପ୍ରାଥମିକ ପାଠପଢା ହୋଇଥିଲା।

ଲେଖକଙ୍କର ଏହାପରେ ଅଧ୍ୟୟନ ଆରମ୍ଭ ହୁଏ ବିଶ୍ୱନାଥ ଏକାଡ଼େମୀ ଜମାଲପୁର ଠାରେ। ସେହି ସମୟର ପରିବେଶ ବଡ଼ ଦାରୁଣ ଥିଲା। ଗୋଟିଏ ପଟେ ଝଡ଼ତୋଫାନ ଯୋଗୁଁ ଦୁର୍ଭିକ୍ଷ, ହଇଜା ଏବଂ ବସନ୍ତ ରୋଗର କରାଳରୂପ ଅନ୍ୟପଟେ ଜାପାନ ଦ୍ୱାରା ଅମର୍ଦାଠାରେ ଥିବା ଅସ୍ଥାୟୀ ସାମରୀକ ବିମାନ ଘାଟି ଉପରେ ବୋମାମାଡ଼। ଯାହା ତତ୍କାଳୀନ ପରିବେଶକୁ ଅଶାନ୍ତ କରିଦେଇଥିଲା। ଏହାର ସୂଚନା ଦେବାକୁ ଯାଇ ମନୋଜ ଦାସ କୁହନ୍ତି– "ଏମିତି ଭାବରେ, ହଇଜା ଓ ବସନ୍ତ ସମେତ ମହାଯୁଦ୍ଧ ଆତଙ୍କ ଆମ ବାତାବରଣକୁ ବିମର୍ଷ କରିଥାଏ। ସମୁଦ୍ରତଟରୁ ଶବଦାହର ଧୂଆଁ ମାଡ଼ିଆସି ବିଷାଦ ବିଛେଇ ଦେଉଥାଏ। ମଧ୍ୟେ ମଧ୍ୟେ ସ୍ତବ୍ଧତା ଉପରେ

ଆଘାତ ଆଣୁଥାଏ ସଦ୍ୟ-ମୃତ୍ୟୁର ବାର୍ତ୍ତା ବହନ କରି ଦୂର ଅଦୂରରୁ ଭାସିଆସୁଥିବା କ୍ରନ୍ଦନ। ଗୋଧୂଳିରେ ହମ୍ବାରଡ଼ି ବଡ଼ ଦୟନୀୟ ଓ ଦୁର୍ବଳ ଶୁଭୁଥାଏ। ସ୍ୱୟଂ ସୂର୍ଯ୍ୟ ମନେହେଉଥା'ନ୍ତି ଉଦାସ।"(୪)

ଏହିସବୁ ଘଟଣା ଦୁର୍ଘଟଣାମାନ ତାଙ୍କ ସାହିତ୍ୟ ଜୀବନରେ ଅନେକ ପ୍ରଭାବ ପକାଇଥିଲା। ମାଇନର୍ ପାଠଶେଷ କରି ଲେଖକ ଜଳେଶ୍ୱରପୁରଠାରେ ନବନିର୍ମିତ ହାଇସ୍କୁଲରେ ଅଷ୍ଟମ ଶ୍ରେଣୀରେ ନାମ ଲେଖିଥିଲେ। ଅଷ୍ଟମ ଶ୍ରେଣୀ ଶେଷବେଳକୁ ବଡ଼ଭାଇ ମନ୍ମଥନାଥ ଦାସ ଇତିହାସ ବିଭାଗରେ ଏମ୍. ଏ. ପାସ୍ କରି ବାଲେଶ୍ୱର ଏଫ୍. ଏମ୍. କଲେଜରେ ଅଧ୍ୟାପକ ଦାୟିତ୍ୱ ଗ୍ରହଣ କରନ୍ତି। ଫଳରେ ମନୋଜ ଦାସ ତାଙ୍କ ପାଖରେ ରହି ପଢିବା ପାଇଁ ଚାଲିଆସନ୍ତି। ଏହି ସମୟରେ ନବମ ଶ୍ରେଣୀରେ ପଢୁଥିବା ବେଳେ ତାଙ୍କ ରଚିତ ପ୍ରଥମ ଗଳ୍ପ 'ସମୁଦ୍ରର କ୍ଷୁଧା' ପ୍ରକାଶ ପାଏ। ତା' ସହିତ ସେ ମଧ୍ୟ 'ଦିଗନ୍ତ' ପତ୍ରିକା ପ୍ରକାଶକ ଭାବେ କାର୍ଯ୍ୟ କରନ୍ତି। ଏବଂ; ନିଜର ଲେଖାଗୁଡ଼ିକ 'ଡଗର', 'ଝଙ୍କାର', ଓ 'କୁଙ୍କୁମ' ଆଦି ପତ୍ରିକାରେ ପ୍ରକାଶ କରୁଥିଲେ। ଏଥିପାଇଁ ଭାଇଙ୍କ ଠାରୁ ଅନେକ ଥର ଗାଳି ମଧ୍ୟ ଶୁଣିଛନ୍ତି। ହେଲେ ପ୍ରତିଭା ଯାହାପାଖରେ ଉଙ୍କିମାରେ ତାହା ପ୍ରକାଶ ନପାଇ କିପରି ଲୁଚିରହିବ। ବାଲେଶ୍ୱର ଜିଲ୍ଲା ସ୍କୁଲରୁ ୧୯୫୧ ମସିହାରେ ସେ ମ୍ୟାଟ୍ରିକ ପାଶ୍ କରିବା ପରେ ଇଣ୍ଟରମିଡିଏଟ୍ ଅଧ୍ୟୟନ ପାଇଁ ଫକୀରମୋହନ ମହାବିଦ୍ୟାଳୟରେ ନାମ ଲେଖନ୍ତି, ଏବଂ ସେ ଯେଉଁଠାରେ ରହୁଥିଲେ ତାହା ଥିଲା ଫକୀରମୋହନ ସେନାପତିଙ୍କ ବାସଗୃହ। ଯାହାଙ୍କୁ ସେ ପିଲାଦିନେ ପଢୁଥିଲେ ଆଜି ତାଙ୍କ ସଂସ୍ପର୍ଶରେ ଆସିବା ପରେ ମନରେ ସାହିତ୍ୟ ପ୍ରତି ଅନୁରାଗ ବଢିବାକୁ ଲାଗିଲା। ଏହି ସମୟରେ ତାଙ୍କ ରଚିତ ଦ୍ୱିତୀୟ ଗଳ୍ପ ସଂକଳନ 'ଜୀବନର ସ୍ୱାଦ' ୧୯୫୩ରେ ପ୍ରକାଶ ପାଏ। କଲେଜ ଜୀବନ ଆରମ୍ଭରୁ ସେ ଜଣେ ବାମପନ୍ଥୀ ପ୍ରଭାବଶାଳୀ ଛାତ୍ରନେତା ଭାବେ ଘୋଷିତ ହୋଇଥିଲେ। ନିଖିଳ ଭାରତୀୟ ଛାତ୍ର ସଂଗଠନରେ ସେ ସଦସ୍ୟ ମଧ୍ୟ ହୋଇଥିଲେ। ତୃତୀୟ ବାର୍ଷିକ ଶ୍ରେଣୀରେ ଅଧ୍ୟୟନ କରୁଥିବା ବେଳେ କଲେଜ ତରଫରୁ ଛାତ୍ର ୟୁନିୟନର ସଭାପତି ରୂପେ ନିର୍ବାଚିତ ହୋଇଥିଲା। ବାଲେଶ୍ୱରରେ ରହି ଆଇ.ଏ ପାଶ୍ କରିବା ବେଳକୁ ବଡ଼ଭାଇ ପୁରୀର ସାମନ୍ତ ଚନ୍ଦ୍ରଶେଖର ମହାବିଦ୍ୟାଳୟକୁ ବଦଳି ହୋଇଯାନ୍ତି। ଫଳରେ ତାଙ୍କୁ ଫକୀରମୋହନ ମହାବିଦ୍ୟାଳୟର ହଷ୍ଟେଲରେ ରହିବାକୁ ପଡ଼ିଲା। ୧୯୫୪ ମସିହାରେ ବାଲେଶ୍ୱରଠାରେ ଅନୁଷ୍ଠିତ ହୋଇଥିବା ଛାତ୍ରସଂଘ ସମ୍ମିଳନୀର ସେ ସଭାପତିତ୍ୱ କରିଥିଲେ। ବି.ଏ. ତୃତୀୟ ବର୍ଷ ବେଳକୁ ସେ ପୁରୀକୁ ବଦଳିହୋଇ ଆସିଥିବା ବଡ଼ଭାଇଙ୍କ ପାଖକୁ ଚାଲିଯାନ୍ତି ଓ ସେଠାରେ ବି.ଏ. ଶ୍ରେଣୀରୁ ଉତ୍ତୀର୍ଣ୍ଣ

ହୁଅନ୍ତି ।

ପୁରୀରୁ ବି. ଏ. ପାଶ୍ କରିବା ପରେ ୧୯୫୫ ମସିହାରେ ମଧୁସୂଦନ ଆଇନ୍ ମହାବିଦ୍ୟାଳୟ କଟକରେ ନାମଲେଖାଇଲେ । ସେଠାରେ ମଧ୍ୟ ତାଙ୍କର ଅପ୍ରତିଦ୍ୱନ୍ଦୀ ଛାତ୍ରରାଜନୀତିରେ ସକ୍ରିୟ ହୋଇ ୧୯୫୬-୫୭ ବର୍ଷ ପାଇଁ ଛାତ୍ର ୟୁନିୟନର ସଭାପତି ହୋଇଥିଲେ । ଏହିଠାରୁ ହିଁ ତାଙ୍କର ଭ୍ରମଣ ଯାତ୍ରାର ଶୁଭାରମ୍ଭ ହୋଇଥିଲା । ସେହି ବର୍ଷ ସେ ଇଣ୍ଡୋନେସିଆର ବାନ୍ଦୁଂଠାରେ ଅନୁଷ୍ଠିତ ହୋଇଥିବା 'ଆଫ୍ରୋ-ଏସିଆ' ଛାତ୍ର ସମ୍ମିଳନୀରେ ଯୋଗ ଦେଇଥିଲେ । ତାହାପୁଣି, ଭାରତୀୟ ଛାତ୍ର ସମାଜର ପ୍ରତିନିଧିତ୍ୱ ହୋଇ। ୧୯୫୭ରେ ଏମ୍. ଏ. ଅଧ୍ୟୟନ କରିବା ପାଇଁ ରେଭେନ୍ସାରେ ନାମ ଲେଖନ୍ତି । ସେଠାରେ ଇଂରାଜୀ ବିଭାଗର ଛାତ୍ର ହୋଇ ପଢିବା ସହିତ ଏଲ. ଏଲ. ବି. ମଧ୍ୟ ଅଧ୍ୟୟନ କରୁଥିଲେ । କାରଣ ସେତେବେଳେ ଆଇନ୍ କଲେଜର ପରିସରଟି ରେଭେନ୍ସା କଲେଜ ମଧ୍ୟରେ ରହିଥିଲା । ପରିଶେଷରେ ୧୯୫୯ ମସିହାରେ ତାଙ୍କ ଏମ୍.ଏ. ଅଧ୍ୟୟନ ଶେଷ ହେଲା । ଶିକ୍ଷା କ୍ଷେତ୍ରରେ ସେ ଜଣେ ମେଧାବୀ ଛାତ୍ର ନଥିଲେ ମଧ୍ୟ ତାଙ୍କ ଚେତନାରେ ଉନ୍ମେଷ ଖୁବ୍ କମ୍ ବୟସରେ ହୋଇଥିବାରୁ ନିଜର ଅନୁଭାବାତ୍ମକ ପ୍ରକ୍ରିୟାଟି ତାଙ୍କୁ ଜଣେ ସଫଳ ବ୍ୟକ୍ତିତ୍ୱ ରେ ପହଞ୍ଚାଇ ପାରିଥିଲା । ଏଥିପାଇଁ ବ୍ରଜନାଥ ରଥ କୁହନ୍ତି- "ଛାତ୍ର ଅବସ୍ଥାରୁ ହିଁ ତାଙ୍କଠାରେ ପ୍ରକାଶ ପାଇଥିଲା ପ୍ରତିଭାଦୀପ୍ତ ଏକ ଆକର୍ଷଣୀୟ ବ୍ୟକ୍ତିତ୍ୱ । ସ୍କୁଲ ଓ କଲେଜ ଜୀବନରେ ସେ ତଥାକଥିତ ଭଲ ମେଧବୀ ଛାତ୍ର ନଥିଲେ । ଏକଥା ସେ ନିଜେ ବହୁବାର ନିଃସଙ୍କୋଚରେ ମୁକ୍ତ କଣ୍ଠରେ ସ୍ୱୀକାର କରିଛନ୍ତି । ଶ୍ରେଣୀ ଗୃହର ସାଧାରଣ ପାଠ୍ୟକ୍ରମରେ ଯଦି ତାଙ୍କର ଖୁବ୍ ମନୋଯୋଗ ନଥିଲା ଏବଂ ସେଥିପ୍ରତି ସେ ଏକାନ୍ତ ନିଃସ୍ପୃହ ରହୁଥିଲେ । ତଥାବି ଅନ୍ୟାନ୍ୟ ବହୁ ଅନ୍ତର୍ନିହିତ ସୁଗୁଣର ଅଧିକାରୀ ହୋଇ ସେ ସବୁ ବାହ୍ୟ କାର୍ଯ୍ୟକ୍ରମରେ ଭାଗ ନେଉଥିଲେ ।"[୪]

ବୃତ୍ତି :

୧୯୫୯ ମସିହାରେ ରେଭେନ୍ସା ମହାବିଦ୍ୟାଳୟରୁ ଇଂରାଜୀ ଭାଷା ସହିତ୍ୟରେ ଏମ୍.ଏ. ପାସ୍ କରିବା ପରେ କଟକରେ ଅବସ୍ଥାପିତ ଖ୍ରୀଷ୍ଟ ମହାବିଦ୍ୟାଳୟରେ ଇଂରାଜୀ ବିଭାଗରେ ଅଧ୍ୟାପକ ଭାବେ ନିଯୁକ୍ତି ପାଆନ୍ତି । ଯାହା ତାଙ୍କ କର୍ମମୟ ଜୀବନର ଆରମ୍ଭ । ଏହି ବର୍ଷ ମଧ୍ୟ ସେ କୁଜଙ୍ଗର ସ୍ୱାଧୀନତା ସଂଗ୍ରାମୀ ତଥା ଜମିଦାର ସ୍ୱର୍ଗତ ନାରାୟଣ ବୀରବରସାମନ୍ତଙ୍କ ଜ୍ୟୋଷ୍ଠାକନ୍ୟା ପ୍ରତିଜ୍ଞା ଦେବୀଙ୍କୁ ବିବାହ କରନ୍ତି । ବିବାହ ବନ୍ଧନରେ ବାନ୍ଧିହେଲେ ମଧ୍ୟ ତାଙ୍କ ସାହିତ୍ୟ ସାଧନ ପ୍ରତି କୌଣସି ଅସୁବିଧା ହେଉନଥିଲା ।

ପୂର୍ବରୁ ସମ୍ପାଦିତ କରୁଥିବା 'ଦିଗନ୍ତ' ପତ୍ରିକା ପୁନଃ 'ଯୁଗରୂପା' ପ୍ରେସ୍ ପ୍ରତିଷ୍ଠା କରି ପ୍ରକାଶିତ କରିବା ଆରମ୍ଭ କଲେ। ଯାହା ଗଣସାହିତ୍ୟ ସୃଷ୍ଟି କରିବାରେ ଏକ ନୂଆ ଆହ୍ୱାନ ବହନକଲା। ଏହାପରେ ତାଙ୍କ ଜୀବନର ମୋଡ଼ ହଠାତ୍ ପରିବର୍ତ୍ତନ ହେବାକୁ ଲାଗିଲା। ମଣିଷ ସମୟର ଦାସ। ସମୟ, ପରିବେଶ, ଓ ପରିସ୍ଥିତି ଅନୁସାରେ ତା'ଙ୍କ ଜୀବନଆଦର୍ଶନ ମଧ୍ୟ ପରିବର୍ତ୍ତିତ ହୋଇଥାଏ। ଜଣେ ନାସ୍ତିକ ଭାବେ ଜୀବନ ଆରମ୍ଭ କରିଥିବା ବାମପନ୍ଥୀ ନେତା ମନୋଜ ଦାସ ଧୀରେ ଧୀରେ ଆଧ୍ୟାତ୍ମିକବାଦ ଆଡ଼କୁ ଅଗ୍ରସର ହେବାକୁ ଆରମ୍ଭ କଲେ।

ମଣିଷର ପରିବର୍ତ୍ତନ ପଛରେ ଯେମିତି ଏକ ବୃହତ୍ ପରିବେଶ ଉତ୍ତର ଦାୟୀ ରୁହେ ଠିକ୍ ସେମିତି, ମନୋଜ ଦାସଙ୍କ ବ୍ୟାପକ ପରିବର୍ତ୍ତନର ପ୍ରମୁଖ କାରଣ ହେଉଛି; ଆଧ୍ୟାତ୍ମିକବାଦୀ ଦାର୍ଶନିକ ଶ୍ରୀଅରବିନ୍ଦଙ୍କ ଜୀବନଦର୍ଶନର ପ୍ରଭାବ। ତାଙ୍କ ଆଧ୍ୟାତ୍ମିକ ଚେତନାରେ ଅନୁପ୍ରାଣିତ ହୋଇ ସେ ନାସ୍ତିକରୁ ଆସ୍ତିକରେ ପରିଣତ ହେଲେ। ହଠାତ୍ ଏପରି ପରିବର୍ତ୍ତନ କେବଳ ତାଙ୍କ ପରିବାରକୁ ନୁହେଁ; ବରଂ ତାଙ୍କ ସହଦରମାନଙ୍କୁ ମଧ୍ୟ ଅନେକ ଚକିତ କରାଇଥିଲା। ଏଥିପାଇଁ ଫତୁରାନନ୍ଦ କୁହନ୍ତି- "ତାଙ୍କ ମୁହଁକୁ ବାଲୁ ବାଲୁ କରି ଚାହିଁଲି। ମନେ ମନେ ଭାବିଲି କି ଆଶ୍ଚର୍ଯ୍ୟ, କୁଆଡ଼େ ଗଲା, ଲେନିନାୟ ନମଃ, ଷ୍ଟାଲିନାୟ ନମଃ, ସେ ପାଟିରେ ପୁଣି ପଶିଲା। କର୍ମେଣ୍ୟେ ବାଧିକାରସ୍ତେ ମା ଫଳେଷୁ କଦାଚନ। କଥା କଅଣ? କଥାର ସାରଭାଙ୍ଗ କିଛି କରିପାରିଲି ନାହିଁ। ଘ ଘ ଘ ତାଙ୍କ ମୁଣ୍ଡ ଉପରକୁ କାନ୍ଥରେ ଲଟକାହୋଇରହିଥିଲା, -ଶ୍ରୀମାଙ୍କ ଏକ ବଡ଼ ଫଟୋ। ମୋ ପାଟିରୁ ବାହାରି ପଡ଼ିଲା, ଏଁ ଏଁ, ମସ୍କୋଠାରୁ ଏକାଡ଼ିଆଁକେ ପଣ୍ଡିଚେରୀ ! ହନୁମାନ ଡିଆଁକୁ ତ ଏହା ଟପିଗଲା।"(୬) ଏହା ପରଠାରୁ ସେ ତାଙ୍କ ଦିବ୍ୟ ଜୀବନର ଅନୁସନ୍ଧାନରେ ପଥଚାରୀ ହେଲେ। ସତେ, ଯେମିତି ସାବିତ୍ରୀ ଯମଙ୍କୁ ଅନୁଧାବିତ କରି ସ୍ୱାମୀଙ୍କ ଜୀବନ ବଞ୍ଚାଇଲାପରି ସେ ମଧ୍ୟ ଅନ୍ତର୍ଚେତନାରେ ପରମାତ୍ମାଙ୍କୁ ପାଇବା ପାଇଁ ଯଥା ସମ୍ଭବ ପ୍ରୟାସ ଆରମ୍ଭ କଲେ। ଯାହା ତାଙ୍କ ଜୀବନର ଦିଗକୁ ସଂପୂର୍ଣ୍ଣରୂପେ ବଦଳାଇ ଦେଇଥିଲା ପୂର୍ବରୁ କରୁଥିବା ଚାକିରି ଓ ସମ୍ପାଦକ ଜୀବନକୁ ପଛରେ ପକାଇ ସେ ୧୯୬୩ ମସିହାରେ ଶ୍ରୀଅରବିନ୍ଦ ଆଶ୍ରମ ଅଭିମୁଖେ ଯାତ୍ରା ଆରମ୍ଭ କରି ପଣ୍ଡିଚେରୀରେ ପହଞ୍ଚନ୍ତି। ଏଠାରେ ତାଙ୍କ ସୃଜନୀ ମାନସିକତାଟି ବୀଜରୁ ମହାଦ୍ରୁମରେ ପରିଣତ ହୁଏ। ଧୀରେ ଧୀରେ ସେ ଶ୍ରୀମା', ଓ ଅରବିନ୍ଦଙ୍କ ଦର୍ଶନରେ ଅନୁପ୍ରାଣିତ ହୋଇ ଆଧ୍ୟାତ୍ମିକ ଦୁନିଆରେ ଉତ୍ତରଣ କରନ୍ତି। ଏଥିପାଇଁ ସେ କୁହନ୍ତି- "ଜୀବନର ଲକ୍ଷ୍ୟ ଚିରକାଳ ଜନ୍ମମୃତ୍ୟୁ, ସୁଖଦୁଃଖର ଆବର୍ତ୍ତର ଧନ୍ଦି ହେବ ନୁହଁ, ଲକ୍ଷ୍ୟ ହେଲା ତହିଁରୁ ଉତ୍ତୀର୍ଣ୍ଣ ହୋଇ ଦିବ୍ୟଚେତନ

ଆୟତ୍ତକରିବା। ପ୍ରକୃତି ଏକ ଦିଗରେ ଯେପରି ମଣିଷକୁ ପୂର୍ବୋକ୍ତ ଆବର୍ତ୍ତରେ ପକାଇ ରଖିବାର ବ୍ୟବସ୍ଥା କରିଥାଏ, ଅନ୍ୟ ଦିଗରେ ସେଥିରୁ ଉତ୍ତୀର୍ଣ୍ଣ ହେବା ପାଇଁ ଚିନ୍ତା କରିବା ଦିଗରେ ସୁଯୋଗ ବିଧାନ କରିଥାଏ। ବୃଦ୍ଧାବସ୍ଥାରେ ଯଦି କେତେକ ଶକ୍ତି ସ୍ତମିତ ହୁଏ ତେବେ ତାହା ତା'ପାଇଁ ଆନନ୍ଦର ସନ୍ଧାନ କରିବାର ଆବଶ୍ୟକତା ଦିଗରେ ସୂଚନା। ଉଦାହରଣ ସ୍ୱରୂପ ଦାନ୍ତପଡ଼ିଯାଏ ମଣିଷକୁ ଲୋଭ ସମ୍ବରଣକରିବା ଦିଗରେ ଚେତାଇଦେବା ପାଇଁ। ଦୃଷ୍ଟିଶକ୍ତି କ୍ଷୀଣ ହୁଏ ତାହା ମଣିଷର ଅନ୍ତର୍ଦୃଷ୍ଟିର ବିକାଶ ପାଇଁ ମନୋଯୋଗୀ ହେବ।"[୭]

୧୯୯୩ ମସିହାରେ ମନୋଜ ଦାସ ଓ ତାଙ୍କ ପତ୍ନୀ ପ୍ରତିଜ୍ଞା ଦେବୀ ପଣ୍ଡିଚେରୀସ୍ଥ ଶ୍ରୀଅରବିନ୍ଦ ଆନ୍ତର୍ଜାତିକ ଶିକ୍ଷା କେନ୍ଦ୍ରରେ ଅଧ୍ୟାପନା ଦାୟିତ୍ୱ ବହନ କରନ୍ତି। ସେ ଇଂରାଜୀ ବିଭାଗରେ ପଢ଼ାଇବା ବେଳେ ପ୍ରତିଜ୍ଞା ଦେବୀ ମନସ୍ତତ୍ୱବିଭାଗରେ ଅଧ୍ୟାପନା ଆରମ୍ଭ କଲେ। ଏହିଠାରେ ରହଣି ସମୟରେ ସେ 'The Heritage' ଓ 'ଚନ୍ଦାମାମା' ପତ୍ରିକାର ସମ୍ପାଦକ ଦାୟିତ୍ୱ ବହନ କଲେ। ଜୀବନରେ ସେ କେବେ ଅର୍ଥପ୍ରତି ସେ ଆକୃଷ୍ଟ ହୋଇନାହାନ୍ତି ବରଂ;ଉପାର୍ଜିତ ଅର୍ଥରାଶିକୁ ପଣ୍ଡିଚେରୀ ଆଶ୍ରମର ପାଣ୍ଠିକୁ ମୁକ୍ତହସ୍ତରେ ଦାନ କରିଛନ୍ତି। ବାଲେଶ୍ୱରର ଶଙ୍ଖାରୀରୁ ପଣ୍ଡିଚେରୀ ଏହି ଦୀର୍ଘ ଯାତ୍ରା ତାଙ୍କ ଜୀବନ ଇତିହାସର ଏକ ଗୁରୁତ୍ୱପୂର୍ଣ୍ଣ ଅଧ୍ୟାୟ ବୋଲି କୁହାଯାଇପାରେ। କାରଣ, ଏହାରି ମଧ୍ୟରେ କାରାବରଣ ଜୀବନୀ ଠାରୁ ଆରମ୍ଭ କରି ନିଜର ଏକମାତ୍ର ନବଜାତ ଶିଶୁକୁ ହରାଇବା ପରି ଅନେକ ଘାତ ପ୍ରତିଘାତ ମଧ୍ୟରେ ତାଙ୍କ ଜୀବନ ଚକ୍ର ବଡ଼ ବିଷମ ପରିସ୍ଥିତିକୁ ସାମ୍ନା କରିଛି। ପରନ୍ତୁ, ସେ କେବେ ଅଟକି ଯାଇନାହାଁନ୍ତି ଦୁଃଖ ଯନ୍ତ୍ରଣାର ପାଚେରି ପାଖରେ। ବରଂ; ଅସୀମ ଧୈର୍ଯ୍ୟ ଓ ଦୃଢ ମାନସିକତା ତାଙ୍କୁ ଆଜି ଏକ ପୂର୍ଣ୍ଣ ଆତ୍ମାର ପରିଚୟ ଦେଇପାରିଛି।

ସୃଷ୍ଟି ସମ୍ଭାର :

ସମୟର ଚୋରାବାଲିରେ ଅନେକ ପାଦଚିହ୍ନ ଲିଭିଯାଇଛି ସମୁଦ୍ରର ଜଳରାଶିରେ। ହେଲେ ସେମାନଙ୍କ ଭିତରୁ ଆଜିମଧ୍ୟ କିଛି ବ୍ୟକ୍ତିତ୍ୱ ଯଶଦେହେ ଆୟୁଷ୍ମାନ ହୋଇ ଅମରତ୍ୱ ଲାଭ କରିଛନ୍ତି ପାଠକଙ୍କ ହୃଦୟରେ। ଓଡ଼ିଆ ସାହିତ୍ୟରେ ସେହିପରି ଜଣେ ମହାପୁରୁଷ ହେଉଛନ୍ତି, ପ୍ରାବନ୍ଧିକ ମନୋଜ ଦାସ। ସେ ଜଣେ ଧୂରୀଣ କଥାକାର ଭାବେ ବିଶ୍ୱସାହିତ୍ୟରେ ଖ୍ୟାତିଲାଭ କରିଛନ୍ତି। କେବଳ ନାଟ୍ୟ ସାହିତ୍ୟକୁ ଛାଡ଼ି ଦେଲେ ପ୍ରାୟତଃ ଅନ୍ୟ ସମସ୍ତ ବିଭାଗରେ କଲମ ଚାଳନା କରିଛନ୍ତି। କବିତା ଠାରୁ ଆରମ୍ଭ କରି ଗଳ୍ପ, ଉପନ୍ୟାସ, ପ୍ରବନ୍ଧ, ଭ୍ରମଣ ବୃତ୍ତାନ୍ତ, ଶିଶୁ ସାହିତ୍ୟ,

ଜୀବନୀ, ଅନୁବାଦ ପର୍ଯ୍ୟନ୍ତ ସବୁଥିରେ ଧୂରୀଣ ଲେଖକ ଭାବେ ପରିଚୟ ଦେଇଛନ୍ତି। ବିଶିଷ୍ଟ କଥାକର ରସ୍କିନ୍ ବଣ୍ଡ୍ ତାଙ୍କ ସମ୍ପର୍କରେ କୁହନ୍ତି- "ବିଶ୍ୱ ଦରବାରରେ ଖୋଜି ବସିଲେ ଖୁବ୍ ଅଳ୍ପସଂଖ୍ୟକ ଉତ୍ତମ କଥାକାର ପ୍ରାପ୍ତି ହେବେ। ମନୋଜ ଦାସ ସେମାନଙ୍କ ମଧ୍ୟରୁ ଜଣେ।"[୮] ୧୯୬୩ ମସିହାରେ ଶ୍ରୀଅରବିନ୍ଦଙ୍କ ଆଶ୍ରମ ତାଙ୍କ ସାହିତ୍ୟ ଓ ଜୀବନ ଦର୍ଶନକୁ ଆହୁରି ପ୍ରଶମିତ କରାଇଥିଲା। ଏଥିପାଇଁ ଆଲୋଚକ ସଂଗ୍ରାମ ଜେନା କୁହନ୍ତି- "ପରିଚିତ ପୃଥିବୀକୁ ଏକ ନୂଆ ଦୃଷ୍ଟିରେ ଦେଖିଲେ, ଲେଖିଲେ। ନିଃସଙ୍ଗ, ଅସହାୟ ମଣିଷକୁ ଦେଖିଲେ ସ୍ନେହ, ସହାନୁଭୂତି ଓ ଅନୁକମ୍ପାର ଅନୁଭାବରେ। ଅତିମାନସ ଚେତନା ଅବତରଣ ଭିତରେ ଦାନବତ୍ୱ ସତ୍ତ୍ୱେ ବି ମଣିଷ ଭିତରେ ପାଇଲେ ବିପୁଳ ଦିବ୍ୟ ଜୀବନର ସନ୍ଧାନ। କହିଲେ ଆଧୁନିକ ମଣିଷର ସବୁ ଅସହାୟତା, ବିଚ୍ଛିନ୍ନତାବୋଧ, ଦ୍ୱିଧା, ବ୍ୟର୍ଥତା, ଅନିଶ୍ଚିତତା, ବିଫଳତା ସତ୍ତ୍ୱେ ବି ଜୀବନ ସୁନ୍ଦର ଓ ସମୟ ଆଶା ଓ ସ୍ୱପ୍ନର ଏକ ଅନାହତ ପ୍ରବାହ ଏ ପାଇଁ ଖୋଜିଲେ ବେଦ, ଉପନିଷଦ, ପୁରାଣ, ଲୋକକଥା, ସଙ୍ଗୀତ, ଆଇମା କାହାଣୀ, ମିଥ୍- ଏସବୁ ମଣିଷ ଜୀବନର ଏକ ଆଲୋକିତ ସକାଳ ପାଇଁ।"[୯] ଫଳରେ ତାଙ୍କ ସାହିତ୍ୟରେ ସୃଷ୍ଟି ସମ୍ପର୍କିତ ସମସ୍ତ ଉପାଦନ ନିହିତ ଥିବାର ଜଣାପଡ଼େ। ତାଙ୍କ ସୃଷ୍ଟି ବଳୟର ସଂପୂର୍ଣ୍ଣ ବିବରଣୀ ନିମ୍ନରେ ପ୍ରଦାନ କରାଗଲା।

ଓଡ଼ିଆ ବିଭାଗ

କବିତା :

ମନୋଜ ଦାସଙ୍କ କବି ପ୍ରତିଭା ଖୁବ୍ କମ୍ ବୟସରୁ ଆରମ୍ଭ ହୋଇଥିଲା। ୧୯୪୯ ମସିହାରେ ଯେତେବେଳେ ସେ ନବମ ଶ୍ରେଣୀର ଛାତ୍ର ଥାନ୍ତି ସେତେବେଳେ ସାହିତ୍ୟ ପ୍ରତି ଅନୁରାଗୀ ହୋଇ ଲେଖିଥିବା କେତେକ କବିତାକୁ 'ଶତାବ୍ଦୀର ଆର୍ତ୍ତନାଦ' ନାମରେ ପୁସ୍ତକଟିଏ ପ୍ରକାଶ କରାଇଥିଲେ। ସଚ୍ଚିରାଉତ ରାୟଙ୍କ ପରି ସେ ମଧ୍ୟ ପଲ୍ଲୀଜୀବନର ବ୍ୟାପକ ଅନୁଭୂତିକୁ ସାଉଁଟିତୋଳି ପିଲାଦିନରୁ କବିତା ଲେଖାଲେଖି ପ୍ରତି ଆକର୍ଷିତ ହୋଇଥିଲେ। ଗାଁର ପ୍ରାକୃତିକ ପରିବେଶ ତାଙ୍କ କବିପ୍ରତିଭାକୁ ଖୋରାକ ଯୋଗାଇଥିଲା। ତାଙ୍କ କବିତାରେ ସରଳ ଭାଷା ଓ ସାଙ୍ଗୀତିକତାଧର୍ମୀ ରଚନା ଶୈଳୀ ପାଠକପ୍ରିୟ ହୋଇପାରୁଥିଲା। 'ଟିକିବୋହୂ' କବିତାରେ ସେ ଲେଖିଛନ୍ତି-

"ଟିକି ବୋହୂଟି ସେ ଲଜ୍ଜାବତୀ। ଲଜ୍ଜା ବରଜି ଉଠିଚି ମାତି
କେତେ ସରାଗର ଜନମ ଗାଆଁ। କଦଳୀ ଭେଳାରେ ନରମ ନାଆ
ବହଳ ଦଲୁଆ ସେ ଜଳାଭୁଇଁ। ଜଳାଭୁଇଁ ନୀରେ ନେଳିଆ କଇଁ

ସୁର୍ଯ ଯେଉଁଠି ଅସ୍ତ ହୁଏ। ଦୂର ଶଇଳର ଧୂଆଁଳି ଦିହେ

ସାହି ସାଥୀ ସହ ଧୂଳିର ଘର। ଅତି ପରିଚିତ ବାସନା ତା'ର।"(୧୦) ତାଙ୍କ, କବିତା ଗୁଚ୍ଛ ଗୁଡ଼ିକ ମଧ୍ୟରେ-

କ୍ର. ସଂ କବିତା ପୁସ୍ତକ ପ୍ରକାଶ କାଳ
୧. ଶତାବ୍ଦୀର ଆର୍ତ୍ତନାଦ ୧୯୪୯
୨. ବିପ୍ଳବୀ ଫକୀରମୋହନ ୧୯୫୦
୩. ପଦଧ୍ୱନି ୧୯୫୦
୪. ନନ୍ଦାବତୀର ମାଝି ୧୯୫୭
୫. ଉପନିବେଶ ୧୯୬୬
୬. ତୁମ ଗାଁ ଓ ଅନ୍ୟାନ୍ୟ କବିତା ୧୯୯୨
୭. କବିତା ଉତ୍କଳ ୨୦୦୩

ଗଳ୍ପ ସଂକଳନ-

ଆଧୁନିକ ଯୁଗର ବିଷ୍ଣୁଶର୍ମା କୁହାଯାଉଥିବା ମନୋଜ ଦାସ ଭାରତୀୟ ଶ୍ରେଷ୍ଠ ଗାଳ୍ପିକମାନଙ୍କ ମଧ୍ୟରେ ଅନ୍ୟତମ। ତାଙ୍କ ରଚନାର ଦୃଷ୍ଟିବଳୟ ଭୂ-ଠାରୁ ଅନନ୍ତ ଆକାଶ ପର୍ଯ୍ୟନ୍ତ ବ୍ୟାପ୍ତ। ଅଜସ୍ରାବୀ ଗଳ୍ପରଚନା କରି ପାଠକଙ୍କୁ ବିମୁଗ୍ଧ କରାଇଥିଲେ ସେ। ତାଙ୍କ ଗଳ୍ପ ରଚନାରେ ଚମତ୍କାର ଶୈଳୀ ସହିତ ପ୍ରାଚୀନ କାହାଣୀର ଉଦାହରଣ ଗୁଡ଼ିକ ଅତୀବ ଆକର୍ଷଣୀୟ ମନେହୁଏ। ସାମାଜିକ ପରିସ୍ଥିତି, ମାନବେତର ଚରିତ୍ର ଉପସ୍ଥାପନ, ଲୋକକଥାର ବ୍ୟବହାର, ଆତିକଳ୍ପନାର ଆଶ୍ରୟ, ଜୀବନଦର୍ଶନର ମୂଲ୍ୟବୋଧ ଓ ଆଧ୍ୟାତ୍ମିକ ଚିନ୍ତନ ତାଙ୍କ ଗଳ୍ପରେ ଦେଖିବାକୁ ମିଳେ। ତାଙ୍କ 'ଶେଷ ବସନ୍ତ ଚିଠି' ଗଳ୍ପଟି ବହୁପାଠକୀୟତା ଲାଭ କରିଛି। ତା'ର କିଛି ଅଂଶ ଏଠାରେ ଲକ୍ଷ୍ୟକରନ୍ତୁ- "ନୀଡ଼ ଭିତରୁ ଯିମିତି ବିହଙ୍ଗ ଶାବକଟିଏ ଆଖି ତୋଳି ଅନାଏ, ଠିକ୍ ସେମିତି ଦ୍ୱିତଳର ବରେନ୍ଦାରେ କେତୋଟି ପତ୍ରପୁଷ୍ପୋଚ୍ଛଳ ଟବ୍ ଭିତରୁ ଟିକି ଝିଅଟିଏ ରେଲିଂ ଉପରେ ଭାରଦେଇ ଅନାଇ ରହିଥାଏ ରାଜପଥର ଦୃଶ୍ୟମାନ ସୀମା ପର୍ଯ୍ୟନ୍ତ।"(୧୧) ତାଙ୍କ ଗଳ୍ପସଂକଳନ ଗୁଡ଼ିକ ହେଲା-

କ୍ର. ସଂ ପୁସ୍ତକ ନାମ ପ୍ରକାଶ କାଳ
୧. ସମୁଦ୍ରର କ୍ଷୁଧା ୧୯୫୨
୨. ଜୀବନର ସ୍ୱାଦ ୧୯୫୩
୩. ବିଷ କନ୍ୟାର କାହାଣୀ ୧୯୫୪

୪. ଆରଣ୍ୟକ ୧୯୬୧

୫. ଶେଷ ବସନ୍ତର ଚିଠି ୧୯୬୫

୬. ମନୋଜ ଦାସଙ୍କ କଥା ଓ କାହାଣୀ ୧୯୭୧

୭. ଧୂମ୍ରାଭ ଦିଗନ୍ତ ଓ ଅନ୍ୟାନ୍ୟ କାହାଣୀ ୧୯୭୧

୮. ଲକ୍ଷ୍ମୀର ଅଭିସାର ୧୯୭୪

୯. ଆବୁପୁରୁଷ ଓ ଅନ୍ୟାନ୍ୟ କାହାଣୀ ୧୯୭୫

୧୦. ମନୋଜ ପଞ୍ଚବିଂଶତି ୧୯୮୩

୧୧. ଭିନ୍ନମଣିଷ ଓ ଅନ୍ୟାନ୍ୟ କାହାଣୀ ୧୯୮୭

୧୨. ଚତୁର୍ଥ ବନ୍ଧୁ ଓ ଅନ୍ୟାନ୍ୟ କାହାଣୀ ୧୯୯୦

୧୩. ଅବଲୋକରା କାହାଣୀ ୧୯୯୧

୧୪. ମନୋଜ ଦାସଙ୍କ ଗଳ୍ପ ୧୯୯୨

୧୫. ଉପକଥା ଶତକ ୨୦୦୨

ଉପନ୍ୟାସ

ଓଡ଼ିଆ ଉପନ୍ୟାସ ସାହିତ୍ୟରେ ଜଣେ ଅବିସ୍ମରଣୀୟ ପ୍ରତିଭାବାନ୍ ଶିଳ୍ପୀ ଭାବେ ବାଗ୍ମୀକଥାକାର ମନୋଜ ଦାସ ପ୍ରାତଃ ସ୍ମରଣୀୟ । ସାଂପ୍ରତିକ ସମୟରେ ଉପନ୍ୟାସର ଗତି ଦୃଶ୍ୟରୁ ଅଦୃଶ୍ୟକୁ, ଲୌକିକରୁ ଅଲୌକିକକୁ ଓ ବନ୍ଧନରୁ ମୁକ୍ତିର ମାର୍ଗକୁ ଅନୁସରଣ କରି ଉପସ୍ଥାପିତ ହେଉଛି । ମଣିଷର ସମସ୍ୟା ଆଉ ଦୃଶ୍ୟ ହେଉଥିବା ଜଗତରେ ନରହି ଅଦୃଶ୍ୟ ଜଗତଭଳି ମନର ଗୋପନ ଇଲାକରେ ଘୂରିବୁଲୁଛି । ଯାହାର ସମାଧାନ ପନ୍ଥା ମନୋଜ ଦାସଙ୍କ ଉପନ୍ୟାସରେ ଉପଲବ୍ଧି ହୁଏ । ଅତିମାନସ ସ୍ତରରେ ଆଧ୍ୟାତ୍ମିକ ଅନ୍ୱେଷଣ ତାଙ୍କ ସୃଷ୍ଟିର ଅନ୍ୟତମ ବୈଶିଷ୍ଟ୍ୟ । 'ଅମୃତ ଫଳ' ଉପନ୍ୟାସରେ ସେ କୁହନ୍ତି- "ତେବେ ଅମୃତ ଫଳ ଭକ୍ଷଣରୁ ବାସ୍ତବ ଲାଭ ହେବ କ'ଣ ? ଏ ଜୀବନରେ ଦୀର୍ଘ, ନିରୋଗ ଜୀବନ ଭଳି ଯେତିକି ଲାଭ ମିଳିବ, ପରବର୍ତ୍ତୀ ଜୀବନରେ ହୁଏତ ସୃଷ୍ଟି ହେବ ତା'ର ବିପରୀତ ଅବସ୍ଥା ।"[୧୨] ତାଙ୍କ ଉପନ୍ୟାସ ଗୁଡ଼ିକ ମଧ୍ୟରେ-

କ୍ର. ସଂ ପୁସ୍ତକ ନାମ ପ୍ରକାଶ କାଳ

୧. ବୁଲ୍‌ଡ଼ୋଜର୍ସ ୧୯୮୯

୨. ପ୍ରଭଞ୍ଜନ ୧୯୯୨

୩. ଗୋଧୂଳିର ବାଘ ୧୯୯୫

୪. ଅମୃତଫଳ ୧୯୯୬

୫. ଆକାଶର ଇସାରା ୧୯୯୭
୬. ତନ୍ଦ୍ରାଲୋକର ପ୍ରହରୀ ୨୦୦୦
୭ . ଶେଷ ତାନ୍ତ୍ରିକର ସନ୍ଧାନରେ ୨୦୧୮

ପ୍ରବନ୍ଧ-ରମ୍ୟରଚନ ଓ ଅଭିଭାଷଣ

ଜୀବନ ଜଗତର ରହସ୍ୟମୟତାକୁ ପର୍ଯ୍ୟାୟ ଅନୁସାରେ ଖୋଜିବାର ଅର୍ଥ ହେଉଛି, ତତ୍ତ୍ୱକୁ ଅନୁସନ୍ଧାନ କରିବା। ସାହିତ୍ୟରେ ପ୍ରବନ୍ଧ ବିଭାଗଟି ହେଉଛି ସେମିତି ଏକ ତତ୍ତ୍ୱ ଅନୁସନ୍ଧାନର ମାର୍ଗଟିଏ। ଗଭୀର ଚିନ୍ତନ ବ୍ୟାପକ ଅନୁଭୂତିକୁ ବୌଦ୍ଧିକ ବିଚାରରେ ଶବ୍ଦପୁଞ୍ଜିରେ ସଜାଇବା ହେଉଛି ପ୍ରବନ୍ଧ। ସ୍ୱାଧୀନତା ପରବର୍ତ୍ତୀ ସମୟର ସେମିତି ଜଣେ ସଫଳ ପ୍ରାବନ୍ଧିକ ହେଉଛନ୍ତି ମନୋଜ ଦାସ। ତାଙ୍କ ପ୍ରବନ୍ଧରେ ଐତିହାସିକ ଉପାଦନ ଠାରୁ ଆରମ୍ଭ କରି ସାଂସ୍କୃତିକ ଐଶ୍ୱର୍ଯ୍ୟ ପର୍ଯ୍ୟନ୍ତ ସବୁକିଛି ବିଦ୍ୟମାନ ହୁଏ। ସେଗୁଡ଼ିକ ଅନେକ ସମୟରେ ବିଭିନ୍ନ ପତ୍ରପତ୍ରିକା ମାଧ୍ୟମରେ ପ୍ରକାଶ ପାଇଛି। ଯାହାକୁ ପରବର୍ତ୍ତୀ ସମୟରେ ପୁସ୍ତକ ଆକାରରେ ପ୍ରକାଶ କରାଯାଇଛି ସେଗୁଡ଼ିକ ମଧ୍ୟରେ

କ୍ର. ସଂ ପୁସ୍ତକ ନାମ ପ୍ରକାଶ କାଳ
୧. କେତେଦିଗନ୍ତ (୧ମ ଭାଗ) ୧୯୮୬
୨. ବିପୁଳାଚ ପୃଥ୍ୱୀ ୧୯୯୪
୩. କେତେଦିଗନ୍ତ (୨ୟ ଭାଗ) ୧୯୯୬
୪. ଭାରତର ଐତିହ୍ୟ- ଶତେକ ପ୍ରଶ୍ନ ଉତ୍ତର ୧୯୯୮
୫. ଅରଣ୍ୟ ଉଲ୍ଲାସ ୧୯୯୯
୬. ସନ୍ଧାନ ଓ ସଙ୍କେତ ୧୯୯୯
୭. ସତ୍ୟ ଅସତ୍ୟ ଏବଂ ଅନ୍ୟାନ୍ୟ ପ୍ରସଙ୍ଗ ୨୦୦୨
୮. ସ୍ମୃତିର ପ୍ରଦୀପ ୨୦୦୪
୯. ସ୍ମୃତି ଓ ବିସ୍ମୃତିର ସାରନାଥ ୨୦୦୪
୧୦. ମହାକାଳର ପ୍ରହେଳିକା ଓ-
ଅନ୍ୟାନ୍ୟ ଜିଜ୍ଞାସା ୨୦୦୬
୧୧. ଜୀବନ ଜିଜ୍ଞାସା ଏବଂ ସ୍ମରଣିକା ସ୍ତବକ ୨୦୦୯
୧୨. ଅଜଣାର ଅନ୍ୱେଷଣ ୨୦୧୨
୧୩. ଆଭାସ ଓ ବିବର୍ତ୍ତନ ବ୍ୟକ୍ତିବିଶେଷ, ତଥା

ମନୋଜ ଦାସଙ୍କ ସହ ପ୍ରଶ୍ନୋତ୍ତର ୨୦୧୭

ଶିଶୁ ସାହିତ୍ୟ

'ଶିଶୁ ହସିଲେ ଦୁନିଆ ହସେ' ଶିଶୁ ମାନଙ୍କର ମାନସିକ ବିକାଶ କରିବା ନିମନ୍ତେ ଓ ମନରଞ୍ଜନ ପାଇଁ ଏହି ଧର୍ମୀ ସାହିତ୍ୟ ଆଜି ବିସ୍ତାର ରୂପ ନେବାକୁ ଲାଗିଛି। ଓଡ଼ିଶାରେ ଯେଉଁ କେତେଜଣ ଶିଶୁ ସାହିତ୍ୟିକ ଦେଖାଯାନ୍ତି ସେମାନଙ୍କ ମଧ୍ୟରେ ମନୋଜ ଦାସ ଅନ୍ୟତମ କାରଣ ସେ କେବଳ ଓଡିଆ ନୁହେଁ; ଇଂରାଜୀରେ ମଧ୍ୟ ଅନେକ ଶିଶୁ ସାହିତ୍ୟ ରଚନା କରି ଅଜସ୍ର ଖ୍ୟାତି ଅର୍ଜନ କରିଛନ୍ତି। ସେଥିପାଇଁ ସେ କେବଳ ବୟସ୍କ ମାନଙ୍କର ପ୍ରିୟ ନଥିଲେ, ଶିଶୁ ପାଠକମାନଙ୍କର ମଧ୍ୟ ଅତିପ୍ରିୟ ଥିଲେ। ତାଙ୍କ ରଚିତ ପୁସ୍ତକ ମଧ୍ୟରେ-

କ୍ର. ସଂ ପୁସ୍ତକ ନାମ ପ୍ରକାଶ କାଳ

୧. ଆଲୋକ ଓ ଆନନ୍ଦର କାହାଣୀ ୧୯୭୦

୨. ଅମର ସାହିତ୍ୟ ୧୯୭୩

୩. କନକ ଉପତ୍ୟକାର କାହାଣୀ ୧୯୯୪

୪. ରାକ୍ଷସର ସନ୍ଧାନରେ ୨୦୧୦

ଭ୍ରମଣ ବୃତ୍ତାନ୍ତ

ଭ୍ରମଣଯାତ୍ରା ମଣିଷକୁ ମାନସିକ ଶାନ୍ତିଦିଏ, ନୂତନ ଉପଲବ୍ଧି ସହିତ ସାମାଜିକ ଚାହାଣି ଓ ଚଳଣି ସହ ପରିଚିତ କରାଏ। ଓଡ଼ିଆ ସାହିତ୍ୟରେ ଉନ୍ନବିଂଶ ଶତାବ୍ଦୀରୁ ବ୍ୟାପକ ଭାବେ ଭ୍ରମଣ ବୃତ୍ତାନ୍ତ ଲେଖାହେବା ଆରମ୍ଭ ହେଲାଣି।ଦେଶବିଦେଶର ସାମାଜିକ ଅବସ୍ଥା ସହିତ ସାଂସ୍କୃତିକ ମୂଲ୍ୟବୋଧ ଏଥିରୁ ସହଜରେ ଜଣାପଡୁଛି। ଛାତ୍ର ଜୀବନର ଆରମ୍ଭରୁ ମନୋଜ ଦାସଙ୍କ ଭ୍ରମଣଯାତ୍ରା ଆରମ୍ଭ ହୁଏ। ଭାରତୀୟ ସଂସ୍କୃତି ଓ ପରମ୍ପରାକୁ ଅନ୍ୟତ୍ର ଦେଖିଲେ ପ୍ରାବନ୍ଧିକ ସଂପୂର୍ଣ୍ଣ ଆତ୍ମବିଭୋରିତ ହେଇଯାଉଥିଲେ ଏଥିପାଇଁ ସେ କୁହନ୍ତି- "ସୁପ୍ରାଚୀନ ହିନ୍ଦୁ ସଂସ୍କୃତିର ଚୂଡ଼ାନ୍ତ ନିଦର୍ଶନ ଆଜି ବି ଇଣ୍ଡୋନେସିଆର ଆଚାର ବ୍ୟବହାର, ଭାଷା ଓ ଶିଳ୍ପୀରେ ପ୍ରୋଜ୍ଜ୍ୱଳ ଭାବରେ ପ୍ରତିଭାତ। ଦ୍ୱିତୀୟ ଓ ତୃତୀୟ ଖ୍ରୀଷ୍ଟାବ୍ଦରେ ଖୋଦିତ ସଂସ୍କୃତ ଶିଳାଲିପି ସୁମିତ୍ରା, ଜାଭା ଓ ବୋର୍ଣ୍ଣିଓରେ ସୁରକ୍ଷିତ ଅବସ୍ଥାରେ ଆଜି ବି ଭାରତୀୟ ସଭ୍ୟତାର ଐତିହାସିକ ଜୟଯାତ୍ରାର ନିଦର୍ଶନ ବହନ କରିରଖିଛି।"[୧୩] ଜୀବନର ଅନେକ ସାଉଁଟା ଅନୁଭୂତିକୁ ସେ ତାଙ୍କ ସୃଷ୍ଟିରେ ସ୍ଥାନ ଦେଇଛନ୍ତି ସେଗୁଡ଼ିକ ମଧ୍ୟରେ-

କ୍ର. ସଂ ପୁସ୍ତକ ନାମ ପ୍ରକାଶ କାଳ

୧.	ଇଣ୍ଡୋନେସିଆ ଅନୁଭୂତି	୧୯୫୭
୨.	ଦୂରଦୂରାନ୍ତ	୧୯୭୩
୩.	ଅନ୍ତରଙ୍ଗ ଭାରତ (୧ମ ଭାଗ)	୧୯୯୨
୪.	ଅନ୍ତରଙ୍ଗ ଭାରତ (୨ୟ ଭାଗ)	୧୯୯୬
୫.	ଅଦୂର ବିଦେଶ	୨୦୦୪

ସ୍ମୃତି କଥା

ସମୁଦ୍ରକୂଳର ଏକ ଗ୍ରାମ (୧୯୯୬)

ଜୀବନୀ

ମହାଯୋଗୀ ଶ୍ରୀଅରବିନ୍ଦ (୧୯୯୭)

ହିନ୍ଦୀ ପୁସ୍ତକ

ଆକାଶ ସଙ୍କେତ (୨୦୧୦)

ENGLISH SECTION: -

STORY

S.N	BOOK NAME	YEAR
1.	A song for Sunday and other stories	1967
2.	Short stories by Manoj Das	1969
3.	The crocodiles lady and others stories	1975
4.	Fables and fantasizes for adults	1978
5.	Man, who lifted the Mountain and Other stories	1979
6.	The Vengeance and other stories	1980
7.	The submerged valley and other Stories	1986
8.	The dusky horizon and other stories	1989
9.	Mystery of the Missing cap and Other stories	1989
10.	The legend of the golden valley (Novelette)	1996

11.	The magic of tree	1996
12.	The golden deer	1996
13.	A strange prophecy	1996
14.	Equal to a thousand	1996

TALES STORIES

S.N	**BOOK NAME**	**YEAR**
1.	Temples of India	1970
2.	Stories of light and delight	1970
3.	Persian a tales of light and delight	1972
4.	Tales from Mary lands	1972
5.	Books of Ever	1973
6.	Revers of India	1975
7.	A Bride inside a casket and other stories	1981
8.	The Fourth friend (Novelette)	1996

NOVEL

S.N	BOOK NAME	YEAR
1.	Cyclones	1987
2.	Bulldozers	1990
3.	A Tiger at Twilight	1991

Other Books

S.N	**BOOK NAME**	**YEAR**
1.	Sakshi Gopal: his love wrought-A Miracle	1975
2.	Legends of Lyndia's Temples	1999
3.	Selected Fiction	2001
4.	The Escapist	2001
5.	Tales told by Mystics	2001
6.	The Lady who Died one and a-Half time and Other Fantasies	2003

7.	My Little India	2003
8.	Chasing the Rainbow	2004
9.	Myths legends Concept and Literary Antiquities of India	2009
10.	Legends of India's Rivers	2022

BIOGRAPHY

S.N	BOOK NAME	YEAR
1.	Air Aurobindo	1972
2.	Sri Aurobindo in the first Decade- Of 20th century	1972
3.	Sir Aurobindo on Education	1999

ପୁରସ୍କାର ଓ ସମ୍ମାନ

'ରାଜା ପୂଜା ପାଏ ଦେଶରେ, କବି ପୂଜା ପାଏ ଦେଶ ବିଦେଶରେ' ଏହି ଦୃଷ୍ଟିରୁ ମନୋଜ ଦାସ କେବଳ ଓଡ଼ିଶାରେ ନୁହେଁ ବରଂ; ସର୍ବ ଭାରତୀୟ ଓ ବିଶ୍ୱସ୍ତରୀୟ ଖ୍ୟାତି ସମ୍ପର୍ଣ୍ଣ ଲେଖକ ଭାବେ ଗୌରବ ଅର୍ଜନ କରିଛନ୍ତି। ଖାଲି ପରିମାଣଗତ ଦୃଷ୍ଟିରୁ ନୁହେଁ; ତାଙ୍କ ସମଗ୍ର ସୃଷ୍ଟି ସର୍ଜନାରେ ଦାର୍ଶନିକ ଚିନ୍ତନ ପଦ୍ଧତି ଓ ଆଧ୍ୟାତ୍ମିକ ଭାବ ଧାରାରେ ବିମଣ୍ଡିତ ହୋଇଛି। ସ୍ରଷ୍ଟା ପାଇଁ ପୁରସ୍କାର କିମ୍ବା ସମ୍ମାନ କେବଳ ଉତ୍ସାହ ଓ ପ୍ରେରଣା ମାତ୍ର। ଜୀବନବ୍ୟାପୀ ସାହିତ୍ୟ ସାଧନ ପାଇଁ ମନୋଜ ଦାସ ଅନେକ ପୁରସ୍କାର ପାଇଛନ୍ତି ସତ; ହେଲେ ସେ ଏସବୁର ବହୁ ଊର୍ଦ୍ଧ୍ୱରେ ମନେ ହୁଅନ୍ତି।

କ୍ର. ସଂ	ପୁରସ୍କାର ଓ ସମ୍ମାନର ନାମ ପ୍ରାପ୍ତି	ସମୟ
୧.	ଓଡ଼ିଶା ସାହିତ୍ୟ ଏକାଡ଼େମୀ ପୁରସ୍କାର (ଗଳ୍ପ- ଆରଣ୍ୟକ)	୧୯୬୫
୨.	ଫ୍ରିଲାନ୍ସ ସମ୍ପାଦିକତା ସମ୍ମାନ	୧୯୭୧
୩.	ଶ୍ରୀଅରବିନ୍ଦ ପୁରସ୍କାର	୧୯୭୧
୪.	କେନ୍ଦ୍ର ସାହିତ୍ୟ ଏକାଡ଼େମୀ ପୁରସ୍କାର (ଗଳ୍ପ- ମନୋଜ- ଦାସ କଥା ଓ କାହାଣୀ)	୧୯୭୨
୫.	ସାରଳା ସମ୍ମାନ (ଗଳ୍ପ-ଧୂମ୍ରାଭ ଦିଗନ୍ତ ଓ ଅନ୍ୟାନ୍ୟ କାହାଣୀ)	୧୯୮୦
୬.	ବିଷୁବ ପୁରସ୍କାର (ପ୍ରଜାତନ୍ତ୍ର ପ୍ରଚାର ସମିତି ତରଫରୁ)	୧୯୮୬

୭. ଓଡ଼ିଶା ସାହିତ୍ୟ ଏକାଡ଼େମୀ ପୁରସ୍କାର (ପ୍ରବନ୍ଧ-କେତେ ଦିଗନ୍ତ) ୧୯୮୯
୮. ସାହିତ୍ୟ ଭାରତୀ ସମ୍ମାନ (ଗଙ୍ଗାଧର ରଥ ଫାଉଣ୍ଡେସନ୍) ୧୯୯୪
୯. ଭାରତୀୟ ଭାଷା ପରିସର ସମ୍ମାନ ୧୯୯୫
୧୦. ସାହିତ୍ୟ ଭାରତୀ ସମ୍ମାନ ୧୯୯୫
୧୧. କୋଣାର୍କ ସମ୍ମାନ (ପ୍ରବନ୍ଧ- ବିପୁଳଚ ପୃଥ୍ୱୀ) ୧୯୯୭
୧୨. 'ବାପାସି' ସମ୍ମାନ ୧୯୯୮
୧୩. ସରସ୍ୱତୀ ସମ୍ମାନ ୨୦୦୦
୧୪. ପଦ୍ମଶ୍ରୀ ସମ୍ମାନ ୨୦୦୧
୧୫. ଶ୍ରେଷ୍ଠ ଗାଳ୍ପିକ ଓଡ଼ିଆ ଚଳଚ୍ଚିତ୍ର ସମ୍ମାନ ୨୦୦୧
୧୬. ଉତ୍କଳରତ୍ନ (ଉତ୍କଳ ସାହିତ୍ୟ ସମାଜ ତରଫରୁ) ୨୦୦୧
୧୭. ସରଳା ସମ୍ମାନ ୨୦୦୬
୧୮. ସାହିତ୍ୟ ଏକାଡେମୀ ଫେଲୋସିପ୍ ୨୦୦୬
୧୯. ସାହିତ୍ୟ ଭାରତୀ ସମ୍ମାନ ୨୦୦୬
୨୦. ଅତିବଡୀ ଜଗନ୍ନାଥ ଦାସ ସମ୍ମାନ ୨୦୦୭
୨୧. ମହତୀ ସଦସ୍ୟତା ସମ୍ମାନ ୨୦୦୭
୨୨. NTR ସାହିତ୍ୟ ସମ୍ମାନ ୨୦୧୩
୨୩. ଅମୃତକୀର୍ତ୍ତି ପୁରସ୍କାର (ଆଧ୍ୟାତ୍ମିକ ଓ ଧାର୍ମିକ ପ୍ରବନ୍ଧ) ୨୦୧୩
୨୪. ବେଦବ୍ୟାସ ସମ୍ମାନ ୨୦୧୪
୨୫. AURO RATNA ସମ୍ମାନ ୨୦୧୫
୨୬. କାଦମ୍ବିନୀ ସାରସ୍ୱତ ସମ୍ମାନ ୨୦୧୭
୨୭. କବି ବ୍ରଜନାଥ ସମ୍ମାନ ୨୦୧୭
୨୮. ସତ୍ୟବାଦୀ ସାରସ୍ୱତ ସମ୍ମାନ ୨୦୨୦
୨୯. କଳିଙ୍ଗ ସାହିତ୍ୟ ସମ୍ମାନ ୨୦୨୦
୩୦. ପଦ୍ମଭୂଷଣ ୨୦୨୦

ସୃଷ୍ଟିକୁ ନିୟନ୍ତ୍ରିତ କରିବା ପାଇଁ ସାହିତ୍ୟର ଭୂମିକା ଅତ୍ୟନ୍ତ ଗୁରୁତ୍ୱପୂର୍ଣ୍ଣ । ମନୋଜ ଦାସଙ୍କ ଜୀବନବ୍ୟାପି ସାହିତ୍ୟକୁ ଅବଦାନ ରହିଥିବା ଯୋଗୁଁ ଓଡ଼ିଶା ସରକାର ତାଙ୍କ ମୃତ୍ୟୁପରେ ପ୍ରତ୍ୟେକ ବର୍ଷ ଦୁଇଟି ଆନ୍ତର୍ଜାତିକ ପୁରସ୍କାର ଦେବାକୁ ଘୋଷଣା କରିଛନ୍ତି ।

୧. 'ମନୋଜ ଦାସ ଆନ୍ତର୍ଜାତୀୟ ସାହିତ୍ୟ ପୁରସ୍କାର' (ଯେଉଁଥିରେ ପ୍ରତିବର୍ଷ ଓଡ଼ିଶାରୁ ଇଂରାଜୀ ଭାଷାରେ ଲେଖୁଥିବା ସାହିତ୍ୟିକଙ୍କୁ ୧୦ଲକ୍ଷ ଟଙ୍କାର ପୁରସ୍କାର

ରାଶି ଦେବାକୁ ଘୋଷଣା କରିଛନ୍ତି।)

୨. 'ମନୋଜ-କିଶୋର ସାହିତ୍ୟ ପ୍ରତିଭା ସମ୍ମାନ' (ଯେଉଁଥିରେ ବିଦ୍ୟାଳୟ ସ୍ତରରେ ଛାତ୍ର-ଛାତ୍ରୀଙ୍କ ମୌଳିକ ସାହିତ୍ୟ ଉଭୟ ଓଡ଼ିଆ ଓ ଇଂରାଜୀ ଭାଷାରେ ରଚନା ପାଇଁ ୧ଲକ୍ଷ ଟଙ୍କାର ପୁରସ୍କାର ରାଶି ଘୋଷଣା କରାଯାଇଛି।)

ପାଦ ଟୀକା :-

(୧) ଦାସ, ମନୋଜ- 'ବିପ୍ଳବୀ ଫକୀରମୋହନ'(ଭୂମିକା), ୧୯୫୦।

(୨) ଦାସ, ମନୋଜ - 'ମନୋଜ ସୃଜନୀ ସମଗ୍ର'(୮ମ)-(ସମୁଦ୍ରକୂଳରେ ଏକ ଗ୍ରାମ),୨୦୧୪,ପୃ-୬।

(୩) ତତ୍ରୈବ- ପୃ-୫୨।

(୪) ତତ୍ରୈବ- ପୃ-୨୩।

(୫) ରଥ, ବ୍ରଜନାଥ- 'ମନୋଜାୟନ'(ସ୍ମୃତିଦର୍ପଣରେ ବନ୍ଧୁ ମନୋଜ ବାବୁ), ୨୦୦୧, ପୃ-୧୨।

(୬) ନନ୍ଦ, ଫୁଟୁରା-'ସାହିତ୍ୟ ସାଧକ ମନୋଜ ଦାସ'(ଟିକି ପୃଥିବୀରେ ମନୋଜ ଦାସ),୨୦୧୭,ପୃ-୯।

(୭) ଦାସ, ମନୋଜ- 'ଅବଲୋକରା କାହାଣୀ'(ଶୀର୍ଷକ 'ଶେଷ ରଜନୀ'), ପୃ- ୪୩।

(୮) ପଣ୍ଡା, ଅନୀତା- 'ଅମୃତ ସନ୍ଧାନୀ ମନୋଜ'(ମତାମତ), ୨୦୨୧।

(୯) 'କୋଣାର୍କ' (ସଂଗ୍ରାମ ଜେନା /ସମ୍ପାଦକୀୟ), ୨୦୨୨।

(୧୦) ଦାସ, ମନୋଜ - 'ମନୋଜ ସୃଜନୀ ସମଗ୍ର'(୬ଷ୍ଠ)- (ତୁମ ଗାଁ ଓ ଅନ୍ୟାନ୍ୟ କବିତା-ଟିକି ବୋହୂଟି), ୨୦୧୦, ପୃ-୪୪୨।

(୧୧) ଦାସ, ମନୋଜ - 'ମନୋଜ ସୃଜନୀ ସମଗ୍ର'(୩ୟ)- (ସମୁଦ୍ରକୂଳରେ ଏକ ଗ୍ରାମ), ୨୦୧୪, ପୃ-୬।

(୧୨) ଦାସ, ମନୋଜ - 'ଅମୃତ ଫଳ', ୨୦୧୯, ପୃ-୨୦୦।

(୧୩) ଦାସ, ମନୋଜ – 'ଇଣ୍ଡୋନେସିଆ ଅନୁଭୂତି'(ଭୂମିକା), ୨୦୧୭।

ତୃତୀୟ ପରିଚ୍ଛେଦ

ମନୋଜ ଦାସଙ୍କ ପ୍ରବନ୍ଧରେ ବିଷୟ ବୈଚିତ୍ର୍ୟ :

ସ୍ୱାଧୀନତା ପରବର୍ତ୍ତୀ ଓଡ଼ିଆ ପ୍ରବନ୍ଧ ସାହିତ୍ୟରେ ମନୋଜ ଦାସ ଜଣେ ଲବ୍ଧପ୍ରତିଷ୍ଠିତ ପ୍ରାବନ୍ଧିକ ଭାବେ ପରିଚିତ । ତାଙ୍କ ପ୍ରବନ୍ଧର ଦିଗ ଓ ଦର୍ଶନ ଅତୁଳନୀୟ । ନିଜର ସାରସ୍ୱତପୂର୍ଣ୍ଣ ବିଚାରଧାରାରେ ସେ ଅନେକ ପ୍ରବନ୍ଧ ରଚନା କରି ବିଭିନ୍ନ ପତ୍ରପତ୍ରିକାରେ ପ୍ରକାଶ କରିଛନ୍ତି । ଶ୍ରୀଯୁକ୍ତ ଦାସଙ୍କର ପ୍ରାବନ୍ଧିକ ଜୀବନ ଆରମ୍ଭ ହୁଏ ସ୍ତମ୍ଭକାର ଭାବରେ । ନାନା ଦେଶ ପରିଭ୍ରମଣ ଓ ବହୁ ଜ୍ଞାନର ଅଧିକାରୀ ହୋଇଥିବାରୁ, ଜୀବନ ଜଗତକୁ ଆଦର୍ଶ ପଥରେ ନେଇଯିବାର ସଙ୍କଳ୍ପରେ ସେ ପ୍ରବନ୍ଧ ରଚନା ପ୍ରତି ଆଗ୍ରହୀ ହୋଇଥିଲେ । ତାଙ୍କ ପ୍ରବନ୍ଧ କଳା ବହୁ ବିଷୟ ଆଧାରିତ ମନେହୁଏ । ଆଧୁନିକ ମଣିଷକୁ ଏ ଯୁଗଯନ୍ତ୍ରଣାରୁ ମୁକ୍ତି କରିବା ପାଇଁ ସେ କେତେବେଳେ ଜ୍ଞାନଗର୍ଭମୟ ଚିନ୍ତାଶୀଳ ଅଭିବ୍ୟକ୍ତି କରିଛନ୍ତିତ ଆଉକେବେ ଆଧ୍ୟାତ୍ମିକ ପଥ ଅନୁସରଣ କରି ମଣିଷ କିପରି ଦିବ୍ୟଚେତନାକୁ ଉପଲବ୍ଧି କରିପାରିବ ସେ କଥା କହିଛନ୍ତି । ତାଙ୍କ ପ୍ରବନ୍ଧର ବିଷୟଗୁଡ଼ିକ ସାଧାରଣତଃ ସାମାଜଧର୍ମୀ, ସଂସ୍କୃତିଧର୍ମୀ, ଐତିହାସିକ ଓ କିମ୍ବଦନ୍ତୀ ମୂଳକ, ଅନ୍ତର୍ଜାତୀୟ ଚେତନା ଧର୍ମୀ, ଅଲୌକିକ ଭାବଧର୍ମୀ, ଜୀବନଦର୍ଶନ ଭିତ୍ତିକ, ପରିବେଶ ସୁରକ୍ଷା ଓ ସଚେତନତା ମୂଳକ, ଆଧୁନିକ ଶିକ୍ଷା ଓ ବ୍ୟବସ୍ଥାକୁ ଆଧାରିତକରି ରଚିତ ହୋଇଥିବାର ଦେଖିବାକୁ ମିଳେ ।

(କ) ସାଂସ୍କୃତିଧର୍ମୀ ପ୍ରବନ୍ଧ :

ପ୍ରାବନ୍ଧିକ ମନୋଜ ଦାସଙ୍କ ଜନ୍ମ ଓଡ଼ିଶା ପରି ଏକ ସଂସ୍କୃତି ସଂପନ୍ନ ଐତିହାସିକ ମାଟିରେ ହୋଇଥିବାରୁ ସେ ସାଂସ୍କୃତିକ ଚିନ୍ତା ଧାରାକୁ ତାଙ୍କ ସାହିତ୍ୟରେ ବାଦ୍ ଦେଇ ପାରିବେ କେମିତି । ଓଡ଼ିଆ ସଂସ୍କୃତିରେ ବାର ମାସରେ ତେର ପର୍ବ ପାଳନ ହୁଏ । ଭାଇଚାରାର ଏକ ଅନ୍ୟତମ ନିଦର୍ଶନ ଏଠାରେ ଦେଖିବାକୁ ମିଳେ । ପ୍ରତ୍ୟେକ ଜିଲ୍ଲାର ଲୋକସଂସ୍କୃତି ଭିନ୍ନ ଓ ଲୋକଚଳଣି ମଧ୍ୟ ଅଲଗା । ତେଣୁ ପ୍ରାବନ୍ଧିକ ଏପରି ଏକ ପଛଭୂମିରୁ ଗଢା ହୋଇଥିବାରୁ ତାଙ୍କ ପ୍ରବନ୍ଧରେ ସଂସ୍କୃତିର ସୁଗନ୍ଧ ଅତୀବ ଆକର୍ଷଣୀୟ ମନେହୁଏ । ଏପରି ମନେହୁଏ ସତେ ଯେପରି ପ୍ରାବନ୍ଧିକଙ୍କ ଶରୀରର ରକ୍ତ, ମାଂସରେ ସଂସ୍କୃତିର ଆଭାସ ରୁପାୟିତ । ତେଣୁ ପ୍ରାବନ୍ଧିକ ସର୍ବଦା ସଂସ୍କୃତିକୁ

ସୁରକ୍ଷା ଦେବା ପାଇଁ ଚେଷ୍ଟା କରୁଥିଲେ। କାରଣ ସେ ଉପଲବ୍ଧି କରିଥିଲେ ଗୋଟିଏ ଜାତିର ସଂସ୍କୃତି ମାନବକୁ ସଂସ୍କାରିତ ତଥା ମାର୍ଜିତ କରି ଗଢିତୋଳିବାରେ ସହାୟକ ହୋଇପାରିବ। ସଂସ୍କୃତି ବିନା ସଭ୍ୟତା ଧ୍ୱଂସମୁଖୀମନେ ହୁଏ।

ଏଥିପାଇଁ ସେ 'ସଂସ୍କୃତି : ଏକ ବିହଙ୍ଗାବଲୋକନ' ପ୍ରବନ୍ଧରେ ପ୍ରାବନ୍ଧିକ ବର୍ଣ୍ଣନା କରିଛନ୍ତି ଯେ, ସଂସ୍କୃତି ଗୋଟିଏ ଜାତିର, ଗୋଷ୍ଠୀର ମୂଳପିଣ୍ଡ। ଯାହାକୁ ନେଇ ଅଧ୍ୟାପକ ମାନେ ଆହୁରି ଅଧ୍ୟାପକ ତିଆରି କରିବାରେ ସଫଳ ହୁଅନ୍ତି। ଅର୍ଥାତ୍ ସଂସ୍କୃତି ଏକ ଯନ୍ତ୍ର ସଦୃଶ୍ୟ। ଏହା ବ୍ୟବହାର ସୂଚାରୁ ରୂପେ କରାଗଲେ କେବଳ ତା'ର ମାନ ବୃଦ୍ଧିପାଏ ନାହିଁ ବରଂ; ସମାଜର ବ୍ୟାପକ ପରିବର୍ତ୍ତନ ମଧ୍ୟ ହୋଇପାରେ। ଏଥିପାଇଁ ପ୍ରାବନ୍ଧିକ ସଂସ୍କୃତିକୁ ଦୁଇଭାଗରେ ବିଭକ୍ତ କରିଛନ୍ତି। ୧-ବ୍ୟକ୍ତିଗତ ସଂସ୍କୃତି ଓ ୨-ସାମାଜିକ ବା ସାମୂହିକ ସଂସ୍କୃତି। ସାଧାରଣତଃ ଯେତେବେଳେ ଜଣେ ବ୍ୟକ୍ତିର ରୁଚି, ଆଦର୍ଶ, ଚାଲିଚଳଣି, ସଂଭ୍ରମବୋଧ କଥା କୁହାଯାଏ ସେଠାରେ ବ୍ୟକ୍ତିଗତ ସଂସ୍କୃତି ସୂଚନା ଦିଏ ଓ ଯେଉଁଠାରେ ଗୋଟିଏ ସମାଜର ଗୁଣ, ଆଦର୍ଶ, ସଂସ୍କାର, ଆନୁଷ୍ଠାନିକତା ଆଦି ସମ୍ପର୍କରେ ବର୍ଣ୍ଣନା କରାଯାଏ ସେଠାରେ ସାମାଜିକ ସଂସ୍କୃତି ହୋଇଥାଏ।

ସଂସ୍କୃତି ସର୍ବଦା ମହତ୍ ଉଦ୍ଦେଶ୍ୟକୁ ନେଇ ସାଧିତ ହୋଇଥାଏ। ଫଳରେ ଏହା ଆମ ଚେତନାକୁ ବୃଦ୍ଧି କରାଇବାରେ ସଫଳ ହୋଇଥାଏ। କାରଣ ଏହାର ଏକମାତ୍ର ଲକ୍ଷ୍ୟ ସାମାଜିକ ଅବସ୍ଥାରେ ବସବାସ କରୁଥିବା ମଣିଷକୁ ଉପରକୁ ଉଠାଇବା। ଅଜଣା ଅଜ୍ଞାନ ମଣିଷକୁ ପଥ ଦେଖାଇବା ଓ ଏକତା ସୂତ୍ରରେ ବାନ୍ଧିରଖି ସାମାଜିକ ଦାୟିତ୍ୱକୁ ବହନ କରିବା ସଂସ୍କୃତିର ଚରମ ଲକ୍ଷ୍ୟ। ଏଣୁ ପ୍ରାବନ୍ଧିକ ମତ ଦିଅନ୍ତି ଯେ- "ମହତ୍ ସଂସ୍କୃତିର ଏକମାତ୍ର ଲକ୍ଷ୍ୟ ହେଲା ମଣିଷକୁ ଉପରକୁ ଉଠାଇବା, ଅଜାତ ଅଜ୍ଞାନରୁ ଯାତ୍ରାରମ୍ଭ କରୁଥିବା ମଣିଷକୁ ଜ୍ଞାନ ଭିତରକୁ ଉନ୍ନୀତ କରିବା, ଅଯୌକ୍ତିକ ପର୍ଯ୍ୟାୟରୁ ତାକୁ ଯୁକ୍ତିଯୁକ୍ତ ଭାବରେ ଜୀବନ ଧାରଣ କରିବାକୁ ଅନୁପ୍ରାଣିତ କରିବା, ମଣିଷ ଅନ୍ଧଶକ୍ତି ଓ ଅସଂହିତର ଆୟତ୍ତରେ ଥିବା ସ୍ଥଳେ ତାକୁ ସୁମଙ୍ଗଳ ଓ ଅଧ୍ୟୁଷିତ ହୋଇଥିବା ସ୍ଥଳେ ତାକୁ ସୌନ୍ଦର୍ଯ୍ୟ ଓ ସଂହତିର ଜ୍ଞାନଦେବା, ସେ ଅହଂ-ସର୍ବସ୍ୱ, ବସ୍ତୁ-ସର୍ବସ୍ୱ, ଅଣ-ଆଧ୍ୟାତ୍ମିକ ଏବଂ ସ୍ଥୁଳ କାମନା ବାସନାର ଦାସ ହୋଇଥିବା ସ୍ଥଳେ ତାକୁ ଆତ୍ମାର ମହତ୍ତର ବିଧାନ ସମ୍ପର୍କରେ ସଚେତନ କରିବା। କୌଣସି ଏକ ସଭ୍ୟତାରେ ଯଦି ଏଭଳି ଲକ୍ଷ୍ୟ ନଥିବ, ତେବେ ତା'ର ସଂସ୍କୃତି ଅଛି ବୋଲି କୁହାଯାଇପାରିବ ନାହିଁ, ଅନ୍ତତଃ ତା'ର ମହତ୍ ସଂସ୍କୃତି ନାହିଁ।"[(୧)]

ମନୋଜ ଦାସ ଜଣେ ଭାରତୀୟ ହୋଇଥିବାରୁ ସେ ନିଜକୁ ସଦା ସର୍ବଦା

ଗର୍ବ ଅନୁଭବ କରନ୍ତି । ଭାରତୀୟ ଜଳବାୟୁ ଓ ବାତାବରଣ ପ୍ରାବନ୍ଧିକଙ୍କ ହୃଦୟକୁ ସବୁବେଳେ ଆନ୍ଦୋଳିତ କରିଛି । ଏଠାର ସଂସ୍କୃତି ବିଶ୍ୱର କୋଣ ଅନୁକୋଣରେ ପ୍ରବାହିତ ହେଉଥିବା ପରି ମନେହୁଏ । କାରଣ ବିଶ୍ୱସମୁଦାୟକୁ ଯଦି ଦୁଇଭାଗ କରାଯାଏ ତେବେ, ଗ୍ରୀସ୍ ଓ ଭାରତ ବର୍ଷରେ ସାମାଜିକ ବାତାବରଣରେ ସବୁକିଛି ନୂତନ ଭିତ୍ତିର ଉତ୍ଥାନ ହୋଇଛି ବୋଲି କୁହାଯାଇପାରେ । ଏପରିକି, ଗ୍ରୀକ୍ ଦର୍ଶନ ଓ ଚିନ୍ତାଧାରା ଭାରତୀୟ ଚିନ୍ତାଧାରା ସହ ପ୍ରାୟ ସମାନ । 'ବେଶ ଭଲ ଦେଶଟି' ପ୍ରବନ୍ଧରେ ପ୍ରାବନ୍ଧିକ ଭାରତର ଆଭିମୁଖ୍ୟ ଓ ପାଇଥିବା ତାରିଫିର ନମୁନା ଦେଇଛନ୍ତି । ଗ୍ରୀକ୍ ଭଳି ଭାରତରେ ମଧ୍ୟ ଦର୍ଶନ ଓ ଆଧ୍ୟାତ୍ମିକତାର ଅପୂର୍ବ ପରିପାଟି ଯୋଗୁଁ ସ୍ୱତନ୍ତ୍ର ହୋଇପାରିଛି । ଭିନ୍ନତା ମଧ୍ୟରେ ଏକତା ଏହାର ପ୍ରମୁଖ ଅସ୍ତ୍ର । ଏଠାରେ ଜାତି, ଧର୍ମ, ବର୍ଣ୍ଣ, ନିର୍ବିଶେଷରେ ମନୁଷ୍ୟ ଜାତି ଏକ ବୋଲି କୁହାଯାଇଛି । ପ୍ରାବନ୍ଧିକ ଥରେ ଏଥେନ୍ସ ସହରେ ବୁଲୁଥିବା ସମୟରେ ଜଣେ ଗ୍ରୀସ ?ବାସୀ ଭାରତ ସମ୍ପର୍କରେ ଟିପ୍ପଣୀଟିଏ ଦେଇଥିଲେ । ତାହା ଏପରି ଥିଲା- "ପ୍ରଥମେ ସେମାନେ ପଚାରିବେ –'ପାକିସ୍ଥାନୀ ?' ଯେତେବେଳେ ଜାଣିବେ ଯେ ଅତିଥିଟି ଭାରତୀୟ, ସେତେବେଳେ ଖୁସି ହେବେ । କହିବେ, ପାକିସ୍ଥାନ ଭଲ ନୁହେଁ, ଭାରତବର୍ଷ ଭଲ ।" କାରଣ ?

ଜଣେ ଏଥେନ୍ସବାସୀ ଏକ ଅପୂର୍ବ ଉପାୟରେ କାରଣ ବତାଇଦେଲେ; ନିଜ ଚିବୁକରେ ହାତଦେଇ, ଆଖି ଢଳଢଳ କରି ଉଁ ଉଁ କରି ସୁର ଧରି ଭାରତୀୟ ସିନେମାର ନାୟିକାମାନେ କିପରି ନାଚିନାଚି ଗୀତ ବୋଲନ୍ତି, ତାହା ଦେଖାଇଦେଲେ । ତା'ପରେ ମୋତେ ଉତ୍ସାହିତ ହୋଇ କହିଲେ, "ବେଶ୍ ଭଲ ଦେଶଟି ତୁମର ।"[୨] ସୁତରାଂ ଭାରତୀୟ ନୃତ୍ୟ ପରିବେଷଣରୁ ଗ୍ରୀସ୍ ବାସୀ ଜଣକ ଭାରତୀୟ ସରଳ ମନରେ ଲୁକାୟିତ ଥିବା ପ୍ରେମ, ସ୍ନେହ, ସଦ୍‌ଭାବର ଗୁଣଗୁଡ଼ିକ ବୋଧଗମ୍ୟ କରିପାରିଛନ୍ତି । ଏଥିରୁ ବୁଝିହୁଏ ଯେ, ଭାରତୀୟ ସଂସ୍କୃତିର ଚିନ୍ତାଚେତନା ଆଜି ବିଶ୍ୱର କୋଣ ଅନୁକୋଣରେ ବିଦ୍ୟମାନ । ଦେବଭୂମି ଭାରତବର୍ଷ ନିଜର ଐତିହ୍ୟ ପରମ୍ପରାକୁ ନେଇ ଏପରି ଏକ ସାଂସ୍କୃତିକ ଢାଞ୍ଚାଟିଏ ପ୍ରସ୍ତୁତ କରିଛି ଯେ, ଯାହାକୁ ଅନୁମେୟ କରିବାକୁ ହେଲେ ସେହି ସ୍ତରର ଚିନ୍ତାଚେତନକୁ ଅନୁକରଣ କରିବାକୁ ପଡ଼ିବ ।

ଭାରତୀୟ ସଂସ୍କୃତି କାହିଁକି ସ୍ୱତନ୍ତ୍ର ନହେବ ? ଯେଉଁ ମାଟିର ପାଣି, ପବନ ଓ ଆଲୋକକୁ ନେଇ ଅଜସ୍ର କିମ୍ବଦନ୍ତୀ ତଥା କାହାଣୀମାନ ଗଚ୍ଛିତ ସେଠାରେ ସଂସ୍କୃତି କେତେ ମହାନ୍ ହୋଇନଥିବ ? ଏହାର ପ୍ରମାଣ ଦେବାକୁ ଯାଇ ମନୋଜ ଦାସ 'ଭାରତର ନଦନଦୀ ୧ ଓ ୨' ରେ ବର୍ଣ୍ଣନା କରିଛନ୍ତି; ଯେ ଭାରତବର୍ଷରେ ଅବବାହିତ ହୋଇଥିବା ନାଦୀଗୁଡ଼ିକ ପୌରାଣିକ କିମ୍ବଦନ୍ତୀ ଗୋଟିଏ ଗୋଟିଏ ଜ୍ୱଳନ୍ତ ଉଦାହରଣ ।

'ଗଙ୍ଗାନଦୀ' ଭାଗିରଥଙ୍କ ଦ୍ୱାରା ଧରାପୃଷ୍ଠରେ ଆସିଥିବା ଗୋଟିଏ ଜନପ୍ରିୟ କାହାଣୀ ଦେଖିବାକୁ ମିଳେ। ଠିକ୍ ସେହିପରି 'ଯମୁନା' ନଦୀକୁ ନେଇ ମଧ୍ୟ ଏକ ସୁନ୍ଦର କାହାଣୀ ଶୁଣିବାକୁ ମିଳେ। ବଳରାମ ଥରେ ଶିଳା ଉପରେ ବସିଥିବା ସମୟରେ ସ୍ନାନମାନସରେ ଯମୁନାକୁ ଡାକିଲେ ପରନ୍ତୁ, ଯମୁନା ନ ଆସିବାରୁ କ୍ରୋଧାନ୍ୱିତ ହୋଇ ବଳରାମ ତାଙ୍କୁ ଲଙ୍ଗଳମୁନରେ ଓଟାରି ଆଣିଲେ ଅସଳଖ ଭାବେ, ସେବେଠାରୁ ଅଙ୍କାବଙ୍କା ହୋଇ ଯମୁନା ନଦୀ ଭାରତ ବର୍ଷରେ ପ୍ରବାହିତ ହେଉଛି। ଅନୁରୂପ ଭାବରେ 'ନର୍ମଦା' ନଦୀ ମଧ୍ୟ ଶିବଙ୍କଠୁଁ ବର ପାଇଥିଲେ ଯେ, ସେ କାହାଦ୍ୱାର ବନ୍ଦିନୀ ହେବେ ନାହିଁ ଚିରମୁକ୍ତ, ଚିରପବିତ୍ର ହୋଇରହିବେ ବୋଲି। ଏହି ସମୟରେ ନର୍ମଦାର ରୂପଲାବଣ୍ୟକୁ ଦେଖି ଦେବତାମାନେ ବିମୋହିତ ହୋଇ ପାଣିଗ୍ରହଣ ପାଇଁ ଉଦ୍ୟମ କରିବା ସମୟରେ ସେ ନଦୀ ରୂପେ ରୂପାନ୍ତରିତ ହୋଇ କଳକଳ ନାଦରେ ବହିଚାଲିଲେ। ଠିକ୍ ସେହିପରି କାବେରୀ, ଶାଶ୍ୱତୀ ଓ ତମସା ନଦୀକୁ ନେଇ ପୌରଣିକ କିମ୍ବଦନ୍ତୀମାନ ଦେଖିବାକୁ ମିଳେ। କେବଳ ନଦନଦୀ ନୁହେଁ ଭାରତ ଭୂଖଣ୍ଡରେ ଅନେକ ସ୍ଥାନର ନାମ ଗୁଡ଼ିକର ଏକ ଭିନ୍ନ ମାହାତ୍ମ୍ୟ ଶୁଣିବାକୁ ମିଳେ। 'ଭାରତୀୟ ନାମ : ଅନବଦ୍ୟ ଐଶ୍ୱର୍ଯ୍ୟ' ପ୍ରବନ୍ଧରେ ଦେଖିବାକୁ ମିଳେ ଯେ, ଐତିହାସିକ ଗବେଷକମାନେ ବିଭିନ୍ନ ସ୍ଥାନର ନାମକୁ ନେଇ ଲୁଚିରହିଥିବା ଦର୍ଶନ ଓ କଳ୍ପନାର ସୂତ୍ରଗୁଡ଼ିକ ଅତି ଆକର୍ଷଣ ଢଙ୍ଗରେ ବର୍ଣ୍ଣନା କରିଛନ୍ତି। ଗବେଷକମାନଙ୍କ ମତରେ ଭାରତବର୍ଷରେ ନାମିତ ହୋଇଥିବା ସ୍ଥାନମାନଙ୍କର ନାମ ଗୁଡ଼ିକ ଚାରିଗୋଟି ଭିନ୍ନ ଭିନ୍ନ ଆଧାରାରେ ବର୍ଣ୍ଣିତ ଯଥା-

(୧) ବର୍ଣ୍ଣନାତ୍ମକ- ବରୁଣ ଓ ଅସୀ ଉପନଦୀ ଦୁଇଟି ଭିତରେ ଅବସ୍ଥିତ ଅଞ୍ଚଳର ନାମ ହେଉଛି 'ବାରଣସୀ'।

(୨) ଘଟଣା ଭିତ୍ତିକ- ମହାରାଜା କୁରୁଙ୍କ ଅନୁଷ୍ଠିତ ଯଜ୍ଞ ଯୋଗୁଁ ଯେଉଁ ସ୍ଥାନ ପବିତ୍ର ତାହା 'କୁରୁକ୍ଷେତ୍ର' ନାମରେ ନାମିତ।

(୩) ପାରମ୍ପରିକ ଅଧିକାର ସୂଚକ- ନାଗ ସମ୍ପ୍ରଦାୟ ଅଧିଷ୍ଠିତ ଅଞ୍ଚଳକୁ 'ନାଗାଲାଣ୍ଡ' ହୋଇଥିଲା ବେଳେ,

(୪) ଅଳଙ୍କାରିକ ଅନୁସାରେ- ଧର୍ମପୁରୀ, 'ଶ୍ରୀକ୍ଷେତ୍ର' ନାମରେ ନାମିତ ହୋଇଛି। ଏଥିରୁ ସ୍ପଷ୍ଟ ଚିତ୍ରିତ ହୁଏ ଯେ, ଭାରତବର୍ଷ ଏକ ସଂସ୍କୃତି ସମ୍ପର୍ଣ୍ଣ ରାଷ୍ଟ୍ର ଅଟେ।

ଭାରତରେ ପ୍ରାୟ ସର୍ବତ୍ର ସାଂସ୍କୃତିକ ବାତାବରଣ ଦୃଶ୍ୟମାନ ହୁଏ। କାରଣ ପାହାଡ଼ ଝରଣା ଅବବାହିକାରେ ରାହୁଥିବା ମୂଳ ଅଧିବାସୀମାନଙ୍କୁ ଅନୁସରଣ କରି

ଆମର ଆଜି ଉଚ୍ଚାଙ୍ଗ ସଭ୍ୟତା ସମୃଦ୍ଧିବନ୍ତ ହୋଇପାରିଛି । 'ଭରତ ଆବିଷ୍କାର' ପ୍ରବନ୍ଧରେ ଶ୍ରୀଯୁକ୍ତ ଦାସ ବର୍ଣ୍ଣନା କରିଛନ୍ତି; ଭାରତବର୍ଷ ହେଉଛି ଏକ ଐତିହ୍ୟ ସଂପନ୍ନ ଦେଶ । ଯାହାର ପ୍ରାକୃତିକ ପରିବେଶ ଅନେକ ପର୍ଯ୍ୟଟକମାନଙ୍କୁ ଆକର୍ଷିତ କରି ଏଠାକୁ ଟାଣିଆଣିଛି । ବିଶ୍ୱର ସର୍ବଶ୍ରେଷ୍ଠ ଦର୍ଶନୀୟ ସ୍ଥାନ ମଧ୍ୟରେ ଭାରତ ହେଉଛି ଅନ୍ୟତମ । ଦିଲ୍ଲୀର ତାଜମହଲଠାରୁ ଆରମ୍ଭ କରି ଓଡ଼ିଶାର କୋଣାର୍କ ମନ୍ଦିର ପର୍ଯ୍ୟନ୍ତ ଅନେକ ଦର୍ଶନୀୟ ସ୍ଥାନଗୁଡ଼ିକ ଏଠାରେ ଅବସ୍ଥିତ । ପ୍ରତ୍ୟେକ ବର୍ଷ ଅନେକ ବିଦେଶୀ ପର୍ଯ୍ୟଟକମାନେ ଦର୍ଶନ ଅଭିଳାଷରେ ଏଠାକୁ ଆସନ୍ତି । ଫଳରେ ଆମ ସାମାଜିକ ସ୍ଥିତି ଓ ଐତିହ୍ୟ ମୂଲ୍ୟବୋଧର ବିକାଶ ଲାଭକରେ । କେବଳ ସେତିକି ନୁହେଁ; ଆମର ଆର୍ଥିକ ସମୃଦ୍ଧିରେ ମଧ୍ୟ ଉନ୍ନତି ହୋଇଥାଏ । ପରନ୍ତୁ, ଆଜି ସେମାନେ ଭାରତକୁ ବିଦେଶ ମନେକରି ଏଠାରେ ସାଂସ୍କୃତିକ ଚାଲିଚଳଣି ପ୍ରତି ଅଜ୍ଞତା ବଶତଃ ଅନେକ କଥାକୁ ଜାଣିବା ପାଇଁ ଉତ୍ସାହିତ ହେଉଛନ୍ତି ।

ଭାରତ ହେଉଛି ଏକ ଗ୍ରାମ ବହୁଳ ଦେଶ । ପ୍ରାୟତଃ ଏଠାର ଲୋକମାନେ ଧନ ଠାରୁ ଅଧିକ ନିଜର ମାନ୍-ସମ୍ମାନ ପ୍ରତି ଯତ୍ନଶୀଳ । ତେଣୁ ସେମାନେ ନିଜର ଅସମ୍ମାନ ପ୍ରତି କାହାରିକୁ କ୍ଷମା କରିବେ ନାହିଁ । ଉକ୍ତ ପ୍ରବନ୍ଧରେ ପ୍ରାବନ୍ଧିକ ସେମିତି ଏକ ଘଟଣା ମାନେପକାଇ କୁହନ୍ତି- "ଏହିପରି ଦଳେ ବିଦେଶୀ ତରୁଣ-ତରୁଣୀ ଜଣେ ଗ୍ରାମୀଣ ବୃଦ୍ଧଙ୍କୁ ହରକତ କରୁଥିବାବେଳେ ଓ ବୃଦ୍ଧ ସେମାନଙ୍କ ଉପରେ ବିରକ୍ତି ପ୍ରକାଶ କରୁଥିବା ସମୟରେ ମୋର ଜଣେ ଲେଖକ ବନ୍ଧୁ ସେଠାରେ ଉପସ୍ଥିତ ହୋଇଥିଲେ । ବିଦେଶୀଦଳ ଚାଲିଯିବା ଉତ୍ତାରୁ ମୋର ବନ୍ଧୁ ବୃଦ୍ଧଙ୍କୁ ଆଶ୍ୱାସନା ଦେଇ କହିଲେ, "ସେମାନେ ପର୍ଯ୍ୟଟକ । ଆପଣ ରାଗିଲେ ଚାଲିବ ?" ମୋ ବନ୍ଧୁ ଓ ବୃଦ୍ଧଙ୍କ ଭିତରେ ପରବର୍ତ୍ତୀ ସଂଳାପର ସଂକ୍ଷିପ୍ତ ବିବରଣୀ ଏହିପରି : ବୃଦ୍ଧ କହିଲେ, "ବାବୁ ତମେ ବିଦେଶକୁ ଯାଇ କାହାକୁ ପଚାରିବ, ସେ ଜନ୍ମନିୟନ୍ତ୍ରଣ କରିଛି କି ନାହିଁ, ତା' ପୁଅ- ଝିଅ ତାହା କରିଛନ୍ତି କି ନାହିଁ ?" ବନ୍ଧୁ ଅଡୁଆରେ ପଡ଼ି କହିଲେ, "ଦେଖନ୍ତୁ, ସେମାନେ ପର୍ଯ୍ୟଟକ ଭାବେ ଆମ ଦେଶକୁ ଟଙ୍କା ଆଣୁଛନ୍ତି ।" ବୃଦ୍ଧ-"ଟଙ୍କା ନ ଆଣିଲେ ?" ବନ୍ଧୁ-"ଆହା, ଆମ ସମୃଦ୍ଧି ତା ଉପରେ ନିର୍ଭର କରେ ଯେ ।" ବୃଦ୍ଧ- "ଆମ ସମୃଦ୍ଧି ତା' ଉପରେ ନିର୍ଭର ନ କଲେ କ୍ଷତି କ'ଣ ?"[୩] ପ୍ରାବନ୍ଧିକ ଶ୍ରୀଯୁକ୍ତ ଦାସ 'ସାହିତ୍ୟ ଏବଂ ଅସାହିତ୍ୟ : ଷଟ୍‌ପ୍ରବାହ' ପ୍ରବନ୍ଧରେ ସାହିତ୍ୟ ସୃଷ୍ଟି ପାଇଁ ପ୍ରେରଣା, ପରିବେଶ, ଓ ପରିସ୍ଥିତି ଉପରେ ଗୁରୁତ୍ୱ ଦେଇ ସାହିତ୍ୟର ଛ'ଟି ପ୍ରବାହ ସମ୍ପର୍କରେ ଆଲୋଚନା କରିଛନ୍ତି । ପୂର୍ବେ ରାମାୟଣ, ମହାଭାରତ ଆଦି ଗ୍ରନ୍ଥ ଗୁଡ଼ିକ ରଚନା ସମୟରେ ସାମାଜିକ ତଥା ସାଂସ୍କୃତିକ ପରିସର ଯାହାଥିଲା ଆଜି ତାହା

ସଂପୂର୍ଣ୍ଣ ବଦଳିଯାଇଛି। ଏଥିପାଇଁ ପ୍ରାବନ୍ଧିକ ପ୍ରେରଣାକୁ ସାହିତ୍ୟ ସୃଷ୍ଟିର ଉତ୍ସ ବୋଲି ମନେ କରିଛନ୍ତି। ଏହି ପ୍ରେରଣା ଯଦି ଜନକଲ୍ୟାଣ ନିମନ୍ତେ ଉଦ୍ଦିଷ୍ଟ ହୋଇଥିବ, ତେବେ ସେ ସାହିତ୍ୟ ଦୀର୍ଘାୟୁ ହେବ, ନତୁବା ସମସାମୟିକ ପରେ ତାହା ଅଲୋଡ଼ା ହୋଇଯିବ। କାଳଜୟୀ ସାହିତ୍ୟ ବା କ୍ଲାସିକ୍ ସାହିତ୍ୟ ପାଇଁ ସଚ୍ଚା ପ୍ରେରଣା, ଆଦର୍ଶବୋଧ ଜୀବନଭିତ୍ତିକ ମହତ୍ତର ଗୁଣ ଆବଶ୍ୟକ ହେଉଥିବାବେଳେ, ପ୍ରମୋଦ ଜନିତ ବ୍ୟବହାର ଭିତ୍ତିକ କିମ୍ବା ଶୋଷଣଧର୍ମୀ ସାହିତ୍ୟ ସମାଜ ପାଇଁ ସର୍ବଦା ବିପଦ ସଙ୍କୁଳିତ ହୋଇଥାଏ। ଏଥିପାଇଁ ଏହାକୁ ପ୍ରାବନ୍ଧିକ ଅସାହିତ୍ୟ ବୋଲି ଆଖ୍ୟା ଦିଅନ୍ତି। ପ୍ରାବନ୍ଧିକଙ୍କ ଭାଷାରେ- "ଯେଉଁ ଉତ୍ସରୁ ପ୍ରେରଣା ସୃଜନଶୀଳ ଲେଖକର ଚେତନାକୁ ଅବତରଣ କରିଥାଏ, ତା'ର ସ୍ତର ଭେଦ ରହିଛି। ମହତ୍ତମ ସ୍ତରର ପ୍ରେରଣା ମଧ୍ୟ, କବି ଜଣେ ଯୋଗୀ ବା ଋଷି ହୋଇ ନଥିଲେ, ଅପେକ୍ଷାକୃତ ନିମ୍ନସ୍ତରର ପ୍ରେରଣା ସହ ମିଳିମିଶି ପ୍ରକଟିତ ହୁଏ।"[୪]

ଓଡ଼ିଶାର ଐତିହ୍ୟହିଁ ତା'ର ସାଂସ୍କୃତିକ ମାନଦଣ୍ଡ। ଏକଥା ଶ୍ରୀଯୁକ୍ତ ଦାସଙ୍କ 'ବାଲିଯାତ୍ରା' ପ୍ରବନ୍ଧରୁ ଜଣାପଡ଼େ। ସେ ଇଣ୍ଡୋନେସିଆ ଭ୍ରମଣ କରିବାକୁ ଯାଇଥିବା ସମୟରେ ବାଲିଦ୍ୱୀପର ଲୋକମାନଙ୍କ ସହ ମିଳାମିଶା କରିବା ପରେ, ନିଜେ ଆସିଥିବା ଅଞ୍ଚଳ ସମ୍ପର୍କରେ ଗର୍ବର ସହ କହିଥିଲେ। ଓଡ଼ିଶାର ବାଲିଯାତ୍ରା ପାଇଁ ପ୍ରସିଦ୍ଧ କଟକ ସହରର କଥା ସ୍ମରଣ କରିଛନ୍ତି। ଅତୀତରେ ଓଡ଼ିଶାକୁ ବ୍ୟାପାର ବାଣିଜ୍ୟ ପାଇଁ ଆସିଥିବା ଇଣ୍ଡୋନେସିଆର ବ୍ୟବସାୟିକମାନେ ଓଡ଼ିଶାର ପରମ୍ପରା ସହ ଜଡ଼ିତ ଥିଲେ। ପରନ୍ତୁ, ଆଜିର କିଛି କାଳ ପରେ ସେ ସବୁ ଅଭୁଲା ସ୍ମୃତି ହୋଇ ରହିଯାଇଛି। ସେମାନେ ଏହି ପ୍ରାଚୀନ କଳିଙ୍ଗର କୀର୍ତ୍ତିରାଜିକୁ ଭୁଲିଯାଇଛନ୍ତି ସତ, ହେଲେ ପ୍ରାବନ୍ଧିକ ସ୍ମରଣ କରାଇ ଦେବାକୁ ଭୁଲି ନାହାଁନ୍ତି। ସେଦିନର ସେହି ନୌଯାତ୍ରାର ସ୍ମୃତି ଆଜି କିମ୍ବଦନ୍ତୀ ହୋଇଯାଇଥିଲେ ମଧ୍ୟ ଏ ପ୍ରାବନ୍ଧିକ ସେସବୁକୁ ମନେ ପକାଇ ଉତ୍କଳୀୟ ସଂସ୍କୃତିକୁ ଆଲୋକପାତ କରିଛନ୍ତି। ସେମାନଙ୍କ ପାଇଁ ଏହା ଅଜଣା, ଅଲୋଡ଼ା, ହୋଇପାରେ ହେଲେ ଆମେ ଆମ ସଂସ୍କୃତିକୁ ଆଜିମଧ୍ୟ ବଜାଇ ରଖିଛୁ। ଯାହା କଟକ ସହରର ବିଶ୍ୱ ପ୍ରସିଦ୍ଧ ବାଲିଯାତ୍ରା। କେବଳ ଓଡ଼ିଶା ପାଇଁ ନୁହେଁ ବରଂ ସମଗ୍ର ଭାରତ ପାଇଁ ଗର୍ବ ଓ ଗୌରବର ବାର୍ତ୍ତା। ପ୍ରାବନ୍ଧିକ ଗର୍ବରେ କହିଛନ୍ତି- "ଆପଣ ଜାଣନ୍ତି, ମୁଁ ଭାରତର ଏପରି ଏକ ଅଞ୍ଚଳରୁ ଆସିଛି, ପ୍ରାଚୀନ କାଳରେ କଳିଙ୍ଗ ନାମରେ ବିଦିତ ସେ ଅଞ୍ଚଳର ଲୋକେ ବାଲିଦ୍ୱୀପ ସହ ନିବିଡ଼ ସମ୍ପର୍କ ସ୍ଥାପନ କରିଥିଲେ! ଆଜିବି ମୋ ରାଜ୍ୟର ପ୍ରାଚୀନ ରାଜଧାନୀରେ 'ବାଲିଯାତ୍ରା' ବା ବାଲି ଅଭିମୁଖେ ନୌଯାତ୍ରାର ସ୍ମୃତି ଉତ୍ସବ ପାଳିତ ହୁଏ !"[୫]

ସାଂପ୍ରତିକ ସମୟରେ ପରିବେଶ ଓ ପରିସ୍ଥିତି ବଦଳିବାକୁ ଲାଗିଛି। କାରଣ ବର୍ତ୍ତମାନର ସମାଜ ଆଧୁନିକତାର ଘୋଡ଼ଣୀ ପରିଧାନ କରିବା ନାମରେ ଅପସଂସ୍କୃତିକୁ ଆଦରି ନେଇଛି। ସ୍ୱେଚ୍ଛାଚାରିତା ହୋଇ ସେ ଆଜି ନିଜ ସୁଖ ଓ ଖୁସି ପାଇଁ ସାମାଜିକ ବାତାବରଣକୁ କଳୁଷିତ କରୁଛି। ପରନ୍ତୁ, ଦୋଷାରୋପ ସରକାରଙ୍କ ଉପରେ କରେ। ନିଜର କର୍ତ୍ତବ୍ୟ ଓ ଦାୟିତ୍ୱହୀନତା ପ୍ରତି ଯଦି ବ୍ୟକ୍ତି ସଚେତନ ହୋଇଉଠନ୍ତା ତେବେ ସାଂସ୍କୃତିକ ଅବସ୍ଥାର ସୁଧାର ଆସନ୍ତା ବୋଲି ପ୍ରାବନ୍ଧିକ ବିଶ୍ୱାସ ରଖନ୍ତି।

ପ୍ରାବନ୍ଧିକ ଦାସ ଅନୁଭବ କରିଛନ୍ତି ଯେ, ଅଧୁନା ମଣିଷ ନିଜର ଆମୋଦ ପ୍ରମୋଦ ପ୍ରତି ଏତେ ଯତ୍ନଶୀଳ ହୋଇପଡ଼ିଛି ଯେ, ସାଂସ୍କୃତିକ ମୂଲ୍ୟବୋଧକୁ ପାସୋରି ଯାଉଛି। ଯେଉଁମାନେ ଶାଳୀନତାକୁ ଭୁଲିଯାଇ ଅଶ୍ଳୀଳ, ଅସଭ୍ୟତାକୁ ନିଜର ବୃତ୍ତି ରୂପେ ପରିଗଣିତ କରୁଛନ୍ତି, ସେମାନେ ସମାଜ ପାଇଁ ଏକ କ୍ଷତିକାରକ ମନେ ହୁଅନ୍ତି। ସାହିତ୍ୟ ଓ ସଂସ୍କୃତିକୁ ନେଇ ଯେଉଁ ବୁଦ୍ଧିଜୀବୀ ସଚେତନ ସେମାନେ ରାଜନୈତିକ ଚାପରେ ନୀରବ ଓ ଯେଉଁମାନେ ରାଜନୀତି କରୁଛନ୍ତି ସେମାନେ ଅର୍ଥ ଲୋଭରେ ନୀରବଦ୍ରଷ୍ଟା ସାଜୁଛନ୍ତି। ଏଥିପାଇଁ ଆଜିକାଲି ସମାଜରେ ଚଳଚ୍ଚିତ୍ରରେ ଯେଉଁ ଅଶ୍ଳୀଳତା ପ୍ରଦର୍ଶନ ହେଉଛି ତାହା ବ୍ୟକ୍ତି ମାନସିକତାକୁ ଅଧିକ ଆକ୍ରୋଶ କରିଛି।ଫଳରେ ସାମାଜିକ ସମସ୍ୟା ମଧ୍ୟ ସୃଷ୍ଟିହେବାରେ ଲାଗିଛି। ତେଣୁ ପ୍ରାବନ୍ଧିକ 'ଏକ ବିଧ୍ୱସ୍ତ ବସତିର ଇତି କଥା' ପ୍ରବନ୍ଧରେ କହିଛନ୍ତି- "ପର୍ଦ୍ଦାରେ କ୍ରମାଗତ ଅସଭ୍ୟ ଲମ୍ଫଝମ୍ଫ ଓ ଅଶ୍ଳୀଳ ମୁଦ୍ରାର ପ୍ରଭାବ ସାଧାରଣ ଦର୍ଶକ ମାନସ ରୁ କ୍ରମେ ସଂଭ୍ରମବୋଧ ମାରିଦିଏ। ସଂଭ୍ରମବୋଧ ନଥିଲେ ଅଚିରେ ଦେଖାଦିଏ ଅସଞ୍ଜମ। ସହସ୍ର ବର୍ଷର ସାଂସ୍କୃତିକ ଉପାର୍ଜନ ଯେଉଁ ସାମୂହିକ ସଂଯମ- ଯେଉଁ ସଂଯମ ହିଁ ଆମର ପ୍ରକୃତ ପ୍ରଗତିର ଅବିସମ୍ବାଦିତ ଆଧାର- ସେହି ସଞ୍ଜମକୁ ବିନଷ୍ଟ କରୁଥିବା ଅପସଂସ୍କୃତି ହିଁ ପ୍ରଗତୀଶୀଳତାର ପରିଚୟ ବୋଲି ଆଜି ଜାହିରି କରିଛନ୍ତି ସୁନାର ଦାନ୍ତଖୁଣ୍ଟିଧାରୀ ଗୋଷ୍ଠୀଏ ବ୍ୟୁରୋକ୍ରାଟ୍।"[୬] ଭାରତୀୟ ଚଳଚ୍ଚିତ୍ରମାନଙ୍କରେ ପାଶ୍ଚାତ୍ୟ ଦେଶର ପ୍ରଭାବ ଧିରେ ଧିରେ ପ୍ରବେଶ କରିବା ଦ୍ୱାରା ଆମ ପରିସର ଠାରୁ ବାହାରକୁ ଯାଇ ଚଳଚ୍ଚିତ୍ର ନିର୍ମାତା ମାନେ ନିଜର ବ୍ୟବସାୟ ବୃଦ୍ଧି ହେବ ନିମନ୍ତେ ସଂପୂର୍ଣ୍ଣ ଅଶ୍ଳୀଳତାକୁ ପରିବେଷଣ କରିବାକୁ ପଛାଉନାହାଁନ୍ତି।

ଯେଉଁ ମାଟିର ଲୋକମାନେ ନିଜର ବେଦ ଉପନିଷଦକୁ ନେଇ ସଦାସର୍ବଦା ଗର୍ବ ଅନୁଭବ କରନ୍ତି, ସେମାନେ ଆଜି ଅପସଂସ୍କୃତିର ଜାଲ ମଧ୍ୟରେ ଆବଦ୍ଧ। ମୂଳତଃ ଦେଖାଯାଏ ଆମ ସଂସ୍କୃତିକୁ ବାଦ ଦେଇ ଚିନ୍ତା ଚେତନା ଓ ବିବେକ ଉପରେ ଯେଉଁ କୋଠରଘାତ କରୁଛି ତାହା ଭବିଷ୍ୟତରେ ଏକ ଭୟଙ୍କର ରୂପ ନେବ। ଏହା ଚରମ

ସତ୍ୟ ଅଟେ। ମନୋଜ ଦାସଙ୍କ "ଏ ଶିକ୍ଷା ଭ୍ରଷ୍ଟ ଶିକ୍ଷା ମନ୍ତ୍ରୀମାନଙ୍କୁ ବି କ୍ଷମା କରିଦେବ ଭାରତର ଉଦାର ଆତ୍ମା" ପ୍ରବନ୍ଧରେ ଦେଖିବାକୁ ମିଳେ ହିନ୍ଦୁଧର୍ମର ବିଶ୍ୱାସକୁ ଆମେ ଆଜି ମାରି ଦେଲୁଣି। ବିଜ୍ଞାନର ଅଯୌକ୍ତିକ ଚେତନାରେ ଆବଦ୍ଧ ମଣିଷ ଅଜ୍ଞ ଜ୍ଞାନର ବଢିମାରେ ନିଜକୁ ସଂପୂର୍ଣ୍ଣ ଫାଶବଦ୍ଧ କରି ସାରିଲାଣି। କୁସଂସ୍କାର ଦ୍ୱାରା କଳୁଷିତ ହୋଇ ମଣିଷ ବୈଦିକ ରୀତିନୀତିକୁ ପାସୋରି ଦେଲାଣି। ଆଜିର ଏ ଦୁନିଆକୁ ପରିଚାଳନା କରୁଥିବା ଶିକ୍ଷାମନ୍ତ୍ରୀମାନେ କଳାପାହଡ଼ ଠାରୁ କୌଣସି ଗୁଣରେ କମ୍ ନୁହଁନ୍ତି। କଳାପହାଡ଼ ସେଦିନ ମନ୍ଦିର ଭାଙ୍ଗିଥିଲା ଓ ଆଜି ନେତା ମନ୍ତ୍ରୀମାନେ ସାଂସ୍କୃତିକ ଚେତନାକୁ ମାରିବାକୁ ବସିଲେଣି। ବାସ୍ତବିକ ଏହା ଏକ ଦୁଖଦାୟକ ବିଷୟବସ୍ତୁ। ପ୍ରାବନ୍ଧିକ ସଚେତନ କରିବାକୁ ଯାଇ କୁହନ୍ତି- "ବେଦ ଏବଂ ଉପନିଷଦ ଯେଉଁ ଚେତନରୁ ସୃଷ୍ଟି, ତାର ଟିକିଏ ସ୍ପର୍ଶ ପାଇଲେ ହିଁ ଛାତ୍ରମାନେ ନିଜେ ନିଜକୁ ଭିନ୍ନ ଭାବରେ ଚିହ୍ନିବାକୁ ଆରମ୍ଭ କରନ୍ତେ। ସେମାନଙ୍କ ଜୀବନର ଆଭିମୁଖ୍ୟ ବଦଳିଯା'ନ୍ତା। ଚେତନା ପ୍ରସାରିତ ହୁଅନ୍ତା। ସେଇ ପ୍ରସାରଣ ହିଁ ହୁଅନ୍ତା ସମ୍ପ୍ରଦାୟିକତାରୁ ଉତ୍ତୀର୍ଣ୍ଣ ହେବାର ମହତ୍ତ୍ୱ ପ୍ରତିଶ୍ରୁତି।"[୭]

ଭାରତୀୟ ସାଂସ୍କୃତିକ ବାତାବରଣ ଅଧୁନା ସଙ୍କଟରେ। ପରମ୍ପରା ଆଜି ବଦଳିବାରେ ଲାଗିଛି ଫଳରେ ନୂତନତାର ପୋଷାକ ଆମକୁ ଧୀରେ ଧୀରେ ନଗ୍ନତା ଆଡ଼କୁ ନେଇଯାଉଛି। ଅପସଂସ୍କୃତିର ମିଛ ଅହମିକାର ଅନ୍ତରାଳରେ ଆମେ ଆଜି ଲିପ୍ତ। ସାଧାରଣ ଭାବରେ ଦେଖବାକୁ ଗଲେ ଆମେ ଆମର ସାହିତ୍ୟ, ସଂଗୀତା, ନୃତ୍ୟ, କଳା ଆଦିରେ ପାଶ୍ଚାତ୍ୟ ଶୈଳୀକୁ ମିଶାଇ ଅପଭ୍ରଂଶ କରିବାକୁ ଲାଗିଛେ। 'ସଂସ୍କୃତିରେ ସଙ୍କଟ' ପ୍ରବନ୍ଧରେ ମନୋଜ ଦାସ ବର୍ଣ୍ଣନା କରିଛନ୍ତି ଯେ, ବ୍ୟକ୍ତିଗତ ସଂସ୍କୃତିର ଅଭାବ ଆମ ପାଖରେ ଜମାଟ ବାନ୍ଧିଲାଣି। ଆମେ ଆମର ରୁଚି, ବିଚାର, ବିବେକବୋଧ ଓ ବ୍ୟବହାରରେ ସଂପୂର୍ଣ୍ଣ ବିପର୍ଯ୍ୟୟ ହୋଇଛେ। ସାମାଜିକ ସଂସ୍କୃତିରେ ସମାଧାନ ରାହୁନାହିଁ, ବ୍ୟକ୍ତିଗତ ସ୍ୱାର୍ଥ ଆମକୁ ମୋହଗ୍ରସ୍ତ କରିସାରିଲାଣି ଆମର ବାତାବରଣ କଳୁଷିତ ହେବାରେ ଲାଗିଲାଣି ଅହଂବୋଧ ଆମକୁ ଆଚ୍ଛାଦିତ କରି ଅପକର୍ମ ଆଡ଼କୁ ଅଗ୍ରସର କରାଉଛି। ଫଳରେ ଆମର ଆଧ୍ୟାତ୍ମିକ ଚେତନାଟି ଧ୍ୱଂସ ବିଧ୍ୱଂସ ହେବାରେ ଲାଗିଛି। ଏହାର ପ୍ରଭାବ ଆମ କଳା, ଭାସ୍କର୍ଯ୍ୟ ଓ ସ୍ଥାପତ୍ୟକୁ କେବଳ ଅପମାନ କରୁନାହିଁ ବରଂ ଭବିଷ୍ୟତକୁ ଏକ ଅନ୍ଧାର କୋଠରିରେ ଆବଦ୍ଧ କରୁଛି। ପ୍ରାବନ୍ଧିକଙ୍କ ଭାଷାରେ-"ଅତଏବ ସଂସ୍କୃତିରେ କୌଣସି ନୂତନତା ଆମ ସଂସ୍କୃତି ପ୍ରତି ବିପଦ ନୁହେଁ; ଅପସଂସ୍କୃତି ହିଁ ବିପଦ। ଏ ଦିଗରେ ଆମର ଏକମାତ୍ର ପ୍ରହରୀ ଆମର ସଜାଗ ସାଂସ୍କୃତିକ ଚେତନା। ଏ ଚେତନା, ଏ ବିବେକବୋଧ ଯେପରି

ଆମ ଭିତରେ ମ୍ଳାନ ହୋଇ ନଯାଏ, ସେଥିପ୍ରତି ଆମେ ବିଶେଷ ଧ୍ୟାନଦେବା ଆବଶ୍ୟକ।"[୮]

ଗୋଟିଏ ଜାତିର ସଂସ୍କୃତିରେ ଚିତ୍ରକଳାର ଅବଦାନ ମହତ୍ତ୍ୱପୂର୍ଣ୍ଣ ଅଟେ। ଭାରତବର୍ଷରେ ଯେମିତି ରବି ବର୍ମା କିମ୍ବା ଓଡ଼ିଶାରେ ଯେମିତି ବିମ୍ବଧର ବର୍ମା ଚିତ୍ରଶିଳ୍ପୀ ଭାବେ ଖ୍ୟାତି ଅର୍ଜନ କରିଛନ୍ତି ଠିକ୍ ସେହିପରି ସ୍ପେନର ପାବଲୋ ପିକାସୋ (Pablo Picasso) ଚିତ୍ରକଳା ପାଇଁ ବିଶ୍ୱବିଖ୍ୟାତ ହୋଇ ପାରିଛନ୍ତି। ସ୍ପେନରେ ତାଙ୍କ ଚିତ୍ରକଳାର ଜୀବନ୍ତ ରୂପ ଦେଖିବାକୁ ମିଳେ। 'ଶିଳ୍ପୀର ସର୍ତ୍ତ' ପ୍ରବନ୍ଧରେ ପ୍ରାବନ୍ଧିକ ତାଙ୍କ ସମ୍ପର୍କରେ ବର୍ଣ୍ଣନା କରିଛନ୍ତି। ପିକାସୋ ତାଙ୍କ କଳା ଦ୍ୱାରା ସ୍ପେନର ଯୁଦ୍ଧରେ ଆହତ ନାଗରିକ ମାନଙ୍କ ପାଇଁ ଅର୍ଥ ଉପାର୍ଜନ କରିଥିଲେ। ତାଙ୍କର ସର୍ବଶ୍ରେଷ୍ଠ ଫୋଟ ଚିତ୍ର 'ଗୁଏର୍ନିକା' (Guernica)କୁ ଦେଶର କଲ୍ୟାଣ ନିମନ୍ତେ, ଫୋଟ ପଦର୍ଶନୀ କରିବା ସହ ଆମେରିକାକୁ ସର୍ତ୍ତ ଅନୁସାରେ ଦେଇ ଦେଇଥିଲେ। ତାହାଥିଲା ସ୍ପେନରେ ଯେବେ ଗଣତନ୍ତ୍ର ପରିଚାଳିତ ହେବ, ଏହି ଛବିଟିକୁ ସେତେବେଳେ ପ୍ରତ୍ୟାବର୍ତ୍ତନ କରାଯିବ। ସେଇ ଶିଳ୍ପ କଳାଟି ଚିତ୍ରର ଭାଷା କୁହେନି, ମଣିଷ ତଥା ଜାତିକୁ ବଞ୍ଚାଇବା ପାଇଁ ମଧ୍ୟ ଯଥେଷ୍ଟ ପ୍ରୟାସ କରେ। ଚିତ୍ରଶିଳ୍ପ କ୍ଷେତ୍ରରେ ଏହା ଗୋଟିଏ ଜାତି ପାଇଁ ମହତ୍ତର ଅବଦାନ ବୋଲି କୁହାଯାଇପାରେ। ପ୍ରାବନ୍ଧିକଙ୍କ ଭାଷାରେ "ଏ ଶିଳ୍ପ-କୃତିଟିକୁ ନିଜ ଅଧିକାରରେ ପାଇବାର ଏବଂ ଚିରଦିନ ପାଇଁ ଧରିରଖିବାର ଗୌରବ ଅର୍ଜନ କରିବାକୁ ହେଲେ ସ୍ପେନକୁ ଚିରଦିନ ଗଣତନ୍ତ୍ର ହୋଇ ରହିବାକୁ ପଡ଼ିବ। ଏହା ଏକ ଆହ୍ୱାନକାରୀ ସର୍ତ୍ତ। କିନ୍ତୁ ଏ ସର୍ତ୍ତ ରକ୍ଷାର ଯୋଗ୍ୟ ଯଦି ସ୍ପେନ ହୋଇପାରେ, ତେବେ ତାହା ହେବ ସମଗ୍ର ଚିତ୍ରକଳା ପ୍ରତି ମାନବ ଜାତିର ମହତ୍ତମ ଶ୍ରଦ୍ଧାର୍ପଣ।"[୯]

ସଂସ୍କୃତି ଓ ସାହିତ୍ୟ ଉଭୟ ମାନବ ସମାଜ ପାଇଁ ହିଁ ଉଦ୍ଦିଷ୍ଟ। ମଣିଷର ସଂସ୍କାରିତ ମୂଲ୍ୟବୋଧ ଓ ଜୀବନକୁ ଗତିଶୀଳକରି ହିତ ସାଧନ କରିବା ଏହାର ପ୍ରମୁଖ ଲକ୍ଷ୍ୟ। ସାହିତ୍ୟ ଓ ସଂସ୍କୃତି ବିନା ମାନବ ସମାଜର ଉନ୍ନତି ହେବା ଅସମ୍ଭବ। ପ୍ରାବନ୍ଧିକ ଜଣେ ଜିଜ୍ଞାସୁ ପାଠକର ଉତ୍ତର ରଖି 'ସଂସ୍କୃତି : ଅପସଂସ୍କୃତି' ପ୍ରବନ୍ଧରେ ଦର୍ଶାଇଛନ୍ତି, ମଣିଷ ମଧ୍ୟରେ ଜ୍ଞାନର ବିକାଶ ହେଲାପରେ ତା'ର ବୁଦ୍ଧି ଓ ବିବେକର ବିକାଶ ହୋଇଥାଏ। ପରନ୍ତୁ, ଆଜିର ମଣିଷ ସ୍ୱାର୍ଥାନ୍ୱେଷୀ ହୋଇ ନିଜ ନୈତିକ ମୂଲ୍ୟବୋଧକୁ ଭୁଲିଯାଉଛି। ଫଳରେ ସାହିତ୍ୟରେ ବିକୃତ ଓ ସମାଜ ପାଇଁ ଅନାବଶ୍ୟକ, ଅହିତକର ଉପାଦାନକୁ ପ୍ରୟୋଗ କରି ଆଜି ଦୂଷିତ କରିବାରେ ଲାଗିଛି। ଯାହାଦ୍ୱାରା ସାହିତ୍ୟ ମାର୍ଗ ଦେଇ ସଂସ୍କୃତିରେ ଆଜି ଅବକ୍ଷୟ ଘଟିଛି। ତାହା ସଂସ୍କୃତି ନହୋଇ ଅପସଂସ୍କୃତି ହୋଇଯାଉଛି। ପ୍ରାବନ୍ଧିକ ଦର୍ଶାଇଛନ୍ତି- "ସାହିତ୍ୟ ତଥା ସଂସ୍କୃତିର ଶକ୍ତିକୁ ଯେତେବେଳେ ମଣିଷ ଦୁଷ୍ଟବୁଦ୍ଧି ପ୍ରଣୋଦିତ

ହୋଇ ବ୍ୟବହାର କରେ, ସେତେବେଳେ ତାହାକୁ ଅପସଂସ୍କୃତି ବୋଲି କୁହାଯାଏ। ଆଜି ଗଣମାଧ୍ୟମରେ ଆମେ ପ୍ରାୟତଃ ନୃତ୍ୟ, ସଂଗୀତ ଓ ଭାଷାର ଅପବ୍ୟବହାର ଦେଖୁଁ, ସାହିତ୍ୟ ନାମରେ ଆବର୍ଜନା ପରିବେଷିତ ହେବାର ଦେଖୁଁ। ଏସବୁ ଅପସଂସ୍କୃତି।"(୧୦)

'ଉପଦେବୀ ଭୟଙ୍କରୀ' ପ୍ରବନ୍ଧରେ ଦେଖାଯାଏ ଆଜିର ସମୟରେ ବ୍ୟକ୍ତି ମାନସିକତା ଧୀରେ ଧୀରେ ବିକୃତ ଅବସ୍ଥାକୁ ଗତି କଲାଣି। ଫଳରେ ପ୍ରଥଭ୍ରଷ୍ଟ ମଣିଷ ସମାଜ ଅସାଧୁତାକୁ ସାଧୁ ଉଦ୍ୟମ ବୋଲି ମାନେ କରୁଛି। କଳା କ୍ଷେତ୍ରରେ ବିଶ୍ୱରେ ଶ୍ରେଷ୍ଠ ସ୍ଥାନ ଅଧିକାର କରିଥିବା ଦେଶମାନଙ୍କ ମଧ୍ୟରେ ଭାରତ ଅନ୍ୟତମ। କେରଳ ପାଲାଘାଟ ସହରରେ ଏକ ଉଦ୍ୟାନରେ ଜଣେ ଶିଳ୍ପୀ ଯେଉଁ ନଗ୍ନ ଯକ୍ଷର ମୂର୍ତ୍ତି ନିର୍ମାଣ କରିଥିଲା ତାହା ପ୍ରାବନ୍ଧିକଙ୍କୁ ଗଭୀର ଆଘାତ ଦେଇଥିଲା। ଶିଳ୍ପୀ ମନରେ ସୃଷ୍ଟି ହେଉଥିବା ବିକାରଗ୍ରସ୍ତ କାମାନାକୁ ସେଥିପାଇଁ କଳାଦ୍ୱାର ପ୍ରଦର୍ଶନ କରୁଛି। ତାହା ଆମ ସଂସ୍କୃତି ପାଇଁ କେତେ ଅହିତକର ତାହା ସେ ପ୍ରକାଶ କରିଛନ୍ତି। ମାଙ୍କଡ଼ ହାତରେ ଶାଳଗ୍ରାମ ପରିସ୍ଥିତି ଆଜି ଆମ ସମାଜରେ ଉପୁଜୁଛି। ଆମର ଆଭିମୁଖ୍ୟରେ ଆଜି ବ୍ୟାପକ ବିଭ୍ରାଟ ଘଟୁଛି ଅଶ୍ଳୀଳତାକୁ ସଭ୍ୟତା ମଧ୍ୟରେ ଯେମିତି ପାରି ସେମିତି ଚଳାଇ ନେବାରେ ଆମେ ଅଭ୍ୟସ୍ତ ହୋଇଗଲୁଣି। ଫଳରେ ସାମାଜିକ ସଂସ୍କାର ପ୍ରତି କେହି ସଚେତନ ହେଉନାହାଁନ୍ତି। ପ୍ରାବନ୍ଧିକ ଏଥିପାଇଁ କୁହନ୍ତି- "ଆଭିମୁଖ୍ୟ ନିରୂପଣ କ୍ଷେତ୍ରରେ ଆମେ ସବୁଠୁଁ ଅଧିକ ବିଭ୍ରାଟ ସମ୍ମୁଖୀନ। ଆଜି ଯଦି ଜାତୀୟତାବୋଧ ଆମର ଆଦର୍ଶ, କାଲି ଭାଷା, ନ ହେଲେ ଆଞ୍ଚଳିକତା, ନ ହେଲେ ଜାତି ବା ଗୋଷ୍ଠୀ। ଆମ ଭିତରେ ଥିବା ଜୀବାଣୁ- ଜାତୀୟ ସୈତାନ ?ମାନେ ଆମକୁ ଯେଉଁ ମାର୍ଗରେ ସେମାନଙ୍କ ମର୍ଜି ସେ ମାର୍ଗରେ ଠେଲି ନେଇଯିବାକୁ ସକ୍ଷମ ଆମେ ସତେଯେପରି ଅସହାୟ ! କିନ୍ତୁ ଏଇ ସୈତାନ୍‌ମାନେ ବି କେତେଦୂର ନିଜନିଜର ଖାଉନ୍ଦ- ସିଏ ଗୋଟିଏ ମୌଳିକ ପ୍ରଶ୍ନ। ସେ କଥା ବାରାନ୍ତରେ।"(୧୧) ସଂସ୍କୃତି ସଚେତନ ଶିଳ୍ପୀ ଭାବେ ପ୍ରାବନ୍ଧିକ ମନୋଜ ଦାସ ବେଶ୍ ପରିଚିତ। ଭାରତୀୟ ଦର୍ଶନ, କଳା, ସାହିତ୍ୟ, ସ୍ଥାପତ୍ୟରେ ଯେଉଁ ଗରିମାମଣ୍ଡିତ ପୂର୍ବରୁ ଥିଲା ତାହା ଆଜି କିଛିପରିମାଣରେ କଳୁଷିତ ହେବାକୁ ଲାଗିଛି। ଏଣୁ ଏହାକୁ ସୁରକ୍ଷା ଦେବାପାଇଁ ପ୍ରାବନ୍ଧିକ ନିଜ ରଚନାରେ ବାରମ୍ବାର ପାଠକମାନଙ୍କୁ ମନେପକାଇ ଦେଇଛନ୍ତି। ଯାହା ଆମ ଜାତି ପାଇଁ ଅସ୍ମିତା ହୋଇ ଚିରାୟୁତ ହେବ।

(ଖ) ଐତିହାସିକ ଓ କିମ୍ବଦନ୍ତୀ ଆଧାରିତ ପ୍ରବନ୍ଧ

ମନୋଜ ଦାସଙ୍କ ପ୍ରବନ୍ଧକଳ୍ପନାରେ ଇତିହାସର ସ୍ଥାନ ସ୍ୱତନ୍ତ୍ର ମନେହୁଏ। ଯଦିଓ ସେ ଜଣେ ଐତିହାସିକ ନୁହଁନ୍ତି ତଥାପି ତାଙ୍କ ପ୍ରବନ୍ଧରେ ଯେଉଁ ଇତିହାସର

ମୂଲ୍ୟବୋଧ ଦେଇଛନ୍ତି ତାହା ତାଙ୍କ ପାଣ୍ଡିତ୍ୱର ପରାକାଷ୍ଠାକୁ ପ୍ରମାଣ କରେ। ପ୍ରାବନ୍ଧିକ ଦାସ ଭାରତୀୟ ଇତିହାସ ଓ କିମ୍ୱଦନ୍ତୀକୁ ପୁଙ୍ଖାନୁପୁଙ୍ଖ ପଢିଥିବାରୁ ଓ ବୁଝିଥିବାରୁ ସେ ତା'ର ଅଭାବ ଏବଂ ଆବଶ୍ୟକତା ସମ୍ପର୍କରେ ଆଲୋଚନା କରିଛନ୍ତି। ଭାରତୀୟ ଇତିହାସ ପ୍ରତି ଐତିହାସିକମାନଙ୍କର ଦୁର୍ବଳ ମନଭାବ ଥିବା ଯୋଗୁଁ, ଆଜି ଆମ ସଭ୍ୟତାର ସର୍ବ ପ୍ରାଚୀନ କୀର୍ତ୍ତିରାଜିକୁ ବିଶ୍ୱସ୍ତରରେ ପ୍ରମାଣ କରିପାରୁ ନାହାଁନ୍ତି। ଯାହାକୁ ବିଦେଶୀ ଗବେଷକ ମାନେ ଆଲୋଚନା କରୁଛନ୍ତି କେବଳ ସେତିକି ହିଁ ଆମର ପ୍ରତ୍ନତତ୍ତ୍ୱର ମୌଳିକ ଆଧାର ହେଉଛି। ଏହିସବୁ ଦୃଷ୍ଟିକୋଣକୁ ଲକ୍ଷ୍ୟ କରି ପ୍ରାବନ୍ଧିକ ଅନେକ ପ୍ରବନ୍ଧ ରଚନା କରିଛନ୍ତି। ତାହା ନିମ୍ନରେ ଆଲୋଚନା କରାଗଲା। 'ହରପ୍ପାର ଅଶ୍ୱ' ପ୍ରବନ୍ଧରେ ପ୍ରାବନ୍ଧିକ ଭାରତର ଇତିହାସ ଏକ ନବୀନ ପ୍ରସ୍ତର ଉଲ୍ଲେଖ ହେବାର ଆଶାବାଦୀ ଥିବାର ଜଣାପଡ଼ନ୍ତି। ତାଙ୍କ ମତରେ, ଯେଉଁ ଆଧୁନିକ ଐତିହାସିକମାନେ କହୁଥିଲେ ଆର୍ଯ୍ୟମାନେ ଭାରତକୁ ଆସିବାପରେ ସେମାନେ ସାଥିରେ 'ଅଶ୍ୱ'କୁ ପ୍ରଥମେ ଆଣିଥିଲେ। ଏହା ଆଜି ଏକ ନୂଆ ପ୍ରମାଣ ଅନୁସାରେ ଭୁଲ୍ ବୋଲି ସ୍ଥିର ହେବାକୁ ଯାଉଛି। କାରଣ, ନିକଟରେ କୁଚ ଜିଲ୍ଲାର ସୁର୍କୋତାଡା ନାମକ ଜାଗାରୁ ଆର୍କିଓଲୋଜିକ୍ୟାଲ ସର୍ଭେ ଦ୍ୱାରା ଯେଉଁ ଖନନ ପ୍ରକ୍ରିୟା ହେଉଥିଲା ସେଥିରୁ ହରପ୍ପା ସଭ୍ୟତାର ଅଶ୍ୱର ଅସ୍ଥି ଅର୍ଥାତ୍ ପ୍ରଚଳନ କଥା ଜଣାପଡୁଛି। କେବଳ ସେତିକି ନୁହେଁ ପାଶ୍ଚାତ୍ୟ ଐତିହାସିକ ମାନେ ମଧ୍ୟ ସ୍ୱୀକାର କଲେଣି ଯେ, ଗ୍ରୀକ୍ ସଭ୍ୟତାଠାରୁ ଭାରତୀୟ ଆର୍ଯ୍ୟ ସଭ୍ୟତା ବହୁପୁରୁଣା। ଅର୍ଥାତ୍ ଆମ ଐତିହାସିକ ଗବେଷଣାର ଅଭାବ ହେତୁ ବହୁ ଅଜଣା ତଥ୍ୟ ଅନାଲୋଚିତ ହୋଇ କାଳଗର୍ଭରେ ଲୀନ ହେଇଯାଉଛି। ଏଥିପାଇଁ ପ୍ରାବନ୍ଧିକ ମତଦିଅନ୍ତି- "ଐତିହାସିକ ପୋକୋକ୍ (Pocock) ବିଶ୍ୱାସ କରନ୍ତି ଯେ, ଗ୍ରୀକ୍-ସଭ୍ୟତା ଭାରତୀୟ ଆର୍ଯ୍ୟ-ସଭ୍ୟତାରହିଁ ଅବଦାନ। ତାଙ୍କ ମତରେ ଶ୍ରୀକୃଷ୍ଣଙ୍କ ଅଗ୍ରଜ ବଳଦେବ ଗ୍ରୀସରେ ପହଞ୍ଚି ସେଠାରେ ଶାସକ ହୋଇଥିଲେ। ତାଙ୍କ ମତରେ 'ପାରସ୍ୟ' ଶବ୍ଦ ଉତ୍ପତ୍ତି 'ପପଶୁ' ଶବ୍ଦରୁ : ପରଶୁରାମଙ୍କ ଅନୁଚର ଓ ବଂଶଧରମାନେ ପାରସ୍ୟ ଅଧିକାର କରିଥିଲେ ଓ ବସ୍ତି ସ୍ଥାପନ କରିଥିଲେ। ୟୁଫ୍ରେଟିସ ନଦୀର ଅସଲ ନାମ UE-Bh'rates : ଯାହାର ଅର୍ଥ ଭାରତ ନାୟକ !।"[୧୨]

'ବିଦ୍ରୋହର ବିସ୍ମୃତ ସାମ୍ବାଦିକ' ପ୍ରବନ୍ଧରେ ଲେଖିଛନ୍ତି, ପରାଧୀନତାର ଶିକୁଳିରୁ ଭାରତ ଆଜି ମୁକ୍ତ। ପରନ୍ତୁ ଇତିହାସର ସେହି ଅବିସ୍ମରଣୀୟ ଦିନ ଗୁଡ଼ିକ ଆଜି ମନେ ପଡ଼ିଲେ ସେ ସଂଗ୍ରାମୀମାନଙ୍କ ପ୍ରତି ଆମ ମନରେ ଭକ୍ତି ଭାବ ସ୍ୱତଃ ସ୍ଫୁରିତ ହୋଇଉଠେ। ସିପାହୀ ବିଦ୍ରୋହ ସମୟରେ ଭାରତକୁ ଶାସନ କରୁଥିବା ଗୋରା ସରକାର ଯେଉଁ ଅକଥନୀୟ ଅତ୍ୟାଚାର କରୁଥିଲା ସେ ସମ୍ପର୍କରେ ଆମେ ସମସ୍ତେ ଅବଗତ। ପରନ୍ତୁ,

ଭାରତ ଇତିହାସରେ ସେମିତି କେହି ଐତିହାସିକ ନାହାଁନ୍ତି ଯେଉଁମାନେ ଏପରି ନାରକୀୟ କାଣ୍ଡକୁ ସ୍ପଷ୍ଟ ଆଲୋଚନା କରିଛନ୍ତି। ହେଲେ ପ୍ରାବନ୍ଧିକ ଏଠାରେ ଜଣେ ଇଂରାଜୀ ସାମ୍ବାଦିକ ଉଇଲିୟମ୍ ହାୱାର୍ଡ ରାସେଲ୍ ଙ୍କ କଥା ସ୍ମରଣ କରାଇଛନ୍ତି। ତାଙ୍କ ସମ୍ମୁଖରେ ଘଟିଥିବା ନାରକୀୟ କାଣ୍ଡକୁ ସେ ତାଙ୍କ ଇତିହାସରେ ସବିଶେଷ ଆଲୋଚନା କରିଛନ୍ତି। ଚତୁର ବଣିକଜାତିକୁ କାନପୁରଠାରେ ସିପାହୀ ବିଦ୍ରୋହୀମାନେ ଯେଉଁ ହତ୍ୟାକରିଥିଲେ ତାହା ଦେଶ ବିଦେଶରେ ନୃଶଂସ ବୋଲି ଅପପ୍ରଚାର କରିବା ପାଇଁ ପଛେଇଲେ ନାହିଁ। ପରନ୍ତୁ, ନିଜେ କରିଥିବା ଅପକର୍ମ, କୁତ୍ସିତ ଅତ୍ୟାଚାରକୁ ଶାସନର ଆଖ୍ୟା ଦେଇ ଦୋଷକୁ ଘୋଡ଼ାଇଦିଅନ୍ତି। ଏହିସବୁ ସତ୍ୟଘଟଣା ଗୁଡ଼ିକ ଆମେ ରାସେଲଙ୍କ ବିବରଣୀରୁ ଦେଖିବାକୁପାଉ। କେବଳ ସେତିକି ନୁହେଁ ଭାରତରେ ଗଚ୍ଛିତ ଥିବା ବହୁମୂଲ୍ୟ ଧନସମ୍ପତି ଠାରୁ ଆରମ୍ଭକରି ତାଜମହଲ ମାର୍ବଲ ମଧ୍ୟ ବିକିଭାଙ୍ଗି ନେଇଯାଇଛନ୍ତି। ଏସବୁର ସମୁଚ୍ଚ ବିବରଣୀ ରାସେଲ ଲେଖିବାକୁ କେବେ ଦ୍ୱିଧା କରିନାହାନ୍ତି। ତେଣୁ, ଜଣେ ବିଖ୍ୟାତ ସତ୍ୟାନୁରାଗୀ ସାମ୍ବାଦିକ କଥା ପ୍ରାବନ୍ଧିକ ଆଜି ସ୍ମରଣ କରାଇ କୁହନ୍ତି- "କିଭଳି ଚରିତ୍ରର ଲୋକଙ୍କ ହାତରେ ସେତେବେଳେ ଭାରତବର୍ଷର ଭାଗ୍ୟଡ଼ୋରି ନ୍ୟସ୍ତ ଥିଲା, ସେକଥା ଚିନ୍ତାକଲେ ପାଷାଣ ପାଲଟିଯିବା କଥା। ବିଦ୍ରୋହ ପରେ ପରେ ସେମାନେ ଦିଲ୍ଲୀର ଐତିହାସିକ ଜୁମା ମସଜିଦ୍‌କୁ ଭାଙ୍ଗିପକାଇବାକୁ ବସିଥିଲେ, ପୁଣି ତାଜମହଲକୁ ତାଡ଼ିପକାଇ ସମସ୍ତ ଦୁର୍ମୂଲ୍ୟ ମାର୍ବଲ୍‌କୁ ଖୁଚୁରା ବିକ୍ରି କରିଦେବାର ପ୍ରସ୍ତାବ ମଧ୍ୟ ଥିଲା।

ରାସେଲ୍‌ଙ୍କର 'ମୋର ଭାରତୀୟ 'ବିଦ୍ରୋହ- ଦିନଲିପି' (My Indian Mutiny Diary) ଗ୍ରନ୍ଥରେ ୧୮୬୦ ମସିହାରେ ପ୍ରକାଶ ପାଇଥିଲା। ଇଂରାଜୀ ଇତିହାସକାରମାନେ ଯେ ଏବହି ସମ୍ପର୍କରେ ବିଶେଷ ଉତ୍ସାହ ପ୍ରକାଶ କରିବେ ନାହିଁ ଏହା ସ୍ୱାଭାବିକ; କିନ୍ତୁ ମୋତେ ବେଶି ଯାହା ବିସ୍ମିତ କରିଛି ତାହା ହେଲା ଭାରତୀୟ ଐତିହାସିକମାନଙ୍କ ଦ୍ୱାରା ମଧ୍ୟ ଏହି ଗ୍ରନ୍ଥ ନିହିତ ବହୁ ତଥ୍ୟ ଯଥାର୍ଥ ବ୍ୟବହାର ହୋଇନାହିଁ।"[୧୩] 'ସ୍ୱାଧୀନତା ସଂଗ୍ରାମର ଏକ ସ୍ଫୁଲିଙ୍ଗ' ପ୍ରବନ୍ଧରେ ଶ୍ରୀଯୁକ୍ତ ଦାସ ଲେଖିଛନ୍ତି, ଭାରତୀୟ ସ୍ୱାଧୀନତା ସଂଗ୍ରାମୀ ମାନଙ୍କର ସଂଖ୍ୟା ଅନେକ। ଦେଶମାତୃକାର ସେବାପାଇଁ ସେମାନେ ନିଜର ଜୀବନକୁ ତିଳ ତିଳ କରି ଉତ୍ସର୍ଗ କରିଦେଇଛନ୍ତି। ସେଥିମଧ୍ୟରୁ ନାରୀ ସ୍ୱାଧୀନତା ସଂଗ୍ରାମୀ ମାନଙ୍କର ସଂଖ୍ୟାମଧ୍ୟ କିଛି କମ୍ ନଥିଲା ଭାରତ ଇତିହାସରେ। ଉକ୍ତ ପ୍ରବନ୍ଧରେ ଶ୍ରୀଯୁକ୍ତ ଦାସ ସେମିତି ଏକ ସାହସୀ ନାରୀ ସ୍ୱାଧୀନତା ସଂଗ୍ରାମୀ କଥା ଉଲ୍ଲେଖ କରିଛନ୍ତି। ସିପାହୀ ବିଦ୍ରୋହର ବହୁ ପୂର୍ବରୁ ଅର୍ଥାତ୍ ୧୮୨୪ ମସିହାର ଇଷ୍ଟଇଣ୍ଡିଆ କମ୍ପାନୀ ବିରୁଦ୍ଧରେ ଏକ ବଡ଼ ଯୁଦ୍ଧ ହୋଇଥିଲା

ଯେଉଁଥିରେ ପ୍ରମୁଖ ଭୂମିକା ତୁଲାଇଥିଲେ ମହୀଶୂର ରାଜବଂଶର ଶେଷ ଉତ୍ତରାଧିକାରୀ ବା କିଟୁର ରାଣୀ ବିପ୍ଳବିନୀ ଚିନାମ୍ମା। ଅଦମ୍ୟ ସାହସ ଓ ପରାଜୟକୁ ଖାତିର ନକରି ସେ ସେଦିନ ଇଂରାଜୀ ସେନାପତି ଥାକାରେ ସାହେବଙ୍କୁ ପରାଜୟ କରି ଜଣେ ମହାନ୍ ସଂଗ୍ରାମୀର ପରିଚୟ ଦେଇଥିଲେ। କେତେଜଣ ବିଶ୍ୱାସଘାତଙ୍କ ଯୋଗୁଁ ରାଣୀ ପରବର୍ତ୍ତୀ ଯୁଦ୍ଧରେ ପରାଜୟ ହୋଇ ବନ୍ଦୀ ହୋଇଥିଲେ। ପରନ୍ତୁ, ସଂଗ୍ରାମର ନିଆଁ ସେ ସବୁଦିନ ପାଇଁ ଭାରତୀୟଙ୍କ ମନରେ ପ୍ରଜ୍ୱଳିତ କରିଯାଇଥିଲେ। ଏହି ପ୍ରବନ୍ଧରେ ମଧ୍ୟ ଓଡ଼ିଶାର ମହାନ୍ ବିପ୍ଳବୀ କୁଜଙ୍ଗର ଶେଷରାଣୀ ଭାବବତୀ ପଟ୍ଟମହାଦେବୀ କଥା ଉଲ୍ଲେଖ କରି ପ୍ରାବନ୍ଧିକ କୁହନ୍ତି- "ଭାରତୀୟ ସ୍ୱାଧୀନତା-ସଂଗ୍ରାମୀ ବହୁ ତଥ୍ୟ ଅଦ୍ୟପି ଅଜ୍ଞାତ। ସେହି ଗୋଧୂଳି ଗୌରବରେ ଓଡ଼ିଶାର ଅଂଶ ମଧ୍ୟ କମ୍ ନୁହେଁ। ଓଡ଼ିଶାର ଉପକୂଳବର୍ତ୍ତୀ ଏକ କ୍ଷୁଦ୍ର ରାଜ୍ୟ କୁଜଙ୍ଗ ଶେଷ ରାଣୀ ଭାବବତୀ ପଟ୍ଟମହାଦେବୀ ଲବଣ ସତ୍ୟାଗ୍ରହରେ ଅଂଶଗ୍ରହଣ କରିଥିବା ପ୍ରଥମ ରାଜବଂଶୀୟା ନାରୀ। ଭବିଷ୍ୟତରେ ତାଙ୍କ ଜୀବନୀ ଉପରେ କେହି ଆଲୋକପାତ କରିବେ ବୋଲି ଆଶାକରାଯାଉ।"(୧୪)

'ପାଣ୍ଡେୟ ପାଣ୍ଡିତ୍ୟ' ପ୍ରବନ୍ଧରେ ଇତିହାସରେ ଘଟିଯାଇଥିବା ସେହି ମୁସଲମାନ ଓ ହିନ୍ଦୁ ମଧ୍ୟରେ ସାମ୍ପ୍ରଦାୟିକତା ଆଜି ମଧ୍ୟ ଆମକୁ ସ୍ମରଣ କରାଇଦିଏ। ପ୍ରାବନ୍ଧିକଙ୍କ ମତରେ ହିନ୍ଦୁ ଓ ମୁସଲମାନ ଉଭୟଙ୍କୁ ନିଜ ଛଡା ଅନ୍ୟ କେହି ତୃତୀୟ ପକ୍ଷ ବୁଝେଇ ପାରିବେ ନାହିଁ। ଅର୍ଥାତ୍ ଦେଶ ବିଭାଜନ ହେଲା ହିନ୍ଦୁ-ମୁସଲମାନମାନଙ୍କ ମଧ୍ୟରେ ସମାଧାନ ହୋଇପାରିଲା ନାହିଁ ବରଂ ସମସ୍ୟା ଆହୁରି ବଢିବାରେ ଲାଗିଛି। ଇତିହାସରେ ଯେଉଁ ସବୁ ଧାର୍ମିକ ସଂଘର୍ଷ ଦେଖାଯାଏ ତାହା କେବଳ ମିଛ, ଅହମିକାର ଏକ ଆଟପଟିଏ। ମୁସଲମାନ ଶାସକ ଆଉରଙ୍ଗ ଜେବଙ୍କ ଶାସନରେ ଭାରତ ଭୂ-ଖଣ୍ଡରେ ଅନେକ ହିନ୍ଦୁ ମନ୍ଦିର ଭାଙ୍ଗିବାର ନଜର ମିଳେ। ମୂର୍ତ୍ତିପୂଜାକୁ ଦମନ କରିବା ପାଇଁ ଅନେକ ତାଗିଦ୍ ମଧ୍ୟ ମିଳିଥିଲା। ହଜାର ହଜାର ଛୋଟବଡ଼ ମନ୍ଦିର ବ୍ୟତୀତ ଆଉରଙ୍ଗଜେବ୍ ମଥୁରାର କେଶବ ମନ୍ଦିର ଧ୍ୱଂସ କରିଦେଲେ। ରାଜ୍ୟପାଳ ପାଣ୍ଡେଙ୍କ ଏ ପ୍ରକାର ହିନ୍ଦୁମନ୍ଦିର ଭାଙ୍ଗିବା ଘଟଣା ସମସ୍ତ ହିନ୍ଦୁବର୍ଗ ମାନଙ୍କର ଚିନ୍ତା ବଢାଇଦେଇଥିଲା। କାରଣ ପାଣ୍ଡେ ଯଦି ଉଭୟ ହିନ୍ଦୁ ଓ ମୁସଲମାନ ମନ୍ଦିର ଭାଙ୍ଗିବାର ସମାନ କାରଣ ପରିପ୍ରକାଶ କରିଥାନ୍ତେ ହୁଏତ ବୁଝାପଡ଼ିଥାନ୍ତା ଯେ ସମସାମୟିକ ପରିସ୍ଥିତି ଏପରି ମନ୍ଦିର ଭାଙ୍ଗିବା ପାଇଁ ବାଧ୍ୟ କରିଥିଲା। ପରନ୍ତୁ, ପ୍ରତିବଦଳରେ ସେ ଏକ ଆଲୋଚନା ଚକ୍ରରେ କହିଥିଲେ ଯେ, ଆଉରଙ୍ଗଜେବ୍ ବାରଣାସୀର ବିଶ୍ୱନାଥ ମନ୍ଦିର ଭାଙ୍ଗିବାର କାରଣ ହେଉଛି- ମନ୍ଦିର ମଧ୍ୟରେ ଜଣେ ପୁରୋହିତ କୁଆଡ଼େ ସେ ସମୟର ରାଜକୁମାରୀଙ୍କୁ ବଳତ୍କାର କରିଥିଲେ। ଫଳରେ ମୁସଲମାନ ରାଜା ସେଥିପାଇଁ

କ୍ରୋଧବଶତଃ ଭାରତ ବର୍ଷର ଶହ ଶହ ମନ୍ଦିର ଭାଙ୍ଗି ଚାଲିଲେ। ପ୍ରାବନ୍ଧିକ ମତପୋଷଣ କରିଛନ୍ତି ଯେ- "ଶସ୍ତା ବାହାବା ଏବଂ ସମର୍ଥନ ଲୋଭରେ ଭାରତୀୟ ଉଭୟ ବୁଦ୍ଧିଜୀବି ଓ ଭୋଟଜୀବୀମାନେ କିଭଳି ଦୁର୍ନୀତିର ଶିକାର ହୋଇପାରନ୍ତି, ଏ ଦୁଇଟି ତାହାର ଉଲଗ୍ନ ଦୃଷ୍ଟାନ୍ତ। ଆଉରଙ୍ଗଜେବ୍ ଖାଲି ଭାରତର ଇତିହାସରେ ଏକ ଅଭିଶାପ ମାତ୍ର ନୁହେଁ, ତା' ନିଜ ପୂର୍ବପୁରୁଷ ଆକବରଙ୍କ ସ୍ମୃତି ପ୍ରତି ମଧ୍ୟ ଏକ ଅପମାନ।"(୧୫)

ପ୍ରାବନ୍ଧିକ ଶ୍ରୀଯୁକ୍ତ ଦାସ 'ସ୍ମୃତି ଓ ସାକ୍ଷ୍ୟ' ପ୍ରବନ୍ଧରେ ଦର୍ଶାଇଛନ୍ତି ଭାରତୀୟ ପୁରାଣମାନଙ୍କୁ ଏଯାବତ୍ ଗବେଷଣା କରାଯାଇନାହିଁ। କେବଳ ଆଧ୍ୟାତ୍ମିକ ବିଶ୍ୱାସ ଓ ଭକ୍ତିଧାରା ମଧ୍ୟରେ ଯାହା ପ୍ରଚଳିତ ହୋଇଆସୁଛି। ପରନ୍ତୁ, ଆମକୁ ଚଳନ୍ତି ଶତାବ୍ଦୀରେ କେତେକ ଗବେଷଣାରୁ ଅନେକ ଗୁରୁତ୍ୱପୂର୍ଣ୍ଣ ତଥ୍ୟ ଉପଲବ୍ଧି ହୋଇଛି। ସେଥିମଧ୍ୟରେ ଶ୍ରୀଲଙ୍କା ଉପକୂଳରେ ରହିଥିବା ପ୍ରାଚୀନ ଧ୍ୱଂସାବିଶେଷ ମନ୍ଦିର। ଯାହା ରାବଣ ନିଜର ମାତାଙ୍କ ଉଦ୍ଦେଶ୍ୟରେ ତିଆରି କରିଥିଲେ। ଏଥିରେ ବ୍ୟବହୃତ ପ୍ରସ୍ତର ମାନ ଭାରତର ହିମାଳୟରୁ ଆସିଥିଲା। ଠିକ୍ ସେହିପରି ମଥୁରାରେ ପ୍ରତ୍ନତତ୍ତ୍ୱବିତ୍ ମାନେ ଖନନ କରୁଥିବା ସମୟରେ ଜଣା ପଡ଼ିଲା ଯେ, ପୃଥିବୀର ପ୍ରାଚୀନତମ ନଗରୀ ମଧ୍ୟରେ 'ମଥୁରା' ହେଉଛି ଅନ୍ୟତମ। ବାସ୍ତବକଥା ହେଉଛି ଆମର ଏହି ଐତିହାସିକ ଗବେଷଣା ଦିଗ ପ୍ରତି ଆମେ ଏବେ ସୁଦ୍ଧା ଯତ୍ନଶୀଳ ହୋଇନାହୁଁ। ଆମର ପ୍ରାୟତଃ ସମସ୍ତ ଗବେଷଣା ବିଦେଶୀମାନଙ୍କ ଦ୍ୱାରା ହେଉଛି। ତାହା ପୁଣି ସେମାନଙ୍କ ଆବଶ୍ୟକତା ଅନୁସାରେ। ଏ ଦିଗରେ ଯଦି ଆମ ବେଦ ଉପନିଷଦ ଭଳି ପ୍ରାଚୀନ ଧର୍ମଗ୍ରନ୍ଥକୁ ଆଧାରିତ କରି ପୁରାତତ୍ତ୍ୱଭିତ୍ତିକ ଗବେଷଣା କରାଯାଆନ୍ତା ତେବେ, ଆମେ ଗବେଷଣାର ଉପଯୁକ୍ତ ମାର୍ଗ ଅନୁସନ୍ଧାନ କରିପାରନ୍ତେ। ପ୍ରାବନ୍ଧିକ ଏଥିପାଇଁ ପ୍ରକାଶ କରିଛନ୍ତି- "ନୃତତ୍ତ୍ୱବିତ୍ ଜୁଲିଆନ ହାକ୍ସଲେ ସୁପରିଣତ ବୟସବେଳକୁ ଏହି ମତପୋଷଣ କରିବାରେ ପ୍ରମାଣ ଏକ ବକ୍ତୃତାରେ ରଖିଦେଇଯାଇଛନ୍ତି। ଆଧ୍ୟାତ୍ମିକ ଦୃଷ୍ଟି ନହେଉ, ଅନ୍ତତଃ ବିଜ୍ଞାନସମ୍ମତ ଦୃଷ୍ଟିରୁ, ସସମ୍ମାନ ଭାରତର ପୁରାଣଗୁଡ଼ିକୁ ଅଧ୍ୟୟନ କଲେ ଇତିହାସର ବହୁ ସଙ୍କେତ ମିଳିପାରନ୍ତା। କିନ୍ତୁ ଭାରତୀୟ ପୁରାଣତାତ୍ତ୍ୱିକ ଗବେଷଣାର ଇତିହାସରେ ସେ ଶୁଭ ଅଧ୍ୟାୟ ଅଦ୍ୟାବଧି ଫିଟିନାହିଁ।"(୧୬)

'ଭାସ୍କୋ-ଡା-ଗାମା' ପ୍ରବନ୍ଧରେ ଦେଖିବାକୁ ମିଳେ ଇତିହାସର ସେହି ପ୍ରାଚୀନ ତଥ୍ୟ ଉପରେ ଆଲୋଚନା। ଆମେ ସମସ୍ତେ ଜାଣିଛନ୍ତି ଭାରତକୁ ପ୍ରଥମେ ଜଳପଥ ଆବିଷ୍କାର ଭାସ୍କୋ-ଡା-ଗାମା କରିଥିଲେ। ପରନ୍ତୁ; ସେହି ପ୍ରାଚୀନ ନଥିପତ୍ରକୁ ଅଧ୍ୟୟନ କରି ଦିଲ୍ଲୀ ବିଶ୍ୱବିଦ୍ୟାଳର ହେଉଥିବା ଏକ ଜାତୀୟ କଂଗ୍ରେସରେ ଶ୍ରୀ ଅମ୍ବା ପ୍ରସାଦ ଏକ ଭିନ୍ନମତ ଦେଇଥିଲେ। ତାଙ୍କ ଗବେଷଣା ଅନୁସାରେ ଭାସ୍କୋ-ଡା-ଗାମା ପ୍ରଥମ

ଜଳପଥ ଆବିଷ୍କାରକ ନୁହନ୍ତି, ତାଙ୍କ ଦଳରେ ଥିବା ଅହମ୍ମଦ ବିନ୍ ମଜିଦ୍ ନାମକ ଜଣେ ଆରବ ନାବିକ ଏହାକୁ ଆବିଷ୍କାର କରିଥିଲେ। କାରଣ, ଭାରତ ଓ ଆରବ ବାଣିଜ୍ୟ ବେପାରର ମୁଖ୍ୟଘାଟି ଥିଲା କାଲିକଟ୍। ସେତେବେଳେ ପୃଥିବୀର ଅନ୍ୟତମ ସମୃଦ୍ଧଶାଳୀ ବାଣିଜ୍ୟ ବନ୍ଦର ରୂପେ କାଲିକଟ୍ ପ୍ରସିଦ୍ଧ ଅର୍ଜନ କରିଥିଲା। ୧୪୯୮ରେ ଯେତେବେଳେ ଗାମା ବାଣିଜ୍ୟ ବ୍ୟବସାୟ କରିବା ପାଇଁ କାଲିକଟ୍ ରେ ପହଞ୍ଚିଲେ ସେତେବେଳେ ଉଭୟ ଭାରତ ଓ ଆରବ ତାଙ୍କୁ ସ୍ୱାଗତ କରିଥିଲେ। ପରନ୍ତୁ, ଗାମା ବଡ଼ଧୂର୍ତ୍ତ ସ୍ୱଭାବର ଥିଲେ ସେ ରାଜା ପେରୁମଲଙ୍କ ଠାରୁ ଅନୁମତି ପାଇ ବ୍ୟବସାୟ କରିବେ କ'ଣ ନିଜର ଔଦ୍ଧତ୍ୟ ଯୋଗୁଁ ତାଙ୍କ ଅନୁଗାମୀମାନଙ୍କୁ ରାଜକର୍ମଚାରୀମାନେ ବନ୍ଦୀ କରିଥିଲେ ଏବଂ ନିଜେ କୌଶଳ କ୍ରମେ ସେଠାରୁ ଖସିଯାଇଥିଲେ। ଫଳସ୍ୱରୂପ ଗାମା ଅନନ୍ୟ ଉପାୟ ନପାଇ ଆରବ ବାସୀଙ୍କୁ ବନ୍ଦୀ କରିଥିଲେ ଓ ବହୁଧନ ସମ୍ପତି ବଦଳରେ ସେମାଙ୍କୁ ଛାଡ଼ିବା ପାଇଁ ରାଜି ହେଲେ। ଦ୍ୱିତୀୟ ଥର କାଲିକଟ୍ ରେ ଗାମା ପହଞ୍ଚିବା ପରେ ରାଜାଙ୍କୁ କହିଥିଲେ ଭାରତରୁ ସବୁ ଆରବୀମାନଙ୍କୁ କାଢି ଦିଆଯାଉ ଏକାକୀ ବାଣିଜ୍ୟ ଉଦ୍ଦେଶ୍ୟରେ ସେ କିଛି ଆରବୀମାନଙ୍କୁ ମଧ୍ୟ ଅପହରଣ କରି ଜାହାଜରେ ହତ୍ୟା କରି, ସେମାନଙ୍କ ମୃତଦେହକୁ ରାଜାଙ୍କ ପାଖକୁ ପଠାଇଥିଲେ। ଏହା ପରେ କାଲିକଟ୍ ମଧ୍ୟକୁ କମାଣ ଚଳାଇ ଭୟାତୁର ଭାବେ କୋଚିନ ଅଭିମୁଖେ ଯାତ୍ରାକରିଥିଲେ। ପ୍ରାବନ୍ଧିକ ଏଥିପାଇଁ କହିଛନ୍ତି- "ଏସବୁ ବିବରଣୀ ଭାସ୍କୋ-ଡା-ଗାମାଙ୍କୁ ଇତିହାସର ଅତି ନୃଶଂସ ଓ ଅସଭ୍ୟ ଲୋକଙ୍କ ଭିତରୁ ଜଣେ ବୋଲି ପ୍ରତିପାଦିତ କରିଥିଲା। ଏଭଳି ଲୋକର ନାମରୁ 'ଆବିଷ୍କାର'ର ଗୌରବ ଖସିପଡ଼ିବା ଏକ ସୁସମ୍ବାଦ।" (୧୭)

ଭାରତୀୟ ଇତିହାସରେ ତ୍ୟାଗ ଓ ବଳିଦାନର ନମୁନା କିଛି କମ୍ ନାହିଁ। ପରନ୍ତୁ, ଏବେ ସୁଦ୍ଧା ତାହାର ପ୍ରକୃତ ମୂଲ୍ୟାୟନ ହୋଇପାରିଛି ବୋଲେ ଆମେ ମୁକ୍ତ କଣ୍ଠରେ ସ୍ୱୀକାର କରିପାରିବା ନାହିଁ। ପ୍ରାବନ୍ଧିକ ଦାସ ତାଙ୍କ 'ବିଦ୍ରୋହ ଶ୍ରଦ୍ଧାଞ୍ଜଳି' ପ୍ରବନ୍ଧରେ ଏ ସମ୍ପର୍କରେ ବର୍ଣ୍ଣନା କରିଛନ୍ତି। 'ସିପାହୀ ବିଦ୍ରୋହ'କୁ ଆମେ ସ୍ମରଣ କରୁଛନ୍ତି ସତ ପରନ୍ତୁ, ଏ ଦିଗରେ ଆମର ଯଥେଷ୍ଟ ଐତିହାସିକ ସିଦ୍ଧାନ୍ତ ଏବେ ସୁଦ୍ଧା ଅନାଲୋଚିତ ଅବସ୍ଥାରେ ରହିଛି। ଯେତିକି ତଥ୍ୟ ଉପଲବ୍ଧି ତାହା କେବଳ ବିଦେଶୀ ଗବେଷକଙ୍କ ଗବେଷଣାରୁ ଉପଲବ୍ଧି ସେମାଙ୍କ ଲେଖାରୁ ଯେତିକି ବିଦ୍ରୋହୀ ମାନଙ୍କର ଦେଶପ୍ରେମ ତଥା ବୀରତ୍ୱ ଓ ବଳୀଦାନର ନମୁନା ରହିଛି ସେ ଦିଗରେ ଯଦି ଆମେ ତର୍ଜମା କରିବା ତେବେ ତାହା ଅନେକ ସ୍ୱାଧୀନତା ସଂଗ୍ରାମୀଙ୍କ ଜୀବନ ଇତିହାସର ବିବରଣୀ ହୋଇପାରିବ। ପ୍ରାବନ୍ଧିକ ଉଇଲିୟମ୍

ଫୋର୍ବେସ୍ ମିଚେଲଙ୍କ 'Reminiscences of Great Mutiny'ରେ ଲିଖିତ ଗୋଟିଏ ଘଟଣାକୁ ମନେ ପକାଇ କୁହନ୍ତି- ଇଂରେଜ ଶାସନ ସମୟରେ ଦିନେ ଭାରତୀୟ ଦୁଇହଜାର ସଂଗ୍ରାମୀମାନଙ୍କୁ ହତ୍ୟାକରି ତାଙ୍କ ଶିବିରକୁ ପ୍ରତ୍ୟାବର୍ତ୍ତନ କରୁଥାନ୍ତି। ଶୋଷାତୁର ହୋଇ ବାଟରେ ଥିବା ଗୋଟିଏ ଉଦ୍ୟାନ ମଧ୍ୟରେ ପାଣି କଳସ ଦେଖି ପିଇବାକୁ ବସିପଡ଼ନ୍ତେ; ଆଉ ଉଠିପାରିଲେ ନାହିଁ, କାରଣ, ନିକଟରେ ଥିବା ଗଛ ଉପରେ ଜଣେ ସଂଗ୍ରାମୀର ଭୀଷଣ ଗୁଳି ମାଡ଼ରେ ସେମାନେ ଧରାଶ୍ରୟୀ ହୁଅନ୍ତି। ସାହେବଙ୍କ ଆଦର୍ଶରେ ଜଣେ ସୈନ୍ୟ ଗଛର ପତ୍ର ମଧ୍ୟରେ ଲୁଚିରହିଥିବା ବିଦ୍ରୋହୀଙ୍କୁ ଗୁଳିମାରି ତଳେ ପକାଇଦିଅନ୍ତି। ଅବଶେଷରେ ଜଣାପଡ଼େ ବିଦ୍ରୋହୀ ଜଣକ ଜଣେ ଯୁବତୀ। ପ୍ରାବନ୍ଧିକ ଏଥିପାଇଁ କହିଛନ୍ତି- "ଯେଉଁ ଆଦର୍ଶ ଝାନ୍ସିର ରାଣୀଙ୍କୁ ଉଦ୍‌ବୁଦ୍ଧ କରିଥିଲା, ଏ ଯୁବତୀଙ୍କୁ ବି ସେହି ଆଦର୍ଶ ଉଦ୍‌ବୁଦ୍ଧ କରିଥିବ। କିନ୍ତୁ ଆଦର୍ଶ କେତେ ଗଭୀର, କେତେ ମହତ୍ ହେଲେ ଯାଇ ଏଭଳି ସାହସିକ ଆତ୍ମତ୍ୟାଗ ପାଇଁ ଜଣେ ଉଦ୍‌ବୁଦ୍ଧ ହୋଇପାରେ? ଏହି ପ୍ରଶ୍ନ ମନରେ ରଖି ଭାରତୀୟ ଐତିହାସିକମାନେ ସିପାହୀ-ବିଦ୍ରୋହର ମୂଲ୍ୟାୟନ କରିଛନ୍ତି କି?"(୧୮)

'ପ୍ରୋଥିତ ଇତିହାସ' ପ୍ରବନ୍ଧରେ ଅତୀତର ସେହି ଅନାଲୋଚିତ ଇତିହାସକୁ ନିରପେକ୍ଷ ଭାବେ ଲେଖାଯାଉ ବୋଲି ପ୍ରାବନ୍ଧିକ ଦୃଢୋକ୍ତି ପ୍ରକାଶ କରିଛନ୍ତି। କାରଣ ଯେଉଁମାନେ ପୂର୍ବ ଇତିହାସକୁ ରଚନାକରିଛନ୍ତି ତାହା କ୍ଷମତାସୀନ ଐତିହାସିକମାନଙ୍କ ଦ୍ୱାରା ଲିଖିତ। ଏହାର ସୁନ୍ଦର ଉଦାହରଣ ଦେଇ ପ୍ରାବନ୍ଧିକ କୁହନ୍ତି, ଥରେ ନେପଲିୟନ୍ ବୋନାପାର୍ଟଙ୍କୁ ପ୍ରଶ୍ନ କରାଗଲା ଆପଣଙ୍କ ମତରେ ଇତିହାସର ସବୁଠାରୁ ବଡ଼ ସେନାପତି କିଏ? ସେ ଅତ୍ୟନ୍ତ କୌଶଳ କ୍ରମେ ଉତ୍ତର ରଖିଲେ- ଜୁଲିଅସ୍ ସିଜର ନିଶ୍ଚିତ ଦ୍ୱିତୀୟ ବଡ଼ ସେନାପତି। କଥାଟିଏ ତାଙ୍କ କୌଶଳରୁ ଯାହା ବୁଝାପଡ଼େ ସେ ହିଁ ପ୍ରଥମ ସେନାପତି। ସେହିପରି କ୍ଷମତାସୀନ ଲୋକମାନେ ସବୁବେଳେ ଭୋକିଲା ମଣିଷର କଥାକୁ ମନେରଖି ପାରନ୍ତିନାହିଁ। ଏଣୁ ସେ ଏକ ନିରପେକ୍ଷ ଐତିହାସିକ ମଣ୍ଡଳୀଦ୍ୱାରା ଯଦି ଆମ ଇତିହାସରେ ସେ ସ୍ୱାଧୀନତା ସଂଗ୍ରାମୀ ସମ୍ପର୍କରେ ମୂଲ୍ୟାୟନ କରାଯାନ୍ତା ତେବେ ତାହା ସେମାନଙ୍କ ପ୍ରତି ଯଥେଷ୍ଟ ସମ୍ମାନବୋଧ ହୋଇପାରନ୍ତା। ଏଥିପାଇଁ ପ୍ରାବନ୍ଧିକ କହିଛନ୍ତି- "କିନ୍ତୁ ଗୋଟିଏ କଥା, ଗତକାଲିର କର୍ତ୍ତୃପକ୍ଷ ତଥା ଆଜିର କର୍ତ୍ତୃପକ୍ଷ ଭୁଲିଯାଉଛନ୍ତି, ଯେ ହଜାର ହଜାର ବର୍ଷ ପରର ମଣିଷ ଆପଣଙ୍କ ବାଖ୍ୟାକୁ ବିଶ୍ୱାସକରି ଆପଣଙ୍କ ଚରିତ୍ର ଓ କୃତିତ୍ୱର ମୂଲ୍ୟାୟନ କରିବା, ସେକଥା ଭାବନ୍ତୁନାହିଁ। ସେ ତା'ର ନିଜସ୍ୱ ପଦ୍ଧତିରେ, ଅପେକ୍ଷାକୃତ ବହୁ ଅଧିକ ଶକ୍ତିଶାଳୀ ଉପାୟ ସାହାଯ୍ୟରେ, ଆଜିର ଘଟଣାବଳୀକୁ ବିଚାର କରିବା- ଯଦି ସେଥିପାଇଁ ତା'ର

ଆଗ୍ରହ ଥାଏ। ଆଜିର ମୂଲ୍ୟବୋଧ ଓ ସେ ପରବର୍ତ୍ତୀ ଯୁଗର ମୂଲ୍ୟବୋଧ ଭିତରେ ଥିବା ବହୁତ ପାର୍ଥକ୍ୟ।"[୧୯]

ଇତିହାସର ବହୁ ଅନାଲୋଚିତ ତଥ୍ୟକୁ ପ୍ରାବନ୍ଧିକ ମନୋଜ ଦାସ ତାଙ୍କ ପ୍ରବନ୍ଧ ଜରିଆରେ ଲୋକଲୋଚନାକୁ ଆଣିପାରିଛନ୍ତି। ଇତିହାସର ସେହି ମହାନ୍ ବଂଶଧର ମୋଗଲ ସମ୍ରାଟମାନଙ୍କ ବିଷୟରେ ଊଣାଅଧିକ ଜାଣିଥିବା, ସେମାନଙ୍କର ଗୁଣ ଓ କୀର୍ତ୍ତିରାଜରେ ଆମ ଇତିହାସ ପୃଷ୍ଠା ସବୁ ବେଶ୍ ସଜେଇ ହୋଇଥିବା ଜଣାପଡ଼େ। ପରନ୍ତୁ, ବହୁ ଅଜ୍ଞାତ ସତ୍ୟଗୁଡ଼ାକ ଐତିହାସିକମାନେ ଆଲୋଚନା କରିବାକୁ ଚେଷ୍ଟା କରିଛନ୍ତି। ମୋଗଲ ସମ୍ରାଟକୂଳଜମାନଙ୍କ ମଧ୍ୟରେ ବାବର, ହୁମାୟୁନ, ଆକବର, ଜାହାଙ୍ଗିରି, ଶାହାଜାହାନ୍ ଓ ଆଉରଙ୍ଗଜେବ ବିଷୟରେ ଅନେକ କୀର୍ତ୍ତି, ଯଶ କିମ୍ବା ଖ୍ୟାତି ଆମେ ଶୁଣିଛେ, ହେଲେ ସେମାନଙ୍କର ଅନେକ ବଂଶଜମାନେ ଅତ୍ୟନ୍ତ ନିର୍ମମ ଭାବରେ ହତ୍ୟା କରାଯାଇଥିବା ବେଳେ ଆଉ କେତେଜଣଙ୍କୁ ଅନ୍ଧ ମଧ୍ୟ କରାଯାଇଥିଲା। ଏସବୁ ପୁଣି ଆସନ ସକାଶେ ନିଜ ନିଜ ମଧ୍ୟରେ ସଂଘର୍ଷ ଯୋଗୁଁ ହିଁ ଘଟିଛି। ସେମାନଙ୍କ ମଧ୍ୟରେ ଆଉରଙ୍ଗଜେବଙ୍କ ନାତି ଜାହାଙ୍ଗୀର ଭ୍ରାତୃଷ୍ପୁତ୍ର ଫାରୁକ୍‌ସିଆର୍‌ଙ୍କ ଦ୍ୱାରା ନିହତ ହୋଇଥିବା ବେଳେ, ଆଉରଙ୍ଗଜେବଙ୍କ ଅନ୍ୟତମ ନାତି ବେକୁସିଆର ଓ ସମ୍ରାଟ ଇବ୍ରାହିମଙ୍କୁ ମଧ୍ୟ ହତ୍ୟା କରାଯାଇଥିଲା। ତାଙ୍କ ପରେ ମହମ୍ମଦ ଶାହା ଗାଦିରେ ବସନ୍ତି ପାରସ୍ୟର ନାଦିରଶାହା ଦିଲ୍ଲୀ ଆରମାନ କରି ତିରିଶ ହଜାର ନିରୀହଙ୍କୁ ହତ୍ୟାକରିବା ସହିତ ଅନେକ ଧାନସମ୍ପତ୍ତି ଏବଂ ବିଶ୍ୱବିଖ୍ୟାତ ମୟୂର ସିଂହାସନ ସହ କୋହିନୂର ହୀରା ନେଇଯାଇଥିଲେ। ମହମ୍ମଦ ଶାହାଙ୍କ ପୁତ୍ର ଆହମ୍ମଦ ସାହାଙ୍କୁ ସେମିତି ତାଙ୍କ ମନ୍ତ୍ରୀ ଗାଜୀଉଦ୍ଦୀନ୍ ଆଖି ଦୁଇଟି ନଷ୍ଟ କରିଦେବା ସହ ବନ୍ଦୀ କରିଦେଇଥିଲେ। ଆସନରେ ବସିଲେ ଦ୍ୱିତୀୟ ଆଲମବର୍। ମନ୍ତ୍ରୀ ଓ ରାଜାଙ୍କ ମଧ୍ୟରେ ବିବାଦ ଚାଲିବାରୁ ସେ ମଧ୍ୟ ଗାଜିଉଦ୍ଦୀନଙ୍କ ଦ୍ୱାରା ନିହିତ ହେଲେ ମୋଗଲମାନଙ୍କର ଶେଷ ସମ୍ରାଟ ବାହାଦୁର ଶାହାଙ୍କୁ ବନ୍ଦୀ କରାଇ ରେଙ୍ଗୁନ ପଠେଇ ଦିଆଯାଇଥିଲା। ତାଙ୍କ ଚାରି ପୁତ୍ରଙ୍କ ମଧ୍ୟରୁ ଫିରୋଜ ଶାହା ଏବଂ ଫଖରୁଦ୍ଦିନ ଅବସ୍ଥା ମଧ୍ୟ ଠିକ୍ ସେମିତି ହୋଇଥିଲା। ଜଣେ ଇଂରେଜମାନଙ୍କ ଠାରୁ ପରାଜୟ ହୋଇ ମକ୍କା ପଳାୟନ କରିଥିବାବେଳେ, ଆଉଜଣେ ନିଜକୁ ବଞ୍ଚାଇବା ପାଇଁ ଫକିର ବେଶ ଧରି ବୁଲିଲେ। ସୁତରାଂ ଦେଖିବାକୁ ଗଲେ ମୋଗଲ ବଂଶଧରମାନଙ୍କ ମଧ୍ୟରେ ୧୯ଜଣ ଦିଲ୍ଲୀରେ ଶାସନ କରିଥିଲେ। ବାକି ଅନ୍ୟମାନେ ନାମକୁ ମାତ୍ର ଆସନରେ ସୀମିତସମୟ ପାଇଁ ବସିଥିଲେ। ଏମାନଙ୍କର ସଂପୂର୍ଣ୍ଣ ଇତିହାସ ଆମେ ଜାଣିନଥିବାରୁ ମୋଗଲ ଶାସକଙ୍କର ଖ୍ୟାତିକୁ ଆମେ ପ୍ରଶଂସା କରୁଛେ ପରନ୍ତୁ, ମନୋଜ ଦାସ ଏହିପରି ସ୍ଥଳରେ 'ହତଭାଗା

ରାଜବଂଶ' ଶୀର୍ଷକ ପ୍ରବନ୍ଧରେ କୁହନ୍ତି- "ମୋଗଲ ସମ୍ରାଟକୁଳ କଥା ଭାବିଲାବେଳେ ଆମେ ସାଧାରଣତଃ ବାବରଙ୍କ ଦୁଃସାହସିକ ଭାରତ ଅଭିଯାନ, ଆକବରଙ୍କ ଉଦାରନୀତି, ଶାହାଜାହାନଙ୍କ ତାଜମହଲ ଭଳି କୀର୍ତ୍ତି ଏବଂ ଆଉରଙ୍ଗଜେବଙ୍କର ଅବିବେକତା ଭଳି କେତୋଟି କଥା ମନେପକାଇଥାଉ। କିନ୍ତୁ ବାସ୍ତବରେ ସାରା ପୃଥିବୀରେ ରାଜକୂଳର ଇତିହାସରେ ଏଡ଼େ ହତଭାଗ୍ୟ ରାଜବଂଶ ଆଉ ଦ୍ୱିତୀୟ ଥିବେ କି ନା ସନ୍ଦେହ।" (୨୦)

'ଭବାନୀ-ତରବାରୀ' ପ୍ରବନ୍ଧରେ ଶ୍ରୀଯୁକ୍ତ ଦାସ ଉଲ୍ଲେଖ କରିଛନ୍ତି, ଭାରତରେ କୋହିନୂର ହୀରାକୁ ନେଇଯିବା ପରି ଶିବାଜୀଙ୍କ ପ୍ରସିଦ୍ଧ ତରବାରୀ ଏବେ ଯାଇ ଇଂଲଣ୍ଡରେ ବକିଂହାମ୍ ଠାରେ ଅଛି। ଯାହାକୁ ମହାରାଷ୍ଟ୍ର ମୁଖ୍ୟମନ୍ତ୍ରୀ ଅନ୍ତୁଲେ ଆଣିବା ପାଇଁ ଉଦ୍ୟମ କରିବାରୁ ତାକୁ ନେଇ ନାନା ପ୍ରକାର ରାଜନୀତି ଆରମ୍ଭ ହେଲା କେହି କେହି କହିଲେ ମନ୍ତ୍ରୀ ମହୋଦୟ ମୁସଲମାନ ହୋଇଥିବାରୁ ହିନ୍ଦୁମାନଙ୍କ ଭୋଟ ପାଇବା ପାଇଁ ପ୍ରୟାସ କରୁଛନ୍ତି। ଆଉକେହି ଭାବୁଥିଲେ ସେ ମୁସଲମାନ୍ ହୋଇ ସୁଦ୍ଧା କିପରି ମୁସଲମାନମାନଙ୍କର ପ୍ରଧାନ ଶତ୍ରୁ ଶିବାଜୀଙ୍କ ଏହି ତରବାରୀକୁ ଆଣିବା ପାଇଁ ଉଦ୍ୟମ କରୁଛନ୍ତି। ପରନ୍ତୁ, ସତ୍ୟ କ'ଣ ସେ ଜାଣିନଥିଲେ। ଶିବାଜୀ ନିଶ୍ଚିତ ସଚ୍ଚା ହିନ୍ଦୁଥିଲେ ହେଲେ ମୁସଲମାନଙ୍କ ବିରୋଧୀ ନଥିଲେ ବରଂ ଔରଙ୍ଗଜେବଙ୍କ ଅତ୍ୟାଚାର ପ୍ରତି ସେ ତୀବ୍ର ବିରୋଧ କରୁଥିଲେ। ଏଣୁ କୁହାଯାଇ ପାରେ ଅନ୍ତେଲୁ ଇତିହାସଦ୍ୱାରା ପ୍ରଭାବିତ ହୋଇନଥିଲେ ବରଂ ସେ ଇତିହାସକୁ ଯଥେଷ୍ଟ ସମ୍ମାନ ଦେବାକୁ ଚାହୁଁଥିଲେ। ଇତିହାସର ସଠିକ୍ ପ୍ରମାଣ ନଥିବାରୁ କେହି କେହି ହାସ ପରିହାସ କରି କୁହନ୍ତି, ସେହି ତରବାରୀ ଉପରେ ପର୍ତ୍ତୁଗୀଜ ଭାଷାରେ ଲେଖାଯାଇଥିବା ଯୋଗୁଁ ତାହା କିପରି ଦେବୀଙ୍କ ତରବାରୀ ହେବ। ଇତିହାସର ସତ୍ୟତା ଦୃଷ୍ଟିକୋଣରୁ ମହାରାଷ୍ଟ୍ରର ଏକ ସାମନ୍ତ ପରିବାର ଗୋଆରେ ପର୍ତ୍ତୁଗୀଜମାନଙ୍କ ଠାରୁ ଯୁଦ୍ଧକରି ଏହାକୁ ନେଇଆସିଥିଲେ। ଏକଥା ବର୍ତ୍ତମାନ ସାମନ୍ତ ବଂଶର ବଂଶଧର ଶ୍ରୀ କାଶିରାମ ଆରଟିଏନ ସାମନ୍ତ ଦେଖାଇ କୁହନ୍ତି। ଠିକ୍ ସେହିପରି ୧୮୪୨ ମସିହାରେ ସୋମନାଥ ମନ୍ଦିର ଆକ୍ରମଣ ସମୟରେ ମନ୍ଦିରର ବିଶାଳ ଚନ୍ଦନ କବାଟକୁ ମହମ୍ମଦ ଗଜନୀ ଆଫଗାନିସ୍ଥାନ ନେଇଯାଇଥିଲେ। ଯାହାକୁ ପରେ ବ୍ରିଟିଶମାନେ ପୁନଃଉଦ୍ଧାର କରି ଭାରତକୁ ଫେରାଇ ଦେବା ପାଇଁ ଘୋଷଣା କରିଥିଲେ। ପରନ୍ତୁ, ଦୁର୍ଭାଗ୍ୟ ଏହାକି ସେ କବାଟ ସୋମନାଥ ମନ୍ଦିରର ନୁହେଁ। ଏଥିପାଇଁ ପ୍ରାବନ୍ଧିକ ମତ ଦିଅନ୍ତି- "ତରବାରୀ ଏଯାଏ ବକିଂହାମ୍ ପ୍ରସାଦରେ ରହିଛି।ତାକୁ ନେଇଆସିବା ପାଇଁ ଲଣ୍ଡନ ଯାଏ ଉଡ଼ିଯିବା ହିଁ ଯଥେଷ୍ଟ ବୋଲି ଯେ ଅନ୍ତେଲୁ ଭାବୁଥିଲେ, ତାହା ତାଙ୍କ ଅନଭିଜ୍ଞାନତାର ପରିଚୟ ଦିଏ। ସେ ବିନା ତରବାରୀରେ

ଫେରି ଆସିଛନ୍ତି। ଭାରତର ବୈଦେଶିକ ମନ୍ତ୍ରଣାଳୟ ବିଲାତ ସରକାରଙ୍କ ସହ କଥାବାର୍ତ୍ତା କରିବେ ତେଣିକି ବିଲାତ ସରକାରଙ୍କର ସମ୍ପୃକ୍ତ ବିଭାଗ ରାଣୀଙ୍କୁ ତରବାରିଟି ଦେଇଦେବାକୁ ଅନୁରୋଧ କରିବେ। ରାଣୀ ଦେବେ କି ନଦେବେ, ସେ କଥା ଭିନ୍ନ। ତେଣୁ ସମୟ ଅଛି। ଐତିହାସିକମାନେ ଇତିମଧ୍ୟରେ ସେ ତରବାରୀର ପ୍ରକୃତ ପରିଚୟ ନିର୍ଣ୍ଣୟ କରିବାକୁ ଚେଷ୍ଟା କରନ୍ତୁ।"(୨୧)

ଭାରତ ହେଉଛି କଳା ସ୍ଥାପତ୍ୟ ବିମଣ୍ଡିତ ଦେଶ। ପ୍ରାଚୀନ ଐତିହ୍ୟକୁ ନେଇ ଆମେ ଆଜି ଯେତିକି ଉତ୍ସାହିତ ନୁହଁ, ତା' ଠାରୁ ଅଧିକ ପ୍ରେରଣା ପ୍ରାପ୍ତି ବୋଲି ମାନେକରୁ। ନିକଟରେ ଦିଲ୍ଲୀଠାରେ ଦେଖାଯାଉଥିବା ଲୋହସ୍ତମ୍ଭକୁ ନେଇ ଭରତ ସରକାର ପ୍ରତ୍ନତତ୍ତ୍ୱ ବିଭାଗର ନିର୍ଦ୍ଦେଶକ ଆଲେକଜାଣ୍ଡାର କନିଂହାମ୍ କହିଥିଲେ ଦିଲ୍ଲୀର ମିଳିଥିବା ଲୌହସ୍ତମ୍ଭଟି ବଡ଼ ଅଦ୍ଭୁତ। ଯାହା ପ୍ରାଚୀନ କୀର୍ତ୍ତିର ଏକ ଉତ୍କୃଷ୍ଟ ନମୁନା। ଏହି ଲୌହଶୀଳାକୁ ଦେଖି ଜଣେ ୟୁରୋପୀୟ ବିଶେଷଜ୍ଞ କହିଛନ୍ତି- ଏହି ଲୌହସ୍ତମ୍ଭ ବର୍ତ୍ତମାନ ପୃଥିବୀର ବଡ଼ ଲୌହଶାଳାରେ ମଧ୍ୟ ତିଆରି କରିବା ଅସମ୍ଭବ। ଅର୍ଥାତ ପ୍ରାବନ୍ଧିକ ଦାସ 'ଦିଲ୍ଲୀର ଲୌହସ୍ତମ୍ଭ' ପ୍ରବନ୍ଧରେ ଭାରତର ଏହି ପ୍ରାଚୀନ କୀର୍ତ୍ତିମାନର ସୂଚନା ପ୍ରଦାନ କରିଛନ୍ତି। କିମ୍ବଦନ୍ତୀ ଓ ଇତିହାସ ଆଧାରରେ ଆହୁରି ଅନେକ ଦୁର୍ମୂଲ୍ୟ ପଦାର୍ଥ ଆବିଷ୍କାର କରାଯାଇପାରେ। ସେ ଏଥିରେ ମଧ୍ୟ ପ୍ରକାଶ କରିଛନ୍ତି ଓଡ଼ିଶାରେ ବ୍ୟବହୃତ କୋଣାର୍କ ଓ ପୁରୀ ମନ୍ଦିରରେ ବ୍ୟବହୃତ ଲୌହମାନଙ୍କରେ ମଧ୍ୟ ବିଶୋଧିତ ଧାତୁରେ ତିଆରି। ଏହି ପ୍ରବନ୍ଧର ମୂଳ ଉଦ୍ଦେଶ୍ୟ ହେଲା ଏହି ପ୍ରାଚୀନ କୀର୍ତ୍ତିରାଜି ଏବେସୁଦ୍ଧା ଅଧିକ ଚର୍ଚ୍ଚା ହେଉନାହିଁ। ଏଥିପାଇଁ ସେ କୁହନ୍ତି- "ଆଜିଯାଏ ଭାରତ ଇତିହାସ ଗବେଷକମାନେ ପ୍ରାଚୀନ ଦର୍ଶନ-ସାହିତ୍ୟ ଓ ଅନ୍ୟାନ୍ୟ ତତ୍ତ୍ୱଗତ ବ୍ୟାପାର ଉପରେ ବହୁତ ଚର୍ଚ୍ଚା କରିଛନ୍ତି; କିନ୍ତୁ ପ୍ରାଚୀନ ସଭ୍ୟତାର ଯେଉଁ ବ୍ୟବହାରିକ ଦିଗ କମ୍ ବିସ୍ମୟକର ନଥିଲା, ସେ ଦିଗରେ କେହି ମନୋଯୋଗ ଦେଇନାହାନ୍ତି। ପ୍ରାଚୀନ ଭାରତୀୟ ବୈଜ୍ଞାନିକ ପ୍ରଗତି ବା ନିର୍ମାଣ ବିଧିର ତଥ୍ୟସମୃଦ୍ଧ ଇତିହାସ କାହିଁ ? ସେସବୁ ଜ୍ଞାନ ବିସ୍ମୃତ।"(୨୨)

ମାନବ ପ୍ରଗତି ଏକ ସ୍ଥୁଳ ଶକ୍ତି ଯୋଗୁଁ ସମ୍ଭବ ହୋଇଛି। କାରଣ ଆମେ ସମସ୍ତେ ଜାଣିଛନ୍ତି ମହାଭାରତ ଯୁଦ୍ଧ ଏକ ସ୍ଥୁଳ ଘଟଣା ପରନ୍ତୁ; ସେହି ସ୍ଥୁଳ ଘଟଣାରୁ ସୃଷ୍ଟିହେଲା ମଣିଷ ଜୀବନକୁ ଆଧାର କରିଲାପରି ଶକ୍ତି 'ଗୀତା' ଅର୍ଥାତ ଆମର ବିବର୍ତ୍ତନଧାରା ପ୍ରାଚୀନ ଐତିହାସିକ ମୂଲ୍ୟାୟନରୁ ସମ୍ଭବ ହେବ ବୋଲି ବିଶ୍ୱାସ କରାଯାଇପାରେ। ପୁନଃ ବିଚାର କରାଯାଇ ପାରେ କେବଳ ଇତିହାସ ଆମ ବିକାଶ ପାଇଁ ଏକାନ୍ତ ନୁହେଁ; ଇତିହାସକୁ ନିୟନ୍ତ୍ରଣ କରିବାର ଯଥେଷ୍ଟ ଜ୍ଞାନ ଓ ସଦିଚ୍ଛା ମଧ୍ୟ

ଆମର ଆବଶ୍ୟକ। ଏହି ସଦିଚ୍ଛାରୁ ଆମେ ବଞ୍ଚିତ ହେଲେ କିମ୍ବା ମନରେ ଜାଗ୍ରତ କରାଇ ନପାରିଲେ ପ୍ରେରଣା ପ୍ରାପ୍ତି କରିବା ଅସମ୍ଭବ। ଏଥିପାଇଁ ପ୍ରାବନ୍ଧିକ ଦାସ 'ଐତିହାସିକ ବିଡ଼ମ୍ବନା' ପ୍ରବନ୍ଧରେ ଦର୍ଶାଇଛନ୍ତି- ଆମେ ଦେଖୁଥିବା ଘଟଣା ଇତିହାସ ନୁହେଁ ବରଂ ଆମ ପଛରେ ଅଦୃଶ୍ୟ ଭାବେ ରହିଥିବା ଶକ୍ତିହୀନ ପ୍ରକୃତ ଇତିହାସ ଯାହାର ନମୁନା ଦବାକୁ ଯାଇ ସେ କୁହନ୍ତି- ମହାଭାରତ ଯୁଦ୍ଧ ହେଲା ପରନ୍ତୁ; ଯୁଦ୍ଧକୁ ଯେତିକି ଆମେ ମନେ ନ ରଖିଥିବା ତହିଁରୁ 'ଗୀତା' ଜ୍ଞାନକୁ ଆମ ଜୀବନର ବ୍ରତବୋଲି ସ୍ଥିର କରି ମନେରଖିଛେ। ଅନୁରୂପ ଭାବେ ଯୀଶୁଙ୍କୁ କୃଶବିଦ୍ଧ କରି ଜାତନା ଦେଇ ହତ୍ୟା କରାଯାଇଥିବା କଥା ଆମେ ସମସ୍ତେ ଜାଣିଛନ୍ତି ପରନ୍ତୁ; ତାଙ୍କ ହତ୍ୟାକୁ ଅଧିକ ଗୁରୁତ୍ୱ ନ ଦେଇ ତାଙ୍କ ଦ୍ୱାରା ସୃଷ୍ଟି ହୋଇଥିବା ଦିବ୍ୟବାଣୀ ଆଜି ମାନବ ସଭ୍ୟତାର ମଙ୍ଗଳ ନିମନ୍ତେ ପ୍ରତ୍ୟେକ ସମୟରେ ବ୍ୟବହାର ହେଉଛି। ଅର୍ଥାତ୍ ଇତିହାସର ମହତ୍ତ୍ୱ ଉଦ୍ଦେଶ୍ୟ ସେତେବେଳେ ଆମ ହିତସାଧନ ହୋଇପାରିବ ଯେତେବେଳେ ଆମେ ତା ପଛରେ ଲୁଚିରହିଥିବା ମହାନ୍ ଅନୁଭବକୁ ଉପଲବ୍ଧି କରି ଭବିଷ୍ୟତ ଜୀବନରେ କାର୍ଯ୍ୟକାରୀ କରିପାରିବା। 'ସତୀ' ପ୍ରବନ୍ଧରେ ସେମିତି ଦେଖିବାକୁ ମିଳେ ଉତ୍ତର ଭାରତ, ପଞ୍ଜାବ, ଓ ହରିୟାଣାର କେତେକ ବୁଦ୍ଧିଜୀବୀ ଏବେ କୁଆଡ଼େ ପୁନଃ ସତୀପ୍ରଥା ପ୍ରଚଳନ କରିବାକୁ ଗୁପ୍ତାରେ ପ୍ରୟାସ ଆରମ୍ଭ କରିଛନ୍ତି। ସେମାନଙ୍କର କହିବାର କଥା ସତୀପ୍ରଥା ସମାଜର ଏକ ମହାନ୍ ଆଦର୍ଶ କୁଆଡ଼େ। ଏଥିପାଇଁ କେତେକ ଶୋଭାଯାତ୍ରା ମଧ୍ୟ ବାହାରିଲାଣି। ପୁଣି ଶୁଣିବାକୁ ମିଳୁଛି ସେମାନେ ରାଣୀ ପଦ୍ମିନୀ ଓ ବାହିରଙ୍କ ପତ୍ନୀ ରାଣୀବାଇଙ୍କର ଉଦାହରଣ ମଧ୍ୟ ଦେଉଛନ୍ତି। ହେଲେ, ଅସଲ କଥା ଇତିହାସର ସେ ଅଲିଭା ଘଟଣାର ସଂପୂର୍ଣ୍ଣ ବାସ୍ତବ ବିବରଣୀ ସମ୍ପର୍କରେ ସେମାନେ ଅବଗତ ନୁହଁନ୍ତି। ସାମାଜିକ ଅବ୍ୟବସ୍ଥାକୁ ଲକ୍ଷ୍ୟକରି ୧୮୨୯ ମସିହାରେ ତତ୍କାଳୀନ ଭାରତୀୟ ଗଭର୍ଣ୍ଣର ଜେନେରାଲ ଲର୍ଡ ବେଣ୍ଟିକ୍ ସତୀଦାହ ପ୍ରଥା ବ୍ୟବସ୍ଥାକୁ ଉଚ୍ଛେଦ କରିଥିଲେ।

ମନୋଜ ଦାସ ଇତିହାସର ଏହି ଦୁଇ ସତୀପ୍ରଥାକୁ ସ୍ମରଣ କରାଇ କୁହନ୍ତି ସେ ସମୟର ଯେଉଁ ପରିସ୍ଥିତି ଥିଲା ତାହାର କିଛି ଅନ୍ୟ ଉପାୟ ନଥିଲା। ସେମାନେ କେବେ ପରମ୍ପରା କ୍ରମେ ଏହି ପ୍ରଥା ପ୍ରଚଳନ ହେଉ ବୋଲି ମନେକରି ଏମିତି କରିନଥିଲେ। ମହାଭାରତ ଯୁଗ ପରେ ଦ୍ୱିତୀୟରେ ଚିତୋର ଦୁର୍ଗର ରାଣୀ ପଦ୍ମିନୀ ସତୀଦାହ ବ୍ରତ ପାଳିଥିଲେ। ତା'ର କାରଣ ଆମେ ସମସ୍ତେ ପ୍ରାୟତଃ ଜାଣିଛେ। ଆଲାଉଦ୍ଦୀନ ଖିଲିଜିର ମନ୍ଦଉଦ୍ଦେଶ୍ୟକୁ ବିଫଳ କରିବା ପାଇଁ ନିଜକୁ ଅଗ୍ନି ସଂଯୋଗ କରିଥିଲେ। ସେମିତି ବାହିରଙ୍କ ପତ୍ନୀ ରାଣୀବାଇ ମଧ୍ୟ ଆତ୍ମାହୁତି ଦେଇଥିଲେ। ଅଷ୍ଟମ ଶତାବ୍ଦୀରେ ସିନ୍ଧୁ ପ୍ରଦେଶରେ ଦାହିର ଶାସନ କରୁଥାନ୍ତି। ଖଲିଫାର ହିନ୍ଦୁସ୍ଥାନ ଉପରେ

ନଜର ପଡ଼ିବାରୁ ସେ ଏଠାକୁ ଆକ୍ରମଣ କରିଥିଲା ଯେଉଁଥିରେ ପ୍ରଥମ ଯୁଦ୍ଧରେ ପରାଜୟ ପରେ ଦ୍ୱିତୀୟ ଯୁଦ୍ଧଟି ବଡ଼ ଭୟଙ୍କର ହୋଇଥିଲା। ସେଥିରେ ତାଙ୍କ ତରଫରୁ ମନ୍ତ୍ରୀ କାଶିମ୍ ଯୁଦ୍ଧରେ ମୁଖ୍ୟ ଭୂମିକା ଗ୍ରହଣ କରିଥିଲେ। ଫଳରେ ସେ ଦାହିରଙ୍କୁ ପରାଜୟ କରି ଧନ ସମ୍ପତ୍ତି ସହିତ ରାଣୀ ଓ ରାଜକର୍ମଚାରୀଙ୍କ ଉପରେ ନଜର ପକାଇଲେ ଫଳରେ ସେମାନେ ବାଧହୋଇ ନିଜର ସତୀତ୍ୱ ରକ୍ଷା କରିବା ନିମନ୍ତେ ଅଗ୍ନିହୁତି ଦେଲେ। ପରନ୍ତୁ, ତାଙ୍କ ଦୁଇ କନ୍ୟାକୁ ମନ୍ତ୍ରୀ କାଶିମ୍ ଅପହରଣ କରି ଖଲିଫାଙ୍କ ପାଖକୁ ପଠାଇ ଦିଅନ୍ତି। ହେଲେ ବାହିରଙ୍କ କନ୍ୟା ଦୁହେଁ ଚତୁରତା ସହ ଖଲିଫାଙ୍କ ହାତରେ କାଶିମଙ୍କର ହତ୍ୟାକରି ନିଜ ପିତୃହନ୍ତାର ପ୍ରତିଶୋଧ ନେଇଥିଲେ। ଯାହାକୁ ନବାବ ଜାଣିବା ପରେ ଦୁଇ ରୂପସୀ କନ୍ୟାକୁ ଜୀବନ୍ତ ମାଟିରେ ପୋତି ଦେଇଥିଲେ। ଏଥିପାଇଁ ପ୍ରାବନ୍ଧିକ କୁହନ୍ତି- "ଯେଉଁପ୍ରକାର ମନୋଭାବ ନେଇ ରାଣୀବାଇ ଲଢେଇ କରିଥିଲେ ଓ ପରେ ସତୀ ହୋଇଥିଲେ, ସେହି ଏକପ୍ରକାର ସାହସ ଓ ଦୃଢମତି ସହକାରେ ଦୁଇ ରାଜକନ୍ୟା ସତୀ ନ ହୋଇ ଭିନ୍ନ ପ୍ରକାରେ ମୃତ୍ୟୁବରଣ କରିଥିଲେ। ପଟ୍ଟଭୂମି ବଦଳିଯାଇଛି। ପ୍ରଚାର ଦ୍ୱାରା ସତୀପ୍ରଥା ପ୍ରବର୍ତ୍ତନର ମନେହୁଏନା।"[୨୩]

'ଏକ ବିସ୍ମୃତ ଧର୍ମ ଓ ତାର ପ୍ରବର୍ତ୍ତକ' ପ୍ରବନ୍ଧରେ ଆକବରଙ୍କ ଧର୍ମ ଓ ଜୀବନର ଏକ ମହାନ୍ ଉଦ୍ଦେଶ୍ୟ ସମ୍ପର୍କରେ ଉଲ୍ଲେଖ କରିଛନ୍ତି। ଆକବର ଚାହୁଁଥିଲେ ଏକ ନୂତନଧର୍ମ ଦିନ୍-ଇ-ଇଲାହି' ପ୍ରଚଳନ କରିବାକୁ ଯେଉଁଥିରେ ହିନ୍ଦୁ, ଇସଲାମ୍, ବୌଦ୍ଧ, ଜୈନ, ପାର୍ସି ଆଦି ସବୁ ଧର୍ମାଲମ୍ବୀମାନେ ସମସ୍ତେ ଏକତାର ଗୋଟିଏ ସୂତ୍ରରେ ବାନ୍ଧି ହୋଇରୁହନ୍ତୁ, ପରନ୍ତୁ ତାହା ଫଳପ୍ରଦ ହୋଇପାରିଲା ନାହିଁ। ଯଦିଓ ସେ ଆଧାତ୍ମିକ ଋଷି ନଥିଲେ ତଥାପି ସମ୍ରାଟ ହୋଇମଧ ଜ୍ଞାନ ଓ ବୁଦ୍ଧି ଜରିଆରେ ଦର୍ଶନର ଉତ୍ପତ୍ତି ହେଉଥିବାରୁ ସେ ଏକ ସ୍ୱତନ୍ତ୍ର ଧର୍ମ କଥା ଚିନ୍ତା କରିଥିଲେ। ସେ ଉପଲବ୍ଧି କରିଥିଲେ ସବୁ ଧର୍ମର ମୂଳ ଉଦ୍ଦେଶ୍ୟ ଏକ, ଏଣୁ ମଣିଷକୁ ସ୍ୱାଧୀନ ବିଚାର ଓ ସ୍ୱାଧୀନ ଚିନ୍ତନ ଦେବାକୁ ତାଙ୍କର ଲକ୍ଷ୍ୟଥିଲା ରାଜାର ଧର୍ମ ନୁହେଁ ପ୍ରଜାମାନଙ୍କ ଉପରେ ଅତ୍ୟାଚାର କରିବା ବରଂ ତାଙ୍କୁ ପ୍ରତିପାଳନ କରିବା ଅନ୍ୟଏକ ଲକ୍ଷ୍ୟ ହୋଇପାରେ। ପରନ୍ତୁ, ତାଙ୍କ ପୁତ୍ର ସେଲିମ୍ (ଜାହାଙ୍ଗିର) ଜଣେ ବର୍ବର ଓ କ୍ରୂର ଶାସକ ରୂପେ ପରିଚୟ ଦେଇ ଗୋଟିଏ ଲୋକର ଜୀବନ୍ତ ଛାଲ ବାହାର କରିବା ପାଇଁ ଆକବରଙ୍କୁ କୁହନ୍ତି। ଏହାଥିଲା ଆକବରଙ୍କ ଶେଷ ଜୀବନର ସବୁଠାରୁ ବଡ଼ ଦୁଃଖ। ଏଥିପାଇଁ ସେ କହିଥିଲେ ମୁଁ ମୃତ ପ୍ରାଣୀର ଛାଲ କାଢି ପାରିଲିନି ଆଜି ମୋ ପୁଅ ଜୀବନ୍ତ ମଣିଷର ଛାଲ କାଢୁଛି। ଇତିହାସର ଏହି ଘଟଣା ପ୍ରାବନ୍ଧିକଙ୍କୁ ଅଧିକ ଭାବାତ୍ମକ କରିଥିଲା ଏଥିପାଇଁ କୁହନ୍ତି- "ଭାଗ୍ୟର ଏ ପରିହାସ ସତ୍ତ୍ୱେ ଆକବର ନିଜେ ଆଜୀବନ ମହତ୍ ରହିଥିଲେ।

ଦିନ୍-ଇ-ଇଲାହିର ପ୍ରବର୍ତ୍ତନ ପଛରେ ତାଙ୍କର ଆନ୍ତରିକତା ଥିଲା। ସେ ଅଣ-ମୁସଲମାନଙ୍କ ଉପରେ ଧାର୍ଯ୍ୟ ହୋଇଥିବା 'ବିଧାର୍ମୀକର' ଉଠାଇଦେଇ କହିଥିଲେ,"ସବୁ ଧର୍ମର ଲକ୍ଷ୍ୟ ଏକ।ଶାସନ ଲୋକଙ୍କ ଧର୍ମ-ପଥରେ ପ୍ରତିବନ୍ଧକ ହେବା ଚାଲିବ ନାହିଁ। ଭକ୍ତ ଓ ଭଗବାନଙ୍କ ଭିତରେ ଠିଆହେବାର ଅଧିକାର କାହାର ନାହିଁ।"(୨୪)

'ସିକ୍ରି : ସ୍ୱପ୍ନର ସ୍ଫୁରଣ ଓ ଶେଷ' ପ୍ରବନ୍ଧରେ ହଲଦୀଘାଟ ଯୁଦ୍ଧ ପ୍ରସଙ୍ଗ ଓ ସେଥିରେ ସମ୍ରାଟ ଆକବରଙ୍କ ସହିତ ରାଣାପ୍ରତାପଙ୍କ ଯୁଦ୍ଧ ସମ୍ପର୍କରେ ବର୍ଣ୍ଣନା କରାଯାଇଛି ଆକବରଙ୍କ ଫତେପୁରରେ ଥିବା ସିକ୍ରିଦୁର୍ଗ ଆଜି ଦୁର୍ବଳ ଓ ଜରାଜୀର୍ଣ୍ଣ ଅବସ୍ଥାରେ ରହିଛି ଯେଉଁଠାରେ ଏବେ କେବଳ ଶ୍ୱାନ ଓ ଶୃଗାଳ ମାନଙ୍କର ରଡ଼ି ଶୁଭୁଛି। ଦିନେ ସେଠାରେ ଆକର୍ଷଣୀୟ ଇମାରତ୍ ମାନ ଶୋଭାପାଉଥିଲା। ଆକବର ଥିବା ସମୟରେ ହଲଦୀଘାଟ ଯୁଦ୍ଧ ସଂଗଠିତ ହୋଇଥିଲା। ସେଠାରେ ଥିବା ଅନେକ ରାଜପୁତ୍ ମାନଙ୍କୁ ଆକବର ନିଜ ଆଡ଼କୁ ବଶକରି ନେଉଥିଲେ, ମଧ୍ଯ ରାଣା ପ୍ରତାପଙ୍କୁ ଆୟତ୍ତ କରିପାରିନଥିଲେ। ଫଳରେ ଘମାଘଚ ଯୁଦ୍ଧ ହେଲା ଯେଉଁଥିରେ ଆକବରଙ୍କ ଅନୁଗାମୀ ହୋଇ ମାନସିଂହ ଓ ରାଣା ପ୍ରତାପଙ୍କ ଭାଇ ସୁକ୍ତ ତାଙ୍କ ବିରୋଧରେ ଲଢୁଥିଲେ। ଯୁଦ୍ଧରେ ରାଣା ପ୍ରତାପ ପଳାୟନ କରିଥିଲେ ସତ ପରନ୍ତୁ; ସେ କେବେ ପରାଜୟ କିମ୍ବା କ୍ଷମାଭିକ୍ଷା ପାଇଁ ପ୍ରାର୍ଥନା କରିନାହାନ୍ତି। ଏହି ସିକ୍ରି ଦୁର୍ଗ ସେହିବୀର ରାଜପୁତ୍ ମାନଙ୍କର ଇତିହାସ ସର୍ବଦା ସ୍ମରଣ କରାଉଥିବ। ଇତିହାସ ଓ କିମ୍ବଦନ୍ତୀର ମିଳିତ ନମୁନା ଆମେ ମନୋଜ ଦାସଙ୍କ 'ପୁମ୍ପୁହର' ପ୍ରବନ୍ଧରେ ଦେଖିବାକୁପାଉ। ଦକ୍ଷିଣଭାରତର କାବେରୀ ନଦୀକୂଳରେ ଏକ ବନ୍ଦର ଯାହାର ନାମ ପୁମ୍ପୁହରା। ଚୋଳବଂଶର ଶାସନ ସମୟରେ ଏହାଥିଲା ରାଜଧାନୀ। ଏକ ପ୍ରାକୃତିକ ବିପର୍ଯ୍ୟୟରେ ଏହା ଜଳମଗ୍ନ ହୋଇଗଲା। ବର୍ତ୍ତମାନ ଏହି ଜାଗାଟି ଇତିହାସ ହୋଇଯାଇଛି ଓ ଏହାଉପରେ ଅନେକ ଗବେଷଣା କରାଗଲାଣି। ପରନ୍ତୁ, ଏହାର କିମ୍ବଦନ୍ତୀ ଅତ୍ୟନ୍ତ ଆଶ୍ଚର୍ଯ୍ୟକର ମନେହେଲେ ମଧ୍ୟ ଲୋକଶ୍ରୁତି ଓ ଇତିହାସ ନାମକରଣ ଅନୁସାରେ ସତ୍ୟ ଥିଲାପରି ମନେ ହୁଏ।

ପ୍ରାଚୀନ ସମୟରେ ଏହି ପୁମ୍ପୁହରା ଥିଲା ଏକ ବାଣିଜ୍ୟସ୍ଥଳୀ। ଯେଉଁଠାରେ କୋଭଲିନ ନାମ ଜଣେ ବଣିକର ବହୁତ ଖ୍ୟାତିଥାଏ। ସେ କନ୍ନଗୀ ନାମକ ଜଣେ ଧନୀ ବ୍ୟବସାୟୀର କନ୍ୟାକୁ ବିବାହ କରିଥିଲେ। ହେଲେ ସେ କିଛିଦିନ ଅନ୍ତେ ସେଠାରେ ଥିବା ମାଧବୀ ନାମକ ନର୍ତ୍ତକୀକୁ ଭଲ ପାଇବସିଲେ। ଦୁହିଁଙ୍କ ମଧ୍ଯରେ ପ୍ରେମ ସମ୍ପର୍କ ଗଢିଉଠିଲା। ଅନ୍ୟପଟରେ ବାଣିଜ୍ୟ ବ୍ୟବସାୟରେ ମନ ନ ଦେବାରୁ

ଧନ, ସମ୍ପତ୍ତି, ପ୍ରତିଷ୍ଠା ଆଦି ସବୁକିଛି ହାତରୁ ଚାଲିଯାଏ। କୋଭଲିନ୍‌ଙ୍କର ହଠାତ୍ ମାଧବୀ ସହିତ ତାଙ୍କର ମନମାଲୀନ ହେବାରୁ ସେ ସଂପୂର୍ଣ୍ଣ ରୂପେ ଭାଙ୍ଗିପଡ଼ିଲେ। କିନ୍ତୁ, ନିଜ ପତ୍ନୀ କନ୍ନଗୀ ଜଣେ ଧନୀ ଲୋକର କନ୍ୟା ହୋଇଥିବାରୁ, ସେ ନିଜ ଦାମୀ ପାଦଭୂଷଣଟି ବିକ୍ରିକରି ପୁନଃ ବ୍ୟବସାୟ ଆରମ୍ଭ କରିବାକୁ କୋଭଲିନ ?ଙ୍କୁ ପରାମର୍ଶ ଦିଅନ୍ତି। ପରନ୍ତୁ, ଘଟଣା କ୍ରମେ ପାଣ୍ଡ୍ୟରାଜ୍ୟରୁ ଚୋରୀ ହୋଇଥିବା ଅନୁରୂପ ପାଦଭୂଷଣ ଦେଖି ଧୂର୍ତ୍ତ ବେପାରୀ ଜଣକ ରାଜାଙ୍କୁ ଖବର ଦିଏ ଓ ରାଜା କୋଭଲିନଙ୍କୁ ମୃତ୍ୟୁ ଦଣ୍ଡ ଦିଅନ୍ତି। ଏହା ଜାଣି କନ୍ନଗୀ କ୍ରୋଧାନ୍ୱିତ ହୋଇ ଅଭିଶାପ ଦିଅନ୍ତି, ଫଳରେ ସମଗ୍ର ମୁଦୁରାଇ ନଗରୀ ଜଳି ପୋଡ଼ି ପାଉଁଶ ହୋଇଯାଏ। ରାଜା ନିଜ ଭୁଲ୍ ବୁଝିପାରି ଭୟରେ ଜୀବନ ହାରନ୍ତି। ପରବର୍ତ୍ତୀ ସମୟରେ ପ୍ରାକୃତିକ ବିପର୍ଯ୍ୟୟ ଏହାକୁ ଜଳମଗ୍ନ କରିଦେଇଥିଲା। ଏହି କିମ୍ବଦନ୍ତୀ ଆଧାରରେ ପୁମ୍ପୁହର ନଗରୀର ଇତିହାସ ଜଣାପଡ଼େ। ଏଠାରେ ଏବେ ଗବେଷଣା କାର୍ଯ୍ୟ ଚାଲୁଥିବାରୁ ଅନେକ ତଥ୍ୟ ଲୋକ ଲୋଚନନକୁ ଆସିପାରୁଛି। ଏବେ ସେଠାରେ କନ୍ନଗୀ ଦେବୀ ଭାବରେ ପୂଜା ପାଉଛନ୍ତି। ପୁମ୍ପୁହରକୁ ପ୍ରବେଶ କଲେ କେତେଗୁଡ଼ିଏ ଦ୍ୱାର ଦେଇ ସେଠାକୁ ଯିବାକୁ ହୁଏ। ଯାହାର ନାମ କନ୍ନଗୀ, କୋଭଲିନ୍, ମାଧବୀ, ଆଦିଙ୍କ ନାମ ଅନୁସାରେ ହୋଇଛି। କିମ୍ବଦନ୍ତୀ ଅନୁସାରେ ଆଜିମଧ ଲୋକ ବିଶ୍ୱାସ ଅଛି ସେଠାରେ ଥିବା ଜଳାଶ୍ରୟରେ ଦୁଇ ଧାର ଅଛି ଗୋଟିଏ ପଟେ ସ୍ନାନ କଲେ ମାନସିକ ରୋଗ ଓ ଅନ୍ୟପଟେ ସ୍ନାନ କଲେ ଶାରୀରିକ ରୋଗ ଭଲ ହୁଏ। କେବଳ ସେତିକି ନୁହେଁ, ସେଠାରେ ଥିବା ଏକ ପ୍ରାଚୀନ ସ୍ତମ୍ଭ ଚାରିପଟେ ବୁଲିଲେ ସାପକାମୁଡ଼ା ବିପଦରୁ ମଣିଷ ମୁକ୍ତି ପାଇଥାଏ। ନଗର ମଧ୍ୟରେ ଗୋଟିଏ ଉଦ୍ୟାନରେ ଏକ ଅପରୂପା ନାରୀମୂର୍ତ୍ତି ରହିଛି। ସେଠାରେ ରାଜା ବିଚାର କ୍ଷେତ୍ରରେ ଅବ୍ୟବସ୍ଥା କିମ୍ବା କାହାପ୍ରତି ଅନ୍ୟାୟ କଲେ ସେହି ମୂର୍ତ୍ତି ଆଖିରୁ ଲୁହଝରେ। ସବୁଠାରୁ ବଡ଼କଥା ଏବେ ଐତିହାସିକମାନେ ତାକୁ ଉଦ୍ଧାର କରୁଥିବାରୁ ଧିରେ ଧିରେ ତାହା ଲୋକଲୋଚନାକୁ ଆସିଲାଣି। ତେଣୁ କୁହାଯାଇପାରେ ଭାରତରେ ଇତିହାସ ଓ କିମ୍ବଦନ୍ତୀ ଗୁଡ଼ିକ ପ୍ରାଚୀନ ମାନବ ସଭ୍ୟତାର ଏକ ସତ୍ୟନିଷ୍ଠ ପ୍ରମାଣପତ୍ର ଯାହାକୁ ଉଦ୍ଧାର କରିବା ଏବର ଐତିହାସିକ ମାନଙ୍କର ପ୍ରମୁଖ ଦାୟିତ୍ୱ।

(ଗ) ସାମାଜିକ ପ୍ରବନ୍ଧ

ସମାଜ ତାହା ଯାହା ମନୁଷ୍ୟକୁ ବା ଜୀବ ଜଗତକୁ ତା'ର ସ୍ୱତନ୍ତ୍ରତାର ପରିଚୟ ଦେଇଥାଏ। ସମାଜର ନୀତି, ନିୟମ ଓ ଆଦର୍ଶ ମଧ୍ୟରେ ମନୁଷ୍ୟର ଜୀବନ ବନ୍ଧା ହୋଇଥିବା ଯୋଗୁଁ ସେ ଏକ ଶୃଙ୍ଖଳିତ ଜୀବନ ଅତିବାହିତ କରିପାରୁଛି। ମନୁଷ୍ୟ

ଏକ ସାମାଜିକ ପ୍ରାଣୀ ଏଣୁ ସମାଜର ପରିକଳ୍ପନା ଓ ମୂଲ୍ୟବୋଧ ତା' ପାଇଁ ଆଜିର ନୁହେଁ କେଉଁ ଅନାଦିକାଳରୁ ହୋଇଆସିଛି। ମନୁଷ୍ୟର ଦୈନ୍ୟଦିନ ଜୀବନର ନିର୍ଦ୍ଧାରିତ ମୂଲ୍ୟବୋଧ ହେଉଛି ଏହାର ମୂଳପିଣ୍ଡ। ଏଣୁ ଯେଉଁ ସମାଜ ପରସ୍ପର ସଦ୍‌ଭାବାପନ୍ନ ହୋଇ କାର୍ଯ୍ୟ କରିଥାନ୍ତି, ସେ ସମାଜ ସେତେ ଅଗ୍ରଗତିର ଚରମ ସୀମାକୁ ଯାଇପାରେ। ପ୍ରାବନ୍ଧିକ ମନୋଜ ଦାସ ନିଜ ପ୍ରବନ୍ଧରେ ସମାଜର ଚିତ୍ର ଅତୀବ ଆକର୍ଷଣୀୟ ଢଙ୍ଗରେ ପରିବେଷଣ କରିଛନ୍ତି। ତାଙ୍କ ରଚିତ ପ୍ରବନ୍ଧଗୁଡ଼ିକ ମଧ୍ୟରୁ ସାମାଜିକ ପ୍ରବନ୍ଧଗୁଡ଼ିକର ଭାବବସ୍ତୁ ଅତ୍ୟନ୍ତ ପ୍ରାସଙ୍ଗିକ ମନେହୁଏ। ମନୁଷ୍ୟର ସାମାଜିକ ଦାୟିତ୍ୱବୋଧତା କେତେ ଜରୁରୀ ତାହା ତାଙ୍କ ପ୍ରବନ୍ଧର ମୁଖ୍ୟ ଉପଜୀବ୍ୟ। ଅଧୁନା ମଣିଷ-ସମାଜ ତା'ର ଦାୟିତ୍ୱବୋଧତା ଓ କର୍ତ୍ତବ୍ୟବୋଧକୁ ଭୁଲି ଯିବା ଦ୍ୱାରା ସମାଜ କଳୁଷିତର ପଙ୍କ ମଧ୍ୟରେ ବୁଡ଼ିବାକୁ ବସିଲାଣି। ଫଳରେ ତାହା ଆଗାମୀ ବଂଶଧରମାନଙ୍କ ପାଇଁ ବିପଦ ଶଙ୍କୁଳିତ ହୋଇପଡ଼ିଛି। ଏଣୁ ପ୍ରାବନ୍ଧିକ ତାଙ୍କ ସାମାଜିକ ପ୍ରବନ୍ଧରେ ମଣିଷ ସମାଜକୁ ସେ ସମ୍ପର୍କରେ ସଚେତନତା କରାଇଦେଇଛନ୍ତି। ସାଧାରଣତଃ ତାଙ୍କ ପ୍ରବନ୍ଧରେ ଯେଉଁ ନୀତିଶିକ୍ଷା ଦେଖାଇଛନ୍ତି, ତାହା ଅତ୍ୟନ୍ତ ଗ୍ରହଣୀୟ ମନେହୁଏ। ବାସ୍ତବ ଜୀବନକୁ ଗଭୀର ଅନୁସନ୍ଧାନ କରିବାର ନିର୍ଯାସ ତାଙ୍କ ପ୍ରବନ୍ଧରୁ ଦୃଷ୍ଟିଗୋଚର ହୁଏ।

'ହିଂସା ଅହିଂସା' ପ୍ରବନ୍ଧରେ ପ୍ରାବନ୍ଧିକ ହିଂସା ଓ ଅହିଂସା ମନୁଷ୍ୟ ପାଇଁ କେତେ ପରିମାଣରେ ଆବଶ୍ୟକ ସେ ସମ୍ପର୍କରେ ବର୍ଣ୍ଣନା କରିଛନ୍ତି। ହିଂସା ପରିମାଣ କେତେ ଭୟଙ୍କର ଓ ଅହିଂସାର ମାର୍ଗ ମନୁଷ୍ୟକୁ କେତେ ସଚେତନ ଓ ସଫଳ କରାଏ ସେ ତାହାର ସୁନ୍ଦର ନମୁନା ଏହି ପ୍ରବନ୍ଧରେ ଦେଇଛନ୍ତି। କାରଣ ଆଗରୁ ମଣିଷ ସମାଜ ହିଂସାପରାୟଣର ବଶବର୍ତ୍ତୀ ହୋଇ ନାନା ପ୍ରକାର ନାରକୀୟ କାଣ୍ଡରେ ମଗ୍ନ ରହୁଥିଲା। ପରିମାଣ ସ୍ୱରୂପ ସମାଜର ଭୟଙ୍କର ସ୍ଥିତି ଉପୁଜୁଛି। ହିଂସାପରାୟଣ ମଣିଷ ନିଜର ସ୍ୱାର୍ଥପରାୟଣ ବର୍ବରତାର ସବୁ ବଳୟକୁ ଡେଇଁଯାଇପାରେ। ଅମାନୁଷିକ ପାଶବିକତାକୁ ଅଣ୍ଟିରେ ଗଣ୍ଠୁଳି କରି ଚାଲେ। ନାରକୀୟ ବିଭୀଷିକା ତା'ର ଏହି ପାଶବିକ ଆଚରଣରେ ସମାଜ ଆଜି ଅତିଷ୍ଠ ହୋଇପଡ଼ିଛି। ଏଣୁ, ପ୍ରାବନ୍ଧିକ ଅନୁଭବ କରିଛନ୍ତି ଯେ, ସମାଜ କଳୁଷିତ ଓ ହିଂସା ପ୍ରବଣତାର କାରଣ ପଛରେ ଲୁଚିରହୁଥିବା ଏହି କାରଣମାନଙ୍କୁ କେଉଁଠାରେ ଅର୍ଥ ଲୋଭ ମଣିଷକୁ ବିକାର ଗ୍ରସ୍ତ କରିଦେଲାଣି ତ ପୁଣି କେବେ ମଣିଷକୁ ଦେହ ଭୋକରେ ବ୍ୟସ୍ତ କଲାଣି। ଫଳରେ ନିଜର ସାମାଜିକ ଦାୟିତ୍ୱକୁ ଛାଡ଼ି ସେ ତା'ର ନୈତିକ ଆଚରଣରୁ ଦୂରେଇଯାଇ ଅପରାଧର ଚରମ ସୀମାରେ ପହଞ୍ଚିଯାଇଛି। ଫଳରେ ପାରିପାର୍ଶ୍ୱିକ ବାତାବରଣର ପରିସ୍ଥିତି ବିଗିଡ଼ିବାରେ ଲାଗୁଛି। ଏଣୁ ମଣିଷ ଆଚରଣରେ ବିକାରଗ୍ରସ୍ତ ହୋଇଯିବା ଫଳରେ ହିଂସାମାର୍ଗକୁ

ଶ୍ରେୟସ୍କର ମନେକରୁଛି । ପ୍ରାବନ୍ଧିକ ଦାସ ଏହାକୁ ଅତିଚମତ୍କାର ଢଙ୍ଗରେ ବୁଝାଇଛନ୍ତି ଯେ, ରାବଣପ୍ରତି ରାମ ଯେଉଁ ହିଂସା ପରାୟଣ ହୋଇଉଠିଛନ୍ତି ତାହା ସାପେକ୍ଷିକ । କାରଣ, ସେଠାରେ ଅହିଂସା ମୂଲ୍ୟହୀନ ପରି ମନେହୁଏ । ଯେଉଁ ବାନରସେନା ଯୁଦ୍ଧ କରିବା ପାଇଁ ହିଂସ୍ର ହୋଇଉଠିଛନ୍ତି ସେମାନେ ଆଚରଣକୁ ହିଂସା ନକହି ପ୍ରତିହିଂସା କୁହାଯାଇପାରେ । ସୁନ୍ଦର ଉଦାହରଣ ଦେଇ ପ୍ରାବନ୍ଧିକ ବୁଝାଇଦେଇଛନ୍ତି ଯେ, ସୈନ୍ୟଟିଏ ସୀମାନ୍ତରେ ହିଂସାଆଚରଣ ପ୍ରଦର୍ଶନ କରାଏ ସତ, ପରନ୍ତୁ ସେ ନିଜ ପାଇଁ ନୁହେଁ ବରଂ ତା'ର ଦେଶ ମାତୃକାର ସୁରକ୍ଷା ପାଇଁ ଏପରି କରେ । ତେଣୁ ଏଠାରେ ନିଜର ବ୍ୟକ୍ତିଗତ ସ୍ୱାର୍ଥ ନଥିବାରୁ ଏହାକୁ ହିଂସା ଆଚରଣ କୁହାଯାଇ ପାରିବନାହିଁ । ତେବେ ନିଜ ଦାୟିତ୍ୱକୁ ତୁଲାଇବାକୁ ଯାଇ ଏପରି ଆଚରଣ କରୁଥିବା ବ୍ୟକ୍ତିମାନେ ଅହିଂସାର ମୂଳତତ୍ତ୍ୱକୁ ଉପଲବ୍ଧି କରିପାରନ୍ତି । ହେଲେ ଯେଉଁଠାରେ ବ୍ୟକ୍ତି ନିଜସ୍ୱ ସ୍ୱାର୍ଥ ଜଡ଼ିତ ହୋଇରହିଥିବ ସେଠାରେ ହିଂସା ପାଶବିକତା ସ୍ପଷ୍ଟ ଚିତ୍ରିତ ହୋଇପଡ଼େ । ଫଳରେ ତା'ର ଏହି ଆଚରଣକୁ ପ୍ରତିରୋଧ କରିବା କ୍ଷମତା ନିଜଠାରୁ ହ୍ରାସ ପାଇଥାଏ । ଫଳରେ ବ୍ୟକ୍ତି ସମାଜ ଠାରୁ ଦୂରେଇ ଯାଏ ନିଜ ମୂଲ୍ୟବୋଧ ଠାରୁ ଅପସରି ଯାଏ । ଏଥିପାଇଁ ପ୍ରାବନ୍ଧିକ କୁହନ୍ତି- "ହିଂସା ଓ ହିଂସାଚରଣ ଇତିହାସ ଦୀର୍ଘ । ମୁଖ୍ୟତଃ ଏହାର ଦୁଇ ଚରିତ୍ର । ପଶୁମାନେ ହିଂସାଚରଣ କରନ୍ତି, କିନ୍ତୁ ହିଂସାଭାବ ବୋଇଲେ ଆମେ ଯାହା ବୁଝୁ, ସେମାନଙ୍କ ଭିତରେ ସେ ଭାବ ନଥାଏ । ଭୂମିକମ୍ପ, ଝଡ଼ତୋଫାନ, ବନ୍ୟା, ଆଗ୍ନେୟଗିରିର ଉଦଗିରଣ ଭଳି ପ୍ରାକୃତିକ ହିଂସା କାଣ୍ଡ ଯେପରି ଅଚେତନ, ଯାନ୍ତ୍ରିକ ଭାବରେ ଘଟିଥାଏ, ତାହାଠୁଁ କିଞ୍ଚିତ ମାତ୍ରାରେ ପୃଥକ୍ ପଶୁପକ୍ଷୀଙ୍କ ହିଂସାଚରଣ । କିନ୍ତୁ ମଣିଷର ହିଂସାଭାବ ଏକ ସଚେତନ ଆବେଗ । କେତେବେଳେ ବର୍ବର କ୍ଷମତା ଲୋଭରେ, କେତେବେଳେ ଐଶ୍ୱର୍ଯ୍ୟର ଲୋଭରେ, କେତେବେଳେବା ତା' କାମନାବାସନା ଓ ଅନ୍ୟାନ୍ୟ ଅହଂ ଭିତ୍ତିକ ସ୍ୱାର୍ଥରେ ବାଧା ଉପୁଜିଲେ ସେ ହିଂସାଚରଣ କରେ । କ୍ରମେ ହିଂସାବ୍ରତୀ ମଣିଷର ଚେତନାକୁ ଏଭଳି ଏକ ଅନ୍ଧଶକ୍ତି ଆୟତ୍ତକରିନିଏ, ସେ ହିଂସାଚରଣ ନକରି ରହିପାରେନା, ଅର୍ଥାତ୍ ନିଶାଶକ୍ତି ଭଳି ସେ ହୁଏ ହିଂସାଶକ୍ତ ।"(୨୫)

ସାମାଜିକ ଦାୟିତ୍ୱ ବୋଧତା ମଣିଷ ଭୁଲିଯାଇ ନିଜର ଆଧିପତ୍ୟକୁ କିପରି ବିସ୍ତାରିତ କରିବ ସେଥିପାଇଁ ସେ ଧ୍ୟାନମଗ୍ନ ରହୁଛି । 'ଶତାବ୍ଦୀର ସର୍ବାଧିକ କ୍ଷତି' ପ୍ରବନ୍ଧରେ ପ୍ରାବନ୍ଧିକ ବର୍ଣ୍ଣନା କରିଛନ୍ତି ଯେ, ମଣିଷ ଆଜି ସ୍ୱାର୍ଥ ସର୍ବସ୍ୱରେ ଲିପ୍ତ ରହି ମନରଞ୍ଜନ ପାଇଁ ଉଦ୍ଦିଷ୍ଟ ମାର୍ଗରେ ନାନା ପ୍ରକାର ଅଶାଳୀନତାକୁ ପରିବେଷଣ କରିବାକୁ ପଛାଉନାହିଁ । ଯାହାକୁ ଦେଖି ନିଜର ସମ୍ମାନପ୍ରତି ତିଳେମାତ୍ର ନଜର ନହିଁ ତାହାର,

ସମାଜ କଥା ଛାଡ଼। ସାହିତ୍ୟ ରଚନାଠାରୁ ଆରମ୍ଭ କରି ଚଳଚ୍ଚିତ୍ର ଜଗତ ପର୍ଯ୍ୟନ୍ତ ସବୁଆଡ଼େ ଗୋଟିଏ ବ୍ୟପାରଖୋର ମନୋବୃତ୍ତି ନେଇ ମଣିଷ ନିଜର ଦାୟିତ୍ୱ ପ୍ରତି ଯେଉଁ ଅବହେଳା କରୁଛି ପ୍ରାବନ୍ଧିକ ତାକୁ କ୍ଷୋଭଭରା କଣ୍ଠରେ କହିଛନ୍ତି- "ଆଜି ଭାରତୀୟ ଟେଲିଭିଜନର ଗୋଟିଏ ପରେ ଗୋଟିଏ ଚାନେଲ୍ ଅସଭ୍ୟତା ପରିବେଶଣରେ ପରସ୍ପର ପ୍ରତିଯୋଗୀତା କରୁଛନ୍ତି।" x x x ଅଶ୍ଳୀଳ ଲେଖା ଛାପିବା ସେମାନଙ୍କ ପାଇଁ ଅନିବାର୍ଯ୍ୟ ହୋଇପଡୁଛି। ତେଣେ ପୁଣି ମୁଖଲଜ ଅଛି। ଅତଏବ ଅଶ୍ଳୀଳ ରଚନାର ଲେଖକ ଲେଖିକାଙ୍କୁ ସାମାଜିକ ମର୍ଯ୍ୟାଦା ଦେଇପାରିଲେ, ମହିମା ବ୍ୟକ୍ତିତ୍ୱ ଭାବରେ ଉପସ୍ଥାପନ କରିପାରିଲେ, ସେଇଭଳି ଲେଖାଲେଖି ଛପିବା ଯୁକ୍ତିଯୁକ୍ତ ମନେହେବ।"[୨୬] ତେବେ କେବଳ ଚଳଚ୍ଚିତ୍ର ନୁହେଁ ବରଂ ଆଜିର ଗଣମାଧ୍ୟମ ଠାରୁ ଆରମ୍ଭ କରି ପୁସ୍ତକ ଲେଖାଯାଏଁ ପ୍ରାୟ ସର୍ବତ୍ର ସେହି ଅଶ୍ଳୀଳତାର ବାତାବରଣ ଦେଖିବାକୁ ମିଳୁଛି। ଏହାର ମୂଳକାରଣ ସାଂପ୍ରତିକ ସମାଜ ଅର୍ଥରୋଜଗାର କରିବାର ସମସ୍ତ ଉପାୟ ସତେଯେମିତି ସେହି ଅଶ୍ଳୀଳ ଆଚରଣରୁ ପାଇଯାଇଛି। ଭାରତ ବର୍ଷରେ ଏହିଧାରା ବର୍ତ୍ତମାନ ବଡ଼ ସଙ୍କଟ ରୂପେ ଭାସମାନ ଅବସ୍ଥାରେ ଆମ ଉପରେ ଘୂରିବୁଲୁଛି। ଭାରତୀୟ ସମାଜ ସମ୍ଭ୍ରମବୋଧ ହୋଇ ନିଜ ଆଚରଣ ପ୍ରତି ସର୍ବଦା ସଜାଗ ରହୁଥିଲା। ପରନ୍ତୁ, ଆଜି ତାହା ମୂଲ୍ୟହୀନ ହୋଇପଡ଼ିଛି। ପ୍ରାବନ୍ଧିକ ଅଶ୍ଳୀଳତା ଏବଂ ଔଦ୍ଧତ୍ୟ ବିରୋଧରେ ସଂଗ୍ରାମ କରିବାକୁ ଯାଇ ସମାଜର ପ୍ରତ୍ୟେକ ବ୍ୟକ୍ତି ବିଶେଷଙ୍କୁ ଆହ୍ୱାନ ଦେଇଛନ୍ତି। ଆମକୁ ପ୍ରଥମେ ସାମାଜିକ ଦାୟିତ୍ୱବୋଧତା ପ୍ରତି ସଚେତନ ହେବାର ଅଛି। ତେବେ ଯାଇ ଆମ ସମାଜ ଓ ଆମ ପରିବେଶ ସରସ ସୁନ୍ଦର ରହିପାରିବ। ଏହା ହେଉଛି ଏହି ଶତାବ୍ଦୀର ସବୁଠାରୁ ବଡ଼କ୍ଷତି ବୋଲି ପ୍ରାବନ୍ଧିକ ସୂଚନା ଦେଇଛନ୍ତି।

'ଯୁବ ଭାରତର ସ୍ୱପ୍ନ' ପ୍ରବନ୍ଧରେ ପ୍ରାବନ୍ଧିକ କୁହନ୍ତି ଭାରତବର୍ଷରେ ଆଜି ଯୁବକବର୍ଗଙ୍କୁ ନେଇ ଗତିଶୀଳ ସମୟାନୁସାରେ ସେ ନିଜର ରୂପ ମଧ୍ୟ ପରିଦର୍ଶନ କରୁଛି। କାରଣ ସମାଜ ମଧ୍ୟ ବହୁରୂପୀ ଏଣ୍ଡୁଅ ପରି ନିଜ ରୂପ ପରିବର୍ତ୍ତନ କରାଇଥାଏ। ଏଣୁ ସାମାଜିକ ଦାୟିତ୍ୱ ବର୍ତ୍ତମାନ ଏହି ଯୁବ ସମାଜ ଉପରେ ନିର୍ଭର କରୁଛି। କାରଣ, ବିଶ୍ୱର ଅନ୍ୟ ସମସ୍ତ ଦେଶ ତୁଳନାରେ ଭାରତରେ ଅଧିକ ପରିମାଣରେ ଯୁବପିଢି ଦେଖିବାକୁ ମିଳୁଛନ୍ତି। ଫଳରେ ଦେଶର ମାନଦଣ୍ଡ ଓ ଆର୍ଥିକ ଅବସ୍ଥା ଅଧୁନା ସେମାନଙ୍କ ଉପରେ ନ୍ୟସ୍ତ, ପରନ୍ତୁ ପରିତାପର ବିଷୟବସ୍ତୁ ଏହା ଯେ, ଏହି ଯୁବ ସମାଜ ଆଜି ବିକାରଗ୍ରସ୍ତ ହେବାକୁଲାଗିଛି। ବର୍ତ୍ତମାନର ସମୟ ବେଗବତୀ ଅଶ୍ୱପରି ନାନାସଙ୍କଟଙ୍କୁ ଆଣି ଆମ ଆଗରେ ଦଣ୍ଡାୟମାନ ହୋଇଛି। ଏହି ସମସ୍ୟାର ଇନ୍ଦ୍ରଜାଲରୁ ବାହାରି ନପାରି ସେ ସଂସାର ପ୍ରତି ବିମୁଖତା ଅନୁଭବ କରୁଛି। ତାର ଆଗକୁ ଯିବାର ସବୁମାର୍ଗ

ମଧ୍ୟ ସତେଯେମିତି ବନ୍ଦ ହୋଇପଡ଼ିଛି। ଏହି ଯୁବ ସମାଜକୁ ନେଇ ଅଧୁନା ନାନାପ୍ରକାର ସଙ୍କଟ ସମାଜରେ ଦେଖିବାକୁ ମିଳୁଛି। ଜଣେ ଶିକ୍ଷିତବ୍ୟକ୍ତି ଚଳି ନପାରିବାରୁ ଚୋରି, ଡକାୟତି, ଗୁଣ୍ଡାରାଜ କରିବାକୁ ପଛାଉନାହିଁ। ଫଳରେ ବେକାରୀ ବୃଦ୍ଧି ପାଇବା ସହ ସାମାଜିକ ଅତ୍ୟାଚାର ଆଜି ଦେଖିବାକୁ ମିଳୁଛି। ଧୀରେ ଧୀରେ ସମାଜର ପାଣିପାଗ ବିଗିଡ଼ିବାରେ ଲାଗିଛି। ନୂତନ ଭିତ୍ତିର ବା ନିଯୁକ୍ତିର ସମ୍ଭାବନା ନଥିବାରୁ ବେକାରୀ ଯୁବକଟିଏ ସାମାଜିକ ଓ ପାରିବାରିକ ଚାପରେ ନିଷ୍ପେସିତ ହୋଇ ନାନାପ୍ରକାର ଅପକର୍ମରେ ଲିପ୍ତରହୁଛି। ଏଥିପାଇଁ ପ୍ରାବନ୍ଧିକ ଉଲ୍ଲେଖ କରିଛନ୍ତି ଯେ- "ଯୁବ ସମାଜକୁ ନେଇ ଯେଉଁ ସମସ୍ୟାଟି ଦେଖାଦେଇଛି, ତାହା ଆଉ କିଛିନୁହେଁ କେବଳ ଏକ ପ୍ରକାର ଅର୍ଥହୀନ ବିଶୃଙ୍ଖଳା। ଉଦ୍ଦାମ ଯୌବନର ଗତିଶୀଳ କୂଳଲଙ୍ଘନ ଏହା ନୁହେଁ, କିମ୍ବା ଏକ ସ୍ୱପ୍ନାନୁରଞ୍ଜିତ ଭବିଷ୍ୟତ ଉଦ୍ଦେଶ୍ୟରେ ଗଠନଶୀଳ ବିପ୍ଳବ ବି ଏହା ନୁହେଁ। ପ୍ରାୟତଃ ସନ୍ତ୍ରାସବାଦରେ ରୂପାନ୍ତରିତ ଏହି ବିଶୃଙ୍ଖଳା କେବେ ବା ଗୋଷ୍ଠୀଗତ କେବେ ବା ଏକକ। କେବେ ବା ଏହା ଏକ ଅଶ୍ଳୀଳ ଆନ୍ଦୋଳନର ରୂପ ନେଇଛି, କେବେବା ସଂପୂର୍ଣ୍ଣ ଅର୍ଥହୀନ ଏକ ଅନ୍ଧ ହଟ୍ଟଗୋଳରେ ଏହା ପର୍ଯ୍ୟବେସିତ ହୋଇଛି। ଏହି ସବୁ ଘଟଣାବଳୀ ପଛରେ କିଭଳି ପ୍ରେରଣା ରହିଛି ? କେଉଁ ଶକ୍ତି ବା ଏହାକୁ ନିୟନ୍ତ୍ରଣ କରୁଛି।"[(୨୭)] ଏଥିରୁ ଜଣାପଡୁଛି ଯେ, ସମାଜର ବ୍ୟବସ୍ଥା ସେପରି ହେବା ଆବଶ୍ୟକ ଯେଉଁଥିରେ ଯୁବକମାନେ କର୍ମପ୍ରବଣତା ହୋଇପାରିବେ ଏବଂ ନିଜର ସମାଜପ୍ରତି ଥିବା ଦାୟିତ୍ୱବୋଧତା ପ୍ରତି ସଚେତନ ହୋଇପାରିବେ।

'ଛଳନାର ସାମ୍ରାଜ୍ୟ' ପ୍ରବନ୍ଧରେ ଦେଖିବାକୁ ମିଳେ ଯେ, ସାଂପ୍ରତିକ ମଣିଷସମାଜ ଆଧୁନିକ ଛଳନା ଦୁନିଆରେ ନିଜକୁ ଲୁଚାଇ ରଖିଛି। ଛଳନାର ବଶବର୍ତ୍ତୀ ହୋଇ ସେ ଅମାନୁଷିକ କାର୍ଯ୍ୟ କରିବାକୁ ପଛାଉନାହିଁ। ସମୟର ସମସ୍ତ ସୀମା ଆଜି ଆମେ ଉଲଙ୍ଘନ କରିସାରିଛୁ। ପରନ୍ତୁ, ପରିତାପର ବିଷୟ ସେହି ସୀମାକୁ ଆସୁଥିବା ବିପଦପ୍ରତି ଆମେ କେହି ସଜାଗ ନୁହନ୍ତି। ଫଳରେ ଆମ ଯୁକ୍ତି ମାନସିକତାରେ ଆମେ ଅସ୍ଥିର ହୋଇ କାର୍ଯ୍ୟପ୍ରତି ବିମୁଖତା ଆଣୁଛନ୍ତି। ବଡ଼ମାନେ ଯେଉଁ ମାର୍ଗ ଅନୁସରଣ କରୁଛନ୍ତି ଆମେ ମଧ୍ୟ ସେମିତି ଭଲମାର୍ଗ ଛାଡ଼ି ମନ୍ଦମାର୍ଗକୁ ଅଧିକ ଚୟନ କରୁଛନ୍ତି। ଚୋରି କରିବାର ବିଦ୍ୟାକୁ ଆମେ ଏପରି ଆପଣାଉଛନ୍ତି ଯେ ସେହି ବିଦ୍ୟା ଆମ ପାଇଁ ଦୁର୍ଦ୍ଦଶାର କାରଣ ସାଜୁଛି। ଏଠାରେ ଲକ୍ଷ୍ୟ କଲେ ବୁଝାପଡ଼ିବ। ଏକଦା ଗୋଟିଏ ବଡ଼ଚତୁର ଚୋର ସହ ଆଉ ଜଣେ ଉଦୀୟମାନ ଚୋର ବନ୍ଧୁତା ସ୍ଥାପନ କଲା ଦୁଇ ଜଣଙ୍କ କାର୍ଯ୍ୟ ଏଥର ଚୋରି କରିବା ସ୍ଥିର ହେଲା। ଉଦୀୟମାନ ଚୋରଟି କହିଲା ଭାଇ ତମେ କେବେ ଧରାପଡ଼ିନାହଁ? ଚତୁର ଚୋର ଜଣକ ମନାକଲା, ନା ପ୍ରଶ୍ନ

ଉଠୁନାହିଁ ? କାରଣ ମତେ ସେ କଳା ସୁନ୍ଦରଭାବେ ଆସେ। ଏହା ଦେଖି ଉଦୀୟମାନ ଚୋର ଜଣକ ତା'ପାଖରୁ ବୁଦ୍ଧି ଶିଖିବାକୁ ଚେଷ୍ଟା କଲା। ଦିନେ ଦୁହେଁ ମିଶି ଏକ ଅଫିସରମାନଙ୍କ ମେସ୍ ରେ ପ୍ରବେଶ କଲେ ସେଠାରେ ବହୁତ ସୁ-ଖାଦ୍ୟମାନ ଦେଖି ଭୋକାତୁର ଦୁହେଁ ଖାଇବାକୁ ଆରମ୍ଭ କଲେ। ଖାଉ ଖାଉ ଚତୁର ଚୋର ହାତରୁ ଗୋଟିଏ ପ୍ଲେଟ ତଳେ ଖସିପଡ଼ିଲା। ଏହା ପରେ ଯେମିତି ଶବ୍ଦ ହେଲା ସେଠାରେ ରହୁଥିବା ଦୁଇ ଯବାନ ଉଠିପଡ଼ନ୍ତି ଓ କିଏ କିଏ ବୋଲି ପଚାରନ୍ତି। ଏହା ଦେଖି ଚତୁର ଚୋର ଜଣକ ବିଲେଇ ପରି ଶବ୍ଦ ଉଚ୍ଚାରଣ କରନ୍ତେ ଯବାନ ଦୁହେଁ ବିଲେଇ ପଶିଛି ବୋଲି ଭାବି ପୁନଃ ଶୋଇପଡ଼ନ୍ତି ଏହା ଦେଖି ଉଦୀୟମାନ ଚୋର ଜଣକ ମହାଆନନ୍ଦ ଲାଭ କଲା ଓ ମନେ ମନେ ଅନେକ ଖୁସି ହୋଇଗଲା, ସେ ଭବିଲା ହଁ' ମୁଁ ସବୁ ଚୋରୀ ବିଦ୍ୟା ଶିଖିଗଲି। ଅଧିକ ଖାଦ୍ୟ ଲୋଭରେ ଦୁହେଁ ରୋଷେଇ ଘରେ ଯେତେବେଳେ ପଶନ୍ତି, ପୁନର୍ବାର ଆଉ ଗୋଟିଏ ପ୍ଲେଟ ତଳେ ପଡ଼ିଯିବା ଫଳରେ ଯବାନ ମାନେ କିଏ-କିଏ ? ବୋଲି ପଚାରିଲେ- ଏଥର ବୁଦ୍ଧି ଶିଖିଯାଇଥିବା ଉଦୀୟମାନ ଚୋର ବଡ଼ ଦାମ୍ଭିକତା ସହ କହି ଉଠିଲା ଆଉ ଗୋଟିଏ ବିଲେଇ। ପରେ ପରେ ଚୋର ଦୁଇଜଣଙ୍କର ଯେଉଁ ଅବସ୍ଥା ହୋଇଥିବା ତାହା ଆଜି ସାଂପ୍ରତିକ ସମାଜର ଯୁବକମାନଙ୍କର ତଥା ମଣିଷମାନଙ୍କର ହେଉଛି। ଏଣୁ ବଡ଼ପଣ୍ଡାଙ୍କ ହାତରେ ଆଜି ସମାଜର ଡୋରୀ ରହିଯାଇଥିବା ଯୋଗୁଁ ସେମାନେ ତାଙ୍କ ନିଜ ଉପରେ କଣ୍ଢେଇ ନାଚର ସୂତାଟିକୁ ଚାଳନ କରୁଛନ୍ତି। ଜ୍ଞାନ ବିଜ୍ଞାନର ପ୍ରଚାର ଦୁନିଆରେ ଆଜି ମଧ୍ୟ ଏପରି ଏକ ଛଳନାର ସାମ୍ରାଜ୍ୟ ଅଛି ଯେଉଁଠାରେ ସାମାଜିକ ଦୁର୍ବଳ ଶ୍ରେଣୀର ବ୍ୟକ୍ତି ନିଜକୁ ଅଣନିଶ୍ୱାସୀ ମନେକରୁଛି।

'ମାଇକ୍ରୋ ଫୋନ୍- ଶୋଣିତ ଭକ୍ତି ଯୋଗ' ପ୍ରବନ୍ଧରେ ଆଧୁନିକ ମଣିଷ ବର୍ତ୍ତମାନ ସଂପୂର୍ଣ୍ଣ ବିକାର ଗ୍ରସ୍ତ ହୋଇଗଲାଣି। ନିଜସ୍ୱ ସ୍ୱାର୍ଥକୁ ସର୍ବଦା ଅଗ୍ରାଧିକାର ଦେଉଛି। ସାମାଜିକ ଦାୟିତ୍ୱପ୍ରତି ତା'ର ଏହି ବିମୁଖତା ତାକୁ ବଡ଼ ପ୍ରଶ୍ନର ପାହାଡ଼ରେ ଠିଆ କରାଇଛି। ଧୀରେ ଧୀରେ ସମାଜରେ ଧର୍ମକୁ ନେଇ ବ୍ୟବସାୟ ଆରମ୍ଭ ହେଲାଣି। ଧର୍ମ ପ୍ରଚାରରେ ମୁଖ୍ୟ ଉଦ୍ଦେଶ୍ୟ ନେଇ ବିଭିନ୍ନ ଧର୍ମାବଲମ୍ବୀମାନେ ସକାଳ, ଦିବସ, ସନ୍ଧ୍ୟା ଓ ରାତ୍ରି କାଳରେ ଶବ୍ଦ ପ୍ରଦୂଷଣ କରିବାକୁ ପଛଉନାହାଁନ୍ତି। ଏଥିସହିତ ଆଜିର ବିକୃତମନସ୍କ ଯୁବସମାଜ ବ୍ୟବହାର କରୁଥିବା ଗାଡ଼ିମାନଙ୍କରେ ଯେଉଁ କର୍କଶ ଶବ୍ଦମାନ ବ୍ୟବହାର କରୁଛନ୍ତି ତାହା ସମାଜର ସୁସ୍ଥ ବାତାବରଣକୁ କ୍ଷତି କରୁଛି ବୋଲି ପ୍ରାବନ୍ଧିକ ମନେ କରୁଛନ୍ତି। ଏଥିପାଇଁ ସେ ଲେଖିଛନ୍ତି- "ବିଚାରକ ମହୋଦୟଙ୍କୁ ସରକାର ହୁଏତ ନିରାପତ୍ତା ଯୋଗାଇଦେବାକୁ ସକ୍ଷମ ହେବେ; କିନ୍ତୁ ନାଦବର୍ବରତାଠାରୁ ଜନସାଧାରଣଙ୍କୁ ସୁରକ୍ଷା ଦେବ କିଏ ? ମନ୍ଦିର, ମସଜିଦ୍ ସମୂହର ଆଖପାଖ ଅଞ୍ଚଳର

ନାଗରିକମାନେ ସେସବୁ ପ୍ରତିଷ୍ଠାନ ପରିଚାଳକମାନଙ୍କ ସହ ଆଲୋଚନା କରନ୍ତୁ। ଉତ୍କଟ ଆବାଜ ଶିଶୁମାନଙ୍କ ପାଇଁ ବିଶେଷ ହାନିକାରକ, ସେ ହିନ୍ଦୁ ଶିଶୁହେଉ ବା ମୁସଲିମ୍ ଶିଶୁହେଉ- ସେ ଶିଶୁମାନେ ସମଗ୍ର ସମାଜର ଦାୟିତ୍ୱ। ଶାନ୍ତି, ନୀରବତା ଓ ଧ୍ୟାନ ଭିତରେ, ଅଥବା ମୃଦୁମଧୁର ପ୍ରାର୍ଥନା ଭିତରେ ସିନା ଭଗବାନଙ୍କୁ ସ୍ମରଣ କରିବାକଥା, ମାଇକ୍ରୋଫୋନ୍‌ଦ୍ୱାରା ତାଙ୍କୁ ପ୍ରଭାବିତ କରିବାର ପ୍ରୟାସ, ନାଦବ୍ରହ୍ମକୁ ନାଦରାକ୍ଷସରେ ପରିଣତ କରିବା ତାଙ୍କ ପ୍ରତି କେତେଦୂର ସମ୍ମାନଜନକ।"[୨୮]

ସେମିତି 'ଶ୍ରଦ୍ଧାଞ୍ଜଳି' ପ୍ରବନ୍ଧରେ ଆଧୁନିକ ମଣିଷ ନିଜର ପନ୍ଥାକୁ ନିଜେ ଖୋଜିବାକୁ ଚେଷ୍ଟାକରୁନାହିଁ ସଦାସର୍ବଦା ଅନ୍ୟ ଉପରେ ଆଶ୍ରିତ କରି ବଞ୍ଚିବାର ପରମ୍ପରାକୁ ଆପଣାଇ ନେଉଛି। ଯେନେତେନେ ପ୍ରକାରେଣ ବଞ୍ଚିବାରେ ସେହି ଧାରାଟିକୁ ଗ୍ରହଣ କରୁଛି। ଫଳରେ ଜୀବନ ଯାତ୍ରାରେ ଅନେକ ବାଧା ବିଘ୍ନ ମଧ୍ୟ ଦେଖିବାକୁ ମିଳୁଛି। ସେହି ମଣିଷ ହିଁ ଉନ୍ନତିର ଚରମ ସୀମାରେ ପହଞ୍ଚିପାରିବ ଯିଏ ନିଜ ଲକ୍ଷ୍ୟର ଏକାର୍ଣ୍ଣବର୍ତ୍ତୀ ହୋଇ କର୍ମ ସାଧନାରେ ଲିପ୍ତରହିବ। 'ଶ୍ରଦ୍ଧାଞ୍ଜଳି' ପ୍ରବନ୍ଧରେ ପ୍ରାବନ୍ଧିକ ଫକୀରମୋହନ ସେନାପତିଙ୍କ ଜୀବନର ଯାତ୍ରାର ସଫଳ ମୂଲ୍ୟାୟନର କାରଣ ବର୍ଣ୍ଣନା କରିବାକୁଯାଇ ପ୍ରକାଶ କରିଛନ୍ତି ଯେ, ଫକୀରମୋହନ ଜଣେ ପ୍ରତିକୂଳ ପରିବେଶରୁ ସିଦ୍ଧସାଧକ ହେବାର ମୂଳକାରଣ ହେଉଛି ତାଙ୍କ ସମୟରେ ସେ ନିଜେ ହିଁ ନିଜ ପାଇଁ ଦୃଷ୍ଟାନ୍ତ। ତେଣୁ ସେ ଉଚିତ୍ ମାର୍ଗ ଅଗ୍ରସର ହୋଇ ପରବର୍ତ୍ତୀ କାଳକୁ ଅନ୍ୟମାନଙ୍କ ପାଇଁ ସାହିତ୍ୟ ଜଗତରେ ଜଣେ ଦୃଷ୍ଟାନ୍ତ ହୋଇରହିଲେ।

ଶ୍ରୀଯୁକ୍ତ ଦାସ ଏହି ପ୍ରବନ୍ଧରେ ଏକ ସୁନ୍ଦର କାହାଣୀଟିଏ ଉପସ୍ଥାପନ କରିଛନ୍ତି। ତାହା ଏପରି ଏକଦା ଜଣେ ମହାନ ସାଧୁ ତପସ୍ୟାରେ ମଗ୍ନଥାନ୍ତି। ସେ ସେହି ଅଞ୍ଚଳରେ ନିଜର ତପସ୍ୟା ପାଇଁ ବହୁ ସୁନାମ ଅର୍ଜନ କରିଥିଲେ। ଥରେ ଜଣେ ମହିଳା ତାଙ୍କୁ ପ୍ରଣାମ କରି କହିଲେ ହେ ମହାଭାଗ! କେତେ ଦିନ ଆଉ ନିଃସନ୍ତାନ ହୋଇ ଟାହି ଟାପୁରା ସହୁଥିବି। ବାବା ମୋର ସନ୍ତାନଟିଏ ନଥିବା ଯୋଗୁଁ ମୁଁ ମାନସିକସ୍ତରରେ ସଂପୂର୍ଣ୍ଣ ଭାଙ୍ଗି ପଡ଼ିଛି ଦୟାକରି ଆପଣଙ୍କ କୃପାମାତ୍ର ହେଲେ ମୁଁ ମୋର ନିଃସନ୍ତାନ ପଣରୁ ମୁକ୍ତିହୁଅନ୍ତି। ଏହାଶୁଣି ତପସ୍ୱୀ ଜଣକ କହିଲେ ଝିଅ ମୋ ମା' ବି ତୁମ ପରି ବହୁ ବର୍ଷ ନିଃସନ୍ତାନ ଥିଲେ। ସେ ମଧ୍ୟ ଏକଦା ଜଣେ ମହାପୁରୁଷଙ୍କୁ ଯାଇ ନିଜର ସନ୍ତାନପ୍ରାପ୍ତି ପାଇଁ ପ୍ରାର୍ଥନା କରିଥିଲେ। ଏହା ଶୁଣି ମହାପୁରୁଷ ଜଣକ ମା'ଙ୍କୁ ସାଇତି ରଖିଥିବା ନିଜ ପାଖରେ ସବୁଠାରୁ ମୁଲ୍ୟବାନବସ୍ତୁକୁ ଆଣିବାକୁ ପରାମର୍ଶ ଦିଅନ୍ତି। ଏହା ଶୁଣି ମୋ ମା' ତା ବାପଘରୁ ଆଣିଥିବା ପୁରୁଣା ରୂପା ମୁଦ୍ରାଟିକୁ ବାହାର କରି ମହାପୁରୁଷକୁ ଭେଟିଦେବା ନିମନ୍ତେ ଯାନ୍ତି। ପରନ୍ତୁ, ମହାପୁରୁଷ ଜଣକ ଯେଉଁଠାରେ

ତପସ୍ୟା କରୁଥିଲେ ସେଠାରୁ ଯାଇ ୨୦କୋଶ ଦୂରରେ ଡେରା ପକେଇଲେଣି। ମୋ ମା' ପୁଣି ସେଠାରୁ ଯିବାକୁ ଉଦ୍ୟମକଲା। ବାଟରେ ନଈଟିଏ ପଡ଼ିଲା। ପରନ୍ତୁ ନଈପାର ହେବା ପାଇଁ ନାଆ ଦେଖା ମିଳୁନଥିଲା। ମା' ସ୍ରୋତସହ ଲଢେଇକରି ନଈପାରି ହୁଅନ୍ତି, ହେଲେ ସେ ସେଠାରେ ଯାଇ ଶୁଣିବାକୁ ପାଇଲେ ମହାପୁରୁଷ ସେଠାରୁ ଆହୁରି ୩୦କୋଶ ଦୂରରେ ଏକ ଗ୍ରାମ ମଧ୍ୟରେ ଅବସ୍ଥାନ କରିଛନ୍ତି। ମୋ ମା' ଥକିନଯାଇ ପୁଣି ବାଟ ଚଲିବାକୁ ଉଦ୍ୟମ କଲା ଓ ପରିଶେଷରେ ମହାପୁରୁଷଙ୍କୁ ଭେଟି ସେହି ପୁରୁଣା ରୂପାମୁଦ୍ରାଟି ପ୍ରଦାନ କଲା। ଫଳରେ ମହାପୁରୁଷ ଜଣକ ସେହି ମୁଦ୍ରାଟି ପାଇଁ ତପସ୍ୟାରେ ମଗ୍ନଗଲେ ଓ ମୋ ମା'ଙ୍କୁ ସନ୍ତାନ ପ୍ରାପ୍ତିର ଆଶୀର୍ବାଦ ଦେଲେ। ଯାହାଫଳରେ ମୁଁ ଜନ୍ମ ହେଲି। ଏହା ଶୁଣି ମହିଳା ଜଣକ ସାଧୁଙ୍କୁ କୁହନ୍ତି ହେ ମହାଭାଗ ମୁଁ ଯାଉଛି ରୂପା ମୁଦ୍ରାଟି ଧରି ଆସିବି, ଆଉ ଆପଣ ଏ ସ୍ଥାନ ଛାଡ଼ି ଯେଉଁ ଆଡ଼କୁ ଗଲେବି ମୁଁ ଆପଣଙ୍କୁ ସେଠାରେ ଖୋଜିକି ପହଞ୍ଚିବି। ବାଟରେ ନଈ ପଡ଼ିଲେ ଏକା ପାର ହେବି। ପ୍ରୟୋଜନ ହେଲେ ସେଠାରୁ ପୁନଃ ଆପଣଙ୍କୁ ଖୋଜିବା ପାଇଁ ଅନ୍ୟତ୍ର ଜାଗାକୁ ଯିବି ଆପଣଙ୍କ ଜନନୀ ଯାହା କରିଥିଲେ ସନ୍ତାନପ୍ରାପ୍ତି ପାଇଁ ଅବିକଳ ମୁଁ ତାହା କରିବି। ଏହାଶୁଣି ତପସ୍ୱୀ ଜଣକ ସାମାନ୍ୟ ହସି କହିଲେ ଦେଖ କନ୍ୟା ତୁ ଅବିକଳ ସେୟା କରିପାରିବୁ ନାହିଁ କାରଣ ମୋ ମା' ଆଗରେ କୌଣସି ଦୃଷ୍ଟାନ୍ତ ନଥିଲା। ସେ ଯାହାବି କଲା ସ୍ୱତଃ ପ୍ରେରଣାରେ ପ୍ରେରିତ ହୋଇ କରିଥିଲା। ଆଉ ତୁ ଯାହା କରିବୁ ତାହା ଏକ ଦୃଷ୍ଟାନ୍ତକୁ ଅନୁସରଣ କରି କରିବୁ। ଅର୍ଥାତ୍ ଆମର କର୍ମ ଆମ ପାଇଁ ଗୋଟିଏ ଗୋଟିଏ ପ୍ରେରଣା ହେବା ଆବଶ୍ୟକ।

ଆଜିର ମଣିଷ ସମାଜ ସଦାସର୍ବଦା ଗୁଳ୍ମ ଓ ଲତାପରି ଅନ୍ୟ ଉପରେ ଆଶ୍ରା କରି ବଂଶ ବିସ୍ତାର କରିବାକୁ ଅପେକ୍ଷା ରଖୁଛି। ଫଳରେ ଅନୁସରଣ କରୁଥିବା ମାର୍ଗ ଆହୁରି ସହଜ କରିବା ପାଇଁ ଚେଷ୍ଟା କରିଛି ଓ ବିଫଳତାକୁ ସ୍ୱୀକାର କରିବାକୁ ସହଜ ମନେକରୁ ନାହିଁ। ଏହାହିଁ ଆଧୁନିକ ମଣିଷର ଏକ ଭୟାନକ ଦୁଃଖର କାରଣ, ଏଣୁ ଉଚିତ୍ ମାର୍ଗ ଓ କାର୍ଯ୍ୟ ସିଦ୍ଧିର ଲକ୍ଷ୍ୟକୁ ଆମେ ସେତେବେଳେ ସଂପୂର୍ଣ୍ଣ କରିପାରିବ, ଯେତେବେଳେ ଆମ ଚିନ୍ତାଧାରା ସ୍ୱତଃ ପ୍ରବୃତ୍ତ ହୋଇଥିବା।

'ଇତିହାସର ଲାଲିତ୍ୟ' ପ୍ରବନ୍ଧରେ ପ୍ରାବନ୍ଧିକ ଦର୍ଶାଇଛନ୍ତି ମନୁଷ୍ୟ ନିଜର ବର୍ତ୍ତମାନର ଖୁସିକୁ ପରବର୍ତ୍ତୀ ସମୟରେ ଉପଲବ୍ଧି କରିପାରୁନାହିଁ। କାରଣ ଅତୀତର ସେହି ରୋମାଞ୍ଚିତ ଦୃଷ୍ଟିଭାଙ୍ଗୀ ଆମର ଧୀରେ ଧୀରେ ଏବେ ଦୁର୍ବଳ ହେବାରେ ଲାଗିଛି। ଏହାର ପ୍ରାଥମିକ କାରଣ ଆମର ମୂଳ ଆଭିମୁଖ୍ୟଠାରୁ ଆମେ ସଦାସର୍ବଦା ଦୂରେଇ ରହୁଛେ ବସ୍ତୁବାଦୀ ହୋଇ ଏହା ଆମ ଜୀବନର ମୂଳ ଉଦ୍ଦେଶ୍ୟକୁ ଆମେ ଭୁଲିଯାଉଛେ।

ଫଳରେ ଆମେ ଏକ ଲକ୍ଷ୍ୟହୀନ ଜୀବନ ଅତିବାହିତ କରୁଛେ । ପରନ୍ତୁ, ଈଶ୍ୱରଙ୍କ ଲକ୍ଷ୍ୟ ସଂପୂର୍ଣ୍ଣ ଅଲଗା ଧରାପୃଷ୍ଠରେ ପ୍ରତ୍ୟେକ ମନୁଷ୍ୟକୁ କିଛିନା କିଛି ଦାୟିତ୍ୱ ସମ୍ପର୍ଣ୍ଣ କରିବାକୁ ପଠାଇଛନ୍ତି । ହେଲେ ଆମେ ବିଷୟାତିତ ସାଂସାରିକ ମୋହମାୟାର ବନ୍ଧନରୁ ଓହରି ପାରୁନାହାନ୍ତି । ଏଥିପାଇଁ ପ୍ରାବନ୍ଧିକ ଗୋଟିଏ ସୁନ୍ଦର କାହାଣୀ ମାଧ୍ୟମରେ ବୁଝାଇବାକୁ ଚେଷ୍ଟା କରିଛନ୍ତି- କାହାଣୀଟି ଏହିପରି ଥରେ ପ୍ରଭୁ ଯୀଶୁ ରାତ୍ରିକାଳରେ ଧରାପୃଷ୍ଠରେ ଅବତରଣ କରି ଦେଖିଛନ୍ତି ପୂର୍ବରୁ ଯେଉଁମାନଙ୍କୁ ବରଦାନ ସ୍ୱରୂପ, ଜଣେ କୁଷ୍ଠରୋଗାକ୍ରାନ୍ତ ଯୁବକକୁ ସୁସ୍ଥ କରିଥିଲେ, ଜଣେ ଅନ୍ଧକୁ ଦୃଷ୍ଟିଦାନ କରିଥିଲେ ଏବଂ ଜଣେ ମୃତବ୍ୟକ୍ତିକୁ ଜୀବନଦାନ କରିଥିଲେ ପରନ୍ତୁ, ଯୀଶୁ ଧାରାପୃଷ୍ଠରେ ବୁଲୁଥିବା ସମୟରେ ଲକ୍ଷ୍ୟକଲେ ଯେ ପୁନଃ ଯୌବନ ଦାନ କରିଥିବା ବ୍ୟକ୍ତିଜଣକ ଏକ ଅର୍ଦ୍ଧନଗ୍ନ ନାରୀ ସହ ସମୟ ଅତିବାହିତ କରୁଛି । ଏହା ଦେଖି ଯୀଶୁ ତାଙ୍କୁ ପ୍ରଶ୍ନକଲେ ତୁମେ ଏହିଭଳି ଜୀବନ ଅତିବାହିତ କରୁଛ ? ଚମକି ପଡ଼ି ଯୁବକଟି ଉତ୍ତର ଦେଲା ମୁଁ ବ୍ୟାଧିଗ୍ରସ୍ତ ଥିଲି ତୁମେ ମୋତେ ପୁନଃ ଯୌବନ ଦେଲ ଆଉ କେମିତି ଢଙ୍ଗରେ ଜୀବନ ନିର୍ବାହ କରନ୍ତି ? ଏହା ଶୁଣି ନୀରବରେ ଯୀଶୁ ସେଠାରୁ ଚାଲିଯାନ୍ତି, ଯିବା ବାଟରେ ଲକ୍ଷ୍ୟକଲେ ଚକ୍ଷୁଦାନ କରିଥିବା ଯୁବକଟି ଲୋଭାତୁର ନୟନରେ ଜଣେ ଅବଳା ନାରୀର ପଶ୍ଚ୍ୟାଧାବନ କରୁଛି । ଏହା ଦେଖି ଯୀଶୁ ତାଙ୍କୁ ପ୍ରଶ୍ନକଲେ ? ତୁମେ ସେ ଯୁବତୀକୁ ଏପରି ବ୍ୟବହାର କାହିଁକି କରୁଛ ? ଏହା ଶୁଣି ଯୁବକଟି ଉତ୍ତର ଦେଲା ମୁଁ ଅନ୍ଧଥିଲି ଦୁନିଆକୁ ଦେଖିପାରୁନଥିଲି ତୁମେ ମୋତେ ଦୃଷ୍ଟିଶକ୍ତି ଦେଲ ମୁଁ ଆଉ କେଉଁ ଆଡ଼େ ତେବେ ଦୃଷ୍ଟି ଦେବି । ଏହାଶୁଣି ଯୀଶୁ ସେଠାରୁ ନିରାଶା ହୋଇ ଆଉ କିଛି ବାଟ ଚାଲିଲେ । ସେଠାରେ ଦେଖିଲେ ଜଣେ ଯୁବକ ଏକ ପ୍ରସ୍ତର ଖଣ୍ଡ ଉପରେ ବସି କାନ୍ଦୁଛି । ପାଖକୁ ଯାଇ ପ୍ରଭୁ ଯୀଶୁ ତାଙ୍କୁ ପଚାରିଲେ କାହିଁକି ତୁମେ କାନ୍ଦୁଛ ? ଏହା ଶୁଣି ଲୋକଟି ଉତ୍ତର ଦେଲା ମୁଁ ଦିନେ ମୃତଥିଲି ଆପଣ ମତେ ଜୀବନ ଦେଲେ, ମୁଁ ଅଶ୍ରୁପାତ ନକରି ଏ ଜୀବନକୁ ନେଇ ଆଉ କରିବି କ'ଣ ? ଉକ୍ତ କାହାଣୀରୁ ଏହି ଦର୍ଶନମିଳେ ଯେ, ସଂସାରକୁ ଯାବତୀୟ ଦୁଃଖଯାତନାର ପ୍ରାଚୀର ଆବଦ୍ଧ କରିରଖିଛି । କାହାକୁ ଜୀବନ ଆବଶ୍ୟକତା ହେଉଥିବା ବେଳେ ଆଉ କାହାକୁ ମୃତ୍ୟୁ ଆବଶ୍ୟକ । ଏଣୁ ବିଚିତ୍ରମୟ ସଂସାରରେ ମନୁଷ୍ୟ ସଦାସର୍ବଦା କାମନାର ବଶବର୍ତ୍ତୀ ହୋଇ ଅକାରଣେ ଦୁଃଖ ଓ କ୍ଲେଶମୟ ଜୀବନ ଅତବାହିତ କରୁଛି ।

'ମଦିରା ଦର୍ଶନ' ପ୍ରବନ୍ଧରେ ସାମାଜିକ ଅବକ୍ଷୟ କଥା ପ୍ରାବନ୍ଧିକ ବର୍ଣ୍ଣନା କରିଛନ୍ତି । ମଦ ବ୍ୟବସାୟ କେବଳ ଭାରତରେ ନୁହେଁ ବରଂ ଓଡ଼ିଶାରେ ମଧ୍ୟ ବହୁଳ ପରିମାଣରେ ଚାଲୁଥିବାର ଦେଖିବାକୁ ମିଳେ । ସବୁଠାରୁ ବଡ଼ ଆଶ୍ଚର୍ଯ୍ୟର କଥା

ସରକାରଙ୍କର ରାଜସ୍ୱ ବୃଦ୍ଧି ନିମନ୍ତେ ଏହାର ପ୍ରଚାର ପ୍ରସାର ମଧ୍ୟ କରାଗଲାଣି। ପରନ୍ତୁ, ସମାଜ ପ୍ରତି ଏହା କେତେ ଯେ ବିପଦପୂର୍ଣ୍ଣ ସେ ଦିଗପ୍ରତି କେହି ସଚେତନ ହେଉନାହାଁନ୍ତି। ପଥଭ୍ରଷ୍ଟ ଯୁବସମାଜ ଆଜି ନିଶାଶକ୍ତ ହୋଇ ନାନା ପ୍ରକାର ନାରକୀୟ କାଣ୍ଡ ରଚନା କରିବାରେ ଲିପ୍ତ ରହୁଛନ୍ତି। କେବଳ ସେତିକି ନୁହଁ ନିଶାସକ୍ତ ମଣିଷ ନିଜର ହିତାହିତଜ୍ଞାନ ଭୁଲିଯାଇ ବିଭିନ୍ନ ଅସାମାଜିକ କାର୍ଯ୍ୟରେ ନିଜକୁ ଲିପ୍ତ ରଖୁଛି। ବେଳେ ବେଳେ ମଣିଷ ନିଶାଗ୍ରସ୍ତ ହୋଇ ଦୁର୍ଘଟଣାରେ ନିଜର ଜୀବନ ହରାଇବା ସହିତ ନିଜ ପରିବାରର ମଧ୍ୟ ଅନେକ କ୍ଷତି କରିଯାଉଛି। ଏଥିପାଇଁ ପ୍ରାବନ୍ଧିକ ମନ୍ତବ୍ୟ ଦିଅନ୍ତି ଯେ- "ଅନେକଙ୍କ ଧାରଣା, ଖାଲି ଗରିବ ସମାଜ ପାଇଁ ମଦ କ୍ଷତିକାରକ। ଧନୀ ସମାଜ ମଦଭ୍ୟାସକୁ ପରୁଆ କରିବାର କାରଣ ନାହିଁ। ଭାରତରେ ମଦ୍ୟସେବୀ ଜନସଂଖ୍ୟାର ବହୁଳାଂଶ ଦରିଦ୍ର ଶ୍ରମିକ କିମ୍ବା ବନଗିରି ବାସୀ। ସେମାନଙ୍କ ପାଇଁ ଉପଯୁକ୍ତ ଖାଦ୍ୟ ନାହିଁ, ସ୍ୱାସ୍ଥ୍ୟସେବା ନାହିଁ, ତହୁଁ ଉପରେ ପୁଣି ମଦଭ୍ୟାସ ଅଭିଶାପ। ଅତଏବ ତାହା ସାମାଜିକ ବିପଦ। କିନ୍ତୁ ବିତ୍ତଶାଳୀ ଆମେରିକାନ୍ ସମାଜ ପାଇଁ କ'ଣ ମଦ ଗୋଟିଏ ନିରୀହ ବିଳାସ ମାତ୍ର? ନା- ସେ ଦେଶରେ ଦୁରାରୋଗ୍ୟ ପ୍ରାୟ ଆଲକୋହଲିକଙ୍କ ସଂଖ୍ୟା ନବେଲକ୍ଷ। ସେମାନେ ସମାଜ ଉପରେ ବୋଝ। ଦେଶବ୍ୟାପୀ ଆତ୍ମଘାତି ସଂଖ୍ୟାର ଏକ-ତୃତୀୟାଂଶ ମଦପିଇ ଉଦଭ୍ରାନ୍ତ ଅବସ୍ଥାରେ ଥାଇ ତାହା କରିଥାନ୍ତି ବୋଲି ସମୀକ୍ଷା କହେ। ରାସ୍ତାରେ ଯେତେ ଦୁର୍ଘଟଣାଜନିତ ମୃତ୍ୟୁହୁଏ, ତା'ର ଅର୍ଦ୍ଧେକ ନିଶାଗ୍ରସ୍ତ ଡ୍ରାଇଭରମାନେ ଘଟାଇଥାନ୍ତି।"[୨୯] ଅର୍ଥାତ୍ ବଡ଼ ଲୋକମାନେ ଯେଉଁ ପନ୍ଥା ଅବଲମ୍ବନ କରିଛନ୍ତି ତାହାକୁ ଗରିବ ଖଟିଖିଆମାନେ ଅନୁସରଣ କରୁଛନ୍ତି। ପରନ୍ତୁ, ଅର୍ଥ ଥିଲାବାଲା ବ୍ୟକ୍ତିମାନେ ନିଜର ବିଳାସମୟତା ପାଇଁ ଯାହା କରୁଛନ୍ତି। ଆମେ ଯଦି ସେହି ମାର୍ଗ ଅନୁସରଣ କରିବା ତେବେ, ବିପଦ ଆମ ସହଚର ହେବ ବୋଲି ପ୍ରାବନ୍ଧିକ ମତ ବ୍ୟକ୍ତ କରିଛନ୍ତି। ତେଣୁ ବ୍ୟକ୍ତି ଯେତେବେଳେ ନିଜ ଚେତନା ଉପରେ ଆଧିପତ୍ୟ ବିସ୍ତାର କରିବ ସେତେବେଳେ ସେ ଏହି ନିଶାଠାରୁ ଦୂରେଇପାରିବ। ଫଳରେ ସେ ଏକ ହସ ଖୁସିର ସଂସାରଟିଏ ତିଆରି କରିପାରିବ। ରାଜା ମହାରାଜାମାନେ ବିଳାସପାଇଁ ତିଆରି କରିଯାଇଥିବା ମଦିରା ଅଧୁନା ସାମାଜିକ ବ୍ୟକ୍ତିଗଣକୁ ଏକ ପ୍ରଚଣ୍ଡ ନିଶାଗ୍ରସ୍ତ କରାଇ ସରିଲାଣି। ଆଗାମୀ ଦିନରେ ଏହା ଏକ ଭୟଙ୍କର ରୂପ ନେଇ ଦଣ୍ଡାୟମାନ ହେବ ଏହା ନିଃସନ୍ଦେହରେ କୁହାଯାଇପାରେ। ଯଦି ଆମେ ସ୍ଥୁଳ ମସ୍ତିଷ୍କରେ ବିଚାର କରିବା ତେବେ ଆମ ପଥ କେତେ ସଙ୍କଟ ପୂର୍ଣ୍ଣ ତାହା ଜାଣିପାରିବ।

'କୃଷ୍ଣ' ଓ 'କଂସ' ପ୍ରବନ୍ଧରେ ସମାଜରେ ବସବାସ କରୁଥିବା ଲୋକମାନଙ୍କ

ମଧ୍ୟରେ ଉଭୟ କୃଷ୍ଣ ଓ କଂସ ଚରିତ୍ର ଲୁଚିକରି ରହିଥିବାର ପ୍ରାବନ୍ଧିକ ସ୍ୱୟଂ ଉପଲବ୍ଧି କରିଛନ୍ତି। କାରଣ ରାଜ୍ୟ-ରାଜନୀତିକୁ ପ୍ରାବନ୍ଧିକ ଅତି ନିକଟରୁ ଦେଖିଛନ୍ତି। ସାଧାରଣତଃ ନେତାମାନେ ଅଫିସ୍‌ରେ କାର୍ଯ୍ୟରତ କର୍ମଚାରୀଙ୍କ ଉପରେ ଦୋଷାରୋପ କରିଥିବାବେଳେ ସେମାନେ କରୁଛନ୍ତି ଆମେ ଆମ ରାଜନେତାଙ୍କ ହାତରେ ବନ୍ଧା। ଏଣୁ ସେମାନଙ୍କ ଆଜ୍ଞା ମଣିବାକୁ ଆମେ ବାଧ୍ୟ। ଫଳରେ ଉଭୟଙ୍କ ଭିତରେ ଅତ୍ୟାଚାର କରିବାରେ ଅଦମ୍ୟ ଆଗ୍ରହଟିରେ ସାଧାରଣ ଜନତା କଷ୍ଟ ଭୋଗୁଛନ୍ତି। ଏହାକୁ ନେଇ ପ୍ରାବନ୍ଧିକ ଏଥିରେ ସୁନ୍ଦର କାହାଣୀଟିଏ କହିଛନ୍ତି। ଥରେ ଜଣେ ରାଜା ନିଜର କଳାପ୍ରତି ଅନୁରାଗ ଥିବା ଯୋଗୁଁ ତାଙ୍କ ଦରବାରରେ ଥିବା କୁଶଳୀ ଶିଳ୍ପୀଙ୍କୁ ଡାକିଲେ ଏବଂ ତାଙ୍କୁ କହିଲେ ତୁମେ ଏପରି ଏକ ଚିତ୍ରଅଙ୍କନ କର ଯେଉଁଥିରେ ସୁକୁମାର ଶିଶୁକୃଷ୍ଣ ଓ କ୍ରୂରକଂସ ମୁହାଁମୁହିଁ ହୋଇ ଠିଆ ହୋଇଥିବେ। ମୁଁ ଦେଖିବାକୁ ଚାହେଁ ପାଖାପାଖି ଉଭୟ ଦେବତା ଓ ଅସୁର ଦୁହିଁଙ୍କୁ। କଥାଟି ଶୁଣି ଶିଳ୍ପୀ ରାଜାଙ୍କୁ କିଛି ସମୟ ମାଗନ୍ତି। କାରଣ ଏହି ଚିତ୍ରକୁ ଯଥାଶୀଘ୍ର ଅଙ୍କନ କରାଯାଇନପାରେ। ଏହା ଶୁଣି ରାଜା ମଧ୍ୟ ଶିଳ୍ପୀଙ୍କୁ ଯଥେଷ୍ଟ ସମୟ ପ୍ରଦାନକଲେ ଓ ସର୍ବୋତ୍କୃଷ୍ଟ ଭାବେ ଆଙ୍କିବା ପାଇଁ ପରାମର୍ଶଦେଲେ। ପ୍ରଥମେ ଶିଶୁ କୃଷ୍ଣର ଚିତ୍ର ଆଙ୍କିବା ପାଇଁ ଶିଳ୍ପୀଜଣକ ଗୋଟିଏ ନୀରବ କୋମଳମୋତି, ହସକୁରା, ସୁକୁମାରୀ ଶିଶୁକୁ ଖୋଜିବାକୁ ଲାଗିଲେ। ଶିଳ୍ପୀ ଏଥିପାଇଁ ଭିନ୍ନ ଭିନ୍ନ ଜାଗାରେ ଖୋଜିବାକୁ ଆରମ୍ଭକଲେ ପରନ୍ତୁ, ବହୁଦିନ ପରେ ମନପସନ୍ଦ ମୁତାବକ ଶିଶୁଟିଏ ଚୟନ କଲେ ଏବଂ ସେହି ବାଳକକୁ ଲକ୍ଷ୍ୟ କରି ତିନିମାସ ମଧ୍ୟରେ କୃଷ୍ଣଚିତ୍ରକୁ ସମାପନ କଲେ।

ଏବେ କଂସ ଚିତ୍ର ଆଙ୍କିବା ପାଇଁ ସେହିପରି ଜଣେ ଦୁର୍ଦ୍ଧାନ୍ତ ଚେହେରା ଓ ଖଳ ପ୍ରକୃତି ଆଚରଣକରି ପୁରୁଷଟିଏ ଖୋଜିବାକୁ ଶିଳ୍ପୀଜଣକ ଆରମ୍ଭକଲେ। ପରନ୍ତୁ, ବହୁତ ଖୋଜିବା ପରେ ସେହିପରି ଚେହେରାଟିଏ ତାଙ୍କୁ ମିଳୁନଥିଲା। ଫଳରେ କଂସ ଚିତ୍ର ପାଇଁ ତାଙ୍କୁ ଅନେକଦିନ ଲାଗିଗଲା ଏହି ସମୟ ମଧ୍ୟରେ ହଠାତ୍ ଦିନେ ରାଜା ମରିଗଲେ। ଶିଳ୍ପୀ ଜଣକ ମନଭାରି ଦୁଃଖ ହେଲା କାରଣ, ସେ ରାଜାଙ୍କ ସେହି ଚିତ୍ରଟି ଶେଷ କରିପାରିଲା ନାହିଁ। ଯୁବରାଜ ରାଜାଙ୍କ ଅନ୍ତେ ରାଜା ହୁଅନ୍ତି। ଫଳରେ ସେ ଶିଳ୍ପୀଜଣକ ଯେହେତୁ ପିତାବନ୍ଧୁ ଥିଲେ ସେଥିପାଇଁ ତାଙ୍କୁ ଯଥା ସମ୍ମାନ ଦେଉଥିଲେ। ଇତି ମଧ୍ୟରେ ୨୫ବର୍ଷ ବିତିଯାଇଛି ଶିଳ୍ପୀଜଣକ ମଧ୍ୟ ବୃଦ୍ଧ ହୋଇଯାଇଛନ୍ତି ହେଲେ ନିଜ ଦକ୍ଷତା ଯୋଗୁଁ ମନ୍ତ୍ରୀପାହ୍ୟାରେ ସମ୍ମାନିତ ହୁଅନ୍ତି। ଥରେ ରାଜା ଓ ମନ୍ତ୍ରୀମାନଙ୍କ ଗହଣରେ କାରାଗାର ପରିଦର୍ଶନ କରିବା ସମୟରେ ହଠାତ୍ ଶିଳ୍ପୀଙ୍କର ଜଣେ ନୃଶଂସ ବର୍ବରତା ସଦୃଶ ବ୍ୟକ୍ତିକୁ ଦେଖି ଅଟକିଗଲେ ଓ ରାଜାଙ୍କୁ ନିଜ ବାପାଙ୍କର ଅଭିଳାଷ

ସମ୍ପର୍କରେ ବୁଝାଇଲେ। ରାଜା ମଧ୍ୟ ନିଜ ପିତାଙ୍କ ସ୍ମୃତିକୁ ମନେପକାଇବା ପାଇଁ ତାଙ୍କୁ ସେହି କୃଷ୍ଣ ଓ କଂସର ଚିତ୍ର ଆଙ୍କିବା କାର୍ଯ୍ୟଶେଷ କରିବାପାଇଁ ପରାମର୍ଶଦେଲେ। ପରଦିନ ଶିଳ୍ପୀମନ୍ତ୍ରୀ ଜଣକ ନିଜ ସାମ୍ନାରେ ସେହି କଏଦୀକୁ ବସାଇ ହାତରେ ରଙ୍ଗତୂଳୀ ଧରି କଂସଚିତ୍ର ଆଙ୍କିବାକୁ ଉଦ୍ୟମକଲେ ହଠାତ୍ ଦେଖିବାକୁ ମିଳିଲା କଏଦୀଙ୍କ ଆଖି ଲୋତକରେ ପରିପୂର୍ଣ୍ଣ ହୋଇଯାଇଥିଲା। ଏହାର କାରଣ ବୁଝୁ ବୁଝୁ ମନ୍ତ୍ରୀ ଜାଣିବାକୁ ପାଇଲେ ଯେ, ସେଦିନ ସେହି କଏଦୀ ଶିଶୁଅବସ୍ଥାରେ ଥିବା ସମୟରେ ଏଠାରେ ବସିଥିଲେ ଯାହାକୁ ଶିଳ୍ପୀଜଣକ ଦେଖି କୃଷ୍ଣରଚିତ୍ର ଆଙ୍କିଥିଲେ। ସମୟଚକ୍ର ତାଙ୍କୁ ଆଜି ପୁଣି ଜଣେ କଂସରୂପେ ସଜାଇ ଦେଇଛି। ଏଥିରୁ ବୁଝାପଡ଼େ ଆଜିର ସମୟରେ ଯେଉଁମାନେ ନାରକୀୟ କାଣ୍ଡ କରୁଛନ୍ତି, ସେମାନେ ସମୟର ସେହି ସ୍ତର ଦେଇଆସିଛନ୍ତି ଯେଉଁଥିରେ ତାଙ୍କୁ ଏ ପ୍ରକାର ଅପରାଧପୂର୍ଣ୍ଣ କାର୍ଯ୍ୟ କରିବାକୁ ବାଧ୍ୟ କରୁଛି। ସେମାନଙ୍କ ସାନ ଜୀବନରେ କୃଷ୍ଣ ଗୁଣମଧ୍ୟ ଲୁକ୍କାୟିତ ରହିଥିଲା।

ସାଂପ୍ରତିକ ଗଣତନ୍ତ୍ର ବ୍ୟବସ୍ଥାକୁ ପ୍ରାବନ୍ଧିକ ସମାଲୋଚନା କରି 'ଆତ୍ମହତ୍ୟାର ଅନ୍ୟ ନାମ' ପ୍ରବନ୍ଧଟି ରଚନା କରିଛନ୍ତି। ଗଣତନ୍ତ୍ରର ପ୍ରକୃତ ମୂଲ୍ୟବୋଧକୁ କେହି ବୁଝିବାକୁ ନାରାଜ କିନ୍ତୁ ସମସ୍ତଙ୍କର କ୍ଷମତାର ଆସନ ଆବଶ୍ୟକ। ଉଭୟ ଭୋଟର ଓ ନେତାମାନେ ଗଣତନ୍ତ୍ର ସମ୍ପର୍କରେ ଶିକ୍ଷାଅର୍ଜନ କରିବା ଆବଶ୍ୟକ ଏଥିପାଇଁ ପ୍ରାବନ୍ଧିକ କୁହନ୍ତି ଏହା ଏକ ସାର୍ବଜନୀନ ପାଠ୍ୟକ୍ରମ ହୋଇ ସମାଜସେବୀମାନଙ୍କ ଦ୍ୱାରା ଜନସାଧାରଣମାନଙ୍କୁ ଏ ସମ୍ପର୍କରେ ଅବଗତ କରାଇବା ଆବଶ୍ୟକ। ଫଳରେ ଭୋଟ ପାଇଁ ଟଙ୍କା ନେଇଥିବା ଜନତା ଓ ଟଙ୍କା ଦେଉଥିବା ନେତା ଉଭୟ ସଚେତନ ହୋଇପାରିବେ। ଅନ୍ୟଥା କେବଳ ମିଛ ପ୍ରତିଶ୍ରୁତି ଗୁଡ଼ିକ ନିର୍ବାଚନ ପରେ ଆମେ ମନେ ପକାଉଥିବା। ଏଠାରେ ସମସ୍ତଙ୍କ ପାଖରେ ଆଦର୍ଶ ଅଛି ସଦିଚ୍ଛା ମଧ୍ୟ ଅଛି ପରନ୍ତୁ, ଯେଉଁ ମୌଳିକ ଅଭାବ ଶିକ୍ଷା ଓ ଦିଗ ?ଦର୍ଶନର ଅଭାବ ରହିଛି ସେଥିପ୍ରତି ଆମକୁ ଗୁରୁତ୍ୱ ଦେବାକୁହେବ। ଏହି ଗଣତନ୍ତ୍ରର ଆଦର୍ଶମୟତାକୁ ବୁଝାଇବାକୁ ଯାଇ ପ୍ରାବନ୍ଧିକ ଏଠାରେ ଦୃଷ୍ଟିଆକର୍ଷଣ କରନ୍ତି ଯେ- "ଆମ ଦୃଷ୍ଟିର ଅନ୍ତରାଳରେ ଅହରହ ଗୋଟିଏ ନିର୍ବାଚନ ଚାଲିଛି। ସେଥିରେ ଅଛି ତିନୋଟି ଭୋଟ। ସୈତାନ ସର୍ବଦା ତୋ ବିରୁଦ୍ଧରେ ଭୋଟ ଦେଉଛି; ଭଗବାନ ସର୍ବଦା ତୋ ସପକ୍ଷରେ ଭୋଟ ଦେଉଛନ୍ତି; ଯେଉଁ ତୃତୀୟ ଭୋଟ ତୋ ଭାଗ୍ୟ ନିରୂପଣ କରିବ, ସେ ଗୋଟିକ ତୋହରି ହାତରେ। କଥାଟିର ତାତ୍ପର୍ଯ୍ୟ ଆଧ୍ୟାତ୍ମି-ବିଜ୍ଞାନରେ ଯେତିକି, ସମାଜବିଜ୍ଞାନରେ ବି ସେତିକି। ଗଣତନ୍ତ୍ର ଭାଗ୍ୟ ନିରୂପଣ କରିବ ହାତରେ ଥିବା ଆମର ବିବେକର ପ୍ରୟୋଗ।"(୩୦)

ସାମାଜିକ ବ୍ୟବସ୍ଥାରେ ଗଣତନ୍ତ୍ର ଭୂମିକା ଜନମଙ୍ଗଳ ପାଇଁ ଉଦ୍ଦିଷ୍ଟ। ପରନ୍ତୁ,

ବଂଶଗତ ରାଜନୀତି ଏହାର ଏକ ବଡ଼ ସମସ୍ୟା ସାଂପ୍ରତିକ ନେତାମାନେ ମୁଠା ମୁଠା ଟଙ୍କ ଖର୍ଚ୍ଚକରି ପରାଜୟ ପରେ ମଧ୍ୟ ସେମାନେ ପୁଣି ନିର୍ବାଚନରେ ଠିଆହେବା ପାଇଁ ମନରୁ ବିଶ୍ୱାସ ହରାଉନାହାଁନ୍ତି ସେଥିରେ ପୁଣି ତାଙ୍କ ବୟସର ସୀମା ମଧ୍ୟ ଦେଖୁନାହାନ୍ତି । ଆସନର ଲୋଭରେ ସେମାନେ ବଶବର୍ତ୍ତୀ ହୋଇ ଗଣତନ୍ତ୍ରକୁ ରାଜତନ୍ତ୍ରରେ ରୂପାନ୍ତରିତ କରିବାକୁ ଚାହୁଁଛନ୍ତି । ଏହାର ନମୁନା ଆମେ ମନୋଜ ଦାସଙ୍କ 'କମ୍ବଳର ଆଲିଙ୍ଗନ' ପ୍ରବନ୍ଧରେ ଦେଖିବାକୁପାଇବା । ଏଥିରେ ଗୋଟିଏ ସୁନ୍ଦର ଲୋକକଥା ମାଧ୍ୟମରେ ପ୍ରସଙ୍ଗଟିକୁ ବୁଝାଇବାକୁ ଚାହିଁଛନ୍ତି । କଥାଟି ଏପରି ଗୋଟିଏ ନିର୍ଜନ ନଈକୂଳରେ ବାଟୋଇ ଦୁଇଜଣ ଯିବା ସମୟରେ ସେମାନଙ୍କ ଆଖିପଡ଼େ ଜଳସ୍ରୋତରେ ଭାସିଯାଉଥିବା କମ୍ବଳ ଉପରେ । ଦୁଇଜଣଙ୍କ ମଧ୍ୟରୁ ଜଣେ ପଥିକ ତାହାକୁ ଆଣିବା ପାଇଁ ନଈକୁ ଡେଇଁପଡ଼େ ଅନ୍ୟଜଣକ କୂଳରେ ରହି ଏହିଦୃଶ୍ୟ ଦେଖୁଥାଏ । କିଛି ସମୟ ପରେ ଦେଖିଲା ନଈକୁ ଡେଇଁଥିବା ବ୍ୟକ୍ତି ଜଣକ ଆଉ ଫେରିପାରୁନି । ତୁରନ୍ତ ସେ କହିଲା ଆରେ ! ସେ କମ୍ବଳ ଛାଡ଼ି ତୁମେ ଫେରିଆସ । ଜଳରେଥିବା ବ୍ୟକ୍ତିଜଣକ କୁହେ ମତେ ସେ କମ୍ବଳ ସିନା ଛାଡ଼ିଲେ । କଥା ହେଉଛି କମ୍ବଳ ସାଦୃଶ୍ୟ ଭାସୁଥିବା ପଦାର୍ଥଟି ହେଉଛି ଗୋଟିଏ ଜୀବନ୍ତ ଭାଲୁ । ଆଜିର ପୁରୁଣା ନେତାମାନେ ମଧ୍ୟ ସେମିତି ରାଜନୀତି ଛାଡ଼ିବାକୁ ଚାହୁଁଛନ୍ତି ପରନ୍ତୁ, ବାସ୍ତବକଥା ହେଉଛି କମ୍ବଳ ପରି 'ରାଜନୀତି' ସେମାନଙ୍କୁ ଛାଡୁନାହିଁ ।

'କ୍ଷମତା ମଣିଷକୁ ଦୁର୍ନୀତିପରାୟଣ କରିବା ଅନିବାର୍ଯ୍ୟ କି ?' ପ୍ରବନ୍ଧରେ ଆଜିର କ୍ଷମତାଶୀଳ ଗଣତନ୍ତ୍ରରେ ରାଜନେତାମାନେ ନିଜର ଆଧିପତ୍ୟକୁ ବିସ୍ତାର କରିବାରେ ଲାଗିଲେଣି କ୍ଷମତାର ଅପବ୍ୟବହାର କରି ନିଜର ସମ୍ପତି ବୃଦ୍ଧିକରିବାରେ ମଣିଷ ଲିପ୍ତରହୁଛି ପରନ୍ତୁ, ଏହି କ୍ଷମତାର ସଦୁପଯୋଗ ଏବଂ ଯଥାର୍ଥ ବ୍ୟବହାର କରିବା ଆବଶ୍ୟକ । ଏଥିପାଇଁ ଭାରତୀୟ ପ୍ରାଚୀନ ପରମ୍ପରାକୁ ଲକ୍ଷ୍ୟକଲେ ଜଣାପଡ଼େ ସେତେବେଳେ କ୍ଷମତାଧିକାରୀମାନେ ନିଜ ପାଇଁ ନୁହେଁ ବରଂ; ଜନମଙ୍ଗଳ ନିମନ୍ତେ ଉଦ୍ଦିଷ୍ଟ ସ୍ତରକୁ ଅଗ୍ରାଧିକାର ଦେଉଥିଲା । ପରନ୍ତୁ, ଅଧୁନା ବିଶ୍ୱଦରବାରେ ନିଜର ପ୍ରଚଣ୍ଡ ଶକ୍ତି ସମୂହ ଭିତରେ ଏହି କ୍ଷମତାଲୋଭିମାନଙ୍କ ପାଇଁ ନାନା ସଂଘର୍ଷ ଦେଖିବାକୁ ମିଳୁଛି । କେବଳ ମୋହାଗ୍ରସ୍ତ ରାଜନେତା ମାନେ ନିଜ ସ୍ୱାର୍ଥରେ ଆତ୍ମାକୁ ନ ଚିହ୍ନି ନିଜସ୍ୱ ବିଚାରକୁ ଅଗ୍ରାଧିକାର ଦେଉଛନ୍ତି । ଏଥିପାଇଁ ପ୍ରାବନ୍ଧିକ ମତରଖନ୍ତି ଯେ- "ଅଜ୍ଞାନ ଚେତନାଦ୍ୱାରା ବ୍ୟବହୃତ ହେଉଥିବା ଯୋଗୁଁ କ୍ଷମତାର ଅବସ୍ଥା ଆଜି ବିକଳ ସତ, ଉଦ୍ଧତ ଅସୁର ପ୍ରକୃତି ତାକୁ ନେଇ ଖେଳୁଛି ସତ, କିନ୍ତୁ ମହତ୍ତର ଚେତନା ଦ୍ୱାରା କ୍ଷମତାର ଉପଯୁକ୍ତ ବ୍ୟବହାର ହେବାର ଦୃଷ୍ଟାନ୍ତ ପୂର୍ବରୁ ରହିଛି ଏବଂ ଭବିଷ୍ୟତରେ

ସେହିଭଳି ବ୍ୟବହାର ହିଁ ସ୍ୱାଭାବିକ ଓ ବାସ୍ତବତା କ୍ଷମତାକୁ ନିନ୍ଦା କରିବା, ତାକୁ ବର୍ଜନ କରିବା କିମ୍ବା ଘୃଣା କରିବା ଦିବ୍ୟତା ନୁହଁ, ବ୍ୟକ୍ତିଗତ ଜୀବନରେ ତଥା ସାମାଜିକ ଜୀବନରେ ଯେପରି ଉପଯୁକ୍ତ ଚେତନା ହେବ ତା'ର ନିୟାମକ, ସେ ଦିଗରେ ଯାହାର ଯେତେଦୂର ସମ୍ଭବ ଅବଦାନ ଦେବା ଚାହିଁ ଭବିଷ୍ୟତର ଉନ୍ନତ ଚେତନା ଦିଗରେ ତାହାହିଁ ହେବ ଆମର ସାମୁହିକ ଅବଦାନ।" (୩୧)

'ଅଶୁଭ ଆଭିମୁଖ୍ୟ' ପ୍ରବନ୍ଧରେ ଛୋଟିଆ କାହାଣୀ ମାଧ୍ୟମରେ ପ୍ରାବନ୍ଧିକ ସାଂପ୍ରତିକ ସମାଜରେ ରାଜନେତା ଓ ଯୁବଗୋଷ୍ଠୀମାନଙ୍କ ସମ୍ପର୍କରେ ଉଲ୍ଲେଖ କରିଛନ୍ତି। କଥାଟି ଏହିପରି ଥରେ ଜଣେ ସନ୍ନ୍ୟାସୀ ଗ୍ରାମ ଭ୍ରମଣରେ ବାହାରିଲେ। ପଥରେ ଗୋଟିଏ ଜାଗାରେ ବିଶାଳ ଜନସମାବେଶ ହୋଇଥିବାର ଦେଖିଲେ। ସେଠାରେ ଗୁଡ଼ାଏ ନମସ୍କାର ଓ ପୂଜା ପାଇବା ଆଶାରେ ଗମ୍ଭୀର ଭାବରେ ଗଳାଆବାଜ କରି ପହଞ୍ଚିଗଲେ। ପରନ୍ତୁ, ସେଠାରେ ମେଣ୍ଢା ଲଢେଇ ହେଉଥିବା ଯୋଗୁଁ ଲୋକମାନେ ସନ୍ନ୍ୟାସୀଙ୍କୁ ଦେଖିବା ପୂର୍ବରୁ ମେଣ୍ଢାଟିଏ ଦେଖାଦିଏ। ସନ୍ନ୍ୟାସୀଙ୍କ କେଶ ଓ ବାଣକୁ ଡରିଯାଇ ତାଙ୍କୁ ଆକ୍ରମଣ କରିବାକୁ ଉଦ୍ୟମକଲେ। ପରନ୍ତୁ ସନ୍ନ୍ୟାସୀ ଜଣକ ଭାବୁଥାନ୍ତି ମେଣ୍ଢାଟି ମୁଣ୍ଡ ତଳକୁ ନୁଆଁଇଲାଣି ମାନେ ବୋଧହୁଏ ମୋତେ ନମସ୍କାର କରିବାକୁ ଆସୁଛି। ଠିକ୍ ଏହି ସମୟରେ ସନ୍ନ୍ୟାସୀ ମେଣ୍ଢାଟିକୁ ଆଶୀର୍ବାଦ ଦେବା ନିମନ୍ତେ ହାତ ଉପରକୁ ଉଠାଇଲାବେଳେ ମେଣ୍ଢାଟି ଦଉଡ଼ିଯାଇ ତାଙ୍କୁ ଭୁସାଟିଏ ପକାଇଦେଲା। ବିଚରା ସନ୍ନ୍ୟାସୀର ରଙ୍ଗ ଢଙ୍ଗ ସବୁ ବାହାରି ଗଲା।

ଠିକ୍ ଏହି କାହାଣୀ ପରି ଆମ ସମାଜରେ ଆଜି ରାଜନେତାମାନଙ୍କର ଅବସ୍ଥା। ସେମାନେ ଯେତେବେଳେ କ୍ଷମତାରେ ରହିଛନ୍ତି ତାଙ୍କ ଚତୁର୍ପାର୍ଶ୍ୱକୁ ଲାଗି କୁଜିନେତାମାନେ ରହୁଛନ୍ତି। ଫୁଲହାର ପାଇବାଆଶାରେ ବେଳେବେଳେ ଜୋତାମାଳ ମଧ୍ୟ ଖାଇଥାନ୍ତି। ଏଣୁ କୁହାଯାଇପାରେ ଆମ ସମଗ୍ର ଜାତୀୟ ଜୀବନରେ ହୀନମନ୍ୟତା ଓ ସ୍ୱାର୍ଥ ସର୍ବସ୍ୱତା ଆମକୁ ଫାଶବନ୍ଧ କରିରଖିଛି। ଧୀରେ ଧୀରେ ଏହି ରାଜନୀତି ଏବେ କଲେଜ ପଢୁଆ ପିଲାମାନଙ୍କୁ ଗ୍ରାସ କରିବାକୁ ଲାଗିଲାଣି। ଛାତ୍ର ରାଜନୀତି ଖରାପ ନୁହଁ, ପରନ୍ତୁ; ସାଂପ୍ରତିକ ସମୟରେ ହେଉଥିବା ରାଜନୀତି କେବଳ ଅଶାନ୍ତ ପରିବେଶ ତିଆରିକରି ପିଲାମାନଙ୍କ ମଧ୍ୟରେ ସଂଘର୍ଷ ଏବଂ ରକ୍ତପାତ ସୃଷ୍ଟି କରାଉଛି। ଫଳରେ ସେଠାରେ ରାଜନୀତି କମ୍ ଗୋଷ୍ଠୀନୀତି ଅଧିକ ଦେଖିବାକୁ ମିଳୁଛି। ସେମାନେ ଯଦି ଏହିସବୁ ମନ୍ଦ ଉଦ୍ଦେଶ୍ୟ ରଖି ରାଜନୀତି ଜୀବନ ଆରମ୍ଭ କରିବେ ତେବେ, ଭବିଷ୍ୟତର ନେତା କିପରି ହେବେ ତାହା ସହଜରେ ବୁଝାପଡୁଛି। ଏଥିପାଇଁ ପ୍ରାବନ୍ଧିକ କୁହନ୍ତି– "ବିଶ୍ୱବ୍ୟାପୀ ତରୁଣସମାଜର ବର୍ତ୍ତମାନ ଗହନତମ ବିପଦ ହେଉଛି, ଆତ୍ମବିଶ୍ୱାସ

ଅପେକ୍ଷା ତା' ଭିତରେ ଦେଖାଦେଉଛି ଆତ୍ମଗମ୍ଭୀରତା। ଏହା ତାକୁ ବହୁ କଷ୍ଟରେ ପକାଇବ।"[୩୨]

ଶ୍ରୀଯୁକ୍ତ ଦାସଙ୍କ ପ୍ରଶ୍ନୋତ୍ତର ଭିତ୍ତିକ ନିବନ୍ଧ 'ସାଂପ୍ରତିକ ଗଣମାଧ୍ୟମ ଏକ ନିଷ୍କପଟ ମୂଲ୍ୟାୟନ'ରେ କହିଛନ୍ତି ଆଜି ଅବଶ୍ୟ ଗଣମାଧ୍ୟମର ବିକାଶ ହୋଇଛି। ପରନ୍ତୁ, ଆଧୁନିକ ଚିନ୍ତା ଯେପରି ସକ୍ରିୟ ଗଣମାଧ୍ୟମରେ ସେପରି ଉନ୍ନତ ହୋଇନାହିଁ। କାରଣ ଅଧୁନା ବ୍ୟବହୃତ ଶବ୍ଦମାନଙ୍କର କୌଣସି ନୀତି ନିୟମ ଦୃଶ୍ୟମାନ ହେଉନାହିଁ। ପର୍ଯ୍ୟାୟବାଚକତା ମଧ୍ୟରେ ପ୍ରକାଶିତ ଶବ୍ଦଗୁଡ଼ିକ ଉଚ୍ଚାରିତ ସ୍ପଷ୍ଟଭାବେ ହୋଇପାରୁନାହିଁ। ବୁଝିବା ତ ଦୂରର କଥା, ଯେଉଁ ଶୈଳୀରେ ଯେଉଁ ଭାଷାରେ ତାହା ପରିବେଷିତ ହେଉଛି ତାହା ପାଠକ ବୋଧଗମ୍ୟ ସମ୍ଭବ ହେଉନାହିଁ। ଫଳରେ ସାମ୍ବାଦିକତାକୁ ନିଶାକରି ଯେଉଁମାନେ ସମ୍ବାଦିକତାର ପୋଷାକ ପିନ୍ଧୁଛନ୍ତି, କେବଳ ବ୍ୟକ୍ତିଗତ ଜୀବନରେ ବିଭ୍ରାଟ ସୃଷ୍ଟି କରୁନାହାନ୍ତି ବରଂ ସୃଜନଶୀଳତାର କଳାତ୍ମକ ଦିଗକୁ କଳୁଷିତ କରୁଛନ୍ତି। ପୂର୍ଣ୍ଣାତ୍ମକ ସଫଳ ଗଣମାଧ୍ୟମ ପାଇବା ପାଇଁ ସତ୍ୟର ନିଷ୍ଠା ନିରନ୍ତର ଆବଶ୍ୟକ। ପଣ୍ଡିଚେରୀ ଆଶ୍ରମରେ ଯେଉଁଠାରେ ଆଶ୍ରମବାସୀମାନେ ଖବର କାଗଜ ପଢୁଥିଲେ ଶ୍ରୀମା ତା'ର ନାମ 'ମିଥ୍ୟା' ବୋଲି ରଖିଥିଲେ। କାରଣ ପ୍ରତ୍ୟେକ ଦିନ ଅଧିକ କିଛି ମିଥ୍ୟାଖବର ଆମ ପ୍ରାଣବୀଜକୁ ଖାଉଥାନ୍ତି। ଆଶ୍ରମ ଜୀବନରେ ପ୍ରାବନ୍ଧିକ ଉପଲବ୍ଧି କରିଛନ୍ତି ସେଠାରେ ବାସ କରୁଥିବା ବ୍ୟକ୍ତିମାନେ ଦୈନିକ ଖବର କାଗଜ ପଢ଼ିବା ଅପରିହାର୍ଯ୍ୟ ମନେକରନ୍ତି। ପରନ୍ତୁ, ରଚନାରର ଆଭିମୁଖ୍ୟକୁ ନେଇସମସ୍ତେ ସନ୍ତୁଷ୍ଟ ନୁହଁନ୍ତି। ଦୈନିକ ଖବରରେ ପ୍ରକାଶ ପାଉଥିବା ସମ୍ବାଦଗୁଡ଼ିକ ସବୁବେଳେ ସତ୍ୟାସତ୍ୟ ଉପରେ ଆଧାରିତ ହେଉନଥାଏ ଫଳରେ ପାଠକ ବିମୁଖତା ଦୃଷ୍ଟିଗୋଚର ହୋଇଥାଏ।

'ଦୁଇ ପ୍ରତିଭା' ପ୍ରବନ୍ଧରେ ପ୍ରାବନ୍ଧିକ ଦେଖାଇବାକୁ ଚେଷ୍ଟାକରିଛନ୍ତି ଯେ ସାଂପ୍ରତିକ ସମୟରେ ଯେଉଁମାନେ ଅପରାଧ କରିବାକୁ ପଛାଉନାହାଁନ୍ତି, କିମ୍ବା କୌଣସି କାମ ନ କରି ଚୋରିକରି ସମ୍ପତି ବୃଦ୍ଧି କରିବାକୁ ଚହୁଁଛନ୍ତି, ସେମାନଙ୍କୁ ଫ୍ରଏଡୀୟ ମନସ୍ତତ୍ତ୍ୱ ହିସାବରେ ବାଳୁତ ପିଲାଙ୍କ ସହ ତୁଳନା କରାଯାଇପାରେ। କାରଣ ସେମାନଙ୍କ ହାତରେ ଯଦି କ୍ଷମତା ଦିଆଯାଏ ତେବେ ସେମାନେ ସାରା ବିଶ୍ୱକୁ ଧ୍ୱଂସ କରିବାକୁ ପଛାଇବେ ନାହିଁ। ଆମେ ସମସ୍ତେ ଜାଣିଛନ୍ତି ଆମ ମଧ୍ୟରେ ଗୋଟିଏ ଶିଶୁସୁଲଭ ଗୁଣ ଲୁକ୍କାୟିତ। ଏଥିପାଇଁ ତ' ଆମେ ଛୋଟପିଲାର ଆଚରଣ ଯଥା, ମିଠେଇ ପାଇଥିବା ପିଲା ଆଉ ମିଠେଇ ନ'ପାଇଥିବା ପିଲା ପରି ଈର୍ଷା, ରାଗ ଆଦି ମନ୍ଦ ଗୁଣ ଦ୍ୱାରା ବଶବର୍ତ୍ତୀ ହୋଇ ଅପରାଧ କରିବାକୁ ପଛାଉନାହାଁନ୍ତି। ପରନ୍ତୁ, ରବିନ୍ ହୁଡ୍ ଏଠାରେ

ଗୋଟିଏ ମହତ୍ ଆଦର୍ଶର ପ୍ରତୀକ ଭାବେ ଦେଖାଯାନ୍ତି। ସେମିତି ଫୁଲନ୍‌ଦେବୀ ପରି ଡାକୁ ପରି ସମସ୍ତଙ୍କ ମଧ୍ୟରେ ଭାବପ୍ରବଣତାର ଚିହ୍ନ ନଥାଏ। ଅର୍ଥାତ୍ ଏମାନଙ୍କ ମଧ୍ୟରେ ଅନେକ ସଚେତନ ଅପରାଧ ଥିବା ବେଳେ ଆଉ କିଛି ଅସଚେତନ ବା ମାନବିକତାର ମୂଲ୍ୟବୋଧକୁ ଉପେକ୍ଷିତ କରିଥାନ୍ତି। ଏଣୁ ପ୍ରାବନ୍ଧିକ ଜଣେ ସମାଜ ସଚେତନ ଶିଳ୍ପୀ ଭାବରେ ପ୍ରତ୍ୟେକ ନାଗରିକଙ୍କୁ ଏଥିପ୍ରତି ଧ୍ୟାନଦେବାକୁ ସ୍ମରଣ କରାଇଦିଅନ୍ତି। ଏହି ଅପରାଧର ମୂଳକାରଣ ପ୍ରତି ଆମେ କେହି ଯତ୍ନଶୀଳ ହେଉନାହାଁନ୍ତି। ଯଦି ଆମେ ସମସ୍ତେ ଏହାର ମୂଳକାରଣକୁ ସମୂଳେ ନଷ୍ଟକରିପାରନ୍ତେ ତେବେ, ହୁଏତ ଅପରାଧର ମାତ୍ରା କିଛି ପରିମାଣରେ କମିପାରନ୍ତା। ଏଥିପାଇଁ ପ୍ରାବନ୍ଧିକ କୁହନ୍ତି- "କିମ୍ବଦନ୍ତୀଠୁଁ ବାସ୍ତବତାକୁ ଅଲଗା କରି ଦେଖିବାର ଦୁଃସାହସ ବା ସତ୍‌ସାହସଠୁଁ ବର୍ବରତାକୁ ଅଲଗା କରି ଦେଖିବା ଭଳି ଶିକ୍ଷାର ପ୍ରୟୋଜନ ଆଜି ଜରୁରୀ। ଆମେ ସମସ୍ତେ ଏବଂ ବିଶେଷକରି ରାଜନୀତିଜ୍ଞମାନେ ନିଜ ନିଜ ଆଚରଣ ଉପରେ କଡ଼ା ନଜର ରଖିବା ଦ୍ୱାରା ହିଁ ସମାଜରେ ନିଷ୍ଠୁରତା ଓ ଅପରାଧ କମ୍ କରାଯାଇପାରେ।"(୩୩)

ଆଧୁନିକ ମଣିଷର ଜୀବନଯାତ୍ରା ବଡଜଟିଳ ପ୍ରଶ୍ନପତ୍ର ହୋଇ ଉତ୍ତର ଖୋଜିବାକୁ ଲାଗିଛି। ପରନ୍ତୁ ପ୍ରଚୀନ ଭାରତରେ ଯେଉଁ ମଣିଷର ଯେଉଁ ଜୀବନ ଯାତ୍ରା ଥିଲା ତାହା ମଣିଷକୁ ସାମାଜିକ ବନ୍ଧନରେ ରହି ମଧ୍ୟ ଆତ୍ମଗତ ଅମରତ୍ୱ ପ୍ରାପ୍ତି ପାଇଁ ପାରୁଥିଲା। ପ୍ରାବନ୍ଧିକ ଶ୍ରୀଯୁକ୍ତ ଦାସ ଏକ ପ୍ରଶ୍ନ-ଉତ୍ତର ଭିତ୍ତିକ ନିବନ୍ଧ 'ପ୍ରାଚୀନ ଭାରତରେ ଜୀବନକୁ ଚାରି ପର୍ଯ୍ୟାୟରେ ବିଭକ୍ତ କରାଉଥିଲା' ରେ କୁହନ୍ତି, ଜୀବନରେ ସେହି ଚାରି ପର୍ଯ୍ୟାୟ ବର୍ତ୍ତମାନ ଜୀବନ ପାଇଁ ବଡ଼ କଷ୍ଟକର କାରଣ ଅଧୁନା ସାମାଜିକ ପରିସ୍ଥିତି ବଦଳିଯାଇଛି। ସେତେବେଳେ ମଣିଷ ସଭ୍ୟତା ଓ ସଂସ୍କୃତିକୁ ଅଧିକ ଗୁରୁତ୍ୱ ଦେଉଥିଲା ପରନ୍ତୁ ତାହା ବର୍ତ୍ତମାନ ଅଦୃଶ୍ୟ। ସେତେବେଳେ ଅନ୍ୟକୁ କଷ୍ଟ ନ ଦେଇ ନିଜ ଚେତନାକୁ ଆୟତ୍ତକୁ ମଣିଷ ଖୁସି ଅନୁଭବ କରୁଥିଲା। ହେଲେ ଏବେ ସଂପୂର୍ଣ୍ଣ ବିପରୀତ। ପ୍ରାଚୀନ କାଳରେ ସାମାଜିକ ବ୍ୟବସ୍ଥାରେ ମଣିଷର ଜୀବନ ଚକ୍ର ଚାରୋଟି ପର୍ଯ୍ୟାୟରେ ପରିସର ଭୁକ୍ତ କରୁଥିଲା। ପ୍ରଥମଟି ବ୍ରହ୍ମଚର୍ଯ୍ୟ ଜୀବନ ଯେଉଁଥିରେ ଆଠ ରୁ ନଅ ବର୍ଷ ବୟସ ମଧ୍ୟରେ ସେ ଗୃହତ୍ୟାଗକରି ଗୁରୁକୁଳରେ ଅଧିଷ୍ଠାନ କରୁଥିଲା। ସେଠାରେ ଗୁରୁଙ୍କ ନିର୍ଦ୍ଦେଶ କ୍ରମେ ଏପରି ଅନୁଶାସନରେ ବଢୁଥିଲା ତାହାକୁ ବ୍ରହ୍ମଚର୍ଯ୍ୟ ଜୀବନ କୁହାଯାଉଥିଲା। ଦ୍ୱିତୀୟ ଜୀବନଚର୍ଯ୍ୟାଟି ଆଶ୍ରମରୁ ପ୍ରତ୍ୟାବର୍ତ୍ତନ କରି ଗାର୍ହ୍ୟସ୍ଥ ଜୀବନ ଆରମ୍ଭ କରୁଥିଲେ। ଏଥିରେ ପରିବାର ତଥା ସମାଜ ଦାୟିତ୍ୱ ଗ୍ରହଣ କରୁଥିଲେ। ତୃତୀୟରେ ବୟସ ବଢିବାରୁ ସଂସାର ତ୍ୟାଗକରି ବାନପ୍ରସ୍ଥ ଜୀବନଯାତ୍ରା ଆରମ୍ଭ ହେଉଥିଲା। ଯେଉଁଥିରେ ତିନିଥର ସ୍ନାନ ଓ ତିନିଥର ଧ୍ୟାନ ଧାରଣାରେ କଟୁଥିଲା

ଶେଷ ପର୍ଯ୍ୟାୟଟି ହେଉଛି ସନ୍ନ୍ୟାସୀ ଜୀବନ ଯେଉଁଥିରେ ସଂସାରର ସମସ୍ତ ବନ୍ଧନକୁ ଛିନ୍ନକରି ନିଜର ସବୁ ପରିଚୟ ହଜାଇ ତୀର୍ଥ ଯାତ୍ରାଦି ପରିଭ୍ରମଣ କରୁଥିଲେ। ଫଳରେ ବ୍ୟକ୍ତି ଜୀବନ ବହୁସୁଖ ଶାନ୍ତିରେ କଟୁଥିଲା। ଏଥିପାଇଁ ପ୍ରାବନ୍ଧିକ କୁହନ୍ତି- "ଅନ୍ୟକୁ କ୍ଳେଶ ନ ଦେଇ, ନିଜ ଚେତନାକୁ ନିମ୍ନଗାମୀ ନକରି ଜଣେ ଯଦି ସୁଖଭୋଗ କରିପାରିଲା, ତେବେ ତାହା ସଂପୂର୍ଣ୍ଣ ସ୍ୱାଗତଯୋଗ୍ୟ। କିନ୍ତୁ ସୁଖ ସନ୍ତୋଷର ବିଭିନ୍ନ ସ୍ତର ରହିଛି। ଶରୀରର ସୁଖ, ଇନ୍ଦ୍ରିୟଲବ୍ଧ ସୁଖ, ମାନସିକ ଓ ପ୍ରାଣୀକ ସୁଖ ଯେଉଁ ପ୍ରକୃତ ସୁଖର ପ୍ରତିଫଳନ ମାତ୍ର (ଅନେକ ସମୟରେ ଚେତନାର ପ୍ରତିଫଳନ),ସେ ପ୍ରକୃତ ସୁଖ, 'ଆନନ୍ଦ', ଚେତନାର ମହତ୍ତମ ବିକାଶରେ ହିଁ କେବଳ ମିଳିପାରେ।"[୩୪]

(ଘ) ଅନ୍ତର୍ଜାତୀୟ ଚେତନାଧର୍ମୀ ପ୍ରବନ୍ଧ

ମନୋଜ ଦାସ ଜଣେ ଅନ୍ତର୍ଜାତୀୟ ଖ୍ୟାତିସଂପନ୍ନ ବ୍ୟକ୍ତିବିଶେଷ। ପଣ୍ଡିଚେରୀର ଶ୍ରୀଅରବିନ୍ଦ ଆଶ୍ରମରେ ରହୁଥିବାବେଳେ ସେହି ଧରଣର ଅନେକ ବିଜ୍ଞଜନମାନଙ୍କୁ ସେ ଭେଟିଛନ୍ତି ଓ ସେମାନଙ୍କ ସହ ଦେଶ ଦେଶ ମଧ୍ୟରେ ଲାଗିରହିଥିବା ଅନ୍ତର୍ଦ୍ୱନ୍ଦ ଓ ସମସ୍ୟା ସମ୍ପର୍କରେ ସବୁବେଳେ ଆଲୋଚନା କରନ୍ତି। ଫଳରେ ତାଙ୍କ ପ୍ରବନ୍ଧରେ ଏହି ଅନ୍ତର୍ଜାତିକ ଚିନ୍ତାଧାରା ପ୍ରତିଫଳିତ ହୁଏ। ସାଧାରଣତଃ ବିଦେଶ ମାଟିରେ ଘଟୁଥିବା ଅପ୍ରତ୍ୟାଶିତ ଘଟଣାବଳୀକୁ ଅଧିକ ଆକର୍ଷଣୀୟ ଶୈଳୀରେ ସେ ଆଲୋଚନା କରିପାରୁଥିଲେ। ଦେଶ ଦେଶ ମଧ୍ୟରେ ବନ୍ଧୁତାପୂର୍ଣ୍ଣ ସଦଭାବନାର ପରିସୀମା ମଧ୍ୟରେ କିପରି ରହିବ ସେ ସମ୍ପର୍କରେ ସବୁବେଳେ ଚେଷ୍ଟାକରୁଥିଲେ। ଭାରତୀୟ ସଂସ୍କୃତିକୁ ବିଶ୍ୱଦରବାରରେ ଓ ପାଠକମାନଙ୍କୁ ଜଣେଇବା ପାଇଁ ତାଙ୍କ ଉଦ୍ୟମ ଅତ୍ୟନ୍ତ ଗୁରୁତ୍ୱପୂର୍ଣ୍ଣ ମନେହୁଏ। ଛାତ୍ର ଜୀବନରୁ ରାଜନୀତିରେ ଅଂଶ ଗ୍ରହଣ କରିବା ତାଙ୍କ ଭ୍ରମଣଯାତ୍ରାର ପ୍ରମୁଖ କାରଣ। ସେବେଠାରୁ ସେ ନାନା ଦେଶ ବିଦେଶର ଅନୁଷ୍ଠାନ ଠାରୁ ଆରମ୍ଭ କରି ଶିକ୍ଷାନୁଷ୍ଠାନମାନଙ୍କୁ ପରିଦର୍ଶନ କରିବା ପାଇଁ ଯାଉଥିଲେ। ଫଳରେ ସେଠାର ଚାଲିଚଳଣି, ସାଂସ୍କୃତିକ ବୈଭବ, ସାମାଜିକ ନୀତିଶିକ୍ଷା ଭଳି ନୂଆନୂଆ ଚିନ୍ତା ଚେତନା ସାଉଁଟି ତୋଳିଥିଲେ। ଲେଖକଙ୍କୁ ସେଠାର ବିସ୍ମୃତ କରିଥିବା ଅନେକ ଘଟଣା ତାଙ୍କ ଜୀବନକୁ ପ୍ରଭାବିତ କରିଛି। ଯାହାକୁ ଶ୍ରୀଯୁକ୍ତ ଦାସ ଅତି ଆକର୍ଷଣୀୟ ଢଙ୍ଗରେ ପାଠକଙ୍କ ଆଗରେ ଉପସ୍ଥାପନା କରିଛନ୍ତି। ଭାରତୀୟ ସଂସ୍କୃତି ସହିତ ବିଶ୍ୱର ସ୍ଥିତି ଓ ତାର ତୁଳନାତ୍ମକ ରୂପରେଖ ଆମକୁ ଦେଖାଇଛନ୍ତି।

'ଭାରତ ଓ ପାକିସ୍ତାନ' : ନୂତନ ସମ୍ଭାବନା' ପ୍ରବନ୍ଧରେ ପ୍ରାବନ୍ଧିକ ବର୍ଣ୍ଣନା କରିଛନ୍ତି, ପାକିସ୍ତାନ ଭାରତରୁ ଅଲଗା ହେବାପରେ ତାହା ଆଜି ଖଣ୍ଡ ବିଖଣ୍ଡିତ

ହୋଇଯାଇଛି। କାରଣ ଭାରତ ହିଁ ପାକିସ୍ତାନକୁ ଦୁଇଖଣ୍ଡ କରି ବଙ୍ଗଳାଦେଶର ନୂତନ ସୃଷ୍ଟି କରିପାରିଲା। ଏହି ଦୃଷ୍ଟିରୁ ବିଚାର କଲେ ଜଣାପଡ଼େ ଭାରତ ଉପରେ ପାକିସ୍ତାନ ସର୍ବଦା ଅସ୍ତ୍ରବିରୋଧ ଉଲଂଘନ କରିବାର ଏହା ମଧ୍ୟ ଏକ ପ୍ରମୁଖ କାରଣ। ଦେଶ ଭିତରକୁ ଆତଙ୍କବାଦ ପଠାଇ ନାନା ନାରକୀୟ କାଣ୍ଡ କରିବାରେ ସେ ନିବୃତ୍ତି ହେଉନାହିଁ। ଫଳରେ କେବଳ ଯେ ନିରୀହ ଲୋକଙ୍କ ଜୀବନ ଯାଉଛି ତା ନୁହଁ। ମଣିଷ ଜୀବନ ପ୍ରତ୍ୟେକ ମୂହୁର୍ତ୍ତ ଏକ ବିପଦାପନ୍ନ ପରିସ୍ଥିତି ଦେଇ ଗତିକରୁଛି। ସବୁପରିସ୍ଥିତି ମଧ୍ୟରେ ଭାରତ ତା'ର ଲକ୍ଷ୍ୟପଥରୁ କେବେ ପଛକୁ ହଟିନାହିଁ। ଏଥିପାଇଁ ପ୍ରାବନ୍ଧିକ କହିଛନ୍ତି- "ତେଣୁ ପୃଥିବୀ ଦେଖୁଛି, ଭାରତ ସବୁ ଦୁର୍ବଳତା ସ୍ୱତ୍ତ୍ୱେ ସ୍ୱାଧୀନତାପରଠୁଁ ନିରବିଚ୍ଛିନ୍ନ ଗଣତନ୍ତ୍ର ଏଠି ଚାଲୁରହିପାରୁଛି। କିନ୍ତୁ ପାକିସ୍ଥାନରେ ଘଡ଼ଘଡ଼ିକେ ସାମରିକ ଶାସନ ଓ ଏକତାନ୍ତିକତା। ତେଣୁ ଏକ ସାଧାରଣ ମନସ୍ତାତ୍ତ୍ୱିକ ବାସ୍ତବତା ହେଲେ, ପାକିସ୍ଥାନର ନେତୃବର୍ଗ ଭାରତ ପାଖରେ ସର୍ବଦା କିଛି ଗ୍ଲାନି ଓ ଅପମାନିତ ଅନୁଭବ କରିଚାଲିବେ। ଏହି ବାସ୍ତବତାର ଅନିବାର୍ଯ୍ୟ ପ୍ରତିକ୍ରିୟା ହେଲା, ଭାରତ ବିରୁଦ୍ଧରେ କ୍ରମାଗତ ବିଷୋଦଗାର। ଯେଉଁ ପରିସ୍ଥିତିରେ ପୂର୍ବବଙ୍ଗର ନିଦାରୁଣ ଦୁର୍ଦ୍ଦଶାବେଳେ ଭାରତବର୍ଷ ହସ୍ତକ୍ଷେପ କଲା ଏବଂ ତାହା ନ କରି ଉପାୟ ନ ଥିଲା, ସେ କଥା ସ୍ୱୀକାର କଲାଭଳି ନୈତିକ ସାହସ ପାକିସ୍ଥାନୀ ରାଜନୈତିକ ନେତାମାନଙ୍କର ନାହିଁ; ନ ଥିବା ସ୍ୱାଭିବିକ ମଧ୍ୟ।"[୩୫]

ପାକିସ୍ତାନ ଏହି ଦୁର୍ବୁଦ୍ଧିକୁ ତ୍ୟାଗକରି ଉଚିତ୍ ମାର୍ଗକୁ ଫେରିଆସିଲେ ଦୁଇ ଦେଶର ନିରୀହ ଜନତାମାନେ ଶାନ୍ତିରେ କାଳାତିପାତ କରିପାରିବେ। ପାକିସ୍ତାନ ନେତୃବର୍ଗ ଉଭୟ କିପରି ମଙ୍ଗଳ ହେବ ସେ ସମ୍ପର୍କରେ ଯଦି ବିଚାର ଆଲୋଚନା କରନ୍ତେ ତେବେ ଏକ ମଙ୍ଗଳମୟ ବାତାବରଣ ତିଆରି ହୋଇପାରନ୍ତା। କାଶ୍ମୀରକୁ ନେଇ ଅଧୁନା ସୀମାରେ ଯେଉଁ ବିବାଦ ଦେଖାଦେଉଛି ସେସବୁ ସହଜରେ ଅନ୍ତ ହୋଇଯାଇପାରନ୍ତା। ବିଶ୍ୱ ମିଳିତ ଜାତିସଂଘ ମଧ୍ୟ ଏହି ସବୁ ମନ୍ଦପଥରୁ ଓହରିଯିବା ପାଇଁ ପାକିସ୍ତାନକୁ ବାରମ୍ବାର ଚେତାବନୀ ଶୁଣାଇ ସାରିଲାଣି। ପରନ୍ତୁ, ଅରାଜକତା ଓ ଆତଙ୍କବାଦକୁ ନିୟନ୍ତ୍ରଣ କରିବାକୁ ପାକିସ୍ତାନ ଉଚିତ୍ ମାନେ କରୁନାହିଁ। ଫଳରେ ସେଠାରେ ବିକାଶ ଭଲା କେମିତି ହୋଇପାରିବ। ବିଶ୍ୱ ସମୁଦାୟକୁ ପ୍ରାବନ୍ଧିକ ସହଜରେ ପଢି ବୁଝିପାରିଛନ୍ତି। ଏଣୁ, ବିଶ୍ୱରେ ଏବେ ବିଭିନ୍ନ ଦେଶ ଶାନ୍ତି ପ୍ରତିଷ୍ଠା ପାଇଁ ଚେଷ୍ଟା କରୁଥିବା ସମୟରେ, ଆଉ କିଛି ରାଷ୍ଟ୍ର ନିଜ ଆଧିପତ୍ୟ ଦେଖାଇବା ପାଇଁ ଆତଙ୍କବାଦ ସାହାଯ୍ୟରେ ଦେଶ ଦେଶ ମଧ୍ୟରେ ଆତଙ୍କରାଜ ସୃଷ୍ଟି କରିବାରେ ଲାଗିଛନ୍ତି। ପ୍ରାବନ୍ଧିକଙ୍କ ମତ ଅନୁଯାୟୀ ଜର୍ମାନୀର ଏକ ରାଜନୈତିକ ସଂସ୍ଥା ଗବେଷଣା କରି ପ୍ରକାଶ କରିଛନ୍ତି

ଯେ, ଅସ୍ତ୍ରଶସ୍ତ୍ରର ଧମକ ଦେଇ ଯେତେଥର ପ୍ରାୟ ଶାନ୍ତି ଆଣିବାକୁ ଚେଷ୍ଟା କରାଯାଇଛି ପାଖାପାଖି ପ୍ରାୟ ସେତିକିଥର ଏବେ ସୁଦ୍ଧା ଯୁଦ୍ଧ ହୋଇସାରିଲାଣି। ବିଶ୍ୱର ସେହି ବୃହତ୍ ଶକ୍ତି ସମ୍ପନ୍ନ ରାଷ୍ଟ୍ର ଋଷିୟା ଓ ଆମେରିକା ପରମାଣୁ ଶକ୍ତିର ଜଣେ ଜଣେ ଶକ୍ତିଶାଳୀ। ସେମାନେ ହିଁ ଚାହିଁଲେ ଦେଶରେ ଚାଲିଥିବା ଅନ୍ତର୍ଦ୍ୱନ୍ଦର ପରିସମାପ୍ତି ହୋଇ ପାରନ୍ତା ପରନ୍ତୁ, ସେମାନଙ୍କ ସ୍ୱାର୍ଥ ସହ ଜଡ଼ିତ ସମଭାବାପନ୍ନ ରୀତିକୁ ସେମାନେ ଭିନ୍ନ ଭିନ୍ନ ଶୈଳୀରେ ପରିବେଷଣ କରୁଛନ୍ତି। ଶାନ୍ତି ପ୍ରତିଷ୍ଠା କରିବାର ଛଳନା ଭିତରେ ସେମାନଙ୍କର ମନ୍ଦ ଉଦ୍ଦେଶ୍ୟଟି ସର୍ବଦା ଦୃଷ୍ଟିଗୋଚର ହୁଏ। ଏଣୁ 'ସଶସ୍ତ୍ର ଶାନ୍ତି' ପ୍ରବନ୍ଧରେ ମନୋଜ ଦାସ ବର୍ଣ୍ଣନା କରିଛନ୍ତି ଯେ ଅସ୍ତ୍ରଦ୍ୱାରା ଧମକାଇ ଦେଶ ଦେଶ ମଧ୍ୟରେ କେବେ ଶାନ୍ତି ଆଣିହେବା ନାହିଁ। ବରଂ ଏଥିରେ ବିପଦ ଆହୁରି ଅଧିକ ସକ୍ରିୟ ହୋଇଯିବ। ଯଥା ସମ୍ଭବ ଆମେ ଶାନ୍ତି ପ୍ରତିଷ୍ଠା ପାଇଁ ସେହି ସତ୍ ମାର୍ଗ ଆପଣାଇବାକୁ ପସନ୍ଦ କରିବା ଯେଉଁଥିରେ ଆମକୁ ଅନ୍ୟ ଦେଶର ବିଶ୍ୱାସଭରା ଆହ୍ୱାନଟି ଅଧିକ ଗୁରୁତ୍ୱମନେ କରିବ। ସୁତରାଂ ପାଶବିକ କାର୍ଯ୍ୟକଳାପରୁ ଆମେ ନିବୃତ୍ତ ରହି ଜନମଙ୍ଗଳ ଉଦ୍ଦେଶ୍ୟରେ କର୍ମ ସାଧନା କଲେ ତାହା ଆମ ପାଇଁ ଓ ଆସନ୍ତା କାଲିର ସମ୍ଭାବନା ପାଇଁ ମଙ୍ଗଳ ହୋଇପାରନ୍ତା।

'କୂଟାଭାସର ପ୍ରତୀକ ଜନୈକ ସଫଳ ରାଷ୍ଟ୍ରନାୟକ' ପ୍ରବନ୍ଧରେ ସିଙ୍ଗାପୁରର ସୁରକ୍ଷା ବ୍ୟବସ୍ଥା ଓ ଶାସନ ପ୍ରଣାଳୀ କିପରି ଆଜି ସେମାନଙ୍କ ସମୃଦ୍ଧି କରିପାରିଛି ସେ ସମ୍ପର୍କରେ ଆଲୋଚନା କରିଛନ୍ତି। ଲେଖକ ସିଙ୍ଗାପୁର ଅନେକଥର ଯାଇଛନ୍ତି। ସେଠାର ପାରିପାର୍ଶ୍ୱ ଅବସ୍ଥା ଓ ପରିବେଶ ସହିତ ତାଙ୍କର ବହୁଦିନର ସମ୍ପର୍କ। ୧୯୫୬ ମସିହାରେ ଯେତେବେଳେ ଇଣ୍ଡୋନେସିଆରେ ବାନ୍ଦୁଂ ଠାରେ ଅନୁଷ୍ଠିତ ସମ୍ମିଳନୀରେ ଛାତ୍ର ପ୍ରତିନିଧି ଭାବେ ଯାଇଥିଲେ ସେତେବେଳେ ସେ ସେଠାରୁ ଫେରିବା ସମୟରେ ସିଙ୍ଗାପୁରରେ କିଛିଦିନ ରହିଥିଲେ। ସେଠାରେ ବ୍ରିଟେନମାନେ ବିଦାୟ ନେବାପରେ ଜାପାନୀମାନେ କିଛି ସମୟ ଶାସନ କରିଥିଲେ। ଚୀନାମାନେ ସେଠାରେ ବସତି ସ୍ଥାପନ କରିଥିଲେ। ପରନ୍ତୁ ବିଶ୍ୱାସ କରାଯାଏ ବହୁପ୍ରାଚୀନ କାଳରେ ଭାରତୀୟ ବଂଶଧର 'ସିଂହ' ଅଧିକାରୀ ସେଠାରେ ବସତି ସ୍ଥାପନ କରିଥିବା ଯୋଗୁଁ ତା'ର ନାମ ସିଙ୍ଗାପୁର ହୋଇଛି। କାଲିର ସେହି ଛୋଟିଆ ଦ୍ୱୀପ ଆଜି ବିଶ୍ୱର ପ୍ରମୁଖ ସହରମାନଙ୍କ ମଧ୍ୟରେ ଅନ୍ୟତମ ହୋଇପାରିଛି। ସେଠାରେ ଏକତା ହିଁ ସେମାନଙ୍କର ଜାତୀୟତା ଫଳରେ ବଡ଼ ବଡ଼ ଶିକ୍ଷାନୁଷ୍ଠାନ ବସିବା ଫଳରେ ସେମାନଙ୍କର ସମୃଦ୍ଧି ଆରମ୍ଭ ହୋଇଛି। ସେଠାର ବାସିନ୍ଦାମାନେ ଯେ ନିଜକୁ କେବେ ସୁରକ୍ଷିତ ମନେକରନ୍ତି ତାହାନୁହେଁ ବରଂ ସେଠାରେ ଶାସନ ବ୍ୟବସ୍ଥା ଏପରି ଯେ ସେଠି ପ୍ରାୟତଃ ନବେ ପ୍ରତିଶତ ଲୋକଙ୍କ ପାଖରେ

ରହିବା ପାଇଁ ଘର ଓ ରୋଜଗାର ରହିଛି। ଏହାସବୁ ତାଙ୍କ ସରକାରଙ୍କ ଯୋଗୁଁ ସମ୍ଭବ ହୋଇପାରିଛି। ସେଠାରେ ମଦ୍ୟପାନ ସଂପୂର୍ଣ୍ଣ ନିଷେଧ। ଅପରାଧ କଲେ ଆଇନ୍ ଅନୁସାରେ ଆର୍ଥିକଦଣ୍ଡ ସହିତ ଶାରୀରିକଦଣ୍ଡ ମଧ୍ୟ ମିଳିଥାଏ। ସେଠାରେ ସୁରକ୍ଷା ବ୍ୟବସ୍ଥା ସର୍ବଦା ଜନସଚେତନ ପାଇଁ ଚେଷ୍ଟା କରିଥାଏ। ଯାହାଦ୍ୱାରା ଅପରାଧ କିମ୍ବା ଦୁର୍ଘଟଣା ବହୁତ କମ୍ ହୋଇଥାଏ। ଚୋରୀ ବା ଡକାୟତ ପ୍ରାୟତଃ ସେଠାରେ ହୁଏ ନାହିଁ। ଦୁର୍ନୀତି ମୁକ୍ତ ଓ ସଚ୍ଚୋଟପଣିଆ ଶାସନନୀତି ଓ ଲି କୁଆନ୍ ୟୁଙ୍କ ପରି ନେତା ସେ ଦ୍ୱୀପର ବିକାଶର ଅନ୍ୟତମ କାରଣ ବୋଲି ଅନୁମାନ କରାଯାଇପାରେ। ଏଥିପାଇଁ ପ୍ରାବନ୍ଧିକ ମତରଖନ୍ତି- "ଯାହା ସିଙ୍ଗାପୁର କରିପାରିଲା, ତାହା ଭାରତ ନକରି ପାରିଲା କ'ଣ ପାଇଁ? ଭାରତବର୍ଷ ପାଇଁ କ'ଣ ଅପରିହାର୍ଯ୍ୟ ଏକ ଡିକ୍ଟେଟର୍ ଶୈଳୀର ଶାସନ କାହିଁକି? ଭୟ ଓ ପ୍ରତିପଦକ୍ଷେପରେ ଦଣ୍ଡ ମିଳିବାର ଆଶଙ୍କା ବିନା କ'ଣ ସାଧୁ ସଚ୍ଚୋଟ, ନୀତି ଓ ଶୃଙ୍ଖଳା ସମର୍ଥକ ହେବା ସମ୍ଭବପର ନୁହେଁ? ଯଦି ସିଙ୍ଗାପୁରର ଶାସନ ଦୁର୍ନୀତିମୁକ୍ତ ହୋଇପାରିଲା, ଭାରତର ଶାସନ ହୋଇନପାରିବ କିଆଁ ?"(୩୬)

'ବନ୍ଧୁତାର ସଂଜ୍ଞା' ପ୍ରବନ୍ଧରେ ଭାରତ ଓ ଚୀନର ସଂପର୍କକୁ ନେଇ ପ୍ରାବନ୍ଧିକଙ୍କ ଚିନ୍ତା ଦେଖିବାକୁ ମିଳେ। ଏସିଆ ମହାଦେଶର ଭାରତ ଓ ଚୀନ ସବୁଠାରୁ ବୃହତ ଓ ଶକ୍ତିଶାଳୀ ଦେଶ। ଦେଶ ସ୍ୱାଧୀନ ହେବାପରେ ଚୀନ ଭାରତ ଭାଇ ଭାଇ ବୋଲି ଯେଉଁ ନାରବାଜି ପ୍ରଚାର କରୁଥିଲା ତାହା କିଛିଦିନ ପରେ ବଦଳିଗଲା। ଦୁହିଁଙ୍କ ମଧ୍ୟରେ ଆରମ୍ଭ ହେଲା ସଂଘର୍ଷ ଓ ଶତ୍ରୁତା। କେବଳ ସେତିକି ନୁହେଁ ଗୋଟିଏ ପଟେ ଚୀନ ସୀମା ଉଲ୍ଲଙ୍ଘନ କରୁଥିବା ବେଳେ ଅନ୍ୟପଟେ ପାକିସ୍ତାନ ଅସ୍ତ୍ରବିରୋଧୀ କାର୍ଯ୍ୟ ଭାରତରେ ଆଜି ପ୍ରମୁଖ ଚିନ୍ତାର କାରଣ ସାଜିଛି। ଏହି ସମସ୍ୟା ସମ୍ପର୍କରେ ଭାରତର ତତ୍କାଳୀନ ପ୍ରଧାନମନ୍ତ୍ରୀ ଜବାହାରଲାଲ ନେହେରୁ କୁହନ୍ତି ଭାରତ ସବୁବେଳେ ଚୀନ ସହ ଆନ୍ତରିକ ଶ୍ରଦ୍ଧା ଓ ମୈତ୍ରୀଭାବ ଘୋଷଣା କରିଛି ପରନ୍ତୁ, ସେ ସବୁବେଳେ ପ୍ରତାରଣା ଓ ଶତ୍ରୁତା କରିବାକୁ ସର୍ବଦା ଚେଷ୍ଟା କରିଛି। ସେହିପରି ପାକିସ୍ତାନର ଆମେ କିଛି ଅନିଷ୍ଟ କରିବାକୁ ଚାହୁଁନାହୁଁ ହେଲେ ସେ ସବୁବେଳେ ସୀମାଠାରୁ ଆରମ୍ଭ କରି ଦେଶ ମଧ୍ୟରେ ଅଶାନ୍ତି, ଅରାଜକତା, ସନ୍ତ୍ରାସବାଦନୀତି ଏବଂ ଯୁଦ୍ଧପାତ କରିବାକୁ ପ୍ରୟାସ କରୁଛି। ଏମାନେ ସବୁବେଳେ ବନ୍ଧୁହେବାର ଛଳନା କରୁଛନ୍ତି। ପ୍ରକୃତ ବନ୍ଧୁତ୍ୱର ଆଶା ଏମାନଙ୍କ ପାଖରେ କରାଯାଇନପାରେ। ପ୍ରକୃତ ବନ୍ଧୁ ମଣିଷକୁ ବିପଦରୁ ରକ୍ଷା କରେ। କେବେ ବିପଦକୁ ଠେଲିଦିଏ ନାହିଁ। ଏମାନେ ସବୁବେଳେ ପରର ଅମଙ୍ଗଳ ଓ କ୍ଷତି କରିବାକୁ ଚହୁଁଛନ୍ତି। ସୁତରାଂ ପ୍ରକୃତ ବନ୍ଧୁର ସଂଜ୍ଞା ଏମାନଙ୍କ ପାଇଁ ଅନୁପଯୁକ୍ତ। ଏଥିପାଇଁ ପ୍ରାବନ୍ଧିକ କୁହନ୍ତି- "କହିବା ବାହୁଲ୍ୟ, ନେହେରୁଙ୍କ ବିମର୍ଷତାର ହେତୁ,

'ବନ୍ଧୁତା' ବୋଇଲେ ସେ ଯାହା ବୁଝାଉଥିଲେ, ଚୀନ୍ ତାହା ବୁଝାଉନଥିଲା । ଭାରତ-ଚୀନ୍ ମୈତ୍ରୀ ଉପରେ ଭାରତ ଯେଉଁ ଆନ୍ତରିକ ଆରୋପ କରୁଥିଲା, ଚୀନ୍ ତାହା କରୁନଥିଲା । ଆବେଗ ଓ ଆଦର୍ଶକୁ ରାଜନୈତିକ ସୁବିଧାବାଦ ଚୀନ୍ ଅକ୍ଲେଶରେ ପାସୋରିଗଲା ।"(୩୭)

'ବିଳମ୍ବିତ ସ୍ୱପ୍ନ' ପ୍ରବନ୍ଧରେ ସାଂପ୍ରତିକ ସମୟପାଇଁ ବିଶ୍ୱର ସବୁଠାରୁ ବିଷମ ସମସ୍ୟାସୃଷ୍ଟି କରିଥିବା ପରମାଣୁ ଶକ୍ତିକଥା ବର୍ଣ୍ଣିତ । ପ୍ରାବନ୍ଧିକଙ୍କ ମତରେ ଆଜି ବିଶ୍ୱର ସେହି ବୃହତ ପରମାଣବିକ ଶକ୍ତିସମ୍ପନ୍ନ ରାଷ୍ଟ୍ର ନିଜର ଶକ୍ତି ବଳରେ ପ୍ରତ୍ୟେକ ମୁହୂର୍ତ୍ତରେ ବିପଦ ସୃଷ୍ଟିକରାଉଛି । ଫଳରେ ଏହି ବିପଦ କେବଳ ସେହି ଦୁଇ ଦେଶ ପାଇଁ ନୁହେଁ ବରଂ; ସମଗ୍ର ବିଶ୍ୱ ଆଜି ଏହି ପରମାଣୁ ଶକ୍ତିକୁ ନେଇ ଚିନ୍ତିତ । ଏହାର ଶେଷ ପରିଣତି ଆଶଙ୍କା କରି ପ୍ରାବନ୍ଧିକ ଏକ ସୁନ୍ଦର କାହାଣୀ ଏଠାରେ ଉଲ୍ଲେଖ କରିଛନ୍ତି । କଥାଟା ଏପରି ଗୋଟିଏ ବଣକୁ ନେଇ ଦୁଇ ସମ୍ଭ୍ରାନ୍ତ ପରିବାର ମଧ୍ୟରେ କିଏ ମାଲିକାନୀ ରଖିବ ସେଥିପ୍ରତି ସଂଘର୍ଷ ଚାଲିଥାଏ । ଆଇନ୍ ଦୃଷ୍ଟିରୁ ପ୍ରଥମ ପରିବାରଟି ଏହାର ଅଗ୍ରାଧିକାରୀ ବୋଲି ଘୋଷିତହୁଏ । ପରନ୍ତୁ, ଦ୍ୱିତୀୟ ପରିବାରଟି ସର୍ବଦା ବେଆଇନ୍ ଭାବେ ବଣରୁ ଶିକାର କରିବା ସହିତ ଜଙ୍ଗଲଜାତ ଦ୍ରବ୍ୟ ବିକୁଥିଲା ଦିନେ ଏକ ଝଡ଼ି ବର୍ଷା ରାତିରେ ଜଣେ ଅନ୍ୟଜଣକୁ ହତ୍ୟାକରିବା ଉଦ୍ଦେଶ୍ୟରେ ଦୁଇଟି ପରିବାର ସାମ୍ନାସାମ୍ନି ହୋଇଯାଆନ୍ତି । ଉଭୟଙ୍କ ହାତରେ ଅସ୍ତ୍ରଶସ୍ତ୍ର ଗଚ୍ଛିତ । ଦୈବାତ୍ ଏକ ବିଶାଳ ବୃକ୍ଷ ଝଡ଼ ପବନରେ ଉପୁଡ଼ିପଡ଼ି ଦୁହିଁଙ୍କ ଉପରେ ପଡ଼ିଯିବାରୁ ଦୁଇଟି ପରିବାରର ଆସିଥିବା ଲୋକମାନେ ତା'ତଳେ ଚାପିଯାଆନ୍ତି । କିଛି ସମୟ ପରେ ସମସ୍ତେ ଅନୁଭବେ କଲେ ଏ ଜୀବନରେ ଅଛି କ'ଣ କେତେ ଦିନ ଆଉ ଏମିତି ଶତ୍ରୁତା କରି ବଞ୍ଚିବା । ଦୁଇ ପାରିବାର ଶତ୍ରୁତା ଛାଡ଼ି ମିଶିଯିବାକୁ ଚେଷ୍ଟାକଲେ ପରନ୍ତୁ, ଉଭୟଙ୍କ ଉପରେ ଗଛଟି ପଡ଼ିଯାଇଥିବାରୁ କେହି କାହା ସହ ମିଳିପାରୁନଥିଲେ ଉଭୟ ଭାବୁଥାନ୍ତି ଆମପକ୍ଷ କେହି ଯଦି ଏଠାକୁ ଆସନ୍ତି ତେବେ ପ୍ରଥମେ ଅନ୍ୟ ପରିବାର ଲୋକଙ୍କୁ ଉଦ୍ଧାର କରିବ । ଏମିତି ଚିନ୍ତାକରି ସେମାନେ ନିଜର ପରିବାରଲୋକଙ୍କୁ ଡାକନ୍ତି ଶେଷରେ ଦେଖିବାକୁ ମିଳେ ସେଠାରେ ବାଘପଲ ଆସି ପହଞ୍ଚିଛନ୍ତି । କାହାଣୀଟି ଏଇଠି ଶେଷ ହୋଇଛି । ବାସ୍ତବରେ ଏପରି ଏକ ପରିସ୍ଥିତି ଆସିଯିବ ଯେତେବେଳେ ଆମ ପାଖରେ ବଞ୍ଚିବା ପାଇଁ କିମ୍ବା ନିଜକୁ ରକ୍ଷା କରିବା ପାଇଁ ଆଉ ସମୟ ହିଁ ନଥିବ । କାରଣ ବିଳମ୍ବିତ ସ୍ୱପ୍ନ ପ୍ରହେଳିକା ପ୍ରାୟ ।

'ମୌଳିକ ପାପ' ପ୍ରବନ୍ଧରେ ରକ୍ତରଞ୍ଜିତ ବାଂଲାଦେଶର ପରିସ୍ଥିତି ସମ୍ପର୍କରେ ବର୍ଣ୍ଣିତ ହୋଇଛି । ପ୍ରାବନ୍ଧିକ ଏହି ରଚନା ଭାରତ ବିଭାଜନକୁ ମୌଳିକ ପାପବୋଲି

ଆଖ୍ୟା ଦେଇଛନ୍ତି । କାରଣ ଭାରତ ଯଦି ବିଭାଜିତ ହୋଇନଥାନ୍ତା ତେବେ, ଦୁଇ ଭାଗ ହୋଇ ପାକିସ୍ତାନ କିମ୍ବା ବାଂଲାଦେଶ ତିଆରି ହୋଇନଥାନ୍ତା । ସେଦିନର ଦେଶ ବିଭାଜିକରଣ ଆଜି ବାଂଲାଦେଶକୁ ଏପରି ରକ୍ତସ୍ନାନ କରିବାକୁ ପଡୁଛି । ବାଂଲାଦେଶର ପ୍ରଧାନ ମନ୍ତ୍ରୀ ତାଜୁଦ୍ଦିନ୍ ଅହମ୍ମଦଙ୍କୁ କାରାରୁଦ୍ଧ କରି ହତ୍ୟା କରାଯିବାପରେ ସେଠାରେ ଅନେକ ସଂଘର୍ଷ ହୋଇଛି । ଏପରିକି ରବର୍ଟ ପେଇନ୍ ଙ୍କ ଗ୍ରନ୍ଥ 'The tortured and the damned'ରେ ଉଲ୍ଲେଖ କରିଛନ୍ତି ବାଂଲାଦେଶର ଏପରି ପରିସ୍ଥିତି ହୋଇଯାଇଥିଲା ଯେଉଁଥିରେ ପାକିସ୍ଥାନ ମନ୍ତ୍ରୀ ଭୁଟ୍ଟୋ ସେ ଦୃଶ୍ୟ ଆଖିରେ ହାତ ଦେଇଦେଇଥିଲେ ବିଶ୍ୱବିଦ୍ୟାଳୟର ଶହ ଶହ ଛାତ୍ରଙ୍କ ଅବିଚ୍ଛେଦ୍ୟ ବିକଳାଙ୍ଗ ଅଙ୍ଗ ସବୁ ରାସ୍ତାସାରା ଜମାଟ ହୋଇଯାଇଥାଏ । ଏ ଘଟଣା ସାରାବିଶ୍ୱକୁ ଚକିତ କରାଇଦେଇଥିଲା । ଧର୍ମକୁ କେନ୍ଦ୍ରକରି ଯଦି ଦେଶବିଭାଜନ ସେଦିନ ହୋଇନଥାନ୍ତା ତେବେ ଆଜିର ଏ ଭୟଙ୍କର ପରିସ୍ଥିତି ଆମକୁ ସାମ୍ନା କରିବାକୁ ପଡ଼ିନଥାନ୍ତା ବୋଲି ପ୍ରାବନ୍ଧିକ ପ୍ରକାଶ କରିଛନ୍ତି । ସେ ଏଥିପାଇଁ କୁହନ୍ତି- "ଧର୍ମ ନାମରେ ଭାରତ ବିଭାଜନର ଧାରଣା ଯେଉଁମାନଙ୍କ ମୁଣ୍ଡକୁ ଆସିଲା, ଯେଉଁମାନେ ତାକୁ ପ୍ରଶୟ ଦେଲେ, ଏପରିକି ଯେଉଁମାନେ ସେ ବିଭାଜକୁ ସହ୍ୟକରିନେଲେ- ସମସ୍ତେ ଦୋଷୀ । ଏତକ ସ୍ୱୀକାର କରିବା ଅନ୍ତତଃ ଛଳନାରୁ ଉତ୍ତୀର୍ଣ୍ଣ ହେବା ଦିଗରେ ଏକ ପଦକ୍ଷେପ ହେବ । ତେବେ ସେ ମୌଳିକ ପାପର ପ୍ରାୟଶ୍ଚିତ ବୋଧହୁଏ ସଂପୂର୍ଣ୍ଣ ହେବାକୁ ଆହୁରି ବିଳମ୍ବ ଅଛି ।"[୩୮]

'ସଙ୍କେତରେ ବ୍ୟାଖ୍ୟା' ପ୍ରବନ୍ଧରେ ମହାକାଳ ଭବିଷ୍ୟତକୁ ନେଇ ଦେଇଥିବା ସଙ୍କେତ ସମ୍ପର୍କରେ ଆଲୋଚିତ ହୋଇଛି । ଗଣତନ୍ତ୍ରରେ ଶାସନ ବ୍ୟବସ୍ଥା ସୁବିଧା ହେବା ନିମନ୍ତେ ଏହା ଆଜି ପ୍ରାୟତଃ ଅନେକ ସ୍ଥାନରେ ପ୍ରଚଳିତ ଏହି ଶାସନ ମଧ୍ୟରେ ଯେତେବେଳେ ଅହଂକାର ପ୍ରବେଶକରିବ ସେତେବେଳେ ଶାସନବ୍ୟବସ୍ଥା ଦୁର୍ବଳ ହୋଇପଡ଼ିବ । ଅହଂକାର ସେତେବେଳେ ପ୍ରବେଶକରିବ ଯେତେବେଳେ ଶାସନରେ ବଂଶାନୁକ୍ରମିକ ବା ଏକ ଛତ୍ରବାଦ ଶାସନ ପ୍ରଚଳିତ ହେବ । ଏମିତି ଏକ ଘଟଣା ସମ୍ପ୍ରତି ଦେଖିବାକୁ ମିଳିଛି ନେପାଳରେ । ସେଠାରେ ରାଜତନ୍ତ୍ର ବିରୋଦ୍ଧରେ ବ୍ୟାପକ ଆନ୍ଦୋଳନ ଚାଲିଛି । ପ୍ରାବନ୍ଧିକ ଏଥିପାଇଁ ମତରଖନ୍ତି ସମୟ ପରିବର୍ତ୍ତନ ହୋଇଛି । ମହାକାଳର ଯଦି ଏପରି ଇଚ୍ଛା ତେବେ ସେହି ନିର୍ଦ୍ଦେଶରେ ପରିଚାଳିତ ହେବା ଉଚିତ୍ ପଦକ୍ଷେପ ।

'ମାରାତ୍ମକ ଅନୁଗତ'ରେ ପ୍ରାବନ୍ଧିକ ପାକିସ୍ତାନର ମନ୍ତ୍ରୀ ଭୁଟ୍ଟୋଙ୍କ ସମ୍ପର୍କରେ ବର୍ଣ୍ଣନା କରିଛନ୍ତି । ପାକିସ୍ତାନର କ୍ଷମତା ନିଜହାତକୁ ଆଣିବା ପାଇଁ ସେ ଜିଆଙ୍କୁ ପ୍ରଧାନ ସେନାପତି ପଦରେ ବସାଇଲେ । ଫଳରେ ଜିଆଙ୍କଦ୍ୱାରା ସେ ନିଜ ବିଚାର ଓ କ୍ଷମତାରେ

ପାକିସ୍ତାନକୁ ଶାସନ କରିବେ ବୋଲି ଆଶାକରିଥିଲେ। କିନ୍ତୁ ସେ ଭୁଲିଯାଇଥିଲେ ଏହି ଅନୁଗତ ଶ୍ରେଣୀର ଲୋକମାନଙ୍କର ଗୋଟିଏ ପ୍ରଧାନ ଗୁଣ ହେଉଛି ଏମାନଙ୍କର ବିବେକବୋଧ କିମ୍ବା, ନୈତିକତାର ମୂଲ୍ୟବୋଧ ନଥାଏ। ଭୁଟ୍ଟୋ ଯେଉଁ ଉଦ୍ଦେଶ୍ୟନେଇ ଜିଆଙ୍କୁ ପ୍ରଧାନମନ୍ତ୍ରୀ କରିଥିଲେ ତାହା କିଛି ପରିମାଣରେ ସଫଳ ହୋଇଥାଇପାରେ ପରନ୍ତୁ; ଜିଆଙ୍କ ମଧ୍ୟରେ ଗୋଟିଏ ସୁପ୍ତଚିନ୍ତନ ସର୍ବଦା ପ୍ରତିକ୍ରିୟାଶୀଳ ହୋଇଉଠୁଥିଲା ତାହା ଥିଲା ରାଜନୈତିକ ଉଚ୍ଚାକାଂକ୍ଷା। ଏଥିପାଇଁ ପ୍ରାବନ୍ଧିକ ଏକ ସୁନ୍ଦର କାହାଣୀ ଜରିଆରେ କଥାଟିକୁ ଆହୁରି ସୁସ୍ପଷ୍ଟ କରିଛନ୍ତି। ଗ୍ରୀକ୍ ସାହିତ୍ୟରେ ଏହା ଏକ ପ୍ରସିଦ୍ଧ କାହାଣୀ ଆକ୍ଟିଅନ ନାମକ ଜଣେ ଶିକାରୀଥାନ୍ତି। ସେ ତାର ଶିକାରରେ ସାହାଯ୍ୟ ପାଇବା ପାଇଁ କେତେଗୁଡ଼ିଏ କୁକୁରଙ୍କୁ ଖାଇବାକୁ ପିଇବାକୁ ଦେଇ ବଳବାନ୍ କରି ରଖିଥାଏ। ଏକଦା ଶିକାର ଉଦ୍ଦେଶ୍ୟରେ ବଣମଧ୍ୟରେ ବୁଲୁଥିବା ସମୟରେ ଦେବୀ ଡାଏନାଙ୍କୁ ସରୋବରରେ ସ୍ନାନ କରୁଥିବାର ଦେଖିଲେ। ହେଲେ ଦେବୀ ଡାଏନା ଏକଥା ଅଚିରେ ଜାଣିପାରିଲେ ଯେ ତାଙ୍କୁ କେହି ଅଶ୍ଳୀଳ ଦୃଷ୍ଟିରେ ଲକ୍ଷ୍ୟକରିଛି। ସେ ସଙ୍ଗେ ସଙ୍ଗେ ଆକ୍ଟିଅନଙ୍କୁ ଏକ ହରିଣରେ ପରିଣତ କରିଦେଲେ। ତାଲିମପ୍ରାପ୍ତ କୁକୁରମାନଙ୍କୁ ଆଉ କିଏ ସମ୍ଭାଳେ। ଆକ୍ଟିଆନ ପାଖରୁ ଶିକ୍ଷା ପାଇଥିବା ସମସ୍ତ କୌଶଳକୁ ପ୍ରୟୋଗ କରି ହରିଣ ରୂପୀ ଆକ୍ଟିଅନଙ୍କୁ ଆୟତ୍ତ କରି ଖିନ୍ ଭିନ୍ କରି ପକାଇଲେ। ଭସ୍ମାସୁର ପରି ଆଜି ଏମାନଙ୍କର ପରିସ୍ଥିତି ହେଉଛି। ବର୍ତ୍ତମାନର ପାକିସ୍ତାନରେ ଚାଲିଥିବା ଆତଙ୍କବାଦ କଥା ଲକ୍ଷ୍ୟ କରନ୍ତୁ, ଦିନ ଥିଲା ଏମାନଙ୍କୁ ପାକିସ୍ତାନ ପ୍ରଶାସନିକ ତାଲିମ ଦେଇ ଭାରତ ବିରୋଧରେ ଷଡ଼ଯନ୍ତ୍ର ରଚୁଥିଲା। ପରନ୍ତୁ, ସେହି ଅସ୍ତ୍ରରେ ଆଜି ସେହିଁ ନିହତ ହେଉଛି।

ସନ୍ଦେହ ସବୁପରିସ୍ଥିତିରେ ଉପଯୁକ୍ତ ନୁହେଁ। ଏହିପରି ଏକ ପ୍ରସଙ୍ଗକୁ ଆଧାର କରି ଶ୍ରୀଯୁକ୍ତ ଦାସ 'ଶୋଚନୀୟ ସନ୍ଦେହ' ପ୍ରବନ୍ଧ ଲେଖିଛନ୍ତି। ଯେଉଁଥିରେ ରୁଷ୍ ପରି ଏକ ଶକ୍ତିଶାଳୀ ବିତ୍ତ ସମ୍ପର୍ଣ୍ଣ ରାଷ୍ଟ୍ରର କଥା ବର୍ଣ୍ଣିତ। ସମୟଥିଲା ରୁଷିଆରେ ପୁଞ୍ଜିବାଦ ଓ ଗଣତନ୍ତ୍ର ବ୍ୟାଧି ସେଠାରେ କୌଣସି ପ୍ରଭାବ ପକାଇନଥିଲା। କାରଣ ସେଠାରେ ସାମାଜିକ ଓ ସାଂସ୍କୃତିକ ପ୍ରତି ଲୋକମାନଙ୍କ ମନରେ ଅକାଟ୍ୟ ପ୍ରଭାବ ପକାଇଥିଲା। ଏହି କାରଣରୁ ଯେତେବେଳେ ରୁଷିଆଉପରେ ସମଗ୍ର ବିଶ୍ୱ ଶ୍ରଦ୍ଧା ଓ ସମ୍ମାନ ଭାବ ଆରମ୍ଭ କରନ୍ତି ଠିକ୍ ସେତିକିବେଳେ ରୁଷିଆର ଆଫଗାନିସ୍ତାନ ଉପରେ ହସ୍ତକ୍ଷେପ ଯୋଗୁଁ ବିଶ୍ୱର ଅନେକ ଦେଶ ଏଥିପ୍ରତି ରୁଷିଆ ଉପରେ ବିତୃଷ୍ଣାଭାବ ପ୍ରକାଶକରନ୍ତି। ରୁଷିଆର ଏହି ଜୋର ଯାର' ନୀତି ପୋଡ଼ଶୀ ଦେଶକୁ ପୁଣି ଷ୍ଟାଲିନଙ୍କ ଏକଛତ୍ରବାଦ ଶାସନ କଥା ମନେପକାଇଦେଲା ଷ୍ଟାଲିନ୍ ଜଣେ ବଡ଼ ସନ୍ଦେହୀ ମଣିଷ ଥିଲେ। ଯିଏ

କି; ନିଜର ଚିକିତ୍ସା ପାଇଁ ନିଯୁକ୍ତି ହୋଇଥିବା ନ'ଜଣ ଡାକ୍ତରଙ୍କୁ ବିଷ ଦେଉଥିବାର ସନ୍ଦେହକରି ଗିରଫ କରାଇଥିଲେ। ଅବଶ୍ୟପରେ ସେମାନେ ନିର୍ଦ୍ଦୋଷରେ ଖଲାସ ହୋଇଥିଲେ। ଏଣୁ ସନ୍ଦେହ ସବୁବେଳେ କରିବା ଉଚିତନୁହେଁ। ଜଣଙ୍କର ଦୋଷ ଦୁର୍ବଳତା ପାଇଁ ସେ ରାଷ୍ଟ୍ର ସର୍ବଦା ଲଜ୍ଜିତ ହେଉଥାଏ। ଏଥିପାଇଁ ପ୍ରାବନ୍ଧିକ କୁହନ୍ତି- "ଜ୍ଞାନୀଗୁଣୀ ମଣିଷଟିଏ ଯେପରି ଥରେ ଥରେ ନିର୍ବୁଦ୍ଧିଆ ଅଥବା ଦାମ୍ଭିକ କାମଟିଏ କରିବସେ, ରାଷ୍ଟ୍ରଟିଏ ମଧ୍ୟ ସେହିଭଳି ବ୍ୟବହାର କରିପାରେ। ତେବେ ବ୍ୟକ୍ତି ଭୁଲକାମ କରି ସମାଲୋଚିତ ହେଲେ ସବୁବେଳେ ଯଥାଯଥ କୈଫିୟତଦେଇ ଖସିଆସିପାରେ ନାହିଁ। କିନ୍ତୁ ରାଷ୍ଟ୍ରର ସୁବିଧା ହେଲେ, ତା' ପକ୍ଷରେ ଦ୍ୱାହିର ଅଭାବନାହିଁ। ଆଦର୍ଶଠୁଁ ଆରମ୍ଭ କରି 'ଗୋପନ ସମ୍ବାଦ' ପର୍ଯ୍ୟନ୍ତ ସେ ଦ୍ୱାହିର ପରିସର ବିସ୍ତୃତ।"[୩୯]

'ଧୂର୍ତ୍ତର ଯୁକ୍ତି' ଶୀର୍ଷକ ପ୍ରବନ୍ଧରେ ଇସ୍ରାଏଲର କାର୍ଯ୍ୟପ୍ରତି ପ୍ରାବନ୍ଧିକ ନିନ୍ଦାକରିଛନ୍ତି। ଇସ୍ରାଏଲ ଆରବ-ସନ୍ତ୍ରାସବାଦୀମାନଙ୍କୁ ମୂଳଉତ୍ପାଟନ କରିବା ନିମନ୍ତେ ଯେଉଁ ପନ୍ଥା ଅନୁସରଣ କରିଥିଲେ ସେଥିରେ ଶହ ଶହ ନିରୀହ ନିରସ୍ତ୍ର ଆଶ୍ରୟମାନଙ୍କୁ ହତ୍ୟାକରିଥିଲେ। ଫଳରେ ସେଠାରେ ଦୀର୍ଘଦିନ ଧରି ଖ୍ରୀଷ୍ଟିଆନ ଓ ମୁସଲମାନମାନଙ୍କ ମଧ୍ୟରେ ଭୟଙ୍କର ଶତ୍ରୁତା ଦେଖାଦେଲା ଏହାର କାରଣ ଦର୍ଶାଇବାକୁ ଯାଇ ଇସ୍ରାଏଲ ନିଜର ଧୂର୍ତ୍ତବୁଦ୍ଧିର ପରିଚୟ ଦିଏ। ଶରଣାର୍ଥୀମାନଙ୍କ ମଧ୍ୟରେ କୁଆଡ଼େ ସନ୍ତ୍ରାସବାଦୀମାନେ ରହିଛନ୍ତି ଏମାନଙ୍କ ଯୁକ୍ତିକୁ ପ୍ରାବନ୍ଧିକଙ୍କ ହେଟାବାଘ କାହାଣୀ ବେଶ୍ ପ୍ରାସଙ୍ଗିକ ମନେହୁଏ। କଥାଟା ହେଉଛି ହେଟାବାଘ ମେଣ୍ଢାଛୁଆକୁ ଶିକାରକରିବା ପାଇଁ ଜଳଧାରର ଉପରିମୁଣ୍ଡରେ ରହିମଧ୍ୟ ତଳେ ପାଣି ପିଉଥିବା ମେଣ୍ଢାଛୁଆ ପାଣି ଗୋଳିଆ କରୁଥିବା କହି ତାକୁ ମାରିପକାଏ। ଇସ୍ରାଏଲର ନୀତି ସେହିପରି ମନେହେଉଛି। ଏଥିପାଇଁ ପ୍ରାବନ୍ଧିକ କୁହନ୍ତି- "ପ୍ରକୃତିର ନିୟମରେ ତା'ର ମଧ୍ୟ ପରିଣତି ଅଛି ଆଜିର ସଭ୍ୟ ମଣିଷ ପ୍ରକୃତିର ସେ ସମୟସାପେକ୍ଷ ଓ ଦୁଃଖଦାୟକ ଧାରାର ଉର୍ଦ୍ଧ୍ୱକୁ ଯାଇପାରନ୍ତା; କିନ୍ତୁ ସେ ଯାଉନାହିଁ- ତାହାହିଁ ବିଡ଼ମ୍ବନା।"[୪୦]

'ଖଡଗ ଧାରୀ' ପ୍ରବନ୍ଧରେ ଆଜିର ସେହି ଆଣବିକଅସ୍ତ୍ର ପରମାଣୁବୋମା ତିଆରି ଓ ତାହା ଭବିଷ୍ୟତ ପାଇଁ କେତେ ବିପଦଜନକ ସେ ସମ୍ପର୍କରେ ପ୍ରାବନ୍ଧିକ ଉଲ୍ଲେଖ କରିଛନ୍ତି। ଏଥିପାଇଁ ସେ ରାମାୟଣ ପ୍ରସଙ୍ଗ ଉଲ୍ଲେଖକରି କୁହନ୍ତି ରାମଚନ୍ଦ୍ର ଯେତେବେଳେ ଦଣ୍ଡକାରଣ୍ୟରେ ଭ୍ରମଣ କରୁଥିଲେ ସେତେବେଳେ ସର୍ବଦା ରାକ୍ଷସମାନଙ୍କୁ ନିହତ କରିବାପାଇଁ ଚିନ୍ତାକରୁଥିଲେ। ଫଳରେ ମାତା ସୀତା ଅନୁଭବ କରିପାରୁଥିଲେ ଯେ ରାମଙ୍କ ମଧ୍ୟରେ ରୁଦ୍ରଭାବ ପ୍ରବେଶ କରିଛି। ଯାହାପାଇଁ ତାଙ୍କ ମନ ଅସ୍ଥିର ଓ ସବୁବେଳେ ସେ ରାକ୍ଷସମାନଙ୍କୁ ସଂହାର କରିବା କଥା ଭାବୁଛନ୍ତି।

ଠିକ୍ ସେହିପରି ଆଜିର ଋଷିଆ ଓ ଆମେରିକା ପକ୍ଷରେ ଏତେ ପରିମାଣରେ ଅସ୍ତ୍ରଶସ୍ତ୍ର ରହିଛି ସେଥିପାଇଁ ସର୍ବଦା ଶତ୍ରୁପ୍ରବଣତା ଭାବ ଦେଖିବାକୁ ମିଳୁଛି। ଅନ୍ୟ ଉପରେ ସନ୍ଦେହ ଓ କ୍ଷମତାର ବଳପ୍ରୟାଗ ପାଇଁ ଚେଷ୍ଟା କରୁଛନ୍ତି। ସେମାନଙ୍କର ଗୋଟିଏ ଲକ୍ଷ୍ୟ ନିଜର ସ୍ଥିତିକୁ ମଜବୁତ୍ କରିବା ପାଇଁ ଏହି ଅସ୍ତ୍ରଶସ୍ତ୍ର ବୃଦ୍ଧିକରିବା ଆବଶ୍ୟକ। ଅସ୍ତ୍ରଶସ୍ତ୍ର ବିପୁଳ ପରିମାଣରେ ପାଖରେ ରଖିଲେ ତାହାମନରେ ଯୁଦ୍ଧପିପାସୁ କରିଦିଏ ଏକଥା ସେମାନେ ଭୁଲିଯାଇଛନ୍ତି। ପରନ୍ତୁ, ବାସ୍ତବ ସତ୍ୟକେବେ ଲୁଚି ରୁହେନାହିଁ ସରକାରୀ ସୂତ୍ରରୁ ଜଣାପଡ଼ିଥିଲା ୧୯୫୧ ମସିହାରେ ଆମେରିକା କୋରିଆ ଉପରେ ପରମାଣୁ ଅସ୍ତ୍ରଶସ୍ତ୍ର ପ୍ରୟୋଗ କରିବାପାଇଁ ପହଞ୍ଚିଯାଇଥିଲା। ଠିକ୍ ସେହିପରି ପାକିସ୍ତାନ ଆଜି ନିଜ ଦେଶର ଦାରିଦ୍ର ସମସ୍ୟା ଦୂରକରିବ କଣ, ନିଜର ଆଧିପତ୍ୟ ବିସ୍ତାର ନିମନ୍ତେ ପରମାଣୁ ଶକ୍ତି ବୃଦ୍ଧି କରିବାରେ ଲାଗିଛି। ଏହା ଭବିଷ୍ୟତରେ ବିଶ୍ୱପାଇଁ ଏକପ୍ରଧାନ ସଙ୍କଟ ହୋଇ ଦଣ୍ଡାୟମାନ ହେବ।

ପାକିସ୍ତାନ ପାଖରେ ଜାତୀୟତାବୋଧର ଅଭାବ କିପରି ରହିଛି ଓ ଭାରତ ଏକ ବୃହତ ଜନସଂଖ୍ୟା ବିଶିଷ୍ଟ ରାଷ୍ଟ୍ର ହେଲେ ମଧ୍ୟ ତା'ପଖରେ ଥିବା ସାଂସ୍କୃତିକ ମୂଲ୍ୟବୋଧଟିକୁ 'ଭାରତ ପାକିସ୍ତାନ ଏବଂ ଜାତୀୟତାବୋଧ' ପ୍ରବନ୍ଧରେ ଉଲ୍ଲେଖ କରିଛନ୍ତି। ମହାକାଳ ଆଗରେ ମନୁଷ୍ୟ ନତମସ୍ତକ। କେହି ଏସୃଷ୍ଟିର ଚିର ବାସିନ୍ଦା ନୁହଁନ୍ତି। ସମସ୍ତେ ସମୟ ଚକ୍ରରେ ପରାହତ। ଥରେ ଗ୍ରୀକ୍ ବୀର ଆଲେକଜାଣ୍ଡାର ଓ ତାଙ୍କ ବନ୍ଧୁ ଦାର୍ଶନିକ ଡାଇଓଜେନିସ୍ ବହୁଦିନର ଏକ ଯୁଦ୍ଧଭୂମିକୁ ବୁଲି ଦେଖୁଥାନ୍ତି। ପଡ଼ିଥିବା କଙ୍କାଳ ସବୁକୁ ଅତିନିରୀକ୍ଷଣ କରି ଦେଖୁଥାନ୍ତି ଡାଇଓଜେନିସ୍। ଏହି ସମୟରେ ଆଲେକଜାଣ୍ଡାର ତାଙ୍କୁ ପଚାରିଲେ ମିତ୍ର କ'ଣ ଏତେ ଗମ୍ଭୀର ଭାବରେ। ଏହା ଶୁଣି ବନ୍ଧୁ ଉତ୍ତର ଦିଅନ୍ତି, ଏଠାରେ ପଡ଼ିଥିବା କଙ୍କାଳମାନଙ୍କ ମଧ୍ୟରୁ ଏତେବଡ଼ ପ୍ରତାପୀ ତୁମ ବାପାଙ୍କ କଙ୍କାଳ କି ଖପୁରି ମୁଁ ଚିହ୍ନିପାରୁନି। ଏତକ କହି ଆଲେକଜାଣ୍ଡାରଙ୍କ ମୁହଁକୁ ଅନାଇ ହସିଦିଅନ୍ତି ସେ। ଅର୍ଥାତ୍ ଆମେ ସମସ୍ତେ ଜାଣିଛନ୍ତି ଆମର ଶେଷ ଜୀବନ କେମିତି କଟିବ। ତଥାପି ଆମ ମଧ୍ୟରେ ପାଶବିକ ଗୁଣ ସବୁବେଳେ ଆମକୁ ଆୟତ୍ତାଧିନ କରିନିଏ। ଆଜି ଭାରତ ଓ ପାକିସ୍ତାନ ମଧ୍ୟରେ ଯେଉଁ ଯୁଦ୍ଧଖୋର ମନଭାବ ଦେଖାଯାଉଛି ତାହା ଯଦି ପରମାଣୁ ଯୁଦ୍ଧରେ ରୂପାନ୍ତରିତ ହୁଏ ତେବେ ନା ପାକିସ୍ତାନ ବିଜୟଲାଭ କରିବ ନା' ଭାରତ ବିଜୟଲାଭ କରିବ। ତେବେ, କଥା ହେଉଛି ଇତିହାସ ପୃଷ୍ଠାରୁ ପାକିସ୍ତାନ ସବୁଦିନପାଇଁ ହଜିଯାଇପାରେ ପରନ୍ତୁ, ଭାରତର ମହାଜାତିୟତା ତା'ର ପରିଚୟ। ସେଥିପାଇଁ ଏସୃଷ୍ଟି ଥିବାପର୍ଯ୍ୟନ୍ତ ସେ ସମସ୍ତଙ୍କର ମନେରହିବ। କାରଣ ଏହାର ସଂସ୍କୃତି, ସାହିତ୍ୟ, କଳା, ସ୍ଥାପତ୍ୟ, ଦର୍ଶନ, ଐତିହ୍ୟ ଓ

ପରମ୍ପରାର ବିଶ୍ୱାସକୁ ବଜାଇରଖିଛି । ଏଥିପାଇଁ ତ ଏଜାତି ଆଜି ବିଶ୍ୱରେ ସର୍ବ ପ୍ରଶଂସିତ ।

ପ୍ରାବନ୍ଧିକ ଏଥିରେ ପ୍ରକାଶ କରିଛନ୍ତି ଦଶବର୍ଷ ତଳେ ଜଣେ ପାକିସ୍ତାନରେ ଥିବା ହିନ୍ଦୁ ବ୍ୟବସାୟୀ ଭାରତକୁ ପ୍ରତ୍ୟାବର୍ତ୍ତନ କଲେ । ଆଉ ଭାରତରେ ଥିବା ଜଣେ ମୁସଲମାନ ପାକିସ୍ତାନ ବ୍ୟବସାୟୀ ପାକିସ୍ତାନ ଚାଲିଗଲେ । ପରନ୍ତୁ ସେଠାରେ ସେ ପାକିସ୍ତାନି ମୂଳ ବାସିନ୍ଦାଙ୍କ ସହ ସଂପୂର୍ଣ୍ଣ ମିଶିପାରୁ ନାହାନ୍ତି ସବୁ ସନ୍ଦେହ ନଜରରେ ରହୁଛନ୍ତି । ସେମାନଙ୍କ ମଧ୍ୟରେ ସଂଘର୍ଷ ଓ ତିକ୍ତତା ସର୍ବଦା ଦେଖା ଦେଉଛି । ହେଲେ ପାକିସ୍ତାନରୁ ଆସିଥିବା ହିନ୍ଦୁ ବ୍ୟବସାୟୀ ଜଣକ ଏହି ପରିବେଶ ସହ ଟିକେ ଖାପଛଡ଼ା ହୋଇଥାଇପାରେ ପରନ୍ତୁ, ଏଠାରେ ସହାନୁଭୂତି ଓ ସହଯୋଗ ପାଇବାରେ ଊଣା ହେଉନାହିଁ । ତେବେ, ବ୍ୟକ୍ତିକୁ ଗୋଟିଏ ଜାତିର ସଂସ୍କୃତି ତା'ର ଜାତୀୟତା ମୂଲ୍ୟବୋଧ ବୃଦ୍ଧି କରାଇଥାଏ । ଯେଉଁ ମାଟିରେ ସଂସ୍କୃତି ନାହିଁ ସେଠାରେ ଜାତୀୟତା ଖୋଜିବା ନିରର୍ଥକ । ଏଣୁ ନିଜ ନିଜମଧ୍ୟରେ ଆଜି ଏଇ ସଂଘର୍ଷକୁ ଛାଡ଼ି କିପରି ଭବିଷ୍ୟତ ଆମର ଉନ୍ନତି ହୋଇପାରିବ ସେଥିପାଇଁ ଚେଷ୍ଟା କରିବା ଆବଶ୍ୟକ । ଏଥିପାଇଁ ପ୍ରାବନ୍ଧିକ କୁହନ୍ତି- "ଆଶା କରାଯାଉ, ଭାରତ ଓ ପାକିସ୍ତାନ ଭିତରେ ଆଣବିକ ଯୁଦ୍ଧ ଲାଗିବ ନାହିଁ, ଯଦି ଲାଗେ ତେବେ ପ୍ରାକୃତିକ ଧାରାରେ ସୃଜିତ ଭାରତୀୟ ମହାଜାତିହିଁ ତିଷ୍ଠିବ; କୃତ୍ରିମ ପ୍ରକ୍ରିୟାରେ, ଜୋରଜବର୍‌ଦସ୍ତ ଜରିଆରେ ତିଆରି ପାକିସ୍ଥାନର ବିପର୍ଯ୍ୟୟ ହେବ ବଡ଼ ଭୀଷଣ ।"(୪୧)

'ହିରୋସୀମା : ଏକ ମାନସିକ ଅବସ୍ଥା' ପ୍ରବନ୍ଧରେ ଦେଖିବାକୁ ମିଳେ ଯେ, ପ୍ରତିପ୍ରତିଷ୍ଠାର ମୋହରେ ସାମାଜିକ ନେତାମାନେ ଅଧୁନା ଅନ୍ଧହୋଇଗଲେଣି । ଆଜି ମଧ୍ୟ ଜାପାନରେ ସେହି ଦୁଇ ପ୍ରମୁଖ ସହରରେ ପରମାଣୁର ଭୟାବହ ଦୁର୍ଘଟଣାରୁ ଜନ୍ମିତ ଶିଶୁମାନେ ବିକଳାଙ୍ଗ ରୂପେ ଜନ୍ମ ଗ୍ରହଣ ହେଉଛନ୍ତି । ପରମାଣୁର ସେ ବିସ୍ଫୋରଣ ରୂପଚିତ୍ର ଆଜି ମଧ୍ୟ କେତେକ ମନରେ ଏକ ଗଭୀର ରେଖାପାତ ସୃଷ୍ଟିକରେ । ଶହ ଶହ ଲୋକଙ୍କର ଏପରି ଅତର୍କିତ ମୃତ୍ୟୁ ଭଳି ଆଉ କିଛି ଦୁଃଖଦ ଘଟଣା ନଥାଇପାରେ । ହିରୋସୀମାକୁ ନେଇ ଅନେକ ସାହିତ୍ୟ, ଚଳଚ୍ଚିତ୍ର କରାଗଲେ ମଧ୍ୟ ମଣିଷର ପ୍ରକୃତି ବଦଳୁଛି କେଉଁଠି । ବିକଶିତ ରାଷ୍ଟ୍ରମାନେ ନିଜର ଆଧିପତ୍ୟ ବିସ୍ତାର ଓ ବଡ଼ିମାର ଅହଂ ଭାବନାରେ ବୁଡ଼ିରହି ପରମାଣୁ ବୋମା ତିଆରି କରିବାର ପ୍ରତିଯୋଗିତା ଲଗାଉଛନ୍ତି । ଏହି ପ୍ରବନ୍ଧ ସମ୍ପର୍କରେ ପ୍ରାବନ୍ଧିକ କୁହନ୍ତି- "ହିରୋସୀମା ମଣିଷର ଅଚେତନତାର ପ୍ରତୀକ ମଧ୍ୟ । ହିରୋସୀମା ଉପରେ ବୋମା ନିକ୍ଷେପ କରିଥିବା ମେଜର୍ ଏଥାଲି ଯେତେବେଳେ ନିଜ କାମର ପରିମାଣ ସମ୍ପର୍କରେ ସଚେତନ ହେଲେ, ସେତେବେଳେ ସେ ଦୁଃଖରେ ପାଗଳ ହୋଇଗଲେ । x x x x । ମାତ୍ର; ଆମେ ପ୍ରାର୍ଥନା କରୁଛୁଁ ଆପଣ

ଶୀଘ୍ର ଆରୋଗ୍ୟ ଲାଭ କରନ୍ତୁ। ଆମର ଆଶା, ଏଭଳି ଦିନ ଆସିବା ଯେତେବେଳେ ଆପଣ ମୈତ୍ରୀ ଅଭିଯାନରେ ଅଗ୍ରସର ହୋଇ ମଣିଷର ଅପରାଧ କ୍ଷମା କରି ଶାନ୍ତ, ମୈତ୍ରୀ ଓ ପ୍ରେମମୟ ପୃଥିବୀର ସୃଷ୍ଟି ଦିଗରେ ସହାୟକ ହେବେ। ଭଗବାନ ଆପଣଙ୍କର ମଙ୍ଗଳ କରନ୍ତୁ।"[୪୨] ସୁତରାଂ ମଣିଷ ସମାଜ ଆଜି ଏତେ ବିକାରଗ୍ରସ୍ତ ହୋଇଯାଇଛି ଯେ, ନିଜ ରକ୍ତରେ ହୋଲି ଖେଳିବାକୁ ପଛଉନାହିଁ। ସ୍ୱାର୍ଥାନ୍ଧ ହୋଇ ପାଶବିକତାର ତମସାଛନ୍ନରେ ବୁଡ଼ି ରହୁଛି। ଫଳରେ ପାରିପାର୍ଶ୍ୱିକ ଦୁଃଖଦ ଅବସ୍ଥାକୁ ସେ କେବେ ଉପଲବ୍ଧି କରିପାରୁନାହିଁ। ବିଚାରଧାରା ଧୀରେ ଧୀରେ ଏତେ ନିମ୍ନଗାମୀ ହୋଇଯାଉଛି ଯେ ସତେ ଯେପରି କୌଣସି ଚେତନାର ଦିଗ ଦୃଶ୍ୟମାନ ହେଉନାହିଁ। ସମୟ ଆସିବ ସଭ୍ୟତା ନିଜ ହାତରେ ଲୋପ ପାଇଯିବ। କାରଣ ପ୍ରତିଯୋଗିତା ମନଭାବ ନେଇ ଯେଉଁପରି ଯୁଦ୍ଧାଂଶ ଦେଶମାନନଙ୍କରେ ନିର୍ମାଣ କରୁଛନ୍ତି ଶେଷରେ ନିଜ ହାତରେ ନିଜର ହିଁ ମୃତ୍ୟୁହେବ।

'ଟମ୍‌କକାଙ୍କ ସମାଚାର' ପ୍ରବନ୍ଧରେ ମଣିଷ ବର୍ଣ୍ଣ ବୈଷମ୍ୟକୁ ନେଇ ଇତିହାସରେ ଯେଉଁ ଘଟଣା ଘଟିଥିଲା ତତ୍‌ସମ୍ପର୍କରେ ଆଲୋଚନା କରିଛନ୍ତି। ଅତୀତରେ ଆଫ୍ରିକାର ଘଞ୍ଚ ଅରଣ୍ୟମଧ୍ୟରେ ରହୁଥିବା ନିଗ୍ରୋମାନଙ୍କୁ ନେଇ ପାଶ୍ଚାତ୍ୟ ବ୍ୟବସାୟୀମାନେ କ୍ରୀତଦାସ ବ୍ୟବସାୟ କରୁଥିଲେ। କୃଷ୍ଣକାୟବର୍ଣ୍ଣ ଯୋଗୁଁ ସେମାନଙ୍କ ଜୀବନ ବଡ଼ ବିଷମ ହୋଇପଡ଼ିଥିଲା। ମଣିଷର ଅଧିକାର ପାଇଁ ଅନେକ ଆଇନ୍ ପ୍ରଣୟନ ହୋଇଥିଲେ ସୁଦ୍ଧା ଏହି ନିଗ୍ରମାନଙ୍କ ଜୀବନ ଅତିବାହିତ କରିବାପାଇଁ ଅନେକ ଆଇନ୍ କାନୁନ ମାନିବାକୁ ପଡୁଥିଲା। ଏମାନଙ୍କର କୌଣସି ବ୍ୟକ୍ତିଗତ ସ୍ୱାଧୀନତା ନଥିଲା ସର୍ବଦା କ୍ରୀତଦାସର ଫାଶରେ ଆବଦ୍ଧ ହେଉଥିଲେ। ଷୋଡ଼ଶ ଶତାବ୍ଦୀରେ ଏମାନଙ୍କୁ ପର୍ତ୍ତୁଗୀଜ ଓ ସ୍ପେନୀୟମାନେ ଆମେରିକାକୁ ବିକ୍ରିକରିବାକୁ ଆଣିଥିଲେ। ତା'ପରେ ଏମାନଙ୍କ ଜୀବନ ଧିରେ ଧିରେ ଦୁର୍ଦ୍ଦଶାମୟ ହୋଇପଡିଛି। ୧୯୪୮ ମସିହାରେ ଆମେରିକାର ନୂତନ ଆଇନ୍ ପ୍ରଣୟନ ଫଳରେ କ୍ରୀତଦାସ ପ୍ରଥା ଉଚ୍ଛେଦ ହୋଇଛି। ଏମାନେ ସେହି କ୍ରୀତଦାସ ପ୍ରଥାରୁ ସିନା ମୁକ୍ତିହେଲେ ପରନ୍ତୁ, ବର୍ଣ୍ଣ ବୈଷମ୍ୟ ବ୍ୟାଧିରୁ ମୁକ୍ତି ପାଇପାରୁନାହାଁନ୍ତି। ଏଥିପାଇଁ ପ୍ରାବନ୍ଧିକ କୁହନ୍ତି- "ଅତୀତରେ ଇତିହାସର ଘଟଣାଚକ୍ରରେ ଯେଉଁ ପ୍ରଭୁମାନେ ଦିନେ ନିଗ୍ରୋମାନଙ୍କୁ ଦାସ ବନାଇ ଆମେରିକାକୁ ଆଣିଥିଲେ, ଆଜି ସେମାନଙ୍କୁ ଦୋଷ ଦେବା ଯେପରି ଅର୍ଥହୀନ, ଆଜିର ପରିବର୍ତ୍ତିତ ପରିସ୍ଥିତି ସତ୍ତ୍ୱେ ନିଜକୁ ଯେଉଁମାନେ ପୂର୍ବତନ ପ୍ରଭୁମାନଙ୍କର ଉତ୍ତରାଧିକାରୀ ବୋଲି କଳ୍ପନା କରିଚାଲିଛନ୍ତି, ସେମାନଙ୍କର ସେ କଳ୍ପନା ମଧ୍ୟ ସେହିପରି ଅର୍ଥହୀନ। ଏତକ ଜ୍ଞସାଧାରାଂୟନକ୍ସ ଯେ ବର୍ଣ୍ଣବିଦ୍ୱେଷୀମାନଙ୍କ ଚେତନାରେ ପ୍ରବେଶ କରୁ ନାହିଁ,

ଏ କଥା କିପରି ବିଶ୍ୱାସ କରାଯାଇପାରେ? ମନେହୁଏ, ଅନ୍ୟକୁ ଘୃଣା କରିବା ଯେମିତି କେତେକଙ୍କ ଚେତନାରେ ଏକ ଦୁର୍ନିର୍ବାର ଅଭ୍ୟାସ।"(୪୩)

ବିଶ୍ୱସମୁଦାୟକୁ ଏକ ଶୃଙ୍ଖଳାପୂର୍ଣ୍ଣ ସଦ୍‌ଭାବନାରେ ବାନ୍ଧିରଖିବା ପାଇଁ ନିରନ୍ତର ପ୍ରୟାସ କରୁଥିବାର ମନୋଜ ଦାସଙ୍କ ଏହି ଧରଣ ପ୍ରବନ୍ଧରେ ଦେଖିବାକୁ ମିଳେ। ସେ ବିଶ୍ୱଶାନ୍ତି ଓ ମାନବ ସଭ୍ୟତାର ମଙ୍ଗଳ ସବୁବେଳେ ଚାହୁଁଥିଲେ। ଏକବିଂଶ ଶତାବ୍ଦୀର ମଣିଷ ପ୍ରତିଯୋଗୀତାପୂର୍ଣ୍ଣ ମନଭାବକୁ ତ୍ୟାଗକରି ବନ୍ଧୁତ୍ୱର ଏକତା ସୂତ୍ରରେ ଆବଦ୍ଧ କରିବାପାଇଁ ପ୍ରାବନ୍ଧିକଙ୍କର ଅନୁରୋଧ। ଶ୍ରୀଅରବିନ୍ଦଙ୍କ ଚିନ୍ତା ଓ ଚେତନାରେ ଅନୁପ୍ରାଣିତ ହୋଇଥିବାରୁ ପ୍ରାବନ୍ଧିକ ସର୍ବଦା ଶାନ୍ତି ପ୍ରତିଷ୍ଠା ଦିଗରେ ଅଗ୍ରସର ହୋଇଛନ୍ତି। ବିବର୍ତ୍ତନର ଧାରା ମଣିଷକୁ ସେହି ସ୍ତରକୁ ନେଇଆସୁ ଯେଉଁଥିରେ ବିଶ୍ୱବାସୀ ସୁଖଶାନ୍ତିରେ କାଳାତିପାତ କରିପାରିବେ। ଅହଂକାରର ମାପକାଠି ଆମ ପାଖରେ ଆଜି ଧୀରେ ଧୀରେ ବୃଦ୍ଧିହେବାକୁ ଲାଗିଲାଣି। ଏହା ବିଶ୍ୱ ସମୁଦାୟ ପାଇଁ ମଙ୍ଗଳମୟ ନୁହେଁ, ବରଂ; ସୃଷ୍ଟି ଧ୍ୱଂସ ପାଇବାପାଇଁ ଆଗାମୀ ସଙ୍କେତ ମାତ୍ର।

(ଡ) ଅଲୌକିକ ଭାବଧର୍ମୀ ପ୍ରବନ୍ଧ

ଶ୍ରୀ ଅରବିନ୍ଦଙ୍କ ଜୀବନ ଦର୍ଶନରେ ବିମୋହିତ ହୋଇ ମନୋଜ ଦାସ ତାଙ୍କ ପଦାଙ୍କ ଅନୁସରଣ କରିଥିଲେ। ତାଙ୍କ ଜୀବନ ଦର୍ଶନର ମୂଳମନ୍ତ୍ର ହେଉଛି ସମସ୍ତ ଅଳିକତା ଅସ୍ଥିର ମଧ୍ୟରେ ମଣିଷକୁ ଦିବ୍ୟଚେତନାରେ ବଶୀଭୂତ କରାଇବା। ପ୍ରତ୍ୟେକ ମଣିଷ ଭିତରେ ଦିବ୍ୟଚେତନାର ରୂପ କଳ୍ପନା କରାଯାଇପାରେ। ପରନ୍ତୁ ଆଧୁନିକ ମଣିଷ ବସ୍ତୁବାଦୀ ଜଗତରେ ମଗ୍ନରହି ସାଂସାରିକ ମୋହରେ ଲିପ୍ତରହୁଛି। ଫଳରେ ଏହି ଅମୃତ ସନ୍ଧାନରୁ ଦୂରେଇଯାଉଛି। ସେଥିପାଇଁ ତାକୁ ଦୁଃଖକଷ୍ଟ ଆଦି ଭୋଗିବାକୁ ପଡୁଛି। ଯଦି ପୃଥିବୀରେ କେବଳ ସୁଖ ଓ ସୁନ୍ଦର ପଦାର୍ଥ ଉପଲବ୍ଧି ହୋଇଥାନ୍ତା ତେବେ ସେ ସବୁ ଆମେ ଉପଲବ୍ଧି କରି ପାରିନଥାନ୍ତେ। ଦୁଃଖ ଓ ଅସୁନ୍ଦର ଉପଲବ୍ଧି କରୁଥିବା ପ୍ରାଣୀ ହିଁ କେବଳ ସୁଖ ଓ ସୁନ୍ଦରକୁ ଉପଭୋଗ କରିପାରିବେ।

'ଶ୍ରୀଅରବିନ୍ଦ-ସ୍ମରଣ' ପ୍ରବନ୍ଧରେ ମଣିଷ ମଧ୍ୟରେ ଦିବ୍ୟଜୀବନର ସନ୍ଧାନରେ ଅଗ୍ରସର ହେଉଛନ୍ତି। ଏଥିରେ ସେ ବର୍ଣ୍ଣନା କରିଛନ୍ତି, ଆମେ ଆମର ଦୁଃଖ କାରଣକୁ ଯେତେ ଜଟିଳ କରାଇବା ତାହା ଆମ ପାଇଁ ବିପଦପୂର୍ଣ୍ଣ ମନେହେବ। କାରଣ ଏହି ସମସ୍ୟା ଏକ ଦୁରାରୋଗ୍ୟ ହୋଇ ଆମ ଅବଚେତନ ମନରେ ଆମକୁ କ୍ଷୁର୍ଣ୍ଣ କରିବାକୁଲାଗିଛି। ଅହଂବୋଧର ପ୍ରାଚୀର ଭିତରେ ଆମେ ଯେଉଁମାନେ ବିଭ୍ରାଟ କରୁଛନ୍ତି, ସେସବୁ ଦୁଃଖର ପରିସର ଆମକୁ ହିଁ ଅଧଃପତନ ଆଡ଼କୁ ବାଟ କଢାଇ

ନେଉଛି। ସଦିଚ୍ଛାର ମୂଳମନ୍ତ୍ର ହେଉଛି ଆମେ ଆମ ଆତ୍ମାର ପରିସର ଭୁକ୍ତ ହୋଇ ବିଷୟାତିତ ଜ୍ଞାନରୁ ଓହରି ଆସିବ। ବିଡ଼ମ୍ବନାର ବିଷୟ ମଣିଷ ନିଜ ଭ୍ରମକୁ ଯେତେବେଳେ ବିଚାର କରେ ସେତେବେଳେ ନ ଜାଣିବାର ସରଳ ଉପାୟଟିକୁ ସେ ପ୍ରଥମେ ଗ୍ରହଣ କରିନିଏ। ପ୍ରତ୍ୟେକ ମନୁଷ୍ୟକୁ ମନେରଖିବାକୁ ହେବ କ୍ରମ ବିବର୍ତ୍ତନ ନିୟମ ଅନୁସାରେ ଆମେ ଷଡ଼ଚକ୍ରରେ ଘୂର୍ଣ୍ଣୟମାନ ହୋଇ ପୁନର୍ବାର ଏହି ଧାରା ପୃଷ୍ଟକୁ ଆସିଥାଉ। ଏଣୁ ପାପ-ପୂଣ୍ୟର ପୁରସ୍କାର ଆମ କର୍ମ ଉପରେ ନ୍ୟସ୍ତ ରହିଥାଏ। ଆତ୍ମାର ବିକାଶ ସେତେବେଳେ ହୋଇପାରିବ ଯେତେବେଳେ ଆମେ ଆମର ସଂପୂର୍ଣ୍ଣ ତ୍ୟାଗ ପୂର୍ଣ୍ଣ ମନୋଭାବଟି ଅନ୍ୟ ପାଖରେ ସମର୍ପିଦେବା। ଏଥିପାଇଁ ମନୋଜ ଦାସ ଶ୍ରୀଅରବିନ୍ଦଙ୍କ ଉକ୍ତିକୁ ପ୍ରକାଶ କରିବାକୁ ଯାଇ କୁହନ୍ତି- "ମନେରଖ- ପୁନର୍ଜନ୍ମ ଓ ସେ ନୂଆ ଜନ୍ମର ପରିସ୍ଥିତି ତୁମର ପାପ-ପୂଣ୍ୟର ପୁରସ୍କାର ବା ଦଣ୍ଡରୂପେ ନିରୂପିତ ହେବ- ସେଇଟା ମଣିଷର କଞ୍ଚା ନ୍ୟାୟମୂଳକ ଧାରଣା... ଜୀବନ ଏଠି ଏକ ବିବର୍ତ୍ତନ। ଆତ୍ମାର ବିକାଶ ବହୁ ଅଭିଜ୍ଞତା ଭିତରଦେଇ ହେଉଥାଏ...।"(୪୪)

'ଶତାବ୍ଦୀର ପଦଧ୍ୱନି' ପ୍ରବନ୍ଧରେ ପ୍ରାବନ୍ଧିକ ବିଶ୍ୱାସ ରଖନ୍ତି- ଭବିଷ୍ୟତକୁ ଆମେ ନିଜ ଇଚ୍ଛାରେ ପରିଚାଳିତ କରାଇପାରିବୁନାହିଁ। ଈଶ୍ୱରୀୟ କଣିକା ମଧ୍ୟତା'ର ଅନୁକ୍ରମାଙ୍କ ନିୟମାନୁସାରେ ଆମକୁ ପରିଚାଳିତ କରାଉଛି। ସିଲିଭର ଷ୍ଟିନ୍ ତାଙ୍କ (conquest of death) ପୁସ୍ତକରେ ଲେଖିଥିଲେ- ଏକବିଂଶ ଶତାବ୍ଦୀର ୯ମ ଦଶନ୍ଧି ଶେଷହେବା ବେଳକୁ ବିଶ୍ୱର ବଡ଼ ବଡ଼ ବୈଜ୍ଞାନିକମାନେ କ୍ୟାନସର, ହୃଦରୋଗ ଓ ବହୁମୂତ୍ର ରୋଗର ପ୍ରତିଶୋଧକ ବାହାରକରି ସାରିଥିବେ। ଅର୍ଥାତ୍ ଆଗାମୀ ବଂଶଧରମାନେ ଅମରତ୍ୱ ନପାଇ ପାରନ୍ତି ପରନ୍ତୁ ଅମରତ୍ୱ ସନ୍ଧାନୀ ହୋଇପାରିବେ। ସୁତରାଂ ଅଧିକ ଦିନ ସଂସାରରେ ତିଷ୍ଟିପାରିବେ ପରନ୍ତୁ, ମାନସିକ ବିପର୍ଯ୍ୟୟ କାରଣରୁ କେହି ବର୍ତ୍ତିପାରିବେ ନାହିଁ। କାରଣ ପାଶବିକଗୁଣ ଆମର ମାନସିକତାରେ ଯୋଡ଼ି ହୋଇରହିଛି। ମଣିଷ କେବଳ ବିଜ୍ଞାନ, ସମାଜ ଓ ମନସ୍ତତ୍ତ୍ୱଦିଗରୁ ନିଜ ବାହ୍ୟ ଜଗତର ବିକାଶ କଥା କଳ୍ପନା କରୁଛି। ପରନ୍ତୁ, ଆତ୍ମା ବା ଅନ୍ତର୍ଜଗତର ବିକାଶକଥାକୁ ସେକେବେ ଅନୁଭବ କରୁନାହିଁ। ଏଥିପାଇଁ ପ୍ରାବନ୍ଧିକ ଶ୍ରୀଅରବିନ୍ଦଙ୍କ ଉକ୍ତିକୁ ପ୍ରକାଶ କରିବାକୁ ଯାଇ କହିଛନ୍ତି- "ଦିନଆସିବ ଯେତେବେଳେ ବିଜ୍ଞାନ ମୃତ୍ୟୁ ଉପରେ ବିଜୟ ଲାଭର ଉପାୟ ଉପସ୍ଥାପନ କରିବ, କିନ୍ତୁ ସେ ଉପାୟ ଫଳବତୀ ହେବ ନାହିଁ- କାରଣ ମୃତ୍ୟୁର କାରଣ ସ୍ଥୁଳ ନୁହେଁ। ଯେଯାଏଁ କ୍ରମାଗତ ଅନ୍ତର୍ବିକାଶ ନିମନ୍ତେ ପ୍ରୟୋଜନ ହେଉଥିବ, ସେଯାଏ କୌଣସି ନା କୌଣସି ଆଳରେ ଆତ୍ମା ଗୋଟିଏ କଳେବର

ତ୍ୟାଗକରି ଅନ୍ୟ କଳେବର ଗ୍ରହଣ କରିବ ହିଁ କରିବ।"(୪୫)

'ପ୍ରାୟୋପବେଶନ, ଆତ୍ମ-ବିସର୍ଜନ, ଆତ୍ମହତ୍ୟା' ପ୍ରବନ୍ଧରେ ସାମ୍ପ୍ରତିକ ମନୁଷ୍ୟ ମାନସିକ ଚାପରେ ଶିକାରହୋଇ ଆତ୍ମହତ୍ୟାକୁ ଶ୍ରେଷ୍ଠ ମାର୍ଗ ରୂପେ ବାଛିନେଉଛି। ପରନ୍ତୁ, ପ୍ରାବନ୍ଧିକ ବୁଝିଛନ୍ତି ଯେ, ମୃତ୍ୟୁ ମଣିଷ ଜୀବନର ଅନ୍ୟ ଏକ ଅଧ୍ୟାୟ। କାରଣ ସଂସାରରେ ଜନ୍ମ ହେଉଥିବା ପ୍ରାଣୀକୁ ଦିନେ ନା ଦିନେ ଏହି ଧାରପୃଷ୍ଠ ଛାଡ଼ିବାକୁ ହୋଇଥାଏ। ଏଣୁ ଆତ୍ମହତ୍ୟା ବ୍ୟତୀତ ଅନ୍ୟକିଛି ବିକଳ୍ପ ପନ୍ଥା ଆମେ ଅନୁସରଣ କାହିଁକି ନ କରିବା। ତାଙ୍କ କହିବାର ମୂଳ ଉଦ୍ଦେଶ୍ୟ ହେଉଛି ଆମେ ଯଦି ସଭ୍ୟତା ଓ ସଂସ୍କୃତିକୁ ବିଶ୍ୱାସ କରୁଛେ ତେବେ, କାହିଁ କେଉଁ ସଂସ୍କୃତିରେ ତ ଆତ୍ମହତ୍ୟା କରିବାକୁ ସମର୍ଥନ ଦିଆଯାଇନାହିଁ। ହଁ ସଭ୍ୟତ୍ୟାର ଖୋଲା ଝରକାକୁ ଲକ୍ଷ୍ୟ କଲେ ଜଣାପଡ଼େ ପୂର୍ବକାଳରେ ଆତ୍ମ ବିସର୍ଜନର ପରମ୍ପରା ପ୍ରଚଳିତ ଥିବାର ଦେଖିବାକୁ ମିଳେ। ହେଲେ ସେମାନେ ପରିସ୍ଥିତି ସହ ମୁକାବିଲା କରିବା ପାଇଁ ଏପରି ମହତ୍ତ୍ୱ ପଦେକ୍ଷପ ନେଇଛନ୍ତି। ପରନ୍ତୁ, ପରିତାପର ବିଷୟ କେହି କେହି ଏହି ଆତ୍ମ ବିସର୍ଜନକୁ ଭ୍ରମବଶତଃ ଆତ୍ମହତ୍ୟା ରୂପେ ସ୍ୱୀକାର କରିନିଅନ୍ତି। ଅନେକ ସମୟରେ ଦେଖିବାକୁ ମିଳେ ସଭ୍ୟତା ପାଇଁ ଜାତି ପାଇଁ ବେଳେବେଳେ ମହାପୁରୁଷମାନେ ଅନାହାର ଅନଶନରେ ଆତ୍ମାହୁତି କରିବାକୁ ଉଦ୍ୟମ କରିଛନ୍ତି। ହେଲେ, ସେ ନିଜ ସ୍ୱାର୍ଥ ପାଇଁ ନୁହେଁ ବରଂ ବିଶ୍ୱର ଜନମଙ୍ଗଳ ପାଇଁ ଉଦ୍ଦିଷ୍ଟ କର୍ତ୍ତବ୍ୟବୋଧ ହୋଇଥାଏ। ଏଥିପାଇଁ ପ୍ରାବନ୍ଧିକ ପ୍ରକାଶ କରିଛନ୍ତି- "ଭଲ ମଣିଷମାନେ କାହିଁକି କଷ୍ଟ ପାଆନ୍ତି, ଏପ୍ରଶ୍ନ କରନ୍ତି ଭଲ ମଣିଷମାନେ। କିନ୍ତୁ କଷ୍ଟ କ'ଣ କେବଳ କୌଣସି ବହିଃଶକ୍ତି ବା ଯାନ୍ତ୍ରିକ କରମ ମଣିଷ ଉପରେ ଲଦି ଦିଏ ? ଆତ୍ମା ନିଜେ ନିଜେ ବିକାଶକୁ କ୍ଷିପ୍ରତର କରିବା ନିମନ୍ତେ ଯାତନା ସ୍ୱୀକାର କରିନେଇଥାଏ, ଏହା କ'ଣ ସମ୍ଭବ ନୁହେଁ? ବିକାଶମୁଖୀ ଆତ୍ମା ପାଇଁ କଷ୍ଟ, ଯନ୍ତ୍ରଣା, ବାଧା ଇତ୍ୟାଦି ନିଜର ଅଭିବୃଦ୍ଧି, ଅଧିକ ଶକ୍ତି ସଂଗ୍ରହ, ବୃହତ୍ତର ଅଭିଜ୍ଞତା ଓ ଆଧ୍ୟାତ୍ମିକ ବିଜୟ ପାଇଁ ପ୍ରସ୍ତୁତିର ମାର୍ଗ ହୋଇପାରେନା ବୋଲି କହିହେବ କି ?"(୪୬)

'ଲାଳିତ୍ୟ ଓ ଇଙ୍ଗିତରେ ମଳିନିକା : ଉତ୍କଳୀୟ କିମ୍ବଦନ୍ତୀ କାହାଣୀ' ଶ୍ରୀର୍ଷକ ପ୍ରବନ୍ଧରେ ଅନେକ ଦିବ୍ୟଚେତନାର ବାର୍ତ୍ତା ଦେଖିବାକୁମିଳେ। ଯେଉଁ ମଣିଷ ଅଳିକ ସଂସାରକୁ ଦୁଃଖବୋଲି କହି ଭାଙ୍ଗିପଡୁଛି ସେ ଯଦି ତାର ଏହି ସବୁ ଦୁଃଖର କାରଣକୁ ଖୋଜିପାରନ୍ତା ତେବେ ସାଂସାରିକ ଦୁଃଖ ଆଉ ତା'ପାଖ ମାଡ଼ନ୍ତା ନାହିଁ। ପରନ୍ତୁ ପରିତାପର ବିଷୟ ମଣିଷ ଚେତନାର ବଳୟକୁ ଖୋଜିବାରେ ଆଦୌ ପ୍ରୟାସ କରୁନାହିଁ। ଭାଗ୍ୟ ଓ ପରିସ୍ଥିତିର ଦ୍ୱାହି ଦେଇ ସବୁବେଳେ ଖସିଯିବାକୁ ଚେଷ୍ଟା କରୁଛି। ପ୍ରାବନ୍ଧିକଙ୍କ ଛୋଟିଆ କାହାଣୀରୁ ଆମେ ମନୁଷ୍ୟ ପାଖରେ କିପରି ଚେତନାର ଘୋର ଅଭାବ ଅଛି

ତାହା ଜାଣିପାରିବା। ଜଣେ ରାଜା ଏକଦା ନିଜ ଉଦ୍ୟାନରେ ବୁଲୁଥିବା ସମୟରେ ହଠାତ୍ ଗୋଟିଏ ଗୁଣ୍ଡୁଚି ମୂଷା ତାଙ୍କ ଗୋଡ଼ ଦୁଇ ପାଖରେ ଗୋଟିଏ ଜାତୀୟ ମୁଦ୍ରା ଧରି କହିଲା ମୋର ଏତେ, ରାଜାର କେତେ ? ଅର୍ଥାତ୍ ରାଜା କଣ ମୋଠୁଁ ଧନବାନ୍ ? ଏମିତି ପରିହାସକରି କହିବା ଫଳରେ ରାଜା ଚିଡ଼ିଗଲେ। ଏହା ଦେଖି ଗୁଣ୍ଡୁଚି ମୂଷା ମୁଦ୍ରାଟିକୁ କାମୁଡ଼ି ଧରି ପଳାଇଗଲା। ଏହାପରେ ରାଜା ବିଶ୍ରାମ କରୁଥିବା ଝରକା ସେପାଖେ ଥାଇ ଗୁଣ୍ଡୁଚି ପୁଣି ଥରେ କହିବାକୁ ଲାଗିଲା ମୋର ଏତେ ରାଜାଙ୍କର କେତେ ? ଏହା ଶୁଣି ରାଜା ତାକୁ କିଛି ଗୋଟିଏ ଫୋପାଡ଼ି ଦେଲେ ପରନ୍ତୁ, ସେ ସେଠାରୁ ଅଦୃଶ୍ୟ ହୋଇସାରିଥିଲା। ପରଦିନ ରାଜା ନିଜ ସଭାକୁ ଯାଉଥିବା ସମୟରେ ଗୁଣ୍ଡୁଚି ତାଙ୍କୁ ଦେଖାଇ ପୁନଃ ସେଇ ପ୍ରଶ୍ନ କରନ୍ତେ ରାଜା ଏଥର କ୍ରୋଧବଶତଃ ତାକୁ ନିଜ ପାଦୁକାଟି କାଢି ଫୋପାଡ଼ିଲେ। ଭୟପାଇବା ଫଳରେ ଗୁଣ୍ଡୁଚି ମୁହଁରୁ ମୁଦ୍ରିକାଟି ଖସି ପଡ଼ିଲା। ରାଜା ତାହାକୁ ନେଇ ଆସିଲେ ଓ ଗୁଣ୍ଡୁଚିକୁ ଅଟ୍ଟହାସ୍ୟ କଲେ। ଅଡୁଆ ତୁଟିଗଲା ବୋଲି ସେ ଖୁସି ଅନୁଭବ କାଲେ। ପରନ୍ତୁ, ପଡ଼ୋଶୀ ରାଜ୍ୟର କେତେଜଣ ଦୂତଙ୍କ ସହ କୌଣସି ବିଷୟରେ ଗୁରୁତ୍ୱପୂର୍ଣ୍ଣ ଆଲୋଚନା କରୁଥିବା ସମୟରେ ହଠାତ୍ ଗୁଣ୍ଡୁଚିଯାଇ ସେଠାରେ ପୁଣି ଘୋଷଣା କଲା ମୋ ସମ୍ପତିରେ ରାଜାଙ୍କ ରାଜୁତି। ସତେକି ଯେମିତି ରାଜା ସେହି ଗୁଣ୍ଡୁଚି ସମ୍ପତିରେ ରାଜୁତି କରୁଛନ୍ତି ବୋଲି କହି ବାରମ୍ବାର ବିରକ୍ତି କରାଇବାକୁ ଚେଷ୍ଟା କରାଇଲା। ଏହାପରେ ରାଜା ବିରକ୍ତିହୋଇ ସେହି ଗୁଣ୍ଡୁଚିକୁ ଧରିବା ପାଇଁ କେତେଜଣ ପ୍ରହରୀଙ୍କୁ ନିୟୋଜିତ କରାଇଲେ ଏବଂ ସେନାପତିଙ୍କୁ କହିଲେ ରାଜ୍ୟର ସମସ୍ତ ଗୁଣ୍ଡୁଚିଙ୍କୁ ହତ୍ୟାକଲେ କିପରି ହୁଆନ୍ତା। ଏହା ଶୁଣି ସେନାପତି କହିଲେ ମହାରାଜ ଇତିହାସ ଆପଣଙ୍କୁ ହସିବ। ଯେ, ଏପରି ଜଣେ ରାଜା ଥିଲେ ଯିଏକି ଗୁଣ୍ଡୁଚିମାନଙ୍କ ଉପରେ ପ୍ରତାପ ଜାହିର କରୁଥିଲେ। ଏହା ଶୁଣି ରାଜା ବୁଝିଲେ ଓ ଦୀର୍ଘ ନିଶ୍ୱାସ ଛାଡ଼ିଲେ। ପରଦିନ ଗୁଣ୍ଡୁଚିଟି ଘୋଷଣାକଲା ରାଜା ହାରିଗଲେ। ଏହା କହି ବାରମ୍ବାର କହି ବୁଲିଲା। ରାଜା ଏଥିରେ କ୍ରୋଧାନିତ୍ୱ ହୋଇ ଗଭୀର ଅନୁତପ୍ତ ହେଲେ। ପରନ୍ତୁ, କିଛି କରିବାର କ୍ଷମତା ତାଙ୍କ ପାଖରେ ନଥିଲା। ରାଜାଙ୍କର ଏତେ ପ୍ରତାପ ଥାଇସୁଦ୍ଧା ସେ ଆଜି ନୀରବ ପରିଶେଷରେ ମନ୍ତ୍ରୀ ତାଙ୍କୁ ଗୋଟିଏ ସରଳ ଉପାୟ ଦେଲେଯେ, ତୁମେ ସେ ଗୁଣ୍ଡୁଚିକୁ କୁହ-ହେ, ଗୁଣ୍ଡୁଚିବର ! ତୁମକୁ କିଏ ବଳିପାରେ, ଏ ରାଜା ଛାର ? ଏହା ଶୁଣି ଗୁଣ୍ଡୁଚି ଆନନ୍ଦରେ ନାଚି ନାଚି ଚାଲିଗଲା। ଆଉ କେବେ ରାଜାଙ୍କ ସମ୍ମୁଖକୁ ଆସିଲା ନାହିଁ। ସୁତରାଂ ଦେଖିବାକୁ ଗଲେ ଆମେ ଆମ ଚେତନାର ସ୍ତରକୁ ଯେତେବେଳେ ଉନ୍ନତ୍ତ କରିବା ସେତେବେଳେ ଅହଂକୁ ପାସୋରି ପାରିବା ଆଉ ଅହଂକୁ ପାସୋରି ପାରିଲେ ଦିବ୍ୟଜ୍ଞାନ ଅନୁଭବ କରିପାରିବା।

ଏଣୁ ଦିବ୍ୟ ଚେତନାପୂର୍ଣ୍ଣ ଜ୍ଞାନ ଆମେ ସେତେବେଳେ ଉପଲବ୍ଧି କରିବା ଯେତେବେଳେ ପ୍ରତିଷ୍ଠିତ ମୋହରୁ ଆମେ ଦୂରେଇ ପାରିବା ।

'ପ୍ରଜ୍ଞା ଲୋକ ସାହିତ୍ୟ'ରେ ପ୍ରାବନ୍ଧିକ ଏହି ଦିବ୍ୟଚେତନାର ସନ୍ଧାନରେ ଅଗ୍ରସର ହୋଇ ବୁଝାଇବାକୁ ଏକ କାହାଣୀ ମାଧ୍ୟମରେ ଚେଷ୍ଟାକରିଛନ୍ତି । ଥରେ ଜଣେ ଜମିଦାର ନିର୍ଦ୍ଦେଶରେ ଗଉଡୁଣୀଟିଏ ନଈ ସେପାଖରେ ଥିବା ତପସ୍ୱୀଙ୍କୁ ପ୍ରତ୍ୟେକ ଦିନ ସକାଳେ ଲୋଟାଏଲେଖା ଦୁଧ ଦେବାପାଇଁ ରାଜିହେଲେ । ଗଉଡୁଣୀଟି ତାଙ୍କ ଆଜ୍ଞାନୁସାରେ ସକାଳୁ ନିଜର କାର୍ଯ୍ୟରେ ଲାଗିରହିଲା । ପ୍ରତ୍ୟେକ ଦିନ ସେହି ତପସ୍ୱୀଙ୍କୁ ଦୁଧ ଦେଉଥାଏ । ବ୍ରତାଚାରୀ ତପସ୍ୱୀ ଜଣକ ଗଉଡୁଣୀକୁ ଥରେ କହିଲେ ଝିଅ ତୁ ଅନ୍ଧାର ଥାଉଁ ଥାଉଁ ଦୁଧ ଆଣିପାରନ୍ତୁ ନାହିଁ । ଏହା ଶୁଣି ଗଉଡୁଣୀ ଜଣକ କହିଲା ହଁ ଆଜ୍ଞା ଆଣି ପାରନ୍ତି, ପରନ୍ତୁ ନାଉରିଆ ଏତେ ସକାଳୁ ଆସିପାରୁନାହିଁ ମୁଁ କେମିତି ଆସିବି ? ଏହାଶୁଣି ତପସ୍ୱୀ ଜଣକ ସ୍ମିତହସରେ କହିଲେ ହରିନାମ ଭଜିଲେ ଲୋକ ଭବସମୁଦ୍ରରୁ ପାରି ହୋଇଯାଉଛନ୍ତି, ଆଉତୁ ଏସାମାନ୍ୟ ନଈଟିକୁ ପାରି ହୋଇପାରିବୁନି ? ଚେଷ୍ଟା କଲେ ଏହା ସମ୍ଭବ ହୋଇପାରିବ । ଏହା ପରଦିନ ଅନ୍ଧାର ଥାଉଁ ଥାଉଁ ଦୁଧ ପାଇଯାନ୍ତି ତପସ୍ୱୀ ଜଣକ । ହଠାତ୍ ଦିନେ ତପସ୍ୱୀଙ୍କର ବ୍ରତ ଶେଷହେଲା । ଯେଉଁଦିନ ତପସ୍ୱୀ ଯିବା ପାଇଁ ନିଜର ଆସବାପତ୍ର ସଜାଡ଼ିଲେ ସେଦିନ ସେହି ଗଉଡୁଣୀକୁ ତା'ର ପରିଶ୍ରମିକଦେଲେ ଓ ନିଜର ସମୟାନୁବର୍ତ୍ତିତା ପାଇଁ ଅନେକ ପ୍ରଶଂସା ମଧ୍ୟ କଲେ । ତା' ସହ ନାଉରିଆକୁ ମଧ୍ୟ ଧନ୍ୟବାଦ ଜଣାଇ ଦେବାକୁ କହିଲେ । ପରନ୍ତୁ, ଗଉଡୁଣୀ ତାଙ୍କୁ ପ୍ରଣାମ କରି କହିଲା ମୁଁ ଆଉ ସେ ନାଉରିଆକୁ ଆବଶ୍ୟକ କରୁନାହିଁ । ଏହା ଶୁଣି ତପସ୍ୱୀ ଜଣକ ପ୍ରଶ୍ନ କଲେ ତେବେ ତୁ ପ୍ରତ୍ୟେକ ଦିନ କିପରି ନଈ ପାର ହୋଇଆସୁ । ଗଉଡୁଣୀଟି ସ୍ୱଚ୍ଛ ହସିଦେଇ କହିଲା ଆପଣ କ'ଣ ଭୁଲିଯାଇଛନ୍ତି, ଯେଉଁ ସୂତ୍ର ମତେ ଶିଖାଇଥିଲେ ଏଭବସମୁଦ୍ରରୁ ପାରି ହେବା ପାଇଁ । ମୁଁ ସେହି ସୂତ୍ର ସାହାଯ୍ୟରେ ପ୍ରତ୍ୟେକ ଦିନ ନଈ ପାରି ହୁଏ । ଏହା କହି ଗଉଡୁଣୀଟି ଆପଣା ରାସ୍ତାରେ ଚାଲିଯାନ୍ତି ତପସ୍ୱୀ ତାକୁ ଅନୁଧାବନ କଲେ ଓ ଦେଖିଲେ ଯାହା ନିଜେ ମଧ୍ୟ ବିଶ୍ୱାସ କରିପାରିଲେ ନାହିଁ । ବାସ୍ତବରେ ମନୁଷ୍ୟ ଯେବେ ବିଶ୍ୱାସ ସହ କାର୍ଯ୍ୟ କରିବା ଆରମ୍ଭ କରିଦିଏ ତେବେ ସେ କାର୍ଯ୍ୟଟି ଯଦି ସତ୍କର୍ମ ହୋଇଥିବ ତେବେ ସିଦ୍ଧି ନିଶ୍ଚିତ ହୋଇବ । ତେବେ ଅଲୌକିକତା ସେଠାରେ ପ୍ରୟୋଜନ ନୁହେଁ; କାରଣ ଚେତନା ସେ ସବୁର ବହୁ ଊର୍ଦ୍ଧ୍ୱରେ ରହିଥାଏ ।

'ଚିରନ୍ତନ ଗୀତା' ପ୍ରବନ୍ଧରେ ଦିବ୍ୟଶକ୍ତିର ବିଜୟ ନିଶ୍ଚିତ ବୋଲି ପ୍ରାବନ୍ଧିକ କହିଛନ୍ତି । କାରଣ ସାମାଜିକକ୍ଷେତ୍ରରେ ମନୁଷ୍ୟ ପାଖରେ ବିଜୟ ଓ ପରାଜୟ ଦୁଇଟି

ସଂଘର୍ଷ ଦେଖିବାକୁ ମିଳେ। ଉତ୍ଥାନ ପତନ ଭିତରେ ସମାଜର ପୁନଃଅଗ୍ରଗତି ହିଁ ହୋଇଥାଏ। ଅବଶ୍ୟ ସମୟ ଲାଗିପାରେ ପରନ୍ତୁ, ତାହା ଫଳପ୍ରଦ ସୁନିଶ୍ଚିତ ବୋଲି କୁହାଯାଇପାରେ। ସେଦିନ କୁରୁକ୍ଷେତ୍ରରେ ନିଜ ପ୍ରିୟ ସଖା ଅର୍ଜୁନଙ୍କୁ ସେହି ଦିବ୍ୟଶକ୍ତି ପ୍ରଦାନ କରିଥିଲେ ଶ୍ରୀକୃଷ୍ଣ। କାରଣ ଦିବ୍ୟଶକ୍ତି ଉପଲବ୍ଧି କରିବାପାଇଁ ସେହିପରି ଦିବ୍ୟଜ୍ଞାନ ଆବଶ୍ୟକ କରୁଥାଏ। ଭଗବାନଙ୍କୁ ଅତି ନିକଟରେ ପାଇ ମଧ୍ୟ ଅର୍ଜୁନ ତାଙ୍କ ବିଶ୍ୱରୂପ ଦେଖିପାରୁନଥିଲେ। ଯେଉଁଦିନ ସ୍ୱୟଂ ଭଗବାନ ତାଙ୍କୁ ସେହି ଦିବ୍ୟ ଦୃଷ୍ଟି ଦେଲେ ସେଦିନ ହିଁ ସେ ଭଗବାନଙ୍କର ପ୍ରକୃତ ଅସ୍ତିତ୍ୱକୁ ଉପଲବ୍ଧି କରିପାରିଲେ। ସଂସାର ଏକ ମାୟାମୋହ ଜଡ଼ିତ ବନ୍ଧନଟିଏ ଯେଉଁଥିରେ ମନୁଷ୍ୟ ଥରେ ପଶିଲେ ସବୁଦିନ ପାଇଁ ବାନ୍ଧି ହୋଇଯାଏ। ପରନ୍ତୁ, ସେସବୁ ଦୂରେଇ ଯିଏ ସାଧନା ପଥ ଅନୁସରଣ ହେବ ସିଦ୍ଧି ନିଶ୍ଚିତ ତା'ର ହିଁ ହେବ। ଗୀତାର ଏପରି ସାଂସାରିକ ବୈରାଗ୍ୟ ମନୁଷ୍ୟ ପାଇଁ ନିତ୍ୟାନ୍ତ ଆବଶ୍ୟକ ବୋଲି କୁହାଯାଇଛି। ପରନ୍ତୁ, ସତ୍ୟର ଆବିଷ୍କାର କରିବା ଗୀତାର ମୂଳ ଆଭିମୁଖ୍ୟ। ଗୀତାକୁ ଉପଲବ୍ଧି କଲେ ଜଣାପଡ଼େ ତ୍ୟାଗ ପରମଧର୍ମ। ହେଲେ ଏଠାରେ ଆମକୁ ପାଇବାର ଆଶା ଆମକୁ ମୋହଗ୍ରସ୍ତ କରାଉଛି। ଏଥିପାଇଁ ପ୍ରାବନ୍ଧିକ କୁହନ୍ତି- "ମଣିଷର ଅଜ୍ଞାତସାରରେ, ତାକୁ ଅହରହ ପ୍ରଭାବିତ କରିବାକୁ ବ୍ୟଗ୍ରଥାନ୍ତି ଆହୁରି ବହୁ ସ୍ତରର ବହୁ ଶକ୍ତି। କିଏ ବା ତା'ର ନିଜସ୍ୱ ବାସନା କାମନା ଇନ୍ଧନ ଯୋଗାଏ, କିଏ ବା ଅଭିନବ ଅଭିଳାଷମାନ ତା' ଭିତରେ ପୂରେଇଦିଏ। ଅଜ୍ଞାନ ମଣିଷ କିନ୍ତୁ ଭାବୁଥାଏ, ସେ ସ୍ୱାଧୀନ ଭାବରେ ଇଚ୍ଛା କରୁଛି। ବିଡ଼ମ୍ବନା ! ସେ ତଥାକଥିତ ସ୍ୱାଧୀନତା ତା'ର ଦାସତ୍ୱ ମାତ୍ର।"(୪୭)

'ଅଢେଇହଜାର ବର୍ଷ ତଳେ ଓ ଆଜି' ଶୀର୍ଷକ ପ୍ରବନ୍ଧରେ ଦେଖିବାକୁ ମିଳେ ଯେ, ମଣିଷକୁ ଅଢେଇହଜାର ବର୍ଷତଳେ ଯେଉଁ ଭଗବତ୍ ଚେତନା ଆସିବା କଥା ଆଜି ତାହା ଆସିଛି। କାରଣ ଆଜିର ବ୍ୟସ୍ତବହୁଳ ଜୀବନ ମଧ୍ୟରେ ମଣିଷ ସଂପୂର୍ଣ୍ଣ ଅଣନିଶ୍ୱାସ ମନେକରିଛି। ତେଣୁ ସାଂସାରିକ ମୋହମାୟାରୁ ନିସ୍ତରି ଯିବାପାଇଁ ସେ ସର୍ବଦା ବାଟ ଖୋଜୁଛି। ଏହି ପ୍ରବନ୍ଧରେ ପ୍ରାବନ୍ଧିକ ସୁନ୍ଦର କାହାଣୀଟିଏ ବର୍ଣ୍ଣନା କରିଛନ୍ତି-ଥରେ ମହାପ୍ରଭୁ ବୁଦ୍ଧଦେବ ତାଙ୍କ ବାଣୀପ୍ରଚାର କରିବା ନିମନ୍ତେ, ନିଜର ଶିଷ୍ୟମାନଙ୍କ ସହ ବିଭିନ୍ନ ଦେଶମାନ ପରିକ୍ରମା କରିବାକୁ ଆରମ୍ଭ କରନ୍ତି। ପରନ୍ତୁ, ଦୁଃଖର ବିଷୟ ସାଧାରଣ ମଣିଷମାନେ ତାଙ୍କୁ ସ୍ୱାଗତ କରିବା ତ ଦୂରର କଥା, ତାଙ୍କୁ ଅତି କ୍ରୂର ଭାବରେ ପ୍ରତ୍ୟାଖାନ କଲେ। ପରନ୍ତୁ, ବୁଦ୍ଧଦେବ ଏ କଥାକୁ ମନରେ ନ ଧରି ଗ୍ରାମପରେ ଗ୍ରାମ ଘୁରି ବୁଲୁଥାନ୍ତି। ଖରା ପ୍ରକୋପରୁ ଏକ ବୃହତବୃକ୍ଷ ଛାୟାରେ ବିଶ୍ରାମ ନିମନ୍ତେ ଶିଷ୍ୟମାନଙ୍କ ସହ ବସିଗଲେ। ଭ୍ରମଣଜନିତ କ୍ଲାନ୍ତି ଯୋଗୁଁ ତାଙ୍କ ମୁହଁ

ମଳିନ ପଡ଼ିଯାଇଥାଏ । ଏହାକୁ ଦେଖି ଜଣେ ଶିଷ୍ୟ ତାଙ୍କୁ ପଚାରିଲେ ପ୍ରଭୁ ! ଏମାନେ ଜାଣିଛନ୍ତି, କି ନାହିଁ ମୁଁ ଜାଣିନାହିଁ ପରନ୍ତୁ, ମୁଁ ଜାଣିଛି ଆପଣଙ୍କ ଦିବ୍ୟଜ୍ଞାନର ଜ୍ୟୋତିକୁ । ଆଉ ଆପଣ ଯଦି ଇଚ୍ଛା ପ୍ରକାଶ କରନ୍ତେ ତେବେ ସେମାନଙ୍କୁ ଅଳ୍ପ ସମୟ ମଧ୍ୟରେ ଦିବ୍ୟଜ୍ଞାନ ଦେଇପାରନ୍ତେ । ଏହା ନକରି କାହିଁକି ଆପଣ ଏତେ କୋଠର ପରିଶ୍ରମ କରୁଛନ୍ତି । ବୁଦ୍ଧଦେବ ଏହା ଶୁଣି କିଛି ସମୟ ନୀରବ ରହି ଶିଷ୍ୟକୁ କହିଲେ ଅପେକ୍ଷାକର ବତ୍ସ ସବୁ ଉତ୍ତର ପାଇଯିବ । କିଛିଦିନ ଅନ୍ତେ ପୁନଃ ଉକ୍ତ ଗ୍ରାମକୁ ବୁଦ୍ଧଦେବ ତାଙ୍କ ଶିଷ୍ୟମାନଙ୍କ ସହ ପ୍ରଚାର ଉଦ୍ଦେଶ୍ୟରେ ଗଲେ । ଗ୍ରାମରେ ବୁଲିବାପରେ ବୁଦ୍ଧଦେବ ସେହି ପୂର୍ବ ପ୍ରଶ୍ନ ପଚାରିଥିବା ଶିଷ୍ୟକୁ କହିଲେ ବତ୍ସ ତୁମେ ସେହି ନିକଟବର୍ତ୍ତୀ ଗ୍ରାମକୁ ଯାଅ ଆଉ ପଚାରି ବୁଝ ଯେ ସେମାନେ ଜୀବନରେ କ'ଣ ପାଇଲେ ଆତ୍ମ ପରିତୃପ୍ତି ମନେକରିବେ । ଶିଷ୍ୟ ଜଣକ ଆଜ୍ଞାପାଳନ ନିମନ୍ତେ ଗ୍ରାମକୁ ବାହାରି ଗଲା ଓ ବେଳ ବୁଡ଼ିବା ବେଳକୁ ଗୁରୁଦେବଙ୍କ ନିକଟରେ ଆସି ପହଞ୍ଚିଯାଏ । ଏହାପରେ ଗ୍ରାମବାସୀଙ୍କ ଉକ୍ତି ସବୁ ପ୍ରଭୁଙ୍କୁ ଜଣାଏ । ମୁଁ ଦଶଜଣ ଗୃହସ୍ଥଙ୍କୁ ଭେଟିଲି ସେଥିରୁ ଚାରିଜଣ କହିଲେ, ସେମାନଙ୍କ ପୁତ୍ର-କନ୍ୟାଙ୍କୁ ଉପଯୁକ୍ତ ପାତ୍ର-ପାତ୍ରୀଙ୍କ ହାତରେ ସମର୍ପଣ କରାଇଲେ ଖୁସିହେବେ, ଆଉ ଦୁଇଜଣ କହିଲେ ସମ୍ପତି ପାଇଁ ଲାଗିରହିଥିବା ମକଦ୍ଦମାରେ ବିଜୟ ଲାଭ କଲେ ସେମାନେ ଖୁସି ହେବେ ଅନ୍ୟ ଦୁଇଜଣ କହିଲେ ସେମାନଙ୍କ ବଂଶଧରମାନଙ୍କ ସକାଶେ କୋଠାଟିଏ ନିର୍ମାଣକଲେ ଖୁସିହେବେ ଏବଂ ଶେଷ ଦୁଇଜଣଙ୍କ ମଧ୍ୟରୁ ଜଣେ ବ୍ୟାଧିରୁ ମୁକ୍ତିହେଲେ ଖୁସି ଅନୁଭବ କରିବ ଏବଂ ଶେଷ ଗୃହସ୍ତଟି ନିସନ୍ତାନ ଥିବାରୁ ସନ୍ତାନଟିଏ ପ୍ରର୍ଥାନା କରୁଛନ୍ତି । ଏହା ଶୁଣି ବୁଦ୍ଧଦେବ ପଚାରିଲେ ଦିବ୍ୟଜ୍ଞାନ ପ୍ରାପ୍ତି ଓ ସାଂସାରିକ ମୋହରୁ କେତେଜଣ ମୁକ୍ତି ଚାହୁଁଛନ୍ତି । ବୁଦ୍ଧଦେବଙ୍କ ଏହିଭଳି ଉକ୍ତି ଶୁଣି ବିଚରା ଶିଷ୍ୟଟି ହତବାକ୍ ନୟନରେ ଚାହିଁରହିଲା । ଅର୍ଥାତ୍ ବୁଦ୍ଧଦେବ ଜାଣିଥିଲେ ମଣିଷପାଖରେ ଅଭୀପ୍ସା ନାମକ ଗୁଣଟିର ଯଥେଷ୍ଟ ଅଭାବ ଅଛି । ଅନ୍ତଃ ଚେତନାରେ ନିଜକୁ ଦେଖିବାର ଜିଜ୍ଞାସାବୋଧ ଏମାନଙ୍କ ପାଖରେ ଯଥେଷ୍ଟ ଅଭାବ ରହିଛି ।

'ଅତିକ୍ରାନ୍ତ ବର୍ବରତା' ପ୍ରବନ୍ଧରେ ପ୍ରାବନ୍ଧିକ ସାଂପ୍ରତିକ ମଣିଷର ହିଂସ୍ର ପ୍ରବଣତାର ମାନସିକତାକୁ ତ୍ୟାଗକରି କିପରି ନୀତି, ନ୍ୟାୟ ଓ ଆଦର୍ଶରେ ବଞ୍ଚିବା ସେ କଥା କୁହନ୍ତି । ପାଶ୍ଚାତ୍ୟ ଜଗତରେ କ୍ଷମତାସୀନ ଦଳବିରୁଦ୍ଧରେ ଯିଏ ବିପ୍ଳବ କରିବ ତାକୁ ଫାଶୀଦଣ୍ଡ ଦେବାର ଆଇନ୍ ବ୍ୟବସ୍ଥା ଥିଲା ଓ ଏଥିରେ ମଣିଷର ସ୍ୱାଧୀନତା କିମ୍ବା ନିଜର ହକ୍ ପାଇଁ ଅଭିଯୋଗ ମଧ୍ୟ କରିପାରିବ ନାହିଁ । ଅତୀତର ଏହିପରି ଏକ ଅଭିଯୋଗରେ ଶହ ଶହ ଲୋକଙ୍କର ଜୀବନ ମଧ୍ୟ ନିଆଯାଇଛି । ତେବେ ପରିସ୍ଥିତି ଓ

ବ୍ୟକ୍ତି ମାନସିକତାରେ ଯଦି ବିବର୍ତ୍ତନ ହୋଇପାରୁଛି ତେବେ ଏହି ଦଣ୍ଡ ବ୍ୟବସ୍ଥା ପରିବର୍ତ୍ତନ ହେବାରେ ଅସୁବିଧା କେଉଁଠି ? ଲୌକିକ ଜଗତରୁ ଆରମ୍ଭ କରି ଅଲୌକିକ ଜଗତ ପର୍ଯ୍ୟନ୍ତ ଏ ବ୍ୟବସ୍ଥାଟି ପ୍ରଚଳିତ ଥିଲା ଋଷି ମାଣ୍ଡବ୍ୟଙ୍କ ପରିସ୍ଥିତି ଅନୁସାରେ ଯମପୁର ଯାଇ ଆଇନ୍ କାନୁନ୍ ପରିବର୍ତ୍ତନ କରିଥିବାର ନମୁନା ମଧ୍ୟ ଅଛି। ତେବେ ଆମେ କାହିଁକି ଆମ ସଚେତନ ମନରେ ଏହି ବର୍ବରନୀତିକୁ ପରିବର୍ତ୍ତନ କରି ନ ପାରିବା। ଏଥିପାଇଁ ପ୍ରାବନ୍ଧିକ କୁହନ୍ତି- "ଚେତନାର ଜଗତରେ ଯାହା ଆଜି ସିଦ୍ଧହୁଏ, ସ୍ଥୂଳ ଜଗତରେ ମଣିଷର ମନ, ରୁଚିବୋଧ ଜରିଆରେ ତାହା ପ୍ରତିଫଳିତ ହୋଇ କାର୍ଯ୍ୟକାରୀ ହେବାକୁ ବହୁତ କାଳ ଲାଗିଯାଏ। ଚେତନାକ୍ଷେତ୍ରରେ ମଣିଷର ବର୍ବରତା ଅତିକ୍ରାନ୍ତ ହୋଇସାରିଛି। ମଣିଷ ସଚେତନ ହେଲେ ଅପେକ୍ଷାକୃତ ସହଜରେ ତାର ସ୍ଥୂଳ ଜୀବନରେ ହିଁ ସେ ଅତିକ୍ରାନ୍ତ ଅବସ୍ଥାର ସଫଳ ପ୍ରତିଫଳିନ କରିପାରେ।"(୪୮)

'ଦୁଇଟି ସମାଧି' ପ୍ରବନ୍ଧରେ ମଣିଷର ଉଦ୍ଭଟ ବିଚାରକୁ ପ୍ରାବନ୍ଧିକ ଲୋକଲୋଚନକୁ ଆଣିଛନ୍ତି। ଏବର ସମୟରେ ମଣିଷ ଜୀବିତ ଥିବାବେଳେ ଜାଗା ପାଇଁ ଯେମିତି ଯୁଦ୍ଧଭଳି ଅଶାନ୍ତ ପରିବେଶ ସୃଷ୍ଟିହେଉଛି, ଠିକ୍ ସେହିପରି ମୃତ ଶରୀରକୁ ପୋତିବାପାଇଁ ପୂର୍ବରୁ ପୋତା ହୋଇଥିବା ମୃତ ଶରୀରକୁ କାଢି ଫୋପାଡ଼ି ଦେବାକୁ ମଧ୍ୟ ପଛଉନାହାଁନ୍ତି। ଏପରି ଏକ ଅଭାବନୀୟ ଘଟଣା ପ୍ୟାରିସର ଏକ ଗୀର୍ଜା ନିକଟରେ ଦେଖିବାକୁ ମିଳିଥିଲା। ସାଂପ୍ରତିକ ସମାଜରେ ବିପୁଳ ଜନସଂଖ୍ୟା ପାଇଁ ଜାଗା ଅଭାବ କିଛି ନୂଆ କଥା ନୁହେଁ। ଅନ୍ୟପଟେ ଧାର୍ମିକ ବିଚାରକୁ ନେଇ ବିଦ୍ୟୁତ୍ ଚାଳିତ ଚୁଲାରେ ପୋଡ଼ିବାର ପରମ୍ପରା ମଧ୍ୟ ସମସ୍ତଙ୍କର ନାହିଁ। ତେଣୁ ଗୀର୍ଜା ସମ୍ମୁଖରେ ଜାଗା ଆସିବ କୁଆଡ଼େ ? ଫଳରେ ଏପରି ଏକ ଘଟଣା ଦେଖିବାକୁ ମିଳିଥିଲା। ପରନ୍ତୁ, ପ୍ରାଚୀନ ଭାରତକୁ ଲକ୍ଷ୍ୟକଲେ ଜଣାପଡ଼େ ଏହି ସବୁ ଧର୍ମର ଉର୍ଦ୍ଧ୍ୱରେ ଥିଲେ 'କବୀର' ସେ ମୃତ୍ୟୁ ସମୟରେ କାଶୀରେ ନରହି, ମନ୍ଦିର ଘରକୁ ଚାଲିଆସିଥିଲେ। କାରଣ ଲୋକମାନଙ୍କର ବିଶ୍ୱାସଥିଲା କାଶିରେ ମୃତ୍ୟୁ ବରଣ କଲେ ପୂଣ୍ୟ ମିଳେ। ହେଲେ ସେ ମନେକରୁଥିଲେ କାଶୀରେ ମରିଲେ ପୂଣ୍ୟ ମିଳିବ ବୋଲି ପାପୀମାନେ ସେଠାକୁ ଯାଆନ୍ତି। ତାଙ୍କ ମତରେ ମଣିଷ ଆଗରେ ଧର୍ମ କିଛି ନୁହେଁ। ସେହି ପୁଣ୍ୟାତ୍ମାଙ୍କ ମୃତ୍ୟୁ ପରେ ତାଙ୍କ ଶିଷ୍ୟମାନେ ତାଙ୍କ ମରଶରୀର ପାଇଁ ଉଭୟ ହିନ୍ଦୁ ଆଉ ମୁସଲିମ୍ ଶିଷ୍ୟମାନେ କନ୍ଦଳ ଲାଗିଲେ। ପରନ୍ତୁ ତାଙ୍କ ଶବସ୍ଥାନରେ ଦୁଇଟି ପଦ୍ମଫୁଲ ରହିଥିଲା। ପ୍ରାବନ୍ଧିକଙ୍କ ଭାଷାରେ- "ମୂଢମାନଙ୍କ ପ୍ରତି ଦୟାବହି କବୀର କନ୍ଦଳର ସମାଧାନ କରିଦେଲେ। ଚଦର ଉଠାଇ ଦେଖାଗଲା, ତାଙ୍କ ଦେହ ନାହିଁ; ରହିଛି ଦୁଇଟି ପଦ୍ମଫୁଲ। ଗୋଟିଏ ଫୁଲ ନେଲେ ହିନ୍ଦୁମାନେ ଅନ୍ୟଟି ନେଲେ ମୁସଲମାନମାନେ। ଉଭୟେ କଲେ ଦୁଇଟି

ସମାଧି।"[୪୯]

'ଆଦର୍ଶ ଏବଂ ବାଦ' ପ୍ରବନ୍ଧରେ ପ୍ରାବନ୍ଧିକ ଦର୍ଶାଇଛନ୍ତି ଆମର ଚେତନା ପାପ ଓ ପୂଣ୍ୟ ସ୍ଥିର କରିଥାଏ। ସ୍ଥୁଳକର୍ମ ନୁହେଁ। ଏଥିପାଇଁ ଯେତେବେଳେ ଉଭୟ ଚେତନା ଓ ସ୍ଥୁଳକର୍ମ ଏକାକାର ହୋଇଯାଏ ସେତେବେଳେ ତାହା ମହତ୍ୱ ଉଦ୍ଦେଶ୍ୟରେ ପରିଣତ ହୁଏ। ପରନ୍ତୁ, ସବୁ ମଣିଷ ଏହାର ଆକାଂକ୍ଷିତ ଦିଗଟିକୁ ବୁଝିପାରନ୍ତି ନାହିଁ। ସୁତରାଂ କିଛିଲୋକ ନିଜର ପ୍ରଣୟନ ନୀତି ନିୟମକୁ ନୈତିକତା ବୋଲି କହିଥାନ୍ତି। ଏହି ବିଚାରକୁ ନେଇ ପ୍ରାବନ୍ଧିକ ଏକ ସୁନ୍ଦର କାହାଣୀ ମାଧ୍ୟମରେ ବୁଝାଇବାକୁ ଚେଷ୍ଟା କରିଛନ୍ତି। ଗୋଟିଏ ନଈରେ ଦୁଇ ବିପରୀତ ଦିଗରୁ ଦୁଇବନ୍ଧୁ ନୌକାରେ ପାରି ହେଉଥାନ୍ତି। ଦୁହିଁଙ୍କ ନୌକା ପାଖାପାଖି ହେଉଥିବା ସମୟରେ ପରସ୍ପରକୁ ଚିହ୍ନିପାରିଲେ ଓ ଅଳ୍ପ ସମୟ ବାର୍ତ୍ତାଳାପରେ ଲାଗିରହିଲେ। ପ୍ରଥମ ବ୍ୟକ୍ତି ଜଣକ କହିଲା ନଦୀ ସେପଟେ ଜମିଦାରଙ୍କ ଘରକୁ ଆଜି ଜଣେ ବାଇଜି ଆସୁଛନ୍ତି। ନାଚ, ଗୀତ ଓ ସୁରାପାନରେ ପରିସର ବେଶ୍ ଜମିବ ଆଜି ମୋ ନୌକାରେ ସେଠାକୁ ଯିବା। ଠିକ୍ ସେହିପରି ଦ୍ୱିତୀୟ ବନ୍ଧୁ ଜଣକ କହିଲା ତୁ ମୋ ନୌକାକୁ ଚାଲିଆ ସେପଟ ମନ୍ଦିରକୁ ଯିବା ସେଠାରେ ହରିନାମ କୀର୍ତ୍ତନରେ ବହୁ ଆନନ୍ଦ ଲାଭ କରିବା। ପରନ୍ତୁ, କେହି କାହା ଡଙ୍ଗାକୁ ନଯାଇ ନିଜ ନିଜର ଗନ୍ତବ୍ୟ ସ୍ଥଳକୁ ଯାତ୍ରା କଲେ। ରାତି ପାହୁଣୁ ପୁଣି ସେମାନେ ସେହି ନୌକାଧରି ଘରକୁ ଫେରିବା ବାଟରେ ପରସ୍ପର ନଈ ମଝିରେ ଭେଟହେଲେ। କିନ୍ତୁ ସମୟ ଅଭାବରୁ ଆଉ କେହି କାହାସହ କଥା ନହୋଇ ନିଜ ପଥରେ ଚାଲିଯାନ୍ତି। ଏହି ସମୟରେ ହଠାତ୍ ଝଡ଼ତୋଫାନ ହେଲା ଓ ଦୁଇଟିଯାକ ନୌକା ମଝିନଈରେ ବୁଡ଼ିଯିବାରୁ ଦୁଇ ବନ୍ଧୁଙ୍କର ମୃତ୍ୟୁହୁଏ। ଦେବଦୂତ ପ୍ରଥମ ବ୍ୟକ୍ତିକୁ ସ୍ୱର୍ଗକୁ ନେଇଯାଉଥିବା ବେଳେ ଯମଦୂତମାନେ ଦ୍ୱିତୀୟ ବ୍ୟକ୍ତିକୁ ନେବାପାଇଁ ଆସନ୍ତି। ଏହା ଦେଖି ଦ୍ୱିତୀୟ ବ୍ୟକ୍ତି ଜଣକ ହତବାକ୍ ହୋଇଯାଏ। ଏବଂ ଯମଦୂତମାନେ ଭୁଲ୍ ବଶତ ଏପରି କରୁଛନ୍ତି ବୋଲି ମନେପକାଇ ଦେଇ କୁହନ୍ତି, ମୁଁ ତ ଦେବଦୂତଙ୍କ ସହ ଯିବା କଥା କାରଣ ମୁଁ ମନ୍ଦିରରେ ଭଜନ କୀର୍ତ୍ତନରେ ଯୋଗ ଦେଇଥିଲି ଆଉ ମୋ ବନ୍ଧୁ ସୁରା ଓ ବେଶ୍ୟାସଙ୍ଗ ଆଡ଼କୁ ଆସକ୍ତି ହୋଇ ସେଠାକୁ ଯାଇଥିଲା। ପରନ୍ତୁ, ସ୍ଥୁଳ ଜଗତର ବିଚାର ଅନୁସାରେ ଦେବଦୂତ ଓ ଯମଦୂତ ଦୁଇଜଣଙ୍କ ଆପଣାର ସ୍ଥାନକୁ ନେଇଯାନ୍ତି। ପ୍ରଥମ ବ୍ୟକ୍ତି ଜଣକ ବାଇଜୀ ପାଖରେ ଥିଲେ ସୁଦ୍ଧା ତା'ର ମନଥିଲା ମୁଁ ମନ୍ଦିରକୁ କାହିଁକି ନଗଲି ସେଠାରେ ଭଜନ କୀର୍ତ୍ତନରେ କେତେ ଆନନ୍ଦ ଓ ଶାନ୍ତି ମିଳିଥାନ୍ତା ଠିକ୍ ସେହିପରି ଦ୍ୱିତୀୟ ବ୍ୟକ୍ତି ଜଣକ ମନ୍ଦିରରେ ରହି ଭାବୁଥାଏ ମୁଁ ଏ କ'ଣ କଲି ମୋ ବନ୍ଧୁ କଥାରେ ରାଜିହୋଇ ଯଦି ସେଠାକୁ ଯାଇଥାନ୍ତି ତେବେ

ସୁରାପାନ ସହ ନାରୀସଙ୍ଗତ ମିଳିଥାନ୍ତା। କେତେସୁଖ କରିଥାନ୍ତି। ଅର୍ଥାତ୍ ଏହି ଆଧ୍ୟାତ୍ମିକ ବିଚାରଟି ଆମ ମାନସିକତାରେ ରହିବା ଆବଶ୍ୟକ ଯେ, ଆମର ଚେତନା ହିଁ ସ୍ଥିର କରେ କର୍ମର ପାପ ଓ ପୁଣ୍ୟକୁ ଯାହାଦ୍ୱାରା ଆମ କର୍ମ ଆଦର୍ଶବାଦ ହୋଇପାରିବ।

'ଭଗବାନ୍: ନାରୀ ବା ପୁରୁଷ?" ପ୍ରବନ୍ଧରେ ମଣିଷର ଆଧ୍ୟାତ୍ମିକ ବିଚାର ସମ୍ପର୍କରେ ଆଲୋଚନା କରିଛନ୍ତି। ଅନେକଙ୍କ ଭିତରେ ଧାରଣା ଭଗବାନଙ୍କର ଏକ ନିର୍ଦ୍ଧିଷ୍ଟ ରୂପଅଛି। ପରନ୍ତୁ, ଭଗବାନ ଅସୀମ। ତାଙ୍କର କୌଣସି ନିର୍ଦ୍ଧିଷ୍ଟ ରୂପ ନଥାଏ। ପୁରାଣ ଅନୁସାରେ କେହିକେହି ଭଗବାନଙ୍କ ଉଭୟ ନାରୀ ଓ ପୁରୁଷ ମିଶ୍ରିତରୂପ ବୋଲି ଭାବିନିଅନ୍ତି। ସେଥିପାଇଁ ଇଶ୍ୱରଙ୍କର ଅର୍ଦ୍ଧନାରୀଶ୍ୱର ରୂପ, ହେଲେ ବାସ୍ତବ କଥା ହେଉଛି ଭଗବାନଙ୍କର କୌଣସି ସୀମା ନଥାଏ, ତାଙ୍କୁ ଯିଏ ଯେଉଁ ମାର୍ଗରେ ଅନୁଭବ କରିପାରେ ସେ ସେମିତି ଉପଲବ୍ଧି ପାଇପାରେ। ପରନ୍ତୁ, କେତେକ ମଣିଷ ଚାହାଁନ୍ତି ମୁଁ ଯେଉଁପରି ଭଗବାନଙ୍କର ସ୍ଥିତି ଅନୁଭବ କରୁଛି ତାହା ସମସ୍ତେ ଗ୍ରହଣ କରନ୍ତୁ। ଏଥିପାଇଁ ସୃଷ୍ଟି ହେଉଛି ଯାବତୀୟ ଗୋଷ୍ଠୀ କନ୍ଦଳ। ପ୍ରାବନ୍ଧିକଙ୍କ ବିଚାରରେ- "ସବୁ ଆଧ୍ୟାତ୍ମିକ ଅଭିଜ୍ଞତା କହେ, ମନଦ୍ୱାରା ଭଗବାନଙ୍କର ବ୍ୟାଖ୍ୟା ଅସମ୍ଭବ। ମଣିଷ ଆଗରେ ଦୁଇଟି ପଥ- ହୁଏତ ସେ ମନଠାରୁ ବଳି କୌଣସି ଆଲୋକର ଆବିଷ୍କାର ନିଜ ଭିତରେ କରି ଭଗବାନଙ୍କୁ ଅନୁଭବ କରିବ, ନହେଲେ ସେ ବିଷୟରେ ଚୁପ୍ ରହିବ। କିନ୍ତୁ ତାହା ସେ କରେନା। ଭଗବାନ୍ ନାରୀ କି ପୁରୁଷ, ତାହା ବି ସେ ମନ ସାହାଯ୍ୟରେ ସାବ୍ୟସ୍ତ କରିବାକୁ ବଦ୍ଧପରିକର।"(୫୦)

'ସୁଖର ସନ୍ଧାନ' ପ୍ରବନ୍ଧରେ ଦେଖିବାକୁ ମିଳେ- ଭୌତିକ ଜଗତରେ ମଣିଷ ବସ୍ତୁବାଦୀ ହୋଇ ସୁଖ ସନ୍ଧାନରେ ମାତୁଛି। ପରନ୍ତୁ; ସୁଖର ସନ୍ଧାନ ଯେ ଦିବ୍ୟ ଚେତନାରୁ ଉପଲବ୍ଧି କରିହେବ ସେ କଥା ସେ ବୁଝିପାରୁନାହିଁ। କାରଣ ବସ୍ତୁଗତ ସୁଖର ସମୟ ସୀମିତ। ହେଲେ ଚେତନାଗତ ସୁଖ ମଣିଷକୁ ମୋହମାୟା ଠାରୁ ଦୂରେଇ ନେଇ ଏକ ଭିନ୍ନ ଭାବଧାରାରେ ସୁଖପ୍ରଦାନ କରିଥାଏ। ଯାହା ତା'ଜୀବନର ଅମୃତ ସନ୍ଧାନ ବୋଲି କୁହାଯାଇପାରେ। ପ୍ରାବନ୍ଧିକ ଏହି ଯୁକ୍ତିକୁ ବୁଝାଇବା ପାଇଁ ଗୋଟିଏ ସୁନ୍ଦର କାହାଣୀ ଅବତାରଣା କରିଛନ୍ତି। କଥାଟି ଏପରି ଥରେ ଜଣେ ସୁଖର ସନ୍ଧାନୀ ବ୍ୟକ୍ତିଟିଏ ସୁଖପାଇବା ପାଇଁ ଜଣେ ମହାପୁରୁଷଙ୍କ ପାଖକୁ ଯାଏ। ମହାପୁରୁଷଙ୍କୁ ଅତ୍ୟନ୍ତ ଭାବପ୍ରବଣ ସହ ଭକ୍ତି କରିବାରୁ ସେ ଖୁସିହୋଇ ତାଙ୍କୁ ବରଟିଏ ମାଗିବାକୁ କୁହନ୍ତି। ଏହାଶୁଣି ସନ୍ଧାନୀଟି କହିଲା ହେ ମହାଭାଗ! ମତେ ଏହି ମନ୍ତ୍ର ଦିଅନ୍ତୁ, ଯେପରି ମୁଁ ଲୁହାକୁ ସୁନାରେ ପରିଣତ କରିପାରିବି। ମହାପୁରୁଷଙ୍କଠାରୁ ତଥାସ୍ତୁ ଆଜ୍ଞା ଶୁଣି ସେଠାରୁ ସନ୍ଧାନୀ ଚାଲିଆସନ୍ତି ଜଣେ ଲୁହାବେପାରୀ ପାଖକୁ ତା ପାଖରୁ ଜାଣିବାକୁ ପାଇଲେ ଲୁହାର

ଦାମ୍ ବର୍ତ୍ତମାନ ବଢିଯାଇଛି। ତେଣୁ ସେ ମନସ୍ଥକଲେ ଆଉ କିଛି ଦିନ ଅପେକ୍ଷା କାଲେ ଲୁହାଦର ଟିକେ କମିଯିବ ତେବେ ଯାଇ କିଣିବି। କିଛିଦିନ ପରେ ଶୁଣିବାକୁ ପାଇଲା ସୁନାଦର ଏବେ କମିଯାଇଛି। ତେଣୁ ସେ ବେପାରୀ ପାଖକୁଯାଇ ତା' ଗୋଦାମରୁ ସବୁ ସୁନା କିଣିଆଣିଲେ ଏବଂ ଅତି ଯତ୍ନ ସହ ସେହି ମହାପୁରୁଷଙ୍କ ପାଖରୁ ପୂର୍ବପ୍ରାପ୍ତ ମନ୍ତ୍ରଟିକୁ ପ୍ରୟୋଗ କରିବାକୁ ଚେଷ୍ଟାକଲେ। ପରନ୍ତୁ, ଦୀର୍ଘସମୟ ବ୍ୟବଧାନ ଯୋଗୁଁ ସେ ମନ୍ତ୍ରଟି ଭୁଲିଯାଇଥିଲେ। ମନକଷ୍ଟରେ ସମୟ ନଷ୍ଟ ନ କରି ସିଧା ଆସି ସେହି ମହାପୁରୁଷଙ୍କ ପାଖରେ ପହଞ୍ଚେ। ଦୁଃଖର ସହ ଜଣାଏ ଯେ ମନ୍ତ୍ର ସବୁ ଭୁଲିଯିବା କଥା। ମହାପୁରୁଷ ପଚାରିଲେ ଆଚ୍ଛା ତୁମେ ଲୁହାକୁ ସୁନାରେ କାହିଁକି ପରିଣତ କରିବାକୁ ଚାହୁଁଥିଲ ବତ୍ସ ! ସନ୍ଧାନୀ ଜଣକ ଉତ୍ତରଦେଲେ ମୁଁ ସୁଖ ସନ୍ଧାନରେ ଥିଲି ଭାବିଲି ଯଦି ଲୁହାକୁ ସୁନାରେ ପରିଣତ କରିପାରିବି ତେବେ, ମୁଁ ବଡ଼ଧନୀ ହୋଇ ପାରିବି ଓ ସୁଖୀ ହୋଇପାରିବି। ଏହାଶୁଣି ମହାପୁରୁଷ କହିଲେ ତା'ହେଲେ ମତେ ସୁଖ ମାଗିପାରିଥାନ୍ତ। ବାସ୍ତବରେ ମଣିଷ ବସ୍ତୁବାଦୀ ଜୀବନ ମଧ୍ୟରେ ବୁଡ଼ିରହି ତା'ର ଚେତନା ଶକ୍ତିର ବିଚାରାକୁ ଉନ୍ମୁକ୍ତ କରିପାରୁନାହିଁ। ଫଳରେ ଅଲୌକିକ ଜଗତର ମହତ୍ତ୍ୱ ଉଦ୍ଦେଶ୍ୟକୁ ବୁଝିବା କେମିତି।

(ଚ) ଜୀବନଦର୍ଶନ ଭିତ୍ତିକ ପ୍ରବନ୍ଧ

ଅତି ସାଧାରଣ ପ୍ରସଙ୍ଗକୁ ନେଇ ଅସାଧାରଣ ଢଙ୍ଗରେ ପ୍ରବନ୍ଧ ରଚନା କରିବାରେ ଧୂରୀଣଥିଲେ ପ୍ରାବନ୍ଧିକ ମନୋଜ ଦାସ। ଅନେକ ମହାପୁରୁଷଙ୍କ ସଂସ୍ପର୍ଶରେ ଆସି ସେ ନିଜର ଚେତନାର ଦିଗଟିକୁ ଉନ୍ମୋଚନ କରିପାରିଥିଲେ। ରହସ୍ୟମୟ ସଂସାରର ଅନେକ ଗୂଢରହସ୍ୟକୁ ସେ ତାଙ୍କ ପ୍ରବନ୍ଧ ଜରିଆରେ ପ୍ରକାଶ କରିଛନ୍ତି। ବିଶ୍ୱ ସମୁଦାୟକୁ ସେ ପଢିପାରିଥିବାରୁ ତାଙ୍କ ସାହିତ୍ୟରେ ଏସବୁ ଉପସ୍ଥାପିତ ହୋଇଥିବାର ଦେଖାଯାଏ। 'କେତେଦିଗନ୍ତ' ପ୍ରବନ୍ଧରେ ସେ ଲେଖିଛନ୍ତି ମଣିଷ ଆଜି ଅସଂଖ୍ୟ ପ୍ରଶ୍ନର ପାହାଚରେ ଦଣ୍ଡାୟମାନ। ଦିଗନ୍ତକୁ ଯେପରି କଳନା କରିହୁଏ ନାହିଁ, ଠିକ୍ ସେହିପରି ସବୁ ପ୍ରଶ୍ନର ଉତ୍ତର ମଧ୍ୟ ଖୋଜିହୁଏ ନାହିଁ। ପରନ୍ତୁ, ପ୍ରାବନ୍ଧିକ କୁହନ୍ତି ମଣିଷର ଯେଉଁ ଇଚ୍ଛାଶକ୍ତିଟି ରହିଛି ତାହା କେଉଁଠି ନା କେଉଁଠି ଆତ୍ମଗୋପନ କରିରହିଛି। ସେଥିପାଇଁ ଶ୍ରୀଅରବିନ୍ଦ କହିଥିଲେ 'ଏକ ଶାଶ୍ୱତ ପୂର୍ଣ୍ଣତା ଆମକୁ ତାହାରି ରୂପରେ ଅହରହ ରୂପାୟିତ କରିଚାଲିଛି।' ଭୌତିକ ଜଗତର ମଣିଷ ସେହି ଦିଗନ୍ତକୁ ତାର ଏକ ପ୍ରତୀକ ଭାବେ ଗ୍ରହଣକରେ। ମଣିଷର ଜିଜ୍ଞାସା ଭାବ ଆଜି ତାକୁ ଦିଗନ୍ତ ଆଡ଼କୁ ଅଧିକ ଆକ୍ରୋଶ କରିଛି। ଆଜି ଏହି ଧାରର ସଂଜ୍ଞା ଯଥେଷ୍ଟ ବ୍ୟାପକ ପରି ମନେହୁଏ।

କିଏ ବିଜ୍ଞାନ ସାହାଯ୍ୟରେ ସଂଜ୍ଞା ଖୋଜିବୁଲେ ତ ଆଉକିଏ ସାହିତ୍ୟ ଓ ଦର୍ଶନ ମାଧ୍ୟମରେ। ସବୁ ଦୁଃଖ କ୍ଳେଶ ଥାଇସୁଦ୍ଧା ତଥାପି ମଣିଷର ମନ ସୁଖଶାନ୍ତି ପଛରେ ଅନୁଗାମୀ ହେଉଛି। ତା'ର ଏପରି ସ୍ଥୂଳେ ଧାରଣା ଯେ, କେଉଁଠି ନା କେଉଁଠି ସେହି ଶାଶ୍ୱତ ସ୍ଥିତିକୁ ସେ ଅନୁଭବ କରିପାରିବ। ସେଥିପାଇଁ ସେହି ସ୍ଥିତି ସମ୍ପର୍କରେ ଆଜି ଏହି ଦିଗନ୍ତକୁ ଖୋଜାପଡୁଛି ଏବଂ ସେ କେତେକ ଅବାସ୍ତବ ସମସ୍ୟାରେ ଛନ୍ଦି ହୋଇଯାଏ। ସେ ଯେଉଁ ସମସ୍ୟାର ସମାଧାନ ନିମନ୍ତେ ଉତ୍ତର ଖୋଜୁଛି ତା'ର ପ୍ରଶ୍ନ ଯେଉଁଠି ଉତ୍ତର ମଧ୍ୟ ସେହିଠି ଅଛି ହେଲେ, ଚେତନାର ଚକ୍ଷୁ ସେ ଏବେଯାଏଁ ଉନ୍ମୁକ୍ତ କରିନାହିଁ। ଏଥିପାଇଁ ପ୍ରାବନ୍ଧିକ କୁହନ୍ତି- "ସେହି ଶାଶ୍ୱତ ସ୍ଥିତି ମାନବର କ୍ରମବିକାଶମାନ ଚେତନାରେ ଯେଉଁଠି ଥାଉ ନା କାହିଁକି, ଏହି ସ୍ଥୁଳ ଜଗତରେ ମାନବ ତାହାର ପ୍ରତୀକ ହିସାବରେ ଗ୍ରହଣ କରିଛି ଦିଗନ୍ତକୁ ରହସ୍ୟମୟ, ସୀମାହୀନ, ସଂଜ୍ଞାହୀନ ଏକ କଳ୍ପନା-ଦିଗନ୍ତ। ବାସ୍ତବ ଓ ମାୟାର ଏକ ରୋମାଞ୍ଚକର ସମନ୍ୱୟ ସିଏ। ସେଠି ସୂର୍ଯ୍ୟ ଉଦିତ ହୁଏ, ସେଠି ସୂର୍ଯ୍ୟଅସ୍ତ ଯାଏ, ଅଥଚ କେଉଁ ମହାଦେଶ ବକ୍ଷରେ ଅବସ୍ଥିତ ବିଗଳିତ ବୈଦୂର୍ଯ୍ୟର ସେଇ ଆଗ୍ନେୟବଳୟ ? କେତୋଟି ସାହାରା ବା କେତୋଟି ସାଗର, ଜନପଦ, କେତେ ବା ନଗରୀ ଅତିକ୍ରମ କଲେ ସେ ଦିଗନ୍ତର ଦେଶ ?" (୫୧)

'ଅମରତ୍ୱର ସନ୍ଧାନ' ଶୀର୍ଷକ ପ୍ରବନ୍ଧରେ ଜୀବନ ଦର୍ଶନର ଗୂଢ଼ରହସ୍ୟ କଥା ପ୍ରାବନ୍ଧିକ ଉଲ୍ଲେଖ କରିଛନ୍ତି। ମଣିଷ ଜାଣିଛି ଜୀବନର ଚରମ ସତ୍ୟ କ'ଣ ? ତଥାପି ଅଭିସ୍ପାର ଉଚ୍ଚତର ଦିଗଟିକୁ ଯିବାପାଇଁ ଅନବରତ ପ୍ରୟାସ କରିଚାଲିଛି। ହେଲେ ମୃତ୍ୟୁପରି ଶେଷଯାତ୍ରାକୁ ବୈଜ୍ଞାନିକମାନେ ଭୁଲ୍ ପ୍ରମାଣିତ କରିବାରେ ପାରୁ ପର୍ଯ୍ୟନ୍ତ ଚେଷ୍ଟା ଚଳାଇଛନ୍ତି। ଏଥିପାଇଁ ତ ଶ୍ରୀଅରବିନ୍ଦ ମତ ଦିଅନ୍ତି ବିଜ୍ଞାନ ମଣିଷକୁ ଅନିର୍ଦ୍ଦିଷ୍ଟକାଳ ପାଇଁ ଅମରତ୍ୱ କରିବାକୁ ଯେତେ ଚେଷ୍ଟା କଲେ ସୁଦ୍ଧା। ଆତ୍ମା ସବୁବେଳେ ଦେହତ୍ୟାଗ ପାଇଁ କିଛି ନା କିଛି ବାଟ ଖୋଜୁଥାଏ। ସବୁପରେବି ଆମେ ଜାଣିଛନ୍ତି ଆମର ମୃତ୍ୟୁ ମହାକାଳ ହାତରେ ନ୍ୟସ୍ତ, ତଥାପି ଆମେ ଯୁଦ୍ଧ ପିପାସୁ ହୋଇ ମୃତ୍ୟୁପରି ତାଣ୍ଡବ ଲୀଳା କରିବାକୁ ପଛାଉନାହନ୍ତି। ବିଜ୍ଞାନ ମୃତ୍ୟୁର ଯେତେ କାରଣ ନିରୂପଣ କରୁଛନ୍ତି, ତାହା ଆଧ୍ୟାତ୍ମିକ ବିଚାରରେ ଯଥେଷ୍ଟ ନୁହେଁ। ଏଥିପାଇଁ ପ୍ରାବନ୍ଧିକଙ୍କ ଭାଷାରେ- "ଅତଏବ ଆଧ୍ୟାତ୍ମିକ ଦୃଷ୍ଟିରୁ ବିଚାରକଲେ ଏଯାବତ୍ ମଣିଷର ଆଭ୍ୟନ୍ତରୀଣ ଚେତନାର ରୂପାନ୍ତରିତ ହୋଇନାହିଁ, ଅର୍ଥାତ୍ ସେ ଆଜିର ମାନସ-ସୀମିତ ମଣିଷ ହୋଇ ରହିଛି, ସେଯାଏ ତା'ର ମୃତ୍ୟୁ ଧ୍ରୁବ। କିନ୍ତୁ ଅମରତ୍ୱ ପ୍ରତିଶ୍ରୁତି ମାନବଚେତନାର ଗହନ କନ୍ଦରରେ ଲୁଚିରହିଛି। ସେ ପ୍ରତିଶ୍ରୁତି ଦିନେ ସତ୍ୟ ହେବ- ଭବିଷ୍ୟତରେ ଅତିମାନସର ପର୍ଯ୍ୟାୟକୁ ସେ ଯେବେ ଉନ୍ନୀତ ହେବ। ଆଜିର ମଣିଷ ବିଧାତାର

(କୁହନ୍ତୁ ବିବର୍ତ୍ତନର) ଶେଷ ସୃଷ୍ଟି ହୋଇନପାରେ।"(୫୨)

'ଚନ୍ଦ୍ରାରୋହଣ' ପ୍ରବନ୍ଧରେ ଦେଖିବାକୁ ମିଳେ ମଣିଷ ଜୀବନର ବିକାଶ ସେତେବେଳେ ହେବ ଯେତେବେଳେ ତା'ର ଚେତନାର ବିକାଶ ହୋଇପାରିବ। ନତୁବା ଅନ୍ୟସମସ୍ତ କ୍ଷଣିକ ପାଇଁ। ଅନେକ ମଣିଷ ମଧ୍ୟରେ ଗୋଟିଏ ଧାରଣା ଅଛି ଚନ୍ଦ୍ରାରୋହଣ କଲେ ମଣିଷ ଶାନ୍ତି ଓ ସୌନ୍ଦର୍ଯ୍ୟ ବାତାବରଣ ଖୋଜି ପାଇପାରନ୍ତୁ, ତାହାଯେ ଅସମ୍ଭବ ଆମେ ଏକ କାହାଣୀରୁ ଜାଣିପାରିବା। ଗୋଟିଏ ଗ୍ରାମର କିଛି ଲୋକ ତୀର୍ଥ କରିବା ପାଇଁ ଦଳଗତ ହୋଇ ବାହାରିଲେ। ସେହି ଗ୍ରାମରେ ଜଣେ ସାଧୁ ରହୁଥାନ୍ତି, ଏମାନେ ସାଧୁଙ୍କୁ ସାଙ୍ଗରେ ନେଇଯିବା ପାଇଁ ତାଙ୍କୁ ପାର୍ଥନା କଲେ। ପରନ୍ତୁ, ସେସାଧୁ ସେମାନଙ୍କ ସହ ନଯାଇ ଗୋଟିଏ ମାଠିଆ ତାଙ୍କ ସାଙ୍ଗରେ ନେଇଯିବା ପାଇଁ ଅନୁରୋଧ କଲେ। ଗ୍ରାମବାସୀମାନେ ତାଙ୍କ କଥାରଖି ସେମିତି ହିଁ କଲେ। ତୀର୍ଥରୁ ଫେରି ସେମାନେ ସାଧୁଙ୍କୁ ମାଠିଆ ଫେରାଇଲେ। ଏହି ସମୟରେ ସାଧୁଜଣକ ତାଙ୍କୁ ସ୍ୱାଗତ କରି ସେହି ମାଠିଆରୁ କ୍ଷିରୀ ବାହାର କରି ସେମାନଙ୍କୁ ପରସିବାକୁ ଆରମ୍ଭ କଲେ। ଗ୍ରାମବାସୀମାନେ ସେହି କ୍ଷିରୀକୁ ପାଟିରେ ଦେବାରୁ ତାହା ତିକ୍ତ କହି କାଢ଼ିପକାନ୍ତି। ଏହା ଶୁଣି ସାଧୁ କୁହନ୍ତି ଆଶ୍ଚର୍ଯ୍ୟର କଥା ମୁଁ ଏ କ୍ଷିରୀରେ କିଛି ପିତାଅଂଶ ପକାଇଦେଇଥିଲି ଭାବିଥିଲି ତୀର୍ଥଯାତ୍ରା ପରେ ଏହା ମଧୁର ହୋଇଯାଇଥିବ, ହେଲେ ସେପରି କିଛି ହେଲାନାହିଁ। ସୁତରାଂ ଆମ ମନରେ ଯେଉଁ ଦ୍ୱନ୍ଦ, ସଂଘର୍ଷ ଓ ଅବିଶ୍ୱାସର ବିଷସବୁ ପୂରିରହିଛି। ତାହା ନିଜର ଆତ୍ମଚେଷ୍ଟା ବିନା ଅନ୍ୟକେଉଁଠି ପରିବର୍ତ୍ତନ ହୋଇପାରିବ ନାହିଁ। ଏଣୁ ମଣିଷର ଚେତନାଗତ ବିକାଶଦ୍ୱାରା ତାକୁ ଏସଂସାରରେ ସବୁକିଛି ସୁନ୍ଦର, ସୁଶୀଳ, ଓ ଶାନ୍ତି ଅନୁଭବ ହୋଇପାରିବ। ଚନ୍ଦ୍ରରୋହଣ କେବଳ ବିଶ୍ୱାସ ମାତ୍ର।

'ଦୁଇହଜାର ଖ୍ରୀଷ୍ଟାବ୍ଦର ସ୍ୱପ୍ନ ଓ ଦୁଃସ୍ୱପ୍ନ' ପ୍ରବନ୍ଧରେ ବର୍ତ୍ତମାନ ମଣିଷର ଜ୍ଞାନ ବିଜ୍ଞାନ ଆଗରେ ଅସମ୍ଭବ ବୋଲି ଶବ୍ଦଟି ନିରର୍ଥକ ହୋଇଛି। ବଡ଼ ବଡ଼ ରାଷ୍ଟ୍ରମାନଙ୍କର ସମାଜ ତତ୍ତ୍ୱବିତ୍ ଓ ବୈଜ୍ଞାନିକମାନେ କହିବା କଥା ଆଗାମୀ ଭବିଷ୍ୟତରେ ଆମର ଜ୍ଞାନ ଏତେ ବାଟ ଆଗେଇ ଯାଇଥିବ ଯାହାଦ୍ୱାରା ଆମେ ପ୍ରତ୍ୟେକ କାର୍ଯ୍ୟ ଯନ୍ତ୍ର ମାଧ୍ୟମରେ କରିପାରିବ। ଆମକୁ ଆଉକିଛି କରିବାକୁ ପଡ଼ିବନାହିଁ। କେବଳ ସୁଖମୟ ବିଶ୍ରାମରେ ଜୀବନ ବଞ୍ଚେଇବାକୁ ହେବ। କେବଳ ସେତିକି ନୁହେଁ ଆମେ ଦୀର୍ଘାୟୁ ମଧ୍ୟ ହୋଇଯିବା। ଆଉ ଏପରି ବୈଜ୍ଞାନିକ ଉପକରଣ ସୃଷ୍ଟିହେବ ଆମର ଖାଦ୍ୟ ସଙ୍କଟ ମଧ୍ୟ ରହିବନାହିଁ। ସୁତରାଂ କୃତିମ ଉପାୟରେ ଆମେ ସବୁକିଛି ପ୍ରସ୍ତୁତ କରିବା। ଏହି ପୃଥିବୀ ଅନ୍ଧାର ନହେବା ପାଇଁ କୃତିମ ଚନ୍ଦ୍ରମଧ୍ୟ ମଣିଷ ତିଆରି

କରିସାରିଥିବ। ହେଲେ ପ୍ରାବନ୍ଧିକ କୁହନ୍ତି, ମଣିଷ ସବୁ ଯନ୍ତ୍ରପାତିର ଉଦ୍ଭାବନ କରି ସଂସାରର ଅନ୍ଧାର ଦୂର କରିପାରେ। କିନ୍ତୁ ଚେତନାର ଯେଉଁ ଅନ୍ଧାର ଅଛି ତାକୁ କ'ଣ ଦୂର କରିପାରିବ ନାହିଁ ?

'ବିସମ୍ବାଦର ଅନ୍ତରାଳେ' ପ୍ରବନ୍ଧରେ ପ୍ରାବନ୍ଧିକ ସାଂପ୍ରତିକଯୁଗର ମଣିଷ ଆଦିମାତା ସମ୍ପର୍କରେ ଆଲୋକପାତ କରିଛନ୍ତି। ଦୈନନ୍ଦିନ ଆଞ୍ଚଳିକ, ଜାତୀୟତା ଠାରୁ ଆରମ୍ଭ କରି ଦେଶ ବିଦେଶ ପର୍ଯ୍ୟନ୍ତ ସର୍ବତ୍ର ସେହି ସଂଘର୍ଷ, ରକ୍ତପାତ ତଥା ଯୁଦ୍ଧଆଦି ସମ୍ବାଦର ସୂଚନା ମିଳୁଛି। ପ୍ରକୃତିର ପରିବର୍ତ୍ତନ ହେଉଛି, ହେଲେ ମଣିଷର ମାନସିକତା ଦିନକୁ ଦିନ ହିଂସ୍ର ହେଉଛି ସିନା ଶାନ୍ତ କି ସହନଶୀଳତା ଆଡକୁ ଗତି କରୁନାହିଁ। ପ୍ରାବନ୍ଧିକ ଏହି ବିଷୟରେ ତାତ୍ପର୍ଯ୍ୟ ନିମନ୍ତେ 'କଥା ସରିତ୍ ସାଗର' ର ଏକ ସୁନ୍ଦରକାହାଣୀ ମନେ ପକାଇଛନ୍ତି- କାହାଣୀଟି ସମସ୍ତେ ଜାଣିଥିବେ। ଜଣେ ଋଷି ସୂର୍ଯ୍ୟଙ୍କୁ ପୂଜା କରୁଥିବା ସମୟରେ ତାଙ୍କ ହାତରେ ଆକାଶମାର୍ଗରୁ ମୂଷାଛୁଆଟେ ଖସିପଡ଼େ। ସେ ତାକୁ ନିଜର ଦିବ୍ୟ ପ୍ରତିଭାରେ ଜଣେ ସୁନ୍ଦରୀ ଯୁବତୀରେ ପରିଣତ କରି, ଝିଅରୂପେ ପାଳିଲେ। କିଛିଦିନ ପରେ ଉପଯୁକ୍ତ ପାତ୍ର ସହ ବିବାହ ନିମନ୍ତେ ବର ଖୋଜିବାରେ ଲାଗିଲେ। ସୂର୍ଯ୍ୟଙ୍କ ଠାରୁ ଆରମ୍ଭ କରି ମେଘ, ପବନ, ପର୍ବତ ଏବଂ ଶେଷରେ ମୂଷାକୁ ହିଁ ସର୍ବଶ୍ରେଷ୍ଠ ଭାବେ ବିବେଚିତ କଲେ କନ୍ୟାମୂଷାଟି ଋଷିଙ୍କୁ କୁହେ ଯଦି ମୂଷାଟି ଯୋଗ୍ୟପାତ୍ର ତେବେ ମୋତେ ଅନ୍ୟମାନଙ୍କୁ କାହିଁକି ଦେଖାଉଥିଲେ। ଶେଷରେ ଋଷିଟି ଅନୁଭବ କଲେ ମୋର ସିନା ଚେହେରାଟି ବଦଳାଇବାର କ୍ଷମତା ଅଛି ହେଲେ ତାହାର ଚେତନାକୁ ବଦଳାଇବାର କ୍ଷମତା ନାହିଁ ସେ ପରିବର୍ତ୍ତନ କେଉଁଠି ହେବ। ସୁତରାଂ ଯେତେ ସୁସମ୍ବାଦ ପ୍ରକାଶ ପାଇଲେ ସୁଦ୍ଧା, ଯେତେ ଜନ ସଚେତନ ହେଲେ ମଧ୍ୟ ଯେପର୍ଯ୍ୟନ୍ତ ମାନବର ଅନ୍ତରାତ୍ମା ବିକାଶ ନ ଘଟିଛି ସେତେବେଳେ ଯାଏ, ମଣିଷ ନିଜର ପୁରୁଣା ପ୍ରବୃତ୍ତି ଛାଡ଼ିବ କାହୁଁ।

'ଏକ କାହାଣୀର ପ୍ରେରଣା' ଶୀର୍ଷକ ପ୍ରବନ୍ଧରେ ମଣିଷର ଆଜି ଯେଉଁ ଭୌତିକ ପରିବର୍ତ୍ତନ ହେଉଛି ତାହା ଅନେକାଂଶରେ ପରିବେଶ ଓ ପରିସ୍ଥିତି ଅନୁସାରେ ଘଟୁଛି ବୋଲି ପ୍ରାବନ୍ଧିକ ମତଦିଅନ୍ତି। ପ୍ରାବନ୍ଧିକ ଥରେ ଦିଲ୍ଲୀରେ ଗୋଟିଏ ହାଇସ୍କୁଲକୁ ନିମନ୍ତ୍ରିତ ହୋଇ ଯାଇଥାନ୍ତି। ସେଠାରେ ପିଲାଙ୍କର ଛୁଟି ଆବେଦନକୁ ନେଇ ଯେଉଁ ପରିସ୍ଥିତି ଉପୁଜିଥିଲା ତାକୁ ଆଧାର କରି ସୁନ୍ଦର କାହାଣୀଟିଏ କୁହନ୍ତି, ଜଣେ ରାଜା ଥରେ ଦୁଃସ୍ୱପ୍ନଟିଏ ଦେଖିଲେ। ତାଙ୍କ ରାଜପ୍ରସାଦରେ ଗୋଟିଏ ଶୃଗାଳ ପଶି ବୁଲୁଛି। ଏହାର ବ୍ୟାଖ୍ୟା ଜାଣିବା ପାଇଁ ରାଜା ଘୋଷଣା କଲେ ଯିଏ ଏହାର ଉତ୍ତର ଦେଇପାରିବ ତାକୁ ଅନେକ ପୁରସ୍କାର ଦିଆଯିବ। ସେହି ନଗରୀରେ ଜଣେ କ୍ଳାନ୍ତବାଟୋଇ ବୃକ୍ଷମୂଳେ

ଶୋଇ ଭାବୁଥାଏ ଯଦି ମୁଁ ଏହାର ଉତ୍ତର ଦେଇପାରନ୍ତି ତେବେ, ମୋର ଆଉ ଦୁଃଖ ରୁହନ୍ତାନି। ଠିକ୍ ଏହି ସମୟରେ ଗୋଟିଏ ସୁନ୍ଦର ପକ୍ଷୀଟିଏ କହିଉଠିଲା ମୁଁ ତା'ର ଉତ୍ତର ଜାଣିଛି। ମତେ ଯଦି ସେ ପୁରସ୍କାରରୁ ଅର୍ଦ୍ଧେକ ମିଳିବ ତେବେ ମୁଁ ତା'ର ଉତ୍ତର କହିବି। ଯୁବକଟି ତାର ସବୁସର୍ତ୍ତରେ ରାଜି ହେଲା ଓ ପକ୍ଷୀଟି ଉତ୍ତର ଦବାକୁ ଯାଇ କୁହେ ଶୃଗାଳ ପ୍ରସାଦରେ ବୁଲିବା ଅର୍ଥ- ରାଜ୍ୟ ଏବେ ବିଶ୍ୱାସଘାତ ପ୍ରଧାନ ହୋଇଯାଇଛି। ରାଜା ଏବେ ସତର୍କ ରୁହନ୍ତୁ। ସବୁ କଥା ଶୁଣି ଯୁବକଟି ରାଜାଙ୍କ ସ୍ୱପ୍ନର ଉତ୍ତର ଦେଇ ଅନେକ ପୁରସ୍କାର ପାଏ। ପରନ୍ତୁ, ସର୍ତ୍ତ ଅନୁସାରେ ସେ ପକ୍ଷୀକୁ ଅଧେ ପୁରସ୍କାର ଦବା ବଦଳରେ ସେ ଲୁଚିକରି ପଳାଏ। କିଛିଦିନ ଅନ୍ତେ ରାଜା ପୁଣି ଆଉ ଏକ ସ୍ୱପ୍ନ ଦେଖିଲେ। ବ୍ୟାଖ୍ୟା ଜାଣିବା ପାଇଁ ସେହି ବ୍ୟକ୍ତିଙ୍କୁ ଡକାଗଲା। ଯୁବକଟି ବଡ଼ ଚିନ୍ତାରେ ପଡ଼ିଲା। ଭାଗ୍ୟକୁ ସେହି ପକ୍ଷୀଟି ଦେଖାହେଲା ଏଥର ଯୁବକଟି ପୁରସ୍କାରର ଅଧେ ତାକୁ ଦେବ ବୋଲି ପ୍ରତିଶ୍ରୁତି ଦେଇ ଉତ୍ତର ଶୁଣି ରାଜଦରବାରରେ ଉପସ୍ଥିତ ହୁଏ ଏବଂ ସ୍ୱପ୍ନର ବ୍ୟାଖ୍ୟା କରି କୁହେ ରାଜପ୍ରସାଦର ଅଗ୍ରଭାଗରେ ଖଣ୍ଡା ଝୁଲିବା ଅର୍ଥ- ରାଜ୍ୟରେ ଏବେ ହିଂସାପୂର୍ଣ୍ଣ ବାତାବରଣ ଦେଖାଯିବ। ଆପଣ ଏବେ ଅଧିକ ସତର୍କ ରୁହନ୍ତୁ। କାରଣ ଏବେ ଚାରିଆଡ଼େ ହିଂସାର ରାଜୁତି ଚାଲିବ। ଏହାଶୁଣି ରାଜା ଅତ୍ୟନ୍ତ ଖୁସିହୋଇ ଯୁବକକୁ ଅନେକ ପୁରସ୍କୃତ କଲେ। ଯୁବକଟି ପୁରସ୍କାର ପାଇ ଲୋଭାଶକ୍ତ ହୋଇଉଠେ। ସେ ପକ୍ଷୀକୁ ମାରି ସବୁଧନର ଅଧିକାରୀ ହେବାପାଇଁ ଯୋଜନା କରି ତା ଉପରେ ଆକ୍ରମଣ କରେ। ହେଲେ ପକ୍ଷୀଟି କୌଶଳକ୍ରମେ ସେଠାରୁ ଖସିଯାଏ। କିଛିଦିନ ଅନ୍ତେ ରାଜା ସେହିପରି ଆଉ ଏକ ସ୍ୱପ୍ନ ଦେଖିଲେ ଯେଉଁଥିରେ ରାଜପ୍ରସାଦକୁ ଏକ ମେଷଛୁଆ ପଶିଆସିବାର। ପୂର୍ବପରି ସେହି ଯୁବକକୁ ବ୍ୟାଖ୍ୟା କରିବା ନିମନ୍ତେ ଡକାଯାଏ ଏବଂ ସେ ପକ୍ଷୀଟିକୁ ଅନେକ କାକୁତି ମିନତି କରିବାରୁ ପକ୍ଷୀଟି ଉତ୍ତର ଦେବାକୁ ଯାଇ କୁହେ ମେଷାଛୁଆ ହେଉଛି ଶାନ୍ତି ଓ ବିଶ୍ୱାସର ପ୍ରତୀକ ଅର୍ଥାତ୍ ଏବେ ରାଜ୍ୟରେ ସୁଖ ଶାନ୍ତି ଫେରିଆସିବ। ଯୁବକଟି ରାଜାଙ୍କ ପାଖରେ ଅନୁରୂପକ ଉତ୍ତରରଖି ପୁରସ୍କାର ପାଏ। ଏଥର କିନ୍ତୁ ପ୍ରତିଶ୍ରୁତି ଅନୁସାରେ ପକ୍ଷୀକୁ ସବୁ ପୁରସ୍କାର ଯାଚେ, ହେଲେ ପକ୍ଷୀଟି ସେସବୁ ନିଏ ନାହିଁ ଏବଂ ଯୁବକକୁ କୁହେ ମୋର ଧନସମ୍ପତ୍ତି ହେବ କଣ ? ଏହାଶୁଣି ଯୁବକଟି ନିଜର ପୂର୍ବ ଭୁଲ୍ ପାଇଁ ଅନୁତପ୍ତ ହୁଏ। ଏହା ଦେଖି ପକ୍ଷୀଟି କୁହେ ମୁଁ ତୁମକୁ ସେ ଦୋଷ ପାଇଁ ଦାୟୀକରୁନାହିଁ, କାରଣ ପରିସ୍ଥିତି ଓ ବାତାବରଣ ଅନୁସାରେ ତୁମେ ମୋ ସହ ଅନୁରୂପ ବ୍ୟବହାର କରୁଥିଲା। ସୁତରାଂ ଶାନ୍ତିରହିତ ବାତାବରଣ ନିମନ୍ତେ ପ୍ରକୃତିକୁ ମଧ୍ୟ ଆମକୁ ଶାନ୍ତ ରଖିବାକୁହେବ। କେବଳ ଆମେ ଆମ କଥା ନ ଭାବି ସଚରାଚର ଜୀବଜଗତ କଥା ମଧ୍ୟ ଚିନ୍ତାକରିବାକୁ

ପଡିବ ତେବେ ଯାଇ ଏକ ସୁନ୍ଦର ବାତାବରଣ ପାଇପାରିବା। ଯାହା ଆମ ନୈତିକ ମୂଲ୍ୟବୋଧକୁ ଆଦର୍ଶରେ ପରିଣତ କରିପାରିବ।

'ହିଂସ୍ର ମଣିଷ' ପ୍ରବନ୍ଧରେ ଶ୍ରୀଯୁକ୍ତ ଦାସ ଲେଖିଛନ୍ତି ମଣିଷ ଯେତେ ଶୀଘ୍ର ପଶୁରୁ ବିବର୍ତ୍ତିତ ହୋଇ ନିଜର ଗୋଟେ ନୂଆ ପରିଚୟ ତିଆରି କରିପାରିଲା। ଠିକ୍ ସେହିପରି, ନିଜର ପାଶବିକ କାର୍ଯ୍ୟକଳାପକୁ ତ୍ୟାଗକରି ଆଦର୍ଶ ପଥରେ କିପରି ଅଭିଳାଷି ହୋଇପାରିବ, ସେଥିପ୍ରତି ଯତ୍ନଶୀଳ ହେବା ଆବଶ୍ୟକ। ଦେଶ ସ୍ୱାଧୀନତା ପରେ ଯେଉଁ ସାମାଜିକବୋଧ ତା'ପାଇଁ ନିତ୍ୟାନ୍ତ ଆବଶ୍ୟକଥିଲା ତାହା ଯଥେଷ୍ଟ ପରିମାଣରେ ଉପଲବ୍ଧି ହେଲାନାହିଁ। ଫଳରେ ନିଜର ବିଚାରବୋଧଟି ହିଂସ୍ରରୂପ ଧାରଣକରି ଅନୀତି ଅଣାଚାର କରିବାକୁ ଉଦ୍ୟମକଲା ଓ ସେଥିପାଇଁ ଆଜି ସମାଜରେ ନାନାପ୍ରକାର ସଂଘର୍ଷ ଓ ଦଙ୍ଗା ଆଦି ପରିସ୍ଥିତି ଉପୁଜୁଛି। କେତେକ ପାଶ୍ଚାତ୍ୟ ବିଶେଷଜ୍ଞ ମତ ଦିଅନ୍ତି ହିଂସ୍ରତା ମଣିଷର ଜନ୍ମଗତ ପ୍ରବୃତ୍ତି। ପରନ୍ତୁ ଏ ପ୍ରବୃତ୍ତିକୁ ସାମାଜିକ ପରିସ୍ଥିତି ଅନୁସାରେ ପରିବର୍ତ୍ତନ କରାଯାଇପାରିବ। କାରଣ ମଣିଷପାଖରେ ଯେଉଁ ଅନୁଭାବାତ୍ମକ ଚିନ୍ତାଶୀଳ ଶକ୍ତିଅଛି ତାହା ଅନ୍ୟତ୍ର କାହା ପାଖେ ନାହିଁ। କେବଳ ନିଜ ଭିତରେ ଏହି ହିଂସା ମାର୍ଗକୁ ବୃଦ୍ଧି କରିବା ନିମନ୍ତେ ଏହା ଏକ ବାହାନା ହୋଇପାରେ। କେତେକ ବୈଜ୍ଞାନିକ ମଧ୍ୟ ପୂର୍ବ ମତକୁ ଖଣ୍ଡନ କରି କୁହନ୍ତି ହିଂସ୍ରତା ଜୀବଜନ୍ତୁମାନଙ୍କର କେବଳ ପ୍ରବୃତ୍ତି ନୁହେଁ ପରିସ୍ଥିତିକୁ ମୁକାବିଲା କରିବାକୁ ଯାଇ ସେମାନେ ନିଜର ଆଚରଣବିଧିକୁ ପ୍ରୟୋଗ କରିଥାନ୍ତି। ଆଜି ସଭ୍ୟତା ବିକଶତି ହେଲା, ସେହି ଧାରାରେ ମଣିଷ ମଧ୍ୟ ଉନ୍ନତ ହେଲା କିନ୍ତୁ ଉଚିତ୍ ଅନୁଚିତ୍ ମାର୍ଗପ୍ରତି ସଚେତନ ହୋଇପାରିଲା ନାହିଁ। ଏଥିପାଇଁ ପ୍ରାବନ୍ଧିକ କୁହନ୍ତି- "ଏହି ସମନ୍ୱୟ, ଏହି ଉପଲବ୍ଧି ଯେତେ କ୍ଷିପ୍ର ହେବ, ସମାଜର ଅବସ୍ଥା ସେତେ ଶୀଘ୍ର ବଦଳିପାରିବ। ଅନ୍ୟ ସବୁକଥା ଛାଡିଦେଲେ ବି ପଶୁ ଓ ମଣିଷ ଭିତରର ଏକ ପ୍ରଧାନ ତାରତମ୍ୟ ହେଲା— ମଣିଷ ଅନ୍ତତଃ ନିଜର କାର୍ଯ୍ୟକଳାପ, ବିଧିବିଧାନକୁ ସଚେତନ ଭାବରେ ନିର୍ଦ୍ଧାରିତ କରିପାରେ !"(୪୩)

'କଥା' ଶୀର୍ଷକ ପ୍ରବନ୍ଧରେ ବୁଦ୍ଧଜାତକର ଏକ କାହାଣୀ ମାଧ୍ୟମରେ ଦର୍ଶାଇଛନ୍ତି ଯେ- ମଣିଷ ନିଜ ବାକ୍ ସଂଯମତା ଉପରେ ଯଥେଷ୍ଟ ଧ୍ୟାନଦେବା ଆବଶ୍ୟକ। ନିରବତାର ଭାଷାମଧ୍ୟ ଆମ ପାଇଁ ଅନେକ ସମୟରେ ଆବଶ୍ୟକ କରେ। କାହାଣୀ ଅନୁସାରେ ଜଣେ ପରମ ଜ୍ଞାନୀ ରାଜକୁମାର ଜନ୍ମରୁ ସବୁବେଳେ ନିର୍ବାକ ରହୁଥିଲେ। ସେଥିପାଇଁ ରାଜା ଓ ରାଣୀଙ୍କର ଅନେକ ଚିନ୍ତା। ଥରେ କୁମାର ରାଜଉଦ୍ୟାନରେ ବସି ଧ୍ୟାନ କରୁଥିବା ସମୟରେ ଗୋଟେ ପକ୍ଷୀର ରାବରେ ବିରକ୍ତି ପ୍ରକାଶ ପାଇଲେ।

ଏହାଦେଖି ତାଙ୍କ ଅଙ୍ଗରକ୍ଷୀଟି ତୀର ସନ୍ଧାନ କରିବାରୁ ସେ ଧରାଶ୍ରୟୀ ହେଲା ରାଜକୁମାର ତା'ର ଶରୀରକୁ କୋଳରେ ଧରି ଆଉଁଷିବା ସହିତ କହି ଉଠିଲେ ତୁ କଥା କହିବାରୁ ସିନା ଏପରି ପରିସ୍ଥିତି ହେଲା। ଏହା ଶୁଣି ସେହି ଅଙ୍ଗରକ୍ଷୀ ଜଣକ ଖୁସି ହୋଇ ରାଜା ରାଣୀଙ୍କ ପାଖରେ ଏ ଖୁସି ଖବର ଜଣାଇଲେ କୁମାର କଥା କହୁଛନ୍ତି। ରାଜା ଓ ରାଣୀ ଏହା ଦେଖିବାପାଇଁ ଯେତେବେଳେ ସେଠାରେ ପହଞ୍ଚନ୍ତି ସେତେବେଳେ ସେ ପୂର୍ବପରି ନିର୍ବାକ। ଫଳରେ ରାଜା କ୍ରୋଧରେ ଅଙ୍ଗରକ୍ଷୀକୁ ଫାଶୀ ଦେବା ପାଇଁ ଆଜ୍ଞାଦେଲେ। ଏହା ଦେଖି ରାଜକୁମାର ଅଙ୍ଗରକ୍ଷୀର ଜୀବନ ରକ୍ଷା ନିମନ୍ତେ ଦ୍ୱିତୀୟ ଓ ଶେଷଥର ପାଇଁ କହିଲେ 'ତୁ ସିନା କଥା କହିଲାରୁ ଏତେ କଷ୍ଟ ପାଇଲୁ'। ସୁତରାଂ ମଣିଷକୁ ଆବଶ୍ୟକ ଅନୁସାରେ କାର୍ଯ୍ୟକରିବାର ଅଛି ତଦୁର୍ଦ୍ଧ ବିପଦଜନକ ହୋଇପାରେ। ଏଥିପାଇଁ ତ ଜଣେ ବିଦ୍ୱାନ୍ କହିଥିଲେ ଇଶ୍ୱର ମତେ ଦୁଇଟି କାନ ଓ ଗୋଟିଏ ଜିଭ ଦେବାର ଅର୍ଥ ଯେତିକି ଶୁଣିବି ତା'ର ଅଧା ହିଁ କହିବି। ଅଧିକ ନୁହେଁ। ଏଥିପାଇଁ ପ୍ରାବନ୍ଧିକ କୁହନ୍ତି- "ତେବେ ଆମ ଯୁଗର ଗୁଡ଼ାଏ କହିପାରିବା ସାମାଜିକ ବା ରାଜନୈତିକ ପ୍ରତିଷ୍ଠା ଲାଭର ଏକ ଅପରିହାର୍ଯ୍ୟ ଉପାୟ ରୂପେ ପରିଗଣିତ। ଯାର ଇଚ୍ଛାଶକ୍ତି, ଆଚରଣ ଇତ୍ୟାଦି ଦ୍ୱାରା ଅନ୍ୟକୁ ପ୍ରଭାବିତ କରିବାର ଶକ୍ତି କ୍ରମେ କ୍ରମେ ହରାଇଦେଇ ନେତୃବର୍ଗ ଅଧିକରୁ ଅଧିକ ବାକ୍ୟବଳର ଆଶ୍ରୟ ନେଉଛନ୍ତି।"(୫୪)

'ହାୟ ଚାଳନା' ପ୍ରବନ୍ଧରେ ପ୍ରାବନ୍ଧିକ ବର୍ଣ୍ଣନା କରିଛନ୍ତି ଆଜି ଆମେ ଆତ୍ମ ସଚେତାନତା ପ୍ରତି କେହି ଯତ୍ନଶୀଳ ନୁହନ୍ତି ବୋଲି ପ୍ରତି ମୂହର୍ତ୍ତରେ ଛଳନାର ଆଶ୍ରୟ ନେଉଛେ। କାରଣ ଆମେ ସର୍ବଦା ଅନ୍ୟର ଦୋଷ ବାଛିବା ରେ ତତ୍ପର। କେହି କେବେ ନିଜର ଦୋଷ ଦେଖୁନାହାଁନ୍ତି। ଏଠାରେ ପ୍ରାୟତଃ ସମସ୍ତେ ହାତୀର ଦାନ୍ତ ପରି ଆଚରଣ କରନ୍ତି। ଯିଏ ଯାହା ଦେଖାଉଛନ୍ତି ପ୍ରକୃତରେ ସିଏ ତାହା ନୁହେଁ କିମ୍ବା ଯିଏ ଯାହା କରୁଛି ସିଏ ତା'ର ବିପରୀତ କାର୍ଯ୍ୟ ହିଁ କରୁଛି। ପରନ୍ତୁ, ଆମକୁ ମନେରଖିବାକୁ ହେବ ଛଳନା ସବୁଦିନ ପାଇଁ ନୁହେଁ, ଏହା କ୍ଷଣିକ ପାଇଁ ମାତ୍ର। କ୍ଷମତାଶୀଳ ବ୍ୟକ୍ତିର ଛଳନାକୁ ଜାଣି ସୁଦ୍ଧା ଜଣେ ସ୍ୱାର୍ଥନ୍ୱେଷୀ ମଣିଷ ନିଜକୁ ମୁଣ୍ଡ ପାତି ସହିବାକୁ ବାଧହେଉଛି। ଫଳରେ ସେ ମଧ୍ୟ ସମାଜପ୍ରତି ଏପରି କରିବାକୁ ସ୍ଥିରକରୁଛି। ଏ ଛଳନା ଆମ ସମାଜରେ ସେତେବେଳେ ଦୂରହେବ ଯେତେବେଳେ ଆମ ଭିତରେ ଥିବା ଛଳନାଜନିତ ପ୍ରତାରଣା ବିନାଶ କରିପାରିବା ଓ ଏଥିପାଇଁ ପ୍ରାବନ୍ଧିକ କୁହନ୍ତି- "ଆତ୍ମସଚେତନ ହେବା ସହଜ ନୁହେଁ। ଯେଉଁ ଦୋଷ ଦୁର୍ବଳତା ଅନ୍ୟ ଭିତରେ ଦେଖି ଆମେ ମୁଣ୍ଡ ପିଟିଦେବାକୁ ପ୍ରସ୍ତୁତ, ନିଜ ଭିତରେ ସେ ଦୋଷଦୁର୍ବଳତା ଆରାମରେ ଆଜୀବନ ପରିପାଳିତ ହୋଇ ରହିଥାଇପାରେ। ଆମେ ଜାଣି ମଧ୍ୟ ପାରୁନା, କାରଣ

ତାହା ଜାଣିବା ପାଇଁ ଆବଶ୍ୟକ ନିର୍ମମ ଆତ୍ମ-ଅନୁଶୀଳନ। ତାହା ପ୍ରୀତିପ୍ରଦ ନୁହେଁ। ଅନ୍ୟ ଭିତରେ ସେ ଏକା ଦୋଷମାନ ଦେଖିବା ବଡ଼ ପ୍ରୀତିପ୍ରଦ।"(୫୫)

'ଚତୁରେ ଚତୁରେ' ଶୀର୍ଷକ ପ୍ରବନ୍ଧରେ ବିଜ୍ଞାନକୁ ନେଇ ମଣିଷ ଆଜି ଯେଉଁ ଗର୍ବ ଅନୁଭବ କରୁଛି, ତାହା ବାସ୍ତବରେ ସମାଜ ପାଇଁ କେତେ ଯଥାର୍ଥ ବୋଲି ପ୍ରାବନ୍ଧିକ ପ୍ରଶ୍ନକରନ୍ତି। କାରଣ ଯେଉଁ ଠାରେ ନିରୀହ ମଣିଷ ଅନ୍ନପାଇଁ, ଚିକିତ୍ସା ଅଭାବ ଏବଂ ସର୍ବପରି ମୁଣ୍ଡଗୁଞ୍ଜିବା ପାଇଁ ଛାତଟିକେ ପାଉନାହାଁନ୍ତି ସେଠାରେ ଏହି ସବୁ ବିଜ୍ଞାନ ଯାତ୍ରା କେବଳ ହାସ୍ୟାସ୍ପଦ ମନେହେବ। ଯେଉଁ ଦେଶମାନେ ଆଜି ବାରମ୍ବାର ଉପଗ୍ରହ ପ୍ରେରଣରେ ବ୍ୟସ୍ତ ସେମାନଙ୍କ ଉଦ୍ଦେଶ୍ୟ ବିଶ୍ୱଉପରେ ନିଜର ଆଧିପତ୍ୟ ପ୍ରତିଷ୍ଠା କରିବା ଓ ଶତ୍ରୁରାଷ୍ଟ୍ରଙ୍କୁ ଦମନ କରିବା ନିମନ୍ତେ ନାନା କୌଶଳ ଅବଲମ୍ବନ କରିବା ହେଲେ ବୈଜ୍ଞାନିକମାନେ ତା'ର ପରିଣତି ସ୍ୱରୂପ ପ୍ରଭାବ ପାଇଁ ଯତ୍ନଶୀଳ ନୁହଁନ୍ତି। ଏଥିପାଇଁ ବିଖ୍ୟାତ ବୈଜ୍ଞାନିକ ଆଇନ୍‌ଷ୍ଟାଇନ୍ କହିଥିଲେ- ବିଜ୍ଞାନ ଆମକୁ ଯେଉଁ ସୁଖ ଦେଇପାରୁ ନାହିଁ ବୋଲି ଆମ ମନରେ ପ୍ରଶ୍ନ ଅଛି ତା'ର ଉତ୍ତର ହେଉଛି, ଆଜି ଯାଏଁ ଆମେ ଆମ ବିବେକ ଅନୁସାରେ ତାର ବ୍ୟବହାର କରୁନାହୁଁ। ଟେଲିଭିଜନରେ ପ୍ରସାରିତ ହେଉଥିବା ଚନ୍ଦ୍ରାଭିଯାନ ଦେଖି ଯେଉଁ ଦର୍ଶକ ବିଜ୍ଞାନକୁ 'ଏକ୍ସରବସ୍ଥ' ବୋଲି ଭାବୁଥିଲେ ସେହି ବ୍ୟକ୍ତିଙ୍କୁ ପ୍ରାବନ୍ଧିକ କୁହନ୍ତି- "ମଣିଷ ଆଜିଯାଏ ଜରା ଉପରେ ବିଜୟଲାଭ କରିନାହିଁ, କ'ଣ ଏକ୍ସରବସ୍ଥ ହୋଇଗଲା ? କିଛି ସମୟ ପରେ ପୁଣି ଦର୍ଶକଟି ସେହି ଏକ କଥା ଉଚ୍ଚାରଣ କଲେ। ସେଇଟା ଥିଲା ତାଙ୍କର ଅଭ୍ୟାସ। ବୃଦ୍ଧ ବୈଜ୍ଞାନିକ ସେତେବେଳକୁ ଉଠି ଠିଆହୋଇଥିଲେ। ଦର୍ଶକଙ୍କୁ ଥରେ ହଲାଇଦେଇ ସେ ନିଜ ଚନ୍ଦାମୁଣ୍ଡରେ ନିଜ ବାଡ଼ିଟି ଛୁଆଇଁ ଚାଲିଗଲେ। କେହି କିଛି ବୁଝି ନ ପାରି ତାଙ୍କ ପଛରେ ହସିଲେ। ବୃଦ୍ଧ କ'ଣ କହୁଥିଲେ ? ହୋଇପାରେ ଏଇଆ। ମଣିଷ ତ ନିଜ 'ଚନ୍ଦା' ଉପରେ ବିଜୟ ଲାଭ କରିପାରିନାହିଁ- ଚାନ୍ଦ ଉପରେ ବିଜୟ ଲାଭ ଏକ ବିଡ଼ମ୍ବନା ଛଡ଼ା ଆଉ କ'ଣ ହୋଇପାରେ ?"(୫୬) ଦେଶ ଦେଶ ମଧ୍ୟରେ ସୁସମ୍ପର୍କ ସ୍ଥାପନ ପାଇଁ ଶାନ୍ତିଦୂତ ଯଥେଷ୍ଟ ଆବଶ୍ୟକ ରହିଛି ଆମେ ଜାଣୁ ଏବଂ ଏଥିପାଇଁ ମଧ୍ୟ ନୋବେଲ୍ ପୁରସ୍କାର ଦିଆଯାଉଛି। ପରନ୍ତୁ ବଡ଼ ବିସ୍ମୟର କଥା ପ୍ରତ୍ୟେକ ବର୍ଷ ଏହି ପୁରସ୍କାର ଦିଆଯାଉଥିଲେ ସୁଦ୍ଧା ମଣିଷ ମନର ଅଶାନ୍ତ ଭାବ କେବେ କମୁନାହିଁ। ପ୍ରତ୍ୟେକ ବର୍ଷ ପୁରସ୍କାର ଉତ୍ସବ ପରେ ବିଶ୍ୱବାସୀ ମନେକରୁଥିବେ ଏବେ ସବୁଆଡ଼େ ଶାନ୍ତି ପ୍ରତିଷ୍ଠା ହୋଇଯିବ ପରନ୍ତୁ ଦୁର୍ଭାଗ୍ୟର କଥା ତାହାକେବେ ସଫଳ ହୋଇନାହିଁ। ଜର୍ମାନ ଓ ଫ୍ରାନ୍ସ ମଧ୍ୟରେ ପ୍ରଥମ ବିଶ୍ୱଯୁଦ୍ଧ ଅବସାନ ପରେ ୧୯୨୬ ମସିହାରେ ସେହି ଦୁଇଦେଶର ଶାନ୍ତିଦୂତ ଭାବେ ଜର୍ମାନର ରୁଷ୍ଟାଭ

ଷ୍ଟେସମ୍ୟାନ ଓ ଫ୍ରାନ୍ସର ଆରିଷ୍ଟଆଡ୍ ବ୍ରୟାଣ୍ଡ ନୋବେଲ୍ ପୁରସ୍କାର ପାଇଲେ। ହେଲେ ପୁଣି ଆରମ୍ଭ ହେଲା ଦ୍ୱିତୀୟ ବିଶ୍ୱଯୁଦ୍ଧ। ତେବେ ଗୋଷ୍ଠୀ ଗୋଷ୍ଠୀ ମଧ୍ୟରେ ଜାତି ଜାତି ମଧ୍ୟରେ ସେତେଦିନ ପର୍ଯ୍ୟନ୍ତ ଏ ଯୁଦ୍ଧ ଲାଗିରହିଥିବ ଯେତେବେଳେ ଯାଏ ମଣିଷ ନିଜର ଆତ୍ମ-ବିଭକ୍ତି ଅଶାନ୍ତ କରୁଥିବ।

କଥାଟିକୁ ସହଜ କରିବା ନିମନ୍ତେ ପ୍ରାବନ୍ଧିକ ପଞ୍ଚତନ୍ତ୍ରର ଗୋଟିଏ କାହାଣୀ କୁହନ୍ତି- ଗୋଟେ ଜଙ୍ଗଲରେ ଦୁଇଟି ମୁହଁ ଥିବା ପକ୍ଷୀଟିଏ ରହୁଥାଏ। ଆଶ୍ଚର୍ଯ୍ୟର କଥା ସେ ଅନ୍ୟ ପକ୍ଷୀ ଠାରୁ ପୁରା ଭିନ୍ନ ଥିଲା କାରଣ ତାର ଦୁଇଟି ମୁଣ୍ଡ ଥାଏ। ଯାହାକୁ ଦେଖିବା ପାଇଁ ଦୈନ୍ୟଦିନ ଅନେକ ପକ୍ଷୀ ଅନତୀ ଦୂରରୁ ତାକୁ ଦେଖିବାପାଇଁ ଆସନ୍ତି। ଉପହାର ସଦୃଶ୍ୟ ସେମାନଙ୍କ ପାଇଁ କିଛି ଫଳମୂଳ ମଧ୍ୟ ଆଣୁଥିଲେ। ସେ ସବୁକୁ ଏ ମହାଆନନ୍ଦରେ ଉପଭୋଗ କରୁଥିଲା। ଦୈବାତ ଥରେ ଆକାଶ ମାର୍ଗରୁ ଦେବତାଙ୍କ ହାତରୁ ଅମୃତ ହାଣ୍ଡିଟି ଖସିପଡ଼ିଲା ଯାହାର ସନ୍ଧାନ ପାଇ ପ୍ରଥମ ମୁହଁଟି ତାକୁ ପାନକରିବାକୁ ବ୍ୟସ୍ତ ରହିଲା। ଦ୍ୱିତୀୟ ମୁହଁଟି ଜାଣିପାରି ଯେତେ କାକୁତି ମିନତୀ ହେଲେମଧ ପ୍ରଥମ ମୁହଁ ତାକୁ ଧ୍ୟାନ ଦେଲାନାହିଁ। ଦ୍ୱିତୀୟ ମୁହଁଟି ରାଗରେ ଏଥର ଏକ ସାପ ଗାତରେ ଜମା ହୋଇଥିବା ବିଷକୁ ପି' ଦିଏ। ପରିଶେଷରେ ଉଭୟଙ୍କର ମୃତ୍ୟୁ ହେଲା। ବାସ୍ତବରେ ପ୍ରସଙ୍ଗଟି ମଧ୍ୟ ସେହିପରି ଆମ ମନରେ ଯେପର୍ଯ୍ୟନ୍ତ ଶାନ୍ତି ଓ କରୁଣାର ଭାବ ସୃଷ୍ଟି ନ ହୋଇଛି, ସେତେବେଳେ ଯାଏଁ ଏ ପୁରସ୍କାର କେବଳ ନାମକୁ ମାତ୍ର।

'ଇତିହାସର ଲାଲିତ୍ୟ' ପ୍ରବନ୍ଧରେ ଯୀଶୁଙ୍କ ଜୀବନୀ ଆଲେଖ୍ୟର ମହତ୍ୱ ଉଦ୍ଦେଶ୍ୟ ପ୍ରତି ସମାଜକୁ ପ୍ରାବନ୍ଧିକ ସଚେତନ କରାନ୍ତି। ଅତୀତ ଆମ ପାଇଁ ପ୍ରେରଣାପ୍ରଦ ହୋଇଥାଏ ପରନ୍ତୁ, ସେହି ପ୍ରେରଣାକୁ ସତ୍ ମାର୍ଗରେ ବ୍ୟବହାର କରିବା ସେତେ ସହଜ ନୁହେଁ। ଆମେ ଆଜି ମାହାପୁରୁଷ, ସାହିତ୍ୟିକ ଓ ଦାର୍ଶନିକମାନଙ୍କର ଆଦର୍ଶକୁ କେବଳ ତୁଛା ଆକର୍ଷଣ ରୂପେ ପାଳନ କରୁଛେ। ସେମାଙ୍କର ଜନ୍ମ କିମ୍ବା ବାର୍ଷିକ ଉତ୍ସବରେ ମଞ୍ଚ ଉପରେ ଲମ୍ବା ଲମ୍ବା ବାକ୍ୟରେ ଦୁଇଚାରିପଦ କହିଦେଇ ସବୁ ସମାପ୍ତି କରିଥାଉ। ହେଲେ ଆମ ଚେତନାର ଯଦି ପରିବର୍ତ୍ତନ ହୋଇପାରନ୍ତା, ତେବେ ତାଙ୍କ ମାର୍ଗ ଆମ ଜୀବନର ଦିଗକୁ ବିକଶିତ କରିବାର ସାଫଲ୍ୟ ଲାଭ କରନ୍ତା। ବଦଳରେ ଆମେ କେବଳ ତାକୁ ମୁଖାରୂପେ ତିଆରିକରି ପୂର୍ବପରି ଆମର କୁତ୍ସିତ କାର୍ଯ୍ୟକ୍ରମରେ ଲିପ୍ତ ରୁହନ୍ତି ଏଥିପାଇଁ ପ୍ରାବନ୍ଧିକ କୁହନ୍ତି- "ପ୍ରାୟତଃ ଯେଉଁ ଆଭିମୁଖ୍ୟ ନେଇ ସେମାନେ ସେମାନଙ୍କର ମତ ବା ଆଦର୍ଶ ପ୍ରବର୍ତ୍ତନ କଲେ, ସେ ମତ ବା ଆଦର୍ଶକୁ ଏକ ଏକ ମୁଖାରେ ପରିଣତକରି, ମୁଖା ପଛରେ ମଣିଷ ନିଜର ଗତାନୁଗତିକ ଅସୁନ୍ଦର ମୁହଁ

ବଜାୟ ରଖିଛି । ଅନେକ ଦାର୍ଶନିକ ଓ ସାହିତ୍ୟିକ ମଧ୍ୟେ ମଧ୍ୟେ ଗୋଟିଏ ପ୍ରଶ୍ନ ଉଠାଇଛନ୍ତି, ଯେଉଁସବୁ ମତ ବା ଆଦର୍ଶ କାଳକ୍ରମେ ଗୋଟିଏ ଗୋଟିଏ ବ୍ୟାପକ ଧର୍ମରେ ପରିଣତ ହୋଇଛି, ସେ ସବୁର ପ୍ରବର୍ତ୍ତକମାନେ ଯଦି ହଠାତ୍ ଆସି ଆଜିର ପୃଥିବୀରେ ଆବିର୍ଭୂତ ହୁଅନ୍ତି ଓ ନିଜ ନିଜ କୃତିର ପରିଣତି ପ୍ରତି ଦୃଷ୍ଟିପାତ କରିନିଅନ୍ତେ, ତେବେ ସେମାନଙ୍କ ମାନସିକଅବସ୍ଥା କ'ଣ ହୁଆନ୍ତା ?"(୫୭)

ପ୍ରାବନ୍ଧିକ ଶ୍ରୀଯୁକ୍ତ ଦାସ 'ବିଶ୍ୱାମିତ୍ର ବଶିଷ୍ଠ ସମ୍ବାଦ-ବିସମ୍ବାଦ' ପ୍ରବନ୍ଧରେ ମଣିଷମନର ସଂଯମ ଅବସ୍ଥାକୁ କିପରି ଆସିପାରିବ ସେ ସମ୍ପର୍କରେ କହିବାକୁଯାଇ କୁହନ୍ତି, ଆମେ ଦେଖିଥିବା ପୁରାଣ ପରିକଳ୍ପିତ କେତେକ ଋଷିମାନେ ମଧ୍ୟ କ୍ରୋଧି ଓ ଅସଂଯମୀ ଥିଲେ । ସେମାନଙ୍କ ମଧ୍ୟରୁ ଦୁର୍ବାସା ଓ ବିଶ୍ୱାମିତ୍ର ଆଦି ଅନ୍ୟତମ । ଯଦି ଋଷି ହୋଇ ସୁଦ୍ଧା ସେମାନେ ନିଜର ଚେତନାକୁ ଆୟତ୍ତାଧିନ କରିପାରୁ ନଥିଲେ ତେବେ ସାଧାରଣ ମଣିଷ ଏତେ ସହଜରେ ନିଜକୁ ଆୟତ୍ତ କିପରି କରିପାରିବ । ଏଥିପାଇଁ ପ୍ରାବନ୍ଧିକ ଶ୍ରୀଅରବିନ୍ଦଙ୍କ ଉକ୍ତିକୁ ଦର୍ଶାଇ କୁହନ୍ତି- "ଏହା ସହଜ ନୁହେଁ, କିନ୍ତୁ ସମ୍ଭବ । ଶ୍ରୀଅରବିନ୍ଦ କହିଛନ୍ତି ପ୍ରାଣକୁ ମନ ଓ ବୁଦ୍ଧିଦ୍ୱାରା ଆୟତ୍ତ କରାଯାଇପାରେ । ଯଦି ମନ ଉଚ୍ଛୃଙ୍ଖଳ ହୁଏ, ତେବେ ଭଗବାନଙ୍କଠିଁ ତାକୁ ସମର୍ପଣ କରି ମହତ୍ତର ଶକ୍ତିଦ୍ୱାର ତାକୁ ମଧ୍ୟ ଉଦ୍ଭାସିତ କରାଯାଇପାରେ ।"(୫୮) ବ୍ରହ୍ମର୍ଷି ବଶିଷ୍ଠ ଓ ରାଜର୍ଷି ବିଶ୍ୱାମିତ୍ରଙ୍କ କଥା ସମସ୍ତେ ଜାଣିଥିବେ । ଅନେକ ଯାତନାପାଇ ମଧ୍ୟ ବିଶ୍ୱାମିତ୍ର ବ୍ରହ୍ମର୍ଷି ହୋଇପାରୁନଥିଲେ । ଏପରି ପରିସ୍ଥିତି ଆସିଛି ଶେଷରେ ସେ କ୍ରୋଧାନ୍ୱିତ ହୋଇ ବଶିଷ୍ଠଙ୍କ ସମସ୍ତ ପୁତ୍ରମାନଙ୍କୁ ଗୋଟିଏ ପରେ ଗୋଟିଏ ହତ୍ୟା କରିବାପରେ ସେ ଆଶ୍ରମ ଭିତରେ ଥିବା ବଶିଷ୍ଠଙ୍କୁ ମଧ୍ୟ ହତ୍ୟା କରିବା ପାଇଁ ଚେଷ୍ଟା କରିଛନ୍ତି । ହେଲେ ପାଖକୁ ଯାଇ ଅଦିବ୍ୟ ଚେତନକୁ ଜାଗ୍ରତ କରାଇବାକୁ ଚେଷ୍ଟାକରାଇ ମଣିଷମନ କିପରି ଶୃଙ୍ଖଳିତ ଭାବେ ଭଗବାନଙ୍କ ପାଖରେ ସମର୍ପିତ କରିହେବ ତା'ର ଉପାୟ ସମ୍ପର୍କରେ ଆଲୋଚନା କରିଛନ୍ତି । ଅରୁନ୍ଧତୀ ଓ ବଶିଷ୍ଠଙ୍କ ମଧ୍ୟରେ ବାର୍ତ୍ତାଳାପ ଶୁଣି ସେ ଉପଲବ୍ଧି କରିପାରିଲେ ଯେ, ମୁଁ କାହିଁକି ବ୍ରହ୍ମର୍ଷି ହୋଇପାରୁନାହିଁ କିମ୍ବା ବଶିଷ୍ଠ ମତେ କାହିଁକି ସେହି ଉପାଧି ଦେଉନାହାଁନ୍ତି । ଶେଷରେ ତାଙ୍କ ହାତରୁ ହତ୍ୟାକରିବା ପାଇଁ ଆଣିଥିବା ଖଣ୍ଡାଟି ତଳେ ପକାଇଦେଇ ବଶିଷ୍ଠଙ୍କ ପାଦତଳେ କ୍ଷମାପାର୍ଥନା କରନ୍ତି ଏବଂ ସେହିଠାରେ ବଶିଷ୍ଠ ଉପଲବ୍ଧି କରିଛନ୍ତି ବିଶ୍ୱାମିତ୍ରଙ୍କର ସମସ୍ତ ଅହଂକାର ଗର୍ବ ନଷ୍ଟହୋଇଯାଇଛି ଏବଂ ସେ ତାଙ୍କ ମନକୁ ଆୟତ୍ତାଧିନ କରିପାରିଛନ୍ତି ସେଥିପାଇଁ ସେ ତାଙ୍କୁ ବ୍ରହ୍ମର୍ଷି ବିଶ୍ୱାମିତ୍ର କହି ଆଲିଙ୍ଗନ କରିଛନ୍ତି । ବାସ୍ତବିକ୍ ଉକ୍ତ ପ୍ରବନ୍ଧରେ ମଣିଷ ମଧ୍ୟରେ ଥିବା ଦିବ୍ୟଚେତନକୁ ଜାଗ୍ରତ କରାଇବାକୁ ଚେଷ୍ଟାକରାଇ ତା'ର ମନ

କିପରି ଶୃଙ୍ଖଳିତ ଭାବେ ଭଗବାନଙ୍କ ପାଖରେ ସମର୍ପିତ କରିହେବ ସେ ଉପାୟ ସମ୍ପର୍କରେ ପ୍ରାବନ୍ଧିକ ଆଲୋଚନା କରିଛନ୍ତି।

'ସିଦ୍ଧାର୍ଥଙ୍କ ଯାତ୍ରାପଥ' ପ୍ରବନ୍ଧରେ ବୁଦ୍ଧଙ୍କ ଜୀବନ ଦର୍ଶନର ମହାତକାଂକ୍ଷା ଦିଗଟି ଦୃଶ୍ୟମାନହୁଏ। କପିଳବସ୍ତୁର ରାଜପୁତ୍ର ନିଜର ସମସ୍ତ ବୈଭବକୁ ତ୍ୟାଗକରି ସେଦିନ ପରିବ୍ରାଜକ ହୋଇ ବୁଲିବା ଘଟଣା ଅନେକଙ୍କୁ ବିସ୍ମିତ କରିଥିଲା। ପ୍ରାବନ୍ଧିକ ବୁଦ୍ଧଙ୍କ ଜୀବନ ଆଲେଖ୍ୟର ଏକ ଘଟଣାସମ୍ପର୍କରେ କୁହନ୍ତି ବୁଦ୍ଧ ଯେତେବେଳେ ଜ୍ଞାନ ପିପାସୁ ହୋଇ ମନୀଷୀ ଓ ପଣ୍ଡିତମାନଙ୍କୁ ଖୋଜିବୁଲନ୍ତି ଠିକ୍ ସେତିକିବେଳେ ରାଜା ବିମ୍ବିସାରଙ୍କ କର୍ମଚାରୀମାନେ ମେଣ୍ଢାମାନଙ୍କୁ ବଳିଦେବା ନିମନ୍ତେ ନିର୍ମମ ଭାବେ ଆଘାତଦେଇ ରାଜ୍ୟ ଭିତରକୁ ନେଉଥାନ୍ତି। ସିଦ୍ଧାର୍ଥ ଲକ୍ଷ୍ୟକଲେ ଗୋଟିଏ ଛୋଟା ମେଣ୍ଢା ଯାଇପାରୁ ନାହିଁ ଓ ଅନେକ କଷ୍ଟ ଅନୁଭବ କରିଛି। ସେ ଯାଇ ଉକ୍ତ ମେଣ୍ଢାକୁ ନିଜ କାନ୍ଧରେ ବସାଇ ରାଜଦ୍ୱାରରେ ପହଞ୍ଚାଇଲେ। ରାଜା ଏହା ଦେଖି ସିଦ୍ଧାର୍ଥଙ୍କ ଏପରି କାର୍ଯ୍ୟର କାରଣ ଜାଣିବା ପାଇଁ ଉଦ୍ୟମ କଲେ ସିଦ୍ଧାର୍ଥଙ୍କ ଉକ୍ତି ଥିଲା ଏହି ମେଣ୍ଢାମାନେ ମଣିଷଙ୍କ ଉପରେ କେତେ ଆସ୍ଥା ଦେଖୁନା ସେମାନେ ଅନ୍ୟତ୍ର କୁଆଡ଼େ ନଯାଇ ବଳିପଡ଼ିବା ନିମନ୍ତେ ଏଠାକୁ କିପରି ଧାଇଁ ଆସିଛନ୍ତି। ଏତକ କହି ସେଠାରୁ ସେ ବିଦାୟ ନିଅନ୍ତି ରାଜାଙ୍କର ମନ ପରିବର୍ତ୍ତନ ହେଇଗଲା ଓ ବଳିପ୍ରଥାକୁ ରାଜା ସେହିଦିନଠାରୁ ଉଚ୍ଛେଦକଲେ। ଏହାଥିଲା ସିଦ୍ଧାର୍ଥଙ୍କ ଜୀବନର ପ୍ରଥମ ଉପଦେଶ। ସୃଷ୍ଟିର ସମସ୍ତଙ୍କ ବଞ୍ଚିବାର ସମାନ ଅଧିକାର ଅଛି। ବଳିଦ୍ୱାରା ବଳ ପ୍ରାପ୍ତି ନୁହେଁ ବରଂ ଚେତନାରେ ଦୁର୍ବଳତା ସୃଷ୍ଟିହୁଏ।

ପ୍ରାବନ୍ଧିକ ଶ୍ରୀଯୁକ୍ତ ଦାସଙ୍କ 'ଆଜିର ସଙ୍କଟ : କ୍ରମ ବିକାଶରେ ଅନିବାର୍ଯ୍ୟ ?' ପ୍ରବନ୍ଧଟି କେତେଗୁଡ଼ିଏ ଉପବିଭାଗରେ ଆଲୋଚନା କରିଛନ୍ତି। ତନ୍ମଧ୍ୟରୁ 'ସତ୍ୟ ଓ ସ୍ୱାସ୍ଥ୍ୟ' ଶୀର୍ଷକରେ ସେ ପ୍ରକାଶ କରିଛନ୍ତି ମଣିଷ ଆଜି ଦୁର୍ନୀତି ଗ୍ରସ୍ତ ଓ ହିଂସ୍ରହେବାର କାରଣ ନିଜର ବିବର୍ତ୍ତନୀ ଶକ୍ତିକୁ ସେ ଉନ୍ମୁକ୍ତ କରୁନାହିଁ। ଅର୍ଥାତ୍ ଚେତନାର ସତ୍ୟତାକୁ ଚାପିରଖୁଛି। ମନସ୍ତତ୍ତ୍ୱବିତମାନଙ୍କର କହିବା କଥା, ଯେଉଁମାନେ ମିଛ କୁହନ୍ତି ସେମାନଙ୍କ ସ୍ୱାସ୍ଥ୍ୟ ନିରାପଦ ନୁହେଁ ଅର୍ଥାତ୍ ସର୍ବଦା ରଗିଣ। କଥାଟି ସମସ୍ତଙ୍କୁ ଚକିତକଲେ ମଧ୍ୟ ଏଥିରେ ସତ୍ୟତା ରହିଛି। ଏହାର କାରଣ ଦର୍ଶାଇ ପ୍ରାବନ୍ଧିକ କୁହନ୍ତି ଆମ ଚେତନାରେ ମୌଳିକ ଧର୍ମହେଉଛି ସତ୍ୟ, ସାଧୁତା, ସୌନ୍ଦର୍ଯ୍ୟ ଓ ସାହସ ଉପରେ ପର୍ଯ୍ୟବେଶିତ। ସେଥିପାଇଁ ଆମେ ଅଚେତନ ଥିବାସମୟରେ ସ୍ୱତଃ ଉଚ୍ଚାରିତ କରିଥାଉ ଭଲ ମନ୍ତବ୍ୟ ଗୁଡାକ। ଲୋକେ ଭାବବିହ୍ୱଳିତହୋଇ ଅନାଚାର ସମ୍ପର୍କରେ କହୁନା। ଏଣୁ ଚେତନା ଉପରେ ନିର୍ଦ୍ଧାରିତ କରେ ସତ୍ୟ କହିବା ଓ ସତ୍ୟ କହିବା ହିଁ ଆମ ସ୍ୱାସ୍ଥ୍ୟପକ୍ଷେ

ମଙ୍ଗଳମୟ। ଏଣୁ ପ୍ରାବନ୍ଧିକ ମତଦିଅନ୍ତି- "ଆମ ଭିତରେ ଥିବା ଏହି ସ୍ୱତଃସିଦ୍ଧ-ସତ୍ୟ ବିବର୍ତ୍ତନରେ ଆତ୍ମପ୍ରକାଶ କରିବାକୁ ଉନ୍ମୁଖ। ତାକୁ ଚାପିରଖିବା ନିମନ୍ତେ ବିବର୍ତ୍ତନୀ ଶକ୍ତିର ଅନ୍ଧ ଶତ୍ରୁମାନେ ଆଜି ପୃଥିବୀରେ ମଣିଷକୁ ଅଧିକ ଦୁର୍ନୀତିପରାୟଣ ଏବଂ ହିଂସା ପ୍ରମତ୍ତ କରିଛନ୍ତି ବୋଲି ଧାରଣାହୁଏ।"(୫୯)

'ସୁବର୍ଣ୍ଣ ମୃଗର ମୋହ' ପ୍ରବନ୍ଧରେ ସୁନାକୁ ନେଇ ଆମ ମନରେ ଥିବା ଲୋଭ, ମୋହ, ମାୟା ଓ ଜ୍ଞାନ ସମ୍ପର୍କରେ ପ୍ରାବନ୍ଧିକ ତିନୋଟି ଉପଅଧ୍ୟାୟରେ ଆଲୋଚନା କରିଛନ୍ତି। ପ୍ରଥମଟି 'ରହସ୍ୟ ମୟ' ଯେଉଁଥିରେ ସୁନାର ମହତ୍ତ୍ୱ ଅନୁସାରେ ଆମେ ତାକୁ ଇତିହାସରେ ଓ ସାହିତ୍ୟରେ ଯୁଗବିଭାଜନ କରିଛେ। କେବଳ ସେତିକି ନୁହେଁ ତାକୁ ମଧ୍ୟ ଆମେ ସାମାଜିକ ବ୍ୟବସ୍ଥାରେ ପୁରସ୍କାର କିମ୍ବା ସମ୍ମାନ କ୍ଷେତ୍ରରେ ସୁବର୍ଣ୍ଣପଦ ନାମରେ ନାମିତ କରିଛେ। ଅର୍ଥାତ୍ ଯାହା ଆମ ପାଇଁ ଆଶ୍ଚର୍ଯ୍ୟକର କିମ୍ବା ଚମକପ୍ରଦ ତାହା ସୁବର୍ଣ୍ଣନାମରେ ବିଶେଷଣ ହୁଏ। ଏଠାରେ ସୁନା କେବଳ ବସ୍ତୁ ନୁହେଁ ବରଂ ଯାହା ସୁନାପରି ପ୍ରତୀୟମାନ ବା ଆକର୍ଷଣୀୟ ତାହାକୁ ଏପରି ନାମକରଣ କରାଯାଇପାରେ। ସଙ୍କଟକାଳେ ମଣିଷ ବୁଦ୍ଧିହୀନ ହୋଇଗଲାପରି ରାମଚନ୍ଦ୍ର ମଧ୍ୟ ସୁନାହରିଣ ଅସମ୍ଭବ ବୋଲି ଜାଣି ସୁଦ୍ଧା ବୁଦ୍ଧିହୀନ ହୋଇଯାଇଥିଲେ। ଏହା କେବଳ ନିର୍ଦ୍ଦିଷ୍ଟ ବିଶେଷ କାଳପାଇଁ ନିହିତ। ପରନ୍ତୁ, ମଣିଷ ସର୍ବଦା ସୁନା ପାଇଁ ଆକୃଷ୍ଟ। ଯେମିତି ଫ୍ରିଜିଆର ନରପତି ମିଡାସ୍ ଙ୍କ ବରପ୍ରାପ୍ତି ହେଲା ସେ ଯାହାଙ୍କୁ ଛୁଇଁବେ ତାହା ସୁନା ହୋଇଯିବ ବାରପାଇଲେ ତା'ପରେ ନିଜ କନ୍ୟା ମଧ୍ୟ ସୁନା ପାଲଟିଗଲା।

ସେହିପରି ମାର୍କୋପୋଲୋଙ୍କ ଭ୍ରମଣ ବୃତ୍ତାନ୍ତ ଅନୁସାରେ ଦିଗ୍‌ବିଜୟୀ ସମ୍ରାଟ ହୁଲାଗୁ ଖାଁ ଯେତେବେଳେ ବାଗ୍‌ଦାଦ୍ ଆକ୍ରମଣ କଲେ ସେତେବେଳେ ଖଲିଫାଙ୍କ ସୈନ୍ୟଦଳ ଅତ୍ୟନ୍ତ ଦୁର୍ବଳ ଦେଖି ତାର କାରଣ ଜାଣିପାରିଲେ ଯେ ରାଜା ସବୁ ଧନ ବିନିମୟରେ ସୁନା ସବୁ ଏକାଠିକରି ଗୋଟିଏ ଗମ୍ବୁଜ ଭିତରେ ରଖୁଛନ୍ତି ଫଳରେ ସୁରକ୍ଷା ବ୍ୟବସ୍ଥା ପ୍ରତି ତାଙ୍କର କୌଣସି ଲକ୍ଷ୍ୟନାହିଁ ରାଗରେ ସେ ତାଙ୍କୁ ସେହି ଗମ୍ବୁଜ ଭିତରକୁ ଛାଡ଼ିଦେଇ ସବୁଦ୍ୱାର ବନ୍ଦ କରିଦେଲେ। ଦ୍ୱିତୀୟରେ 'ଦୁର୍ନିବାର ଆକର୍ଷଣ' ସୁନାପ୍ରତି ମଣିଷର ଗୋଟେ ଲୋଭନୀୟ ଆକର୍ଷଣ ରହିଛି। ତାହା ଯେତେ ଦୁର୍ଗମସ୍ଥାନରେ ଥାଉନା କାହିଁକି, ଯେତେ ବିପଦପୂର୍ଣ୍ଣ ହେଉନା କାହିଁକି ମଣିଷତାକୁ ପାଇବା ପାଇଁ ଜୀବନକୁ ବାଜିରେ ଲଗାଇ ପ୍ରାଣ ପର୍ଯ୍ୟନ୍ତ ଉଦ୍ୟମ କରିଚାଲେ। ତୃତୀୟ ଅଧ୍ୟାୟରେ 'ମହତ୍ ପ୍ରତୀକ'ରେ ପ୍ରାବନ୍ଧିକ ଉଲ୍ଲେଖ କରିଛନ୍ତି- ଶ୍ରୀଅରବିନ୍ଦ କହିଥିଲେ ସୁନା ବୈଦିକ ପ୍ରତୀକ ଅନୁସାରେ ସୂର୍ଯ୍ୟଲୋକର ରଙ୍ଗପରି। ଅର୍ଥାତ୍ ସୂର୍ଯ୍ୟଜ୍ଞାନର ପ୍ରତୀକ ପରି ସୁନାମଧ୍ୟ ଜ୍ଞାନର ପ୍ରତୀକ। ଏହାର ସନ୍ଧାନ ସମ୍ପର୍କରେ ପ୍ରାବନ୍ଧିକ ଛୋଟ କାହାଣୀଟିଏ କହିଛନ୍ତି।

ଥରେ ଅରଣ୍ୟ ମଧ୍ୟରେ ରହୁଥିବା ଜଣେ ତପସ୍ୱୀଙ୍କ ଆଶ୍ରମକୁ ଚୋରଟିଏ କିଛି ପାଇବା ଆଶାରେ ପଶିଯାଏ। ତା'ର ଉଦ୍ଦେଶ୍ୟ ତପସ୍ୱୀଙ୍କୁ ଭେଟିବା ପାଇଁ ଆସୁଥିବା ଭକ୍ତମାନେ କିଛି ଦାନ କରିଥିବେ। ତାକୁ ସେ ନେବା ଉଦ୍ଦେଶ୍ୟରେ ଚାରିଆଡ଼େ ଖୋଜିଲା ପରନ୍ତୁ, ସେଠାରୁ କିଛି ନପାଇ ନିରାଶ ହୋଇ ଫେରିଯାଉଥିଲା। ହଠାତ୍ ପଚାରିବାରୁ ତପସ୍ୱୀ ଜଣକ ଡାକିଲେ ସୁନା ଚେକା ଖଣ୍ଡେ ଆଜି ସକାଳେ ଜଣେ ଦେଇଯାଇଥିଲେ ଖୋଜିକରି ନେଇଯାଅ। ଚୋରଟି ସୁନା ଖଣ୍ଡିକ ପାଇ ଅସଲିକି ନକଲି ପଚାରିବାରୁ ତପସ୍ୱୀ ଉତ୍ତର ଦେଲେ ନକଲି। ତଥାପି କିଛି ଅର୍ଥ ମିଳିଯିବ ଭାବି ସେ ତାକୁ ନେଇଯାଏ ଏବଂ ପରଦିନ ଆସି ତପସ୍ୱୀଙ୍କୁ କହିଲେ ଏହାତ ଅସଲି ଥିଲା ଆପଣ ମୋତେ ଦେଇଦେଲେ ଯେ। ଏହା ଶୁଣି ତପସ୍ୱୀ କୁହନ୍ତି ନା ତାହା ନକଲି। ଚୋରଟି ଏକଥ ମାନିବାକୁ ନାରାଜ। ସାଧୁ ଏଥର ପ୍ରଶ୍ନ କଲେ ସେ ସୁନାରୁ ତୁ କ'ଣ ପାଇବୁ। ଚୋରଟି ଉତ୍ତର ରଖେ 'ସୁଖ'। ତପସ୍ୱୀ ପଚାରିଲେ ଇତିହାସରେ କାହାକୁ କେବେ ସୁଖ ମିଳିଛି ଏହି ସୁନାରୁ। ଅର୍ଥାତ୍ ଖାଣ୍ଟିସୁନାର ସନ୍ଧାନରେ ଥିବା ତପସ୍ୱୀ ଏ ବସ୍ତୁ ପ୍ରତି କାହିଁକି ଲୋଭାସକ୍ତ ହେବେ। ସେମିତି ଆମ ଚେତନାର ଦିବ୍ୟ ମୂହର୍ତ୍ତ ଗୁଡ଼ିକ ଅସଲି ସୁନାରେ ଯେଉଁଦିନ ପରିଣତ ହୋଇଯିବ ସେଦିନ ଆମେ ପ୍ରକୃତ ସୁନା ସନ୍ଧାନୀ ହୋଇପାରିବା ଏଣୁ ସୁନା ଜୀବନ ଜିଜ୍ଞାସର ଏକ ମହତ୍ ପ୍ରତୀକ ହେଉ ଏହା ପ୍ରାବନ୍ଧିକଙ୍କ ଆଶା। ମନସ୍ତାତ୍ତ୍ୱିକ ଦୃଷ୍ଟିକୋଣରୁ ଯେଉଁମାନେ ଅଧିକ ତୁଚ୍ଛା ବକ୍ ବକ୍ ହୋଇ ସୁଖଲାଭ କରନ୍ତି ସେମାନଙ୍କୁ ସାକାହାରୀ ବାଚାଳ ଓ ଯେଉଁମାନେ ସର୍ବଦା ଅନ୍ୟକୁ ସମାଲୋଚନା କରି ଖୁସି ଲାଭକରନ୍ତି ସେମାନଙ୍କୁ ମାଂସାହାରୀ ବାଚାଳ କୁହାଯାଏ। ପ୍ରାବନ୍ଧିକ ମନୋଜ ଦାସ ଏପରି ଏକ ପ୍ରସଙ୍ଗକୁ ନେଇ 'ଶାକାହାରୀ ଓ ମାଂସାହାରୀ ବାଚଳତା' ନାମରେ ଏକ ପ୍ରବନ୍ଧରେ ଆଲୋଚନା କରିଛନ୍ତି। ସମ୍ପ୍ରତି ମଣିଷ ସବୁବେଳେ ଅନ୍ୟର ଦୋଷଦୁର୍ବଳତା ଦେଖାଇ ନିଜକୁ ବେଶ୍ ଖୁସି ଅନୁଭବ କରେ। ଏହାର ମନସ୍ତାତ୍ତ୍ୱିକ ଦିଗକୁ ଯଦି ଲକ୍ଷ୍ୟ କରାଯାଏ, ତେବେ ଜଣାପଡ଼େ ମଣିଷ ଏପରି କରିବାର ମୂଳ ଉଦ୍ଦେଶ୍ୟ ହେଉଛି, ନିଜ ଦୋଷ ଦୁର୍ବଳତା ଲୁଚାଇବା। ଅର୍ଥାତ୍ ଆମେ ଯେତେବେଳେ କୁହନ୍ତି ସେ ଲୋକର ପ୍ରକୃତି ଭଲନୁହେଁ ସେତେବେଳେ ଆମର ପ୍ରକୃତି ବା ଗୁଣ ସର୍ବୋତ୍କୃଷ୍ଟ ବୋଲି ପ୍ରକାଶକରେ। ଅର୍ଥାତ୍ ଏହି ମାଂସାହାରୀ ବାଚକମାନେ ନିଜର ବାକ୍ ସଂଯମ ପ୍ରତି ଆତ୍ମଚେଷ୍ଟିତ ହେବା ଆବଶ୍ୟକ ତେବେ ଯାଇ ଆମେ ଆମ ମାନସିକତାରେ ଅନ୍ୟ ପ୍ରତି ସ୍ନେହ ଶ୍ରଦ୍ଧା ଓ ସହାନୁଭୂତି ବୃଦ୍ଧିପାଇବ। ନୀରବତା ମଧ୍ୟ ଅନେକ ସମୟରେ ଅଭିବ୍ୟକ୍ତିର ମୁଖ୍ୟ ଭୂମିକା ଗ୍ରହଣ କରେ।

'ଏକ କାହାଣୀ : କେ କୈଫିୟତ୍' ପ୍ରବନ୍ଧରେ ଶ୍ରୀଯୁକ୍ତ ଦାସ ତାଙ୍କ

ପାଠକମାନଙ୍କୁ ଜିଜ୍ଞାସାଭିତ୍ତିକ ଉତ୍ତରରଖି ଲେଖିଛନ୍ତି, 'କେତେ ଦିଗନ୍ତ' ସ୍ତମ୍ଭଟି କିଛି କାଳ ପ୍ରକାଶ ନ ପାଇବା ଯୋଗୁଁ ଯେତେବେଳେ ପାଠକ ତା'ର କାରଣ ଏ ପ୍ରାବନ୍ଧିକଙ୍କୁ ପଚାରନ୍ତି ସେ ଏକ ସୁନ୍ଦରକାହାଣୀ ଜରିଆରେ ତାର ଉତ୍ତର ରଖିଛନ୍ତି। ଏହା ସଂକ୍ଷିପ୍ତ ବିବରଣୀ ଏହିପରି ବହୁଦିନ ତଳର କଥା ଭାରତକୁ ଜଣେ ବଣିକ ଆସିଥାନ୍ତି। ଫେରିବା ସମୟରେ ଏକ ଅରଣ୍ୟରେ ମଧ୍ୟରେ ଥିବା ନଦୀକୂଳେ ରାତ୍ରିଯାପନ ପାଇଁ ସେଠାରେ ରୁହନ୍ତି। ପ୍ରଭାତର କାକଳିର ରାବରେ ତାଙ୍କ ନିଦ ଭାଙ୍ଗିଯିବାରୁ ସେ ନିଜ ଛାଉଣି ଭିତରୁ ଦେଖିଲେ ଯେ, ଅପରୂପ ଆକର୍ଷଣୀୟ ପକ୍ଷୀଟିଏ। ଲୋଭାସକ୍ତହୋଇ ବଣିକଟି ତାକୁ ନିଜ ଦେଶକୁ ନେଇଯିବା ପାଇଁ ଅନେକ ପ୍ରଲୋଭନ ଦେଖାଇଲେ ହେଲେ ସେ ନିଜ ପରିବେଶଠାରୁ ଅଧିକ କିଛି ଲୋଡ଼ାନାହିଁ କହି ଉଡ଼ିଯାଏ। ପରନ୍ତୁ ଏ ଧୂର୍ତ୍ତ ବଣକ ପକ୍ଷୀଟି ଉଡ଼ିଯିବା ପରେ ତା ବସାରେ ଫାଶଟିଏ ବସାଏ। ପକ୍ଷୀଟି କିଛି ସମୟଅନ୍ତେ ଫେରିଆସିବା ପରେ ସେ ଜାଲରେ ପଡ଼ିଯାଏ ଓ ବଣିକ ତାକୁ ଧରି ନିଜଦେଶକୁ ନେଇଯାଏ। ପକ୍ଷୀଟିକୁ ସୁନା ପଞ୍ଜୁରୀରେ ରଖାଗଲେ ମଧ୍ୟ ତାର ବଣରାଇଜ ପାହାଡ଼ ଝରଣା ଓ ପ୍ରିୟ ବନ୍ଧୁମାନଙ୍କ କଥାମନେ ପଡ଼ିବାରୁ ବଡ଼ଦୁଃଖି ରହୁଥିଲା। ଏକଦା ପୁନର୍ବାର ବଣିକଟି ବେପାର ଉଦ୍ଦେଶ୍ୟରେ ଭାରତକୁ ଆସିବାର କଥା ପକ୍ଷୀଟି ଜାଣିପାରିଲା। ସେ ତୁରନ୍ତ ବଣିକକୁ ଅନୁରୋଧ କଲା ମତେ ସାଙ୍ଗରେ ନେଇଯାଇ ସେ ଆରଣ୍ୟରେ ଛାଡ଼ିଦେବାକୁ। ମତେ ଏଠାରେ ଭଲ ଲାଗୁନାହିଁ ବଣିକ ଏହା ଶୁଣି ଅସମ୍ଭବ ବୋଲି କହିବାରୁ ପକ୍ଷୀଟି କହିଉଠେ ତେବେ ମୋର ଏଇ ଗୋଟିଏ ଅନୁରୋଧ ରକ୍ଷାକର। ମୁଁ ଯେଉଁଠାରେ ରହୁଥିଲି, ତା'ର ବିପରୀତ ଦିଗରେ ମୋ ବନ୍ଧୁ ରହୁଥିଲା ମୁଁ ଏବେ ସେଠିନାହିଁ, ସେ ମୋତେ ଖୋଜି ଅନେକ ଚିନ୍ତିତଥିବ। ତୁମେଟିକେ ମୋର ଅବସ୍ଥା ବିଷୟରେ ତାକୁ ଜଣାଇବ। ବଣିକଟି ରାଜି ହୋଇ ଚାଲିଆସନ୍ତି। ବେପାର ଶେଷକରି ଫେରିବା ବାଟରେ ଅରଣ୍ୟରେ ସେ ବୃକ୍ଷ ନିକଟକୁ ଯାଇ ବନ୍ଧୁ ପକ୍ଷୀଟିକୁ ଭେଟିଲେ। ଏବଂ ପୂର୍ବକ୍ଷୀ ବିଷୟରେ ସବୁ ଘଟଣା କହିଲେ। କଥାଶେଷ ବେଳକୁ ପ୍ରାଣହୀନ ଭଳି ସେ ଗଛରୁ ବୁଦାଉପରକୁ ଖସିପଡ଼େ। ପକ୍ଷୀଟି ମରିଗଲା ଭାବି ବଣିକ ନିଜ ଦେଶକୁ ଫେରିଗଲା ଓ ପାଳିଥିବା ପକ୍ଷୀକୁ ଏସବୁ ବିଷୟରେ ଜଣାଇଲା। ଏହା ଶୁଣି ପଞ୍ଜୁରୀ ମଧ୍ୟରେ ଥିବା ପକ୍ଷୀଟି ବସିଥିବା ଦଣ୍ଡଉପରୁ ମୃତଭଳି ଟଳିପଡ଼ିଲା। ବଣିକର ମନ ଭାରି କଷ୍ଟ ହେଲା ସେ ଭବିଲା ବନ୍ଧୁର ମୃତ୍ୟୁଖବର ଏ ବୋଧେ ସହିପାରିଲା ନାହିଁ ଏ ମଧ୍ୟ ଦେହତ୍ୟାଗ କଲା। ବଣିକ ଜଣକ ଦୁଃଖରେ ପଞ୍ଜୁରୀର ଦ୍ୱାରଟି ଖୋଲିଦେବା କ୍ଷଣି କାଳବିଳମ୍ବ ନ କରି ପକ୍ଷୀଟି ଉଡ଼ିଯାଇ ଗଛଉପରେ ବସିଲା। ମହାଆନନ୍ଦରେ ବଣିକକୁ କହେ- ଏହାଥିଲା ମୋ ବନ୍ଧୁର ମୋ ପ୍ରତି 'ନୀରବ ସନ୍ଦେଶ'।

ସୁତରାଂ ଆମ ପାଇଁ ଏପରି ଏକ ସମୟ ଆସିଛି, ଯାହାର ଭାଷା ନିରବତାର ସଙ୍କେତ ଜରିଆରେ ପ୍ରକାଶ ପାଇବ। କେବଳ ଆମକୁ ତାହା ବୁଝିବାକୁ ପଡ଼ିବ।

ପ୍ରାବନ୍ଧିକ ବ୍ୟଙ୍ଗଶୈଳୀରେ ମନୁଷ୍ୟକୁ ଜୀବନ ଦର୍ଶନର ମାର୍ଗ ଦେଖାଇଛନ୍ତି। ତାଙ୍କ 'ମହାନୁଭବତାର ଇତିକଥା' ପ୍ରବନ୍ଧରୁ ଏହା ଦେଖିବାକୁ ମିଳେ ପରୋପକାରରେ ସ୍ୱର୍ଗ ପ୍ରାପ୍ତି ହୁଏ ବୋଲି ଯେଉଁ ବିଶ୍ୱାସ ରହିଛି ଏହା ଆମେ ସମସ୍ତେ ଜାଣୁ। ଯେତେ ବଡ଼ ଶତ୍ରୁତା ଥିଲେ ମଧ୍ୟ ଗୋଟେ ବ୍ୟକ୍ତି ଦୁର୍ଘଟଣା ଜନିତ ଅବକ୍ଷୟରେ ଶିକାର ହେଲେ ତାଙ୍କ ପ୍ରତି ଆମର କରୁଣାପୂର୍ଣ୍ଣ ଭାବଟି ଫୁଟି ଉଠେ। ପରନ୍ତୁ, ଆମ ସାହାଯ୍ୟ ଓ ସହାନୁଭୂତି ବେଳେବେଳେ ଗର୍ବ ଓ ଅହଂକାରରେ ପରିଣତ ହୋଇଯାଏ। ବିପଦରେ ପଡ଼ିଥିବା ଲୋକକୁ ସାହାଯ୍ୟ ଓ ସେବା କରିବା ଶ୍ରେଷ୍ଠଧର୍ମ ପରନ୍ତୁ, ସେବା ନାମରେ ଖ୍ୟାତି ଓ ପ୍ରତିଷ୍ଠା କରିବା ଉଦ୍ଦେଶ୍ୟରେ ନିଜକୁ ଦେଖାଇଦେବା ବର୍ତ୍ତମାନ ସମୟରେ ଏକ ବଡ଼ ବ୍ୟାଧି ହୋଇଗଲାଣି ଫଳରେ ସେବା ନାମରେ ଆମ ମନରେ ସୃଷ୍ଟି ହୁଏ ଅହଂକାର। ଏହା ମାନବିକତା କେଉଁଆଡୁ ହେଲା ? ବରଂ ଅହଂକାରରେ ଅନ୍ୟକୁ ନିର୍ଯାତନା ଦେଲାଭଳି ପରିସ୍ଥିତି ହୁଏ। ପ୍ରାବନ୍ଧିକ କଥାଟିକୁ ସହଜ କରିବା ନିମନ୍ତେ ଛୋଟ ଘଟଣାର ଅବତାରଣା କରିଛନ୍ତି। ଜଣେ ବ୍ୟକ୍ତି ଦଳେ କୁକୁରପଲ ଠାରୁ ଗୋଟିଏ ବୃହତକାୟ ମୂଷାକୁ ରକ୍ଷା କରେ। ସେଠାରେ ଉପସ୍ଥିତ ଥିବା ଲୋକ ଏହା ଦେଖି ପଶୁପ୍ରେମୀ ଭାବେ ବ୍ୟକ୍ତିର ତାରିଫ କଲେ ଫଳରେ ସେ ନିଜକୁ ଗର୍ବ ଅନୁଭବ କରେ। ପରନ୍ତୁ ସେହି ମୂଷାଠାରୁ କୃତଜ୍ଞତା ଆଶା କରୁଥିଲା। ପରନ୍ତୁ ସାଧାରଣ ଜୀବଟି ମାନବ ସମାଜର ଭାବଟିକୁ ବୁଝିବାରେ ଅକ୍ଷମ ହେବାରୁ ରାଗରେ ବ୍ୟକ୍ତିଟି ସେହି ମୂଷାକୁ ଗୋଟିଏ ପାହାରରେ ମାରିଦିଏ। ଏହା ମହାନୁଭବତାର ଶେଷକଥା ବୋଲି ପ୍ରାବନ୍ଧିକ ପ୍ରକାଶ କରିଛନ୍ତି। ବାସ୍ତବରେ ଆମ ସମାଜରେ ଅଧୁନା ଏପରି ପରିସ୍ଥିତି ଅନେକାଂଶ ଦେଖିବାକୁ ମିଳୁଛି ଯେଉଁଥିରେ ଆମ ମହାନୁଭବତା ଅହଂକାରରେ ପରିଣତ ହୋଇ ଅନ୍ୟର କ୍ଷତି ଉପୁଯାଉଛି ସେଥିପାଇଁ ପ୍ରାବନ୍ଧିକ କୁହନ୍ତି- "ଏହାର ଅର୍ଥନୁହେଁ ଯେ ସାହାର୍ଯ୍ୟ ସହାନୁଭୁତି ମିଥ୍ୟା। କିନ୍ତୁ ଯେଉଁ ଏକାତ୍ମବୋଧତାର ଉତ୍ସ, ସେ ଏକାତ୍ମବୋଧ ଦ୍ୱାରା ଆମେ ଅନୁପ୍ରାଣିତ ହେଉଥିଲେ ପୃଥିବୀରେ ମଣିଷକୃତ ଦୁଃଖ ଦୁର୍ଦ୍ଦଶା, ଯୁଦ୍ଧ-ବିଗ୍ରହ ଓ ଶଠତା ନଥାନ୍ତା। ସାହାଯ୍ୟ ସହାନୁଭୁତି ଜନିତ କାର୍ଯ୍ୟକଳାପକୁ ଯାହା ଆଜି ପରିଚାଳିତ କରୁଛି ତାହା ଅହଂକାର- କଦବା ସ୍ୱାର୍ଥପ୍ରଣୋଦିତ, କଦବା ଆତ୍ମତୃପ୍ତି-ପ୍ରଣୋଦିତ, କଦବା ସ୍ୱଷ୍ଟ, କଦବା ଅବଚେତନ।"[୬୦]

ପ୍ରାବନ୍ଧିକ 'କଚ୍ଛପ-ପତନ' ଶୀର୍ଷକ ପ୍ରବନ୍ଧରେ କହିଛନ୍ତି, କାଳ ଆଗରେ ମନୁଷ୍ୟ ନତମସ୍ତକ। ବିଧାତାଙ୍କ ଆଇନ୍ ସମସ୍ତଙ୍କ ପାଇଁ ସମାନ। ସେଥିରୁ କେହି ଆମେ ବାଦ

ପଡ଼ିବାନାହିଁ । ଆଜି ଯିଏ ରାଜା କାଲି ସେ ସର୍ବହରା ହୋଇ ବୁଲୁଛି । ମହାକାଳର ଏଇ ଇଙ୍ଗିତକୁ ମଣିଷ ଆଜି ଭୁଲିଯାଇ ଅହଙ୍କାରର ବଶବର୍ତ୍ତୀ ହେଉଛି । ଫଳରେ ଅହଂକାର ତାକୁ ସାମାଜିକ ପ୍ରତିପ୍ରତିଷ୍ଠା ଆଣିବା ପରିବର୍ତ୍ତେ ବିପଦ ସଙ୍କୁଳିତ ଆଡ଼କୁ ଟାଣିନେଉଛି । ଏଣୁ ପ୍ରାବନ୍ଧିକ ଏଠାରେ ବିଧାତାଙ୍କ ପ୍ରେରିତ କର୍ମଫଳ ଆମ ମୁଣ୍ଡରେ କଚ୍ଛପ ହୋଇ ପଡ଼ିବାର ସୂଚନା ଦେଇଛନ୍ତି । ତାଙ୍କ ମତରେ ବିଧାତାଙ୍କ ଆଖିରେ ଆମେ ସମସ୍ତେ ଚନ୍ଦା ତେଣୁ କଚ୍ଛପଟିଏ ଆମ ମୁଣ୍ଡ ଉପରେ ପଡ଼ିବା ଭୟ ରହିବା ଆବଶ୍ୟକ । କେହି ତାଙ୍କ ବକ୍ରଦୃଷ୍ଟିର ଅନ୍ତରାଳରୁ ମୁକ୍ତି ପାଇପାରିବେ ନାହିଁ । କର୍ମ ଅନୁସାରେ ଫଳ ଆମ ପାଇଁ ସର୍ବଦା ଗଚ୍ଛିତ ହୋଇରହିଛି । ଏଣୁ ଉତ୍ତମ କର୍ମର ପଥଚାରୀ ହେବାକୁ ସେ ଆମକୁ ପରାମର୍ଶ ଦେଇଛନ୍ତି ।

'କୋଳାହଳ' ପ୍ରବନ୍ଧରେ ସାଂପ୍ରତିକ ମଣିଷ ପାଇଁ ଏକ ମହତ୍ତର ଜୀବନ ଦର୍ଶନ ହୋଇପାରେ । କ୍ଷମତା ପାଇଁ ଆମ ପାଖରେ ଉଭୟ ଆକର୍ଷଣ ରହିଥାଏ । କ୍ଷମତାକୁ ପାଇବା ପାଇଁ ମଣିଷ ମାନବିକତାର ସର୍ବନିମ୍ନ ସ୍ତରକୁ ମଧ୍ୟ ଯାଇପାରେ । ଏହାର ପ୍ରଧାନ କାରଣ କ୍ଷମତାଶୀଳ ବ୍ୟକ୍ତି ଚାରିପଟେ ଥିବା କର୍ମଚାରୀମାନେ ତାଙ୍କର ଯେଉଁ ଭବ୍ୟ ପୂଜାଅର୍ଚ୍ଚନା କରନ୍ତି, ସେଥିପାଇଁ ତାଙ୍କର ମୋହ ମାଡ଼ିବସେ ଆତ୍ମସ୍ତୁତି ଶୁଣିବା ପାଇଁ । ତେଣୁ ସବୁବେଳେ ସେମାନେ କୋଳାହଳମୟ ବାତାବରଣରେ ରହିବା ପାଇଁ ଇଚ୍ଛାପ୍ରକାଶ କରନ୍ତି । ପରନ୍ତୁ, ପ୍ରାବନ୍ଧିକ ଥରେ ସତର୍କ କରାଇ ଦେଇଛନ୍ତି ଯେ- ସେହି ସକ୍ଷମତାଶୀଳ ବ୍ୟକ୍ତି ଯେତେବେଳେ ପଦ ପଦବୀରୁ ଖସିଆସେ ବା କ୍ଷମତାଶୂନ୍ୟ ହୋଇଯାଏ ସେତେବେଳେ ତା'ର ଇର୍ଷା ହତାଶା ଓ ବିମର୍ଷ ଭାବ ସୃଷ୍ଟିହୁଏ । ଏଣୁ ଏ କୋଳାହଳ ପୂର୍ଣ୍ଣ ବାତାବରଣ ପାଇଁ ଆମେହିଁ ଉତ୍ତରଦାୟୀ । ଯାହାଦ୍ୱାରା ସତ୍ୟ ଓ ମିଥ୍ୟା ଲୁକାୟିତ ହୋଇଯାଉଛି । ଏଥିପାଇଁ ପ୍ରାବନ୍ଧିକ କୁହନ୍ତି- "କ୍ଷମତାସୀନ ପ୍ରତି ଆମର ଏ ହେତୁହୀନ ମନୋଭାବ ଯେଯାଏ ନ ବଦଳିଛି, ସେ ପର୍ଯ୍ୟନ୍ତ ଆମ ରାଜନୀତିବିତ୍ ମାନଙ୍କ ଗୁଣଗତ ପରିବର୍ତ୍ତନ ହେବ, ଏ ଆଶା ବିଡ଼ମ୍ବନା । ରାଜନୀତି କରିବେ ଓ ନେତା ହେବେ ସେହିମାନେ, ଯେଉଁମାନେ ଆମଠୁଁ ସ୍ତୁତି ଶୁଣିବାକୁ ଉଦ ?ଗ୍ରୀବ । ସେ ସ୍ତୁତି ଶ୍ରବଣ ଯେପରି ସ୍ଥାୟୀହେବ, ସେଥିପାଇଁ ଆମକୁ ପ୍ରୀତ କରିବା ଦିଗରେ ବହୁ କିସମର ପଦକ୍ଷେପ ନେବାକୁ ସେମାନେ ପ୍ରସ୍ତୁତ । ସେସବୁ ପଦେକ୍ଷପ ସର୍ବଦା ବିବେକସମ୍ମତ ହେବନାହିଁ । ଜନତାର ସ୍ତୁତିରେ ନିଜସ୍ୱ ହେତୁଅଛି ।"(୬୧)

'ତାବଚ୍ଚ ଶୋଭତେ ମୂର୍ଖୋ....' ପ୍ରବନ୍ଧରେ ସାଂପ୍ରତିକ ସମାଜରେ ରାଜନୀତିଜ୍ଞମାନଙ୍କ ସମ୍ପର୍କରେ ଆଲୋଚନା କରିଛନ୍ତି । ଗୋଟିଏ କଥା ଆମେ ସମସ୍ତେ ଜାଣିଛନ୍ତି ମୂର୍ଖଟିଏ ଉତ୍ତମ ବସ୍ତ୍ରପିନ୍ଧି ସଭାରେ ସେତେବେଳେ ଯାଏଁ ଆଦର ଲାଭକରେ,

ଯେତେବେଳେ ଯାଏଁ ସେ ତୁଣ୍ଡଖୋଲି ନଥାଏ। ଠିକ୍ ସେହିପରି ଆଜି ଆମ ରାଜନେତାମାନଙ୍କ ଅବସ୍ଥା ସେମାନେ ଯେତେବେଳେ ଯାଏଁ ପାଟିତୁଣ୍ଡ କରି ଗର୍ଜନ କରିପାରୁଥିବେ ସେତେବେଳେ ପର୍ଯ୍ୟନ୍ତ ଲୋକଲୋଚନ ହୋଇପାରୁଥିବେ। ଆଉ ଯେବେ ଲୋକମାନଙ୍କ ପାଇଁ ପ୍ରକୃତ ପକ୍ଷେ କାମ କରିବାକୁ ସମୟ ଆସିଥାଏ ସେମାନେ ମୂର୍ଖପରି ଖସରା ମାରିବାକୁ ଚେଷ୍ଟାକରନ୍ତି। ଏକାଧିକ କ୍ଷମତା ଲୋଭରେ ଏମାନେ ନିଜର ପତିଆର ବଢାଇଛନ୍ତି ହେଲେ ତାହା ଉଚିତ୍ କାର୍ଯ୍ୟକାରୀ ହୋଇପାରୁନାହିଁ। ଏଥିପାଇଁ ପ୍ରାବନ୍ଧିକ ମନ୍ତବ୍ୟ ରଖିଛନ୍ତି ଯେ- "ବାକ୍ୟବୀର ହେବା ସହଜ; କର୍ମୀ ହେବା ସହଜ ନୁହେଁ- କର୍ମବୀର ତ ବହୁ ଦୂରର କଥା। ପ୍ରଶ୍ନ ହେଲା ଏହି ସହଜ ସତ୍ୟ କାହିଁକି ରାଜନୀତିକି ଲୋକ ବୁଝନ୍ତି ନାହିଁ ? କାହିଁକି ଟିକିଏ ଆତ୍ମନିରୀକ୍ଷଣ କରି ଜଣେ ନିଜ କର୍ମକ୍ଷମତାର ପରିସର କେତେ, ସେତକ କଲେ ନାହିଁ ? ସେହି ପରିସର ଭିତରେ ରହି ଧୀରେ ଧୀରେ ସ୍ୱାଭାବିକ ରୀତିରେ ନିଜ ବିକାଶ ଅନୁପାତରେ ପରିସରକୁ ବ୍ୟାପକ କରିବାର ପ୍ରୟାସ ନକରି କାହିଁକି ଜଣେ ଏକାଧିକ ଆସନ ଆବୋରି ବସିବାକୁ ଚାହେଁ ?"[୬୨]

(ଛ) ପରିବେଶ ସୁରକ୍ଷା ଓ ସଚେତନଧର୍ମୀ :

ପ୍ରକୃତି ସହ ମନୁଷ୍ୟର ସମ୍ପର୍କ ଶରୀର ଓ ଆତ୍ମା ସଦୃଶ୍ୟ। ଯେମିତି ଶରୀରରେ ଆତ୍ମା ନରହିଲେ ତାହା ମୃତ ବୋଲି ଘୋଷିତହୁଏ ଠିକ୍ ସେମିତି ସୃଷ୍ଟିରେ ଯଦି ପ୍ରକୃତି ଧ୍ୱଂସ ପାଇଯାଏ ତେବେ ସଂପୂର୍ଣ୍ଣ ଜୀବଜଗତ ମାଟିରେ ମିଶିଯିବ। ତେଣୁ ମଣିଷ ନିଜର ବିଚାର ବୁଦ୍ଧିର ଦୁରୁପଯୋଗ କରି ଯେଉଁ ପ୍ରାକୃତିକ ପରିବେଶକୁ ଧ୍ୱଂସାଭିମୁଖୀ ଆଡ଼କୁ ନେଇଯାଉଛି ତାର ପରିଣାମ ସ୍ୱରୂପ ପ୍ରକୃତିକ ବିପର୍ଯ୍ୟୟ ସେ ପ୍ରତି ମୁହୂର୍ତ୍ତରେ ସାମ୍ନା କରୁଛି। ଏଣୁ ପ୍ରାବନ୍ଧିକ ମନୋଜ ଦାସ ତାଙ୍କ ରଚନାରେ ପ୍ରାକୃତିକ ଜୀବଜଗତ ପ୍ରତି ମଣିଷର ଥିବା ଦାୟିତ୍ୱ ସମ୍ପର୍କରେ ସଚେତନ କରାଇଦିଅନ୍ତି। ଭାରତର ଐତିହ୍ୟ ବନ, ପାହାଡ଼ ଓ ଝରଣାରୁ ସୃଷ୍ଟି। ଆଜି ତାହା ଆଧୁନିକ ଯନ୍ତ୍ରାଂଶରେ ସଜେଇହେବାକୁ ଲାଗିଛି। ଯାହାଦ୍ୱାରା ଜଙ୍ଗଲୀ ଜୀବଜନ୍ତୁ ଓ ବୃକ୍ଷ ଆଦି ବ୍ୟାପକ ଭାବରେ ଧ୍ୱଂସ ପ୍ରାପ୍ତ। ଫଳରେ ଜୈବବିବିଧତାର ପ୍ରଭାବ ଆମ ବାୟୁମଣ୍ଡଳ ଉପରେ ପଡୁଛି। ଜଣେ ସଚେତନ ଶିଳ୍ପୀ ଓ ଜୀବଜଗତ ପ୍ରତି ଶ୍ରଦ୍ଧାବାନ୍ ମଣିଷ ହିସାବରେ ପ୍ରାବନ୍ଧିକ ଶ୍ରୀଯୁକ୍ତ ଦାସ ଚେତାଇ ଦେଇଛନ୍ତି।

'ଜିମ୍ କର୍ବେଟ୍' ଶୀର୍ଷକ ପ୍ରବନ୍ଧରେ ପ୍ରାବନ୍ଧିକ ଶ୍ରୀଯୁକ୍ତ ଦାସଙ୍କ ଚିନ୍ତାଚେତନାରେ ପରିବେଶ ସୁରକ୍ଷା ପାଇଁ ବ୍ୟାପକ ହୃଦୟାବେଗ ପ୍ରକାଶିତ ହୁଏ।

ବିପୁଳ ଜନସଂଖ୍ୟା ପାଇଁ ମଣିଷ ବିଭିନ୍ନ କାରଣରୁ ପରିବେଶରେ ଥିବା ଜଙ୍ଗଲଠାରୁ ଆରମ୍ଭକରି ଜୀବଜନ୍ତୁଙ୍କ ପର୍ଯ୍ୟନ୍ତ ସମସ୍ତଙ୍କ ଉପରେ ନିଜର ପ୍ରଭାବ ବିସ୍ତାର କରୁଛି। ଫଳରେ ପ୍ରାକୃତିକ ବିପର୍ଯ୍ୟୟ ଭଳି ଦୁର୍ବିପାକ ଓ ପଶୁପକ୍ଷୀମାନଙ୍କର ହିଂସ୍ରାଭିମୁଖୀ ଉପଦ୍ରବ୍ୟରେ ଶିକାର ହେଉଛନ୍ତି। ଏଥିପାଇଁ ପ୍ରାବନ୍ଧିକ 'ଜିମ୍ କର୍ବେଟ୍'ଙ୍କ ସମ୍ପର୍କରେ ଉଲ୍ଲେଖ କରିଛନ୍ତି; ଭାରତରେ ଇଂରେଜମାନେ ଶାସନ କରୁଥିବା ସମୟରେ ସେମାନେ ଶିକାର କରିବା ନାମରେ ପଶୁପକ୍ଷୀମାନଙ୍କୁ ଅଜସ୍ର ପରିମାଣରେ ଶିକାରକରି ସବୁଜ ଅରଣ୍ୟକୁ ରକ୍ତରଞ୍ଜିତ କରିଥିଲେ। ଶିକାର କମ୍ ବରଂ ବୀଭତ୍ସତାଣ୍ଡବ ଅଧିକ ହେଉଥିଲା। ଏମାନଙ୍କୁ ସାହାଯ୍ୟ କରୁଥିଲେ ଆମ ଦେଶର ରାଜା ଓ ମନ୍ତ୍ରୀମାନେ। ଉତ୍ତର ପ୍ରଦେଶର ବନ୍ୟଜନ୍ତୁମାନଙ୍କୁ ସୁରକ୍ଷା ଦେବା ପାଇଁ ଜିମ୍ କର୍ବେଟ୍ ଜେଣ ତାରଣକର୍ତ୍ତା ଭାବେ ଉପସ୍ଥିତ ହୋଇଥିଲେ ବାଘପ୍ରତି ମଣିଷର ଥିବା ଭାବନାକୁ ସେ ତାଙ୍କ ରଚିତ ପୁସ୍ତକରେ ବଦଳାଇ ଦେଇଥିଲେ। ସେ ଜଣେ ମେଜର ଥିବାରୁ ବ୍ରିଟିଶମାନଙ୍କୁ ଭୟ କରୁନଥିଲେ। ଏଣୁ ତାଙ୍କ ସମୟରେ ଉଭୟ ଜଙ୍ଗଲ ଓ ଜୀବଜନ୍ତୁ ସୁରକ୍ଷିତ ରହିପାରୁଥିଲା। ସେଥିପାଇଁ ଭାରତ ସରକାର ତାଙ୍କ ନାମରେ ନୈନିତାଲ ଜିଲ୍ଲାରେ କେତୋଟି ପାର୍କ ମଧ୍ୟ ଖୋଲିଥିଲେ। ପରନ୍ତୁ, ଆଜି ପର୍ଯ୍ୟନ୍ତ ପଶୁପକ୍ଷୀଙ୍କୁ ଶିକାର କରିବା ବନ୍ଦ ହୋଇପାରିଲା ନାହିଁ। ଏଥିପାଇଁ ପ୍ରାବନ୍ଧିକ ଆଶାକରନ୍ତି- "ଜିମ୍ କର୍ବେଟ୍ ତାଙ୍କ ଜୀବନର ଶେଷ ଭାଗରେ ଭାରତର ଅମୂଲ୍ୟ ଜୀବଜନ୍ତୁମାନଙ୍କର କ୍ଷିପ୍ର କ୍ଷୟରେ ବିବ୍ରତବୋଧ କରୁଥିଲେ। ତାଙ୍କ ଶତବାର୍ଷିକୀରେ ଉପରୋକ୍ତ ବିରୋଧର ଅବସାନ ହୋଇପାରିଲେ ମଙ୍ଗଳ ହୁଅନ୍ତା।"(୬୩)

ପ୍ରାଚୀନ ଭାରତର ଇତିହାସ ଓ ସଂସ୍କୃତି ବୃକ୍ଷଲତାକୁ ନେଇ ଲିପିବଦ୍ଧ। ରାମାୟଣରେ ରାମ ବନବାସ କଥା ହେଉ କିମ୍ବା ମହାଭାରତରେ ପାଣ୍ଡବଙ୍କ ଅଜ୍ଞାତବାସ କଥା ହେଉ ସବୁଥିରେ ଏହି ଅରଣ୍ୟ ଓ ବୃକ୍ଷଲତା ମଣିଷର ସହଚର ହୋଇ ରହିଆସିଥିଲା। ପରନ୍ତୁ ଆଜିର ମଣିଷର ଆବଶ୍ୟକ ଠାରୁ ଅଧିକ ଆତ୍ମସନ୍ତୋଷ ପ୍ରତି ଶ୍ରଦ୍ଧାହୀନ ହୋଇ ଜଙ୍ଗଲ ଧ୍ୱଂସ କରିବାରେ ଲାଗିଛି। ଅରଣ୍ୟ ପରିପୂରିତ ଭାରତ ଆଜି ଅନଅରଣ୍ୟ ପରି ଦୃଷ୍ଟିଗୋଚର ହେଉଛି। ପ୍ରାବନ୍ଧିକ ଏହାକୁ ଲକ୍ଷ୍ୟକରି 'ବୃକ୍ଷ' ନାମରେ ଏକ ପ୍ରବନ୍ଧ ରଚନା କରିଛନ୍ତି। ଯେଉଁଥିରେ ଦର୍ଶାଇଛନ୍ତି ସାହିତ୍ୟ, କଳା, ସଂସ୍କୃତିର ମୂଳ ଆଧାର ହେଉଛି ଅରଣ୍ୟରାଜି। ଯେଉଁଠି ମଣିଷର ଭାବପୂର୍ଣ୍ଣ ଆବେଗ କଲମମୁନରେ ସୃଜନୀଶୀଳ ହୋଇଉଠିଛି। ପ୍ରାଚ୍ୟରେ ବାଲ୍ମୀକି ଓ କାଳିଦାସଙ୍କ ଠାରୁ ଆରମ୍ଭ କରି ପାଶ୍ଚାତ୍ୟ ସାହିତ୍ୟିକ ୱାର୍ଡସ ୱାର୍ଥ ଏବଂ ଆମ ଓଡ଼ିଆ ସାହିତ୍ୟର ଉପେନ୍ଦ୍ର ଭଞ୍ଜ, ରାଧାନାଥ ରାୟ ଓ ଗଙ୍ଗାଧର ମେହେରଙ୍କ ପରି ସ୍ରଷ୍ଟାମାନେ ପ୍ରକୃତିକୁ ମାନବୀୟ

ପରିକଳ୍ପନାରେ କାବ୍ୟ କବିତା ଲେଖୁଥିଲେ ପରନ୍ତୁ, ଆଜି ତାହା କଂକ୍ରିଟ୍ ଜଙ୍ଗଲରେ ପରିଣତ ହୋଇଯାଇଛି । ଦିନଥିଲା ପାଶ୍ଚାତ୍ୟ ଜଗତରେ ଦ୍ରୁତ ଶିଳ୍ପାୟନ ଚାଲିଥିଲା ଓ ସେମାନେ ଭାରତୀୟ ଜଳବାୟୁକୁ ଅଧିକ ପସନ୍ଦ କରୁଥିଲେ । ଆଜି ପରସ୍ଥିତି ସଂପୂର୍ଣ୍ଣ ବଦଳିଯାଇଛି । ଏଥିପାଇଁ ପ୍ରାବନ୍ଧିକ କହିଛନ୍ତି- "ବିଷର୍ଣ୍ଣ ଅନୁଭବ କରୁଥିଲି । ଜର୍ମାନୀର ଯାନ୍ତ୍ରିକ ନଗରୀ ମ୍ୟୁନିକ୍ ଭଳି ସ୍ଥାନରେ ଦେଖିଛି, ସହରକୁ ଛୁଇଁ ମାଇଲ୍-ମାଇଲ୍ ବ୍ୟାପୀ ଅରଣ୍ୟ । ସେ ଅରଣ୍ୟ-ମଧ୍ୟବର୍ତ୍ତୀ ରାସ୍ତାରେ ସନ୍ଧ୍ୟାଭ୍ରମଣ କଲାବେଳେ ଅଦୂରରେ ହରିଣମାନେ ଦୌଡ଼ା ଦୌଡ଼ି କରିବାର ଦେଖିଛି । ପାଶ୍ଚାତ୍ୟ ଭୂ-ଖଣ୍ଡରେ ଏକଥା ସମ୍ଭବ ହେଲାବେଳେ ଭାରତରେ ଯାହା ସେଦିନ ଯାଏ ସତ୍ୟ ଥିଲା, ଆଜି ଆମେ ସେଥିରେ ଜଳାଞ୍ଜଳି ଦେଇଛୁ ।"[୭୪]

'ପ୍ରକୃତିର ପ୍ରତିହିଂସା' ପ୍ରବନ୍ଧରେ ପ୍ରାବନ୍ଧିକ ଆମକୁ ସୁରକ୍ଷା ଦେଉଥିବା ପ୍ରକୃତି ଯେତେବେଳେ ଆଜି ଅବହେଳିତ ହେଉଛି, ସେତେବେଳେ ପ୍ରତିହିଂସା ପରାୟଣ ହୋଇ ସେ ତା'ର ପ୍ରତିଶୋଧ ନେଉଥିବାର ପ୍ରସଙ୍ଗ ଏଥିରେ ବର୍ଣ୍ଣିତ ହୋଇଛି । ବୈଜ୍ଞାନିକମାନଙ୍କ ମତରେ ଆଜି ଯେଉଁଭଳି ଭୌଗୋଳିକ ଅବକ୍ଷୟ ହେଉଛି ତା' ଆସନ୍ତାକାଲି ଧ୍ୱଂସଲୀଳା ରଚିବା ପାଇଁ ପ୍ରସ୍ତୁତିମାତ୍ର । କେବଳ ପ୍ରକୃତି ନୁହେଁ ଜଙ୍ଗଲରେ ଥିବା ଜୀବଜନ୍ତୁ ମଧ୍ୟ ଆଜି ଆନେକ ମାତ୍ରାରେ ବିଲୁପ୍ତ ହୋଇଗଲେଣି । ଏହାର ପ୍ରଧାନ କାରଣ ମନୁଷ୍ୟର ଆଧୁନିକ ବ୍ୟବହାର ନିମନ୍ତେ, ସବୁବେଳେ ନିଜ ସୁଖସୁବିଧା ଚିନ୍ତାକରି ସେ ଆଜି ଜୀବଜନ୍ତୁଙ୍କ ପ୍ରତି ଘୋର ଅନ୍ୟାୟ କରିଚାଲିଛି । ପରିସଂଖ୍ୟାନ ଦୃଷ୍ଟିକୋଣରୁ ବିଚାର କଲେ ଏକ ସନ୍ତୁଳିତ ବାତାବରଣ ନିମନ୍ତେ ସୃଷ୍ଟିର ଛୋଟରୁ ବଡ଼ ଜୀବ ପର୍ଯ୍ୟନ୍ତ ସମସ୍ତଙ୍କର ରହିବାର ଅଧିକାର ଅଛି । ପ୍ରକୃତି କିପରି ପ୍ରତିହିଂସା ଆଡ଼କୁ ଅଗ୍ରସର ହୋଇଛି ତାର ନମୁନା ଦେବାକୁ ଯାଇ ପ୍ରାବନ୍ଧିକ ଏକ ସତ୍ୟଘଟଣା ଏଥିରେ ବର୍ଣ୍ଣନା କରିଛନ୍ତି ।

କାନପୁର I.I.T. ଠାରେ ନବନିର୍ମିତ ପରିସରକୁ ସ୍ଥାନାନ୍ତରୀତ ହେବା ନିମନ୍ତେ ଉଭୟ ଛାତ୍ର, ଗବେଷକ ଓ ଅଧ୍ୟାପକମାନେ ଆସିଥିଲେ ରାତ୍ରିରେ ସେମାନେ ବୁଲାକୁକୁରଙ୍କ ଆବାଜରେ ଶୋଇପାରିଲେ ନାହିଁ । ଫଳରେ ସେମାନଙ୍କୁ ଗୁଳିକରି ମାରିବା ପାଇଁ କେତେକ ଅଧ୍ୟାପକ ଓ ଛାତ୍ରମାନେ ମିଶି ଉଦ୍ୟମ କଲେ । ଏବଂ କେତେଗୁଡ଼ିଏ କୁକୁରଙ୍କୁ ମଧ୍ୟ ହତ୍ୟାକଲେ । ଠିକ୍ ସେହିଦିନ ରାତିରେ ଆଉ ଏକ କୋଠରି ମଧ୍ୟରେ ଗୋଟିଏ ହାଏନା ପଶି ନବଜାତ ଶିଶୁକୁ କାମୁଡ଼ି ନେଇଯିବା ଘଟଣା ଘଟେ ଫଳରେ ମହିଳା ଜଣକ ଜୋର୍ ରେ କାନ୍ଦିବାରୁ ଏମାନେ (ଅଧ୍ୟାପକ ଓ ଛାତ୍ର) ଆସି ଦେଖନ୍ତି ସେମାନଙ୍କ ମଧ୍ୟରୁ ଜଣେ ଅଧ୍ୟାପକ ସଦ୍ୟଜାତ ଶିଶୁକୁ ହାଏନା

ଯେତେବେଳେ ନେଇଯାଉଥିଲା ଏ କୁକୁରପଲ ତାକୁ ଅବରୋଧ କରୁଥିଲେ। ସୁତରାଂ ମଣିଷକୁ ରକ୍ଷା କରିବା ନିମନ୍ତେ ପ୍ରକୃତି ସର୍ବଦା ଏକ ଇଙ୍ଗିତ ଦେଇଥାଏ। ପରନ୍ତୁ, ଧୂର୍ତ୍ତ ମଣିଷ ସେ ସବୁକୁ ବୁଝିବାକୁ ଅକ୍ଷମ ହୋଇଥାଏ। ଏଥିପାଇଁ ପ୍ରାବନ୍ଧିକ କୁହନ୍ତି- ପ୍ରକୃତି ତା'ର ନିଜସ୍ୱ ରୀତିରେ ଯେଉଁ ଭାରସାମ୍ୟ ରଖୁଥିଲା, ଏହାକୁ ମଣିଷ ନବୁଝି ନ ବିଚାରି ଭାଙ୍ଗିଦେବା ଫଳରେ ବିକଳ ପ୍ରକୃତି ପ୍ରତିହିଂସା ନେଲା। ତେବେ ଏ ପ୍ରତିହିଂସା କେବଳ ମାତ୍ର ଆମ ସ୍ଥୂଳ ବ୍ୟବହାର ବିରୁଦ୍ଧରେ ଉଦ୍ଦିଷ୍ଟ ନୁହେଁ; ଯେଉଁ ଧରଣର ମାନସିକତା ଓ ବେପରୁଆ ଭାବ ଭିତରୁ ସେଭଳି ବ୍ୟବହାର ସମ୍ଭବ ତାହାରି ବିରୁଦ୍ଧରେ ଉଦ୍ଦିଷ୍ଟ।"(୬୫)

'ଭାଲୁ ପାଇଁ ଭେଟି !' ପ୍ରବନ୍ଧରେ ସାଂପ୍ରତିକ ମଣିଷର ପଶୁପକ୍ଷୀମାନଙ୍କ ଉପରେ ହେଉଥିବା ଅତ୍ୟାଚାର ପ୍ରସଙ୍ଗରେ ବର୍ଣ୍ଣନା ହୋଇଛି। ଆଜିର ମଣିଷ ଜ୍ଞାନର ଦୁରୁପଯୋଗ କରି ସେମାନଙ୍କୁ ବଡ଼ ନିର୍ମମ ଭାବେ ମାରିଚାଲିଛି। ଏକ ପଶୁଗଣନା ଅନୁସାରେ ୧୯୦୦ ମସିହାରେ ଭାରତର ବାଘସଂଖ୍ୟା ୪୦,୦୦୦ ଥିଲା ଆଉ ଆଜି ୧୯୭୨ରେ ତାହା ୧,୮୨୭ ଆସି ପହଞ୍ଚିଛି। ଗୋଟେ ପଟେ ମଣିଷର ଜନସଂଖ୍ୟା ଯେତେ ବଢୁଛି ଏ ପଶୁ ମାନଙ୍କର ସଂଖ୍ୟା ଦିନକୁ ଦିନ ସେତେ ହ୍ରାସ ପାଉଛି। ସବୁଠାରୁ ବଡ଼ ଦୁଃଖର କଥା ଚିଡ଼ିଆଖାନାରେ ଥିବା ବନ୍ଦୀ ପଶୁପକ୍ଷୀମାନଙ୍କ ପ୍ରତି ମଧ୍ୟ ମଣିଷର ଦୟାଭାବ ସୃଷ୍ଟି ହେଉନାହିଁ। ନିଜର ମନୋରଞ୍ଜନ ନିମନ୍ତେ କେବଳ ଛତାବାଡ଼ି ଗେଞ୍ଜୁ ନାହାଁନ୍ତି ବେଳେ ବେଳେ ଭାଲୁକୁ ଆଖୁରେ କାଚ ଖଣ୍ଡପୁରାଇ ଧରାଇ ଦେଉଛନ୍ତି। ଏପରି ଭେଟି ଯଦି ମନୁଷ୍ୟ ପାଇଁ ହୁଆନ୍ତା ତେବେ ସେ ବୁଝିପାରନ୍ତା ପରିସ୍ଥିତି କିପରି ଅନୁଭୂତ ହେଉଛି। ସମୟ ଅନୁସାରେ ମଣିଷର ମାନସିକ ଭାରସ୍ୟାମ ମଧ୍ୟ ହରାଇବାକୁ ଲାଗିଛି। ତାର ପରିଣାମ ସ୍ୱରୂପ ଆଜି ଏପରି ହେଉଛି ବୋଲି ପ୍ରାବନ୍ଧିକ କୁହନ୍ତି।

'ଅବିଚଳ ଅଭୀପ୍ସାର ପ୍ରତୀକ' ପ୍ରବନ୍ଧରେ ଦେଖିବାକୁ ମିଳେ ପ୍ରାବନ୍ଧିକ ବହୁ ଦେଶ ବିଦେଶ ଭ୍ରମଣ କରିଥିବାରୁ, ସମସ୍ତ ଜଳବାୟୁ ଓ ପରିବେଶ ସହ ନିବିଡ଼ ହୋଇପାରିଛନ୍ତି। ଛାତ୍ର ଜୀବନରେ ଇଣ୍ଡୋନେସିଆ ଯାଇଥିବା ସମୟରେ ସେଠାରେ ଏକ ନୂଆ ପରମ୍ପରା ଦେଖିଥିଲେ- ବାନ୍ଦୁଂ ମହାନଗରୀର ବରପାତ୍ରମାନେ ବିବାହ ପୂର୍ବରୁ ପ୍ରଥମେ ଗୋଟିଏ ବୃକ୍ଷରୋପଣ କରିବେ। ଯଦି ନିଜ ବାଡ଼ିର ଜାଗା ନଥିବ ତେବେ ତାଙ୍କୁ ସେହି ଅଞ୍ଚଳର ନଗରପାଳ ତାଙ୍କୁ ବୃକ୍ଷରୋପଣ ପାଇଁ ଜାଗା ଦେବେ। ଏହି ପରମ୍ପରାକୁ ଲକ୍ଷ୍ୟକରି ପ୍ରାବନ୍ଧିକ ଭାରତର ପ୍ରାଚୀନ ଲୋକ ପରମ୍ପରାକୁ ମନେପକାଇଛନ୍ତି। ମଣିଷ ସହିତ ବୃକ୍ଷର ସୂକ୍ଷ୍ମଜଗତରେ ସମ୍ପର୍କ ଥିବାରୁ ସେ ତାକୁ

ବିବାହ ମଧ୍ୟ କରୁଥିଲା। ଲୌକିକ ଜଗତରେ କଥାଟା ଅନ୍ଧବିଶ୍ୱାସ ହୋଇପାରେ, କିନ୍ତୁ ବୃକ୍ଷସହ ସମ୍ପର୍କ ଥିବା କଥା ଏଡ଼ାଇ ଦିଆଯାଇ ନପାରେ। ଏଥିପାଇଁ ପ୍ରାବନ୍ଧିକ ବୃକ୍ଷକୁ ପ୍ରକୃତିର ପ୍ରଶାନ୍ତ, ସ୍ଥିର ଇଚ୍ଛାର ପ୍ରତୀକ ବୋଲି କହିଛନ୍ତି। ତାଙ୍କ ମତରେ- "ଭାରତର ଜନସାଧାରଣ କାଳକ୍ରମେ ସ୍ୱଦେଶର ବହୁ ତାତ୍ପର୍ଯ୍ୟପୂର୍ଣ୍ଣ ପରମ୍ପରା ଯେପରି ପାସୋରି ଦେଇଛନ୍ତି, ଏହାକୁ ମଧ୍ୟ ସେହିପରି ପାସୋରି ଦେଇଛନ୍ତି। ପ୍ରକୃତିର ନିକଟତମ ପ୍ରତିନିଧି ବୃକ୍ଷସହ ସେମାନଙ୍କ ଅନ୍ତରଙ୍ଗତା ତୁଟିଯାଇଛି। ତା'ର ପୁନଃପ୍ରତିଷ୍ଠା ଦିଗରେ ଉଦ୍ୟମ ସ୍ୱରୂପ ଇଣ୍ଡିନେସିଆର ଉପରୋକ୍ତ ପଦକ୍ଷେପ ଅନୁସରଣ କଲେ ମନ୍ଦ ହୁଅନ୍ତା ନାହିଁ।"[୬୬]

'ଦାୟିତ୍ୱହୀନ' ପ୍ରବନ୍ଧରେ ପରିବେଶ ଓ ସମାଜପ୍ରତି ଆମର ଅସଲ ଦାୟିତ୍ୱହୀନତା ସମ୍ପର୍କରେ ପ୍ରାବନ୍ଧିକ ମନେପକାଇଦିଅନ୍ତି। ପ୍ରାବନ୍ଧିକ ସୁଇଡେନ୍ କୁ ଆନ୍ତର୍ଜାତିକ ଶିଶୁବର୍ଷ ପାଳିବାକୁ ଯାଇଥିବା ଅବସରରେ ସେଠାରେ ଏକ ଆକର୍ଷଣୀୟ ପୋଷ୍ଟର ମରାଯାଇଥିବାର ଦେଖିଲେ। ତାହାଥିଲା ଗୋଟେ ନବଜାତ ଶିଶୁର ମୁହଁରେ ଅକ୍ସିଜେନ ମୁଖା ଲଗାଯାଇଥିବାର। ଫଳରେ ଶିଶୁଟି ବଡ଼ ଭୟଙ୍କର ଦୃଶ୍ୟମାନ ହେଉଛି। ଏହାର କାରଣ ସାଂପ୍ରତିକ ସମୟରେ ବାୟୁମଣ୍ଡଳ ଯେଉଁ ପରିମାଣରେ ପ୍ରଦୂଷିତ ହେବାରେ ଲାଗିଛି, ଭବିଷ୍ୟତରେ ଏହି ପିଲାମାନଙ୍କ ପାଇଁ ନିଶ୍ୱାସ ନେବା ବଡ କଷ୍ଟକର ହୋଇପଡିବ। ସେହିପରି ବର୍ତ୍ତମାନର ସାମାଜିକ ବ୍ୟବସ୍ଥାରେ ଯେଉଁଭଳି ବେପରୁଆ ଚଳଚ୍ଚିତ୍ରର ଅଶ୍ଳୀଳ ପୋଷ୍ଟରସବୁ ପ୍ରକାଶ ପାଉଛି ତାହା ଆଗାମୀ ପିଢୀର ପିଲାଙ୍କ ପାଇଁ ଯେଉଁ ପରିସ୍ଥିତି ସୃଷ୍ଟି ହେବ ତା'ର କଳନା କରାଯାଇନପାରେ। ଏହି ଉଦ୍ଦେଶ୍ୟରେ ପ୍ରାବନ୍ଧିକ ଚିନ୍ତା କରିଛନ୍ତି ଯେ- "ଆଜିର ଓ ଆଗାମୀ କାଲିର ଶିଶୁପାଇଁ ଖାଲି ସ୍ଥୁଳ ବାୟୁମଣ୍ଡଳ ଦୂଷିତ କରି ଆମେ କ୍ଷାନ୍ତ ନୋହୁଁ; ସୂକ୍ଷ୍ମ ବାୟୁମଣ୍ଡଳ ଆହୁରି ଅଧିକ ଦୂଷିତ କରିଦେଇଯାଉଛୁଁ।"[୬୭]

ପ୍ରାବନ୍ଧିକ ତାଙ୍କ 'ପ୍ରକୃତିର ଆଭିମୁଖ୍ୟ' ରେ ଉଲ୍ଲେଖ କରିଛ ଯେ- ଆମେ ଯେଉଁ ପ୍ରାକୃତିକ ସମ୍ପଦକୁ ବ୍ୟବହାର କରୁଛେ ତାହା ପ୍ରକୃତି ଆମ ସମସ୍ତଙ୍କ ପାଇଁ ତିଆରି କରିଛି। ଯଦି ତା'ଉପରେ ଏକଚାଟିଆ ଅଧିକାର କରାଯାଏ ତେବେ ତା ଆଭିମୁଖ୍ୟର ବ୍ୟାଘାତ ଘଟିବା ଫଳରେ ସଂଘର୍ଷ ଉପୁଜିବ। ନମୁନା ଦେବାକୁ ଯାଇ ସେ କୁହନ୍ତି ଆମେ ଏବେ ଏକ ଅବାସ୍ତବ କଳ୍ପନା କରିବା ସୂର୍ଯ୍ୟ ଯଦି ଗୋଟିଏ ଦେଶରେ ରହିଥାନ୍ତେ ତେବେ ତା'ର ମାଲିକ ହୋଇଥିବା ଦେଶଟି ଅନ୍ୟ ଦେଶ ଉପରେ ଜୁଲୁମ ଆରମ୍ଭ କରିଦିଆନ୍ତା। ଏହି ପ୍ରାକୃତିକ ସମ୍ପଦକୁ ନେଇ ଇତିହାସରେ ଅନେକ ସଂଘର୍ଷ ଘଟିଥିଲା ଆଉ ଆଜି ମଧ୍ୟ ତାହା ପୁନରାବୃତ୍ତି ହେଉଛି। ତୈଳ ସମ୍ପଦର ମାଲିକ ଆରବ ଆଜି ଯଦି ଅନ୍ୟ ଦେଶକୁ ସେହିପରି ନଦେବ କିମ୍ବା ମନମୁଖି

ଆରମ୍ଭ କରିବ ତେବେ ସଂଘର୍ଷ ହେବା ନିଶ୍ଚିନ୍ତ। ଏଥିପାଇଁ ଆମକୁ ପ୍ରାକୃତିକ ଉପାଦାନଗୁଡ଼ିକ ସଦୁପଯୋଗ କରିବାକୁ ହେବ। କୋଇଲା ଓ ତୈଳର ବିକଳ୍ପ ଆମକୁ ଖୋଜିବାକୁ ପଡ଼ିବ। ଏଥିପାଇଁ ପ୍ରାବନ୍ଧିକ କୁହନ୍ତି- "ତେଣୁ ସଭ୍ୟତା ତୈଳଶକ୍ତିର ବିକଳ୍ପ ଆବିଷ୍କାର ରୂପକ ସ୍ୱାଭାବିକ ପଦକ୍ଷେପ ନେବାକୁ ପାରଙ୍ଗମ ନହେଲେ ପ୍ରକୃତି ମଣିଷଭିତରେ ମହଜୁଦଥିବା ଶକ୍ତିକୁ କାମରେ ଲଗାଇବ। ଅର୍ଥାତ୍ ହଠାତ୍ କେତେକ ଶକ୍ତିଶାଳୀ ଦେଶ ଏକତ୍ର ହୋଇ ତୈଳସମ୍ପଦର ମାଲିକ ବୋଲାଉଥିବା ଦେଶମାନଙ୍କୁ ଯବତ କରିବାକୁ ଚେଷ୍ଟା କରିବେ ସ୍ଥୁଳଶକ୍ତି ଦ୍ୱାରା ହେବ ଯୁଦ୍ଧ। ଘଟିବ ନାନା ମର୍ମନ୍ତୁଦ ଘଟଣା। ତାହାରି ଭିତରେ ପ୍ରକୃତି ବୁଝେଇବାକୁ ଚେଷ୍ଟା କରିବା ତା'ର ଆଭିମୁଖ୍ୟ କ'ଣ।"(୬୮)

ସେହିପରି 'ଉଦାର ସୂର୍ଯ୍ୟ' ପ୍ରବନ୍ଧରେ ପ୍ରାବନ୍ଧିକ ଲେଖିଛନ୍ତି- ପ୍ରକୃତି ମଣିଷପ୍ରତି ଯେତେ ଉଦାର ହେଉଛି ମଣିଷ ତା' ପ୍ରତି ସେତେ ହିଂସ୍ରହେଉଛି। ପୃଥିବୀରେ ପଡୁଥିବା ସୂର୍ଯ୍ୟକିରଣ ମଧ୍ୟରୁ ୧ଘଣ୍ଟାରେ ଯେତକ କିରଣ ପଡେ ଆମ ଏ ଧରଣୀର ଏକବର୍ଷ ପର୍ଯ୍ୟନ୍ତ ସେତିକି କୋଇଲା, ତେଲ କିମ୍ବା ବିଦ୍ୟୁତ୍ ଶକ୍ତିର ଆବଶ୍ୟକତାକୁ ପୂରଣ କରିପାରିବ। ପ୍ରକୃତି ଠାରୁ ସବୁକିଛିପାଇ ମଧ ତା ପ୍ରତି ମଣିଷ ଯତ୍ନଶୀଳ ହୋଇପାରୁନାହିଁ। ଆମେରିକାର ରବିବାର ଖବରକାଗଜ ପାଇଁ ଯେତିକି କାଗଜ ଆବଶ୍ୟକ ତାହା କୁଆଡ଼େ ତେଷଠି ହଜାର ଗଛ ପୂରଣ କରନ୍ତି। ସେଥିପାଇଁ ପ୍ରାବନ୍ଧିକଙ୍କ ଭାଷାରେ କୁହାଯାଇପାରେ- "ଖାଲି ସୂର୍ଯ୍ୟ ନୁହେଁ ସମଗ୍ର ପ୍ରକୃତି ସ୍ୱାଭାବିକ ଭାବରେ ଉଦାର। ପ୍ରକୃତିର ବିଭବର କ୍ଷୁଦ୍ରାଂଶକୁ ଏପଟ ସେପଟ କରି ମଣିଷ ଲାଭ ଉଠାଏ ଏବଂ ସେ ଲାଭରୁ ସେ ଟିକେ ମଧ ଛାଡ଼ିବାକୁ ପ୍ରସ୍ତୁତ ନଥାଏ। କେହି କେହି ରହସ୍ୟବାଦୀ (mistic)କହନ୍ତି, ମଣିଷ ଯଦି ତା' ଚିନ୍ତା ଓ ଆଚରଣରେ ଉଦାର ଓ ମହତ୍ ହୋଇପାରନ୍ତା, ତେବେ ପ୍ରକୃତିର ବହୁ ଅଜ୍ଞାତ ଐଶ୍ୱର୍ଯ୍ୟ ବଳେ ବଳେ ତା' ଆଗରେ ଉନ୍ମୁକ୍ତ ହୋଇଉଠନ୍ତା।"(୬୯)

'ମହାନଗରୀ : କେତୋଟି ଝଲକ' ଶୀର୍ଷକ ପ୍ରବନ୍ଧରେ ଭାରତ ସେହି ପ୍ରଧାନ ପ୍ରମୁଖ ସହରର ଦୂଷିତ ବାୟୁମଣ୍ଡଳ ସମ୍ପର୍କରେ ବର୍ଣ୍ଣନା କରିଛନ୍ତି। ଦ୍ରୁତ ଜନସଂଖ୍ୟା ଓ ନିଜ ସ୍ୱାଧୀନ ଜୀବନଶୈଳୀ ଯୋଗୁଁ ଦିନକୁ ଦିନ ଯାନବାହନ ସଂଖ୍ୟା ଅନେକ ମାତ୍ରାରେ ବଢିଚାଲିଛି। କେବଳ ଯାନବାହାନ ନୁହେଁ ବହୁଳ ନଭଶ୍ଚୁମ୍ବୀ କଳ କାରଖାନାରେ ବାହାରୁଥିବା ଧୂଆଁ ଓ ଦୂଷିତ ଜଳ ଯେପରି ଆମ ପରିବେଶକୁ ପ୍ରଦୂଷିତ କରୁଛି ତାହା ଆଜି ଅନେକ ନୂଆ ନୂଆ ରୋଗ ସୃଷ୍ଟିର ପ୍ରମୁଖ କାରଣ ହୋଇଛି। ଏହାର ପରିଣାମ ସମ୍ପର୍କରେ ପ୍ରାବନ୍ଧିକ ମତ ଦିଅନ୍ତି- "କିନ୍ତୁ ପ୍ରଦୂଷଣକ୍ରିୟା (pollution) ଭୌଗୋଳିକ ଜଳବାୟୁରେ ଆବଦ୍ଧ ନୁହେଁ- ମହାନଗରୀର ଜୀବନଯାତ୍ରା ଭିତରକୁ ଏହା ସଂକ୍ରମିତ। ହୁଏତ ଆଗାମୀ ଦଶନ୍ଧି ବେଳକୁ ଏ ସଂକ୍ରମଣକୁ ଆଉ ପ୍ରଦୂଷଣବୋଲି ଧରାହେବ ନାହିଁ।"(୭୦)

ପ୍ରକୃତିର ସଙ୍କଟ ଓ ମନୁଷ୍ୟ କୃତ ସଙ୍କଟକୁ ଆଧାର କରି ଶ୍ରୀଯୁକ୍ତ ଦାସ 'ସଙ୍କଟ' ଶୀର୍ଷକ ପ୍ରବନ୍ଧ ଉଲ୍ଲେଖ କରିଛନ୍ତି। ଗୋଟେପଟେ ଓଡ଼ିଶାରେ ପ୍ରାକୃତିକ ବିପର୍ଯ୍ୟୟ ଯୋଗୁଁ ଲୋକଙ୍କର ମୃତ୍ୟୁ ହୋଇଥିବାବେଳେ ଏକା ସମୟରେ କେରଳର ଗୋଟିଏ ଉତ୍ସବରେ ବିଷାକ୍ତ ମଦଯୋଗୁଁ ଅନେକ ଲୋକ ମରିବା ସହିତ କିଛି ଲୋକ ମଧ୍ୟ ଅସୁସ୍ଥ ହୋଇ ପଡ଼ିଥିଲେ। କଥା ହେଉଛି, ପ୍ରାକୃତିକ ବିପର୍ଯ୍ୟୟ ଅପ୍ରତ୍ୟାଶିତ ଭାବେ ହୋଇଥିବା ବେଳେ। ମନୁଷ୍ୟକୃତ ସଙ୍କଟ ସ୍ୱାର୍ଥରହିତ ହୋଇଥିବାରୁ ତାହା ଦୀର୍ଘଦିନ ଧରି କାୟାବିସ୍ତାର କରେ। ଆଉ ଏହା ଯେବେ ବଡ଼ ବଡ଼ ପ୍ରଭାବଶାଳୀ ନେତାମନ୍ତ୍ରୀଙ୍କ ପାଖରୁ ଆରମ୍ଭ ହୋଇଥିବ ସେତେବେଳେ ଏହା କେତେ ଦୀର୍ଘାୟୁ ତାହା କଳନା କରାଯାଇ ନପାରେ। ହେଲେ ଏଥିପାଇଁ ଅନେକ ପରିବାର ତଳିତଳାନ୍ତ ହୋଇଯାଉଛନ୍ତି ସେଥିପାଇଁ ଏମାନଙ୍କୁ ଧ୍ୟାନ ହେବାରଅଛି। ପ୍ରାବନ୍ଧିକଙ୍କ ମତରେ- "ପ୍ରକୃତି ସୃଷ୍ଟି କରିଥିବା ସଙ୍କଟ ମଣିଷର ଆଚାରଣଦ୍ୱାରା ଯେପରି ସ୍ଥାୟୀ ନ ହେବ, ସେଥିପ୍ରତି ଦୃଷ୍ଟି ଦେବାହିଁ ଆଜି ଆମର ପ୍ରଥମ କର୍ତ୍ତବ୍ୟ। ସରକାର ସେ ଦୃଷ୍ଟି ଦେଇପାରିବ ନାହିଁ। ପ୍ରତ୍ୟେକଙ୍କୁ ନିଜ ନିଜ ଭୂମିକା ତୁଲାଇବାକୁ ପଡ଼ିବ। ଏଥିପାଇଁ କାହାରି ଉପଦେଶ ଲୋଡ଼ାନାହିଁ।"(୭୧)

'ଏକ ଆଶର ଦୃଷ୍ଟାନ୍ତ' ପ୍ରବନ୍ଧରେ ଦେଖିବାକୁ ମିଳେ ଦେଶରେ ଅଧୁନା ପ୍ରଦୂଷଣ ଜନିତ ରୋଗର ତାଲିକା ବହୁଲମ୍ବା। ଯାନବାହାନଠାରୁ ଆରମ୍ଭକରି କଳକାରଖାନା ଗୁଡ଼ିକରେ ନିର୍ଗତ ହେଉଥିବା ବିଷକ୍ତ ଧୂଆଁଯୋଗୁଁ ପରିବେଶ ଯେଉଁ ପ୍ରଦୂଷିତ ହେଉଛି ସେଥିରେ ଆଜି ମାନବ ସଭ୍ୟତା ଅଣନିଶ୍ୱାସ ହୋଇଗଲାଣି। କେବଳ ମଣିଷ ନୁହଁନ୍ତି; ତାହାଦ୍ୱାରା ତିଆରି ହୋଇଥିବା ଶ୍ରେଷ୍ଠ ଭାସ୍କର୍ଯ୍ୟର ଭିତ୍ତି ତାଜମହଲ ମଧ୍ୟ ଆଜି ଅବକ୍ଷୟଦ୍ୱାରା ଦେଶରେ ସେଦିନ ଇଷ୍ଟିଇଣ୍ଡିଆ କମ୍ପାନୀ ତାଜମହଲରୁ ମାର୍ବଲକୁ କାଢି ବିକ୍ରିକରିବା ପାଇଁ ଚେଷ୍ଟା କରୁଥିଲା ଆଉ ଆଜି ଆମେ ତା'ପାଖ ଅଞ୍ଚଳରୁ ସମସ୍ତ ବୃକ୍ଷଲତାକୁ କାଟିସଫା କରିସାରିଲୁଣି। ଫଳରେ ପ୍ରଦୂଷଣ ମାତ୍ରାଧିକ ପ୍ରଭାବ ସିଧାସଳଖ ବାୟୁମଣ୍ଡଳରେ ମିଶି ଅମ୍ଳବର୍ଷା ହୋଇ ସେହି ମାର୍ବଲକୁ ସଂପୂର୍ଣ୍ଣ ନଷ୍ଟ କରିବାକୁ ଲାଗିଲାଣି। ଏଣୁ ଶିଳ୍ପପତିମାନେ ମନ ମୁତାବକ ସ୍ଥାନ ଚୟନକରି ଯେଉଁ କଳକାରଖାନା ସ୍ଥାପନ କରୁଛନ୍ତି ତା'ର ପରିଣାମ ସେ ଏତେ ଭୟଙ୍କର ହେବ ତାହା କଳ୍ପନା କରିହେବ ନାହିଁ। ତେବେ କଥା ହେଉଛି ଆଜି ଯେଉଁମାନେ ନିଜର ବଂଶଧରମାନଙ୍କ ପାଇଁ

ଏପରି ଅର୍ଥଲୋଭୀ ହୋଇ ଶିଳ୍ପବିମୁଖୀ ହେଉଛନ୍ତି, ସେମାନେମାନେ ରଖିଥିବେ କେବଳ ଧନସମ୍ପତ୍ତି ନୁହେଁ; ତା'ସହିତ ଭବିଷ୍ୟତ ପାଇଁ ମଧ୍ୟ ସାଂଘାତିକ ରୋଗସବୁ କିଣି ଗଚ୍ଛିତ କରିଯାଉଛି। ଆମକୁ ଚିନ୍ତାକରିବାର ଅଛି ଯେଉଁଠି ବଡ଼ ବଡ଼ ପଥର ଖଣ୍ଡ କ୍ଷୟ ହେଇଯାଉଛି, ସେଠାରେ ଏ ଚର୍ମ ଢଙ୍କା ମଣିଷ ଶରୀର କେତେଦିନ ତିଷ୍ଟି ପାରିବ। ଏଥିପାଇଁ ପ୍ରାବନ୍ଧିକ ଚିନ୍ତାପ୍ରକଟ କରି କହିଛନ୍ତି- "କିନ୍ତୁ ମଣିଷ ସେ ଅନୁମାନକୁ ପ୍ରୟୋଗ କରିବାକୁ କୁଣ୍ଠିତ। ରାଜନୈତିକ ଅହଂକାର, ସମସାମୟିକ ତଥାକଥିତ ପ୍ରଗତି ଓ ପ୍ରତିଦ୍ୱନ୍ଦିତାର ମୋହରେ ଅନ୍ଧ ହୋଇନଥିଲେ ବୈଜ୍ଞାନିକ ଓ ବିଶେଷଜ୍ଞମାନଙ୍କର ସମସ୍ତ ଆପତ୍ତି, ଅନୁରୋଧ ଓ ପ୍ରତିବାଦକୁ ତାଚ୍ଛଲ୍ୟକରି ହିମାଳୟ ପାଦଦେଶରେ ଗଙ୍ଗାକୂଳେ କୂଳେ ଏକପରେ ଏକ କାରଖାନା ବସାଇବାକୁ ଅନୁମତି ନେଉଥାନ୍ତେ ?"(୭୨)

'ଅବହେଳିତ ସଂସର୍ଗ' ପ୍ରବନ୍ଧରେ ପଶୁପକ୍ଷୀମାନଙ୍କୁ କାହିଁକି ଗୃହରେ ପାଳନ କରାଯାଉଥିଲା ଆଉ ବର୍ତ୍ତମାନ କାହିଁକି ସେମିତି ନାହିଁ ସେ ସମ୍ପର୍କରେ ବର୍ଣ୍ଣନା କରାଯାଇଛି। ଘରର ବାତାବରଣକୁ ସୁରକ୍ଷିତ ରଖିବାପାଇଁ ପଶୁପକ୍ଷୀମାନଙ୍କର ଭୂମିକା ଗୁରୁତ୍ୱପୂର୍ଣ୍ଣ ମନେହୁଏ। କେବଳ ସେତିକି ନୁହେଁ ପ୍ରାକୃତିକ ବିପର୍ଯ୍ୟୟର ପ୍ରାଥମିକ ସୂଚନା ଆମେ ସେମାନଙ୍କ ଠାରୁ ପାଇପାରନ୍ତି। ଏଥିପାଇଁ ଗୃହରେ ଅନେକ ପଶୁପକ୍ଷୀ ପାଳନ କରାଯାଉଥିଲା। ପୁରାଣ ଯୁଗରୁ ଆଜି ପର୍ଯ୍ୟନ୍ତ ଏହି ପରମ୍ପରା ଦେଖିବାକୁ ମିଳୁଥିଲା। ପରନ୍ତୁ, ବର୍ତ୍ତମାନ ଏପରି ପଶୁପକ୍ଷୀ ପାଳନ କରାଯିବାର ଦେଖାଯାଉ ନାହିଁ। କାରଣ ଗାଁ ଗହଳି ଏବେ ଧିରେ ଧିରେ ସହରୀ ସଭ୍ୟତା ଆଡ଼କୁ ମୁହାଁଇଲାଣି। ଦ୍ରୁତ ଜନସଂଖ୍ୟା ଯୋଗୁଁ ମଣିଷ ପାଇଁ ଭୂମି ନିଅଣ୍ଟ ହେଉଥିବା ପରିସ୍ଥିତିରେ ପଶୁପକ୍ଷୀମାନଙ୍କ ପାଇଁ ଜାଗା କାହିଁ। କିନ୍ତୁ ଗୃହରେ ଏମାନଙ୍କୁ ପାଳିବାର କାରଣ ସମ୍ପର୍କରେ ପ୍ରାବନ୍ଧିକ କୁହନ୍ତି- "କାରଣ ବୋଧହୁଏ ମନସ୍ତତ୍ତ୍ୱଗତ। ପଶୁଟିଏ ଘର ଭିତରେ ଚଳପ୍ରଚଳ ହେବାର ଅର୍ଥ ସେ ସର୍ବଦା ମଣିଷକୁ ନିରୀହତା ଓ ନିଷ୍କପଟତା ବିଷୟରେ ଚେତାଇ ଦେଉଥିବା। ଆଜିର ମଣିଷକୁ ତାହା ଆସ୍ୱସ୍ତି- ପ୍ରପୀଡ଼ିତ କରିବା ସ୍ୱାଭାବିକ। ଏହା ହିଁ ହୁଏତ ପଶୁପକ୍ଷୀଙ୍କ ଠାରୁ ଦୂରେଇ ଯିବାର ଅବଚେତନ କାରଣ। ଯେଉଁ ଅଳ୍ପଲୋକେ ପଶୁପକ୍ଷୀ ରଖିଛନ୍ତି, ସେମାନେ ସେମାନଙ୍କୁ ବି ଛଳନାଦ୍ୱାରା ସଂକ୍ରମିତ କରିସାରିଲେଣି ବୋଲି ମନେ ହୁଏ।"(୭୩)

'ବିଷକ୍ଲିଷ୍ଟ ମାନସ' ପ୍ରବନ୍ଧରେ ପ୍ରକୃତିକୁ ନଷ୍ଟ କରୁଥିବା ବ୍ୟକ୍ତିଙ୍କୁ ପ୍ରାବନ୍ଧିକ ଘୋର ନିନ୍ଦା କରିଛନ୍ତି। ଉକ୍ତ ପ୍ରବନ୍ଧରେ ଦେଖାଯାଏ ମଣିଷର ଆବଶ୍ୟକ ଅନୁସାରେ ସେ ପ୍ରକୃତି ଉପରେ ଯାବତୀୟ ପ୍ରଭାବ ପକାଉଛି। ସତେ ଯେପରି ତା'ର ମାନସିକ

ସ୍ତରଟି ବିଷପୂର୍ଣ୍ଣ ହୋଇଯାଇଛି। ଏପରି ଏକ ଘଟଣା ସମ୍ପର୍କରେ ପ୍ରାବନ୍ଧିକ କୁହନ୍ତି- ତାଜମହଲ ସୁରକ୍ଷା ପାଇଁ ଥରେ ଅର୍ଥ ଉପାର୍ଜନକରିବା ଉଦ୍ଦେଶ୍ୟରେ ଗ୍ରୀକ୍ ସଙ୍ଗୀତ ଶିଳ୍ପୀ ୟାନିଙ୍କୁ ନିମନ୍ତ୍ରଣ କରାଗଲା ଏଥିପାଇଁ ସେ ଅଞ୍ଚଳରେ ବ୍ୟାପକ ଆୟୋଜନ ମଧ୍ୟ କରାଗଲା। ପରନ୍ତୁ, ସ୍ଥାନ ଅଧିକ ଆବଶ୍ୟକ ହେବାରୁ ନିକଟବର୍ତ୍ତୀ ଜମିରୁ ଫସଲ ସବୁ ଉପାଡ଼ି ଦିଆଗଲା ଅବଶ୍ୟ ସେ ଚାଷୀଭାଇ ମାନଙ୍କୁ ଏଥିପାଇଁ କ୍ଷତିପୂରଣ କରାଯାଇଥିଲା। ପରନ୍ତୁ, କଥାହେଲା ଅର୍ଥ ବିନିମୟରେ ଯେଉଁ ଫସଲସବୁ ନଷ୍ଟ କରାଗଲା ତାର ପ୍ରକୃତଭରଣ କ'ଣ କରିହେବ ? ଅର୍ଥ ଖାଦ୍ୟ ଶସ୍ୟର ବିକଳ୍ପ ନୁହେଁ, ଆମେ ସମସ୍ତେ ଜାଣି ମଧ୍ୟ ଆଜି ନୀରବ। ସବୁ ଦୋଷ ଆମେ ନେତାମନ୍ତ୍ରୀମାନଙ୍କୁ ଦେଇପାରିବାନାହିଁ। ଆମ ଚେତନାରେ ମଧ୍ୟ ଅନେକ ଦୋଷଦୁର୍ବଳତା ବସାବାନ୍ଧି ରହିଛି। ଯାହାଦ୍ୱାରା ଆମେ ସଚେତନ ହୋଇପାରୁନାହାଁନ୍ତି। ଠିକ୍ ସେହିପରି ଘଟଣାଟିଏ ଘଟିଥିଲା- ତତ୍କାଳୀନ ସମୟରେ ଥରେ ପ୍ରଧାନମନ୍ତ୍ରୀଙ୍କ ନିମନ୍ତେ ଏକ ସଭା ଆୟୋଜନ ହେଉଥାଏ। ମନ୍ତ୍ରୀ ହେଲିକ୍ୟାପଟରରେ ଆସିବାର ଥାଏ। ଏଣୁ ଅବତରଣ ସ୍ଥାନରେ ଯେଉଁ ସବୁ ଗଛ ପ୍ରତିବନ୍ଧକ ହେଉଥିଲା ସେସବୁକୁ କାଟିଦେବାକୁ ନିର୍ଦ୍ଦେଶ ଦିଆଗଲା। ପରନ୍ତୁ ସେହି ଆଦେଶ ଦେଇଥିବା ଶିକ୍ଷିତ ସରକାରୀ ଅଫିସରମାନେ ଲକ୍ଷ୍ୟ କଲେନି ଯେ ସେ ଗଛ ସବୁ ବହୁ ପୁରୁଣା ଓ ପ୍ରକୃତି କୋଳରେ ବୋହୁଦିନ ଧରି ରହିଥିଲା। ପରନ୍ତୁ କ୍ଷମତାଶୀଳ ବ୍ୟକ୍ତିଙ୍କୁ ଖୁସି କରାଇବା ଯାହାର କାମ ସେ ଏପରି ପ୍ରକୃତିର ସୁରକ୍ଷାପ୍ରତି ଯତ୍ନଶୀଳ କିପରି ହେବ। ସେଥିପାଇଁ ପ୍ରାବନ୍ଧିକ କୁହନ୍ତି- "ପ୍ରକୃତି ନିରବ ବୋଲି ତା'ର ପ୍ରତିକ୍ରିୟା ନାହିଁ, ଏକଥା ଏ ଯୁଗରେ କେବଳ ନିର୍ବୋଧମାନେ ଭାବିପାରନ୍ତି। ପ୍ରକୃତି ପ୍ରତି ମଣିଷକୃତ ଅନ୍ୟାୟର ପ୍ରତିକ୍ରିୟା ମଣିଷ ସମାଜକୁହିଁ ଭୋଗିବାକୁ ପଡୁଛି ଏବଂ ପଡ଼ିବ;- ଏକଥା ଆଜି ସର୍ବଜନବିଦିତ ପ୍ରାୟ।"(୭୪)

'ସ୍ୱାସ୍ଥ୍ୟ ବନାମ ସମୃଦ୍ଧି : ଅନ୍ୟ ଏକ ଦୃଷ୍ଟାନ୍ତ' ପ୍ରବନ୍ଧରେ ପ୍ରାବନ୍ଧିକ ଜଳଦୂଷିତ ଯୋଗୁଁ ସ୍ୱାସ୍ଥ୍ୟ ସମସ୍ୟା କିପରି ହେଉଛି ସେ ବିଷୟରେ ଆଲୋଚନା କରିଛନ୍ତି। ଭାରତର ସବୁଠାରୁ ଅଧିକ ଚମଡ଼ା ତାମିଲନାଡୁର ଉତ୍ତର ଆର୍କୋଟ ଜିଲ୍ଲାରୁ ପ୍ରସ୍ତୁତ ହେଉଥିବାରୁ ତା'ର ପ୍ରଦୂଷଣ ନଦୀଜଳ ଓ ପରିବେଶ ବ୍ୟାପକ ପ୍ରଦୂଷଣ ହେଉଛି। ଏଥିପାଇଁ ଉକ୍ତ ଅଞ୍ଚଳର ସମସ୍ତ କଳକାରଖାନାକୁ କୋଟ ବନ୍ଦକରିବାକୁ ଆଦେଶଦେଲେ ମଧ୍ୟ ସେ ଗୁଡ଼ିକ ବନ୍ଦ ହେଉନାହିଁ। ଯଦିଓ ଗୋଟିଏ କିମ୍ବା ଦୁଇଟି ବନ୍ଦହେଉଛି ତା ତୁଳନାରେ ଅଧିକରୁ ଅଧିକ ନୂତନ କାରଖାନା ମୁଣ୍ଡଟେକୁଛି। ଫଳରେ ସେହି ପାଖ ଅଞ୍ଚଳର ଲୋକମାନଙ୍କର ସ୍ୱାସ୍ଥ୍ୟସମସ୍ୟା ସର୍ବଦା ଖରାପ ରହୁଛି। ଏହି ଅଞ୍ଚଳରେ କାରଖାନା ବନ୍ଦ ନହେବାର କାରଣ ସେଠାରେ ଅଳ୍ପ ମଜୁରୀରେ ଶ୍ରମିକ ମିଳିବା ସହିତ ସରକାରଙ୍କୁ

ମଧ୍ୟ ବିଦେଶୀ ମୁଦ୍ରା ମିଳିଯାଉଛି । ଏଣୁ ସେଠାର ବାତାବରଣ ଆଜି ପରିବର୍ତ୍ତନ ହେବା ଅସ୍ପଷ୍ଟ ମନେହେଉଛି । ତେଣୁ ଆମର ସମୃଦ୍ଧି ଆମ ଭବିଷ୍ୟତର ମୃତ୍ୟୁର କାରଣ ହେବ । ସେଥିପ୍ରତି ଆମକୁ ସତର୍କ ରହିବାକୁ ପଡ଼ିବ, ନହେଲେ ଦିନ ଆସିବ କଳକାରଖାନା ଥିବ କିନ୍ତୁ ସମାଜ ଜନଶୂନ୍ୟ ହୋଇଯିବାର ଆଶଙ୍କା ପ୍ରାବନ୍ଧିକ କରନ୍ତି । ଆଜି ସମାଜ ଓ ସଭ୍ୟତା ବଦଳିବାକୁ ଲାଗିଛି । ପଶୁପକ୍ଷୀ ଓ ଜୀବଜନ୍ତୁବିହୀନ ପୃଥିବୀରେ ମଣିଷ ଏକା ନିଶ୍ଚିତ ରହିପାରିବ । ପରନ୍ତୁ, ଭବିଷ୍ୟତ ପାଇଁ ତାହା କେବଳ ବିଲୁପ୍ତ ଓ ଫୋଟଗ୍ରାଫ୍‌ରେ ହିଁ ମିଳିବେ । ଜୀବନ୍ତ କେବେଆଉ ଦୃଶ୍ୟମାନ ହେବେନାହିଁ । ମଣିଷ ତା'ର ପ୍ରାଚୀନତାକୁ ଆଜି ସ୍ମରଣ କରିପାରୁନାହିଁ । ସେ ଭୁଲିଯାଉଛି ତା'ର ପ୍ରତ୍ୟେକ ବିକାଶନ୍ମୁଖୀ କାର୍ଯ୍ୟରେ ପ୍ରେରଣା ସେହି ପଶୁଜନ୍ତୁଙ୍କ ପାଖରୁ ହିଁ ପାଇଛି । ହେଲେ ଆଜି ନିଜର ସୁବିଧା ଅନୁସାରେ ସେମାନଙ୍କ ବାସସ୍ଥାନ କରୁଥିବା ଜଙ୍ଗଲକାଟି ସଫାକରିଦେବା ଫଳରେ ପଶୁ ଓ ପକ୍ଷୀଜଗତ ବିଲୁପ୍ତ ପ୍ରାୟ ।

'ଇନ୍ଦ୍ରଧନୁ ପାଇଁ ଯୁକ୍ତି' ପ୍ରବନ୍ଧରେ ପ୍ରାବନ୍ଧିକ ଏ ସମ୍ପର୍କରେ କୁହନ୍ତି- "ପ୍ରଶ୍ନ ଉଠିବା ସ୍ୱାଭାବିକ, ମୟୂର ଓ ଶୃଗାଳମାନେ ଚାଲିଗଲେ, ସେମାନେ ଜନପଦସମୂହରୁ ଲୁପ୍ତହେଲେ; କ୍ଷତି ବା କ'ଣ ? ବାସ୍ତବିକ, ଏ ପ୍ରଶ୍ନର ଯୁକ୍ତିଗତ ଉତ୍ତରଦେବା ଭଳିଶକ୍ତି ଏ ଲେଖକର ନାହିଁ । ଆକାଶରୁ ଚିରକାଳ ପାଇଁ ଇନ୍ଦ୍ରଧନୁ ବିଲୁପ୍ତ ହେଲେ ବା କାହାର କ୍ଷତି କ'ଣ ? ଆଜି ଶିଶୁମାନଙ୍କ ଭିତରୁ ଅନେକେ ପଲ୍ଲୀ-ପ୍ରକୃତିର ଉଚ୍ଛଳ ଅବଦାନ ଯେଉଁ ବିବିଧ କୋଳି, ତା'ର ସ୍ୱାଦ ଜାଣିନାହାନ୍ତି । ସେମାନେ ଟଫି ଚକୋଲେଟ୍ ଖାଇବାରେ ଅଭ୍ୟସ୍ତ ।"(୭୫)

'ଅଭିଶପ୍ତ ମେରିନା' ପ୍ରବନ୍ଧରେ ତାମିଲ ରାଜ୍ୟର ଏକ ପର୍ଯ୍ୟଟନ ସ୍ଥଳୀରେ ହେଉଥିବା ପ୍ରଦୂଷଣ ସମ୍ପର୍କରେ ଉଲ୍ଲେଖ କରିଛନ୍ତି । ମାନ୍ଦ୍ରାଜର ମେରିନା ସାମୁଦ୍ରିକ ପଥପ୍ରାନ୍ତପାଇଁ ପୃଥିବୀର ଦ୍ୱିତୀୟ ବୃହତ ବୋଲି ମନେକରାଯାଏ । ଏଠାରେ ଥିବା ପ୍ରଶସ୍ତ ବାଲୁକାଶଯ୍ୟା । ଅତ୍ୟନ୍ତ ଆକର୍ଷଣୀୟ ଓ ପରିବେଶ ପାଇଁ ନିରାପଦ ମନେହୁଏ । ପ୍ରଥମେ ଏଠାକୁ ପ୍ରକୃତି ପ୍ରେମୀମାନେ ଆସୁଥିଲେ ପରନ୍ତୁ, ବିକଶିତ ସଭ୍ୟତାର ମଣିଷ ସେଠାକୁ ପ୍ରକୃତିକୁ ଉପଭୋଗ କରିବାପାଇଁ ଆସୁଛନ୍ତି । ଫଳରେ ନିଜର ଆଧୁନିକ ମନୋରଞ୍ଜନ ନିମନ୍ତେ ବିଭିନ୍ନ ବିଳାଶପୂର୍ଣ୍ଣ ନିଷେଧ ସାମଗ୍ରୀ (ନିଶାଦ୍ରବ୍ୟ) ମାନ ଆଣି ପରିବେଶକୁ ଦୂଷିତ କରୁଛନ୍ତି । ଏତଦବ୍ୟତୀତ ମେରିନାଠାରେ ଥିବା ସମୁଦ୍ରକୂଳ ଏବଂ କଳକାରଖାନାର ଦୂଷିତଜଳ ବିଷାକ୍ତ ହେବାରେ ଲାଗିଲାଣି । ସେହି ଜଳ ଦିନେ ଚର୍ମରୋଗ ଭଲ କରୁଥିଲା ଆଜି ତାହା ଚର୍ମରୋଗର ଅନ୍ୟତମ କାରଣ ପାଲଟିଯାଇଛି । ଏଥିପାଇଁ ଶ୍ରୀଯୁକ୍ତ ଦାସ କୁହନ୍ତି- "କଳକାରଖାନା-ନିର୍ଗତ ଦୂଷିତ ଜଳ ଓ ଆବର୍ଜନାକୁ

ଦୋଷମୁକ୍ତ କରିବା ପାଇଁ ବୈଜ୍ଞାନିକ ବିଧିବିଧାନ ରହିଛି। ସେସବୁ ଅନୁସରଣ କଲେ ପରିସ୍ଥିତି ଏ ଶୋଚନୀୟସ୍ତରକୁ ଅବନମିତ ହୁଅନ୍ତାନାହିଁ। ସେ ବିଧିବିଧାନ ଅନୁସରଣ କରିବା ଅତ୍ୟନ୍ତ ବ୍ୟୟସାପେକ୍ଷ ନୁହେଁ କିମ୍ବା ମୋଟେ ସାଧାତୀତ ନୁହେଁ;କିନ୍ତୁ ସେତିକି କାମ କାରଖାନା ମାଲିକମାନେ କରୁନାହାଁନ୍ତି। ସେମାନେ ଜାଣନ୍ତି, ସମାଜ ବ୍ୟାଧିଗ୍ରସ୍ତହେଲେ ମଧ ସେମାନଙ୍କ ବେପାର ମାନ୍ଦା ହେବନାହିଁ-କାରଣ ମଣିଷର ମନକୁ ବ୍ୟାଧିଗ୍ରସ୍ତ ଓ ବଶୀଭୂତ କରିବାରର ବିଜ୍ଞାପନୀ ଯାଦୁ ସେମାନଙ୍କୁ ଜଣାଅଛି।"(୭୬)

'କୋକିଶିଆଳ ବନାମ ଆଭିଜାତ ମଣିଷ' ଶୀର୍ଷକ ପ୍ରବନ୍ଧରେ ବନ୍ୟଜନ୍ତୁ ଶିକାରଉପରେ ପ୍ରାବନ୍ଧିକ ସରକାରଙ୍କୁ ନିଷେଧ ଜାରିକରିବା ପାଇଁ ଅନୁରୋଧ କରିଛନ୍ତି। ପ୍ରସଙ୍ଗ ଅନୁସାରେ ସେ ଆଲୋଚନା କରିଛନ୍ତି ଯେ, କୋକିଶିଆଳ ଶିକାର କରିବା ଇଂଲଣ୍ଡର ଏକ ସୌଖିନୀ ଖେଳ। ଏଥିପାଇଁ ସେଠାରେ ଶିକାରୀ କୁକୁର ଓ ଶିକାରୀମାନଙ୍କୁ ତାଲିମ ଦେବାପାଇଁ ଅନୁଷ୍ଠାନ ସବୁ ଗଢିଉଠିଛି। ମଣିଷର ଏ ଉଦ୍ଭଟ ବୁଦ୍ଧିକୁ ପ୍ରାବନ୍ଧିକ ନିନ୍ଦା କରିଛନ୍ତି। ଅବଶ୍ୟ ସେଠାରେ ଏହି ପରମ୍ପରାକୁ ବନ୍ଦକରିବା ପାଇଁ ୧୯୪୫ ମସିହାରେ ଆଇନ୍ ତିଆରି ହେଲା ପରନ୍ତୁ ତାହା କେତେକ ଶିକାରୀ ମଣିଷକୁ ନା ପସନ୍ଦ ହେବାରୁ ତାହା ଅସଫଳ ହୋଇଗଲା। ସେହିପରି ଭାରତରେ ମଧ ଅନ୍ୟ ସମସ୍ତ ଅଞ୍ଚଳରେ ପଶୁପକ୍ଷୀ ଶିକାର ନିଷେଧ ହୋଇଥିବାବେଳେ କେବଳ କାଶ୍ମିରୀରେ ଶିକାର ବିରୋଧ ଆଇନ୍ ଲାଗୁ ହୋଇ ପାରୁନାହିଁ। ଫଳରେ ସେଠାକୁ ଆସୁଥିବା ପ୍ରଭାବଶାଳୀ ବିଦେଶ ନେତା ମନ୍ତ୍ରୀ ଓ ମଡେଲ ମାନେ ମନଇଚ୍ଛା ପରନ୍ତୁ ପକ୍ଷୀକୁ ଶିକାର କରି ବିଳାସ କରୁଛି। ଏଥିପାଇଁ ପ୍ରାବନ୍ଧିକ କୁହନ୍ତି- "ଭାରତର ଅନ୍ୟାନ୍ୟ ଅଞ୍ଚଳପ୍ରତି ଯେଉଁସବୁ ଆଇନ-କାନୁନ୍ ପ୍ରଯୁଜ୍ୟ, ଅନ୍ତତଃ ବନ୍ୟପ୍ରାଣୀ ସୁରକ୍ଷା କ୍ଷେତ୍ରରେ ସେସବୁ କାଶ୍ମିରୀ ପ୍ରତି ପ୍ରଯୁଜ୍ୟ ନହେବାର କାରଣ ନାହିଁ। ମଣିଷଙ୍କ ଭିତରେ ସିନା ଧର୍ମ ମତାମତ ରାଜନୈତିକ ମତଗତ ପାର୍ଥକ୍ୟ ରହିଛି; ପଶୁପକ୍ଷୀ ମାନଙ୍କ ଭିତରେ ସେସବୁ ନାହିଁ ନିଶ୍ଚୟ।"(୭୭)

'ନିଃଶବ୍ଦ, ଅବ୍ୟାହିତ ଯେଉଁଠି ବିସ୍ଫୋରଣ' ପ୍ରବନ୍ଧରେ ଗ୍ରୀଷ୍ମ ଅବବାହିକାରେ ଓଡ଼ିଶାରେ ମରିଥିବା ଲୋକମାନଙ୍କର କାରଣ ସମ୍ପର୍କରେ ପ୍ରାବନ୍ଧିକ ଆଲୋଚନା କରିଛନ୍ତି। ନୈନିତାଲ ନଦୀ ନିକଟବର୍ତ୍ତୀ ଅଞ୍ଚଳରେ ଥିବା ପାହାଡ଼ ଉପରେ ବୃକ୍ଷ ଗୁଡ଼ିକ ପ୍ରାୟ ସଫାକରିଦେଲେ ଫଳରେ ଛୋଟ ଛୋଟ ପଥରମାନ ପଡ଼ି ନଦୀ ଭର୍ତ୍ତି ହେଉଛି। କେବଳ ପଥର ନୁହେଁ। ସେଠାକୁ ଜଳଯାତ୍ରା କରିବାକୁ ଆସୁଥିବା ବିଳାସପୂର୍ଣ୍ଣ ଯାତ୍ରୀମାନେ ପ୍ଲାଷ୍ଟିକ୍ ଜରି ଓ ବୋତଲରେ ପରିବେଶକୁ ବଦଳାଇ ଦେଲେଣି। ଫଳରେ ସେଠାରେ ଶୁଦ୍ଧ ଜଳ ଓ ବାତାବରଣ ଏବେ ଦୂଷିତ ହୋଇଯାଉଛି। ବେଆଇନ୍ ଭାବେ ପାହାଡ଼କାଟି ଯେଉଁ ଅଟ୍ଟାଳିକାମାନ ତିଆରି କରାଯାଉଛି। ତାହା ଦ୍ୱାରା ସବୁଜ ଜଙ୍ଗଲ

କଂକ୍ରିଟମୟ ଦିଶୁଛି। ଠିକ୍ ସେହି ପରିସ୍ଥିତି ଏବେ ଓଡ଼ିଶାରେ ଉପୁଜିଥିବାରୁ ଜଙ୍ଗଲକଟା ଏବେ ବଡ଼ କ୍ଷିପ୍ରଗତିରେ ଚାଲିଛି। ଯାହାଦ୍ୱାରା ବାୟୁମଣ୍ଡଳ ଉତପ୍ତ ହେବାରେଲାଗିଛି। ଏଥିପାଇଁ କେବଳ ସରକାର ନୁହେଁ ବରଂ ଉକ୍ତ ଅଞ୍ଚଳର ବ୍ୟକ୍ତିବିଶେଷ ମଧ୍ୟ ଧ୍ୟାନ ଦେବାର ଅଛି। ଅନ୍ୟଥା ପରିବେଶ ଧ୍ୱଂସ ସହିତ ମଣିଷ ମଧ୍ୟ ବିନାଶ ହୋଇଯିବାର ଆଶଙ୍କା ଅଛି। ଏଥିପାଇଁ ପ୍ରାବନ୍ଧିକ ସ୍ୱୀକାର କରନ୍ତି ଯେ- "ଭୂ-ପୃଷ୍ଠରୁ ଉତ୍ଥିତ୍ ପ୍ରଦୂଷଣଗ୍ରସ୍ତ ଧୂମମେଘ, ଆନ୍ତର୍ଜାତିକ 'ଏଲ ?ନିଲୋ' ଭଳି ଭୟଙ୍କର ବାୟୁଗତ ପ୍ରବାହ, ଆଜିର ଅସ୍ୱାଭାବିକ ଉତ୍ତାପ ସକାଶେ କିଏ କେତେ ଦାୟୀ ତାହା ଉପରେ ବିତର୍କ ଚାଲିଛି; କିନ୍ତୁ ବୃକ୍ଷଲତା ଉପରେ ଧ୍ୱଂସାତ୍ମକ ଅତ୍ୟାଚାର ଯେ ଏ ସମସ୍ତ ବିକୃତ ଉପସର୍ଗର ଅନ୍ୟାତମ ପ୍ରଧାନ କାରଣ, ସେଥିରେ ସନ୍ଦେହର ଅବକାଶ ନାହିଁ।"[୭୮]

ଜଣେ ଜିଜ୍ଞାସୁଙ୍କ ପ୍ରଶ୍ନ ଭାରତୀୟମାନେ ପଶୁପକ୍ଷୀ ପୂଜା କରିବା ପଛରେ ଯୁକ୍ତି କ'ଣ ? ଏ ସମ୍ପର୍କରେ ମତଦେବାକୁ ଯାଇ କହନ୍ତି ପଶୁପକ୍ଷୀ ପୂଜା ଆରାଧନା କରିବାର ପରମ୍ପରା ଅତି ପ୍ରାଚୀନ ଏବଂ ଏହା ତିନୋଟିଧାରା ଉପରେ ଆଧାରିତ ନୃତାତ୍ତ୍ୱିକ, ସମାଜତାତ୍ତ୍ୱିକ, ବା ଐତିହାସିକ ଓ ପ୍ରତୀକଧର୍ମୀ। ମଣିଷର ବିବର୍ତ୍ତନରୂପ ଆରମ୍ଭ ହୁଏ ବଣମଣିଷ ବା ମାଙ୍କଡ଼ମାନଙ୍କଠାରୁ। ସୃଷ୍ଟିର ପ୍ରାଥମିକ ଶିକ୍ଷା ଆମେ ଅନୁକରଣ କରି ଆରମ୍ଭ କରିଛେ। ଏହି ପଶୁପକ୍ଷୀମାନଙ୍କର ମୌଳିକ ଆଚରଣ ହିଁ ଆମର ଜୀବନର ପ୍ରାଥମିକଶିକ୍ଷା, ବାସଗୃହ ତିଆରି କରିବା, ଖାଦ୍ୟ ଅନ୍ୱେଷଣ, ବୃକ୍ଷାରୋପଣ, ଜଳସନ୍ତରଣ ଓ ଆକାଶରେ ଉଡ଼ାଣ ପରି ସମସ୍ତ କାର୍ଯ୍ୟ ଏମାନଙ୍କ ଦ୍ୱାରା ସମ୍ଭବ ହୋଇପାରିଛି। ସରଳ ନିରୀହ ପଶୁ,ପକ୍ଷୀଠାରୁ ଅଶ୍ୱ ଗଧ ଆଦିମାନଙ୍କୁ ନିଜ ଆବଶ୍ୟକତା ଅନୁସାରେ ମଣିଷମାନେ ବ୍ୟବହାର କରନ୍ତି। ପୁନଃ ଭାରତୀୟ ଆଧ୍ୟାତ୍ମିକତା ଅନୁସାରେ ଏମାନେ ଗୋଟିଏ ଗୋଟିଏ ପ୍ରତୀକ ହୋଇ ମଣିଷର ଦିବ୍ୟ ଚେତନାରେ ଅନୁଭବଶୀଳ ହୁଅନ୍ତି। ସେଥିମଧ୍ୟରୁ ପାରା ଶାନ୍ତିର ପ୍ରତୀକ ହୋଇଥିବା ବେଳେ ମେଣ୍ଢା ଅଦମ୍ୟ ଧାର୍ଯ୍ୟର, ସିଂହ ସାହାସର ଓ ଗୋରୁ ଆଲୋକର ପ୍ରତୀକ ଭାବେ ଜଣାଶୁଣା। ସ୍ୱାର୍ଥର କୁଣ୍ଡଳିନୀକୁ ନେଇ ମଣିଷ ବିଜ୍ଞାନ ଆଜି ଅଗ୍ରଗତି କରିଛି। ଏଥିପାଇଁ ପ୍ରାବନ୍ଧିକ କୁହନ୍ତି- "ମଣିଷର ସୂକ୍ଷ୍ମ ଶରୀରର ସୁପ୍ତ ଭାବରେ ରହିଥିବା ଭିନ୍ନ ଭିନ୍ନ ଶକ୍ତିକୁ ଆଧ୍ୟାତ୍ମିକ ଶାସ୍ତ୍ରରେ ସର୍ପରୂପେ କଳ୍ପନା କରାଯାଇଛି। ମନେହୁଏ, ଏହା କଳ୍ପନା ମାତ୍ର ନୁହେଁ। ଆମ ଯୁଗର ଜଣେ ବିଶିଷ୍ଟ ବୈଜ୍ଞାନିକ ଅଗଷ୍ଟ କୁକୁଲେ (august kurkul) ସ୍ୱପ୍ନରେ ଦେଖିଥିଲେ ଗୋଟିଏ ସାପ ଚକ୍ରାକାରରେ ନିଜ ଲାଞ୍ଜର ଶେଷାଂଶକୁ କାମୁଡ଼ି ରହିଛି। ସେଇଥିରୁ ସେ ଷଡ଼ଭାବରେ ବିଭକ୍ତ କାର୍ବନ ଏଟମ୍ (carbon atom) ର ରହସ୍ୟ, ବେଞ୍ଜିନଚକ୍ର (benzene ring) ର ରହସ୍ୟ ବୁଝିପାରିଲେ।"[୭୯]

(ଜ) ଆଧୁନିକ ଶିକ୍ଷା ଓ ବ୍ୟବସ୍ଥାଧର୍ମୀ ପ୍ରବନ୍ଧ

ଶିକ୍ଷା ସମାଜ ଓ ସଭ୍ୟତାକୁ ଅଭିବୃଦ୍ଧି କରିବାରେ ସହାୟକ ହୋଇଥାଏ। ଏଣୁ ଶିକ୍ଷାର ଉନ୍ନତି ହେଲେ ବ୍ୟକ୍ତି ଓ ଜାତିର ସର୍ବାଙ୍ଗ ଉନ୍ନତିହୁଏ। ଆଜିର ଯେଉଁ ସଭ୍ୟତାର ବିକାଶ ଘଟିଛି ଏହା ତା'ର ସୁନ୍ଦର ନମୁନା ହୋଇପାରେ। ପରନ୍ତୁ, ଏହି ଶିକ୍ଷାବ୍ୟବସ୍ଥା ଯେତେବେଳେ ବେପଥଗାମୀ ହୋଇପଡ଼େ ସେତେବେଳେ ଆରମ୍ଭ ହୁଏ ଅରାଜକତା, ହିଂସା ଓ ସଂଘର୍ଷ ଭଳି ଅନେକ ବିଭୀଷିକା। ଶିକ୍ଷା ବ୍ୟକ୍ତିକୁ ବିବେକବନ୍ତ କରିବା ସହ ଠିକ୍ ଭୁଲ୍ ବାଛିବାର ଚେତନା ଶକ୍ତିକୁ ବିକାଶ କରାଇଥାଏ। ପ୍ରାଚ୍ୟରେ ଯେଉଁ ଗୁରୁକୁଳରେ ପ୍ରଚଳିତ ଶିକ୍ଷାବ୍ୟବସ୍ଥା ଥିଲା ତାହା ଆଦର୍ଶଗତ ଓ ସାମାଜିକ ନୈତିକତା ସହ ଏକାନ୍ତ ଜଡ଼ିତ ହୋଇରହୁଥିଲା। ପରନ୍ତୁ, ଅଧୁନା ବ୍ୟକ୍ତି କେବଳ ଆତ୍ମକୈନ୍ଦ୍ରିକ ହୋଇ ଧନସମ୍ପତିର ଉନ୍ନତି ନିମନ୍ତେ କିପରି ରୋଜଗାରକ୍ଷମ ହୋଇପାରିବ ସେଥିଲାଗି ତତ୍ପର ହେଉଛି। ଫଳରେ ଆଜି ଶିକ୍ଷାର ମୌଳିକ ମୂଲ୍ୟବୋଧ ବିକଳାଙ୍ଗ ହୋଇଯାଇଛି। ପାଶ୍ଚାତ୍ୟ ଶିକ୍ଷା ବ୍ୟବସ୍ଥାକୁ ଢାଳକରି ଆମର ପ୍ରଗତି ହେବା ଅସମ୍ଭବ ବୋଲି ଶିକ୍ଷାବିତ୍ ମାନେ ମନ୍ତବ୍ୟ ପ୍ରକାଶକରିଛନ୍ତି। କାରଣ ଆମ ପରିବେଶ ଓ ସାଂସ୍କୃତିକ ବାତାବରଣ ଅନ୍ୟମାନଙ୍କ ପରି ନୁହେଁ। ତେଣୁ ଯେଉଁ ପରିବର୍ତ୍ତନ ସମାଜ, ଜାତି ତଥା ରାଷ୍ଟ୍ରର ଉନ୍ନତି ହୋଇପାରିବ ତାହା ଚେଷ୍ଟା କରାଯାଉ। ଅନ୍ୟଥା ଯଦି ସଂପୂର୍ଣ୍ଣ ରୂପେ ସେମାନଙ୍କ ଶିକ୍ଷାଶୈଳୀକୁ ଆମେ ଗ୍ରହଣ କରିନେବା ତେବେ କାମଟି ଦିଅଁ ଗଢୁ ଗଢୁ ମାଙ୍କଡ଼ ହେଲାପରି କାର୍ଯ୍ୟହେବ। ସେଥିପାଇଁ ପ୍ରାବନ୍ଧିକ ମନୋଜ ଦାସ ଅନେକ ଶିକ୍ଷାଧର୍ମୀ ଓ ସଚେତନଧର୍ମୀ ପ୍ରବନ୍ଧ ଲେଖିଛନ୍ତି।

'ପାଠାଗାର ଆନ୍ଦୋଳନ' ପ୍ରବନ୍ଧରେ ଦେଖିବାକୁ ମିଳେ, ସମାଜକୁ ଏକ ଆଦର୍ଶ ରୂପେ ଗଢିବାର କ୍ଷମତା ପାଠାଗାରରେ ରହିଛି। ମନୀଷୀ କାର୍‌ଲାଇଲ୍ କହିଥିଲେ- 'ଗୋଟିଏ ଉତ୍ତମ ପାଠାଗାର ହିଁ ପ୍ରକୃତ ବିଶ୍ୱବିଦ୍ୟାଳୟ। ଅର୍ଥାତ୍ ମଣିଷର ଜ୍ଞାନ ଓ ବିବେକର ବିକାଶ ପାଠାଗାର ଯୋଗୁଁହିଁ ସମ୍ଭବ ହୋଇପାରିବ। ପାଠାଗାରକୁ ସମାଜର ଗୋଟେ ସନ୍ତାନ ସହ ତୁଳନା କରୁଛନ୍ତି। କାରଣ ସନ୍ତାନପ୍ରତି ମଣିଷର ଯେତିକି ସ୍ନେହ, ଶ୍ରଦ୍ଧା ରହିବା ଆବଶ୍ୟକ ଠିକ୍ ସେମିତି ଯଦି ପାଠାଗାରପ୍ରତି ଆମର ମଧ୍ୟ ସେହିପରି ସ୍ୱାଭାବିକ ଗୁଣ ନିତ୍ୟାନ୍ତ ରହିବା ଆବଶ୍ୟକ। ବିଶେଷକରି ସାଂପ୍ରତିକ ଦ୍ରୁତ ଜନସଂଖ୍ୟା ନିମନ୍ତେ ସ୍ୱାକ୍ଷରହାର ଓ ପଠନମୁଖୀ ଅଧିକ ହେବା ବାଞ୍ଛନୀୟ। ପଠନଦ୍ୱାରା କେବଳ ସ୍ୱାକ୍ଷରତାହାର ସମ୍ଭବ ତାହାନୁହେଁ ଏହାଦ୍ୱାରା ମଧ୍ୟ ବ୍ୟକ୍ତିର ମାନସିକ, ସମାଜପ୍ରତି ଦାୟିତ୍ୱବୋଧ ଓ ଦେଶ ଜାତିର କଲ୍ୟାଣ ନିମନ୍ତେ ଉଦିଷ୍ଟ। ଏଥିପାଇଁ ପ୍ରାବନ୍ଧିକ କୁହନ୍ତି- "ଏଇଠାରେ ଏକ ସକଳର ପ୍ରଶ୍ନଉଠେ- ବହିପତ୍ର ପଢିବାର ଆବଶ୍ୟକତା କ'ଣ ?

ପ୍ରଶ୍ନଟି ମୌଳିକହେଲେ ବି ଏହାର ଉତ୍ତର ଜଟିଳ ନୁହେଁ ଜୀବନର ଲକ୍ଷ କେବଳ ବଞ୍ଚିବା ନୁହେଁ; ବହୁ ଜିଜ୍ଞାସାର ଉତ୍ତର ସାହିତ୍ୟ, ଦର୍ଶନ ଓ ବିଜ୍ଞାନରେ ମିଳେ ସେସବୁ ଚେତନାକୁ ଆଲୋଡିତ ଓ ପ୍ରସାରିତ କରେ। ଉପଯୁକ୍ତ ପାଠାଗାରଟିଏ ସ୍ଥାନୀୟ ଲୋକଙ୍କର ଶକ୍ତି ଓ ସମୟର ବହୁ ଅପଚୟକୁ ରୋକିଦିଏ, ଉନ୍ନତ ରସବୋଧ ଓ ଆନନ୍ଦଦିଏ।"[୮୦] ପରନ୍ତୁ, ସାଂପ୍ରତିକ ସମୟରେ ପାଠାଗାର ଅବସ୍ଥା ବେପଥଗାମୀହେବାକୁ ବସିଛି। ସନ୍ତାନଟି ଯେପରି ବେପଥଗାମୀ ହେଲେ ସମାଜ ଓ ଜାତି ପାଇଁ ନିନ୍ଦାର କାରଣ ହୋଇଥାଏ। ଠିକ୍ ସେମିତି ଯଦି ଗୋଟେ ପାଠାଗାର ଅବସ୍ଥା ସେପରି ହୁଏ, ତେବେ ସଂପୂର୍ଣ୍ଣ ସାମାଜିକ ବାତାବରଣ କଳୁଷିତ ହୋଇଯାଏ। ପାଠାଗାର ବହି ପାଠକର ନୀତି ଓ ଆଦର୍ଶ ସଂପୂର୍ଣ୍ଣ ବହିରେ ରହିବା ପରିବର୍ତ୍ତେ ବିଭିନ୍ନ ଅଶ୍ଳୀଳ ପତ୍ରିକାମାନରେ ଶୋଭପାଉଛି। ଏହା ବଡ଼ ଉଦବିଗ୍ନ ଓ ଅସ୍ୱଭାବିକ କାର୍ଯ୍ୟ ବୋଲି କୁହାଯାଇପାରେ। ଆଜିର ଯୁବସମାଜ ଓ ସ୍କୁଲ କଲେଜରେ ପଢୁଥିବା ଛାତ୍ରଛାତ୍ରୀମାନେ ଆସନ୍ତା କାଲି ଦେଶର ଭବିଷ୍ୟତ ହେବେ। ଏଥିପାଇଁ ନୈତିକ ଜ୍ଞାନର ବିକାଶ ହେବା ଆବଶ୍ୟକ। ନଚେତ୍ ସମାଜ ଓ ଜାତିର ନୁହେଁ; ବରଂ ଗୋଟେ ପରମ୍ପରାଶୀଳ ଆଭିଜାତ୍ୟ ସମ୍ପର୍ଣ୍ଣ ରାଷ୍ଟ୍ରର ବିନାଶ ହେବ।

ପ୍ରାବନ୍ଧିକ 'ଏକ ନଚିକେତାର କଣ୍ଠରୋଧ'ରେ ଉଲ୍ଲେଖ କରିଛନ୍ତି ପୁରାଣ ପ୍ରସିଦ୍ଧ ନଚିକେତା ସେଦିନ ଜୀବନ ଦର୍ଶନର ଜିଜ୍ଞାସା ନିମନ୍ତେ ଯମାଳୟ ଗମନ କରିଥିଲେ ଏବଂ ବାକ୍ୟବୀର ହୋଇ ଯମଙ୍କ ଠାରୁ ଜୀବନ ପାଇଁ ଆବଶ୍ୟକ ନୈତିକ ଜ୍ଞାନନେଇ ଫେରିଥିଲେ। ହେଲେ ଆଜି ଶିକ୍ଷାର ଅର୍ଥ ବଦଳିବାକୁ ବସିଛି ସିସିଫସ୍ ମୁଣ୍ଡିଆ ଉପରକୁ ପଥରନେଇ ଥୋଇବାର ବୃଥା ଆସ୍ଫାଳନ ପରି ଆମର ସ୍ୱାକ୍ଷରତା ବୃଦ୍ଧି ନିମନ୍ତେ ଚିନ୍ତା ସେହିପରି ଦୃଶ୍ୟମାନ ହେଉଛି। ଜନସଂଖ୍ୟା ଯେଉଁ ପରିମାଣରେ ବୃଦ୍ଧିଘଟୁଛି, ସ୍ୱାକ୍ଷର ହାରରେ ସେମିତି ବିକାଶ ହେଉନାହିଁ। ଏହି ପରିସ୍ଥିତିରେ ବିଦ୍ୟାଳୟ ଓ ବିଶ୍ୱବିଦ୍ୟାଳୟମାନଙ୍କରେ ଯେଉଁ ବ୍ୟବସାୟିକ ଶିକ୍ଷା ଦିଆଯାଉଛି ତାହା ନୈତିକ ଶିକ୍ଷାଠାରୁ ବହୁଦୂରରେ। ଏଥିପାଇଁ ପ୍ରାବନ୍ଧିକ କହିଛନ୍ତି- "କିନ୍ତୁ ଆଜି ବୋଇଲେ ଆମେ ଯେଉଁ ବ୍ୟୁତ୍ପତ୍ତିକୁ ବୁଝାଉ, ସେ ଅର୍ଥରେ ଶିକ୍ଷିତ ସଂଖ୍ୟାରେ ଯଥେଷ୍ଟ ଅଭିବୃଦ୍ଧିହେଲେ ମଧ୍ୟ ଆମର ସାମାଜିକ ନିରାପତ୍ତା, ମାନସିକ ସ୍ୱାସ୍ଥ୍ୟ ଏବଂ ଶାନ୍ତି ଓ ସ୍ୱାଚ୍ଛନ୍ଦ୍ୟର ମାତ୍ରରେ ଉନ୍ନତି ହେବାର କୌଣସି ଆଶା ନାହିଁ। ଆଜି ବିଦ୍ୟାଳୟ ଓ ବିଶ୍ୱବିଦ୍ୟାଳୟମାନ ଏକପ୍ରକାର ଶିଳ୍ପ (ଓଭୟଙ୍କଷ୍ୱଷ୍ୱକ୍ଟ) ଅର୍ଥ ବୋଲି କହିଲେ ଅତ୍ୟୁକ୍ତି ହେବ ନାହିଁ। ଏହି ଶିଳ୍ପ ଶିକ୍ଷିତ ନାମରେ ଯାହା ଉତ୍ପାଦନ କରୁଛି, ତାହା ପ୍ରାୟତଃ ଏକ ବୈଚିତ୍ର୍ୟହୀନ ପ୍ରାଣୀ (Stereotype)।"[୮୧]

'ଶିକ୍ଷୀର ମମତା' ଶୀର୍ଷକ ପ୍ରନ୍ଧରେ ଆଜିର ଶିକ୍ଷା ବ୍ୟବସ୍ଥାରେ ଦାୟିତ୍ୱହୀନ ଉଚ୍ଚଶିକ୍ଷିତ ସମ୍ପାଦକଙ୍କ ସମ୍ପର୍କରେ ଉଲ୍ଲେଖ କରିଛନ୍ତି। ପ୍ରାବନ୍ଧିକ ମନୋଜ ଦାସଙ୍କ 'ଶେଷ ବସନ୍ତର ଚିଠି' ଗଳ୍ପରେ ଥିବା ଝିଅଟି (ମିନୀ) ଏକ ଦ୍ୱିତଳ ବାରନ୍ଦାରେ ଠିଆ ହୋଇଥାଏ। ଗଳ୍ପ ଅନୁସାରେ ତା'ର ଏକା ଠିଆ ହେବା ସହ ବୃଦ୍ଧ ଅଧ୍ୟାପକଙ୍କ ନିଃସଙ୍ଗତା ସେଠାରେ ଦେଖାଯାଉଥିଲା। ପରନ୍ତୁ, ସେହି ଗଳ୍ପଟି ଯେତେବେଳେ ପାଠ୍ୟପୁସ୍ତକର ସ୍ଥାନ ଦିଆଗଲା ସେତେବେଳେ ସମ୍ପାଦକ ମହୋଦୟ ତାକୁ ପରିବର୍ତ୍ତନ କରି ଝିଅଟିକୁ ଆଉ ଦୁଇପାଦ ନେଇ ଏକ ଉଦ୍ୟାନରେ ବସାଇ ଦେଇ ଖେଳଣାଟିଏ ଧରେଇଦେଲେ। ଯାହାଦ୍ୱାରା ଗଳ୍ପର ପରିବେଶ ଜନିତ ଭାବାର୍ଥଟି ସଂପୂର୍ଣ୍ଣ ବଦଳିଗଲା ଅର୍ଥତ୍ ଛାତ୍ରମାନେ ଏଠାରେ ବିଭ୍ରାନ୍ତ ହେବା ସୁନିଶ୍ଚିତ। ପ୍ରାବନ୍ଧିକଙ୍କର କହିବା କଥା ଯେଉଁଠାରେ, ଲେଖକଙ୍କର ମାନସିକତାକୁ ଉଚ୍ଚଶିକ୍ଷିତ ସମ୍ପାଦକ ପଢ଼ିପାରିଲେ ନାହିଁ ସେଠାରେ ଛାତ୍ରମାନେବା ଜାଣିବେ କେମିତି। ଏପରି ସ୍ଥଳେ ପାଶ୍ଚାତ୍ୟ ଶିକ୍ଷା ବ୍ୟବସ୍ଥା ସମ୍ପର୍କରେ ଉଦାହରଣ ଦେବାକୁଯାଇ ପ୍ରାବନ୍ଧିକ କୁହନ୍ତି- "ପାଶ୍ଚାତ୍ୟର ଭିନ୍ନ ଭିନ୍ନ ଦେଶରେ ପାଠ୍ୟପୁସ୍ତକ ସମ୍ପାଦନାରେ କେତେ ଗୁରୁତ୍ୱ ଦିଆଯାଏ ତା'ର ନମୁନା ମୋ'ଠାରେ ଅଛି। କାଲିଫର୍ଣ୍ଣିଆ ରାଜ୍ୟ ହାଇସ୍କୁଲ ପାଠ୍ୟପୁସ୍ତକ ସଂକଳନ ପାଇଁ ଜେ. ବି. ପ୍ରିଷ୍ଟଲେଙ୍କ ଭଳି ମନିଷୀଙ୍କୁ ନିଯୁକ୍ତ କରିଥାନ୍ତି। ସେସବୁ ବହି ଦେଖି ତା'ପରେ ଆମ ରାଜ୍ୟର ଏ ଦୃଷ୍ଟାନ୍ତ ମନେପକାଇଲେ ଦୀର୍ଘନିଶ୍ୱାସ ଛାଡ଼ିବାକୁ ହୁଏ। ଅଥଚ ଏଇଟା ଅର୍ଥ ବା ସଙ୍ଗତିର ପ୍ରଶ୍ନ ନୁହେଁ; ସାମାନ୍ୟ ଦାୟିତ୍ୱବୋଧର ପ୍ରଶ୍ନ ମାତ୍ର।"(୮୨)

ସାଂପ୍ରତିକ ଶିକ୍ଷାବ୍ୟବସ୍ଥାକୁ ଲକ୍ଷ୍ୟକରି ସେଥିରେ ଥିବା ଦୋଷତ୍ରୁଟି ସମ୍ପର୍କରେ ପ୍ରାବନ୍ଧିକ 'ସୂର୍ଯ୍ୟୋଦୟଦ୍ୱାରା ସମ୍ଭବ ନୁହେଁ ଯେଉଁ ଅନ୍ଧକାରର ଅବସାନ'ରେ ବର୍ଣ୍ଣନା କରିଛନ୍ତି ଶିକ୍ଷା ବ୍ୟବସ୍ଥାରେ ଅର୍ଥ ଉପାର୍ଜନ ମୋହରେ ଶିକ୍ଷକମାନେ ଟ୍ୟୁସନ୍ ଉପରେ ଯେତିକି ଗୁରୁତ୍ୱ ଦେଉଛନ୍ତି ସ୍କୁଲକଲେଜରେ ସେତିକି ଯତ୍ନଶୀଳ ହେଉନାହାନ୍ତି। ଫଳରେ ସେମାନଙ୍କ ଦାୟିତ୍ୱହୀନତା ଓ ଅର୍ଥ ଲାଳସା ପ୍ରତି ଥିବା ମୋହଦ୍ୱାରା ସମାଜରେ ଶିକ୍ଷା ବ୍ୟବସ୍ଥା ଆଜି ପଙ୍ଗୁ ହେବାକୁ ଲାଗିଲାଣି। ସାଧାରଣଘରର ପିଲାମାନଙ୍କୁ ଉଚ୍ଚ ଶିକ୍ଷିତ ହେବା ପାଇଁ ଆଗ୍ରହ ଥିଲେ ମଧ୍ୟ ଆର୍ଥିକ ଦୂରାବସ୍ଥା ତା'ର ବାଧକ ସାଜୁଛି। ଭାରତର ସରକାରୀ ଡାକ୍ତରଖାନା ଭଳି ସ୍କୁଲ କଲେଜର ପରିସ୍ଥିତି ହୋଇଯାଇଛି। ସବୁଆଡ଼େ କେବଳ ଦୁର୍ନୀତି ଓ ଦୁର୍ଗତିର ଗନ୍ଧ ଖେଳିଯାଇଛି। ତେଣୁ ପ୍ରାବନ୍ଧିକ କୁହନ୍ତି- "ଯେଉଁ ଦେଶରେ ଶିକ୍ଷକକୂଳର ଏକ ଗୋଷ୍ଠୀ ନିଜର ଦାୟିତ୍ୱ ପ୍ରତି ବିଶ୍ୱାସଘାତକତା କରିପାରନ୍ତି, ସେ ଦେଶରେ ଖାଲି ଶିକ୍ଷାର ନୁହେଁ, ସମଗ୍ର ସମାଜର ଭବିଷ୍ୟତ ଅନ୍ଧକାର। ସେ ଅନ୍ଧକାରକୁ ଦୂର କରିପାରିବା ଭଳି ସୂର୍ଯ୍ୟୋଦୟ ଅସମ୍ଭବ। ଏ ପରିସ୍ଥିତିରୁ ମୁକ୍ତିର ପଥ

କାହିଁ ?"[୮୩] ସମାନ ପରିସ୍ଥିତି ଆଜି ବିଜ୍ଞାନ ଗବେଷଣା କ୍ଷେତ୍ରରେ ଦେଖିବାକୁ ମିଳୁଛି। ଜ୍ଞାନ ବିଜ୍ଞାନର ଉନ୍ନତି ହେଉ କିନ୍ତୁ ଆମର ବିବେକବୋଧଟି ମରିନଯାଉ।

'ଆତ୍ମ-ପ୍ରତାରିତ ଏକ ମହାଜାତି' ପ୍ରବନ୍ଧରେ ଆମର ଆଜିର କର୍ମ, କାଲିର ଫଳସ୍ୱରୂପ ହୋଇ ପ୍ରତିଫଳିତ ହେବା କଥା କୁହାଯାଇଛି। ବର୍ତ୍ତମାନ ଶିକ୍ଷାକୁ ନେଇ ଯେଉଁ ବ୍ୟାପାର କରାଯାଉଛି ତାହା ଆସନ୍ତାକାଲି ମାନବ ସଭ୍ୟତା ପାଇଁ ବଡ଼ ମହଙ୍ଗାପ୍ରଦ ହେବବୋଲି ପ୍ରାବନ୍ଧିକ କହିଛନ୍ତି। ନିର୍ବୋଧ ମଣିଷ ଶିକ୍ଷିତ ହେଲେ ସୁଦ୍ଧା ଯଦି ତା'ର ଉପଯୁକ୍ତ ପ୍ରୟୋଗ ନହୁଏ ତେବେ ବଡ଼ ବିଷମ ସମସ୍ୟା ଭୋଗିବାକୁ ପଡ଼ିବ। ପ୍ରାବନ୍ଧିକଙ୍କ ବର୍ଣ୍ଣିତ ଏକ ଛୋଟିଆ ଘଟଣାରୁ ପ୍ରସଙ୍ଗଟି ସହଜରେ ବୁଝାପଡ଼ିବ। ଥରେ ଜଣେ ଅବସର ପ୍ରାପ୍ତ ଶିକ୍ଷକ ନିଜର କୌଣସି କାର୍ଯ୍ୟ ନିମନ୍ତେ ତାଙ୍କ ହାକିମ ଛାତ୍ରଙ୍କ ପାଖକୁ ଆସିଥାନ୍ତି ସମସ୍ତ ପରିଚୟ ପାଇ ପିଅନ ଓ ପି.ଏ. ତାଙ୍କର ସସମ୍ମାନ କରି କାର୍ଯ୍ୟାଳୟ ମଧ୍ୟକୁ ନେଇଆସନ୍ତି। ତାପରେ ହାକିମ ତାଙ୍କ କାଗଜପତ୍ର ସବୁ ଦେଖି କୁହନ୍ତି, ଆପଣଙ୍କ କାର୍ଯ୍ୟ ନିୟମାନୁସାରେ ହୋଇନଥିବା ଯୋଗୁଁ ମୁଁ କିଛି କରିପାରିବି ନାହିଁ। ଏହା ଦେଖି ଶିକ୍ଷକ ଜଣକ କହିଲେ, ସେଥିପାଇଁ ଯେ ମୁଁ ଏଠାକୁ ଆସିଛି ଯେତେ ହେଲେ ତୁମେ ମୋର ପୁରାତନ ଛାତ୍ର ସେଥିପାଇଁ ନୈତିକ ଦୃଷ୍ଟିକୋଣରୁ ମୋର କାର୍ଯ୍ୟଟି ହୋଇଯିବା ଆଶାରେ ଆସିଛି। ଏହା ଶୁଣି ହାକିମ ଜଣକ ନମ୍ର କଣ୍ଠରେ ଉତ୍ତର ଦେଲେ- ମାନବିକତା ଓ ନୈତିକତା ନିଶ୍ଚିତ ରହିବା କଥା। ପରନ୍ତୁ, ଆପଣମାନଙ୍କ ପରି ଯେଉଁମାନେ ଶିକ୍ଷାଭଳି ପବିତ୍ର ଧର୍ମକୁ ନେଇ ବେପାର କରନ୍ତି ତାହା କେଉଁପ୍ରକାର ନୈତିକତା ଥିଲା ? ଅନେକ ପିଲା ଅର୍ଥ ଅଭାବରୁ ଶିକ୍ଷା ପ୍ରାପ୍ତିରୁ ବଞ୍ଚିତ ହେଉଥିଲେ। ଆପଣ ବିନା ଟ୍ୟୁସନରେ ସ୍କୁଲରେ ପଢାଉନଥିଲେ। ଫଳରେ ଅନେକ ମେଧାବୀ ଛାତ୍ର ଏଥିପାଇଁ ଶିକ୍ଷାରୁ ବଞ୍ଚିତ ହେଉଥିଲେ। ଏହା କିପରି ମାନବିକତା ହୋଇପାରେ ? ଏଥିପାଇଁ ଆପଣଙ୍କ ପ୍ରତି ମୋର କୌଣସି ଦରଦୀ ଭାବ ଦେଖାଇବା ଆବଶ୍ୟକ ମନେକରୁନାହିଁ। ବାସ୍ତବରେ ଏପରି ପ୍ରସଙ୍ଗ ସମସ୍ତ ଶିକ୍ଷାକୁଳକୁ ଆଜି ଲଜ୍ଜିତ କରିପାରେ। ହେଲେ ଏ ଆତ୍ମା- ପ୍ରତାରିତ ଶିକ୍ଷାକୁଳଙ୍କୁ ଭବିଷ୍ୟତ କେବେ କ୍ଷମା କରିବ ନାହିଁ।

'ଏକ ଅଭିଶପ୍ତ ବିମାନର ଅହେତୁକ ସ୍ମୃତି' ଶୀର୍ଷକ ପ୍ରବନ୍ଧରେ ପ୍ରାବନ୍ଧିକ ଲେଖିଛନ୍ତି ମହାବିଦ୍ୟାଳୟମାନଙ୍କରେ ଶିକ୍ଷାବ୍ୟବସ୍ଥା କିପରି ଚାଲିଛି ସେଥିପ୍ରତି କେହିଧ୍ୟାନ ନ ଦେଇ ଛାତ୍ରମାନଙ୍କୁ କିପରି ରାଜନୀତି ବ୍ୟବହାର କରାଯାଉଛି ତାହା ଦେଖିବାକୁ ମିଳୁଛି। ପ୍ରାବନ୍ଧିକ କୁହନ୍ତି ଏବେ ସେଠାରେ ଆଉ ଛାତ୍ର ରାଜନୀତି ନୁହେଁ ବରଂ ରାଜଦୁର୍ନୀତି ଚାଲୁଛି। ଶିକ୍ଷକମାନଙ୍କୁ ଏସବୁ ପରିସ୍ଥିତି ନ ଦେଖିଲା ପରି ରହିବାକୁ

ପଡୁଛି । ତେବେ ଆଜିର ଏ ସମସ୍ୟାଟି ଭବିଷ୍ୟତରେ ଏକ ବଡ଼ ସଙ୍କଟ ହୋଇ ଠିଆ ହେବାର ଆଶଙ୍କା ନେଇ ପ୍ରାବନ୍ଧିକ କୁହନ୍ତି- "ନେତା ଓ ଛାତ୍ର, ଏ ଉଭୟ ଗୋଷ୍ଠୀଙ୍କୁ ଯେଉଁମାନେ ଦିଗଦର୍ଶନ ଦେଇପାରନ୍ତେ, ବହୁ କାରଣରୁ ସେହି ଶିକ୍ଷକ କୁଳର ପ୍ରଭାବ ନିଷ୍ପ୍ରଭ ଓ ନିସ୍ତେଜ। ସେମାନେ ଯେ ଅନ୍ତତଃ ଛାତ୍ରମାନଙ୍କୁ କୁଜିନେତାମାନଙ୍କ ରାହୁଗ୍ରାସରୁ ସୁରକ୍ଷା ଦେଇପାରୁନାହାନ୍ତି, ଏହା ଦେଶରହିଁ ଦୁର୍ଭାଗ୍ୟ। ଶିକ୍ଷକ ଓ ଛାତ୍ର ଭିତରେ ଆଜି ଭାବଗତ ସମ୍ପର୍କ କ୍ଷୀଣ।"[୮୪]

'ଏକ ଭିନ୍ନ ଜାଦୁକର' ପ୍ରବନ୍ଧରେ ପାଶ୍ଚାତ୍ୟ ଶିକ୍ଷାନୀତିରେ ଉଦାରତା ଭାବଯୋଗୁଁ ସେଠାରେ ନୂଆ ନୂଆ ସମ୍ଭାବନା ହୋଇପାରୁଛି। ପରନ୍ତୁ ଭାରତରେ ସେହି ଉଦାର ଶିକ୍ଷାନୀତି ଅତୀତରେ ପ୍ରଚଳିତ ଥିଲା ,ହେଲେ ଏବେ ଆଉ ତାହା ଦେଖାଯାଉ ନାହିଁ। ଅନେକ ଜ୍ଞାନୀବ୍ୟକ୍ତି ବିଶେଷମାନେ ଅଛନ୍ତି ଯେଉଁମାନଙ୍କର ଜ୍ଞାନର ପରିସର ପଟ୍ଟାନ୍ତର ନାହିଁ। କିନ୍ତୁ ସେମାନଙ୍କର ସ୍ମରଣଶକ୍ତି ବଡ଼ ଦୁର୍ବଳ ଆଇନ ?ଷ୍ଟାଇନ୍ କଥା ଦେଖନ୍ତୁ ନିଜ ନାମ ମଧ୍ୟ ସେ ବେଳେ ବେଳେ ଭୁଲି ଯାଆନ୍ତି। ସେହିପରି ଆମ ଭାରତରେ ଗଣିତ ପାଇଁ ବିଶ୍ୱରେ ପ୍ରଶଂସା ସାଉଁଟି ଥିବା ଶକୁନ୍ତଳା ଦେବୀଙ୍କ ସ୍ମୃତିଶକ୍ତି ମଧ୍ୟ ସେମିତି ଦୁର୍ବଳ ଜଣାପଡ଼େ ତେବେ ପ୍ରସଙ୍ଗ ହେଉଛି- ମଣିଷର ମୁଣ୍ଡ ସିନା ଗଣିତ କି ବିଜ୍ଞାନ କ୍ଷେତ୍ରରେ କିନ୍ତୁ, ଚେତନାରେ ବୈଚିତ୍ର୍ୟ ଥିବା ଯୋଗୁଁ ସବୁ କଥା ମନେରଖି ହୁଏନାହିଁ। ଏହାର ଅର୍ଥ ନୁହେଁ ସେମାନଙ୍କ ପ୍ରତିଭାକୁ ହତାଦାର କରିବା। ହେଲେ ପ୍ରାବନ୍ଧିକ ଭାରତର ଏପରି ଏକ କାର୍ଯ୍ୟ ସମ୍ପର୍କରେ କୁହନ୍ତି- ଭାରତର ଜଣେ ଇଞ୍ଜିନିୟର ଛାତ୍ର ବଡ଼ ପ୍ରବୀଣ ଓ ଦକ୍ଷ ଥିଲେ ସୁଦ୍ଧା ସେ ପରୀକ୍ଷାରେ ବସିବା ମାତ୍ରେ ଭୟଭୀତ ହୋଇ ତାର ଗୋଡ଼ହାତ ଥରିବାକୁ ଆରମ୍ଭ କରେ। ଫଳରେ ପରୀକ୍ଷା ଦେଇପାରେନା। ଏଥିପାଇଁ ସେ କର୍ତ୍ତୃପକ୍ଷଙ୍କୁ ଯେତେ ଅନୁରୋଧକଲେ ମଧ୍ୟ ତା'ପାଇଁ ଅନ୍ୟକିଛି ବ୍ୟବସ୍ଥା କଲେ ନାହିଁ। ଯାହାଫଳରେ ଛାତ୍ରଟି ପାଶ୍ଚାତ୍ୟ ଦେଶକୁ ଚାଲିଗଲେ ଏବଂ ସେଠାରେ ଏକ ପ୍ରସିଦ୍ଧ ବିଶ୍ୱବିଦ୍ୟାଳରେ ଇଞ୍ଜିନିୟରିଂ ପାଶ୍ କରି ଫେରିଲେ ତେବେ ଏହି ଜ୍ଞାନୀମାନଙ୍କର ବିକାଶ କେବଳ ସେହିପରି ଦେଶର ଶିକ୍ଷାବିତମାନେ କରିପାରନ୍ତି। ଯେଉଁଠାରେ କେବଳ ଶିକ୍ଷାକୁ ଗୁରୁତ୍ୱ ଦିଆଯାଏ, ସଂପୂର୍ଣ୍ଣ ଦିଗକୁ ନୁହେଁ। ତେଣୁ ଏପରି ସମ୍ବେଦନଶୀଳ ବିଚାର ଓ ବିବେକ ଭାରତର ଶିକ୍ଷାବିତଙ୍କ ପାଖରେ ରହିବା ଆବଶ୍ୟକ ବୋଲି ପ୍ରାବନ୍ଧିକ କହିଛନ୍ତି। ପ୍ରାଚୀନ ଭାରତରେ ଶିକ୍ଷା ବ୍ୟବସ୍ଥା ସମ୍ପର୍କରେ ଜଣେ ଜିଜ୍ଞାସୁରଙ୍କ ପ୍ରଶ୍ନର ଉତ୍ତର ଦେଇ ପ୍ରାବନ୍ଧିକ କହନ୍ତି ପୁରାଣ ସମୟର ଶିକ୍ଷା ବ୍ୟବସ୍ଥା ଥିଲା ଆଶ୍ରମ ବା ଗୁରୁକୁଳର ବ୍ୟବସ୍ଥା। ଶାନ୍ତ କାନ୍ତ ବନ ଅରଣ୍ୟ ମଧ୍ୟରେ ରହି ଆଶ୍ରମ ଗଢିଉଠିଥିଲା। ଏଠାରେ ରାଜକୁମାରଙ୍କ ଠାରୁ ଆରମ୍ଭ କରି ଗରିବ ପିଲା

ପର୍ଯ୍ୟନ୍ତ ସମସ୍ତେ ଅଧ୍ୟୟନ କରିପାରୁଥିଲେ ପ୍ରାଥମିକ ଅବସ୍ଥାରେ ଜାତିପ୍ରଥା ଦେଖାଯାଉ ନଥିଲା ପରନ୍ତୁ ପରେ ଏହି ବ୍ୟବସ୍ଥା ଅନୁସାରେ ଜାତିପ୍ରଥା ଅନୁସାରେ ଶିକ୍ଷାର ବିଭାଜନ ହୋଇଥିଲା ଅବଶ୍ୟ କେତେଜଣ ଏହାକୁ ଭାରତର ଶିକ୍ଷାବ୍ୟବସ୍ଥାର ବିଶେଷତ୍ୱ ବୋଲିକୁହନ୍ତି। କାରଣ ସେତେବେଳେ ପିଲାର ମାନସିକ ଓ ଅନ୍ତର୍ନିହିତ କ୍ଷମତା ଅନୁସାରେ ଦିଆଯାଉଥିଲା। ଯିଏ ଯେଉଁଶିକ୍ଷା ପାଇଁ ଉପଯୁକ୍ତ ଗୁରୁଙ୍କ ପରାମର୍ଶରେ ସେ ସେହି ଶିକ୍ଷାଗ୍ରହଣ କରୁଥିଲା। ସେ ସମୟରେ ଶିକ୍ଷାର ମୌଳିକ ଉଦ୍ଦେଶ୍ୟ ଥିଲା ଜୀବନଚର୍ଯ୍ୟା ପାଇଁ ବ୍ୟବହାରିକ ଜ୍ଞାନ ଆହରଣ। ଜଣଙ୍କ ପାଖରେ ସମସ୍ତ ଶସ୍ତ୍ରବିଦ୍ୟା ଥିଲେ ସୁଦ୍ଧା ଯଦି ତା ପାଖରେ ନମ୍ରତା, ଦୟା, କ୍ଷମା, ସହନଶୀଳତା ଆଦି ଭାବ ଦେଖାନଯାଏ ତେବେ ତା'ର ଶିକ୍ଷା ସଂପୂର୍ଣ୍ଣ ନୁହେଁ। ଏତଦବ୍ୟତୀତ ତତ୍କାଳୀନ ସମୟରେ 'ପରିବାର' ସବୁଠାରୁ ବଡ଼ ଶିକ୍ଷାଳୟ ଥିଲା। ଗୁରୁଜନମନଙ୍କର ନୀତି ଆଦର୍ଶରେ ପିଲାମାନେ ଅନେକ ଜ୍ଞାନ ଆହୋରଣ କରୁଥିଲେ, ଯାହା ବର୍ତ୍ତମାନ ଅନୁପଲବ୍ଧ।

'ଆଜିର ଶିକ୍ଷା ପ୍ରଣାଳୀରେ ଛାତ୍ରର ସାଂସ୍କୃତିକ ମୂଲ୍ୟବୋଧ' ସମ୍ପର୍କରେ ପ୍ରାବନ୍ଧିକ ଶ୍ରୀଯୁକ୍ତ ଦାସ ଉତ୍ତର ରଖି କହନ୍ତି– ଆଜି ଶିକ୍ଷା ବ୍ୟବସ୍ଥାରେ ଅନେକ ତ୍ରୁଟିପୂର୍ଣ୍ଣ ବ୍ୟବସ୍ଥା ଦେଖାଯାଉଛି। ଏ କଥା ସମସ୍ତେ ଜାଣିଛନ୍ତି ପରନ୍ତୁ, ଏହାର କାରଣ ପ୍ରତି କେହି ସଚେତନ ନୁହଁନ୍ତି। ପ୍ରାଚୀନ କାଳରେ ପରିବାର ଥିଲା ସର୍ବଶ୍ରେଷ୍ଠ ବିଦ୍ୟାଳୟ କିନ୍ତୁ ବର୍ତ୍ତମାନ ସେହି ପରମ୍ପରା ଆଉ ଦେଖାଯାଉ ନାହିଁ। ଏହାର ପ୍ରଧାନ କାରଣ ଆମମାନଙ୍କର ଜୀବନଶୈଳୀ ଏତେ ବ୍ୟସ୍ତ ହୋଇଯାଇଛି ଯେ- ଆମେ ସେମାନଙ୍କୁ ଆଉ ସମୟ ହିଁ ଦେଇ ପାରୁନାହାଁନ୍ତି। ଫଳରେ ସେମାନେ ପରମ୍ପରାଗତ ପରିବେଶ ଶିକ୍ଷାରୁ ବଞ୍ଚିତ ରହୁଛନ୍ତି। ଆମ ପରମ୍ପରା କହେ ପିଲା ମାତୃ ଗର୍ଭରେ ଶିକ୍ଷା ଅର୍ଜନ କରୁଥିଲା। ହେଲେ ଆଜି ଭାରତୀୟ ମା' ମାନଙ୍କ ପାଖରେ ସମୟ ଅଭାବ ଯୋଗୁଁ ପିଲାମାନଙ୍କୁ ସେମାନେ ଆଉ ସମୟ ଦେଇପାରୁ ନାହାଁନ୍ତି। ସବୁଠାରୁ ବଡ଼ ଆଶ୍ଚର୍ଯ୍ୟର କଥା ଆମେ ଏପରି ଶିକ୍ଷା ଯଦି ସରକାର ବ୍ୟବସ୍ଥିତ ଶିକ୍ଷାଳୟରୁ ଖୋଜିବା ତେବେ ଏହା କେବଳ ଲଜ୍ଜ୍ୟା ଓ ଅପବାଦର କଥାବୋଲି କୁହାଯାଇପାରେ। ଏଥିପାଇଁ ଆଜିର ପିଲାମାନଙ୍କ ଭିତରେ ସାଂସ୍କୃତିକ ଚେତନାର ଘୋର ଅଭାବ ଦେଖାଯାଉଛି। ଯାହାଦ୍ୱାରା ନୈତିକ ଜ୍ଞାନର ବିକାଶ ହୋଇପାରୁନାହିଁ।

ଶ୍ରୀଯୁକ୍ତ ଦାସଙ୍କ ପ୍ରବନ୍ଧର କଳେବର ଅତ୍ୟନ୍ତ ବ୍ୟାପକ। ଅସଂଖ୍ୟ ପ୍ରବନ୍ଧ ମଧ୍ୟରେ ଅସୀମ ଚିନ୍ତାଚେତନର ରୂପରେଖା ଦେଖିବାକୁ ମିଳେ। ଅଳିକ ସଂସାର ଭିତରୁ ସେ ଯାହାକିଛି ଉପଲବ୍ଧି କରିଛନ୍ତି ସେଥିରୁ ସାରଗର୍ଭମୟ ତତ୍ତ୍ୱକୁ ସ୍ୱୀକାର କରିଛନ୍ତି ନିଜ ପ୍ରବନ୍ଧ ଜରିଆରେ। ତାଙ୍କ ରଚିତ ପ୍ରବନ୍ଧଗୁଡ଼ିକର ଯେତେ ଶ୍ରେଣୀ

ବିଭକ୍ତ କଲେ ସୁଦ୍ଧା ତାହା ଯଥେଷ୍ଟ ହେବ ନାହିଁ। ସେଥିମଧ୍ୟରୁ ଧାର୍ମିକ ଚିନ୍ତାଧାରାକୁ ନେଇ ରଚିତ ପ୍ରବନ୍ଧ ଗୁଡ଼ିକ ମଧ୍ୟରେ- 'ଧର୍ମର ତିନି ପର୍ଯ୍ୟାୟ : ଏକ 'ବିହଙ୍ଗାବଲୋକନ', 'ମୁକ୍ତି ପ୍ରତୀକ୍ଷାରେ ସ୍ୱାଧୀନ ଭାରତ', 'ବିସ୍ମୃତ ପ୍ରଦୀପଟିଏ', 'ଏକ ବିସ୍ମୃତ ଧର୍ମ ଓ ତା'ର ପ୍ରବର୍ତ୍ତକ', 'ଆସ୍ତିକ ଓ ନାସ୍ତିକ', 'ବିଧାତାର ଧର୍ମ ବନାମ ମଣିଷର ଧର୍ମ', 'ଚିରନ୍ତନ ଗୀତା', 'ଓମ୍ ର ଅନୁବାଦ', 'ବିଦାୟୀ ବିଂଶ ଶତାବ୍ଦୀର ମହତମ ଅବଦାନ', 'ସଙ୍କଟରେ ହନୁମାନ' ଭଳି କେତେକ ପ୍ରବନ୍ଧ ଦେଖିବାକୁ ମିଳେ। 'ଧର୍ମର ତିନି ପର୍ଯ୍ୟାୟ : ଏକ 'ବିହଙ୍ଗାଲୋକନ' ପ୍ରବନ୍ଧରେ ସାଂପ୍ରତିକ ମଣିଷ ପାଇଁ ଧର୍ମର ଅର୍ଥଗତ ବିଚାର ସମ୍ପର୍କରେ ଆଲୋଚନା ହୋଇଛି। ପ୍ରାବନ୍ଧିକ ଆଜିର ବୃହତ ଜନସମୁଦାୟ ପାଇଁ ଇତିହାସରୁ ଆରମ୍ଭକରି ଆଜି ପର୍ଯ୍ୟନ୍ତ ସମୁଦାୟ ବ୍ୟବହାରିକ ଧର୍ମକୁ ତିନୋଟି ପର୍ଯ୍ୟାୟରେ ଆଲୋଚନା କରିଛନ୍ତି। ପ୍ରଥମରେ ଧର୍ମ ଏବଂ ଆଧ୍ୟାତ୍ମିକତା ମଧ୍ୟରେ ଏକ ସମନ୍ୱୟ ରହିଥିଲା ଯେଉଁଥିରେ ସାମାଜିକ ପରିସ୍ଥିତି ବେଶ୍ ଶୃଙ୍ଖଳିତ ରହିଥିଲା। ପରନ୍ତୁ, ଦ୍ୱିତୀୟ ପର୍ଯ୍ୟାୟରେ ଏହା ସାନ୍ତ୍ୱନା, ନୈତିକତା ଓ ଶୃଙ୍ଖଳା ମାଧ୍ୟମରେ ପ୍ରସାରିତ ହେବାକୁ ଲାଗିଲା। ଫଳରେ ଏହା ନୂଆ ନୂଆ ଦିଗପ୍ରତି ଆକର୍ଷିତ ହୋଇ ଧିରେ ଧିରେ ତାହା ଅନ୍ଧବିଶ୍ୱାସ ଓ କୁସଂସ୍କାର ଆଡ଼କୁ ଗତିକଲା ପ୍ରାଥମିକ ସ୍ତରରେ ଧର୍ମ କ୍ଷେତ୍ରରେ ମନ୍ଦିରର ଦେବା ଦେବୀ ନଥିବାବେଳେ ଦ୍ୱିତୀୟ ପର୍ଯ୍ୟୟରେ ଆନୁଷ୍ଠାନିକ ଧର୍ମ ଓ ଦେବା ଦେବୀ ପୂଜା ପଦ୍ଧତି ଆରମ୍ଭ ହେଲା। ତୃତୀୟ ପର୍ଯ୍ୟୟଟିକୁ ପ୍ରାବନ୍ଧିକ ବଡ଼ ଦୁର୍ଦ୍ଦଶାର ପର୍ଯ୍ୟାୟ ବୋଲି କୁହନ୍ତି। କାରଣ ଦ୍ୱିତୀୟରେ ଉଭୟ ସୌଭାଗ୍ୟ ଓ ଦୁର୍ଭାଗ୍ୟ ମିଶିକରି ରହିଥିଲା ପରନ୍ତୁ, ତୃତୀୟ ପର୍ଯ୍ୟାୟରେ ଧାର୍ମିକ ଗୋଷ୍ଠୀର ମୁଖିଆ ମାନେ ଧର୍ମ ଦ୍ୱାରା ସମାଜକୁ ନିୟନ୍ତ୍ରିତ କରିବାକୁ ଚେଷ୍ଟାକଲେ ଯାହାଦ୍ୱାରା ଆରମ୍ଭ ହେଲା ଧର୍ମରେ ମଉଜ ମଜଲିସ୍ ଓ ସାମାଜିକ ସଂସ୍କାର ନାମରେ ଏହା ବିଧ୍ୱସ୍ତ ହେବାକୁ ଲାଗିଲା। ଫଳରେ ଧର୍ମକୁ ଦ୍ୱାହି ଦେଇ ଜନ୍ମ ହୁଏ ବିଭ୍ରାଟର ସୂତ୍ରପାତ। ଏଥିପାଇଁ ପ୍ରାବନ୍ଧିକ ପାର୍ଲବାକଙ୍କ କଥାକୁ ମନେ ପକାଇ କୁହନ୍ତି- "ସମ୍ଭବତଃ ଧର୍ମର ମୃତ୍ୟୁ ଘଟିଛି। ଯଦି ତାହା ହୋଇଥାଏ, ଖୁବ୍ ବିଳମ୍ବ ହୋଇଯିବା ପୂର୍ବରୁ ଆମେ ବରଂ ନୈତିକ ଶକ୍ତିର ଅନ୍ୟ କୌଣସି ଉତ୍ସର ସନ୍ଧାନରେ ବାହାରିପଡ଼ିବା ଉଚିତ।"[୮୫] ସୁତରାଂ ପ୍ରତ୍ୟେକ ଜାତି ଧାର୍ମିକ ଚେତନାରେ ଅନୁପ୍ରାଣିତ ହୋଇ ଆଧ୍ୟାତ୍ମିକତାଆଡକୁ ଗତିଶୀଳ ହୋଇଛି। ଆମେ କେବଳ ତାହା ଆନୁଷ୍ଠାନିକ ବିଚାରରେ ଗ୍ରହଣ କରିବା ଅନୁଚିତ।

ପ୍ରାବନ୍ଧିକ ମନୋଜ ଦାସ ବର୍ତ୍ତମାନକୁ ଅତୀତ ଓ ଭବିଷ୍ୟତ ସହ ବେଶ୍ ସୁନ୍ଦର ଭାବେ ତର୍ଜମା କରିପାରୁଥିଲେ। ତାଙ୍କ ମତରେ ମଣିଷର ଚେତନାର ବିଭ୍ରାଟ ଘଟିଲେ

ସାମାଜିକ ପରିସ୍ଥିତି ମଧ୍ୟ କଳୁଷିତ ହୋଇପଡ଼େ । କାରଣ ଦ୍ୱାପର ଯୁଗରେ ସେଦିନ ରାଜସଭାରେ ବଡ଼ ବଡ଼ ଜ୍ଞାନୀ, ଗୁଣୀ ପଣ୍ଡିତ ଆଦି ଗୁରୁଜନମାନେ ଥାଇ ସୁଦ୍ଧା ଦ୍ରୌପଦୀର ବସ୍ତ୍ରହରଣ ହୋଇପାରିଲା । ଆଉ ଆଜିମଧ୍ୟ ସେହିପରି ମାନସିକତା ମଣିଷ ମଧ୍ୟରେ ଦେଖାଯିବା ବଡ଼ କଥାନୁହଁ । ସାଂପ୍ରତିକ ସମୟରେ ଯେଉଁ ପୁରାଣ ପ୍ରସିଦ୍ଧ ଦେବଦେବୀମାନଙ୍କର ମୂର୍ତ୍ତି ନଗନ୍ୟ ରୂପେ ଗଢିତୋଳିବାକୁ ପ୍ରଯତ୍ନ ହେଉଛନ୍ତି ତାହା ବାସ୍ତବରେ ବଡ଼ ଧର୍ମବିରୋଧୀ କାର୍ଯ୍ୟବୋଲି କୁହାଯାଇପାରେ । ମାନସିକତାର ଯଥାବିଧି ପରିବର୍ତ୍ତନ ଆମ ସମାଜ ପାଇଁ ଆବଶ୍ୟକ । ଧର୍ମକୁ ନେଇ ସାମ୍ପ୍ରଦାୟିକତା କିମ୍ବା ରାଜନୀତି ହେଉଥିଲା ହେଲେ ଆଜିର ମଣିଷ ଏ ଦେବ ଦେବୀଙ୍କ ମୂର୍ତ୍ତିକୁ ନେଇ ଉଭଟ ମାନସିକତା ତାକୁ ମଧ୍ୟ ବଳିପଡୁଛି ।

ମନୋଜ ଦାସଙ୍କ ପ୍ରବନ୍ଧ ସମଗ୍ରକୁ ଅନୁସନ୍ଧାନକଲେ ସାହିତ୍ୟକୁ ନେଇ କେତେକ ପ୍ରବନ୍ଧ ରଚନା କରିଥିବାର ଦେଖିବାକୁ ମିଳେ । ସେଗୁଡ଼ିକ ମଧ୍ୟରେ- 'ମହାକାବ୍ୟର ଐତିହାସିକତା', 'ସାହିତ୍ୟର ହେ ସ୍ରଷ୍ଟ ପୋଷକ', 'ମହାଭାରତର ମହାନୁବାଦ', 'ଗୀତାଞ୍ଜଳି', ସାହିତ୍ୟ ଓ ଆଧ୍ୟାତ୍ମିକ-ଜୀବନ', 'ସମସାମୟିକ ସମାଲୋଚନା : କେତେକ ମାରାତ୍ମକ ଧାରା ଓ ଧାରଣା', 'ସାହିତ୍ୟ ଏବଂ ଅସାହିତ୍ୟ; ଷଟ୍ ପ୍ରବାହ', ଶିଶୁ ସାହିତ୍ୟ ନୀତିବାଚକ ହେବା କେତେଦୂର ଆବଶ୍ୟକ, 'ଭାରତୀୟ ସାହିତ୍ୟ : ଦୁଇ ସମାନ୍ତରାଳ ପରମ୍ପରା', 'ସାହିତ୍ୟର ଆଭିମୁଖ୍ୟ', 'ସାହିତ୍ୟ ଓ ଔଚିତ୍ୟବୋଧ', 'ସାଂପ୍ରତିକ ସାହିତ୍ୟ : ସନ୍ଧାନ ଓ ଅଭୀପ୍ସା' ଆଦି ଦେଖିବାକୁ ମିଳେ । 'ସାହିତ୍ୟର ଆଭିମୁଖ୍ୟ' ପ୍ରବନ୍ଧରେ ସେ ଲେଖିଛନ୍ତି । ସାହିତ୍ୟର ଆଭିମୁଖ୍ୟ ବା ଲକ୍ଷ୍ୟଯୁଗ ପରିବର୍ତ୍ତନ ପରି ଆଜି ବଦଳିବାକୁ ଲାଗିଛି । ମନୁଷ୍ୟ ଯେପରି କଳାମାଧ୍ୟମରେ ନିଜର ଭାବକୁ ବ୍ୟକ୍ତ କରିବାକୁ ଚେଷ୍ଟାକରେ ସାହିତ୍ୟ ମଧ୍ୟ ସେହିପରି ଏକ ମାଧ୍ୟମଟିଏ । ଜୀବନକୁ ଗତିଶୀଳ କରାଇବା ତା'ର ଅନ୍ୟତମ ଲକ୍ଷ୍ୟ । ସାହିତ୍ୟ ମଣିଷର ଆତ୍ମା, ବିଶ୍ୱାସ ଓ ମାନସିକ ପକ୍ରିୟାକୁ ପରିବର୍ତ୍ତନ କରିବାରେ କ୍ଷମତା ରଖିଥିବାରୁ, ପ୍ରାଚୀନ କାଳରେ ରାଜକୁମାରମାନଙ୍କୁ ଜ୍ଞାନଦେବା ନିମନ୍ତେ ପଞ୍ଚତନ୍ତ୍ରର କାହାଣୀମାଳାର ସୃଷ୍ଟି ହୋଇଛି ହେଲେ ଆଜି ସେହିପରି ଆଉ ସାହିତ୍ୟ ମହାନ୍ ଉଦ୍ଦେଶ୍ୟ ଦେଖାଯାଉନାହିଁ । ସାମାଜିକ କିମ୍ବା ରାଜନୈତିକ ଦିଗକୁ ଛାତ୍ରଛାତ୍ରୀମାନଙ୍କୁ ପ୍ରେରଣା ଦେବା ପରିବର୍ତ୍ତେ ବ୍ୟବସାୟ ଓ ଅର୍ଥରୋଜଗାର ପାଇଁ ସକ୍ଷମ କରାଯାଉଛି । ଯାହାଦ୍ୱାରା ସେମାନଙ୍କ ମଧ୍ୟରେ ଆଦର୍ଶବୋଧର ଘୋର ଅଭାବ ପରିଲେକ୍ଷିତ ହେଉଛି ଓ ଫଳରେ ସାହିତ୍ୟର ମୌଳିକ ଆଭିମୁଖ୍ୟ କେବଳ ତା' ମଧ୍ୟରେ ହିଁ ନିହିତ ରହିବା ଆବଶ୍ୟକ । ଯାହା ବିବର୍ତ୍ତନ ମାନବ ସମାଜର କଲ୍ୟାଣ ନିମନ୍ତେ ଉଦ୍ଦିଷ୍ଟ ହୋଇପାରିବ । ପ୍ରାବନ୍ଧିକ ଦାସ

ଏଥିପାଇଁ କୁହନ୍ତି- "ଯେ ପର୍ଯ୍ୟନ୍ତ ସାହିତ୍ୟ ବାହାରେ ତା'ର ଆଭିମୁଖ୍ୟକୁ ଖୋଜାଚାଲିଥିବ, ସେପର୍ଯ୍ୟନ୍ତ କେବେବି ସେ ସମ୍ପର୍କରେ ଆଲୋଚକମାନେ ଏକମତ ହୋଇପାରିବେ ନାହିଁ। ବିବର୍ତ୍ତନଶୀଳ ଜୀବନ- ଶକ୍ତି ସହିତ ଗତିକରିଥାଏ ମହାନ୍ ସାହିତ୍ୟ। ବିବର୍ତ୍ତିତ ମାନବ ଚେତନାର ଦଲିଲ ହେଲା ସାହିତ୍ୟ। ପୁଣି ସର୍ବଦା ସାହିତ୍ୟ ବହନ କରିଥାଏ। ବୃହତ୍ତର ଚେତନାକୁ ଉପଲବ୍ଧି କରିବାର ଆହ୍ୱାନ।"[୮୬]

ପାଦଟୀକା-

(୧) ଦାସ, ମନୋଜ- 'ମନୋଜ ସୃଜନୀ ସମଗ୍ର' (୨ୟ ଖଣ୍ଡ), (ସଂସ୍କୃତି : ଏକ ବିହଙ୍ଗାବଲୋକନ), ପୃ-୨୦୨-୦୩।

(୨) ଦାସ, ମନୋଜ- 'ମନୋଜ ସୃଜନୀ ସମଗ୍ର' (୧ମ ଖଣ୍ଡ), (ବେଶ୍ ଭଲ ଦେଶଟି !) ପୃ-୭୨।

(୩) ଦାସ, ମନୋଜ- 'ମନୋଜ ସୃଜନୀ ସମଗ୍ର' (୧ମ ଖଣ୍ଡ), (ଭାରତ ଆବିଷ୍କାର) ପୃ-୧୭୫।

(୪) ଦାସ, ମନୋଜ- 'ମନୋଜ ସୃଜନୀ ସମଗ୍ର' (୨ୟ ଖଣ୍ଡ), (ସାହିତ୍ୟ ଏବଂ ଅସାହିତ୍ୟ : ଷଟ୍‌ପ୍ରବାହ) ପୃ-୧୮୭।

(୫) ଦାସ, ମନୋଜ- 'ମନୋଜ ସୃଜନୀ ସମଗ୍ର' (୧ମ ଖଣ୍ଡ), (ବାଲିଯାତ୍ରା) ପୃ-୬୨୪।

(୬) ଦାସ, ମନୋଜ- 'ମନୋଜ ସୃଜନୀ ସମଗ୍ର' (୨ୟ ଖଣ୍ଡ), (ଏକ ବିଧ୍ୱସ୍ତ ବସତିର ଇତିକଥା) ପୃ-୩୮୧।

(୭) ଦାସ, ମନୋଜ- 'ମନୋଜ ସୃଜନୀ ସମଗ୍ର' (୨ୟ ଖଣ୍ଡ), (ଏ ଶିକ୍ଷାଭ୍ରଷ୍ଟ ଶିକ୍ଷାମନ୍ତ୍ରୀମାନଙ୍କୁ ବି କ୍ଷମାକରିଦେବ ଭାରତର ଉଦାର ଆତ୍ମା !) ପୃ-୪୮୮।

(୮) ଦାସ, ମନୋଜ- 'ମନୋଜ ସୃଜନୀ ସମଗ୍ର' (୨ୟ ଖଣ୍ଡ), (ସଂସ୍କୃତିରେ ସଙ୍କଟ) ପୃ-୨୪୧।

(୯) ଦାସ, ମନୋଜ- 'ମନୋଜ ସୃଜନୀ ସମଗ୍ର' (୧ମ ଖଣ୍ଡ), (ଶିଳ୍ପୀର ସର୍ତ୍ତ) ପୃ-୨୨୯।

(୧୦) ଦାସ, ମନୋଜ- 'ମନୋଜ ସୃଜନୀ ସମଗ୍ର' (୨ୟ ଖଣ୍ଡ), (ସଂସ୍କୃତି : ଅପସଂସ୍କୃତି) ପୃ-୭୫୧।

(୧୧) ଦାସ, ମନୋଜ- 'ମନୋଜ ସୃଜନୀ ସମଗ୍ର' (୨ୟ ଖଣ୍ଡ), (ଉପଦେବୀ ଭୟଙ୍କରୀ) ପୃ-୫୩।

(୧୨) ଦାସ, ମନୋଜ- 'ମନୋଜ ସୃଜନୀ ସମଗ୍ର' (୧ମ ଖଣ୍ଡ), (ହରପ୍ପା ସଭ୍ୟତା) ପୃ-୯୭ ।

(୧୩) ଦାସ, ମନୋଜ- 'ମନୋଜ ସୃଜନୀ ସମଗ୍ର' (୧ମ ଖଣ୍ଡ), (ବିଦ୍ରୋହର ବିସ୍ମୃତ ସାମ୍ବାଦିକ) ପୃ-୯ ।

(୧୪) ଦାସ, ମନୋଜ- 'ମନୋଜ ସୃଜନୀ ସମଗ୍ର' (୧ମ ଖଣ୍ଡ), (ସ୍ୱାଧୀନତା ସଂଗ୍ରାମର ଏକ ସ୍ଫୁଲିଙ୍ଗ) ପୃ-୩୬ ।

(୧୫) ଦାସ, ମନୋଜ- 'ମନୋଜ ସୃଜନୀ ସମଗ୍ର' (୨ୟ ଖଣ୍ଡ), (ପାଣ୍ଡେୟ ପାଣ୍ଡିତ୍ୟ) ପୃ-୭୩ ।

(୧୬) ଦାସ, ମନୋଜ- 'ମନୋଜ ସୃଜନୀ ସମଗ୍ର' (୧ମ ଖଣ୍ଡ), (ସ୍ମୃତି ଓ ସକ୍ଷ୍ୟ) ପୃ-୧୧୧ ।

(୧୭) ଦାସ, ମନୋଜ- 'ମନୋଜ ସୃଜନୀ ସମଗ୍ର' (୧ମ ଖଣ୍ଡ), (ଭାସ୍କୋ-ଡା-ଗାମା) ପୃ-୧୯୭ ।

(୧୮) ଦାସ, ମନୋଜ- 'ମନୋଜ ସୃଜନୀ ସମଗ୍ର' (୧ମ ଖଣ୍ଡ), (ବିଦ୍ରୋହ : ଶ୍ରଦ୍ଧାଞ୍ଜଳି) ପୃ-୨୧୫ ।

(୧୯) ଦାସ, ମନୋଜ- 'ମନୋଜ ସୃଜନୀ ସମଗ୍ର' (୧ମ ଖଣ୍ଡ), (ପୋଥିଗତ ଇତିହାସ) ପୃ-୨୧୯ ।

(୨୦) ଦାସ, ମନୋଜ- 'ମନୋଜ ସୃଜନୀ ସମଗ୍ର' (୧ମ ଖଣ୍ଡ), (ହତଭାଗ୍ୟ ରାଜବଂଶ) ପୃ-୩୮୬ ।

(୨୧) ଦାସ, ମନୋଜ- 'ମନୋଜ ସୃଜନୀ ସମଗ୍ର' (୧ମ ଖଣ୍ଡ), (ଭବାନୀ ତରବାରୀ) ପୃ-୪୩୨ ।

(୨୨) ଦାସ, ମନୋଜ- 'ମନୋଜ ସୃଜନୀ ସମଗ୍ର' (୧ମ ଖଣ୍ଡ), (ଦିଲ୍ଲୀର ଲୌହସ୍ତମ୍ଭ) ପୃ-୪୮୪ ।

(୨୩) ଦାସ, ମନୋଜ- 'ମନୋଜ ସୃଜନୀ ସମଗ୍ର' (୧ମ ଖଣ୍ଡ), (ସତୀ) ପୃ-୪୯୬ ।

(୨୪) ଦାସ, ମନୋଜ- 'ମନୋଜ ସୃଜନୀ ସମଗ୍ର' (୧ମ ଖଣ୍ଡ), (ଏକ ବିସ୍ମୃତ ଧର୍ମ ଓ ତା'ର ପ୍ରବର୍ତ୍ତକ) ପୃ-୬୩୮ ।

(୨୫) ଦାସ, ମନୋଜ- 'ମନୋଜ ସୃଜନୀ ସମଗ୍ର' (୨ୟ ଖଣ୍ଡ), (ହିଂସା ଅହିଂସା) ପୃ-୯୦-୯୧ ।

(୨୬) ଦାସ, ମନୋଜ- 'ମନୋଜ ସୃଜନୀ ସମଗ୍ର' (୨ୟ ଖଣ୍ଡ), (ଶତାବ୍ଦୀର ସର୍ବାଧିକ କ୍ଷତି) ପୃ-୧୧୩ ।

(୨୭) ଦାସ, ମନୋଜ- 'ମନୋଜ ସୃଜନୀ ସମଗ୍ର' (୨ୟ ଖଣ୍ଡ), (ଯୁବଭାରତର ସ୍ୱପ୍ନ) ପୃ-୧୩୦।

(୨୮) ଦାସ, ମନୋଜ- 'ମନୋଜ ସୃଜନୀ ସମଗ୍ର' (୨ୟ ଖଣ୍ଡ), (ମାଇକ୍ରୋଫୋନ୍-ଶାଣିତ ଭକ୍ତିଯୋଗ) ପୃ-୩୪୮।

(୨୯) ଦାସ, ମନୋଜ- 'ମନୋଜ ସୃଜନୀ ସମଗ୍ର' (୨ୟ ଖଣ୍ଡ), (ମଦିରା-ଦର୍ଶନ) ପୃ-୪୧୨।

(୩୦) ଦାସ, ମନୋଜ- 'ମନୋଜ ସୃଜନୀ ସମଗ୍ର' (୧ମ ଖଣ୍ଡ), (ଆତ୍ମହତ୍ୟାର ଅନ୍ୟ ନାମ) ପୃ-୩୪୧।

(୩୧) ଦାସ, ମନୋଜ- 'ମନୋଜ ସୃଜନୀ ସମଗ୍ର' (୨ୟ ଖଣ୍ଡ), (କ୍ଷମତା ମଣିଷକୁ ଦୁର୍ନୀତି ପରାୟଣ କରିବା ଅନିବାର୍ଯ୍ୟ କି?) ପୃ-୧୨୧।

(୩୨) ଦାସ, ମନୋଜ- 'ମନୋଜ ସୃଜନୀ ସମଗ୍ର' (୧ମ ଖଣ୍ଡ), (ଅଶୁଭ ଆଭିମୁଖ୍ୟ) ପୃ-୭୪।

(୩୩) ଦାସ, ମନୋଜ- 'ମନୋଜ ସୃଜନୀ ସମଗ୍ର' (୨ୟ ଖଣ୍ଡ), (ଦୁଇ ପ୍ରତିଭା) ପୃ-୪୦।

(୩୪) ଦାସ, ମନୋଜ- 'ମନୋଜ ସୃଜନୀ ସମଗ୍ର' (୨ୟ ଖଣ୍ଡ), (ପ୍ରାଚୀନ ଭାରତରେ.....) ପୃ-୫୪୫।

(୩୫) ଦାସ, ମନୋଜ- 'ମନୋଜ ସୃଜନୀ ସମଗ୍ର' (୧ମ ଖଣ୍ଡ), (ଭାରତ ଓ ପାକିସ୍ଥାନ : ନୂତନ ସମ୍ଭାବନା) ପୃ-୭୭୪।

(୩୬) ଦାସ, ମନୋଜ- 'ମନୋଜ ସୃଜନୀ ସମଗ୍ର' (୧୦ମ ଖଣ୍ଡ), (କୂଟାଭାଷାର ପ୍ରତୀକ ଜନୈକ ରାଷ୍ଟ୍ରନାୟକ) ପୃ-୧୯୫।

(୩୭) ଦାସ, ମନୋଜ- 'ମନୋଜ ସୃଜନୀ ସମଗ୍ର' (୧ମ ଖଣ୍ଡ), (ବନ୍ଧୁତାର ସଂଜ୍ଞା) ପୃ-୧୫୩।

(୩୮) ଦାସ, ମନୋଜ- 'ମନୋଜ ସୃଜନୀ ସମଗ୍ର' (୧ମ ଖଣ୍ଡ), (ମୌଳିକ ପାପ) ପୃ-୨୬୭।

(୩୯) ଦାସ, ମନୋଜ- 'ମନୋଜ ସୃଜନୀ ସମଗ୍ର' (୧ମ ଖଣ୍ଡ), (ଶୋଚନୀୟ ସନ୍ଦେହ) ପୃ-୩୪୫।

(୪୦) ଦାସ, ମନୋଜ- 'ମନୋଜ ସୃଜନୀ ସମଗ୍ର' (୧ମ ଖଣ୍ଡ), (ଧୂର୍ତ୍ତର ଯୁକ୍ତି) ପୃ-୫୯୯।

(୪୧) ଦାସ, ମନୋଜ- 'ମନୋଜ ସୃଜନୀ ସମଗ୍ର' (୧ମ ଖଣ୍ଡ), (ଭାରତ, ପାକିସ୍ତାନ ଏବଂ ଜାତୀୟତାବୋଧ) ପୃ-୮୭୪।

(୪୨) ଦାସ, ମନୋଜ- 'ମନୋଜ ସୃଜନୀ ସମଗ୍ର'(୧ମ ଖଣ୍ଡ) (ହିରୋସୀମା : ଏକ ମାନସିକ ଅବସ୍ଥା), ପୃ-୩୩।

(୪୩) ଦାସ, ମନୋଜ- 'ମନୋଜ ସୃଜନୀ ସମଗ୍ର' (୧ମ ଖଣ୍ଡ), (ଟମକକା-ସମାଚାର) ପୃ-୪୩।

(୪୪) ଦାସ, ମନୋଜ- 'ମନୋଜ ସୃଜନୀ ସମଗ୍ର' (୧ମ ଖଣ୍ଡ), (ଶ୍ରୀଅରବିନ୍ଦ-ସ୍ମରଣ) ପୃ-୫୮୩।

(୪୫) ଦାସ, ମନୋଜ- 'ମନୋଜ ସୃଜନୀ ସମଗ୍ର' (୨ୟ ଖଣ୍ଡ), (ଶତାବ୍ଦୀର ପଦଧ୍ୱନି) ପୃ-୨୦।

(୪୬) ଦାସ, ମନୋଜ- 'ମନୋଜ ସୃଜନୀ ସମଗ୍ର' (୨ୟ ଖଣ୍ଡ), (ପ୍ରାୟୋପବେଶନ, ଆତ୍ମ-ବିସର୍ଜନ, ଆତ୍ମହତ୍ୟା) ପୃ-୩୬।

(୪୭) ଦାସ, ମନୋଜ- 'ମନୋଜ ସୃଜନୀ ସମଗ୍ର' (୨ୟ ଖଣ୍ଡ), (ଚିରନ୍ତନ ଗୀତା) ପୃ-୨୭୦।

(୪୮) ଦାସ, ମନୋଜ- 'ମନୋଜ ସୃଜନୀ ସମଗ୍ର' (୧ମ ଖଣ୍ଡ), (ଅତିକ୍ରାନ୍ତ ବର୍ବରତା) ପୃ-୧୭୭।

(୪୯) ଦାସ, ମନୋଜ- 'ମନୋଜ ସୃଜନୀ ସମଗ୍ର' (୧ମ ଖଣ୍ଡ), (ଦୁଇଟି ସମାଧି) ପୃ-୨୩୫।

(୫୦) ଦାସ, ମନୋଜ- 'ମନୋଜ ସୃଜନୀ ସମଗ୍ର' (୧ମ ଖଣ୍ଡ), (ଭଗବାନ୍: ନାରୀ ବା ପୁରୁଷ) ପୃ-୭୨୪।

(୫୧) ଦାସ, ମନୋଜ- 'ମନୋଜ ସୃଜନୀ ସମଗ୍ର' (୧ମ ଖଣ୍ଡ), (କେତେ ଦିଗନ୍ତ) ପୃ-୧।

(୫୨) ଦାସ, ମନୋଜ- 'ମନୋଜ ସୃଜନୀ ସମଗ୍ର' (୧ମ ଖଣ୍ଡ), (ଅମରତ୍ୱର ସନ୍ଧାନ) ପୃ-୩୮।

(୫୩) ଦାସ, ମନୋଜ- 'ମନୋଜ ସୃଜନୀ ସମଗ୍ର' (୧ମ ଖଣ୍ଡ), (ହିଂସ୍ର ମଣିଷ) ପୃ-୮୭।

(୫୪) ଦାସ, ମନୋଜ- 'ମନୋଜ ସୃଜନୀ ସମଗ୍ର' (୧ମ ଖଣ୍ଡ), (କଥା) ପୃ-୯୧।

(୫୫) ଦାସ, ମନୋଜ- 'ମନୋଜ ସୃଜନୀ ସମଗ୍ର' (୧ମ ଖଣ୍ଡ), (ହାୟ ଛଳନା) ପୃ-୧୫୧।

(୫୬) ଦାସ, ମନୋଜ- 'ମନୋଜ ସୃଜନୀ ସମଗ୍ର' (୧ମ ଖଣ୍ଡ), (ଚତୁରେ ଚତୁରେ) ପୃ-୧୮୧।

(୫୭) ଦାସ, ମନୋଜ- 'ମନୋଜ ସୃଜନୀ ସମଗ୍ର' (୨ୟ ଖଣ୍ଡ), (ଇତିହାସର ଲାଲିତ୍ୟ) ପୃ-୩୨-୩୩।
(୫୮) ଦାସ, ମନୋଜ- 'ମନୋଜ ସୃଜନୀ ସମଗ୍ର' (୨ୟ ଖଣ୍ଡ), (ବିଶ୍ୱମିତ୍ର ବଶିଷ୍ଠ ସମ୍ବାଦ-ବିସମ୍ବାଦ) ପୃ-୩୦୪।
(୫୯) ଦାସ, ମନୋଜ- 'ମନୋଜ ସୃଜନୀ ସମଗ୍ର' (୧୦ମ ଖଣ୍ଡ), (ଆଜିର ସଙ୍କଟ କ୍ରମବିକାଶରେ ଅନିବାର୍ଯ୍ୟ?) ପୃ-୧୫।
(୬୦) ଦାସ, ମନୋଜ- 'ମନୋଜ ସୃଜନୀ ସମଗ୍ର' (୧ମ ଖଣ୍ଡ), (ମହାନୁଭବତାର ଇତିକଥା) ପୃ-୨୧୩।
(୬୧) ଦାସ, ମନୋଜ- 'ମନୋଜ ସୃଜନୀ ସମଗ୍ର' (୧ମ ଖଣ୍ଡ), (କୋଳାହଳ) ପୃ-୨୪୦।
(୬୨) ଦାସ, ମନୋଜ- 'ମନୋଜ ସୃଜନୀ ସମଗ୍ର' (୧ମ ଖଣ୍ଡ), (ତାବଛ ଶୋଭାତେ ମୂର୍ଖୋ) ପୃ-୩୦୨।
(୬୩) ଦାସ, ମନୋଜ- 'ମନୋଜ ସୃଜନୀ ସମଗ୍ର' (୧ମ ଖଣ୍ଡ), (ଜମ୍ କରବେଟ୍) ପୃ-୧୧୩।
(୬୪) ଦାସ, ମନୋଜ- 'ମନୋଜ ସୃଜନୀ ସମଗ୍ର' (୧ମ ଖଣ୍ଡ), (ବୃକ୍ଷ) ପୃ-୧୪୪।
(୬୫) ଦାସ, ମନୋଜ- 'ମନୋଜ ସୃଜନୀ ସମଗ୍ର' (୧ମ ଖଣ୍ଡ), (ପ୍ରକୃତିର ହିଂସା) ପୃ-୧୫୭।
(୬୬) ଦାସ, ମନୋଜ- 'ମନୋଜ ସୃଜନୀ ସମଗ୍ର' (୧ମ ଖଣ୍ଡ), (ଅବିଚଳ ଅଭୀପ୍ସାର ପ୍ରତୀକ)ପୃ-୨୭୦-୭୧।
(୬୭) ଦାସ, ମନୋଜ- 'ମନୋଜ ସୃଜନୀ ସମଗ୍ର' (୧ମ ଖଣ୍ଡ), (ଦାୟିତ୍ୱ ହୀନ) ପୃ-୨୭୩।
(୬୮) ଦାସ, ମନୋଜ- 'ମନୋଜ ସୃଜନୀ ସମଗ୍ର' (୧ମ ଖଣ୍ଡ), (ପ୍ରକୃତିର ଆଭିମୁଖ୍ୟ-୧) ପୃ-୩୬୯।
(୬୯) ଦାସ, ମନୋଜ- 'ମନୋଜ ସୃଜନୀ ସମଗ୍ର' (୧ମ ଖଣ୍ଡ), (ଉଦାର ସୂର୍ଯ୍ୟ) ପୃ-୫୧୬-୧୭।
(୭୦) ଦାସ, ମନୋଜ- 'ମନୋଜ ସୃଜନୀ ସମଗ୍ର' (୧ମ ଖଣ୍ଡ), (ମହାନଗରୀ : କେତୋଟି ଝଲକ) ପୃ-୪୨୬।
(୭୧) ଦାସ, ମନୋଜ- 'ମନୋଜ ସୃଜନୀ ସମଗ୍ର' (୧ମ ଖଣ୍ଡ), (ସଙ୍କଟ) ପୃ-୫୯୨।
(୭୨) ଦାସ, ମନୋଜ- 'ମନୋଜ ସୃଜନୀ ସମଗ୍ର' (୧ମ ଖଣ୍ଡ), (ଏକ ଆଶାର ଦୃଷ୍ଟାନ୍ତ) ପୃ-୬୧୫।

(୭୩) ଦାସ, ମନୋଜ- 'ମନୋଜ ସୃଜନୀ ସମଗ୍ର' (୧ମ ଖଣ୍ଡ), (ଅବହେଳିତ ସଂସର୍ଗ) ପୃ-୭୦୩।

(୭୪) ଦାସ, ମନୋଜ- 'ମନୋଜ ସୃଜନୀ ସମଗ୍ର' (୧ମ ଖଣ୍ଡ), (ବିଷକ୍ଲିଷ୍ଟ ମାନସ) ପୃ-୭୮୬।

(୭୫) ଦାସ, ମନୋଜ- 'ମନୋଜ ସୃଜନୀ ସମଗ୍ର' (୧ମ ଖଣ୍ଡ), (ଇନ୍ଦ୍ର ଧନୁ ପାଇଁ ଯୁକ୍ତି) ପୃ-୭୯୯।

(୭୬) ଦାସ, ମନୋଜ- 'ମନୋଜ ସୃଜନୀ ସମଗ୍ର' (୧ମ ଖଣ୍ଡ), (ଅଭିଶପ୍ତ ମେରିନା) ପୃ-୮୬୪।

(୭୭) ଦାସ, ମନୋଜ- 'ମନୋଜ ସୃଜନୀ ସମଗ୍ର' (୧ମ ଖଣ୍ଡ), (କୋକିଶିଆଳ ବନାମ ଆଭିଜାତ୍ୟ ମଣିଷ) ପୃ-୮୮୦।

(୭୮) ଦାସ, ମନୋଜ- 'ମନୋଜ ସୃଜନୀ ସମଗ୍ର' (୨ୟ ଖଣ୍ଡ), (ନିଃଶବ୍ଦ, ଅବ୍ୟାହତ ଯେଉଁ ବିସ୍ଫୋରଣ) ପୃ-୪୫୭।

(୭୯) ଦାସ, ମନୋଜ- 'ମନୋଜ ସୃଜନୀ ସମଗ୍ର' (୨ୟ ଖଣ୍ଡ), (ଭାରତୀୟଙ୍କ ପଶୁ ପକ୍ଷୀ ପୂଜା....) ପୃ-୬୩୪।

(୮୦) ଦାସ, ମନୋଜ- 'ମନୋଜ ସୃଜନୀ ସମଗ୍ର' (୧ମ ଖଣ୍ଡ), (ପାଠାଗାର ଆନ୍ଦୋଳନ) ପୃ-୮୪।

(୮୧) ଦାସ, ମନୋଜ- 'ମନୋଜ ସୃଜନୀ ସମଗ୍ର' (୧୦ମ ଖଣ୍ଡ),(ଏକ ନଚିକେତାର କଣ୍ଠରୋଧ) ପୃ-୭୦।

(୮୨) ଦାସ, ମନୋଜ- 'ମନୋଜ ସୃଜନୀ ସମଗ୍ର' (୧ମ ଖଣ୍ଡ), (ଶିଳ୍ପୀର ମମତା) ପୃ-୧୪୨।

(୮୩) ଦାସ, ମନୋଜ- 'ମନୋଜ ସୃଜନୀ ସମଗ୍ର' (୨ୟ ଖଣ୍ଡ), (ସୂର୍ଯ୍ୟୋଦୟ ଦ୍ୱାରା ସମ୍ଭବ ଯେଉଁ ଅନ୍ଧକାରର ଅବସାନ) ପୃ-୪୧୬।

(୮୪) ଦାସ, ମନୋଜ- 'ମନୋଜ ସୃଜନୀ ସମଗ୍ର' (୨ୟ ଖଣ୍ଡ), (ଏକ ଅଭିଶପ୍ତ ବିମାନର ଆହେତୁକ ସ୍ମୃତି) ପୃ-୪୦୪।

(୮୫) ଦାସ, ମନୋଜ- 'ମନୋଜ ସୃଜନୀ ସମଗ୍ର' (୨ୟ ଖଣ୍ଡ), (ଧର୍ମର ତିନି ପର୍ଯ୍ୟାୟ : ଏକ ବିହଙ୍ଗାବଲୋକନ) ପୃ-୨୮୫।

(୮୬) ଦାସ, ମନୋଜ- 'ମନୋଜ ସୃଜନୀ ସମଗ୍ର' (୨ୟ ଖଣ୍ଡ), (ସାହିତ୍ୟର ଆଭିମୁଖ୍ୟ) ପୃ-୨୮୫।

ଚତୁର୍ଥ ପରିଚ୍ଛେଦ

ମନୋଜ ଦାସଙ୍କ ପ୍ରବନ୍ଧରେ ପ୍ରମୁଖ ଦିଗ-

ପ୍ରାବନ୍ଧିକ ମନୋଜ ଦାସଙ୍କ ସୃଷ୍ଟି ସର୍ଜନା ବଡ଼ ବୈଚିତ୍ର୍ୟମୟ। ଜୀବନ ଓ ଜଗତକୁ ଅନୁଧ୍ୟାନ କରିବାରେ ସେ ଜଣେ ସଫଳ ବ୍ୟକ୍ତିତ୍ୱ। ଦୀର୍ଘଦିନର ସାହିତ୍ୟ ସାଧନା ତାଙ୍କୁ ଜଣେ ପରିପକ୍ୱ ସ୍ରଷ୍ଟାଭାବେ ସଜାଇ ପାରିଥିଲା। ସାହିତ୍ୟର ପ୍ରାୟ ସମସ୍ତ ବିଭାଗରେ ସେ କଲମ ଚାଳନା କରିଛନ୍ତି। ଗଳ୍ପ, ଉପନ୍ୟାସ, କବିତା, ପ୍ରବନ୍ଧ, ଭ୍ରମଣବୃତ୍ତାନ୍ତ ଆଦିରେ ତାଙ୍କ ସୃଜନାକ୍ଷର ସ୍ଫୁରିତହୁଏ। ସ୍ୱାଧୀନଚିନ୍ତନର ବ୍ୟକ୍ତିରୂପେ ସେ ନିଜକୁ ପ୍ରମାଣ ଦେବାକୁ ଯାଇ ସୃଷ୍ଟି କରିଯାଇଛନ୍ତି ଅନେକ ପ୍ରବନ୍ଧମାନ। କାରଣ ନିଜକୁ ସ୍ପଷ୍ଟ ଭାବେ ପ୍ରକାଶ କରିବା ପାଇଁ ପ୍ରବନ୍ଧ ହେଉଛି ଏକ ଶ୍ରେଷ୍ଠ ମାଧ୍ୟମ। ସଂସ୍କୃତି ଓ ପରମ୍ପରାକୁ ମୁଖ୍ୟ ଉପଜୀବ୍ୟ କରି ତାଙ୍କ ସୃଷ୍ଟି କଳାର ଦିଗ ପ୍ରଶସ୍ତ ହୋଇଛି। ସାମାଜିକ ପରିସ୍ଥିତିଠାରୁ ଆରମ୍ଭ କରି ସଂସ୍କୃତି, ରାଜନୀତି, ପରିବେଶ, ଇତିହାସ ଏବଂ ସର୍ବପରି ବିଶ୍ୱର ସମସ୍ତ ଚିନ୍ତା ତାଙ୍କ ପ୍ରବନ୍ଧରେ ଏକତ୍ରିତ। ଏଥିପାଇଁ ତାଙ୍କ ସମ୍ପର୍କରେ କୁହାଯାଇଛି- "ତାଙ୍କ ସୃଷ୍ଟିର ଊର୍ଦ୍ଧ୍ୱତମ ବିନ୍ଦୁ ହେଉଛି ମଣିଷ। ମଣିଷର କ୍ଷଣିକ ଜୀବନକୁ ସେ ନିବିଡ଼ ଭାବେ ଲକ୍ଷ୍ୟ କରିଛନ୍ତି ଓ ସେହି କାରଣରୁ ମଣିଷର ଅନ୍ତଃଚେତନାକୁ ଏକ ନୂତନ ଅଭିବ୍ୟକ୍ତି ଦେବାକୁ ଚେଷ୍ଟା କରିଛନ୍ତି, ତାଙ୍କ ସୃଷ୍ଟିସମୂହରେ। ସାଂପ୍ରତିକ ରାଜନୀତି ଠାରୁ ଆରମ୍ଭ କରି ନୃତତ୍ତ୍ୱ, ସାମାଜତତ୍ତ୍ୱ, ସଂସ୍କୃତି, ଭାଷା, ଇତିହାସ ଓ କିମ୍ବଦନ୍ତୀର ନବମୂଲ୍ୟାୟନ ମାଧ୍ୟମରେ ମଣିଷର ଜ୍ଞାନଦିଗଟିକୁ କେବଳ ବିସ୍ତାରିତ କରି ନାହାନ୍ତି; ମଣିଷକୁ ଏକ ଦିବ୍ୟ ମଣିଷରେ ରୂପାନ୍ତରିତ କରିବାପାଇଁ ତାଙ୍କର ସାଧନା ଜାରି ରହିଛି।"(୧)

ତାଙ୍କ ପ୍ରବନ୍ଧର ଦିଗ ଓ ଦର୍ଶନ ବହୁଧା। ତନ୍ମଧ୍ୟରୁ କେତେଗୁଡ଼ିଏ ବିଶିଷ୍ଟଦିଗ ସମ୍ପର୍କରେ ନିମ୍ନରେ ଆଲୋଚନା କରାଗଲା। ଯେଉଁଥିରେ ତାଙ୍କ ଚତୁର୍ପାଶ୍ୱରେ ରହିଥିବା ସମସ୍ତ ଜୀବଜଗତ ଓ ଅଲୌକିକ ଜୀବନ ଚିତ୍ରର ପରିକଳ୍ପନା ଦୀର୍ଘଦିନର ଦୃଷ୍ଟିଭଙ୍ଗୀରେ ଉଲ୍ଲେଖ ହୋଇଛି। ପ୍ରାବନ୍ଧିକଙ୍କ ନିଜସ୍ୱ ସୃଷ୍ଟି ମାଧ୍ୟମରେ ପାଠକଙ୍କୁ ସଚେତନ ଓ ଜୀବନପ୍ରତି ଦାୟିତ୍ୱବୋଧ ସମ୍ପର୍କରେ ଅବଗତ କରାଇଛନ୍ତି। ସୃଷ୍ଟିକୁ ଦେଖି ଓ ଦେଖାଇବାର ସୂକ୍ଷ୍ମ ପ୍ରୟାସ ସ୍ରଷ୍ଟା ଆପଣାର ସୃଜନୀ ପ୍ରକ୍ରିୟାରେ ଛାଡ଼ିଯାଇଛନ୍ତି। ଯାହା ତାଙ୍କ ମାନସିକ ପରିକଳ୍ପନାର ଅବିସ୍ମରଣୀୟ ପ୍ରତିଭା ବୋଲି କୁହାଯାଇପାରେ।

ସାଧାରଣତଃ ଦେଖିବାକୁ ଗଲେ ପ୍ରାବନ୍ଧିକ ହେଉଛନ୍ତି ଜୀବନର ଭାଷ୍ୟକାର। ଏଥିପାଇଁ ଜୀବନର ସମସ୍ତ ଅଧ୍ୟାୟକୁ ସେ ନିବିଡ଼ ଭାବେ ଆଲୋଚନା କରିବାକୁ ନିଜର ସ୍ୱଧର୍ମ ଭାବିଥାଏ। ଜୀବନ ଓ ଜଗତ ପ୍ରତି ପ୍ରତ୍ୟେକ ମଣିଷ ଭିନ୍ନ ଭିନ୍ନ ବିଚାରଧାରା ରହିଥାଏ। ଫଳରେ ମଣିଷର ଏହି ଦୃଷ୍ଟିଭଙ୍ଗୀ ହିଁ ଅନ୍ୟଠାରୁ ନିଜକୁ ସ୍ୱତନ୍ତ୍ର କରିପାରେ। ଜଣେ ବ୍ୟକ୍ତିଠାରୁ ସ୍ରଷ୍ଟାର ଦୃଷ୍ଟିଭଙ୍ଗୀ ଅତ୍ୟନ୍ତ କ୍ଷିପ୍ର ଓ ଚିନ୍ତାଶୀଳ ହୋଇଥିବା ଯୋଗୁଁ ସେ ତା'ର କଳ୍ପନାଶକ୍ତିରେ ସମଗ୍ର ବିଶ୍ୱକୁ ପର୍ଯ୍ୟବେକ୍ଷଣ ଓ ପର୍ଯ୍ୟାଲୋଚନା କରିବାରେ କୌଣସି ସାଲିସ୍ କରିନଥାଏ। ତେବେ ଏହିସବୁ ଦିଗଗୁଡ଼ିକ ମଧ୍ୟରୁ କେତେଗୁଡ଼ିଏ ନିମ୍ନରେ ଆଲୋଚନା କରାଗଲା।

(କ) ସାଂସ୍କୃତିକ ଚେତନା

ଗୋଟିଏ ଜନସମୂହର ପରିଚୟ ହେଉଛି, ତା'ର 'ସଂସ୍କୃତି'। ଅର୍ଥାତ୍ 'ସଂସ୍କୃତି' ହିଁ ତା'ର ପୂର୍ବପୁରୁଷ, ବର୍ତ୍ତମାନ ଓ ଭବିଷ୍ୟତ ପିଢି ସମ୍ପର୍କରେ ସୂଚନା ଦେଇପାରିବ। ଏଣୁ ପ୍ରତ୍ୟେକ ମଣିଷ ତା'ର ସଂସ୍କୃତିକୁ ନେଇ ଗର୍ବ କରିବା ଆବଶ୍ୟକ। ଏଥିପାଇଁ କୁହାଯାଇଛି ଯେଉଁ ସମାଜର ସଂସ୍କୃତି ଯେତେ ଉନ୍ନତ ସେହି ସମାଜ ବା ରାଷ୍ଟ୍ର ସେତେ ପ୍ରଗତିଶୀଳ। ବିଶ୍ୱ ଇତିହାସରେ ସଂସ୍କୃତିକୁ ନେଇ ଯେଉଁସବୁ ଦେଶମାନେ ନିଜର ଆଧିପତ୍ୟ ବିସ୍ତାର କରିଛନ୍ତି ତନ୍ମଧ୍ୟରୁ ଭାରତ ସର୍ବଶ୍ରେଷ୍ଠ ରୂପେ ବିଦ୍ୟମାନ। ଏହି ସଂସ୍କୃତି ଗୋଟିଏ ମନୁଷ୍ୟର ଭୌତିକ ଚେତନାକୁ ପରିବର୍ତ୍ତନ କରିବାରେ ସଫଳ ହୋଇପାରେ। ସଂସ୍କୃତି ସମ୍ପର୍ଣ୍ଣ ରାଷ୍ଟ୍ରମାନେ ନିଜ ନିଜର ଏକତାକୁ ଏକ ଶୃଙ୍ଖଳିତ ପରିସର ମଧ୍ୟରେ ଆବଦ୍ଧ କରିପାରନ୍ତି। ପ୍ରାବନ୍ଧିକ ଚିତ୍ତରଞ୍ଜନ ଦାସଙ୍କ ମତରେ ସଂସ୍କୃତି ହେଉଛି- "ଯଦି ସମାଜକୁ ଦେହ ବୋଲି ଧରାଯାଏ ତେବେ ସଂସ୍କୃତି ହେଉଛି ସେହି ଦେହର ଆଖି। ଆଖିଟିଏ ଥାଏ, କାରଣ ଦେହ ଭିତରେ ହୃଦୟଟିଏ ରହିଥାଏ। ଯେଉଁସବୁ ସାମଗ୍ରୀକୁ ନେଇ କୌଣସି ସମାଜ ରହିଛି, ତାହା ହେଉଛି ସଭ୍ୟତା ଯାହା ପାଇଁ ମଣିଷ ବଞ୍ଚିଛି। ସେଇଟି ମଣିଷର ସଂସ୍କୃତି, ସଭ୍ୟତା ହେଉଛି ବାହନ, ସଂସ୍କୃତି ହେଉଛି ବାହନ ଉପରେ ପ୍ରତିଷ୍ଠିତ ହୋଇଥିବା ଓ ବାହାନକୁ ଚଳାଉଥିବା ଦେବତା। ମଣିଷ ନିଜେ ତା'ର ଯାବତୀୟ ମୂଲ୍ୟବୋଧ। ସେହି ମୂଲ୍ୟବୋଧ ଅତ୍ୟନ୍ତ ସଂକୀର୍ଣ୍ଣ ହୋଇପାରେ ଅତ୍ୟନ୍ତ ପ୍ରଶସ୍ତ ହୋଇପାରେ। ମଣିଷ ସଂସ୍କୃତି ସଂକୀର୍ଣ୍ଣ ହେଲେ ମଣିଷର ଚାରିପଟେ କୁବେରପୁରୀ ପରି ତାକୁ ଘେରି ରହିଥିବା ସଭ୍ୟତା ବହୁତ ପ୍ରମାଦର ବି କାରଣ ହୋଇପାରେ।"(୨)

ସଂସ୍କୃତି ସଚେତନ ଶିଳ୍ପୀ ପ୍ରାବନ୍ଧିକ ମନୋଜ ଦାସ ପ୍ରାଚୀନ ଭାରତୀୟ ସଂସ୍କୃତିର

ଗୌରବଗାନ କରିଛନ୍ତି। ପରିଭ୍ରମଣଜନିତ ଅନୁଭୂତି ତାଙ୍କୁ ଅନେକ ଦେଶର ସଂସ୍କୃତି ସହିତ ନିଜ ଦେଶ ତଥା ଜାତିର ସଂସ୍କୃତିକୁ ନିରୀକ୍ଷଣ କରିବା ପାଇଁ ସାହାଯ୍ୟ ହୋଇଛି। ବିଭିନ୍ନ ଦେଶ ବିଦେଶର ଚଳଣି ଓ ଐତିହ୍ୟ ସହିତ ଭାରତୀୟ ସଂସ୍କୃତିରେ ସାମଞ୍ଜସ୍ୟକୁ ସେ ବିଚାର କରିଛନ୍ତି, ତାଙ୍କ ପ୍ରବନ୍ଧ ଜରିଆରେ। କପିଳ ସଂହିତା ଅନୁସାରେ 'ଦେଶାନାଂ ଭାରତଃ ଶ୍ରେଷ୍ଠ' ବିଚାରରେ ଭାରତୀୟ ସଂସ୍କୃତିର ସଂଜ୍ଞାଦେବା ସେତେ ସହଜ ନୁହେଁ। ବିଶ୍ୱରେ ଏପରି କୌଣସି ଦେଶନାହିଁ ଯେଉଁଠାରେ ନାନା ଭାଷା, ନାନା ସାମ୍ପ୍ରଦାୟିକତା ଏବଂ ନାନା ଚଳଣି ମଧ୍ୟରେ ଏକତା ବଜାଇରଖିଛନ୍ତି। ବିଭିନ୍ନତା ମଧ୍ୟରେ ଏକତା ଏବଂ ଆଧ୍ୟାତ୍ମିକତାର ଜ୍ଞାନ ପର୍ବ ହେଉଛି, ଭାରତୀୟ ସଂସ୍କୃତିର ମୂଳ ଆଧାର। ଏଥିପାଇଁ ସମ୍ପାଦକ ଶୁଭ୍ର ଅରବିନ୍ଦ ମହାନ୍ତି ମତ ଦେଇଛନ୍ତି ଯେ- "ଆମ ସଂସ୍କୃତି କିନ୍ତୁ ଆଦ୍ୟରୁ ହିଁ ଅନନ୍ୟ ଅଟେ। କୁହାଯାଏ ଯେ ଆମ ସନାତନ ଧର୍ମ ଓ ସଂସ୍କୃତି କୌଣସି ଅନ୍ଧ ଓ କୋଠର ବିଶ୍ୱାସ ନୁହେଁ ବରଂ ପରମ ସତ୍ୟର ଅବିରତ ଅନୁସନ୍ଧାନଉପରେ ସ୍ଥାପିତ। ଏହା ମଧ୍ୟ କୁହାଯାଏ ଯେ, ଆମ ସନାତନ ଧର୍ମ ଓ ସଂସ୍କୃତି ଅନାବିଳ ପ୍ରେମ ଉପରେ ସ୍ଥାପିତ।"[୩] ଏଠାକାର ସଂସ୍କୃତି ଗୋଟିଏ ପାରମ୍ପାରିକ ସରଳରେଖାରେ ଗତିଶୀଳ। ଏଣୁ ବ୍ୟକ୍ତି ବ୍ୟକ୍ତି ମଧ୍ୟରେ ସାମାଜିକ ସଚେତନତାର ଦାୟିତ୍ୱବୋଧ ସୃଷ୍ଟି କରିବାରେ ସଫଳ ହୋଇଛି। 'ଭାରତୀୟତାର ସଂଜ୍ଞା' ଦେବାକୁ ଯାଇ ପ୍ରାବନ୍ଧିକ ଶ୍ରୀଯୁକ୍ତ ଦାସ କୁହନ୍ତି- 'ହିନ୍ଦୁ' ଶବ୍ଦର ପ୍ରଚଳନ ପୂର୍ବବର୍ତ୍ତୀ ଭାରତୀୟତାକୁ ସନାତନଧର୍ମ ବୋଲି କୁହାଯାଇଥାଏ। ଏହା ସନାତନ ଧର୍ମର ବିଶେଷତ୍ୱ, ଏହାକୁ କେହି ନଷ୍ଟ କରିପାରିବେ ନାହିଁ। ମଣିଷ ଭଗବାନ୍ ଭିତରେ ଯେଉଁ ସମ୍ପର୍କ, ତାହାରି ଅଭଙ୍ଗୁରତା ଉପରେ ପ୍ରତ୍ୟୟହିଁ ଧର୍ମର ଉତ୍ସ। ଘଙ୍ଘଙ ସନାତନଧର୍ମର ଏହି ମର୍ମାଂଶ ଉପରେ ଧ୍ୟାନଦେଲେ ଜାଣି ହେବ, ଏ ଧର୍ମର ଧ୍ୱଂସ ନାହିଁ। ତେବେ ଏ ସତ୍ୟ ବହୁକାଳ ଢଙ୍କାପଡ଼ି ରହିପାରେ; ବହୁକାଳ ପର୍ଯ୍ୟନ୍ତ ମଣିଷ ଏହାକୁ ପାସୋରି ଦେଇପାରେ।"[୪]

ପ୍ରାବନ୍ଧିକ ତାଙ୍କ 'ଭାରତୀୟ ନାମ : ଅନବଦ୍ୟ ଐତିହ୍ୟ' ଶୀର୍ଷକ ପ୍ରବନ୍ଧରେ ଉଲ୍ଲେଖ କରିଛନ୍ତି- ଆମ ଦେଶର ପ୍ରତ୍ୟେକ ସ୍ଥାନର ନାମ ଐତିହ୍ୟ ଓ ପୌରାଣିକ ପରିକଳ୍ପିତ ଅନୁସାରେ ହୋଇଛି। ଏଠାରେ ପ୍ରାୟତଃ ସ୍ଥାନ, ନଦନଦୀ, ପାହାଡ଼ ଆଦି ଗୁଡ଼ିକର ନାମ ପଛରେ ଲୁଚିରହିଛି ଲାଳିତ୍ୟପୂର୍ଣ୍ଣ କାହାଣୀ ବା କିମ୍ବଦନ୍ତୀର ପ୍ରାଚୀନ ଉତ୍ସ। ଏହା ଆମ ସାଂସ୍କୃତିକ ପରମ୍ପରାକୁ ବିକଶିତକରାଇ କାଳ କାଳକୁ ଜନଶ୍ରୁତି ହୋଇ ବଞ୍ଚିରହିବ। ଏଥିପାଇଁ ଗବେଷକମାନେ ଏହାର ନାମକରଣ ତାତ୍ପର୍ଯ୍ୟ ସମ୍ପର୍କରେ ଆଲୋଚନା କରିବାକୁଯାଇ କୁହନ୍ତି, ଏପରି ନାମକରଣ ଗୁଡ଼ିକୁ ସମୁଦାୟ ଚାରିଭାଗରେ ବିଭକ୍ତ କରିହେବ। ୧- ବର୍ଣ୍ଣନାତ୍ମକ, ୨- ଘଟଣାଭିତ୍ତିକ, ୩- ପାରମ୍ପରିକ ଅଧିକାର

ସ୍ୱରୂପ, ୪- ଆଳଙ୍କାରିକ। ପ୍ରତ୍ୟେକ ନାମ ପଛରେ ଗୋଟିଏ ଗୋଟିଏ କିମ୍ବଦନ୍ତୀ ବା ଲୋକବିଶ୍ୱାସ ମୂଳକ ଚିନ୍ତନ ଦେଖିବାକୁ ମିଳେ। ଏଣୁ, ପବିତ୍ର ଭାରତବର୍ଷରେ ଆଧାତ୍ମିକ ଚିନ୍ତାଧାରା ଅନୁସାରେ ନାମଗୁଡ଼ିକ ରହିବା ଏହାର ଏକ ପ୍ରମୁଖ କାରଣ କୁହାଯାଇପାରେ। ଏଥିପାଇଁ ଡକ୍ଟର ବେଣୀମାଧବ ପାଢୀ କୁହନ୍ତି- "ଶିକ୍ଷିତ ହୁଅନ୍ତୁ ବା ଅଶିକ୍ଷିତ ହୁଅନ୍ତୁ, ପ୍ରାଚୀନ ଇତିହାସ ସମ୍ବନ୍ଧରେ ଧାରଣା ଥାଉ କି' ନଥାଉ ଭାରତୀୟ ମାନଙ୍କ ମନରେ ଏକ ପ୍ରକାର ଧାରଣା ଦୃଢୀଭୂତ ହୋଇ ରହିଆସିଛି ଯେ, ଭାରତୀୟ ସଂସ୍କୃତି ଅତିପୁରାତନ; ଏପରିକି ଆର୍ଯ୍ୟପୂର୍ବୀୟ ଯୁଗଠାରୁ ମଧ୍ୟ ଆହୁରି ପ୍ରାଚୀନ। ସେତିକି ନୁହେଁ, ପୃଥିବୀର ସମସ୍ତ ମାନବସଭ୍ୟତା ଓ ସଂସ୍କୃତିର ମୂଳଦୁଆ ପଡ଼ିଥିଲା ଏହି ଭାରତ ବର୍ଷରେ ଏବଂ ତାହା ତାଙ୍କ ପୂର୍ବପୁରୁଷଙ୍କ ଦ୍ୱାରା ସଂଘଠିତ ହୋଇଥିଲା। ତେଣୁ ସେମାନେ ତାହାର ଅଂଶୀଦାର ବା ଦାୟାଦ ବୋଲି ଗର୍ବ କରିବାର କାରଣ ଅଛି।"[୫]

ଭାରତୀୟ ସଂସ୍କୃତି ଆଜି ବିଶ୍ୱର କୋଣ ଅନୁକୋଣରେ ପ୍ରଶଂସିତ ହେବାକୁ ଲାଗିଛି। ପ୍ରାବନ୍ଧିକ ଏ ସମ୍ପର୍କରେ 'ବେଶ୍ ଭଲ ଦେଶଟି !' ପ୍ରବନ୍ଧରେ ଉଲ୍ଲେଖ କରିଛନ୍ତି ଯେ- ବିଶ୍ୱର ସର୍ବପ୍ରଚୀନ ସଂସ୍କୃତିକ ମୂଲ୍ୟବୋଧ ଭାରତ ଓ ଗ୍ରୀକ୍ ମଧ୍ୟରେ ଦେଖିବାକୁମିଳେ। ପୁନଃ ବିଚାର କରାଯାଇପାରେ ଯେ- ଭାରତୀୟ ସଂସ୍କୃତିର ପ୍ରଭାବ ଗ୍ରୀକ୍ ସଭ୍ୟତା ଉପରେ ଅଧିକ ମାତ୍ରାରେ ପଡ଼ିଛି ବୋଲି ମ୍ୟାକ୍ସ ?ମୁଲାର, ଗାର୍ବେ ପରି ଦାର୍ଶନିକମାନେ ସ୍ୱୀକାର କରିଛନ୍ତି ଏଥିପାଇଁ ପ୍ରାବନ୍ଧିକ ସେହି ଦାର୍ଶନିକମାନଙ୍କ ମନ୍ତବ୍ୟ ଦେବାକୁ ଯାଇ କୁହନ୍ତି- "ଖ୍ରୀଷ୍ଟପୂର୍ବ ପଞ୍ଚମ ଶତକରେ କେତେକ 'ବ୍ରାହ୍ମଣ' ଗ୍ରୀସଯାଇ ବହୁକାଳ ରହିଥିଲେ। ୟୁସେବାସ୍ ନାମକ ତୃତୀୟ ଶତକର ଜଣେ ଗ୍ରୀକ୍ ଐତିହାସିକ ଆହୁରି ତତ୍ପର୍ଯ୍ୟପୂର୍ଣ୍ଣ କଥା କହିଛନ୍ତି, xxx।"[୬] 'ପ୍ରାଚୀନ ଭାରତ ଏକ ମହାଜାତି (Nation) ଥିଲା ବୋଲି କୁହାଯାଇ ପାରିବ କି ?' ଶୀର୍ଷକ ପ୍ରଶ୍ନୋତ୍ତର ଦେବାକୁ ଯାଇ ପ୍ରାବନ୍ଧିକ ଉଲ୍ଲେଖ କରିଛନ୍ତି- ମହାଜାତି ବୋଲି ସେମାନଙ୍କୁ କହିପାରିବା ଯେଉଁମାନେ ଏକ ନିର୍ଦ୍ଦିଷ୍ଟ ଭୂ-ଖଣ୍ଡରେ ବାସକରୁଥିବେ, ସେମାନଙ୍କର ଆଭିଜାତ୍ୟ ସଂସ୍କୃତିର ପରିଚୟ ଥିବ ଓ ଏକ ନିଜସ୍ୱଭାଷା। ସହ ଐତିହ୍ୟ ପରମ୍ପରାରେ ଆବଦ୍ଧ ହୋଇଥିବା ଜନମାନସଙ୍କୁ ମହାଜାତି କୁହାଯାଏ। ସେହି ଦୃଷ୍ଟିକୋଣରୁ ଭାରତ ଭୌଗୋଳିକ ସୀମାରେଖା ବହୁଦୀର୍ଘ। ଏହାର ନାମକରଣ ପ୍ରାଚୀନ ବୈଦିକଯୁଗରୁ ଆରମ୍ଭ ବୋଲି ଦେଖିବାକୁମିଳେ। ଭାରତୀୟ ପ୍ରାଚୀନ ଗ୍ରନ୍ଥ ଏହି ଭୌଗୋଳିକ ପରିଚୟର ପ୍ରମାଣପତ୍ର ମିଳେ। ଯେମିତି ଆଫଗାନିସ୍ତାନର ଏବେ ଯାହା 'କାନ୍ଦାହାର' ଅପଭ୍ରଂଶ ହୋଇଛି, ତାହା ପୂର୍ବେ ମହାକାବ୍ୟରେ 'ଗନ୍ଧାର' ନାମରେ ପରିଚିତଥିଲା। ଶ୍ରୀଲଙ୍କାର ଅନେକ ସ୍ଥାନ ଆଜି ଗବେଷଣାରତ ଯେଉଁଠାରେ ରାମାୟଣର ପୂର୍ବସୂଚନା ଦେଖିବାକୁ ମିଳେ।

ଏଥିପାଇଁ ପ୍ରାବନ୍ଧିକ କୁହନ୍ତି- "ବ୍ୟାପକ ଭୌଗୋଳିକ ଓ ରାଜନୈତିକ ପରିବର୍ତ୍ତନ ସତ୍ତ୍ୱେ ଏକ ମହାଜାତି ଭାବରେ ଭାରତର ପରିଚୟ ଅତୁଟରହିଥିଲା ଭାଷା, ବେଶଭୂଷା, ଚାଲିଚଳନ ଇତ୍ୟାଦି ଠାରୁ ମହତ୍ତର କୌଣସି ଭାବ ଗତ ଶକ୍ତି ଯେ, ସେ ପରିଚୟର ଆଧାର ଥିଲା ଏଥିରେ ସନ୍ଦେହର ଅବକାଶ ନାହିଁ।"[୭]

ଭାରତରେ ଥିବା ସିନ୍ଧୁନଦୀର ଦୃଶ୍ୟ ପାରସ୍ୟମାନଙ୍କୁ ଏପରି ବିମୋହିତ କରିଥିଲା ଯେ, ସେମାନେ ଏହାକୁ 'ସିନ୍ଧୁ ଇଣ୍ଡସ୍' ବୋଲି କହିଥିଲେ। ପରବର୍ତ୍ତୀ ସମୟରେ ତାହା ଇଣ୍ଡିଆରେ ପରିବର୍ତ୍ତନ ହୋଇ ଏହାର ବାସିନ୍ଦାମାନଙ୍କୁ 'ହିନ୍ଦୁ' ବୋଲି କୁହାଗଲା। ପ୍ରାବନ୍ଧିକ କୁହନ୍ତି ତେବେ, ଯେଉଁ ଜାତିର ଭାଷା, ସାହିତ୍ୟ, ସଂସ୍କୃତି, ଭୌଗୋଳିକ ସୀମାରେଖା, ରାଜନୀତି ଓ ପରମ୍ପରାଗତ ଆକର୍ଷଣ ସୃଷ୍ଟି ହୋଇଛି ସେ ଜାତିକୁ କାହିଁକି ମହାଜାତି ବୋଲି କୁହାଯିବ ନାହିଁ। ତେବେ ଆଜି ଧର୍ମ ନାମରେ ଅଧର୍ମକୁ କେନ୍ଦ୍ର କରି ଭାରତ ବିଭାଜିତ ହୋଇଛି, ଯାହାଦ୍ୱାରା ସାଂସ୍କୃତିକ ମୂଲ୍ୟବୋଧ ସଙ୍କୁଚିତ ହୋଇଯାଉଛି। କାରଣ ଏବେ ଆମେ ନିଜସ୍ୱ ପରମ୍ପରାକୁ ଛାଡ଼ି ପାଶ୍ଚାତ୍ୟ ଶୈଳୀକୁ ଆଦରି ନେଇଛନ୍ତି। ସାଂପ୍ରତିକ ମଣିଷ ପାଶ୍ଚାତ୍ୟ ଶୈଳୀରେ ଅନୁଗାମୀ ହୋଇ ସାଂସ୍କୃତିକ ମୂଲ୍ୟବୋଧ ଠାରୁ ଦୂରେଇ ରହୁଛି। ଫଳରେ ସଂସ୍କୃତିରେ ସଙ୍କଟ ସୃଷ୍ଟି ହେଉଛି ବୋଲି ପ୍ରଚାର କରିବୁଲେ। ପରନ୍ତୁ, ଭାରତୀୟ ସଂସ୍କୃତି ହେଉଛି ଏକ ଉଦାର ପରମ୍ପରାଶୀଳ। ଏଣୁ ତା'ର ଜାତୀୟ ଐତିହ୍ୟ ଚିରନ୍ତନ ଅଖଣ୍ଡନୀୟ। ପ୍ରାବନ୍ଧିକ 'ସଂସ୍କୃତିରେ ସଙ୍କଟ'ରେ ଉଲ୍ଲେଖ କରିଛନ୍ତି- ସାଧାରଣ ଦୃଷ୍ଟିରେ ଆମେ ଆମ ସଂସ୍କୃତିକୁ ଚାରୋଟି ଆଧାରରେ ବ୍ୟବହାର କରୁଛେ। ସରକାରଙ୍କ ସାଂସ୍କୃତିକ ବିଭାଗଦ୍ୱାରା ବ୍ୟକ୍ତିଗତ ସଂସ୍କୃତି ଓ ସାମାଜିକ ସଂସ୍କୃତି ଆଧାରରେ ଦେଶସ୍ୱାଧୀନ ହେବାପରେ ଆମ ସମସ୍ତଙ୍କର ନୈତିକ ବିକାଶ ନିଶ୍ଚିତରୂପେ ହୋଇଛି। ତେବେ ନୃତ୍ୟ, କଳା, ନାଟକ ଓ ସଂଗୀତ ଆଦି କ୍ଷେତ୍ରରେ ଉନ୍ନତି ଆଣିବା ନିମନ୍ତେ ଅନେକ ଶିକ୍ଷାନୁଷ୍ଠାନମାନ ସୃଷ୍ଟି ହେଲାଣି। ଏ ଦିଗରେ ସରକାରଙ୍କ ପ୍ରଚାର ପ୍ରସାର ପ୍ରୋତ୍ସାହନ ବୃଦ୍ଧିପାଇବାରେ ଲାଗିଛି। ଦେଶରେ ବିଭିନ୍ନ ଜାଗାରେ ଲୁଚି ରହିଥିବା ସାଂସ୍କୃତିକ ମୂଲ୍ୟବୋଧକୁ ନୂତନ ରୂପେ ପରିବେଷଣ କରି ଲୋକମାନଙ୍କ ମଧ୍ୟରେ ସାଂସ୍କୃତିକ ବିପ୍ଳବ ଆଣିଦେଇଛି। ତେବେ ଏ କ୍ଷେତ୍ରରେ ସଂସ୍କୃତିରେ ସଙ୍କଟ ଅଛି ବୋଲି କୁହାଯାଇନପାରେ, ଦ୍ୱିତୀୟରେ ରହିଲା ବ୍ୟକ୍ତିଗତ ସଂସ୍କୃତି। ସମାଜ ଓ ସଭ୍ୟତା ପରିବର୍ତ୍ତନ ହେଲାପରି ମଣିଷର ରୁଚିମଧ୍ୟ ଆବଶ୍ୟକ ଅନୁସାରେ ପରିବର୍ତ୍ତନ ହୋଇଥାଏ। ତେଣୁ ସୁରୁଚି ସମ୍ପର୍ଣ୍ଣ କଳା ମଣିଷକୁ ଯେତେ ସତମାର୍ଗରେ ନିଏ ନିମ୍ନସ୍ତରରେ ବି ମଣିଷ ଅଭ୍ୟାସରତ ହୋଇଥାଏ। ଠିକ୍ ସେମିତି ଆଧ୍ୟାତ୍ମିକ ସଂସ୍କୃତିରେ ବ୍ୟକ୍ତିର ସଂପୂର୍ଣ୍ଣ ମାନସିକତା ଉପରେ ନିର୍ଭରଶୀଳ ହୋଇଥାଏ।

ପରିବେଶ ଓ ପରିସ୍ଥିତି ଅନୁସାରେ ତା'ର ମାନସିକ ଅବସ୍ଥାର ପରିବର୍ତ୍ତନ ହୋଇଥିବାରୁ ଏଥିରେ ଉଭୟ ମିଥ୍ୟା ଓ ସତ୍ୟ ଉପରେ ଆଧାରିତ ହୋଇଥାଏ। ଅର୍ଥାତ୍ ଏ ଦିଗରେ ମଧ ସଙ୍କଟ ଅସମ୍ଭବ। ତେବେ ସାମାଜିକ ସଂସ୍କୃତିଟି ଆଜି ମୂଳ ସଙ୍କଟର କାରଣ ବୋଲି ପ୍ରାବନ୍ଧିକ କୁହନ୍ତି। କାରଣ ମଣିଷ ଆତ୍ମକୈନ୍ଦ୍ରିକ ହୋଇ ପ୍ରକୃତି ବିରୋଧରେ ଯେଉଁ ଅନାଚାର କରିଚାଲିଛି ତାହା ଆଜିର ସାମାଜିକ ସଙ୍କଟ ପାଇଁ ପ୍ରମୁଖ କାରଣ କୁହାଯାଇପାରେ। ସେଥିପାଇଁ ପ୍ରାବନ୍ଧିକ କୁହନ୍ତି- "ଆମର ସାମାଜିକ ସଂସ୍କୃତିର ସଙ୍କଟ ଏକ ବ୍ୟାପକ ଅନୁଭୂତି। ଆମେ ପ୍ରାୟ ଲକ୍ଷ୍ୟକରୁ, ବ୍ୟକ୍ତିଗତ ଭାବରେ ସମ୍ଭ୍ରାନ୍ତ ଭଲ ମଣିଷଟିଏ ସମଷ୍ଟିର ସ୍ରୋତରେ ଅନେକ ସମୟରେ ଦିଗ ?ଭ୍ରାନ୍ତ ଭଳି ଭାସିଚାଲିଛି। ବ୍ୟକ୍ତିଗତ ସ୍ତରରେ ଯିଏ ସଦୟ, କୋମଳ, ସମଷ୍ଟିର ଅଙ୍ଗ ଭାବେ ସେ ହୋଇପାରେ ରୁକ୍ଷ, ଘଓଝଞଔଟଜଇ। ଏଭଳି ପରିସ୍ଥିତିର ମୂଳ କାରଣ ଟିକିଏ ଜଟିଳ। ସଂକ୍ଷେପରେ ମଣିଷ ଆଜି ନିଜ ଜୀବନରେ ଏଭଳି କିଛି ନୂତନ ଅବଲମ୍ବନ ଖୋଜୁଛି, ଜୀବନରେ ଏଭଳି କୌଣସି ଯାଥାର୍ଥ୍ୟର ଅନ୍ୱେଷଣ କରୁଛି, ଯାହା ସେ ପାଇନାହିଁ।"(୮)

'ଉପଭୋଗର ତୃଷ୍ଣା; ଗ୍ଲାନିବୋଧର ଯନ୍ତ୍ରଣା' ଶୀର୍ଷକ ପ୍ରବନ୍ଧରେ ପ୍ରାବନ୍ଧିକ ଭାରତୀୟମାନଙ୍କ ସାଂସ୍କୃତିକ ଅବକ୍ଷୟ ସମ୍ପର୍କରେ ଆଲୋଚନା କରିଛନ୍ତି। ଇଂରେଜମାନେ କେବଳ ଭାରତରେ ନୁହେଁ ବିଶ୍ୱର କୋଣ ଅନୁକୋଣରେ ସର୍ବସ୍ୱଲୁଟି ନେଇଛନ୍ତି ଓ ଏଥିପାଇଁ ନିଜକୁ ବଡ଼ ଗର୍ବିତ ମଧ ମନେକରନ୍ତି। ହେଲେ ସେଠାରେ ଯଦି ଆମ ଦେଶରେ ଜଣେ ବାସିନ୍ଦା ହୋଇନଥିବା ମଣିଷକୁ ଦେଖନ୍ତି, ତେବେ ତାଙ୍କୁ ଘୃଣାଦୃଷ୍ଟିରେ ଦେଖିବେ। ସବୁଠାରୁ ବଡ଼ ବିସ୍ମୟକର କଥା ହେଉଛି ସେଠାରେ ରହୁଥିବା ବହିର୍ଦେଶୀୟ ବ୍ୟକ୍ତିମାନେ ଲୁଟିନେଇଥିବା ଧନସମ୍ପତ୍ତି ଫେରାଇ ଆଣିପାରନ୍ତିନି; କେବଳ ସେଠାରେ ପ୍ରଚଳିତ କେତେକ ବଦଗୁଣକୁ ସହଜରେ ଗ୍ରହଣ କରିନିଅନ୍ତି। ଯାହାକୁ ନେଇ ନିଜ ମାଟିରେ ଫସଲଭଳି ଉପୁଯାଇ ବ୍ୟବହାରକରନ୍ତି। ସେଥିମଧ୍ୟରୁ ମଦ୍ୟପାନ ଓ ବେଶ୍ୟା ବୃତ୍ତିକୁ ଅଧିକ ମାତ୍ରାରେ ତାଙ୍କ ଶୈଳୀ ଅନୁସାରେ ନିଜ ଦେଶରେ ପ୍ରଚଳିତ କରିବାକୁ ପ୍ରୟାସ କରନ୍ତି। ହେଲେ ସେମାନେ ଭୁଲିଯାନ୍ତି ଏହା ତାଙ୍କ ନିଜ ମାଟିର ସାଂସ୍କୃତିକ ବାତାବରଣକୁ କେତେ କଳୁଷିତ କରିବ। ସେଥିପାଇଁ ପ୍ରାବନ୍ଧିକ କୁହନ୍ତି- "ଉପାର୍ଜନ କ୍ଷମ ପ୍ରବାସୀ ଭାରତୀୟ ନିଜଦେଶର ସଂସ୍କୃତିକୁ ଏଠାରେ ପ୍ରତିଫଳିତ କରିବାକୁ ଅକ୍ଷମ; ଅନ୍ୟପକ୍ଷରେ ଏ ଦେଶରେ ଯେଉଁ ଏକମାତ୍ର 'ସଂସ୍କୃତି' ସେ କରାୟତ୍ତ କରିଛି, ତାହା ହେଲା ମଦ୍ୟପାନ। xxx ତେବେ ସେଥିରେ ବି କ୍ଷତି ହୁଏତ ନଥା'ନ୍ତା, ଯଦି ତା' ସହିତ ଅତ୍ୟନ୍ତ ବିକଳ ଗ୍ଲାନୀ ବୋଧ ମିଶି ରହିନଥାନ୍ତା।"(୯) ଆଜିର ସଂସ୍କୃତି ବିପର୍ଯ୍ୟୟର କାରଣ ସାମାଜିକ ଅବସ୍ଥା ଯୋଗୁଁ ହୋଇଛି, ବୋଲି ପୂର୍ବରୁ

ଆଲୋଚନା ହୋଇଛି । ଏ ସମ୍ପର୍କରେ ପ୍ରାବନ୍ଧିକ ଆଲୋଚନା କରିବାକୁଯାଇ 'ସାଂସ୍କୃତିକ ବିପର୍ଯ୍ୟୟର ବିକଳ ଦୃଷ୍ଟାନ୍ତ' ନାମକ ନିବନ୍ଧରେ କୁହନ୍ତି ଭାରତୀୟଙ୍କ ଜାତୀୟତାର ପରିଚୟ ହେଉଛି ସଙ୍ଗୀତ, କଳା ଓ ସାହିତ୍ୟ । ସମସ୍ତଙ୍କୁ ଏଥିପ୍ରତି ସଚେତନ ରହିବା ଜରୁରୀ । ପରମ୍ପରା ଅନୁସାରେ ଦେଶରେ ଆଜି ସର୍ବତ୍ର ସାଂସ୍କୃତିକ କାର୍ଯ୍ୟକ୍ରମ ବହୁମାତ୍ର ପ୍ରସାରିତ ହେଉଛି । ଏହା ସ୍ୱାଗତ ଯୋଗ୍ୟ । ପରନ୍ତୁ, ଏଥିରେ ଅତିରଞ୍ଜିତ ହୋଇ ଯେଉଁପରି ଦାୟିତ୍ୱହୀନତା ଭାବେ କାର୍ଯ୍ୟ କରିଯାଉଛନ୍ତି ତାହା ବଡ଼ ଦୁଃଖଦାୟକ । ୧୯୯୭ ଅଗଷ୍ଟ ୧୫ତାରିଖର ସ୍ୱାଧୀନତା ଦିବସ ପାଳନ କରିବା ଅବସରରେ ଦିଲ୍ଲୀର ବିଜୟଚୌକ୍‌ଠାରେ ଏକ ସାଂସ୍କୃତିକ କାର୍ଯ୍ୟକ୍ରମ ଆୟୋଜିତ ହୋଇଥିଲା । ସେଠାରେ ଭାରତର ଲୋକପ୍ରିୟ ଗୀତିକାର ଏ. ଆର୍.ରହମନ୍ ଯେଉଁ ଭଳି ଅଶୋଭନୀୟ ଢଙ୍ଗରେ 'ବନ୍ଦେ ମାତରମ୍' ଗୀତାକୁ ପରିବେଷଣ କରିଥିଲେ ତାହା ବଡ଼ ନିନ୍ଦନୀୟ । ହେଲେ ସେଠାରେ ଥିବା ତତ୍କାଳୀନ ଭାରତର ପ୍ରଧାନମନ୍ତ୍ରୀ ଓ ଅନ୍ୟନେତା ଓ ମନ୍ତ୍ରୀମାନେ ବିରୋଧକରିବା ପରିବର୍ତ୍ତେ ତାଙ୍କୁ କରମର୍ଦ୍ଦନ କରି ସ୍ୱାଗତ କରୁଥିଲେ । ସେହିପରି ସ୍ଥଳେ ରେଡ଼ିଓରୁ ଶୁଣି ଶାରଦା ପ୍ରସାଦ ଅଭିଯୋଗ କରନ୍ତି ଯେ- ସେଠାରେ ଗାଇଥିବା ଲତାମଙ୍ଗେଶକର ଓ ଭୀମସେନ ଯୋଶୀଙ୍କ ଲାଲିତ୍ୟ କଣ୍ଠସ୍ୱର ଏହି ଗୀତ କୁଆଡ଼େ ଯୁବଭାରତୀୟ ମାନଙ୍କ ରକ୍ତକୁ ଶିଥିଳ କରିଦେଉଛି । ତେବେ ଏପ୍ରକାର ହତାଶା ବୋଧ ପାଇଁ କେବଳ ନେତା ମନ୍ତ୍ରୀମାନଙ୍କୁ ଦାୟୀକରିଦେଲେ ହେବନାହିଁ । କାରଣ ସମୟାନୁସାରେ ଆମେ ଯେଉଁ ଅପସଂସ୍କୃତିର ବ୍ୟାଧିର ନିକଟବର୍ତ୍ତୀ ହେଉଛନ୍ତି, ତାହା ଅତି ଯନ୍ତ୍ରଣାଦାୟକ ବୋଲି କୁହାଯାଇପାରେ । ଅଧୁନା ମନରଞ୍ଜନ ପାଇଁ ପରିବେଷଣ ହେଉଥିବା ଯେଉଁ ସଂସ୍କୃତିକ କାର୍ଯ୍ୟକ୍ରମଗୁଡ଼ିକରେ ଯେପରି ଅପସଂସ୍କୃତିର ବ୍ୟବହାର ଦେଖିବାକୁ ମିଳୁଛି, ତାହା ଆମ ସାମାଜିକ ପରିବେଶକୁ କଳୁଷିତମୟ କରୁଛି । ଫଳରେ ଆଗାମୀ ପିଢୀର ସମ୍ଭାବନାରେ ସେହି ଚିନ୍ତାଧାରା ଅନୁଗାମୀ ହେଉଛନ୍ତି । କେହି କେହି ଏହି ସାଂସ୍କୃତିକ ବିପର୍ଯ୍ୟୟର କାରଣ ଗଣତାନ୍ତ୍ରିକ ବ୍ୟବସ୍ଥାକୁ ଦାୟୀକରନ୍ତି ପରନ୍ତୁ, ଗଣତନ୍ତ୍ରକୁ ଯିଏ ଶାସକ ହୋଇ ଆସୁଛି ସେମାନଙ୍କୁ ଆମେ ହିଁ ଚୟନ କରୁଛନ୍ତି । ଯଦି ଭାରତୀୟ ଜନସାଧାରଣଙ୍କ ଆଗରେ ରାମାୟଣ, ମହାଭାରତ ପରି ଅନେକ ଆଧ୍ୟାତ୍ମିକ ଜ୍ଞାନର ଦୃଷ୍ଟାନ୍ତକୁ ଲୋକାଭିମୁଖୀ କରିପାରନ୍ତେ ତେବେ, ଆମ ସଂସ୍କୃତିକୁ ବିକାର ଗ୍ରସ୍ତ ହେବାରୁ ରକ୍ଷା କରିପାରନ୍ତେ । ପ୍ରାବନ୍ଧିକ ମନୋଜ ଦାସ ଭାରତୀୟ ସଂସ୍କୃତିକୁ ଅତି ନିକଟରୁ ପଢିଛନ୍ତି, ବୁଝିଛନ୍ତି ଓ ହୃଦୟଙ୍ଗମ ମଧ କରିଛନ୍ତି । ମାନବତ୍ୱର ନୀତିନିୟମକୁ ଏକ ଶୃଙ୍ଖଳା ମଧରେ ରଖି ଭବିଷ୍ୟତ ପାଇଁ ସତ୍ କର୍ମରେ ଅଗ୍ରସର ହେଲେ ଜୀବନର ଉନ୍ନତି ହେବ ବୋଲି ପ୍ରାବନ୍ଧିକ ବିଶ୍ୱାସ ରଖନ୍ତି ।

(ଖ) ଦାର୍ଶନିକ ମୂଲ୍ୟବୋଧ

ଭାରତୀୟ ଦର୍ଶନର ମୂଲ୍ୟବୋଧ ଓ ଗୁରୁତ୍ୱ ଉପରେ ଯେଉଁ ଚିନ୍ତାନାୟକମାନେ ପ୍ରାଞ୍ଜଳତା ତଥା ଉର୍ଜା ସୃଷ୍ଟି କରିପାରିଥିଲେ, ସେମାନଙ୍କ ମଧ୍ୟରେ ପ୍ରାବନ୍ଧିକ ମନୋଜ ଦାସ ଅନ୍ୟତମ। ପାଶ୍ଚାତ୍ୟ ଦର୍ଶନ ଭଳି ଭାରତୀୟ ଦର୍ଶନରେ ଥିବା ଅମୃତମୟ ଗୌରବପୂର୍ଣ୍ଣ ଭାବନାକୁ ସେ ନିଜ ସୂକ୍ଷ୍ମ ଦୃଷ୍ଟିକୋଣରେ ତାଙ୍କ ପ୍ରବନ୍ଧରେ ଆଲୋଚନା କରିଛନ୍ତି। ସାଂପ୍ରତିକ ସମୟରେ ସାମାଜିକ ଅବକ୍ଷୟରୁ ମୁକ୍ତି ନିମନ୍ତେ ଏବଂ ପଥଭ୍ରଷ୍ଟ ଯୁବସମାଜକୁ ମାର୍ଗଦର୍ଶନ କରିବା ପାଇଁ ଏହିଧର୍ମୀ ରଚନାଗୁଡ଼ିକ ନିତ୍ୟାନ୍ତ ଆବଶ୍ୟକ। ଯାହାଦ୍ୱାରା ମଣିଷର ସମସ୍ତ ନକରାତ୍ମକ ଚିନ୍ତାଧାରାକୁ ତ୍ୟାଗ କରି ସକାରାତ୍ମକ ପଥରେ ଅଗ୍ରସର ହେବ। ଶ୍ରୀଯୁକ୍ତ ଦାସ ଭାରତର ସେହି ପ୍ରକ୍ଷାତ୍ ଜ୍ଞାନଗୁରୁ ଶଙ୍କରାଚାର୍ଯ୍ୟ, ବିବେକାନନ୍ଦ, ଶ୍ରୀମା ଓ ଶ୍ରୀଅରବିନ୍ଦଙ୍କ ଦର୍ଶନତତ୍ତ୍ୱ ସହ ଅତି ନିବିଡ଼ ହୋଇପାରିଥିଲେ। ଯାହାଫଳରେ ତାଙ୍କର ପ୍ରାୟତଃ ସମସ୍ତ ରଚନାରେ ଶ୍ରୀଅରବିନ୍ଦଙ୍କ ଚିନ୍ତାଚେତନା ପ୍ରତିଫଳିତ ହୋଇଥିବାର ଦେଖିବାକୁ ମିଳେ। ଏଥିପାଇଁ 'ସାହିତ୍ୟ ଚର୍ଚ୍ଚା'ରେ ଅନ୍ତର୍ଯ୍ୟାମି ମିଶ୍ର କୁହନ୍ତି- "ଶ୍ରୀଅରବିନ୍ଦ ଦର୍ଶନ ତାଙ୍କ ଦୃଷ୍ଟି ଓ ଦର୍ଶନକୁ ବ୍ୟାପକ କରି ଦୁଃଖର ରହସ୍ୟ ଅନୁସନ୍ଧାନ ନିମନ୍ତେ ସେ ଅନେକ ଶାସ୍ତ୍ର ଅଧ୍ୟୟନ କଲେ। ଶ୍ରୀଅରବିନ୍ଦ ଦର୍ଶନରୁ ସେ ଉପଲବ୍ଧି କଲେ ମଣିଷର ବିକାଶ ବିବର୍ତ୍ତନର ଶେଷ କଥା ନୁହେଁ।"(୧୦) ସେହି ଆଶ୍ରମରେ ଥିବା ସମୟରେ ତାଙ୍କର ଆଧ୍ୟାତ୍ମିକ ଜ୍ଞାନର ବିକାଶ ହୁଏ। ଫଳରେ ତାଙ୍କ ପ୍ରବନ୍ଧରେ ଦାର୍ଶନିକ ତତ୍ତ୍ୱନିଷ୍ଠ ଚିନ୍ତାଧାରା ଦେଖିବାକୁ ମିଳେ। ପ୍ରାବନ୍ଧିକଙ୍କ ଦାର୍ଶନିକ ପ୍ରବନ୍ଧର ମୂଲ୍ୟବୋଧ ସମ୍ପର୍କରେ ନିମ୍ନରେ ଆଲୋଚନା କରାଗଲା।

ପାଶ୍ଚାତ୍ୟ ସାହିତ୍ୟ ଜଗତରେ ଯେପରି ଶିଳ୍ପବିପ୍ଳବ ମଣିଷ ଉପରେ ପ୍ରଭାବ ପଡ଼ିଥିଲା, ଠିକ୍ ସେହିପରି ସାହିତ୍ୟ ଜଗତରେ ମଧ୍ୟ ଏହାର ଅନେକ ପ୍ରଭାବ ପରିଲକ୍ଷିତ ହୁଏ। ପ୍ରାବନ୍ଧିକ ଦାସ ତାଙ୍କ 'ସଂକ୍ରମିତ ହସ୍ତୀ' ପ୍ରବନ୍ଧରେ ଏ ସମ୍ପର୍କରେ ଆଲୋଚନା କରିଛନ୍ତି। ପାଶ୍ଚାତ୍ୟ ଜଗତରେ ସାହିତ୍ୟର ପାମ୍ପରିକ ପ୍ରଥାକୁ ବିରୋଧ କରି ନୂଆ ବାଦ (ISM)ର ପରିକଳ୍ପନା ହେବ ପରି ସାହିତ୍ୟର ଧାରା ସୃଷ୍ଟି ହେବାକୁ ଲାଗିଲା। ଯାହାକୁ ପ୍ରାବନ୍ଧିକ ହାତୀ ସଂକ୍ରାମକ ବୋଲି କହିଛନ୍ତି। କାରଣ ଏମାନଙ୍କର ଆକ୍ରମଣ ସୀମିତ ସମୟ ପାଇଁ ହେଲେ ମଧ୍ୟ ତାହା ପ୍ରବଳ ମାତ୍ରାରେ ଜନ ଅସନ୍ତୋଷ କରି ମାଡ଼ିଚାଲେ। ତାହା ଅସ୍ତିତ୍ୱବାଦ ହେଉ କିମ୍ବା ଡାଡ଼ାବାଦ ହେଉ। ହେଲେ ଯେଉଁ ଲକ୍ଷ୍ୟନେଇ ପଲ୍ ଏଲୁଆର ଓ ବେଞ୍ଜାମିନ୍ ଅସ୍ତିତ୍ୱବାଦ ପ୍ରବର୍ତ୍ତକ ହୋଇଥିଲେ କିମ୍ବା ଆନ୍ଦ୍ରେ ବ୍ରେତୋଁ ଡାଡ଼ାବାଦ ଦ୍ୱାରା ପ୍ରଭାବିତ ହୋଇ ଅତିବାସ୍ତବବାଦ ଦର୍ଶନର ପ୍ରଚାର ପ୍ରସାର କଲେ।

ଫଳରେ ଏହି ଦର୍ଶନରୁ ଆରମ୍ଭ ହେଲା ଉଭଟବାଦ। ଯେଉଁଥିରେ ମଣିଷ କେବଳ ନିଜେ ନିଜକୁ ବୁଝେଇବାରେ ଚେଷ୍ଟାକଲା। ଏହାର ଅର୍ଥ ପ୍ରକୃତ ପକ୍ଷେ ସତ୍ୟ କି' ମିଥ୍ୟା ତାହା ବୁଝିବାକୁ କେହି ଚେଷ୍ଟାକଲେ ନାହିଁ। ସଂକ୍ରମିତ ହାତୀ ଯେପରି ଲକ୍ଷ୍ୟହୀନ ହୋଇ ମାଡ଼ିଚାଲନ୍ତି ଠିକ୍ ସେହିପରି ଆଜିର ଏହି ଆଦର୍ଶବାଦୀମାନେ ସମଆଚରଣ କରନ୍ତି। ଏଥିପାଇଁ ପ୍ରାବନ୍ଧିକ କୁହନ୍ତି- "ବର୍ତ୍ତମାନ ପ୍ରଶ୍ନ ହେଲା- ଏଯେଉଁ ଅଦ୍ଭୁତ ଅତିବାସ୍ତବବାଦ ଏହା ପଛରେ କିଛି ମହତ୍ତର ସତ୍ୟରହିଛି ନା ଏହା ଚୂଡ଼ାନ୍ତ ଭଣ୍ଡାମି ? ଏହାର- ଉତ୍ତର ମହତ୍ତର ସତ୍ୟ ନିଶ୍ଚୟ ରହିଛି। ଆମ ଚେତନାର ସଂଗୁପ୍ତ ଅଂଶସବୁ ଭିତରେ ପ୍ରବେଶ କରି ତାକୁ ସାହସ ସହକାରେ ପର୍ଯ୍ୟବେକ୍ଷଣ କରିବାର ଉଦ୍ଦେଶ୍ୟ ନେଇ ଯେଉଁ କବି ଓ ଶିଳ୍ପୀମାନେ ଅଗ୍ରସର ହେଉଥିଲେ ସେମାନେ ସଫଳ ହୋଇଛନ୍ତି- ସେମାନଙ୍କର ସ୍ଲୋଗାନ ଯାହା ହେଉନା କାହିଁକି; କିନ୍ତୁ ଏହାର ଅନ୍ୟ ଏକ ଦିଗ ରହିଛି। ଯେଉଁମାନେ ମୋଟେ ଶିଳ୍ପୀ ବା କବି ନୁହନ୍ତି ସେମାନେ ଏହି ଆନ୍ଦୋଳନର ଧ୍ୱଜାତଳେ ଆଶ୍ରୟ ନେଇ କେବଳ ଏହାର ଅଖାଡୁଆ ଅଂଶଟି ଉପରେ ଜୋର୍ ଦେଇ ବିଦ୍ରୋହୀ ପ୍ରତିଭା ଯଶଃପ୍ରାର୍ଥୀ ହେବାକୁ ମୂହୁର୍ତ୍ତ ବିଳମ୍ବ କରିନାହାନ୍ତି।"[୧୧]

ପ୍ରାବନ୍ଧିକ ଶ୍ରୀଯୁକ୍ତ ଦାସ 'ସମ୍ବିଧାନ ସମୀକ୍ଷାର : ଏକ ଭୂମିକା' ଶୀର୍ଷକ ପ୍ରବନ୍ଧରେ ଶ୍ରୀଅରବିନ୍ଦଙ୍କ ମହତ୍ୱପୂର୍ଣ୍ଣ ଜୀବନ ଦର୍ଶନର ମୂଳ ଭିତିଟିକୁ ଉପଜୀବ୍ୟ କରି ଆଲୋଚନା କରିଛନ୍ତି, ଯେ- ମଣିଷ ଜୀବନ କେବଳ ଜନ୍ମ-ମୃତ୍ୟୁ, ସୁଖ-ଦୁଃଖ, ଆଶା-ହତାଶ ଏବଂ ଜ୍ଞାନ-ଅଜ୍ଞାନ ମଧ୍ୟରେ ଶେଷ ହେବାପାଇଁ ନୁହେଁ। ଶ୍ରୀଅରବିନ୍ଦ ଅନୁଭବ କରିଥିଲେ, ପ୍ରତ୍ୟେକ ମନୁଷ୍ୟ ଚେତନାରେ ଗୋଟିଏ ଗୋଟିଏ ଦିବ୍ୟଚେତନାର କଣିକାଟିଏ ଆତ୍ମଗୋପନ କରିଛି। ତା'କୁ ଏହି ଦିବ୍ୟସନ୍ଧାନ ପଥରେ ଅଗ୍ରସର ହେବାକୁ ପଡ଼ିବ ଏବଂ ଏହା କେବଳ ଆଧ୍ୟାତ୍ମିକ ଶକ୍ତି ଜରିଆରେ ସମ୍ଭବ ହୋଇପାରିବ। ଏହି ଆଧ୍ୟାତ୍ମିକ ଶକ୍ତି ଭାରତୀୟ ସାମ୍ବିଧାନିକ ମାନଦଣ୍ଡକୁ ସଫଳ ମୂଲ୍ୟାୟନ କରିବବୋଲି ତାଙ୍କର ଦୃଢ ବିଶ୍ୱାସଥିଲା। କାରଣ ପ୍ରାଚୀନ କାଳରେ ମଣ୍ଡବ୍ୟ ଋଷି ନିଜର ତପବଳରେ ଯମଙ୍କ ଦ୍ୱାରା ପ୍ରଚଳିତ ଦାଣ୍ଡବିଧାନକୁ ପରିବର୍ତ୍ତନ କରାଇପାରିଥିଲେ। ତେଣୁ ଆଜି ମଧ୍ୟ ଏହିପରି ଏକ ସମୟ ଆସିଛି ଯେଉଁଥିରେ ଦଣ୍ଡ ବିଧାନ କର୍ମର ସ୍ଥୂଳରୂପ ନୁହେଁ ବରଂ ଅନ୍ତର୍ନିହିତ ଚେତନାରେହିଁ ଅପରାଧୀର କର୍ମଅନୁସାରେ ହେବା ଆବଶ୍ୟକ।

ଭାରତୀୟ ଦର୍ଶନରେ ଥିବା ଆଧ୍ୟାତ୍ମିକଚିନ୍ତା ଆଜି ବିଶ୍ୱର କୋଣ ଅନୁକୋଣରେ ଦେଖିବାକୁ ମିଳେ। ଆମେରିକା ପରି ଦେଶରେ ଜନସାଧାରଣମାନେ ଭାରତୀୟ ଦର୍ଶନ ପ୍ରତି ଆକୃଷ୍ଟ ହେଉଛନ୍ତି। ଏହାର ମୂଳ କାରଣ ଆଜିର ପ୍ରଚାର

ପ୍ରସାର ଯୁଗରେ ଅନେକ ଆଧ୍ୟାତ୍ମିକଗୁରୁମାନେ ସେଠାରେ ନିଜର ପ୍ରତିଭା ବଳରେ ଆମ ଦର୍ଶନତତ୍ତ୍ୱର ମୌଳିକଲକ୍ଷ୍ୟ ସମ୍ପର୍କରେ ପରିଚିତ କରାଇପାରିଛନ୍ତି। ତେବେ ପ୍ରଶ୍ନଉଠେ ଆମ ଏହି ରପ୍ତାନି ଗୁରୁମାନେ ସତରେ ଆମ ଦର୍ଶନ ଉପରେ ଅଭିଜ୍ଞ ନା ଭେଜାଲ ଅଛନ୍ତି, ଯେଉଁମାନେ କେବଳ ପ୍ରତିଷ୍ଠା ଓ ଅର୍ଥ ଲୋଭବଶତଃ ଏପରି କାର୍ଯ୍ୟ କରୁଛନ୍ତି। ପ୍ରକୃତରେ ଏମାନେ ହଟଯୋଗ, ଆସନ ଓ ପ୍ରାଣାୟମ ସମ୍ପର୍କରେ ଏମାନଙ୍କର ଜ୍ଞାନ ଅଛି ନା ନାହିଁ ? ଯଦି ଏପରି ମାନସିକତା ରଖି ଏହି ମହତ୍ତ ଉଦ୍ଦେଶ୍ୟଟି ବିଫଳ ହୁଏ, ତେବେ ଗୁରୁବାଦ ଉପରେ ଏହା ଏକ ବଡ଼ କଳଙ୍କ ବୋଲି କୁହାଯାଇପାରେ। ପାଶ୍ଚାତ୍ୟ ଦେଶ ଏଥିପାଇଁ ଯେଉଁ ପ୍ରତାରିତ ହେବେ ତା'ର ଉତ୍ତରଦାୟୀ ପ୍ରତି ଚିନ୍ତିତହୋଇ ପ୍ରାବନ୍ଧିକ କୁହନ୍ତି- "ତେବେ ଭାରତର ଆଧ୍ୟାତ୍ମିକ ଐଶ୍ୱର୍ଯ୍ୟ, ପରମ୍ପରା ସମ୍ପର୍କରେ ବିଦେଶରେ ଥିବା ଭାରତୀୟ ଶିକ୍ଷାବିତ୍ ବୈଜ୍ଞାନିକ ଓ ଅନ୍ୟଧରଣର ପ୍ରତିନିଧିମାନେ ଯଦି ସମ୍ୟକ୍ ଧାରଣା ରଖୁଥାନ୍ତେ, ତାହା ଯଥାର୍ଥ ଭାବରେ ପରିବେଷଣ କରିପାରୁଥାନ୍ତେ, ତେବେ ପାଶ୍ଚାତ୍ୟ ବାସୀମାନେ କମ୍ ପ୍ରତାରିତ ହୁଅାନ୍ତେ।"[୧୨]

ଭାରତୀୟ ଦର୍ଶନତତ୍ତ୍ୱରେ ଦୁଇଟି ପରମ୍ପରା ଦେଖିବାକୁ ମିଳେ। ଯାହାକୁ ଆମେ ଜ୍ଞାନପ୍ରତି ଅନୁରାଗ ବୋଲି କହିଥାଉ। ଏହି ଦୁଇଧାରାକୁ ଦାର୍ଶନିକମାନେ 'ଆସ୍ତିକ' ଓ 'ନାସ୍ତିକ' ଭାବେ ଭାଗ କରିଛନ୍ତି। ଆସ୍ତିକ ମଧ୍ୟରେ ଷଡ଼ଦର୍ଶନର ମୁନିଋଷିମାନେ ପ୍ରବର୍ତ୍ତିତ ଥିଲା ବେଳେ ନାସ୍ତିକରେ ଜୈନ, ଚାର୍ବାକ, ଓ ବୁଦ୍ଧଙ୍କ ଦ୍ୱାରା ସୃଷ୍ଟିହୁଏ। ପରନ୍ତୁ, ପ୍ରାବନ୍ଧିକଙ୍କର ଏ ସମ୍ପର୍କରେ ମତାମତ ଭିନ୍ନ। ଯାହା ତାଙ୍କ 'ଆସ୍ତିକ ନାସ୍ତିକ' ଶୀର୍ଷକ ପ୍ରବନ୍ଧରେ ଉଲ୍ଲେଖ କରିଛନ୍ତି। ଗୋଟେ ପଟେ ମଣିଷ ଧର୍ମକୁ ଅଫିମ ନିଶା ଓ ଭଗବାନଙ୍କୁ ବେପାର କରିବା ନିମନ୍ତେ ତିଆରି କରିଛନ୍ତି ବୋଲି କହିବା ବେଳେ, ଅନ୍ୟପଟେ ଯେତେବେଳେ କୌଣସି କାର୍ଯ୍ୟ ସିଦ୍ଧିଲାଭ କରେ କିମ୍ବା ଆତ୍ମସନ୍ତୋଷ ଅନୁଭବ କରେ ସେତେବେଳେ ଭଗବାନଙ୍କୁ ଧନ୍ୟବାଦ ଦେବାରେ ବିଶ୍ୱାସ ରଖିଥାଏ। ହେଲେ ପ୍ରାବନ୍ଧିକଙ୍କର ଏପରି ସ୍ଥଳେ ବିଚାର ହେଉଛି ମଣିଷ ଅନ୍ଧବିଶ୍ୱାସକୁ ତ୍ୟାଗକରି ମାନବ ଧର୍ମର ସେବା କରିବା ନିମନ୍ତେ ପ୍ରବର୍ତ୍ତାଇଛନ୍ତି ତାଙ୍କର ବିଶ୍ୱାସ ସମାଜକୁ ଧର୍ମନାମରେ ବିପଦପୂର୍ଣ୍ଣ ପରିସ୍ଥିତିରେ ପକାଇବା ବଦଳରେ ନାସ୍ତିକ ହୋଇଯିବା ଅଧିକ ଶ୍ରେୟସ୍କର ମନେକରନ୍ତି। ଭାରତୀୟ ଦର୍ଶନ ବିଶ୍ୱ ଚିନ୍ତାରାଜ୍ୟକୁ ପ୍ରଲୁବ୍ଧ କରାଇଥିଲା। ଯେଉଁଥିରେ ଜୀବନର ମହତ୍ତର ଉଦ୍ଦେଶ୍ୟ ସଂପୂର୍ଣ୍ଣ ଭାବେ ଉଲ୍ଲେଖିତ। ଯାହା ଯୁଗେ ଯୁଗେ ଅମରତ୍ୱ ଲାଭକରିବ ବୋଲି ପ୍ରାବନ୍ଧିକ ମନୋଜ ଦାସ ବିଶ୍ୱାସ କରନ୍ତି। ଗବେଷିକା ରତ୍ନଲତା ବିଶ୍ୱାଳଙ୍କ ପ୍ରଶ୍ନର ଉତ୍ତର ଦେବାକୁ ଯାଇ ପ୍ରାବନ୍ଧିକ ଦର୍ଶନ ସମ୍ପର୍କରେ ମତଦିଅନ୍ତି- "ଫିଲୋସଫି ଶବ୍ଦ ଦର୍ଶନର ଇଂରାଜୀ

ଅନୁବାଦ ବୋଲି ଧରିନିଆ ଯାଇପାରେ। କିନ୍ତୁ ମୁଖ୍ୟତଃ ଦର୍ଶନ ଶବ୍ଦଟି ଯାହା ବୁଝାଏ ତାହା ଦେଖିବା ଅର୍ଥାତ୍ ଅନୁଭବ କରିବା। ଅଭିଜ୍ଞାତା ହାସଲ କରିବା। ଭାରତୀୟ ଦର୍ଶନ ସେହି ଦର୍ଶନ ମାନସିକ ଚିନ୍ତା ପ୍ରସୂତ ନୁହେଁ। ସେ ସଂପୂର୍ଣ୍ଣ ଅଭିଜ୍ଞତା ପ୍ରସୂତ। ଋଷିମାନେ ଯେଉଁ ଦର୍ଶନ ଦେଇ ଯାଇଛନ୍ତି ତାହା ଆମ ଭାରତର ଛଅଟି ଦର୍ଶନ। xxx ସେମାନଙ୍କ ଚିନ୍ତାଧାରା ସ୍ତରର ସତ୍ୟକୁ ପ୍ରକାଶ କରିଛନ୍ତି; କିନ୍ତୁ ସେ ସମସ୍ତ ଧୀସ୍ତରର ଅର୍ଥାତ୍ ମନ, ଜ୍ଞାନ, ବୁଦ୍ଧି, ସ୍ତରର ତତ୍ତ୍ୱ, ସଂପୂର୍ଣ୍ଣ ଅଭିଜ୍ଞତା ପ୍ରସୂତ, ସେ ହେଉଛି ଭାରତୀୟ ଦର୍ଶନ। ସେ ଦର୍ଶନକୁ ଆମେ ଲୁଜ ?ଫିଲୋସଫି ବୋଲି ଇଂରାଜୀରେ ଅନୁବାଦ କରୁ।"(୧୩) ଏଥିପାଇଁ ସେ 'ଭାରତୀୟ ଐତିହ୍ୟ : ଶତେକ ପ୍ରଶ୍ନୋତ୍ତର'ରେ ଆମର ମହାନ୍ ଷଡ଼ଦର୍ଶନ ସମ୍ପର୍କରେ ଉଲ୍ଲେଖ କରିଛନ୍ତି।ଇଂରାଜୀରେ ଯାହାକୁ Philosophy କୁହାଯାଏ ତାହାକେବଳ ମନୁଷ୍ୟର ମାନସିକଚିନ୍ତା ଓ ଜ୍ଞାନଯୁକ୍ତ ତତ୍ତ୍ୱବୋଲି କୁହାଯାଏ। ପରନ୍ତୁ, ଭାରତୀୟ ଦର୍ଶନର ମୂଳଅର୍ଥ ହେଉଛି, ଯାହା ପରମ୍ପରାଗତ ଉପଲବ୍ଧିରୁ ସୃଷ୍ଟି। ଯାହାକୁ ସ୍ୱୟଂ ବ୍ୟବହାରିକ ଜୀବନରୁ ପରିକଳ୍ପନା କରାଯାଇଛି ତାହାହିଁ ଦର୍ଶନ। ଆମ ଦର୍ଶନରେ ଛ'ଟି ମୁଖ୍ୟ ଆଧାରକୁ ମହାନ୍ ମୁନି ଋଷିମାନେ ଉଲ୍ଲେଖ କରିଯାଇଛନ୍ତି। ଯାହା ମନୁଷ୍ୟକୁ ସମସ୍ତ ମାୟା ବନ୍ଧନରୁ ମୁକ୍ତିମାର୍ଗ ଦେଖାଇବ। ସେଗୁଡ଼ିକ ମଧ୍ୟରେ- ଯୋଗ, ସାଂଖ୍ୟ, ନ୍ୟାୟ, ବୈଶେଷିକ, ମୀମାଂସା ଓ ବେଦାନ୍ତ ଆଦି ଅନ୍ୟତମ। ସେଥିମଧ୍ୟରୁ ଚିତ୍ତକୁ ଆୟତ୍ତକରିବା ପାଇଁ ମନରେ ଏକାଗ୍ରତା ଆବଶ୍ୟକ ଯାହା 'ଯୋଗ' ଦ୍ୱାରା ସମ୍ଭବ ଏ କଥା ପତଞ୍ଜଳୀ ତାଙ୍କ 'ଯୋଗସୂତ୍ର'ରେ ଉଲ୍ଲେଖ କରିଛନ୍ତି। ସେହିପରି ପୁରୁଷ ଓ ପ୍ରକୃତି ଯୋଗୁଁ ଏ ସୃଷ୍ଟି ପରିଚାଳିତ ହେଉଛି। ପ୍ରକୃତିର ନିହିତ ଥିବା ସତ୍ତ୍ୱ, ତମ ଓ ଗୁଣ ଜଗତକୁ ନିୟନ୍ତ୍ରିତ କରୁଛି। ଯେଉଁ ମଣିଷ ନିଜର ଜ୍ଞାନଲୋକରେ ଏ ସବୁ ଆୟତ କରିପାରେ ସେ ଏହି ନିୟନ୍ତ୍ରଣରୁ ମୁକ୍ତିପାଏ। ଏକଥା କପିଳମୁନି ତାଙ୍କ 'ସାଂଖ୍ୟ' ଦର୍ଶନରେ ଉଲ୍ଲେଖ କରିଛନ୍ତି। 'ନ୍ୟାୟ' ଦର୍ଶନ ସେହିପରି ସୃଷ୍ଟିର ଉଚିତ୍ ଅନୁଚିତ୍ ଆଦିଯୁକ୍ତି ଦ୍ୱାରା ନିଜସ୍ୱ ସିଦ୍ଧାନ୍ତରେ ପହଞ୍ଚିପାରେ ତାହା 'ନ୍ୟାୟ' ଦର୍ଶନ ଅନ୍ତର୍ଭୁକ୍ତ। ଏହାକୁ ତ୍ରେତୟାଯୁଗରେ ଋଷି ଗୌତମ ଉଲ୍ଲେଖ କରିଥିଲେ। ଚତୁର୍ଥରେ 'ବୈଶେଷିକ' ଦର୍ଶନ ଯାହାର ପ୍ରବର୍ତ୍ତକ ହେଉଛନ୍ତି- ଋଷି କାଶ୍ୟପ। ବୈଶେଷିକ ଦର୍ଶନରେ କୁହାଯାଇଛି ଚେତନାର ମୌଳିକ ପ୍ରତିଭା ହେଉଛି ଆତ୍ମା। ଏଣୁ ଏହା ଦେହ, ଇନ୍ଦ୍ରିୟ କିମ୍ବା ଚେତନା ଦ୍ୱାରା ସମ୍ଭବପର ନୁହେଁ। 'ମୀମାଂସା' ହେଉଛି ପଞ୍ଚମ ଦର୍ଶନ ଯାହାର ପ୍ରବର୍ତ୍ତକ ଋଷି ଜୈମିନି। ମୀମାଂସା ସୂତ୍ର ଅନୁସାରେ ମୁକ୍ତିହିଁ ଜୀବନର ମୌଳିକ ଆଭିମୁଖ୍ୟ। ଯେତେବେଳେ ଆମ ଚିତ୍ତ ବ୍ରହ୍ମଲୋକକୁ ଗମନ କରିବ ସେତେବେଳେ ମୁକ୍ତିର ମାର୍ଗ ଅନୁସନ୍ଧାନ କରିହେବ। ଷଷ୍ଠରେ 'ବେଦାନ୍ତ' ଯାହାର

ପ୍ରବର୍ତ୍ତକ ବାଦରାୟଣ ତାଙ୍କ ରଚିତ ପୁସ୍ତକ 'ବେଦାନ୍ତ ସୂତ୍ର' ଏଥିରେ ବ୍ରହ୍ମ ବିବର୍ତ୍ତନବାଦ ସମ୍ପର୍କରେ ଉଲ୍ଲେଖ ଅଛି। ସେଥିପାଇଁ କୁହାଯାଇଛି 'ସର୍ବମ୍ ଖଲୁ ଇଦମ୍ ବ୍ରହ୍ମ' ଅର୍ଥାତ୍ ଏ ସଂସାର ଏକ ବ୍ରହ୍ମ ସଦୃଶ୍ୟ ଅଟେ। ଏତଦ୍ ବ୍ୟତୀତ ଅନ୍ୟଏକ ଦର୍ଶନ ଯାହା ଦକ୍ଷିଣ ଭାରତରେ ପ୍ରଚଳିତ ହୋଇଥିଲା। ତାହା ଶୈବ ସିଦ୍ଧାନ୍ତ ନାମରେ ପରିଚିତ ବୋଲି ପ୍ରାବନ୍ଧିକ କୁହନ୍ତି।

'ଭାରତର ଐତିହ୍ୟ : ଶତେକ ପ୍ରଶ୍ନର ଉତ୍ତର'ରେ ମନୋଜ ଦାସ ଶଙ୍କରାଚାର୍ଯ୍ୟଙ୍କ ଦର୍ଶନ ସମ୍ପର୍କରେ ଆଲୋଚନା କରି କୁହନ୍ତି- ଶିଶୁ ଅବସ୍ଥାରେ ସେ ପିତୃହରା ହୋଇ ବାଳକ ଅବସ୍ଥାରେ ସେ ସନ୍ନ୍ୟାସୀ ହେବାକୁ ଚାହିଁଥିଲେ। ପରବର୍ତ୍ତୀ ସମୟରେ ଏହି ବାଳକ ଗୃହତ୍ୟାଗ କରି ଏକେଶ୍ୱରବାଦ ଓ ଅଦ୍ୱୈତବାଦର ପ୍ରବକ୍ତା ହୋଇପାରିଥିଲେ। ତାଙ୍କ ଜୀବନର ମହତ୍ତମ ବାଣୀ ହେଉଛି- 'ବ୍ରହ୍ମ ସତ୍ୟ ଜଗତ୍ ମିଥ୍ୟା ଜୀବ ବ୍ରହ୍ମୈନ ନ ପରଃ' ଯାହାର ଅର୍ଥ ହେଉଛି- ଏ ସୃଷ୍ଟିରେ କେବଳ 'ବ୍ରହ୍ମ' ବ୍ୟତୀତ ଅନ୍ୟସବୁ ମିଥ୍ୟା।ଏଣୁ ଆମ ଆତ୍ମା 'ବ୍ରହ୍ମ' ଠାରୁ ଅଲଗା ନୁହେଁ। ତାଙ୍କ ରଚିତ 'ମୋହମୁଦ୍ଗର' ଗ୍ରନ୍ଥରେ ମଣିଷ ଜୀବନର ପ୍ରକୃତ ଉପଲବ୍ଧି ନିମନ୍ତେ ଜ୍ଞାନ ବାରିଧି ବହିଯାଉଥିବାର ଦେଖିବାକୁ ମିଳେ। ସେଥିରେ ସେ କହିଛନ୍ତି ପଦ୍ମପତ୍ରରେ ଜଳଯେପରି ଅସ୍ଥିର ଭାବେ ଢଳ ଢଳ ହୁଏ। ଠିକ୍ ସେମିତି ମଣିଷ ଜୀବନ ଅସ୍ଥାୟୀ। ଯୌବନ ଚାଲିଗଲେ ଶୃଙ୍ଗାର ମୂଲ୍ୟହୀନ ଓ ଅର୍ଥହୀନ ହୋଇଗଲେ ପରିବାରରେ ନିଜ ସମ୍ମାନ କମିଯାଏ। ସୁତରାଂ ଏ ସାଂସାରିକ ମୋହମାୟାରୁ ଆମକୁ ବାହାରିବାକୁ ପଡ଼ିବ। ମଣିଷ ଯେତେ ଶିକ୍ଷିତ ହେବ ତା'ମଧ୍ୟରେ ସେତେ ଜିଜ୍ଞାସା ପ୍ରବୃତ୍ତିଟି ସେତେ ବଳବତ୍ତର ହୋଇପାରିବ, ହେବା ମଧ୍ୟ ସ୍ୱାଭାବିକ। ପରନ୍ତୁ ବେଳେବେଳେ ଅଯୁକ୍ତିକର ସମସ୍ୟା ତା' ପାଇଁ ବିପଦ ସାବ୍ୟସ୍ତ ମଧ୍ୟ ହୋଇଯାଏ। ଏପରି ଭାରତୀୟ ଦର୍ଶନରେ 'ତର୍କ'କୁ ନେଇ ଅନେକ ସମସ୍ୟା ଦେଖିବାକୁ ମିଳିଛି। ପ୍ରାବନ୍ଧିକ ଶ୍ରୀଯୁକ୍ତ ଦାସ 'ଦର୍ଶନ ଶାସ୍ତ୍ର ଅଣ୍ଡା କୁକୁଡ଼ା !'ରେ ଏ ସଂପର୍କରେ ଆଲୋଚନା କରିଛନ୍ତି। ଆମ ସମସ୍ତଙ୍କ ମନରେ ଅନେକ ସମୟରେ ଦୁଇଟି ମଜାଳିଆ ପ୍ରଶ୍ନର ଉତ୍ତର ଜାଣିବାପାଇଁ ଇଚ୍ଛା ସୃଷ୍ଟିହୁଏ। 'କୁକୁଡ଼ା ଆଗ ନା' ଅଣ୍ଡା ଆଗ' ଓ 'ଗଛ ଆଗ ନା' ମଞ୍ଜି ଆଗ' ପରନ୍ତୁ, ପ୍ରକୃତ ପକ୍ଷେ ଏହା ଏକ ଅମୀମାଂସିତ ତର୍କ। ହୁଏତ ଯିଏ ବଳଶାଳୀ ସିଏ ଜୋର୍ ଜବରଦସ୍ତ ନିଜର ଯୁକ୍ତିତର୍କ ଜରିଆରେ ଏହି ସିଦ୍ଧାନ୍ତର ବିଜୟ ହୋଇପାରେ ହେଲେ, ତର୍କର ଗଭୀରତାକୁ ଗଲେ ଏହାର ଆରମ୍ଭ କେଉଁଠୁ ଜାଣିବା ଅସମ୍ଭବ ହୋଇପଡ଼ିବ। କାରଣ 'ମଞ୍ଜି କେଉଁଠୁ ଆସିଲା ପ୍ରଶ୍ନ ଉତ୍ତରରେ ଅନ୍ୟ ଜଣେ ପଚାରି ପାରେ ତେବେ ଗଛ କେଉଁଠୁ ଆସିଲା ? ସୁତରାଂ ଏହାର ସମାଧାନ ଅସମ୍ଭବ।

ଉକ୍ତ ପ୍ରବନ୍ଧରେ ପ୍ରାବନ୍ଧିକ ଅନ୍ୟ ଏକ ପ୍ରସଙ୍ଗରେ ମଣିଷ ସ୍ୱାଧୀନ ନା' ଭାଗ୍ୟଦ୍ୱାରା ନିୟନ୍ତ୍ରିତ ସେ ସମ୍ପର୍କରେ ଆଲୋଚନା କରିଛନ୍ତି। ତେବେ ବିଚାର ଅନୁସାରେ ମଣିଷ ପରିସ୍ଥିତି ଓ ଅବସ୍ଥା ଅନୁସାରେ ନିଜର ସିଦ୍ଧାନ୍ତରେ ଉପନୀତ ହେବା ଆବଶ୍ୟକ। କାରଣ ସବୁ ପ୍ରଶ୍ନର ଉତ୍ତର ତର୍କ ଦ୍ୱାରା ସମାଧାନ ହୋଇନଥାଏ। ଏଥିପାଇଁ ସେଦିନ ଏହି ତର୍କର ମାନସିକ ଭାରସାମ୍ୟ ହରାଇ ଶ୍ୟାମ-ଦେଶବାସୀ ଡାମ ?ରଙ୍ଗ ହତ୍ୟାକାରି ହୋଇ ଜେଲ ?ଦଣ୍ଡ ଭୋଗୁ ନଥାନ୍ତେ। ଏଥିପାଇଁ ପ୍ରାବନ୍ଧିକ କୁହନ୍ତି- "ମଣିଷ ମନଭିତରକୁ ଏଭଳି କେତେକ ମହାତ୍ ପ୍ରଶ୍ନ ଠେଲି ହୋଇ ଆସେ ଯେଉଁସବୁର ଉତ୍ତର ଯୁକ୍ତି ସାପେକ୍ଷ ନୁହେଁ ତର୍କ- ନିର୍ଭର ନୁହେଁ, ଯୁକ୍ତିତର୍କ-ସୀମିତ ମନର କସରତ୍ ବିଶେଷ। ସୀମା ଟପିବାକୁ ପ୍ରସ୍ତୁତ ନଥିଲେ ସେସବୁ ପ୍ରଶ୍ନର ଉତ୍ତର ପାଇବା ବା ଉତ୍ତର ଅନୁଭବ କରିବା ସମ୍ଭବ ପର ନୁହେଁ।"[୧୪]

'ମୂଲ୍ୟବୋଧର ସଙ୍କଟ' ପ୍ରବନ୍ଧରେ ମଣିଷକୁ ଅସଲ ଜୀବନଦର୍ଶନର ପଥରେ ଅନୁଗାମୀ ହେବାକୁ ପ୍ରାବନ୍ଧିକ ପରାମର୍ଶ ଦେଇଛନ୍ତି। କାରଣ ଏ ରହସ୍ୟମୟ ସୃଷ୍ଟିରେ ମଣିଷର ମନ ଦିନକୁ ଦିନକୁ ଅଦମ୍ୟ ହେବାକୁ ଲାଗିଛି। ଫଳରେ ମାନବିକତାର ମୂଲ୍ୟବୋଧ ଘୋରଅଭାବ ଦେଖାଯାଉଛି। ସାଂପ୍ରତିକ ସମୟରେ ମଣିଷ ଗୋଟେ ପଟେ ଦୀର୍ଘାୟୁହେବା ନିମନ୍ତେ ଅନେକ ପନ୍ଥା ଖୋଜିବୁଲୁଛି, ଅନ୍ୟ ପଟେ ଜରା ଅବସ୍ଥାରେ ପରିଣତ ହେବାପରେ ଦୀର୍ଘଜୀବନକୁ ଅଭିଶାପ ବୋଲି ମନେକରୁଛି ସେ ସବୁମଧ୍ୟରେ ବୟସ୍କଙ୍କ ପ୍ରତି ଆମର ଅସହାୟବୋଧ ବା ଅବହେଳା ଦେଖିବାକୁ ମିଳୁଛି। ଏଥିପାଇଁ ଆମେ ସେମାନଙ୍କ ପାଇଁ ଏକ ସ୍ୱତନ୍ତ୍ର ଦିନ (ସେପଟେମ୍ବର ୧୫ ବୃଦ୍ଧ ବଧେଇ ଦିବସ) ପାଳିତ କରୁଛେ, ହେଲେ ସେହିଦିନ ପରେ ସବୁକିଛି ପୂର୍ବ ଦିନପରି ଘଟେ। ସୁତରାଂ ଆମ ମାନସିକସ୍ତରରେ ସେମାନଙ୍କ ପାଇଁ ଭକ୍ତି ଓ ସମ୍ମାନ ସୃଷ୍ଟି ନ ହେଲେ ତାହା କେବଳ ଲୋକ ଦେଖାଣିଆ ମନେହେବ। ପ୍ରତ୍ୟେକ ମଣିଷ ମନେରଖିବା କଥା ଯେ, ଆମ ସମସ୍ତଙ୍କ ଜୀବନରେ ଗୋଟିଏ ଆଭିମୁଖ୍ୟ ରହିବା ଆବଶ୍ୟକ। ଏ କ୍ୟାଲେଣ୍ଡରଗତ ବୟସ ନିରୂପଣ ଓ ତଦଜନିତ ସୁଖ ଓ ଦୁଃଖ ଏହା ଅନାବଶ୍ୟକ। ମଣିଷକୁ ଏହାର ଉର୍ଦ୍ଧ୍ୱର ରହି ବିଚାର କରିବାକୁ ପଡ଼ିବ। ଏଥିପାଇଁ ପ୍ରାବନ୍ଧିକ କୁହନ୍ତି- "ଜୀବନର ଏକ ମହତ୍ତର ଆଭିମୁଖ୍ୟ ରହିଛି କ୍ୟାଲେଣ୍ଡରମୁଖୀ ଦୀର୍ଘ-ଜୀବନହିଁ ସୁଖର ନମୁନା ନୁହେଁ, ଜୀବନ ଓ ଦୀର୍ଘ-ଜୀବନ ଉଭୟେ କୌଣସି ଭିନ୍ନ ସ୍ୱାଦର ଅନୁଭବ ପାଇଁ ଉଦ୍ଦିଷ୍ଟ; ହୁଏତ ଦିନେ ଏଭଳି ଚେତନାର ବ୍ୟାପକ ଉଦ୍ରେକ ସମ୍ଭବପର ହେବ। ସେତେବେଳେ ଯାଇ ମଣିଷ ଏସବୁ ବିରୋଧର ଉର୍ଦ୍ଧ୍ୱକୁ ଯାଇପାରିବ।"[୧୫]

'ଦ୍ୱାହି' ପ୍ରବନ୍ଧରେ ପ୍ରାବନ୍ଧିକ ସତ୍ୟପ୍ରତି ମଣିଷର ଗୋଟିଏ ଭୟମିଶ୍ରିତ ଶ୍ରଦ୍ଧାଭାବ

ରହିଛି; ଫଳରେ ତା'ର ଚେତନାଟି ଗୁଣ ବିଶେଷ ବୋଲି ପ୍ରାବନ୍ଧିକ କୁହନ୍ତି। ଈଶ୍ୱରଙ୍କୁନେଇ ଆମ ମନରେ ବିଶ୍ୱାସ ଅବିଶ୍ୱାସ ଏହା ଏକ ସତ୍ୟଜ୍ଞାନ ଉପଲବ୍ଧି କଥାବସ୍ତୁ। ଏହାର ଉଦାହରଣ ଦେବାକୁଯାଇ ରାମାୟଣ ଯୁଗର ନାସ୍ତିକ ଋଷି ଯାବାଳିକ କଥା ପ୍ରାବନ୍ଧିକ ବୁଝାଇବାକୁ ଚେଷ୍ଟାକରିଛନ୍ତି। ରାମଚନ୍ଦ୍ର ପିତୃସତ୍ୟ ପାଳନ କରିବାକୁ ବନବାସ ଯିବା କଥାଟି ଯାବାଳିକ ବିରୋଧ କରି ଅଯୋଧ୍ୟାକୁ ଫେରିଯିବା ପାଇଁ ଉପଦେଶ ଦିଅନ୍ତି। ତାଙ୍କ ବିଚାରରେ- ମତିଭ୍ରଷ୍ଟ ଦଶରଥଙ୍କ ପ୍ରତିଶ୍ରୁତିକୁ ମାନିବା କୌଣସି କାରଣ ନାହିଁ। ସେ ସବୁକୁ ଭୁଲିଯାଇ ରାଜ୍ୟଭୋଗ କରିବାକୁ ରାମଚନ୍ଦ୍ରଙ୍କୁ କୁହନ୍ତି। ପରନ୍ତୁ, ମର୍ଯ୍ୟାଦାପୁରୁଷ ରାମଚନ୍ଦ୍ର ସେସବୁ ଉପଦେଶକୁ ପ୍ରତ୍ୟାଖ୍ୟାନ କରି ନିଜ ଅନ୍ତରାତ୍ମାର ସତ୍ୟଜ୍ଞାନ ପ୍ରତି ଦୃଢଚିତ୍ତ ରଖି କାର୍ଯ୍ୟ କରିଥିଲେ। ବାସ୍ତବରେ ମଣିଷର ପ୍ରତ୍ୟେକ ସଫଳତା ପଛରେ ଗୋଟିଏ ମହାନ୍ ଶକ୍ତି ଉପଲବ୍ଧ। ସେହି ଶକ୍ତି ପ୍ରତି ଆମର ବିଶ୍ୱାସବୋଧ ରହିବା ଆବଶ୍ୟକ। ଏଥିପାଇଁ ଶ୍ରୀଅରବିନ୍ଦ କହିଥିଲେ- 'ଏକ ଶାଶ୍ୱତ ପୂର୍ଣ୍ଣତା ଆମକୁ ତାହାରି ରୂପରେ ଅହରହ ରୂପାୟିତ କରି ଚାଲିଛି।'

(ଗ) ପାରିବେଶିକ ଦୃଷ୍ଟିଭଙ୍ଗୀ

ସୃଷ୍ଟିଆଜି ଏକ ସଙ୍କଟାପର୍ଣ୍ଣ ପରିସ୍ଥିତିର ସମ୍ମୁଖୀନ ହେବାକୁ ଯାଉଛି। ଦ୍ରୁତ ଜନସଂଖ୍ୟା ଓ ଅସନ୍ତୁଳିତ ପରିବେଶ ଯୋଗୁଁ ମଣିଷ ଆଜି ପ୍ରାକୃତିକ ବିପର୍ଯ୍ୟୟକୁ ବାରମ୍ବାର ସାମ୍ନା କରୁଛି। ଶିଳ୍ପାୟନର ଅଭିବୃଦ୍ଧି ଓ ଜଙ୍ଗଲକ୍ଷୟ ଏହାର ପ୍ରଧାନ କାରଣ ବୋଲି ପରିବେଶବିତ୍ ମାନେ କହିଛନ୍ତି। ପ୍ରାବନ୍ଧିକ ମନୋଜ ଦାସ ଏଥିପାଇଁ ବିଶ୍ୱବାସୀଙ୍କୁ ସଚେତନ କରାଇବା ନିମନ୍ତେ ତାଙ୍କ ରଚିତ ଅନେକ ଲଳିତ ନିବନ୍ଧରେ ଏ କଥାକୁ ବାରମ୍ବାର ଉଲ୍ଲେଖ କରିଛନ୍ତି। ଆବଶ୍ୟକ ଅନୁଯାୟୀ ମଣିଷ କେବଳ ଜଙ୍ଗଲ କାଟି ସଫା କରୁନାହିଁ। ମନଇଚ୍ଛା ନିରୀହ ପଶୁପକ୍ଷୀମାନଙ୍କୁ ମଧ୍ୟ ହତ୍ୟା କରୁଛି, କଳକାରଖାନାରୁ ବାହାରୁଥିବା ଦୂଷିତ ଜଳକୁ ନଦୀରେ ମିଶାଇ ନଦୀଜଳକୁ ପ୍ରଦୂଷିତ କରିବାକୁ ଲାଗିଛି। ଫଳରେ ଆଜିର ବାୟୁମଣ୍ଡଳ ଅସନ୍ତୁଳିତ ଭାବରେ ପ୍ରାକୃତିକ ବିପର୍ଯ୍ୟୟର ମୂଳ କାରଣ ସାଜିଛି। ପ୍ରକୃତିର ଏହି ତାଣ୍ଡବଲୀଳା ମଣିଷ କେତେଦିନ ସାମ୍ନା କରିବ ତାହା ଦେଖିବାର ଅଛି। ପ୍ରାବନ୍ଧିକ ମତ ଦିଅନ୍ତି ଏଥିପାଇଁ ଜନସଚେତନ ନହେଲେ ପ୍ରକୃତି ନିଜ ଅପ୍ରକୃତି ଆଚରଣ ମଣିଷପ୍ରତି କଠୋର ହେବ। ଜଙ୍ଗଲ କ୍ଷୟକୁ ନେଇ ଜଣେ ପରିବେଶବିତ୍ ଭାବେ ପ୍ରାବନ୍ଧିକ ମନୋଜ ଦାସ ତାଙ୍କ ପ୍ରବନ୍ଧ ଜରିଆରେ ଚିନ୍ତା ପ୍ରକଟ କରିଛନ୍ତି।

ପ୍ରାଚୀନ ଲୋକପରଂପରାରେ ଯେଉଁ ବୃକ୍ଷ ପୂଜାର ନିୟମ ଥିଲା ତାହା ମନୁଷ୍ୟକୁ

ପ୍ରକୃତି ସହ ବାନ୍ଧି ରଖିବା ପାଇଁ ପ୍ରୟାସ କରୁଥିଲା। ମନୁଷ୍ୟ ସୂର୍ଯ୍ୟ ଓ ଜଳକୁ ଦେବତା ରୂପେ ପୂଜାକାରିବା ପରି ବୃକ୍ଷକୁ ମଧ୍ୟ ଦେବତା ରୂପେ ବିଶ୍ୱାସ କରୁଥିଲା। ଭାରତର ଏହି ପରମ୍ପରା ଅଦ୍ୟାବଧି ପାହାଡ଼ ଜଙ୍ଗଲରେ ବସବାସ କରୁଥିବା ଆଦିମ ବାସିନ୍ଦାମାନଙ୍କ ପାଖରେ ଉପଲବ୍ଧ। ପରନ୍ତୁ ଆଧୁନିକ ସହରୀ ସଭ୍ୟତା ଆଜି ପାଶ୍ଚାତ୍ୟଭିମୁଖ୍ୟ। ସେ ଏସବୁର ବିଶ୍ୱାସ ନ ରଖି ଏହାକୁ ଅନ୍ଧବିଶ୍ୱାସ କୁସଂସ୍କାର ବୋଲି କହି ଏଡ଼ାଇ ଦେଉଛି ଏହିପରି ସ୍ଥଳରେ ପ୍ରାବନ୍ଧିକ ନିଜର ଇଣ୍ଡୋନେସିଆ ଭ୍ରମଣ ଅନୁଭୂତିରୁ ବୃକ୍ଷପୂଜା ଓ ବୃକ୍ଷରୋପଣ ସମ୍ପର୍କରେ 'ଅବିଚଳ ଅଭୀପ୍ସାସାର ପ୍ରତୀକ' ପ୍ରବନ୍ଧରେ ଆଲୋଚନା କରିଛନ୍ତି। ଇଣ୍ଡୋନେସିଆର ବାନ୍ଦୁଂ ମହାନଗରୀରେ ବିବାହ କରିବାକୁ ଯାଇଥିବା ବରପାତ୍ରୀମାନେ ପ୍ରଥମେ ଏକ ବୃକ୍ଷରୋପଣ କରିବା ପରେ ବିବାହ କରିବାର ବ୍ୟବସ୍ଥା ପ୍ରଚାଳନ ହୋଇଛି। ଅର୍ଥାତ୍ ସେମାନଙ୍କର ବୃକ୍ଷପ୍ରତି ଥିବା ଶ୍ରଦ୍ଧା ବିଶ୍ୱପାଇଁ ଏକ ଆନନ୍ଦଦାୟକ ଘଟଣା ବୋଲି ପ୍ରାବନ୍ଧିକ ମତବ୍ୟକ୍ତ କରନ୍ତି। ଭାରତୀୟମାନେ ବିଦେଶୀ ଆଭିଜାତ୍ୟରେ ବୁଡ଼ିରହି ସ୍ୱଦେଶୀ ଚିନ୍ତାକୁ ତ୍ୟାଗ କରିବା ଦ୍ୱାରା ବୃକ୍ଷ ପୂଜିବା ତ ଦୂରର କଥା ବୃକ୍ଷରୋପଣ କରିବା ମଧ୍ୟ ଆଗ୍ରହୀ ହେଉନାହାଁନ୍ତି। 'ଦାୟିତ୍ୱହୀନା' ଶୀର୍ଷକ ପ୍ରବନ୍ଧରେ ଦେଶର ପ୍ରଗତି ନିମନ୍ତେ ମଣିଷ ଅତ୍ୟାଧୁନିକ କଳକାରଖାନା ସ୍ଥାପନ କରିବାକୁ ଲାଗିଛି। ପରନ୍ତୁ, ଦୁଃଖର ବିଷୟ ହେଉଛି ଏଥିପାଇଁ ଆବାସିକ ସ୍ଥାନ ନିମନ୍ତେ ଯେଉଁ ଭଳି ଜଙ୍ଗଲ କଟାଯାଉଛି, ତାହା ଆଗାମୀ ଦିନର ମାନବ ସଭ୍ୟତା ପାଇଁ ବୃହତ ସଙ୍କଟରେ ପରିଣତ ହେବ।

ପୃଥିବୀରେ ଆଜି ବାୟୁମଣ୍ଡଳ ଯେଉଁଭଳି ଦୂଷିତ ହେବାକୁ ଲାଗିଛି, ତାହା ବର୍ତ୍ତମାନର ଶିଶୁମାନଙ୍କ ପାଇଁ ବଡ଼ ବିପଦଜନକ ପରିସ୍ଥିତି ଉପୁଯାଉଛି। ପ୍ରାବନ୍ଧିକ ଉକ୍ତ ପ୍ରବନ୍ଧରେ ଉଲ୍ଲେଖ କରିଛନ୍ତି- ଆମେରିକାରେ ଏକ ବିଶ୍ୱବିଦ୍ୟାଳୟଦ୍ୱାରା ଅନୁସନ୍ଧାନ ହୋଇଥିଲା ଯେ, ଚିକାଗୋରେ ଦୂଷିତ ବାୟୁମଣ୍ଡଳ ଜନିତ ବାର୍ଷିକ ମୃତ୍ୟୁସଂଖ୍ୟା ଦେଢହଜାର। ଆନ୍ତର୍ଜାତୀୟ ଶିଶୁବର୍ଷ ଅବସରରେ ସୁଇଡେନ୍ ର ଗୋଟିଏ ପୋଷ୍ଟରରେ ଦେଖିବାକୁ ମିଳିଥିଲା, ଏକ ନବଜାତ ଶିଶୁ ମୁହଁରେ ଅକ୍ସିଜେନ୍ ମୁଖା ବ୍ୟବହାର ହୋଇଥିବାର ଚିତ୍ର। ତେବେ ଏହା ଠାରୁ ବଡ଼ ଉଦବେଗ ଜନିତ ଘଟଣା କିଛି ଆଉ ଥାଇ ନ ପାରେ। 'ଉଦାର ସୂର୍ଯ୍ୟ' ପ୍ରବନ୍ଧରେ ପ୍ରାବନ୍ଧିକ ପ୍ରକାଶ କରିଛନ୍ତି- ଆମେରିକାରେ ପ୍ରକାଶ ପାଉଥିବା 'ନ୍ୟୁୟର୍କ ଟାଇମସ' ଖବର କାଗଜରେ ରବିବାର ସଂଖ୍ୟା ପାଇଁ ଯେତିକି କାଗଜ ଆବଶ୍ୟକ ହୋଇଥାଏ ତାହା କୁଆଡ଼େ ଚଉଦ ଏକର ପରିମିତି କ୍ଷେତ୍ରରେ ଲଗାଯାଇଥିବା ବୃକ୍ଷର ଆବଶ୍ୟକ ହୋଇଥାଏ। ସେଥିରେ ପ୍ରାୟ ତେଷଠି ହଜାର ବୃକ୍ଷ ବଢିଥାଏ। ତେବେ ଆମକୁ ଚିନ୍ତା କରିବାର ଅଛି ମଣିଷର ଆବଶ୍ୟକତା ପାଇଁ ପ୍ରକୃତି ଉପରେ ସେ କେତେ ନିର୍ଦ୍ଦୟ ହୋଇପାରେ।

'ଅପ୍ରକୃତିକ ପ୍ରକୃତି' ପ୍ରବନ୍ଧଟି ଆଜିର ପ୍ରାକୃତିକ ବିପର୍ଯ୍ୟୟକୁ ଆଧାରକରି ରଚିତ ହୋଇଛି। ମଣିଷ ପ୍ରକୃତି ଉପରେ କରୁଥିବା ଅତ୍ୟାଚାର ଫଳରେ ପ୍ରକୃତି ଆଜି ଅପ୍ରାକୃତିକ ଆଚରଣ ଦେଖାଉଛି। ଅତୀତରେ ମଣିଷ ଅନୁଭବ କରୁଥିଲା ଭବିଷ୍ୟତର ଉନ୍ନତି ହେବାପାଇଁ। ଅରଣ୍ୟକୁ କାଟି କଳକାରଖାନା ଆଦି ସ୍ଥାପନ କଲେ ସଭ୍ୟତା ବିକଶିତ ହେବ। ପରନ୍ତୁ, ତାହା ଆଜି ବିପରୀତମୁଖୀ ହେବାକୁ ଲାଗିଛି। ଏଥିପାଇଁ ପ୍ରାବନ୍ଧିକ କୁହନ୍ତି- "ପ୍ରାକୃତିକ ପରିସ୍ଥିତି-ଉଦ୍ଭୂତ ସମସ୍ୟା ଗୋଟିଏ ଗୋଟିଏ ଦେଶ ଭିତରେ ସୀମାବଦ୍ଧ ନୁହେଁ। ଏହା ବିଶ୍ୱବ୍ୟାପୀ ବ୍ୟାପାର। ଗୋଟିଏ ଦେଶର ମନୁଷ୍ୟକୃତ ପରିବର୍ତ୍ତନର କୁଫଳ ଅନ୍ୟଦେଶକୁ ଭୋଗିବାକୁ ପଡ଼ିପାରେ। ଏଥିପାଇଁ ଆନ୍ତର୍ଜାତିକ ସ୍ତରରେ ରାଜନୀତିର ଊର୍ଦ୍ଧ୍ୱରେ ଆଲୋଚନା ଓ ସହଯୋଗର ପ୍ରୟୋଜନ; ଅନ୍ତତଃ ଏସିଆର ସବୁଦେଶ ଭିତରେ ଏଭଳି ଆଲୋଚନା ଅତ୍ୟନ୍ତ ଜରୁରୀ। ପ୍ରକୃତି ଉପରେ ଦାୟିତ୍ୱହୀନ ଆକ୍ରମଣ ଏସିଆରେ ହିଁ ଚାଲିଛି; ପାଶ୍ଚାତ୍ୟ ଦେଶମାନେ ଏ ଦିଗରୁ ଅନେକ ସାବଧାନ।"[୧୬] ଆଧୁନିକ ମଣିଷକୁ ପରିବେଶ ସମ୍ପର୍କରେ ସଚେତନ କରାଇବା ପାଇଁ ପ୍ରାବନ୍ଧିକ ପୁରାଣ କଳ୍ପିତ କଥାକୁ ମନେପକାଇ 'ଦଣ୍ଡକାରଣ୍ୟ : ଦୁଇ ଅଭିଶାପ' ନିବନ୍ଧରେ ଦଣ୍ଡକାରଣ୍ୟ ଉପରେ ପଡ଼ିଥିବା ଦୁଇ ଅଭିଶାପକୁ ଅତି ଆକର୍ଷଣୀୟ ଢଙ୍ଗରେ ଆଲୋଚନା କରିଛନ୍ତି। ପୁରାଣ କଥାନୁସାରେ ରାଜା ଦଣ୍ଡ ଶୁକ୍ରାଚାର୍ଯ୍ୟଙ୍କ କନ୍ୟାକୁ ବଳପୂର୍ବକ ବିବାହ କରିବାକୁ ଚେଷ୍ଟାକରୁଥିବା ଯୋଗୁଁ ତାଙ୍କ ଠାରୁ ସେ ଅଭିଶାପ ପାଇଥିଲେ ଯେ, ତାଙ୍କ ନଗରୀ ସଂପୂର୍ଣ୍ଣ ରୂପେ ଧ୍ୱଂସ ହୋଇଯିବାର। ଏହି ଅଭିଶାପ ପ୍ରଭାବରେ ସେଦିନ ସମଗ୍ର ଦଣ୍ଡକ ନଗରୀ ଜଳିବାକୁ ଲାଗିଲା। ଅନେକ ଦିନପରେ ସେଠାରେ ଥିବା ସରୋବର ନିକଟରେ ଋଷି କନ୍ୟା ଅରଜି ଆଶ୍ରୟ ନେଇଥାନ୍ତି। ସମୟାନୁସାରେ ଦୂରପର୍ବତରୁ ଦୁଇଧାର ହୋଇ ଜଳ ପ୍ରବାହ ହେବାରୁ ତାହା ସେହି ସରୋବରକୁ ନଦୀରେ ପରିଣତ କରିଦେଲା। ଯାହାର ନାମ 'ତମସା' ରହିଲା। ଏହି ନଦୀକୂଳେ ସୃଷ୍ଟି ହେଲା ଘଞ୍ଚ ଅରଣ୍ୟପୂର୍ଣ୍ଣ ପଶୁପକ୍ଷୀମାନଙ୍କର ବାସସ୍ଥାନ। ଯାହାର ନାମ ମୁନିଋଷି ମାନେ 'ଦଣ୍ଡକାଅରଣ୍ୟ' ଦେଇଥିଲେ। ଧ୍ୱଂସ ଦଣ୍ଡକ ନଗରୀ ପୁନଃ ନିଜର ପୂର୍ବ ସମୃଦ୍ଧି ଫେରିପାଇଥିଲା।

ସମ୍ପ୍ରତି ସେଠାରେ ଯେଉଁପରିମାଣରେ ଜଙ୍ଗଲ କଟାଯାଇ ନୂତନ କଳକାରଖାନା ସ୍ଥାପନ କରାଯାଉଛି, ତାହାକୁ ପ୍ରାବନ୍ଧିକ ଅନୁଭବକରି କୁହନ୍ତି- ଆଧୁନିକ ମଣିଷଦ୍ୱାରା ସତେ ଯେମିତି ଆଉଥରେ ସେହି ଅରଣ୍ୟ ଅଭିଶାପଗ୍ରସ୍ତ ହୋଇଛି। ସେହିପରି 'ବିଷକ୍ଳିଷ୍ଟ ମାନସ' ଶୀର୍ଷକ ପ୍ରବନ୍ଧରେ ପ୍ରାବନ୍ଧିକ ଦାସ ଲେଖିଛନ୍ତି; ଆଧୁନିକ ମଣିଷ ମନ ଏବେ ବିଷପୂର୍ଣ୍ଣ ହୋଇଗଲାଣି। ପ୍ରକୃତି ପ୍ରତି ଯେଉଁପରି ଅନାଚାରଭାବ ପୋଷଣ କରୁଛି,ତାହା

ବଡ଼ ବିଷମ ସମସ୍ୟାରେ ପରିଣତ ହେବାରେ ଲାଗିଛି। ନିଜର ସୁବିଧା ଅନୁସାରେ ପ୍ରକୃତିକୋଳରୁ ସହସ୍ର ଗଛକାଟି ନିଜକୁ ଆତ୍ମ ସନ୍ତୋଷ ମନେକରୁଛି। ନେତାମନ୍ତ୍ରୀମାନେ ନିଜ କାର୍ଯ୍ୟକ୍ରମରେ ଯୋଗଦେବା ପାଇଁ ହେଲିକେପ୍ଟରରେ ଆସିବେ, ଏଥିପାଇଁ ଅବତରଣ ସମୟରେ ବାଧାସୃଷ୍ଟି କରୁଥିବା ସମସ୍ତ ଗଛପତ୍ରକୁ କାଟିବାପାଇଁ ପଛାଉନାହିଁ। ସେଥିପାଇଁ ପ୍ରାବନ୍ଧିକ କ୍ଷୋଭଭରା କଣ୍ଠରେ କୁହନ୍ତି- "ଏମାନଙ୍କ ଭିତରୁ କାହାରି ମନକୁ କୌଣସି ପ୍ରଶ୍ନ ଆସିଲା ନାହିଁ; ଗ୍ଲାନିବୋଧ ତ ଦୂରର କଥା। ଶତାଧିକ ବର୍ଷ କେତୋଟି ବୃକ୍ଷ ନିପାତ କରିବା ଯେ ଅବିବେକତାର ଚୁଡ଼ାନ୍ତ ନିଦର୍ଶନ, ଏତକ ଦର୍ଶାଇଲା ଭଳି ଶିକ୍ଷାଦୀକ୍ଷା କାହାରି ନଥିଲା। ଅଥଚ ଏ କୋଡ଼ିଏ କର୍ମଚାରିଙ୍କ ଭିତରୁ ସମସ୍ତେ ସର୍ବନିମ୍ନ ଗ୍ରାଜୁଏଟ୍ ଏବଂ ଏକାଧିକ ବ୍ୟକ୍ତି ଆଇ. ଏ. ଏସ୍. ପଦଧାରୀ।"[୧୭] ଏ ସୃଷ୍ଟିରେ ସମସ୍ତଙ୍କର ବଞ୍ଚିବାର ସମାନ ଅଧିକାର ରହିଛି। ଜୀବଜଗତରେ ପଶୁପକ୍ଷୀମାନେ ଆଜି ଯେଉଁଭଳି ହତାଦାର ହେଉଛନ୍ତି, ଆଉ କିଛିଦିନ ପରେ ହୁଏତ ସେମାନେ ସଂପୂର୍ଣ୍ଣରୂପେ ବିଲୁପ୍ତ ହୋଇଯିବେ। ମନୋରଞ୍ଜନ ପାଇଁ ମନୁଷ୍ୟ କେତେବେଳେ ଶିକାରୀ ପ୍ରବଣତା ହୋଇ ପଶୁପକ୍ଷୀଙ୍କୁ ହତ୍ୟାକରୁଛି ତ ଆଉକେବେ ଜଙ୍ଗଲକାଟି ସଫା କରିବା ଫଳରେ ସେମାନଙ୍କ ବଂଶନାଶ ହେଉଛି। ପ୍ରାବନ୍ଧିକ ଏଥିପାଇଁ ଉଦବେଗ ପ୍ରକାଶ କରି ଏ ପଶୁପକ୍ଷୀମାନଙ୍କ ପାଇଁ ସମବେଦନାର ବାର୍ତ୍ତାଦବାକୁ ଯାଇ କେତେକ ପ୍ରବନ୍ଧ ରଚନା କରିଛନ୍ତି। 'କୋକିଶିଆଳ ବନାମ ଆଭିଜାତ ମଣିଷ' ପ୍ରବନ୍ଧରେ ମଣିଷର ସୌଖୀନ ଖେଳ ଆଜି ପଶୁପକ୍ଷୀମାନଙ୍କ ପାଇଁ କିପରି କାଳ ହେଉଛି, ସେକଥା ପ୍ରାବନ୍ଧିକ କୁହନ୍ତି। ଉନ୍ନବିଂଶ ଶତାବ୍ଦୀରେ ଇଂଲଣ୍ଡର କୋକିଶିଆଳକୁ ହତ୍ୟାକରିବା ଥିଲା ଏକ ଜାତୀୟ ଖେଳ। ଯାହାକୁ ପରବର୍ତ୍ତୀ ସମୟରେ(୧୯୪୯) ମସିହାରେ କେତେଜଣ ପଶୁପ୍ରେମୀଙ୍କ ଅଭିଯୋଗ ଫଳରେ ବନ୍ଦ କରାଯାଇଥିଲା। ପରନ୍ତୁ, କେତେଜଣ ଉଦ୍ଭଟ ମାନସିକ ବ୍ୟକ୍ତି ବିଶେଷଙ୍କର ପ୍ରତିଉତ୍ତର ଥିଲା- ଏଥିରେ ଉଭୟ ଶିକାରୀ ଓ ପଶୁପକ୍ଷୀମାନେ ମଧ୍ୟ ଆନନ୍ଦ ଉପଭୋଗ କରନ୍ତି। ଏ ପ୍ରକାର ଯୁକ୍ତିବାନମାନଙ୍କୁ ବୁଝେଇବା ଅସମ୍ଭବ ବୋଲି ପ୍ରାବନ୍ଧିକ ମତରଖନ୍ତି। ଠିକ୍ ସେହିପରି ଭାରତର କାଶ୍ମୀରେ ପୂର୍ବ ଆଇନ୍ ବଳବତ୍ତର ଥିବାରୁ ସେଠାକୁ ଆସୁଥିବା ବିଳାସମୁଖୀ ମଣିଷମାନେ ପଶୁପକ୍ଷୀଙ୍କୁ ହତ୍ୟା କରୁଛନ୍ତି। ଏଥିପାଇଁ ପ୍ରାବନ୍ଧିକ କହିଛନ୍ତି ମଣିଷପାଇଁ ନହେଲା ନାହିଁ ଆପତତଃ ଏ ନିରୀହ ପଶୁପକ୍ଷୀମାନଙ୍କ ପ୍ରତି ନିୟମ ଓ ଆଇନ୍ ବଦଳିବା ଆବଶ୍ୟକ।

'ଜିମ୍ କର୍ବେଟ୍' ଶୀର୍ଷକ ପ୍ରବନ୍ଧରେ ଶ୍ରୀଯୁକ୍ତ ଦାସ ଜୀବଜନ୍ତୁ ପ୍ରେମୀ ଜିମ୍ କର୍ବେଟ୍ ସମ୍ପର୍କରେ ଆଲୋଚନା କରିଛନ୍ତି। ସେ ଜଣେ ମେଜର ଥିବାରୁ

ଇଂରେଜମାନଙ୍କୁ ଭୟ କରୁନଥିଲେ, ଫଳରେ ବନ୍ୟଜନ୍ତୁପ୍ରତି ଶିକାର କରିବା ମନୋଭାବ ନେଇ ଆସୁଥିବା ବ୍ରିଟିଶ୍ ମାନଙ୍କୁ ଏଥିରୁ ନିବୃତ୍ତ କରାଇପାରୁଥିଲେ। ସାଂପ୍ରତିକ ସମୟରେ ଏହିପରି ବ୍ୟକ୍ତିତ୍ୱ ନିତ୍ୟାନ୍ତ ଆବଶ୍ୟକ। ଏଥିପାଇଁ ବନ୍ୟଜନ୍ତୁ ସୁରକ୍ଷା ପ୍ରତି ଆମ ସମସ୍ତଙ୍କର ମାନସିକତା ପରିବର୍ତ୍ତନହେବା ଆବଶ୍ୟକ ବୋଲି ପ୍ରାବନ୍ଧିକ କହିଛନ୍ତି। 'ଭାଲୁ ପାଇଁ ଭେଟି' ପ୍ରବନ୍ଧରେ ପ୍ରାଣୀ ଜଗତ ଉପରେ ଅମାନୁଷିକ ଅତ୍ୟାଚାର ପ୍ରସଙ୍ଗରେ ଆଧାରିତ ହୋଇଛି। ପ୍ରାବନ୍ଧିକଙ୍କ ଯୁକ୍ତି ଅନୁସାରେ ବାଘ ଓ ସିଂହକୁ ଅରଣ୍ୟରେ ହତ୍ୟା କରିବାପାଇଁ ମନୁଷ୍ୟ ଅନେକଗୁଡ଼ିଏ କାରଣ ଦର୍ଶାଇପାରେ। ପରନ୍ତୁ; ଚିଡ଼ିଆଖାନାରେ ମଧ୍ୟ ମନୁଷ୍ୟ ଏପରି ଅକଥନୀୟ ଅତ୍ୟାଚାର କରିବାରେ ଓହରୁ ନାହିଁ। କୌତୁହଳ ଓ ମନୋରଞ୍ଜନ ସୃଷ୍ଟିକରିବା ନିମନ୍ତେ କେହି କେହି ଆଖୁ ମଧ୍ୟରେ ଭଙ୍ଗା କାଚପୁରାଇ ଭାଲୁକୁ ଧରାଇଦିଅନ୍ତି। ପ୍ରାବନ୍ଧିକ ବ୍ୟଙ୍ଗାତ୍ମକ ଛଳରେ କୁହନ୍ତି, ଏହା ହେଉଛି ଆଧୁନିକ ମଣିଷର ଭାଲୁ ପାଇଁ ଭେଟି। ଏକ ସତ୍ୟ ଘଟଣାକୁ ଆଧାରିତ କରି ପ୍ରାବନ୍ଧିକ ବ୍ୟଙ୍ଗକରି କୁହନ୍ତି- "ଭାଲୁକୁ ଭେଟି ଦେବା ବାବଦରେ ଏ ଲୋକମାନଙ୍କୁ ଥରେ ଥରେ ଭାଲୁର ଆଲିଙ୍ଗନ ଅନୁଭବ କରାଇ ଅଣାଯାଇପାରନ୍ତା। ଭାଲୁର ଆଲିଙ୍ଗନ(Bear-hug)କୁଆଡ଼େ ଅବିସ୍ମରଣୀୟ ?"[୧୮] ପଶୁପକ୍ଷୀମାନେ ମଣିଷଠାରୁ ଅଧିକ ସଂବେଦନଶୀଳ। ମୃତ୍ୟୁକୁ ସେମାନେ ହସି ହସି ଗ୍ରହଣ କରିନେବେ ପଛେ, ପରାଧୀନତାକୁ କେବେ ଗ୍ରହଣ କରିପାରନ୍ତିନାହିଁ, ହେଲେ ମଣିଷ ନିଜର ହୀନ ବୁଦ୍ଧିବଳରେ ସେମାନଙ୍କୁ ନିଜର ଆୟତ୍ତକୁ ନେଇଯାଉଛି। ପରନ୍ତୁ, କେତେ ପଶୁପକ୍ଷୀ ସେଠାରେ ରହିଲାପରେ ଉକ୍ତ ପରିବେଶରେ ନିଜକୁ ମୁକାବିଲା କରିନପାରି ଦେହତ୍ୟାଗ କରନ୍ତି। ଅନେକ ସମୟରେ ଦେଖିବାକୁ ମିଳେ ଏହି ପଶୁପକ୍ଷୀମାନେ ହିଂସ୍ରରୂପ ଧାରଣ କରି ତାଣ୍ଡବ ଲୀଳା ରଚନା କରନ୍ତି। 'ହାତୀ' ପ୍ରବନ୍ଧରେ ଦେଖିବାକୁ ମିଳେ ହାତୀକୁ ନିଜ ଆୟତରେ ରଖିବା ପାଇଁ ସେମାନଙ୍କୁ ବଶକରି ମାହୁନ୍ତ ନିଜ ଇଚ୍ଛାରେ ପରିଚାଳିତ କରିଥାଏ। ପରନ୍ତୁ, ମାହୁନ୍ତର ଅନ୍ୟାୟ ଅତ୍ୟାଚାରରେ ଅତିଷ୍ଠ ହୋଇଯାଇ ସେ ନିଜର ପାଗଳାମୀ ଆରମ୍ଭ କରିଦିଏ। ଦକ୍ଷିଣ ଭାରତର ଏପରି ଏକ ଘଟଣା ଉଲ୍ଲେଖ କରି ପ୍ରାବନ୍ଧିକ କୁହନ୍ତି। ଗୋଟିଏ ମାହୁନ୍ତ ନିଶାସକ୍ତ ଅବସ୍ଥାରେ ହାତୀକୁ ମନଇଚ୍ଛା ବାଡ଼େଇବାପରେ ମନକୁ ଶାନ୍ତି ନପାଇବାରୁ ତାକୁ ପୁଣି ନିଆଁ ଚେଙ୍କାଦେବା ଆରମ୍ଭ କଲା। ଫଳରେ ହାତୀଟି କ୍ରୋଧବଶତଃ ଉକ୍ତ ମାହୁନ୍ତକୁ ଟେକି ଫୋପାଡ଼ିଦେଲା। ମାହୁନ୍ତର ପ୍ରାଣବାୟୁ ସେଠାରେ ଉଡ଼ିଯାଏ। ପଶୁ ପକ୍ଷୀମାନେ ମଣିଷଠାରୁ କେବଳ ସ୍ନେହଶ୍ରଦ୍ଧା ଆଶା କରନ୍ତି। ପ୍ରତିବଦଳରେ ସେମାନେ ଅନେକ ଭଲପାଇବା ମଧ୍ୟଦେଇଥାନ୍ତି।

'ଅବହେଳିତ ସଂସର୍ଗ' ନିବନ୍ଧରେ ମଣିଷ ଓ ପଶୁପକ୍ଷୀ ମଧ୍ୟରେ ଥିବା ସମ୍ପର୍କ ବିଷୟରେ ଆଲୋଚନା କରାଯାଇଛି। ପୂର୍ବେ ଏମାନଙ୍କ ମଧ୍ୟରେ ଗୋଟିଏ ଉତ୍ତମ ବୁଝାବଣା ରହୁଥିବା ଫଳରେ ସେମାନେ ନିର୍ଭୟରେ ମଣିଷର ନିକଟତର ହେଉଥିଲେ। ଭାରତୀୟ ଗ୍ରାମୀଣ ସଭ୍ୟତାରେ ଅନେକ ପଶୁପକ୍ଷୀ ପାଳନ କରାଯିବାର ପ୍ରଥା ଦେଖିବାକୁ ମିଳୁଥିଲା। ଏହା କାରଣ ସମ୍ପର୍କରେ ପ୍ରାବନ୍ଧିକ କୁହନ୍ତି- ଏହା ପ୍ରାୟତଃ ମନସ୍ତତ୍ତ୍ୱଗତ। ହେଲେ ଏକ ଛଳନା ଗତ ମନରେ କେବଳ ନିଜର ସୁଖ ସ୍ୱାଚ୍ଛନ୍ଦପାଇଁ ସେମାନଙ୍କ ଉପରେ ଅତ୍ୟାଚାର କରନ୍ତି। ଫଳରେ ଅନେକ ପଶୁପକ୍ଷୀ ଆଜି ବିଲୁପ୍ତ ପ୍ରାୟ। ଜଳହିଁ ସ୍ୱାସ୍ଥ୍ୟର ସମ୍ପଦ ବୋଲି ଆମେ ସମସ୍ତେ ଏକଥା ଜାଣିଛନ୍ତି। ପରନ୍ତୁ, ପ୍ରଦୂଷିତ କଳକାରଖାନାର ନିର୍ଗତ ଦୂଷିତ ଜଳ ସିଧାସଳଖ ନଦୀ ଜଳରେ ମିଶୁଥିବାରୁ ତାହା ପ୍ରଦୂଷିତ ହୋଇ ମଣିଷର ସ୍ୱାସ୍ଥ୍ୟ ଉପରେ ଅନେକ ପ୍ରଭାବ ପକାଉଛି। ପ୍ରାବନ୍ଧିକ ଏପରି ପରିବେଶ ପ୍ରଦୂଷଣ ଘଟଣାକୁ ଆଧାର କରି ରଚନା କରିଥିବା କେତେକ ପ୍ରବନ୍ଧ ମଧ୍ୟରେ 'ସ୍ୱାସ୍ଥ୍ୟ ବନାମ ସମୃଦ୍ଧି : ଅନ୍ୟ ଏକ ଦୃଷ୍ଟାନ୍ତ' ପ୍ରବନ୍ଧରେ ପ୍ରକାଶ କରିଛନ୍ତି, ତାମିଲନାଡୁରେ ଅର୍କୋଟ ଜିଲ୍ଲାରୁ ଯେତେସବୁ ଚମଡ଼ାକାରଖାନା ଅଛି ତା'ର ଦୂଷିତ ଜଳ ଓ ଧୂଆଁ ନଦୀ ଏବଂ ବାୟୁମଣ୍ଡଳକୁ ଏପରି ପ୍ରଦୂଷିତ କରୁଛି ଯାହାଦ୍ୱାରା ସେଠାରେ ବାସକରୁଥିବା ଅଧିବାସୀଙ୍କ ସ୍ୱାସ୍ଥ୍ୟ ସମସ୍ୟାର ମୁଖ୍ୟକାରଣ ପାଲଟିଛି। ସରକାରଙ୍କୁ ଯେତେ ସୁପାରିସ୍ କଲେ ସୁଦ୍ଧା ତାହା ଅର୍ଥହୀନ ହୋଇପଡୁଛି। ସରକାର କେବଳ ସମୃଦ୍ଧି କଥା ଚିନ୍ତାକଲେ ହେବ ନାହିଁ, ବରଂ ସମୃଦ୍ଧି ଯାହାପାଇଁ ଆବଶ୍ୟକ ସେହି ମଣିଷଙ୍କ ସ୍ୱାସ୍ଥ୍ୟ ପ୍ରତି ମଧ୍ୟ ଯତ୍ନଶୀଳହେବା ଆବଶ୍ୟକ। ଏଥିପାଇଁ ପ୍ରାବନ୍ଧିକ କୁହନ୍ତି; "ଭେଲୋର ନାଗରିକ ମଙ୍ଗଳ ସାମ୍ମୁଖ୍ୟ' ଚମଡ଼ା ରପ୍ତାନି ଉପରେ ସଂପୂର୍ଣ୍ଣ ନିଷେଧାଜ୍ଞା ଜାରି କରିବା ନିମନ୍ତେ ସରକାରଙ୍କ ପାଖରେ ଆବେଦନ ପ୍ରେଶ୍ କରିଛନ୍ତି। ସ୍ୱାସ୍ଥ୍ୟ ବନାମ ସମୃଦ୍ଧିର ଇଏ ଏକ ଦୃଷ୍ଟାନ୍ତ- ଆଜିର ସମାଜର ବହୁ ବିରୋଧାତ୍ମକ ପରିସ୍ଥିତିରୁ ଅନ୍ୟତମ।"[୧୯]

'ଅଭିଶପ୍ତ ମେରିନା' ପ୍ରବନ୍ଧରେ ପ୍ରାବନ୍ଧିକ ଲେଖିଛନ୍ତି, ତାମିଲ ରାଜ୍ୟରେ ଥିବା ମେରିନା ସମୁଦ୍ର ତଟଟି ପ୍ରକୃତିକ ପରିବେଶ ଦୃଷ୍ଟିରୁ ଅତୀବ ଆକର୍ଷଣୀୟ ଦେଖାଯାଉଥିବାରୁ ସେଠାକୁ ଅନେକ ପ୍ରକୃତି ପ୍ରେମୀମାନେ ସେହି ସୁନ୍ଦର ଦୃଶ୍ୟକୁ ଉପଭୋଗ କରିବା ନିମନ୍ତେ ଆସନ୍ତି। ପରନ୍ତୁ ଦୁଃଖର ବିଷୟ ସେଠାରେ ବ୍ୟବହାର କରୁଥିବା ଖାଦ୍ୟପଦାର୍ଥର ବର୍ଜ୍ୟବସ୍ତୁକୁ ସେହି ସମୁଦ୍ର ତଟରେ ପକାଇ ପ୍ରଦୂଷିତ କରୁଥାନ୍ତି। କେବଳ ସେତିକି ନୁହେଁ ମେରିନା ନିକଟରେ ଥିବା ବହୁ କଳକାରଖାନା ମାନଙ୍କର ଦୂଷିତ ଜଳ ସିଧା ସେଠାରେ ଆସି ପଡୁଥିବା ଯୋଗୁଁ ସେ ସମୁଦ୍ର ପାଣି ପ୍ରଦୂଷିତ

ହେଉଛି। ତେଣୁ ମଣିଷ ମନଟି ଯେପର୍ଯ୍ୟନ୍ତ ପରିଷ୍କାର ହୋଇନଥିବ ସେତେବେଳେ ଯାଏଁ ଏ ପ୍ରଦୂଷିତ ଚିନ୍ତା ତା'ଠାରୁ ଦୂର ହୋଇପାରିବ ନାହିଁ। 'ଏକ ଆଶାର ଦୃଷ୍ଟାନ୍ତ' ଶୀର୍ଷକ ନିବନ୍ଧରେ କଳକାରକଖାରୁ ବାହାରୁଥିବା ଧୂଆଁ ବାୟୁମଣ୍ଡଳକୁ ଏପରି ପ୍ରଦୂଷିତ କରୁଛି ଯାହାଫଳରେ ଅମ୍ଳବର୍ଷା ହେବା ଦ୍ୱାରା ସଂପୂର୍ଣ୍ଣ ଜୀବଜଗତକୁ ଅନେକ କ୍ଷତି ସହିବାକୁ ପଡୁଛି। ଏହାର ଉଦାହରଣ ଦେବାକୁଯାଇ ପ୍ରାବନ୍ଧିକ ପ୍ରକାଶ କରିଛନ୍ତି, ଯେଉଁଠାରେ ତାଜମହଲର ବ୍ୟବହୃତ ପଥରମାନ କ୍ଷୟଶୀଳ ସେଠାରେ ମାନବ ସଭ୍ୟତା ଭଲା କିପରି ତିଷ୍ଠିପାରିବ। ପ୍ରାବନ୍ଧିକଙ୍କ ଭାଷାରେ- "ତାଜମହଲକୁ ରକ୍ଷାକରିବା ଦିଗରେ ଉଲ୍ଲେଖିତ ବ୍ୟବସ୍ଥାକରି କର୍ତ୍ତୃପକ୍ଷ ଯେଉଁ ସୁବ ବୁଦ୍ଧିର ପରିଚୟ ଦେବାକୁ ଯାଇଛନ୍ତି, ସେ ବୃଦ୍ଧିର ପ୍ରୟୋଗ ଆହୁରି ପ୍ରସାରିତ ହେବା ଆବଶ୍ୟକ। x x x ପଥର କ୍ଷୟମାନ ହେବାକୁ ସମୟ ଲାଗେ। ମଣିଷର ଦେହ ତା'ତୁଳନାରେ ବହୁ ଦୟନୀୟ ଯେଉଁ ପ୍ରଦୂଷଣ ପଥରକୁ କ୍ଷୟ କରିପାରୁଛି, ମଣିଷ ଦେହର ତା'ର ପ୍ରଭାବ ସହଜରେ ଅନୁମେୟ।"[୨୦] ବାସ୍ତବରେ ଏ ପ୍ରସଙ୍ଗ ଉପରେ ଆମ ସମସ୍ତଙ୍କର ବିଚାର କରିବା ଆବଶ୍ୟକ ମନେକରି ପ୍ରାବନ୍ଧିକ ଅନେକ ସଚେତନମୂଳକ ବାଣୀ ତାଙ୍କ ପ୍ରବନ୍ଧ ଜରିଆରେ ପ୍ରକାଶ କରିଛନ୍ତି। ଯାହା ଆଗାମୀ ଭବିଷ୍ୟତ ପାଇଁ ମଙ୍ଗଳମୟ ଓ ଶୁଭପ୍ରଦ ହେବାର ଆଶାରେ। ଅନ୍ୟଥା ଦିନ ଆସିବ ଏ ସମାଜରେ କଂକ୍ରିଟ୍ ଜଙ୍ଗଲ ଥିବ ହେଲେ ସେଠାରେ ବାସ କରିବା ପାଇଁ ତାକୁ ସୃଷ୍ଟି କରିଥିବା ଏହି ଉଦ୍ଭଟ ମଣିଷଜାତି ନଥିବେ।

(ଘ) ଜାତୀୟତାବୋଧ

କୌଣସି ଏକ ନିର୍ଦ୍ଦିଷ୍ଟ ଅଞ୍ଚଳରେ ବସବାସ କରୁଥିବା ବ୍ୟକ୍ତିର ଭାଷା, ସାହିତ୍ୟ, ସଂସ୍କୃତି, ଧର୍ମ ଐତିହ୍ୟ ପ୍ରୀତିର ଅନୁରାଗରୁ ଜାତୀୟତା ସୃଷ୍ଟି ହୁଏ। ଏହି ଜାତୀୟତା ପ୍ରୀତି ଗୋଟିଏ ଆଞ୍ଚଳ ତଥା ରାଷ୍ଟ୍ରକୁ ମହିମା ମଣ୍ଡିତ କରିବାରେ ସହାୟକ ହୋଇଥାଏ। ଏହି ଚିନ୍ତାଧାରା ପ୍ରତ୍ୟେକ ନାଗରିକଙ୍କ ପାଖରେ ରହିବା ଆବଶ୍ୟକ। ତେବେ ଯାଇ ସେ ରାଷ୍ଟ୍ର ଦୀର୍ଘଦିନର ଐତିହ୍ୟବୋଧକୁ ନେଇ ଗର୍ବ ଅନୁଭବ କରିପାରିବ ଏହା ଭାଷା, ଧର୍ମ ଓ ସଂସ୍କୃତି ଆଦି ପରିଶୀଳନରୁ ସୃଷ୍ଟି ହୋଇପାରିବ। ପରନ୍ତୁ, ପାଶ୍ଚାତ୍ୟ ଅନୁକରଣରେ ଆମେ ଆଜି ଏପରି ବାନ୍ଧି ହୋଇଯାଇଛୁ ଆମର ପ୍ରକୃତ ମୂଲ୍ୟବୋଧକୁ ପାସୋରିଯାଇଛେ, ଏଥିପାଇଁ ଗାନ୍ଧୀଜୀ ତାଙ୍କ 'ସର୍ବୋଦୟ' ଗ୍ରନ୍ଥରେ କହିଛନ୍ତି- "ଆମେ ତରତର ହୋଇ ନ ବୁଝି ନ ବିଚାରି ପାଶ୍ଚାତ୍ୟ ଜାତିମାନଙ୍କର ଅନ୍ଧ ଅନୁକରଣ କଦାପି କରିବା ଉଚିତ୍ ନୁହେଁ। . . . ଭାରତବାସୀ ସୁନା ଭଳି ଥିଲେ। ସେଥିଯୋଗୁଁ ଭାରତଭୂମି

ଦିନେ ସ୍ୱର୍ଣ୍ଣଭୂମି ବୋଲାଉଥିଲେ । ସେଇ ଭୂମି ତ ଅଛି, କିନ୍ତୁ ଲୋକେ ବଦଳି ଗଲେଣି । ସେଥିଯୋଗୁଁ ଏ ଭୂଇଁ ମରୁଭୂମି ଭଳି ହୋଇଗଲାଣି ।"[୨୧] ପ୍ରାବନ୍ଧିକ ମନୋଜ ଦାସଙ୍କ ସାହିତ୍ୟରେ ଜାତୀୟତାବୋଧର ଭାବ ଅନେକ ସ୍ଥଳରେ ଦେଖିବାକୁ ମିଳେ । ସେଥିମଧ୍ୟରୁ 'ଶ୍ରୀଜଗନ୍ନାଥ କିମ୍ବଦନ୍ତୀ : ଏକ ଭବିଷ୍ୟତଧର୍ମୀ ପରମ୍ପରା'ରେ ଜଣେ ଜିଜ୍ଞାସୁର ଉତ୍ତରଦେଇ ଉତ୍କଳୀୟ ସଂସ୍କୃତି ଓ ପରମ୍ପରାମଧ୍ୟରେ ଶ୍ରୀଜଗନ୍ନାଥଙ୍କ ମାହାତ୍ମ୍ୟ ସମ୍ପର୍କରେ ବର୍ଣ୍ଣନା କରିଛନ୍ତି । ଓଡ଼ିଶାର ଐତିହ୍ୟ କେଉଁ ପ୍ରାଚୀନ କାଳରୁ ଆରମ୍ଭ ତ୍ରେତୟା ଯୁଗରେ ଋଷି ଦୀର୍ଘତମାଙ୍କ ପୁତ୍ର (ଅଙ୍ଗ, ବଙ୍ଗ, କଳିଙ୍ଗ, ପୁଣ୍ଡ୍ର ଓ ସମହ) କଳିଙ୍ଗଥିଲେ ଅନ୍ୟତମ ତାଙ୍କ ଶାସିତ ଅଞ୍ଚଳକୁ ସେ ତିନି ଭାଗରେ ଯଥା- ଉତ୍ତର କଳିଙ୍ଗ, ମଧ୍ୟ କଳିଙ୍ଗ ଓ ଦକ୍ଷିଣ କଳିଙ୍ଗ ନାମରେ ତିନୋଟି ଭୂ-ଖଣ୍ଡରେ ବିଭାଜିତ କରିଥିଲେ । ସେହିପରି 'ଉତ୍କଳ' ନାମଟି ମଧ୍ୟ ଅନେକ ପ୍ରାଚୀନଥିଲା ବୋଲି ଜଣାପଡ଼େ । ବୈବସ୍ୱତଙ୍କ ପୁତ୍ର ମଧ୍ୟରୁ 'ଉତ୍କଳ' ଥିଲା ଅନ୍ୟତମ ପରବର୍ତ୍ତୀ ସମୟରେ ନବଗଠିତ ପ୍ରଦେଶ କାଳକ୍ରମେ ସଙ୍କୁଚିତ ହୋଇ ଏହା ଓଡ୍ର, କୋଶଳ, ତୋଷଳୀ ନାମମଧ୍ୟ ରହିଥିଲା । କିଛି କାଳପରେ ଏହା ଭାଷା ଭିତ୍ତିକ ରାଜ୍ୟହୋଇ ଓଡ଼ିଶାରେ ପରିଣତ ହେଲା । କିନ୍ତୁ, ପ୍ରାଚୀନରୁ ଶ୍ରୀଜଗନ୍ନାଥ ମନ୍ଦିର ଆଜି ମଧ୍ୟ ଉତ୍କଳୀୟମାନଙ୍କର ପିଣ୍ଡପ୍ରାଣ ହୋଇରହିଆସିଛି ।

ବିଶ୍ୱର ଅନ୍ୟତମ ଧାର୍ମିକସ୍ଥାନ ଭାବରେ ପୁରୀ ହେଉଛି ସର୍ବ ଉତ୍କୃଷ୍ଟ ଓ ସର୍ବ ଜନାଦୃତ । ଏ ମାଟିକୁ ବିଭିନ୍ନ ଧର୍ମାବଲମ୍ବୀମାନେ ଆସିଛନ୍ତି । ପରନ୍ତୁ, ନିଜ ଧର୍ମରେ ସେ ଜଗନ୍ନାଥଙ୍କୁ ଆପଣାର ଦେବତାରୂପେ ଗ୍ରହଣ କରିନିଅନ୍ତି । ଜୈନମାନେ ଜଗନ୍ନାଥଙ୍କୁ 'ମହାବୀର', ବୌଦ୍ଧମାନେ ଜଗନ୍ନାଥଙ୍କୁ 'ବୁଦ୍ଧ', ଗାଣପତ୍ୟ ସଂପ୍ରଦାୟମାନେ 'ଗଣପତି', ସୌରମାନେ 'ସୂର୍ଯ୍ୟ' ଆଦି ଦେବତା ରୂପେ ବିଚାର କରିଛନ୍ତି । ସର୍ବପରି ଏ ଓଡ଼ିଆମାନଙ୍କର ଏକ ଆଧ୍ୟାତ୍ମିକ ଭିତ୍ତିଭୂମିର ପ୍ରାଣପିଣ୍ଡ ହୋଇରହିଲା । ଏ ଜଗନ୍ନାଥ ସଂସ୍କୃତିର ଆଧ୍ୟାତ୍ମିକ ମୂଲ୍ୟବୋଧକୁ ଅନୁଶୀଳନ କରି ମହାନ୍ ଦାର୍ଶନିକ ଶ୍ରୀଅରବିନ୍ଦଙ୍କ ଉକ୍ତିକୁ ପ୍ରାବନ୍ଧିକ ଆଲୋଚନାକରି କୁହନ୍ତି- "ଯେଉଁଦିନ ଜ୍ଞାନ, କର୍ମ ଓ ଭାବର ସାମଞ୍ଜସ୍ୟ ଓ ଏକୀକରଣ ଯୋଗେ ଆତ୍ମଗତ ଐକ୍ୟ ଦେଖାଦେବ, ସମଷ୍ଟିଗତ ବିରାଟ ପୁରୁଷଙ୍କ ଇଚ୍ଛାଶକ୍ତିର ପ୍ରେରଣାରେ ସେଦିନ ଜଗନ୍ନାଥଙ୍କ ରଥ ଜଗତର ପଥରେ ବାହାରି ଦଶଦିଗ ଆଲୋକିତ କରିବ । ସତ୍ୟଯୁଗ ଅବତାରୀ ଆସିବ ପୃଥିବୀ ବକ୍ଷରେ, ମର୍ତ୍ତ୍ୟମାନବର ପୃଥିବୀ ହେବ ଦେବତାଙ୍କ ଲୀଳାର ଶିବିର, ଭଗବାନଙ୍କ ମନ୍ଦିର ନଗରୀ, ଆନନ୍ଦପୁରୀ ।"[୨୨] ''ଓଡ଼ିଆ' 'ଅହମିୟା' କନ୍ନଡ଼ିଗ'' ପ୍ରବନ୍ଧରେ ପ୍ରାବନ୍ଧିକଙ୍କର ଜାତୀୟ ତଥା ରାଷ୍ଟ୍ର ପ୍ରୀତିର ନମୁନା ଜଣାପଡ଼େ । ପ୍ରାବନ୍ଧିକ ଉକ୍ତ ପ୍ରବନ୍ଧରେ ବର୍ଣ୍ଣନା କରିଛନ୍ତି

ଜଣେ ଭାରତୀୟ ଜାତିସଂଘରେ ଅନୁଷ୍ଠିତ ସଭାରେ ପ୍ରତିନିଧିତ୍ୱ କରିବାକୁ ଯାଇଥିବା ବେଳେ, ସେ ଯଦି ଭାରତୀୟ ଗଣତନ୍ତ୍ର, ସମାଜବାଦ ଓ ନିଜ ଦେଶର ରାଜ୍ୟମାନଙ୍କ ସମ୍ପର୍କରେ ଅବଗତ ନଥିବେ, ତେବେ ଏହା ଠାରୁ ଦୁଃଖର ବିଷୟ କିଛି ହୋଇନପାରେ ବୋଲି ପ୍ରାବନ୍ଧିକ କହିଛନ୍ତି।

କାରଣ, ସେଠାରେ ପ୍ରତିନିଧିତ୍ୱ କରୁଥିବା ଏହି ବ୍ୟକ୍ତି ଜଣକ ପ୍ରାବନ୍ଧିକଙ୍କୁ ପଚାରିଲେ 'ଆପଣ ତେବେ 'ଓଆଡି' ଓଡ଼ିଶା ବାସୀ 'ଓଆଡି' ନୁହେଁ 'ଓଡ଼ିଆ' ବୋଲି ଆଗରୁ ସେ କେବେ ଜାଣିବାକୁ ଚେଷ୍ଟା କରିନାହାଁନ୍ତି। କେବଳ ସେତିକି ନୁହେଁ ଅନେକ ଆମେ ଜାଣିନଥିବା, ଆସାମବାସୀ ମାନଙ୍କୁ 'ଆସାମୀ' ନୁହେଁ 'ଅହମିୟା' ଏବଂ କର୍ଣ୍ଣାଟକର ବାସିନ୍ଦାକୁ 'କାନ୍ନାଡ଼ି' ନକହି କନ୍ନଡ଼ଗି କହିବା ଆବଶ୍ୟକ ବୋଲି, ପ୍ରାବନ୍ଧିକ ସୂଚାଇ ଦେଇଛନ୍ତି। ଅର୍ଥାତ୍ ଆମ ମଧ୍ୟରେ ଦେଶ ଓ ଜାତୀୟ ପ୍ରୀତିର ଅଭାବ ହେଲେ ଆମେ ନିଜକୁ ଗର୍ବରେ ଭାରତୀୟ ବୋଲି କହିପାରିବା ନାହିଁ। ଏଥିପାଇଁ ଉଚିତ୍ ଶିକ୍ଷାନୀତି ଆବଶ୍ୟକ ବୋଲି ପ୍ରାବନ୍ଧିକ କହିଛନ୍ତି। ତାଙ୍କ ଭାଷାରେ- "ସେହିପରି, ଯେଉଁମାନେ ନିର୍ବାଚନରେ ପ୍ରତିଦ୍ୱନ୍ଦିତା କରିବେ ସେମାନଙ୍କୁ ଗଣତନ୍ତ୍ର, ସମାଜବାଦ, ସମ୍ବିଧାନ ଭଳି ଶବ୍ଦମାନ ଯଥେଚ୍ଛା ଭାବରେ କହିବା ଅଧିକାର ମିଳିବା ସକାଶେ ଗୋଟିଏ ତିନିମାସିଆ ପାଠ୍ୟକ୍ରମ ଶେଷ କରିବାର ସୁଯୋଗ ଦେବା ଉଚିତ୍। ଏ ଦିଗରେ ଯେ କାହିଁକି କିଛି ବ୍ୟବସ୍ଥା ହୋଇନାହିଁ, ତାହା ପ୍ରକୃତରେ ବିସ୍ମୟ କଥା।"[୨୩] 'ବାଲିଯାତ୍ରା' ଶୀର୍ଷକ ନିବନ୍ଧରେ ପ୍ରାଚୀନ କଳିଙ୍ଗର ପରମ୍ପରାକୁ ପ୍ରାବନ୍ଧିକ ମନେପକାଇଛନ୍ତି। ପିଲାଦିନେ ପାଠବହିରୁ ପଢିଥିବା ବାଲିଦ୍ୱୀପରେ କଳିଙ୍ଗମାନଙ୍କର ବସତି ସ୍ଥାପନ କଥା ତାଙ୍କୁ ସେଠାକୁ ଯିବାପାଇଁ ଅନେକ ଉତ୍ସାହ ଓ ପ୍ରେରଣା ଯୋଗାଇଥିଲା। ଫଳରେ ପୃଥିବୀର ସର୍ବବୃହତ ଦ୍ୱୀପପୁଞ୍ଜ ଯିବାର ସୁଯୋଗପାଇ ସେ ନିଜକୁ ଗୌରବ ମନେକରନ୍ତି।

ପ୍ରାୟତଃ ସେଠାରେ ବାସକରୁଥିବା ସତେଇଶ ଲକ୍ଷ ଜନସଂଖ୍ୟା ମଧ୍ୟରୁ ନବେ ପ୍ରତିଶତ ହିନ୍ଦୁ ଥିଲେ। ସେହି ମାଟିକୁ ଦଳେ କଳିଙ୍ଗରୁ ବେପାର ବାଣିଜ୍ୟ କରିବାପାଇଁ ଆସୁଥିଲେ ଏହା ଭାବି ପ୍ରାବନ୍ଧିକ ନିଜକୁ ଗର୍ବ ଅନୁଭବ କରିକୁହନ୍ତି- "ଆପଣ ଜାଣନ୍ତି, ମୁଁ ଭାରତର ଏପରି ଏକ ଅଞ୍ଚଳରୁ ଆସିଛି, ପ୍ରାଚୀନ କାଳରେ କଳିଙ୍ଗ ନାମରେ ବିଦିତ ସେ ଅଞ୍ଚଳର ଲୋକେ ବାଲିଦ୍ୱୀପ ସହ ନିବିଡ଼ ସମ୍ପର୍କ ସ୍ଥାପନ କରିଥିଲେ ! ଆଜି ବି ମୋ ରାଜ୍ୟର ପ୍ରାଚୀନ ରାଜଧାନୀରେ 'ବାଲିଯାତ୍ରା' ବା ବାଲି ଅଭିମୁଖେ ନୌଯାତ୍ରା ସ୍ମୃତି ଉତ୍ସବ ପାଳିତହୁଏ !"[୨୪] 'ଭାରତ, ପାକିସ୍ଥାନ ଏବଂ ଜାତୀୟତାବୋଧ' ପ୍ରବନ୍ଧରେ ଆମେ ଦେଖିବାକୁ ପାଉ ଯେ, ଭାରତଠାରୁ ପାକିସ୍ଥାନ ଅଲଗା ହୋଇଗଲା

ପରେ ଅନେକ ବ୍ୟକ୍ତି ଓ ଐଶ୍ୱର୍ଯ୍ୟ ଆଦି ନେଇଗଲା ସତ। ପରନ୍ତୁ; ଭାରତର ଜାତୀୟତାବାଦର ପରମ୍ପରାଟିକୁ ନେଇ ପାରିଲାନାହିଁ। ସାଂପ୍ରତିକ ପରିସ୍ଥିତିରେ ଭାରତ ପାକିସ୍ଥାନ ମଧ୍ୟରେ ଯେଉଁପରି ଅନବରତ ଯୁଦ୍ଧ ପରିସ୍ଥିତି ସୃଷ୍ଟି ହେଉଛି, କେତେବେଳେ ଏହି ଦୁଇ ଦେଶ ମଧ୍ୟରେ ପରମାଣୁ ଯୁଦ୍ଧ ମଧ୍ୟ ହୋଇପାରେ। ଏଣୁ ପ୍ରାବନ୍ଧିକଙ୍କ ମତରେ- "ମହାକାଳ ଆଭିଜାତ୍ୟ-ବୀରତ୍ୱ-ବିଜୟ-ପରାଜୟ-ନିର୍ବିଶେଷରେ ସମସ୍ତଙ୍କୁ ଏକାକାର କରିଦିଏ; ଏହା ସର୍ବଜନବିଦିତ। ଆଜି ଯଦି ଭାରତ ଓ ପାକିସ୍ଥାନ ଭିତରେ ପରମାଣୁ ବୋମାଯୋଗେ ଯୁଦ୍ଧହୁଏ, ତେବେ ନା ଜିତିବ ଭାରତ, ନା ଜିତିବ ପାକିସ୍ଥାନ। ଇତିହାସକୁ ମୂଲ୍ୟଦେଇ ଦେଖିଲେ, ଏତିକି କହିବାକୁ ହେବ, ଭାରତବର୍ଷ ନିଶ୍ଚିହ୍ନ ହୋଇପାରିବ ନାହିଁ; କାରଣ ଭାରତବର୍ଷର ଏକ ମହାଜାତୀୟ ପରିଚୟ ରହିଛି; ପାକିସ୍ଥାନ ତାହାନାହିଁ।"(୨୫)

ପ୍ରାବନ୍ଧିକ ଦାସ ଭାରତୀୟ ସାହିତ୍ୟରେ ଜାତୀୟତାର ପରମ୍ପରା ସମ୍ପର୍କରେ 'ଭାରତୀୟ ସାହିତ୍ୟ : ଦୁଇ ସମାନ୍ତରାଳ ପରମ୍ପରା' ପ୍ରବନ୍ଧରେ ଉଲ୍ଲେଖ କରିଛନ୍ତି। ବିଶେଷକରି ପାଶ୍ଚାତ୍ୟ ସାହିତ୍ୟକୁ ଗଭୀର ଭାବେ ସେ ଅନୁସନ୍ଧାନ କରିଥିବାରୁ ଜାଣିପାରିଥିଲେ ଗ୍ରୀକ୍ ରୋମ୍ ମିଶରୀୟମାନେ କାଳକ୍ରମେ ଭାରତକୁ ଆସି ଆମ ସଂସ୍କୃତିରେ ବିଦ୍ୟମାନ ଥିବା ସାହିତ୍ୟରେ ପୁରାଣ ପ୍ରସିଦ୍ଧ ଚରିତ୍ର ଓ କାହାଣୀରୁ ପ୍ରଭାବିତ ହୋଇଥିବାର ଜଣାପଡ଼ନ୍ତି। ପ୍ରାବନ୍ଧିକ ଏହାକୁ ଦୁଇଟି ଆଧାରରେ ଆଲୋଚନା କରନ୍ତି ପ୍ରଥମତଃ ବୈଦିକଯୁଗ ଯେଉଁଥିରେ ସତ୍ୟର ଅନ୍ୱେଷଣ କରିବାରେ ସମଗ୍ର ଜୀବନ ତତ୍ପର ଥିଲା। ତା'ପରେ ଆସେ ଉପନିଷଦ ଯୁଗ ଯେଉଁଥିରେ ଜୀବନକୁ ସତମାର୍ଗରେ ଅନୁସରଣକରି ସଂସାରନ୍ମୁଖୀ ହୋଇ ସୁଦ୍ଧା ଆଧାତ୍ମିକ ଆଡ଼କୁ ଅଗ୍ରସର ହେବାର ଉଦାହରଣ ଦବାକୁଯାଇ ପ୍ରାବନ୍ଧିକ ନଚିକେତା ଉପାଖ୍ୟାନ କୁହନ୍ତି। ଏହି ପ୍ରଥମ ଅଧ୍ୟାୟରେ 'ରାମାୟଣ' ଓ 'ମହାଭାରତ' ପରି ଗ୍ରନ୍ଥ ବିଷୟରେ ସେ ଆଲୋଚନା କରିଛନ୍ତି। ଏଥିରେ ଥିବା ଶ୍ରୀରାମଚନ୍ଦ୍ର ଓ ଯୁଧିଷ୍ଠିରଙ୍କ ଭଳି ପୁରୁଷ ଚରିତ୍ରମାନେ ଆଦର୍ଶଗତ ହୋଇଥିବା ସ୍ଥଳେ, ସୀତା, ଦ୍ରୌପଦୀ ଓ ସାବିତ୍ରୀଙ୍କ ପରି ନାରୀ ଚରିତ୍ରମାନେ ଭାରତୀୟ ସାଂସ୍କୃତିକ ମୂଲ୍ୟବୋଧର ଗାରିମାକୁ ବିକଶିତ କରାଇଛନ୍ତି। ସେଥିପାଇଁ ତ ହୋମର୍ ଓ ବାଲ୍ମୀକିଙ୍କ ସାହିତ୍ୟରେ କେତେକାଂଶ ସାମଞ୍ଜସ୍ୟ ଦେଖିବାକୁ ମିଳେ।

ଦ୍ୱିତୀୟ ଅଧ୍ୟାୟରେ ଭାରତୀୟ ପ୍ରଜ୍ଞାଲୋକ ସାହିତ୍ୟର ନମୁନା ଦେବାକୁଯାଇ ପ୍ରାବନ୍ଧିକ 'କଥାସାରିତ୍ ସାଗର', 'ପଞ୍ଚତନ୍ତ୍ର' ଓ 'ଜାତକ ମାଳା' ସମଗ୍ର ବିଶ୍ୱସାହିତ୍ୟକୁ ପ୍ରଭାବିତ କରିଥିବା କଥା ସ୍ମରଣ କରାଇଛନ୍ତି। ପ୍ରାବନ୍ଧିକ ଏ ସମ୍ପର୍କରେ ଉଲ୍ଲେଖ କରିଛନ୍ତି ଯେ, 'କଥାସରିତ୍ ସାଗର'ର ସ୍ରଷ୍ଟା ହେଉଛନ୍ତି ସୋମନାଥ। ଏହା ବହୁ

ପ୍ରାଚୀନ ଗ୍ରନ୍ଥ ଯେଉଁଥିରେ ୧୨୦ ଅଧ୍ୟାୟ ବିଶିଷ୍ଟ ୨୧,୩୮୮ଟି ଶ୍ଳୋକକୁ ନେଇ ରଚିତ ଯାହା ହୋମର୍ ଙ୍କ 'ଇଲିୟାଡ୍' ଓ 'ଓଡ଼ିସେ'ର ଦୁଇଗୁଣ ଅଧିକ। ବିଷ୍ଣୁଶର୍ମାଙ୍କ 'ପଞ୍ଚତନ୍ତ୍ର' କିମ୍ବା ଗୁଣାଢ୍ୟଙ୍କ 'ବୃହତ କଥା' ମଧ୍ୟ ବିଶ୍ୱକଥା ସାହିତ୍ୟରେ ନିଜର ସ୍ୱତନ୍ତ୍ରତା ତିଆରି କରିପାରିଛି। ଏଣୁ ବିଶ୍ୱସାହିତ୍ୟକୁ 'କଥାସରିତ୍ ସାଗର', 'ପଞ୍ଚତନ୍ତ୍ର' ଓ 'ଜାତକ ମାଳାର' ପ୍ରଭାବ ଅନେକ ମାତ୍ରାରେ ପଡ଼ିଥିବାର ଦେଖିବାକୁ ମିଳେ। ଯାହା ଭାରତୀୟ ଜାତୀୟତାର ଅନବଦ୍ୟ ଐଶ୍ୱର୍ଯ୍ୟ ବୋଲି ପ୍ରାବନ୍ଧିକ ମନେକରନ୍ତି। ସମଗ୍ର ବିଶ୍ୱର ମାନବ ଜାତିକୁ ଭାରତୀୟମାନଙ୍କର ମହତ୍ତର ଅବଦାନ ହେଉଛି 'ଯୋଗବିଦ୍ୟା'। ଶାରୀରିକ ଅସୁସ୍ଥତାକୁ ଆମେ ଚିକିତ୍ସା ମାଧ୍ୟମରେ ନିରୋଗ କରିପାରିବା। ପରନ୍ତୁ, ମାନସିକ ଚିକିତ୍ସା ନିମନ୍ତେ ଏ ପର୍ଯ୍ୟନ୍ତ କୌଣସି ସଂପୂର୍ଣ୍ଣ ସୁବିଧା ହୋଇପାରିନାହିଁ। ହେଲେ ଭାରତର ଯୋଗଶାସ୍ତ୍ର ମଣିଷର ମନର ଅନ୍ତର୍ଚେତନାକୁ ବିକଶିତ କରାଇ ଚିତ୍ତକୁ ଆୟତ କରିବାର ସରଳ ଉପାୟ ଉଲ୍ଲେଖ ଅଛି। ହଟଯୋଗ ବ୍ୟତୀତ ଯେଉଁ ଯୋଗ ମାଧ୍ୟମରେ ମନୁଷ୍ୟ ଦିବ୍ୟ ଚେତନାର ଅନୁସନ୍ଧିତ୍ସା ହୋଇପାରିବ ତାହା ଭାରତୀୟ ଯୋଗ ଶାସ୍ତ୍ରରେ ମଧ୍ୟ ବର୍ଣ୍ଣିତ ଶାରୀରିକ ଯୋଗ ବ୍ୟତୀତ କେତେକ ବାହ୍ୟଯୋଗ ସାଧନା ଯେପରି ରାଜଯୋଗ, ଭକ୍ତିଯୋଗ, କର୍ମଯୋଗ ଓ ଜ୍ଞାନ ଯୋଗ ଆମକୁ ଆଧ୍ୟାତ୍ମିକ ଆଡ଼କୁ ଅଗ୍ରସର କରାଇନିଏ। ଯାହାଦ୍ୱାରା ଆମର ଦିବ୍ୟଜ୍ଞାନର ଅଭିବୃଦ୍ଧି ଘଟେ।

ତେବେ ଯାହାହେଉ ନା କାହିଁକି, ଆମ ଜାତୀୟ ଚେତନାର ଏହି ଦିବ୍ୟ ଅନୁଭୂତିଟି ସାଂପ୍ରତିକ କାଳରେ ସମଗ୍ର ବିଶ୍ୱ ପାଇଁ ଏକ ସର୍ବଶ୍ରେଷ୍ଠ ଅବଦାନ ବୋଲି ଦୃଢଚିତ୍ତରେ କୁହାଯାଇପାରେ। ଭାରତୀୟ ଜନ୍ମ ଓ ମୃତ୍ୟୁ ଏକ ଯୋଗ ପକ୍ରିୟାରେ କ୍ରିୟାଶୀଳ ଏଣୁ ଏହା ପ୍ରକୃତିଗତ ବୋଲି ଆମର ବିଶ୍ୱାସ। ଏଥିପାଇଁ ପ୍ରାବନ୍ଧିକ କହନ୍ତି- "ସାରା ପ୍ରକୃତିବ୍ୟାପି ଏକ ନୀରୋଗ ଓ ନିରବଚ୍ଛିନ୍ନ ଯୋଗଚାଲିଛି। ଏକଦା ପୃଥିବୀଥିଲା ସଂପୂର୍ଣ୍ଣ ସ୍ଥୁଳ ବା ନିର୍ଜୀବ। ତହିଁରେ ଚେତନାରେ ବିକାଶ ହେଲା। x x x ମଣିଷ ଭିତରେ ରହିଛି ପ୍ରାଗୈତିକ ପଶୁ ଚେତନାଠୁଁ ଆରମ୍ଭ କରି ମହତ୍ତର ଦିବ୍ୟ ଚେତନା ଯାଏଁ ସବୁ ପ୍ରକାର ସମ୍ଭାବନା। ଦିବ୍ୟ ଚେତନାର ବିକାଶ ଦିଗରେ ସଚେତନ ପ୍ରୟାସ ହିଁ ଯୋଗ।"(୨୬) 'ମହାଜାତୀୟ ସଂହତିର ରହସ୍ୟ' ସମ୍ପର୍କରେ ପ୍ରଶ୍ନୋତ୍ତର ଦେଇ ପ୍ରାବନ୍ଧିକ କୁହନ୍ତି, ଭରତବର୍ଷର ମୁଖ୍ୟ ବିଶେଷତ୍ୱ ହେଉଛି- ଏ ମହାଜାତିର ନିର୍ମାତା ମୁନିଋଷିମାନଙ୍କ ଦ୍ୱାରା ହୋଇଥିଲା। ଯାହାର ପ୍ରଭାବ ଏମାନଙ୍କର ସାହିତ୍ୟ, ଦର୍ଶନ ଓ ସଂସ୍କୃତିରେ ଉଦବୃତ ରାମାୟଣ ଓ ମହାଭାରତ ପରି ପ୍ରସିଦ୍ଧ ଗ୍ରନ୍ଥରେ ଆମ ଜୀବନ ଇତିହାସର ଆଦର୍ଶବୋଧକୁ ପ୍ରେରଣା ଯୋଗାଉଛି ଯାହା ବିଶ୍ୱର ଅନ୍ୟକେଉଁଠି ଦୃଶ୍ୟ

ହୁଏନାହିଁ। ଏଣୁ କୁହାଯାଇପାରେ ଆମ ଜାତୀୟ ଜୀବନ ଏହି ଜାତୀୟ 'ବେଦ'ରୁ ହିଁ ସୃଷ୍ଟି ହୋଇଛି। ଏଣୁ ପ୍ରାବନ୍ଧିକଙ୍କ ଭାଷାରେ- "ଏହା ହିଁ ଏ ମାହାଜାତିର ଅନ୍ତର୍ନିହିତ ସଂହତିର ରହସ୍ୟ। ରାଜନୈତିକ ସଂଘର୍ଷ, ସଂସ୍କୃତିକ ବୈଚିତ୍ର ସର୍ବଦା ରହିଥିଲା, କିନ୍ତୁ ସେ ସବୁ ସତ୍ତ୍ୱେ ଭାରତୀୟତାର ଭିତ୍ତିଥିଲା ସୁଦୃଢ଼।"(୨୭)

(ଙ) ସାମାଜିକ ସଚେତନତା

ସାମାଜିକ ବ୍ୟବସ୍ଥା ମନୁଷ୍ୟକୁ ଏକ ଶୃଙ୍ଖଳିତ ବାତାବରଣ ଯୋଗାଇଥାଏ। ସଭ୍ୟତାର ବିକାଶ ପର୍ବରେ ସାମାଜିକ ଉତ୍ତର ଦାୟିତ୍ୱ ବ୍ୟକ୍ତିମଧ୍ୟରେ ସୃଷ୍ଟିହେବା ଆବଶ୍ୟକ। ବେଳେବେଳେ ବିଭିନ୍ନ କାରଣ ବଶତଃ ମନୁଷ୍ୟ ସାମାଜିକ ବ୍ୟବସ୍ଥାକୁ ଧ୍ୱଂସ ବିଧ୍ୱସ୍ତ କରି ବିପର୍ଯ୍ୟୟ ଆଡ଼କୁ ନେଇଯାଏ। ଫଳରେ ଅଶାନ୍ତ ବାତାବରଣ ମାନବ ସଭ୍ୟତାକୁ ଭୋଗିବାକୁ ପଡ଼ିଥାଏ। ପରନ୍ତୁ, ସାହିତ୍ୟର ସୃଜନୀ ପ୍ରକ୍ରିୟାରେ ପଥଭ୍ରଷ୍ଟ ସମାଜକୁ ଉଚିତ୍ ମାର୍ଗରେ ଅଗ୍ରସର କରାଇବା ନିମନ୍ତେ ଯଥା ସମ୍ଭବ ପ୍ରୟାସ କରିଥାଏ। ପ୍ରାବନ୍ଧିକ ମନୋଜ ଦାସ ଜଣେ ସମାଜ ସଚେତନ ଶିଳ୍ପୀ ଭାବେ ତାଙ୍କ ପ୍ରବନ୍ଧରେ ଆଧୁନିକ ମଣିଷକୁ ସାମାଜିକ ଦାୟିତ୍ୱ ଓ କର୍ତ୍ତବ୍ୟ ପ୍ରତି ସ୍ମରଣ କରାଇଛନ୍ତି। ତାହାର ଆଲୋଚନା ନିମ୍ନରେ କରାଗଲା।

'ଅଶୁଭ ଆଭିମୁଖ୍ୟ' ନିବନ୍ଧରେ ମଣିଷ ଆଜି କ୍ଷମତା ପ୍ରତି କିପରି ଅଭିଳାଷୀ ହୋଇ ସମାଜକୁ ବେପଥଗାମୀ କରାଉଛି ସେ ସମ୍ପର୍କରେ ଆଲୋଚିତ ହୋଇଛି। ଆଜିର ରାଜନୀତିକ ବ୍ୟାଧି ଯୁବଗୋଷ୍ଠୀ ମଧ୍ୟରେ ବିଶୃଙ୍ଖଳା ସୃଷ୍ଟି କରାଉଛି। କ୍ଷମତାଶୀଳ ବ୍ୟକ୍ତିମାନେ ସେମାନଙ୍କୁ ପ୍ରତାରିତକରି ସମସ୍ତ ନ୍ୟାୟରୁ ବଞ୍ଚିତ କରୁଛନ୍ତି। ଛାତ୍ର ରାଜନୀତି ନାମକ ଗୋଷ୍ଠୀକନ୍ଦଳ ଭାବନା ସେମାନଙ୍କ ମଧ୍ୟରେ ସୃଷ୍ଟି କରାଯାଉଛି। ଏଥିପାଇଁ ପ୍ରାବନ୍ଧିକ କୁହନ୍ତି- "ଛାତ୍ରମାନଙ୍କ ପାଇଁ ରାଜନୀତି ହାନିକର ନୁହେଁ, ଯାହା ହାନିକର ତାହାହେଲା ରାଜଦୁର୍ନୀତି। ଏକ ମହାନ୍ ସଙ୍କଟ କାଳରେ ତରୁଣଗୋଷ୍ଠୀ ଯେତେଦୂର ଚିନ୍ତାଶୀଳ ହେବା ପ୍ରୟୋଜନ, ତାହା ହେବାକୁ ସେମାନଙ୍କୁ ସୁଯୋଗ ଦିଆଯାଉନାହିଁ। ଯେଉଁ ରାଜନୀତିକମାନେ ଏପ୍ରକାର ସାମାଜିକ ବିଭ୍ରାଟ ଘଟାଉଛନ୍ତି, ସେମାନେ ମୂଳରୁ ରାଜନୀତିକ ହିଁ ନୁହନ୍ତି, ସେମାନେ ଗୋଷ୍ଠୀନୀତିକ, ସ୍ୱାର୍ଥନୀତିକ।"(୨୮) 'ଅନାଗତ ଅସ୍ତ୍ର'ରେ ପ୍ରାବନ୍ଧିକ ଉଲ୍ଲେଖ କରିଛନ୍ତି, ମଣିଷ ଆଜି ଖାଦ୍ୟ ଅଭାବରେ ମରୁଛନ୍ତି ହେଲେ ସେଥିପ୍ରତି ଚିନ୍ତାଶୀଳ ନହୋଇ ବେପରୁଆ ଭାବେ ଅସ୍ତ୍ର ଶସ୍ତ୍ର ତିଆରି କରିବାରେ ବ୍ୟସ୍ତରହୁଛି। ଅସ୍ତ୍ରଶସ୍ତ୍ରକୁ ନେଇ ନିଜକୁ ଗର୍ବକରେ ଓ ବିକଶିତ ରାଷ୍ଟ୍ର ବୋଲି ଘୋଷଣାକରେ। ଅନ୍ୟପଟରେ ପୋଡ଼ଶୀ ରାଷ୍ଟ୍ରର ଲୋକ ଖାଦ୍ୟ ଅଭାବରୁ ଭୋକ

ଉପାସରେ ମରିଗଲେ ସୁଦ୍ଧା ସେଥିପ୍ରତି ତା'ର କୌଣସି ଚିନ୍ତା ନାହିଁ। ମନେହୁଏ, ସତେଯେମିତି ନିଜର ସବୁ ସୁଖଶାନ୍ତି ଓ ମୈତ୍ରୀ ଭାବନା ସେହି ଅସ୍ତ୍ର ଗୁଡ଼ିକ ମଧ୍ୟରେ ଲୁକାୟିତ ଅଛି।

ମାରାତ୍ମକ ଯୁଦ୍ଧାଂଶକୁ ନେଇ ବାରମ୍ବାର ପରୀକ୍ଷା କରିଚାଲିଛି। ଫଳରେ ପ୍ରକୃତିକ ଜୈବ ବିବିଧତା ଉପରେ ଯେଉଁ ପ୍ରଭାବ ପଡୁଛି ତାହା ଆଜି ପ୍ରାକୃତିକ ବିପର୍ଯ୍ୟୟରେ ପରିଣତ ହୋଉଛି। ଜ୍ଞାନ ବିଜ୍ଞାନକୁ ଦୁରୁପଯୋଗ କରି ଏପରି ରୋଗ ଜୀବାଣୁ ତିଆରି କରୁଛି ତାହା ଆଗାମୀ ଭବିଷ୍ୟତକୁ ଧ୍ୱଂସ କରିବାରେ ସମ୍ଭବପର ହେବ। ପ୍ରାବନ୍ଧିକଙ୍କ ଭାଷାରେ- "ପ୍ରକୃତିର ନିଜସ୍ୱ ନିୟମଚକ୍ର ଉପରେ ଆଘାତ ପଡ଼ିଲେ ସେ ନିୟମର ଭାରସାମ୍ୟ ନଷ୍ଟହେବ ଏବଂ ଅଚାନକ ଭୂମିକମ୍ପ, ସମୁଦ୍ରପ୍ଲାବନ, ଇତିହାସରେ ନାହିଁ ନଥିବା ତୋଫାନ ବେଳେବେଳେ ସୃଷ୍ଟି ହୋଇପାରେ ବୋଲି ଅନୁମାନ କରାଯାଉଛି।"[୨୯] 'ଶ୍ୱାନ-ସମ୍ବାଦ' ପ୍ରବନ୍ଧରେ ଦେଖିବାକୁ ମିଳେ ଏବର ସମୟରେ ମଣିଷ କୁକର ପାଳିବା ପାଇଁ ଅତି ଯତ୍ନବାନ୍ ହେଉଛନ୍ତି। ଏହାମଧ୍ୟ ସ୍ୱାଭାବିକ ଭାବେ ଦେଖିବାକୁ ଗଲେ ଭଲ କଥା। କାରଣ ପଶୁପକ୍ଷୀମାନେ ମଣିଷର ମାନସିକ ଭାରସ୍ୟାମକୁ ସନ୍ତୁଳିତ କରିଥାନ୍ତି। ସେଥିପାଇଁ ଆମ ସମାଜରେ ଅନେକ ଧନିକ ବ୍ୟକ୍ତିମାନେ ସେମାନଙ୍କୁ ଅତି ରାଜକୀୟ ଢଙ୍ଗରେ ମଧ୍ୟ ପାଳିଥାନ୍ତି। ଏହା କୌଣସି ନୂତନ ପରମ୍ପରା ନୁହେଁ। ହେଲେ, ପ୍ରାବନ୍ଧିକଙ୍କର ମତାମତ ହେଉଛି ଏମାନଙ୍କୁ ପାଳୁଥିବା ମାଲିକମାନଙ୍କର ଏ ଦିଗପ୍ରତି ଯଥେଷ୍ଟ ଧ୍ୟାନ ମଧ୍ୟ ରହିବା ଆବଶ୍ୟକ। କାରଣ ଅନେକ ସମୟରେ ଏହି ଗୃହ ପାଳିତ ପଶୁଯୋଗୁଁ ନିରୀହ ଜନସାଧାରଣମାନଙ୍କୁ ଅନେକ ଦୁର୍ଦ୍ଦଶା ଭୋଗିବାକୁ ପଡ଼ିଥାଏ।

ପ୍ରାଚୀନ ଭରତୀୟ ପୁରାଣ ପରମ୍ପରାରେ କୁକୁରମାନଙ୍କୁ ଯଥେଷ୍ଟ ସମ୍ମାନ ଦିଆଯାଉଥିଲା , ହେଲେ ଫାଟକରେ 'ଅତିଥି ଦେବୋ ଭବଃ' ବଦଳରେ କେଉଁଠି 'କୁକର ପ୍ରତି ସାବଧାନ' ବୋଲି ଲେଖାଯାଉନଥିଲା। ଅର୍ଥାତ୍ ଆମର ଏ ଦିଗରେ ମାନସିକ ଅଭିବୃଦ୍ଧି ହେବା ନିହାତି ଦରକାର। ଯାହା ଆମ ସାମାଜିକ ଜୀବନରେ ସାଂସ୍କୃତିକ ଭାବନା ସୃଷ୍ଟି କରିପାରିବ। 'ଏକ ବିକଳ ସିଦ୍ଧାନ୍ତ' ରେ ପ୍ରାବନ୍ଧିକ ଆଜିର ମାନବ ସମାଜକୁ ନେଇ ଯେଉଁ ସମାଜ ତତ୍ତ୍ୱବିତମାନେ 'ପଶୁ' ବୋଲି ଆକ୍ଷେପ କରିଛନ୍ତି, ସେମାନଙ୍କୁ ପ୍ରାବନ୍ଧିକ ବିରୋଧକରି କୁହନ୍ତି, ସମାଜତତ୍ତ୍ୱବିତ୍ ମାନଙ୍କର ପ୍ରଧାନ କର୍ତ୍ତବ୍ୟ ହେଲା ଅସଜଡ଼ା ସମାଜକୁ ସଜାଡ଼ିବା ପାଇଁ କୌଶଳପୂର୍ଣ୍ଣ ପଦକ୍ଷପ ଗ୍ରହଣ କରିବା। ପ୍ରାବନ୍ଧିକ ଏପରି ଏକ ଘଟଣା ସମ୍ପର୍କରେ କୁହନ୍ତି ଯେ- କେବଳ ଆଚାରଗତ ଦୃଷ୍ଟିରୁ ୟାନୋମାମୋ (yanomamo Indians)ଙ୍କ ପରି ମଣିଷମାନଙ୍କୁ

ପଶୁ ବୋଲି ଘୋଷଣା କରିବା ଠିକ୍ ନୁହେଁ। ମଣିଷର ମାନସିକ ଅବକ୍ଷୟ ଯୋଗୁଁ ସେ ବର୍ବରତା ଓ ହିଂସ୍ର ପରାୟଣ ହୋଇଯାଏ। ଏହା ସବୁକାଳରେ ଘଟୁଛି ଏବଂ ଭବିଷ୍ୟତରେ ମଧ୍ୟ ହୋଇପାରେ। ପରନ୍ତୁ, ଏ ଦିଗରେ ଆବଶ୍ୟକ ଗବେଷଣା ସମାଜତତ୍ତ୍ୱବିତ୍ ମାନଙ୍କର କରିବା ଆବଶ୍ୟକ। କେବଳ ଟିପ୍ପଣୀ ମାଧ୍ୟମରେ ସେମାନଙ୍କୁ ପଶୁବୋଲି କହିବା ଯୁକ୍ତି ଯୁକ୍ତ ନୁହେଁ। ଏଥିପାଇଁ ପ୍ରାବନ୍ଧିକ କୁହନ୍ତି- "ଆଜିର ମଣିଷ ଯେତେ ପାଶବିକ ବ୍ୟବହାର କରୁନା କାହିଁକି, ସେଥିପାଇଁ ଯୁକ୍ତି ଖୋଜି ବାହାରକରି ସମାଜତତ୍ତ୍ୱବିତ୍ ନିଜର କର୍ତ୍ତବ୍ୟ ସମାପନ କରିପାରେନା। ମଣିଷ ଯେ ମହତ୍ତ୍ୱର ଅଧିକାରୀ, ବାରମ୍ବାର ତାକୁ ସେକଥା ସ୍ମରଣ କରାଇଦେବା ହିଁ ସଚ୍ଚା ସମାଜତତ୍ତ୍ୱବିତ୍‌ର କର୍ତ୍ତବ୍ୟ। ସମାଜତତ୍ତ୍ୱବିତ୍‌ର ଏଭଳି ସିଦ୍ଧାନ୍ତକୁ ସମର୍ଥନ କରିବା ଇତିହାସର ଛୋଟ ବଡ଼ ସହସ୍ର ଉଜ୍ଜ୍ୱଳ ମହିମାମୟ ଦୃଷ୍ଟାନ୍ତ।"[୩୦]

ସମାଜର ସାଂସ୍କୃତିକ ପରମ୍ପରାଗତ ପିଲାମାନେ ଆଜି ବିଚ୍ଛିନ୍ନ ହେବାର ମୁଖ୍ୟ କାରଣ ସମ୍ପର୍କରେ ପ୍ରାବନ୍ଧିକ 'ଉତ୍ତରାଧିକାର' ପ୍ରବନ୍ଧାରେ ଦୁଇଟି କାରଣ ମାଧ୍ୟମରେ ଉପସ୍ଥାପନା କରିଛନ୍ତି। ପ୍ରଥମତଃ ଆଜିର ବ୍ୟସ୍ତବହୁଳ ଜୀବନଚର୍ଯ୍ୟାରେ ପିତାମାତାମାନେ କାର୍ଯ୍ୟ ଅସ୍ଥିରତାଯୋଗୁଁ ସେମାନଙ୍କ ଦାୟିତ୍ୱ ସୂଚାର ରୂପରେ ତୁଲାଇପାରୁନାହାଁନ୍ତି। ଫଳରେ ଶିଶୁଅବସ୍ଥାରୁ ସେମାନଙ୍କର ମାନସିକତା ବିରକ୍ତଭାବ ଓ ନିଃସଙ୍ଗତା ଆଡ଼କୁ ପ୍ରେରିତ କରାଯାଉଛି। ଦ୍ୱିତୀୟ କାରଣଟି ହେଉଛି, ମନୋରଞ୍ଜନ ନିମନ୍ତେ ସେମାନେ ଦେଖୁଥିବା ଟିଭିରେ ଯେଉଁ ପରି ଚୋରୀ ଡକାୟତ ଅଥବା ବିଭିନ୍ନ ଆତଙ୍କରାଜ ସୃଷ୍ଟିକଲା ଭଳି ପୋଗ୍ରାମ ଦେଖିବା ଫଳରେ ମାନସିକ ସ୍ତରରେ ସେମାନେ ସେସବୁ ଅନୁକରଣ କରିବାକୁ ମଧ୍ୟ ପଛାଉ ନାହାଁନ୍ତି। ଅପରାଧ ମୂଳକ କଥାବସ୍ତୁ ଦେଖି ତାଙ୍କ ମଧ୍ୟରେ ସେହିପ୍ରକାର ପ୍ରବଣତା ସୃଷ୍ଟି ହେଉଛି। ଏଥିପାଇଁ ପ୍ରାବନ୍ଧିକ ଏଠାରେ ପ୍ରକାଶ କରିଛନ୍ତି ଯେ, ଆମେରିକା ଓ ଜାପାନର ଟୋକିଓ ସହରରେ ହୋଇଥିବା ଚୋରୀରେ ସାମିଲ ଥିଲେ ମାତ୍ର ୭-୮ ବର୍ଷର ପିଲାମାନେ। ସବୁଠାରୁ ବଡ଼ ଆଶ୍ଚର୍ଯ୍ୟର କଥା ଏମାନେ ସ୍ୱୀକାର କରି କୁହନ୍ତି- ସେମାନେ ଟି.ଭି.ରେ ପ୍ରସାରିଣ ହେଉଥିବା କାର୍ଯ୍ୟକ୍ରମ ଦ୍ୱାରା ପ୍ରଶିକ୍ଷିତ ହୋଇ ଏପରି ଆଶ୍ଚର୍ଯ୍ୟଜନକ ଚୋରିକରିଛନ୍ତି ବୋଲି।

ବାସ୍ତବରେ ଆମେ ଆମ ଉତ୍ତରାଧିକାରୀଙ୍କ ପ୍ରତି ଯଦି ଯଥାସମ୍ଭବ ଯତ୍ନଶୀଳ ନ ହେବା ତେବେ ଆଗାମୀ ଭବିଷ୍ୟତକୁ ସେମାନେ ଭୟଙ୍କର ଅପରାଧ ପ୍ରବଣତାର ବଶବର୍ତ୍ତୀ ହୋଇ ସାମାଜିକ ଅସ୍ଥିରତା ସୃଷ୍ଟିକରିବାକୁ ପଛାଇବେ ନାହିଁ। ଏଥିପାଇଁ ଆଦର୍ଶବୋଧ ଓ ଆମମାନଙ୍କର ସେମାନଙ୍କ ପ୍ରତି ଯଥେଷ୍ଟ ସମୟଦେବାର ଆବଶ୍ୟକ

ବୋଲି ପ୍ରାବନ୍ଧିକ ଉଲ୍ଲେଖ କରିଛନ୍ତି। ପ୍ରାବନ୍ଧିକ ଦାସଙ୍କ ଦୃଷ୍ଟିଦିଗନ୍ତ ବହୁମୁଖୀ। ସେ ସାମାଜିକ ଉତ୍ତରଦାୟାଦମାନଙ୍କୁ ଉଚିତ୍ ମାର୍ଗରେ ନେବାପାଇଁ ସର୍ବଦା ପରାମର୍ଶ ଦିଅନ୍ତି। 'ଅବୈତନିକ ଗୋରା !' ଶୀର୍ଷକ ନିବନ୍ଧରେ ମଣିଷର ହୀନ ମାନସିକତାକୁ ପ୍ରାବନ୍ଧିକ ନିନ୍ଦାକରିଛନ୍ତି। ବ୍ରିଟେନରେ କଳାଗୋରା ପ୍ରଭେଦକୁ ନେଇ ମଣିଷଭିତରେ ଦକ୍ଷିଣ ଆଫ୍ରିକା ଭଳି ବର୍ଣ୍ଣ ବିଦ୍ବେଷ ଆଜି ମଧ୍ୟ ଦେଖିବାକୁ ମିଳେ। ଭାରତୀୟଙ୍କ ଉପରେ ଗୋରାମାନଙ୍କର ଆକ୍ରମଣକୁ ଶ୍ରୀଯୁକ୍ତ ଦାସ ନିନ୍ଦାକରି କୁହନ୍ତି- ଇଂଲଣ୍ଡର ଯୁବକମାନଙ୍କୁ ଜାଣିରଖିବା ଆବଶ୍ୟକ ଥିଲା। ସେମାନେ ପୃଥିବୀର ବିଭିନ୍ନ ସ୍ଥାନରେ ନିଜର ସାମ୍ରାଜ୍ୟ ସ୍ଥାପନ କରୁଥିଲେ ଓ ସେମାନଙ୍କୁ ଶୋଷଣକରି ଏ ବିଶାଳ ସାମ୍ରାଜ୍ୟ ସ୍ଥାପନ କରିଛନ୍ତି। ତେବେ ଆଜି ଯେଉଁ ଶ୍ୟାମଳାଙ୍ଗ ମାନଙ୍କ ଉପରେ ଅତ୍ୟାଚାର ହେଉଛି, ତାହା ବଡ଼ ଦୁଃଖଦ ଘଟଣା। କେବଳ ଇଂଲଣ୍ଡ ନୁହେଁ ଦକ୍ଷିଣ ଆଫ୍ରିକାରେ ଚୀନ ଓ ଜାପାନୀମାନଙ୍କ ଦେହ ହଳଦିଆ ରଙ୍ଗ ହେଇଥିବାଯୋଗୁଁ ସେମାନଙ୍କୁ ଯେଉଁ ଦୃଷ୍ଟିରେ ବିଚାର କରାଯାଏ, ଭାରତୀୟପରି ଏସିଆ ଦେଶର ନାଗରିକ ମାନଙ୍କୁ ଅପେକ୍ଷାକୃତ ଅଧିକ ସୁବିଧାସୁଯୋଗ ଦିଆଯାଏ। ସୁତରାଂ ଏମାନଙ୍କ ପାଖରେ ମାନବିକତାର ଅଭାବ ପରିଲକ୍ଷିତ ହୁଏ। ସବୁଠାରୁ ବଡ଼ ଆଶ୍ଚର୍ଯ୍ୟର କଥା ସେଥିପ୍ରତି ଦକ୍ଷିଣ ଆଫ୍ରିକୀୟମାନଙ୍କର କୌଣସି ଅନୁସୂଚନା ନାହିଁ; ବରଂ ଜାପାନୀମାନଙ୍କୁ 'ଅବୈତନିକ ଗୋରା' ବୋଲି ପରିଚିତ କରାନ୍ତି ବୋଲି ପ୍ରାବନ୍ଧିକ କୁହନ୍ତି। 'ଅଜ୍ଞାତ ପ୍ରଗତି' ନିବନ୍ଧରେ ପ୍ରାବନ୍ଧିକ କୁହନ୍ତି ବିଜ୍ଞାନ ମାନବ ସଭ୍ୟତାର ବିକାଶ ନିମନ୍ତେ ଉଦ୍ଦିଷ୍ଟ। ପୂର୍ବେ ଯେକୌଣସି ରାଷ୍ଟ୍ରରେ ବୈଜ୍ଞାନିକ ଜ୍ଞାନ କୌଶଳରେ କିଛି ଆବିଷ୍କାର କିମ୍ବା ଉଦ୍ଭାବନ ହେଉଥିଲା ତାହା ସମଗ୍ର ମାନବଜାତିର ଲୋକଲୋଚନ ପ୍ରକାଶ ପାଉଥିଲା ପରନ୍ତୁ , ଏବେତାହା ଆଉ ତାହା ଆଗପରି ପରିପ୍ରକାଶ ପାଉନାହିଁ। ଯଦିଓ ଅଳ୍ପ ମାତ୍ରାରେ କିଛିଖବର ପ୍ରକାଶ ପାଉଛି ତାହା ପୁଣି ଅତି ସାମାନ୍ୟ ଧାରଣ ଅର୍ଥାତ୍ ବିଜ୍ଞାପନ ପରିମିତି ସ୍ଥାନରେ। ଅନେକ ସମୟରେ 'ପାଣିପାଗ ସୂଚନା' ସ୍ଥାନରେ ପ୍ରକାଶ ପାଉଛି ବୋଲି ପ୍ରାବନ୍ଧିକ ବ୍ୟଙ୍ଗକରି କୁହନ୍ତି। ହେଲେ ଏ ଅଜ୍ଞାତ ପ୍ରଗତି କାହାପାଇଁ ବୋଲି ପ୍ରାବନ୍ଧିକ ପ୍ରଶ୍ନକରି କୁହନ୍ତି- "ପ୍ରଥମ ସ୍ପୁଟନିକ ଆକାଶକୁ ଗଲାବେଳେ ରସଗୋଲା ଆକାର ଅକ୍ଷରରେ ତାହା ଘୋଷିତ ହୋଇଥିଲେ। ଆଜିକାଲି ମହାକାଶଯାନମାନଙ୍କ ବାର୍ତ୍ତା 'ପାତ୍ରପାତ୍ରୀ ଆବଶ୍ୟକ' ବିଜ୍ଞାପନ ପରିମିତି ସ୍ଥାନ ଅଧିକାର କରେ ମାତ୍ର। ପ୍ରଥମ ବିମାନଅପହରଣ ସମ୍ବାଦର ଶିରୋନାମା ବି ସେହିପରି ଆଖି ବଡ଼କରି ପଢ଼ିବାକୁ ପଡୁଥିଲା, ଆଜିକାଲି ସେ ସମ୍ବାଦ ପାଣିପାଗର ସମଗୋତ୍ରୀୟ।"[(୩୧)]

'କୃଷ୍ଣ ଓ କଂସ' ପ୍ରବନ୍ଧରେ ଆଜି ଆମ ସମାଜରେ ଯାହାକୁ ଅପରାଧୀ ବୋଲି

କହି ସେମାନଙ୍କୁ କଂସ ବୋଲି କହୁଛେ । ସେମାନଙ୍କ ମଧ୍ୟରେ ଦିନେ କୃଷ୍ଣର ଭାବନା ମଧ୍ୟ ଅନୁଭୂତ ହେଉଥିବ । କାରଣ ଆମ ସମାଜରେ ଉଭୟ କଂସ ଓ କୃଷ୍ଣ ବାସକରନ୍ତି । ହେଲେ ତା' ଅର୍ଥ ନୁହେଁ ଆମ ହାତରେ କ୍ଷମତା ରହିଲେ ଯେ ଆମେ ସେମାନଙ୍କ ଉପରେ ଅକଥନୀୟ ଅତ୍ୟାଚାର କରିବା ଏହା ଆଦୌ ଗ୍ରହଣୀୟ ନୁହେଁ । ଦିଲ୍ଲୀରେ ଏପରି ଏକ ଘଟଣାକୁ ପ୍ରାବନ୍ଧିକ ହୃଦୟଙ୍ଗମ କରିଥିଲେ । ସେଠାରେ ଅପରାଧୀମାନଙ୍କୁ କଂସବୋଲି କହି ଗିରଫ କରିବା ପରେ ସେମାନଙ୍କ ବାଳ କାଟିପକାନ୍ତି । ଏଥିରେ ଛାତ୍ର, ଅଧ୍ୟାପକ ଓ ଡାକ୍ତର ମାନେ ମଧ୍ୟ ବାଦ ପଡ଼ିନଥିଲେ । ପ୍ରକୃତ ଦୋଷୀଙ୍କୁ ଖୋଜିବାରେ ଅସମର୍ଥ ହୋଇ କେତୋଟି ରାଜ୍ୟର ପୋଲିସ କର୍ମଚାରୀମାନଙ୍କର କାର୍ଯ୍ୟକୁ ନିନ୍ଦାକରି ପ୍ରାବନ୍ଧିକ କୁହନ୍ତି ସବୁ ଅପରାଧୀ କଂସ ନୁହନ୍ତି ସେମାନଙ୍କ ମଧ୍ୟରେ କିଛି କୃଷ୍ଣ ମଧ୍ୟ ରହିଛନ୍ତି । 'ବିଳମ୍ବିତ ସ୍ୱପ୍ନ'ରେ ପରମାଣୁ ଯୁଦ୍ଧ ଭୟାବହତାକୁ ନେଇ ପ୍ରାବନ୍ଧିକ ସଚେତନ କରାଇଛନ୍ତି ଯେ, ହାତରୁ ସବୁକିଛି ସରିଯିବା ଆଗରୁ ପରମାଣୁ ଶକ୍ତି ସମ୍ପର୍ଣ୍ଣ ରାଷ୍ଟ୍ରକୁ ଏଥିପ୍ରତି ଚିନ୍ତାକରିବା ଆବଶ୍ୟକ । ଅନ୍ୟଥା ତା'ର ବିପଦରୁ କେହି ନିସ୍ତାର ପାଇପାରିବେ ନାହିଁ । ବିଶେଷ କରି ଋଷ ଓ ଆମେରିକା ଏଥିପ୍ରତି ଅଧିକ ଚିନ୍ତା କରିବା ଆବଶ୍ୟକ କାରଣ ଏହି ଦୁଇ ରାଷ୍ଟ୍ରମାନଙ୍କ ମଧ୍ୟରେ ଯେଉଁଭଳି ଯୁଦ୍ଧଖୋର ମନଭାବକୁ ନେଇ ବାରମ୍ବାର ଛକାପଞ୍ଝା ଚାଲିଛି । ତାହା କେତେବେଳେ ପରମାଣୁ ଯୁଦ୍ଧରେ ରୂପାନ୍ତରିତ ହୋଇପାରେ । ଯଦି କୌଣସି କାରଣବଶତଃ ଏହି ଯୁଦ୍ଧହୁଏ ତେବେ, ସମଗ୍ର ମାନବସଭ୍ୟତା ପାଇଁ ଏହା ଶେଷ ଯୁଦ୍ଧବୋଲି ନିଃସନ୍ଦେହରେ କୁହାଯିବ ।

ଏଥିପାଇଁ ପ୍ରାବନ୍ଧିକ ସଚେତନମୂଳକ ବାର୍ତ୍ତା ଦେଇ କୁହନ୍ତି- "ଆଜି ବିଶ୍ୱର ଦୁଇ ବିବାଦମାନ ଗୋଷ୍ଠୀ ଦୀର୍ଘକାଳ ନିଜ ନିଜ ସୃଷ୍ଟ ପରମାଣୁ ଆତଙ୍କର ଛାୟାତଳେ ପରସ୍ପର ଛକାଛକି ହେବାପରେ ବର୍ତ୍ତମାନ ହୃଦୟଙ୍ଗମ କରୁଛନ୍ତି ଯେ, ପରମାଣୁକୁ ଏଣିକି ମରଣାସ୍ତ୍ର ଭାବରେ ବ୍ୟାବହାର ନକରି, ସେ ଦିଗରେ ପରସ୍ପର ସହଯୋଗପୂର୍ଣ୍ଣ ବୈଜ୍ଞାନିକ ପଦକ୍ଷପମାନ ନେଇ ମଣିଷ ଜାତିର ପ୍ରକୃତ ହିତ ସାଧନ କରାଯାଇପାରେ । କିନ୍ତୁ ସେ ଦିଗରେ ବାସ୍ତବ ପଦକ୍ଷେପ ନେବାକୁ ତଥାପି ସଙ୍କୋଚ, ତଥାପି ଦ୍ୱିଧା, ତଥାପି ସନ୍ଦେହ ରହିଛି ।"[୩୨] 'ହିଂସା ବିଳାସ !' ଶୀର୍ଷକ ପ୍ରବନ୍ଧରେ ସାଂପ୍ରତିକ ସମୟରେ ମଣିଷର ହିଂସ୍ରତାପ୍ରତି ଥିବା ଆଭିମୁଖ୍ୟକୁ ପ୍ରାବନ୍ଧିକ ବିଶ୍ଳେଷଣ କରିଛନ୍ତି ଆମ ସମାଜରେ କେତେକ ଉଦ୍ଭଟ ଚିନ୍ତା ଧାରାର ବ୍ୟକ୍ତି ବାସ କରନ୍ତି ସେମାନଙ୍କ ମଧ୍ୟରେ କିଛି ହିଂସାତ୍ମକ ଘଟଣା ସୃଷ୍ଟିକରି ଆନନ୍ଦ ପାଆନ୍ତି ତ, ଆଉ କିଛି ହିଂସାତ୍ମକ ଘଟଣା ଖବର କାଗଜରେ ପଢି ଆନନ୍ଦ ପାଆନ୍ତି । ଅର୍ଥାତ୍ ଏ କଥା ସ୍ପଷ୍ଟ ଯେ, ହିଂସାପ୍ରତି

ମଣିଷର ଗୋଟିଏ ଆଦିମ ଆକର୍ଷଣ ରହିଛି,ହେଲେ ସେସବୁ ଘଟଣା ସୃଷ୍ଟି କରୁଥିବା କିମ୍ବା ପ୍ରକାଶିତ ଖବରକୁ ପଢୁଥିବା ବ୍ୟକ୍ତିମାନଙ୍କ ମଧ୍ୟରେ ନୈତିକ ଜ୍ଞାନର ଅଭାବ ଯୋଗୁଁ ଆଜି ଏପ୍ରକାର ପରିସ୍ଥିତି ସୃଷ୍ଟି ହେଉଛି। ତେବେ ଆଜିର ମଣିଷ ହିଂସାକୁ ମଧ୍ୟ ବିଳାସ ରୂପେ ଅନୁଭବ କରୁଛି। ଶ୍ରୀଯୁକ୍ତ ଦାସ ଏଥିପାଇଁ କହିଛନ୍ତି- "ନୈତିକ ଶିକ୍ଷା, ବକ୍ତୃତା, ଧର୍ମବାଦ ଇତ୍ୟାଦି ଦ୍ୱାରା ଏ ସାର୍ବଜନୀନ ହିଂସାବିଳାସର ଅବସାନ ହୋଇନାହିଁ। ମଣିଷର ନିଜ ସଚେତନତା, ଜୀବନର ବୃହତ୍ତର ଆଭିମୁଖ୍ୟ ସମ୍ପର୍କରେ ଧାରଣା ଓ ସେ ଦିଗରେ ଅଭୀପ୍ସାହିଁ ଏକମାତ୍ର ପଥ।"[୩୩]

'ଜାତି ଉପଜାତି : ଅହଂ ଏବଂ ଅଜ୍ଞାନର ବିଭୀଷିକା' ପ୍ରବନ୍ଧରେ ଜାତିପ୍ରଥାକୁ ନେଇ ଆମ ସମାଜରେ ଦେଖାଯାଉଥିବା ଅବ୍ୟବସ୍ଥାକୁ ପ୍ରାବନ୍ଧିକ ଆଲୋଚନା କରିଛନ୍ତି। ବେଦ ଅନୁସାରେ ପଣ୍ଡିତମାନେ ପୁରୁଷସୂକ୍ତକୁ ବ୍ରାହ୍ମଣ, କ୍ଷତ୍ରିୟ, ବୈଶ୍ୟ ଓ ଶୂଦ୍ର ଭାବରେ ବିଭାଜିତ କରିଥିଲେ ଅର୍ଥାତ୍ ପ୍ରବୃତ୍ତି ଅନୁସାରେ ବର୍ଣ୍ଣ ବିଭାଜନର ମୁଖ୍ୟ ଆଭିମୁଖ୍ୟ ଥିଲା। ଏମାନଙ୍କର ମୂଳଲକ୍ଷ୍ୟ ଛୁଆଁ ଅଛୁଆଁ ଉଚ୍ଚନିଚ ଭେଦଭାବକୁ ନେଇ ହୋଇନଥିଲା। ସେଥିପାଇଁ ତ ଗୌତମ ଋଷି ସତ୍ୟକାମ ଯାବାଳର ସତ୍ୟନିଷ୍ଠ ଭାବନାକୁ ଦେଖି ତାକୁ ବ୍ରାହ୍ମଣ ବୋଲି ଘୋଷଣା କରିଥିଲେ। ପରନ୍ତୁ, କାଳକ୍ରମେ ଏହି ଜାତିପ୍ରଥା ବଂଶାନୁକ୍ରମିକରେ ରୂପାନ୍ତରିତ ହେଲା। ଧୀରେ ଧୀରେ ପରିବେଶ ଓ ପରିସ୍ଥିତି ଅନୁସାରେ ଆହୁରି ଉପଜାତିରେ ପରିଣତ ହେଲା ଯେମିତି ଦୁର୍ଭିକ୍ଷରେ ଅନାହାର ଯେଉଁ ଖାଦ୍ୟମିଳିଲା ସେଠାରେ ଖାଉଥିବା ଲୋକଙ୍କୁ ଛତରଖିଆ ବୋଲି କୁହାଗଲା ସମୟାନୁସାରେ ଏହାକୁ ରାଜନୈତିକ ଅସ୍ତ୍ର କରି କ୍ଷମତାରେ ପ୍ରୟୋଗ କରାଗଲା। ଉଚ୍ଚବଂଶଜମାନେ କେତେବେଳେ ନିମ୍ନ ଜାତିମାନଙ୍କ ଉପରେ ଅତ୍ୟାଚାର କରୁଛନ୍ତି,ତ ଆଉ କେଉଁଠି ଏହି ଜାତିପ୍ରଥାକୁ ନେଇ ହତ୍ୟା ଓ ଆତ୍ମହତ୍ୟା ଭଳି ପରିସ୍ଥିତି ସୃଷ୍ଟି ହେଉଛି। ଏଥିପାଇଁ ପ୍ରାବନ୍ଧିକ କ୍ଷୋଭଭରା କଣ୍ଠରେ କୁହନ୍ତି- "ଜାତିଗତ ଏବଂ ଉପଜାତି ଗତ ମାନସିକତା, ଭ୍ରାନ୍ତ ଏବଂ ଉଦ୍‌ଭ୍ରାନ୍ତ ଗୋଷ୍ଠୀଗତ ପରିଚୟକୁ ଶୋଷଣ କରି ଯେଉଁ ଧୂର୍ତ୍ତ ବ୍ୟକ୍ତିବର୍ଗ ନେତୃତ୍ୱ ଉପାର୍ଜନ କରିଛନ୍ତି, ଆଜି ଭାରତବର୍ଷ ପାଇଁ ଦୁର୍ବିସହ ଅଭିଶାପ। କାହିଁଗଲା ସମ୍ବିଧାନ ରଚନାର ପୁରାଧା, ଦଳିତ ବର୍ଗଙ୍କ ଅଦ୍ୱିତୀୟ ପ୍ରତିନିଧି ଶ୍ରୀଯୁକ୍ତ ଆମ୍ବେଦକରଙ୍କ ଆତ୍ମ ପ୍ରତ୍ୟୟ-ଯେ ଗୋଟିଏ ଦଶନ୍ଧିର ସଂରକ୍ଷଣାତ୍ମକ ପୃଷ୍ଟପୋଷକତା ଉତ୍ତାରୁ ସମାଜର ଚିତ୍ର ବଦଳିଯାଇଥିବ ?"[୩୪]

'ମୃତ୍ୟୁଦଣ୍ଡ ଯଥାର୍ଥ କି ? ତିନିଟି ପ୍ରତିବେଦନା' ଶୀର୍ଷକ ପ୍ରବନ୍ଧରେ ପ୍ରାବନ୍ଧିକ ମୃତ୍ୟୁ ଅପରାଧ ପରେ ଦୋଷୀକୁ ମୃତ୍ୟୁଦଣ୍ଡ ଦେବା କେତେଦୂର ଯଥାଯଥ ତତ୍ ସମ୍ପର୍କରେ ଆଲୋଚନା କରିଛନ୍ତି। ଦିଲ୍ଲୀର ନିର୍ଭୟା ହତ୍ୟାକାଣ୍ଡପରେ ଯେଉଁ ଦଣ୍ଡାଦେଶ ମିଳିଥିଲା

ତାହାକୁ ଆଧାର କରି ଏହି ତର୍କ ସୃଷ୍ଟିହୁଏ। ମୃତ୍ୟୁଦଣ୍ଡ ବ୍ୟବସ୍ଥା ପ୍ରାଚୀନ କାଳରୁ ପ୍ରଚଳିତ। କେତେକ ଦେଶରେ ଏହି ବ୍ୟବସ୍ଥା ଉଠାଇ ଦିଆଯାଉଥିବା ବେଳେ ଆଉ କେତେକ ଦେଶରେ ଏବେ ମଧ୍ୟ ପ୍ରଚଳିତ ଅଛି। କିଛି ତର୍କବିତମାନେ ଏହାର ସପକ୍ଷରେ ଥିବାବେଳେ ଆଉକିଛି ଏହାର ବିପକ୍ଷରେ ଅଛନ୍ତି। ସପକ୍ଷବାଦୀମାନଙ୍କର ଯୁକ୍ତି ଅନୁସାରେ ଅପରାଧୀକୁ ଯଦି ଉଚିତ୍ ଦଣ୍ଡ ଦିଆଯିବ ତେବେ ତାହା ଅନ୍ୟ ଅପରାଧୀମାନଙ୍କୁ ସେଥିରୁ ନିବୃତ୍ତକରାଇ ପାରିବ। ଅନ୍ୟଯୁକ୍ତିଟି ହେଲା ଦଣ୍ଡଟି ଯଦି ଉଦାହରଣ ପୂର୍ଣ୍ଣ ନ ହୁଏ ତେବେ ଅପରାଧୀ ପୁନଃ ସେହି ଅପରାଧ କରିବ। ବିପକ୍ଷବାଦୀଙ୍କ ମତହେଉଛି ଯଦି ନରହତ୍ୟା ଅପରାଧ ତେବେ ଆଇନ୍ ଅନୁସାରେ ଅପରାଧୀକୁ ମୃତ୍ୟୁଦଣ୍ଡ ଦେଲେ ମଧ୍ୟ ତାହା କ'ଣ ହତ୍ୟା ନୁହେଁ। ମୃତ୍ୟୁ ଦଣ୍ଡାଦେଶ ଦିଆଗଲେ ସେ ଅନୁତାପ କିମ୍ବା ସଂଶୋଧନ କରିବାରୁ ନିବୃତ୍ତରୁହେ। ଆଉ କେହି କେହି କୁହନ୍ତି ପ୍ରକୃତ ଦଣ୍ଡ ହେଉଛି, ତାକୁ ଜୀବନସାରା ବନ୍ଦୀରଖି ଅନୁତାପ କରିବାକୁ ଛାଡିଦିଆଯାଉ।

ପରନ୍ତୁ, ପ୍ରାବନ୍ଧିକଙ୍କର ଏହି ବିଚାରରେ ତିନୋଟି ପ୍ରତିବେଦନା ହେଉଛି- ପ୍ରଥମରେ ମୃତ୍ୟୁ ମଣିଷ ପାଇଁ ଶେଷସୁଖ ଏଣୁ; ଏହା ସମସ୍ତଙ୍କ ଜୀବନରେ ଆସେ ସୁତରାଂ ଏହା ଦଣ୍ଡ ହୋଇନପାରେ। ଦ୍ୱିତୀୟରେ ଏହି ଦଣ୍ଡ ପାଇବା ମାତ୍ରେ ତା' ମାନସିକ ପ୍ରଭାବ ଅଧିକ ବିବୃତ କରିଦିଏ। ତୃତୀୟରେ ଅପରାଧୀମାନେ ସାଧାରଣତଃ ଚାରିତ୍ରିକ ବ୍ୟକ୍ତିତ୍ୱରୁ ସୃଷ୍ଟି ହୁଏ ନାହିଁ। ଏହା ଅକସ୍ମାତ ହୋଇଥିବା ଯୋଗୁଁ ସେ ନିଜକୁ ନିୟନ୍ତ୍ରିତ ରଖିପାରେନାହିଁ। ସବୁଠାରୁ ବଡ଼ କଥା ହେଉଛି ଦଣ୍ଡ ଦିଆଯାଉଥିବା ବ୍ୟକ୍ତି ଜଣଙ୍କ ଯଦି ପ୍ରକୃତ ଅପରାଧୀ ହୋଇନଥିବ ତେବେ ଏହା ସେହି ରାଷ୍ଟ୍ର ପାଇଁ ବଡ଼ ବିଡ଼ମ୍ବନା ମାତ୍ର। ପ୍ରାବନ୍ଧିକଙ୍କ ଭାଷାରେ- "କହିବାବାହୁଲ୍ୟ, ମଣିଷର ଚେତନାରେ କିଛି ଗୁଣାତ୍ମକ ପରିବର୍ତ୍ତନ ନହେବା ପର୍ଯ୍ୟନ୍ତ ମୃତ୍ୟୁଦଣ୍ଡ ପାଇବାର ଉପଯୁକ୍ତ ଅପରାଧୀମାନେ ସଂଘଟିତ ହେଉଥିବ। ତଥାପି ମୃତ୍ୟୁଦଣ୍ଡ ଶୁଭଂକର ନୁହେଁ। x x x ଅନ୍ୟ କାରଣ ହେଲା ଅତୀନ୍ଦ୍ରିୟ ଜଗତରେ ଏକ ସତ୍ୟ : ପ୍ରତିଟି ପ୍ରଚାରିତ ବା ଅପ୍ରଚରିତ ମୃତ୍ୟୁ ଦଣ୍ଡ ବାତାବରଣରେ ଅଶୁଭ ଶକ୍ତିମାନଙ୍କୁ ଆହ୍ଲାଦିତକରେ : ବାତାବରଣରେ ଏକ ସୂକ୍ଷ୍ମ ନେତିବାଚକ, ବିମର୍ଷକର ଏବଂ ପ୍ରକୃତ ତରଂଗ ଖେଳିଯାଏ।"[୩୫] ସମାଜକୁ ସତମାର୍ଗ ଓ ଉଚିତ ଲକ୍ଷ୍ୟ ପଥରେ ଅଗ୍ରସର କରାଇବା ନିମନ୍ତେ ପ୍ରାବନ୍ଧିକ 'ଐତିହାସିକ ବିଡ଼ମ୍ବନା' ପ୍ରବନ୍ଧରେ କହିଛନ୍ତି,ଯେ- ସମ୍ପ୍ରତି ଆମ ସମାଜରେ ଗୋଟିଏ ରାଜନୈତିକ ବ୍ୟାଧି ଦେଖିବାକୁ ମିଳେ। ପ୍ରତିହିଂସା ପରାୟଣ ହୋଇ ଗୋଟେ ଦଳ ଅନ୍ୟ ଦଳର ପ୍ରତିଷ୍ଠିତ ବ୍ୟକ୍ତିମାନଙ୍କର ପ୍ରତିମୂର୍ତ୍ତିକୁ ଭାଙ୍ଗିବା ପରି ହୀନକାର୍ଯ୍ୟ ଦେଖିବାକୁ ମିଳୁଛି।

ପ୍ରାବନ୍ଧିକ ଏଥିପାଇଁ ବ୍ୟଙ୍ଗ ଛଳରେ କୁହନ୍ତି ଜୀବନ୍ତ ବ୍ୟକ୍ତିଙ୍କୁ ସୁରକ୍ଷା ଦେବା ପାଇଁ ଯେତିକି ସୁରକ୍ଷାବାହିନୀ ତିଆରି ହୋଇଛନ୍ତି ତା'ଠାରୁ ଅଧିକ ଆବଶ୍ୟକ ହେବ ଏହି ପ୍ରତିମୂର୍ତ୍ତିକୁ ସୁରକ୍ଷା ଦେବା ନିମନ୍ତେ। ଅର୍ଥାତ ଏହି ଭଣ୍ଡ ରାଜନୈତିକ ପ୍ରହସନ ମଣିଷର ମାନସିକତାରେ ବସା ବାନ୍ଧି ସରିଲାଣି। ହେଲେ ପ୍ରାବନ୍ଧିକଙ୍କ ବିଚାରରେ ଆମକୁ ପ୍ରାକ୍ ଇତିହାସକୁ ଭଲଭାବେ ଜାଣିବା ଓ ବୁଝିବା ଦରକାର। ଯେଉଁମାନେ ଦେଶ ଜାତି ପାଇଁ କଲ୍ୟାଣ ମୂଳକ ପଦକ୍ଷେପ ନେଇଛନ୍ତି, ସେମାନଙ୍କ ପ୍ରତିମୂର୍ତ୍ତି ମଧ୍ୟ ଆବଶ୍ୟକ ନାହିଁ ସେମାନେ ସ୍ଥୂଳ ବିଚାରରେ ସବୁଦିନ ପାଇଁ ଅମର ହୋଇ ରହିଛନ୍ତି। ଉଦାହରଣ ଅନୁସାରେ ମହାଭାରତ ଯୁଦ୍ଧପରେ ଶ୍ରୀକୃଷ୍ଣ ଗୀତାରେ ଯେଉଁ ଜ୍ଞାନ ଦେଇଯାଇଛନ୍ତି ତାହାକୁ ଚାହିଁଲେ ସୁଦ୍ଧା ଆମେ ଭୁଲିପାରିବା ନାହିଁ। ବୁଦ୍ଧଙ୍କ ଜ୍ଞାନମାର୍ଗ ଆଜି ମଧ୍ୟ ଆମଜୀବନର ପଥପଦର୍ଶକ ହୋଇ ରହିଛି। ଯୀଶୁଙ୍କୁ ହତ୍ୟା କରାଯିବା ପରେ ମଧ୍ୟ ସମଗ୍ର ମାନବ ଜଗତର ମଙ୍ଗଳ କାମନା କରୁଥିବାରୁ ଆଜି ସେ ଅମର ହୋଇରହିଛନ୍ତି। ପ୍ରାବନ୍ଧିକଙ୍କ ଭାଷାରେ- "ବିବର୍ତ୍ତନୀ ଶକ୍ତି ଏକ ଅକଳନୀୟ ସୂକ୍ଷ୍ମ ମହାଶକ୍ତି। ତଥ୍ୟଗତ ଘଟଣାବଳୀ ସେହି ଶକ୍ତିର ଆଂଶିକ ପ୍ରକାଶମାତ୍ର। ସ୍ଥୂଳ ଘଟଣା ନୁହେଁ, ଘଟଣାର ପଶ୍ଚାତରେ ଥିବା ଅଦୃଶ୍ୟ ଶକ୍ତି ହିଁ ପ୍ରକୃତ ଇତିହାସ। ହେତୁବାଦ, ଯୁକ୍ତି, ଯୋଗାଯୋଗ, କ୍ରିୟା ପ୍ରତିକ୍ରିୟା- ଏହିଭଳି କୌଣସି ଗୋଟିଏ ମଧ୍ୟ ତତ୍ତ୍ୱ ଦ୍ୱାରା ସେ ଶକ୍ତିର ଗତିବିଧିକୁ ବ୍ୟାଖ୍ୟାଭୁକ୍ତ କରିବା ସମ୍ଭବପର ନୁହେଁ।"[୩୬] ସୁତରାଂ ଇତିହାସକୁ ଯେଉଁ ମହାନ୍ ଶକ୍ତି ନିୟନ୍ତ୍ରଣକରେ ସେଥିପ୍ରତି ଆମେ ଯତ୍ନଶୀଳ ନହୋଇ କେବଳ ପ୍ରତିମୂର୍ତ୍ତି ଗଢିବା କିମ୍ବା ଭାଙ୍ଗିବାରେ କିଛି ଫଳପ୍ରାପ୍ତି ହୁଏ ନାହିଁ, ବୋଲି ପ୍ରାବନ୍ଧିକ ମତପୋଷଣ କରନ୍ତି। ଆଜିର ସମାଜରେ ସବୁଠାରୁ ଭୟଙ୍କର ଦୂରାରୋଗ୍ୟ ହେଉଛି ମୋବାଇଲ୍। ପ୍ରାବନ୍ଧିକ ତାଙ୍କ 'ଦୂରଭାଷୀ କୁହୁକିନୀ' ପ୍ରବନ୍ଧରେ ବର୍ତ୍ତମାନ ସମୟରେ ମନୁଷ୍ୟର ଏହି ମୋବାଇଲ୍ ପ୍ରତି ଗୋଟେ ପ୍ରକାର ଆହେତୁକ ପ୍ରେମ ହୋଇଯାଇଛି ବୋଲି ପ୍ରତ୍ୟେକ ମୁହୂର୍ତ୍ତରେ ତାକୁ ଏହି ଯନ୍ତ୍ରାଂଶଟି ଆବଶ୍ୟକ ହେଉଛି। ମନେହେଉଛି ବିଜ୍ଞାନ ଆମକୁ ଗୋଟିଏ ବୃହତ ଶକ୍ତି ଦ୍ୱାରା ଭାଗ୍ୟବାନ୍ କରାଇଛି। ହେଲେ ସେ ଭୁଲିଯାଇଛି, ଆମେ ମୋବାଇଲ୍ କୁ ପରିଚାଳନା କରୁନାହାନ୍ତି ବରଂ ସେ ଆମକୁ ଏକ ଅଦୃଶ୍ୟ ଶକ୍ତିଦ୍ୱାରା ତା ଆଡକୁ ଆକର୍ଷିତ କରାଉଛି। ଦିନ ଥିଲା ଟେଲିଭିଜନ ଓ ଟେଲିଫୋନ୍ ଆମ ଜୀବନ ଶୈଳୀକୁ ସଂସ୍କାର, ପରିମାର୍ଜିତ ଓ ଦୂରବିଦେଶର ଖବର ଦେବାରେ ଉପାଦେୟ ହେଉଥିଲା। ହେଲେ ଆଜି ଏଇ ମୋବାଇଲ୍ ଆମ ଜୀବନଚର୍ଯ୍ୟାକୁ ନିୟନ୍ତ୍ରଣ କରୁଛି। ଏହି ଯନ୍ତ୍ରକୁ ବେପରୁଆ ଢଙ୍ଗରେ ବ୍ୟବହାର କରି ଦୈନିକ ଅନେକ ମଣିଷ ଜୀବନ ହାରୁଥିବାର ଦେଖିବାକୁ ମିଳୁଛି।

ଏକ ଗବେଷଣା ଅନୁସାରେ ଦଶବର୍ଷରୁ ଅଧିକ ସମୟ କିଶୋର କିଶୋରୀମାନେ ଯଦି ମୋବାଇଲ୍ ବ୍ୟବହାର କରନ୍ତି ତେବେ ସେମାନଙ୍କୁ କ୍ୟାନ୍ସର ହେବାର ଆଶଙ୍କା ଅଧିକ। ସୁତରାଂ କହିବାକୁ ଗଲେ ମଣିଷ ଆଜି ସ୍ୱାଧୀନମନେ କଲେ ସୁଦ୍ଧା ଏବେ ମଧ୍ୟ ଆତ୍ମ ସଚେତନ ହୋଇପାରିନାହିଁ ଓ ଏଥିପାଇଁ ପ୍ରାବନ୍ଧିକ କହିଛନ୍ତି- "ବିବର୍ତ୍ତନୀ ଶକ୍ତିଟାହେଁ, ମଣିଷ ନିଜର ଯାବତୀୟ ଅପୂର୍ଣ୍ଣତାରୁ ଉତ୍ତୀର୍ଣ୍ଣ ହୋଇ ଏକ ନୂତନ ଜୀବନର ସୂତ୍ରପାତ କରୁ। ମଣିଷକୁ ଅଜସ୍ର ଐଶ୍ୱର୍ଯ୍ୟରେ ଭଗବାନ କରିଚାଲିଛି ବିଜ୍ଞାନ। ସେ ସବୁର ବ୍ୟବହାର ମାଧ୍ୟମରେ ସେ ଆପଣାର ଜୀବନକୁ ସ୍ୱଚ୍ଛଳ କରିପାରିବ; ସ୍ଥୁଳ ସୁବିଧା ସୁଯୋଗ ହାସଲ କରିବା ନିମନ୍ତେ ତାକୁ ଯଦି ଯଥେଷ୍ଟ ସମୟ ଓ ସାମର୍ଥ୍ୟ ବ୍ୟୟକରିବାକୁ ନପଡ଼ିବ ତେବେ ସେ ହବ ଅନ୍ତର୍ମୁଖୀ।"[୩୭]

ମଣିଷ ଦିନକୁ ଦିନ ଯେତେ ଶିକ୍ଷିତ ହେଉଛି, ତା'ର ଆଚରଣରେ ସେ ପରିବର୍ତ୍ତନ ହେବା ବଦଳରେ ସେ ସେତେ ଅଶିକ୍ଷିତଙ୍କ ପରି ବ୍ୟବହାର କରୁଛି। ସମ୍ପ୍ରତି କଲେଜମାନଙ୍କରେ ଯେଉଁଭଳି ରାଗିଂ କରିବାର ଅମାନୁଷିକତା ସୃଷ୍ଟି ହେଉଛି ପ୍ରାବନ୍ଧିକ ତାହାକୁ କଡ଼ା ନିନ୍ଦା କରି ତାହାକୁ ରାଗିଂରାକ୍ଷସ ବୋଲି କୁହନ୍ତି। ପ୍ରାକ୍ ଇତିହାସରେ ମଣିଷ ମଣିଷ ମଧ୍ୟରେ ପ୍ରତିଦ୍ୱନ୍ଦିତା ଯୋଗୁଁ ଆକ୍ରମଣ ପ୍ରତିଆକ୍ରମଣ ହେଉଥିଲା ପରନ୍ତୁ, ଅଧୁନା ଏ ଯୁବସମାଜ ସାମୂହିକ ମନୋରଞ୍ଜପାଇଁ ଯେଉଁଭଳି ତାଙ୍କରି ସାନ ଭଉଣୀଙ୍କ ବୟସର ପିଲାମାନଙ୍କୁ ରାଗିଂ ନାମରେ ହଇରାଣ ହରକତ କରୁଛନ୍ତି ତାହା ବଡ଼ ନିନ୍ଦନୀୟ। ଏଥିପାଇଁ ପ୍ରାବନ୍ଧିକ ସେମାନଙ୍କ ଦୋଷକୁ ବିଚାର ନକରି ସେମାନଙ୍କର ପରିବାର, ଶିକ୍ଷାନୁଷ୍ଠାନମାନଙ୍କର ଥିବା ଶିକ୍ଷକ ଏବଂ ଆଇନ୍ ବ୍ୟବସ୍ଥା ଉପରେ ପ୍ରଶ୍ନ ଉଠାଇଛନ୍ତି। ନୈତିକଜ୍ଞାନର ଅଭାବ ସଂସ୍କାରୀ ଆଭିମୁଖ୍ୟରୁ ବିମୁକ୍ତ ଏହି ହୀନମାନସିକତା ଛାତ୍ରଛାତ୍ରୀମାନଙ୍କୁ ବିଶୃଙ୍ଖଳିତ କରିଦିଏ। ଶିକ୍ଷାନୁଷ୍ଠାନ ହେଉଛି ମଣିଷର ନୈତିକ ଆଚରଣ ଓ ଉଚାରଣ ତିଆରି କରିବା ପାଇଁ ସୃଷ୍ଟି। ପରନ୍ତୁ, ଆଜି ଏପ୍ରକାର ଅବ୍ୟବସ୍ଥା ସମାଜ ପାଇଁ ଆଦୌ ଗ୍ରହଣୀୟ ନୁହେଁ। ଏଥିପାଇଁ ଉଭୟ ଅଭିଭାବକ ଓ ବୁଦ୍ଧିଜୀବିମାନଙ୍କୁ ଚିନ୍ତା କରିବାର ଅଛି। ବାସ୍ତବରେ ମନୋଜ ଦାସଙ୍କ ପ୍ରବନ୍ଧରେ ସମାଜର ବିଭିନ୍ନ ଦିଗରେ ଦେଖାଯାଉଥିବା ଅଭାବ ଅସୁବିଧା ଗୁଡ଼ିକ ଆକର୍ଷଣୀୟ ଢଙ୍ଗରେ ବର୍ଣ୍ଣନା କରିଛନ୍ତି। ସାମାଜିକ ପ୍ରଗତିରୁ ଆଜି ଅନ୍ତରାଳ ହୋଇ ଅମାନୁଷିକ ବ୍ୟବସ୍ଥାକୁ ପରିବର୍ତ୍ତନ କରିବା ପାଇଁ ସେ ତାଙ୍କ ସୃଜନ ପକ୍ରିୟାରେ ଯଥା ସମ୍ଭବ ପ୍ରୟାସ କରିଛନ୍ତି। ମଣିଷ ଏକ ଜାଗତିକ ମାୟାରେ ବାନ୍ଧି ହୋଇଛି ସତ, ପରନ୍ତୁ ସେ ମାୟାବନ୍ଧନରେ ଆବଦ୍ଧ ନହୋଇ ଦିବ୍ୟଜୀବନର ପଥଅନୁସରଣ କଲେ ଭବିଷ୍ୟତ ଉନ୍ନତି ହୋଇପାରିବ ବୋଲି ପ୍ରାବନ୍ଧିକଙ୍କ ଆଶା।

ପାଦଟୀକା:-

(୧) ପ୍ରଧାନ, କୃଷ୍ଣଚନ୍ଦ୍ର, ପଟ୍ଟନାୟକ, ଦେବୀପ୍ରସନ୍ନ, ବାରିକ୍, ପ୍ରଦୀପ୍ତ କୁମାର- 'ମନୋଜ କଳା ଓ କଳ୍ପନା' (ସଂପାଦକୀୟ ସମ୍ପର୍କ), ୨୦୧୦।

(୨) ଦାସ, ଚିତ୍ତରଞ୍ଜନ, 'ଓଡ଼ିଆ ସାହିତ୍ୟରେ ଇତିହାସ ସାମାଜିକ ସାଂସ୍କୃତିକ ଭିତ୍ତିଭୂମି', ଦ୍ୱିତୀୟ ସଂସ୍କରଣ- ୨୦୦୩ , ପୃ-୭।

(୩) 'ସମ୍ବାଦ' ୧୩ ନଭେମ୍ବର, ୨୦୨୦।

(୪) ଦାସ, ମନୋଜ, 'ସୃଜନୀ ସମଗ୍ର' (ପ୍ରଥମ ଖଣ୍ଡ), (ଭାରତୀୟତାର ସଂଜ୍ଞା), ପୃ- ୨୯୨।

(୫) ପାଢୀ, ବେଣୀମାଧବ, 'ଭାରତୀୟସଂସ୍କୃତିର ପ୍ରତୀକ ଜଗନ୍ନାଥ, ପୃ- ୭୭।

(୬) ଦାସ, ମନୋଜ, 'ସୃଜନୀ ସମଗ୍ର' (ପ୍ରଥମ ଖଣ୍ଡ), (ବେଶ୍ ଭଲ ଦେଶଟେ), ପୃ- ୭୧।

(୭) ଦାସ, ମନୋଜ, 'ସୃଜନୀ ସମଗ୍ର' (ଦ୍ୱିତୀୟ ଖଣ୍ଡ), (ଭାରତ ଐତିହ୍ୟ: ଶତେକ ପ୍ରଶ୍ନର ଉତ୍ତର), ପୃ- ୫୧୦।

(୮) ଦାସ, ମନୋଜ, 'ସୃଜନୀ ସମଗ୍ର' (ଦ୍ୱିତୀୟ ଖଣ୍ଡ), (ସଂସ୍କୃତିରେ ସଙ୍କଟ), ପୃ- ୨୩୯।

(୯) ଦାସ, ମନୋଜ, 'ସୃଜନୀ ସମଗ୍ର' (ପ୍ରଥମ ଖଣ୍ଡ), (ଉପଭୋଗର ତୃଷ୍ଣା: ଗ୍ଲାନିବୋଧର ଯନ୍ତ୍ରଣା), ପୃ- ୬୫।

(୧୦) 'ସାହିତ୍ୟ ଚର୍ଚ୍ଚା' (ଓଡ଼ିଆ ସାହିତ୍ୟର ଦିଗ ଦିଗନ୍ତ), ୧୦ ମଇ ୨୦୨୧।

(୧୧) ଦାସ, ମନୋଜ, 'ସୃଜନୀ ସମଗ୍ର' (ପ୍ରଥମ ଖଣ୍ଡ), (ସଂକ୍ରାମକ ହସ୍ତୀ), ପୃ- ୧୬।

(୧୨) ଦାସ, ମନୋଜ, 'ସୃଜନୀ ସମଗ୍ର' (ପ୍ରଥମ ଖଣ୍ଡ), (ରପ୍ତାନିତ ଗୁରୁ), ପୃ- ୧୪୮।

(୧୩) 'ଇସ୍ତାହାର', ପୂଜାସଂଖ୍ୟା, ଅକ୍ଟୋବର, ୨୦୧୨, ପୃ-୧୧୨।

(୧୪) ଦାସ, ମନୋଜ, 'ସୃଜନୀ ସମଗ୍ର' (ପ୍ରଥମ ଖଣ୍ଡ), (ଦର୍ଶନ-ଶାସ୍ତ୍ରର ଅଣ୍ଡା କୁକୁଡ଼ା!), ପୃ-୨୪୩।

(୧୫) ଦାସ, ମନୋଜ, 'ସୃଜନୀ ସମଗ୍ର' ପ୍ରଥମ ଖଣ୍ଡ, (ମୂଲ୍ୟବୋଧର ସଙ୍କଟ), ପୃ-୧୬୯।

(୧୬) ଦାସ, ମନୋଜ, 'ସୃଜନୀ ସମଗ୍ର' ପ୍ରଥମ ଖଣ୍ଡ, (ଅପ୍ରାକୃତିକ ପ୍ରକୃତି), ପୃ-୫୯୪।

(୧୭) ଦାସ, ମନୋଜ, 'ସୃଜନୀ ସମଗ୍ର' ପ୍ରଥମ ଖଣ୍ଡ, (ବିଷକ୍ଲିଷ୍ଟ ମାନସ), ପୃ-୭୮୬।

(୧୮) ଦାସ, ମନୋଜ, 'ସୃଜନୀ ସମଗ୍ର' ପ୍ରଥମ ଖଣ୍ଡ, (ଭାଲୁପାଇଁ ଭେଟି !), ପୃ-୧୬୧।

(୧୯) ଦାସ, ମନୋଜ, 'ସୃଜନୀ ସମଗ୍ର' ପ୍ରଥମ ଖଣ୍ଡ, (ସ୍ୱାସ୍ଥ୍ୟ ବନାମ ସମୃଦ୍ଧି : ଅନ୍ୟ ଏକ ଦୃଷ୍ଟାନ୍ତ), ପୃ-୭୮୯।

(୨୦) ଦାସ, ମନୋଜ, 'ସୃଜନୀ ସମଗ୍ର' ପ୍ରଥମ ଖଣ୍ଡ, (ଏକ ଆଶାର ଦୃଷ୍ଟାନ୍ତ), ପୃ-୬୧୫।

(୨୧) ମିଶ୍ର,ନରେନ୍ଦ୍ରନାଥ, 'ଶୈଳୀ ଓ ସୀମାନ୍ତ (ଆଧୁନିକ ଓଡ଼ିଆ ସାହିତ୍ୟର ଆଧୁନିକ),ପୃ -୭୬।

(୨୨) ହୋତା, ସାତକଡ଼ି, 'ଓଡ଼ିଆ ଜାତୀୟତାର ଉତ୍ସ' (ଶ୍ରୀ ଜଗନ୍ନାଥ କିମ୍ବଦନ୍ତୀ :ଏକ ଭବିଷ୍ୟଧର୍ମୀ ପରମ୍ପରା),୨୦୧୭, ପୃ-୨୭୧।

(୨୩) ଦାସ, ମନୋଜ, 'ସୃଜନୀ ସମଗ୍ର' ପ୍ରଥମ ଖଣ୍ଡ, ('ଓଡ଼ିଆ' 'ଅହମିୟା' 'କନ୍ନଡିଗି'), ପୃ- ୧୯୨।

(୨୪) ଦାସ, ମନୋଜ, 'ସୃଜନୀ ସମଗ୍ର' ପ୍ରଥମ ଖଣ୍ଡ, (ବାଲିଯାତ୍ରା), ପୃ- ୬୨୪।

(୨୫) ଦାସ, ମନୋଜ, 'ସୃଜନୀ ସମଗ୍ର' ପ୍ରଥମ ଖଣ୍ଡ, (ଭାରତ ପାକିସ୍ତାନ ଏବଂ ଜାତୀୟତାବାଦ), ପୃ- ୮୭୩।

(୨୬) ଦାସ, ମନୋଜ, 'ସୃଜନୀ ସମଗ୍ର' ଦ୍ୱିତୀୟ ଖଣ୍ଡ, (ଯୋଗର ଅର୍ଥ କ'ଣ ?), ପୃ-୫୩୪।

(୨୭) ଦାସ, ମନୋଜ, 'ସୃଜନୀ ସମଗ୍ର' ଦ୍ୱିତୀୟ ଖଣ୍ଡ, (ମହାଜାତୀୟ ସଂହତିର ରହସ୍ୟ), ପୃ- ୭୩୯।

(୨୮) ଦାସ, ମନୋଜ, 'ସୃଜନୀ ସମଗ୍ର' ପ୍ରଥମ ଖଣ୍ଡ, (ଅଶୁଭ ଆଭିମୁଖ୍ୟ), ପୃ- ୭୪।

(୨୯) ଦାସ, ମନୋଜ, 'ସୃଜନୀ ସମଗ୍ର' ପ୍ରଥମ ଖଣ୍ଡ, (ଅନାଗତର ଅସ୍ତ୍ର), ପୃ-୧୨୫।

(୩୦) ଦାସ, ମନୋଜ, 'ସୃଜନୀ ସମଗ୍ର' ପ୍ରଥମ ଖଣ୍ଡ, (ଏକ ବିକଳ ସିଦ୍ଧାନ୍ତ), ପୃ- ୧୬୩।

(୩୧) ଦାସ, ମନୋଜ, 'ସୃଜନୀ ସମଗ୍ର' ପ୍ରଥମ ଖଣ୍ଡ, (ଅନାଗତ ପ୍ରଗତି), ପୃ-୧୭୦।

(୩୨) ଦାସ, ମନୋଜ, 'ସୃଜନୀ ସମଗ୍ର' ପ୍ରଥମ ଖଣ୍ଡ, (ବିଳମ୍ବିତ ସ୍ୱପ୍ନ), ପୃ- ୨୧୦-୧୧ ।

(୩୩) ଦାସ, ମନୋଜ, 'ସୃଜନୀ ସମଗ୍ର' ପ୍ରଥମ ଖଣ୍ଡ, (ହିଂସା-ବିଳାସ), ପୃ- ୨୧୭ ।

(୩୪) ଦାସ, ମନୋଜ, 'ସୃଜନୀ ସମଗ୍ର' ଦଶମ ଖଣ୍ଡ, (ଜାତି ଉପଜାତି : ଅହଂ ଏବଂ ଅଜ୍ଞାନର ବିଭୀଷିକା), ପୃ- ୨୪ ।

(୩୫) ଦାସ, ମନୋଜ, 'ସୃଜନୀ ସମଗ୍ର' ଦଶମ ଖଣ୍ଡ, (ମୃତ୍ୟୁଦଣ୍ଡ ଯଥାର୍ଥକି ? ତିନୋଟି ପ୍ରତିବେଦନ), ପୃ- ୩୩-୩୪ ।

(୩୬) ଦାସ, ମନୋଜ, 'ସୃଜନୀ ସମଗ୍ର' ଦଶମ ଖଣ୍ଡ, (ଐତିହାସିକ ବିଡ଼ମ୍ବନା), ପୃ- ୫୧ ।

(୩୭) ଦାସ, ମନୋଜ, 'ସୃଜନୀ ସମଗ୍ର' ଦଶମ ଖଣ୍ଡ, (ଦୁରଭାଷୀ କୁହୁକିନୀ), ପୃ- ୫୮ ।

ପଞ୍ଚମ ପରିଚ୍ଛେଦ

ମନୋଜ ଦାସଙ୍କ ପ୍ରବନ୍ଧରେ କଳାତ୍ମକ ବିଶ୍ଳେଷଣ-

(କ) ରଚନା ଶୈଳୀ

ସ୍ୱାଧୀନତା ପରବର୍ତ୍ତୀ ସମୟରେ ଓଡ଼ିଆ ପ୍ରବନ୍ଧ ସାହିତ୍ୟରେ ଜଣେ ଦିଗ ?ଗଜ ସ୍ରଷ୍ଟାକାର ଭାବେ ମନୋଜ ଦାସ ପାଠକଙ୍କ ପ୍ରିୟଭାଜନ ହୋଇପାରିଛନ୍ତି। ପ୍ରବନ୍ଧ କ୍ଷେତ୍ରରେ ତାଙ୍କ ବିଚାରଧାରା ଚଳିତ ସମାଜର ଦୃଷ୍ଟିଦିଗନ୍ତକୁ ଆଧାରିତ କରି ସୃଷ୍ଟି ହୋଇଥିବାର ଦେଖିବାକୁ ମିଳେ। ରଚନା ଶୈଳୀରେ ପାରଦର୍ଶିତା ତାଙ୍କୁ ଜଣେ ଖ୍ୟାତି ସମ୍ପର୍ଣ୍ଣ ଲେଖକ ଭାବେ ପରିଚିତ କରାଇଛି। ଶ୍ରୀଯୁକ୍ତ ଦାସ ନିଜର ସୁଚିନ୍ତିତ ବିଚାରଧାରାକୁ ସରଳ ଓ ସାବଲୀଳ ଢଙ୍ଗରେ ପରିବେଷିତ କରନ୍ତି। ତାଙ୍କ ପ୍ରବନ୍ଧ ଶୈଳୀକୁ ବିଚାର କରି ପ୍ରଫେସର ବାଉରୀବନ୍ଧୁ କର କୁହନ୍ତି- "ମନୋଜ ଦାସଙ୍କ ପ୍ରବନ୍ଧ ହେଉଛି, ତାଙ୍କ ବ୍ୟକ୍ତିତ୍ୱର ସ୍ୱୟଂ ସମୃଦ୍ଧ ପରିପ୍ରକାଶ। କଥାକାର ଭାବେ ସେ ଯେତିକି ବିଖ୍ୟାତ, ମନେହୁଏ ପ୍ରାବନ୍ଧିକ ଭାବରେ ସେ ଆହୁରି ଶକ୍ତିଶାଳୀ। କଥାକାର ରୂପେ ତାଙ୍କୁ ଆମେ ଯେତିକି ଚିହ୍ନିଛୁ, ସେହି ପରିମାଣରେ ତାଙ୍କୁ ପ୍ରାବନ୍ଧିକ ରୂପେ ଚିହ୍ନି ପାରିଲେ, ତାହାଙ୍କ ଯଥାର୍ଥ ପରିଚୟ ପାଇପାରିବା।"[୧] ସମାଜର କୋଣ ଅନୁକୋଣକୁ ସେ ଗଭୀର ଭାବରେ ଅନୁସନ୍ଧାନ କରିପାରୁଥିଲେ। ଏଥିପାଇଁ ସମସ୍ତ ବର୍ଗର ପାଠକମାନଙ୍କୁ ସୁହାଇଲା ପରି ସେ ନିଜର ନିଜସ୍ୱ ଶୈଳୀକୁ ପ୍ରୟୋଗ କରୁଥିଲେ। ତାଙ୍କ ରଚନାର ଶୈଳୀଗତ ବିଚାର ନିମ୍ନରେ ଆଲୋଚନା କରାଗଲା।

ବିଷୟ ଚୟନ / ନାମକରଣ

ଆମେ ସମସ୍ତେ ଜାଣିଛନ୍ତି ସୃଜନାତ୍ମକ କ୍ରିୟା ହେଉଛି ସ୍ରଷ୍ଟାର ମାନସ ସନ୍ତାନ। ଏହାକୁ ସରସ ସୁନ୍ଦର ଭାବରେ ଗଢି ତୋଳିବାକୁ ସେ ଆପ୍ରାଣ ଉଦ୍ୟମ କରିଥାଏ। ଏଥିପାଇଁ ପ୍ରଥମ ପଦକ୍ଷେପ ହେଲା ବିଷୟବସ୍ତୁ ଚୟନ ବା ନାମକରଣ ପ୍ରକ୍ରିୟା। ପ୍ରାବନ୍ଧିକ ମନୋଜ ଦାସ ପ୍ରଥମେ ଜଣେ ବହୁପାଠୀ ଓ ବହୁ ଅନୁଭବୀ ବ୍ୟକ୍ତିବିଶେଷ। ସେ ପ୍ରାୟ ଦେଶ ବିଦେଶର ସମସ୍ତ ଘଟଣା ଓ ଦୁର୍ଘଟଣା ବିଷୟରେ ଜାଣିପାରୁଥିଲେ। ଯାହାଦ୍ୱାରା ତାଙ୍କ ଦୃଷ୍ଟିଶକ୍ତି ମଧ ବ୍ୟାପକତା ଆଡ଼କୁ ଅଗ୍ରସର

ହୋଇଥିଲା । ପ୍ରାଚ୍ୟ ଓ ପାଶ୍ଚାତ୍ୟର ଦର୍ଶନଠାରୁ ଆରମ୍ଭ କରି ସାମାଜିକ, ରାଜନୈତିକ, ଦାର୍ଶନିକ, ମନସ୍ତାତ୍ତ୍ୱିକ, ସହିତ୍ୟିକ, ଅର୍ଥନୈତିକ ଏବଂ ଆଧ୍ୟାତ୍ମିକ ଭଳି ଘଟଣାକୁ ଆଧାରିତ କରି ପ୍ରବନ୍ଧ ନିମନ୍ତେ ବିଷୟ ନିର୍ବାଚନ ଓ ନାମକରଣ କରିଛନ୍ତି । ତାଙ୍କ ପ୍ରବନ୍ଧର ନାମକରଣରୁ ପାଠକର ଜିଜ୍ଞାସା ଶକ୍ତି ପ୍ରଲୁବ୍ଧ ହୁଏ । ସାମାଜିକ ଘଟଣାକୁ ଆଧାର କରି ସେ ରଚନା କରିଥିବା ପ୍ରବନ୍ଧ ମଧ୍ୟରେ 'ଛଳନର ସାମ୍ରାଜ୍ୟ', 'ମାଇକ୍ରୋଫୋନ୍ ଶାଣିତ ଭକ୍ତିଯୋଗ', 'ହିଂସା ଓ ଅହିଂସା', 'ଯୁଗ ସଙ୍କଟର ସ୍ୱରୂପ', 'ବାମାନର ଭବିଷ୍ୟତ', 'ପୁତ୍ର ମଦମତ୍ତ', 'ଦୁର୍ଗତି ମାର୍ଗରେ ପ୍ରଗତି', 'ଯନ୍ତ୍ର ବନାମ ମଣିଷ', 'ରାଗିଂ ରାକ୍ଷସ' ଇତ୍ୟାଦି ଅନ୍ୟତମ । ସେହିପରି ଧର୍ମକୁ କେନ୍ଦ୍ରକରି ନାମକରଣ କରିଥିବା କେତେକ ପ୍ରବନ୍ଧ ମଧ୍ୟରେ 'ଆସ୍ତିକ–ନାସ୍ତିକ', 'ବିଧତାର ଧର୍ମ ବନାମ ମଣିଷର ଧର୍ମ', 'ଓମ୍ ର ଅନୁବାଦ', 'ଏକ ବିସ୍ମୃତ ଧର୍ମ ଓ ତାର ପ୍ରବର୍ତ୍ତକ', 'ଦୁଇ ବିଦ୍ରୋହ', 'ଗତାୟୁ ମଧ୍ୟ ସ୍ୱତାଧିକାର', 'ଏକ ଉଜ୍ଜ୍ୱଳ ଉଦ୍ୟମର ଇତିକଥା', 'ଧର୍ମର ତିନି ପ୍ରର୍ଯ୍ୟାୟ : ଏକ ବିହଙ୍ଗାବଲୋକନ' ଇତ୍ୟାଦି ପ୍ରବନ୍ଧ ଦେଖିବାକୁ ମିଳେ ।

ସେହିପରି ସାହିତ୍ୟକୁ ଆଧାର କରି ନାମରଖିଥିବା କେତେକ ପ୍ରବନ୍ଧ ମଧ୍ୟରେ- 'ସାହିତ୍ୟ ଓ ଆଧ୍ୟାତ୍ମ- ଜୀବନ', 'ସାହିତ୍ୟ ଏବଂ ଅସାହିତ୍ୟ : ଷଟ୍ ପ୍ରବାହ', 'ସାହିତ୍ୟର ଆଭିମୁଖ୍ୟ', 'ସାହିତ୍ୟର ପୃଷ୍ଟ ପୋଷକ', 'ସାହିତ୍ୟ ଓ ଔଚିତ୍ୟବୋଧ', 'ଭାରତୀୟ ସାହିତ୍ୟ : ଦୁଇ ସମାନ୍ତରାଳ ପରମ୍ପରା', 'ଶିଶୁ ସାହିତ୍ୟ ନୀତିବାଚକ ହେବା କେତେଦୂର ଆବଶ୍ୟକ ?' । ସେହିପରି ପରିବେଶଗତ ବିଷୟବସ୍ତୁକୁ ନାମକରଣ କରି ରଚିତ ହୋଇଥିବା ପ୍ରବନ୍ଧ ମଧ୍ୟରେ 'ବୃକ୍ଷ', 'ପ୍ରକୃତିର ପ୍ରତିହିଂସା', 'ଭାଲୁପାଇଁ ଭେଟି', 'ଦାୟିତ୍ୱ ହୀନ', 'ଉଦାର ସୂର୍ଯ୍ୟ', 'ପ୍ରକୃତିର ଆଭିମୁଖ୍ୟ', 'ଦଣ୍ଡକାରଣ୍ୟ : ଦୁଇ ଅଭିଶାପ', 'ନୂତନ କୋଣାର୍କ', 'ବିଷକ୍ଲିଷ୍ଟ ମାନସା', 'କୋକିଶିଆଳ ବନାମ ଆଭିଜାତ ମଣିଷ', 'ଅଭିଶପ୍ତ ମେରିନା' ଇତ୍ୟାଦି ଅନ୍ୟତମ । ସେହିପରି ଶିକ୍ଷା ବ୍ୟବସ୍ଥାକୁ ଆଖି ଆଗରେ ରଖି ରଚନା କରିଥିବା କେତେକ ପ୍ରବନ୍ଧ ମଧ୍ୟରେ 'ଏକ ନଚିକେତାର କଣ୍ଠରୋଧ', 'ଏ ଅଭିଯାନ ବନ୍ଦ ହେଉ', 'ପ୍ରାଚୀନ ଭାରତର ଶିକ୍ଷା ପ୍ରଣାଳୀ', 'ପାଠାଗାର ଆନ୍ଦୋଳନ', 'ବାସ୍ତବରେ ଜରୁରୀ ଯେଉଁ ସଂରକ୍ଷଣ', 'ଅଜ୍ଞାନ ଅହଂ ଶିକ୍ଷାଗାର' । ଇତିହାସ ଓ କିମ୍ବଦନ୍ତୀମୂଳକ ବିଷୟ ବସ୍ତୁକୁ ନେଇ ରଚିତ ପ୍ରବନ୍ଧ ମଧ୍ୟରେ 'ବିଦ୍ରୋହର ବିସ୍ମୃତିର ସାମ୍ବାଦିକ', 'ହରପ୍ପାର ଅଶ୍ୱ', 'ଭାସ୍କୋଡା-ଗା-ମା', 'ପ୍ରଥିତ ଇତିହାସ', 'ନିରୀହ ଛଦ୍ମତା', 'ଐତିହାସିକ ବିଡ଼ମ୍ବନା', 'ଲଙ୍କା ଆବିଷ୍କାର-୧, ୨', 'ଭବାନୀ ତରବାରୀ', 'ପାଣ୍ଡେୟ ପାଣ୍ଡିତ୍ୟ' ପରି କେତେକ ପ୍ରବନ୍ଧ ଦେଖିବାକୁ ମିଳେ । ପ୍ରାବନ୍ଧିକ ଏହିପରି ଦର୍ଶନ, ସଂସ୍କୃତି ଓ ମନସ୍ତତ୍ତ୍ୱଧର୍ମୀ ଚିନ୍ତା

ଚେତନାର ବିଷୟବସ୍ତୁକୁ ନେଇ ଅନେକ ପ୍ରବନ୍ଧ ରଚନା କରିଥିବାର ଦେଖିବାକୁ ମିଳେ।

ବିଶ୍ଲେଷଣାତ୍ମକ ଶୈଳୀ-

ପ୍ରାବନ୍ଧିକ ଦାସଙ୍କ ଅନୁଭାବାତ୍ମକ ପ୍ରକ୍ରିୟା ଅତ୍ୟନ୍ତ ଗଭୀରତମ। ସାଧାରଣ ବିଷୟରୁ ତଥ୍ୟ ଆଣି ବୌଦ୍ଧିକ ବିଚାରରେ ପ୍ରକାଶ କରିବାରେ ସେ ଧୂରୀଣ। ପାଠକ ହୃଦୟଙ୍ଗମ କରିବା ପରି ତାଙ୍କ ବିଶ୍ଲେଷଣ ପ୍ରକ୍ରିୟାଟି ଅତ୍ୟନ୍ତ ଚମକପ୍ରଦ। ସୃଷ୍ଟିର ଗୂଢ଼ ରହସ୍ୟଠାରୁ ଅଲୌକିକ ଜଗତର ଆତ୍ମା ସନ୍ଧାନ ପର୍ଯ୍ୟନ୍ତ ସମସ୍ତ ତଥ୍ୟ ଗୁଡ଼ିକୁ ବେଶ୍ ଚମତ୍କାର ଢଙ୍ଗରେ ପରିବେଷଣ କରିଛନ୍ତି। ତାହା ନିମ୍ନରେ ବର୍ଣ୍ଣନା କରାଗଲା।

"ସୂର୍ଯ୍ୟ ଉଦୟହୋଇ, ବିରାଜମାନ ରହି ପୁନର୍ବାର ଅସ୍ତ ନଗଲେ ପୁନର୍ବାର ସୂର୍ଯ୍ୟୋଦୟ ସମ୍ଭବ ନୁହେଁ।"[୨] ଭିନ୍ନ କାରଣ ଯୋଗୁଁ ଭଗବାନ ଭିନ୍ନ ଭିନ୍ନ ରୂପ ଧାରଣ କରିଥାନ୍ତି। ଭଗବାନଙ୍କ ଅବତାର ସମ୍ପର୍କରେ ବର୍ଣ୍ଣନା କରିବାକୁ ଯାଇ ପ୍ରାବନ୍ଧିକ ଏ ପ୍ରସଙ୍ଗଟି ଉଲ୍ଲେଖ କରିଛନ୍ତି।

"ପ୍ରକୃତିର ନିଜସ୍ୱ ନିୟମଚକ୍ର ଉପରେ ଆଘାତ ପଡ଼ିଲେ ସେ ନିୟମର ଭାରସାମ୍ୟ ନଷ୍ଟ ହେବ ଏବଂ ଅଚାନକ ଭୂମିକମ୍ପ, ସମୁଦ୍ର ପ୍ଲାବନ, ଇତିହାସରେ ନାହିଁ ନଥିବା ତୋଫାନ ବଳେ ବଳେ ସୃଷ୍ଟି ହୋଇପାରେ ବୋଲି ଅନୁମାନ କରାଯାଉଛି।"[୩] ଆଜିର ପ୍ରାକୃତିକ ବିପର୍ଯ୍ୟୟ ସମ୍ପର୍କରେ ବର୍ଣ୍ଣନା କରିବାକୁ ଯାଇ ପ୍ରାବନ୍ଧିକ ତା'ର ମୂଳକାରଣକୁ ବିଶ୍ଲେଷଣ କରି ଏପରି କହିଛନ୍ତି।

"କାଳକ୍ରମେ ସମୁଦ୍ର ଅପସରିଗଲା। ଝିଅଟି ଯେଉଁଠି ସଲିଳ ସମାଧି ଲଭିଥିଲା, ସେଠି ରହିଗଲା ଏକ ସରୋବର, ତହିଁ ଫୁଟେ ଲାଲ ପଦ୍ମ। ପୁଅଟିର ସଲିଳ ସମାଧି ଚିହ୍ନିତ କରୁଥିବା ସରୋବରରେ ଫୁଟେ ଶ୍ୱେତପଦ୍ମ।"[୪] ଏଠାରେ ଲୋକ କାହାଣୀର ବର୍ଣ୍ଣନାତ୍ମକ ଶୈଳୀ ଅନୁସାରେ ଉତ୍କଳର ଗ୍ରାମୀଣ ପ୍ରୀତି ଦେଖିବାକୁ ମିଳେ।

"ବୈଦିକ ପ୍ରତିକତା ଅନୁସାରେ ସୁନା ସୂର୍ଯ୍ୟାଲୋକର ରଙ୍ଗ। (ଶ୍ରୀଅରବିନ୍ଦ) ସୂର୍ଯ୍ୟ ପୁଣି ଜ୍ଞାନର ପ୍ରତୀକ। ସେ ଦୃଷ୍ଟିରୁ ସୁନା ସ୍ଥୁଳ ଜଗତ ଓ ଜୀବ ଜଗତର ଅଜ୍ଞାନତା ଭିତରେ ଜ୍ଞାନର ହିଁ ପ୍ରତୀକ।"[୫] ସୁନାପ୍ରତି ଥିବା ମଣିଷର ଆକର୍ଷଣକୁ ବର୍ଣ୍ଣନା ବିଳାସୀ ହୋଇ ପ୍ରାବନ୍ଧିକ ମହତ୍ତ୍ୱର ପ୍ରତୀକ ସମ୍ପର୍କରେ ଆଲୋଚନା କରିଛନ୍ତି।

"ହିମାଳୟର ଆକର୍ଷଣ ଚିରଦିନ ଦୁର୍ନିବାର। ହିମାଳୟର ତୀର୍ଥ ଓ ଶୈଳ ନିବାସ ସକଳ ବସନ୍ତ ଓ ନିଦାଘ କାଳରେ ସତମୁଖର ହୋଇଉଠେ।"[୬] ପ୍ରାବନ୍ଧିକ ଶାନ୍ତ କାନ୍ତ ହିମାଳୟର ବର୍ଣ୍ଣନାରେ ପ୍ଲାବିତ ହୋଇ ଏପରି ବିଶ୍ଲେଷଣ କରିଛନ୍ତି।

"ସବୁ ଯୁଗର, ସବୁ ଜାତିର କଳ୍ପନାର ଏକ ଅବିଚ୍ଛେଦ୍ୟ ଅଂଶ ହେଉଛି ଚନ୍ଦ୍ରଲୋକ ସହିତ ଅନ୍ତରଙ୍ଗତା। ପୁରାଣରାଜି ଓ ଅଜସ୍ର କାବ୍ୟ-କାହାଣୀରେ ତାହାର ଅଭିବ୍ୟକ୍ତି।"[୭] ମଣିଷର ଚନ୍ଦ୍ର ଅଭିଜାନ ସମ୍ପର୍କରେ ପ୍ରାବନ୍ଧିକ ବର୍ଣ୍ଣନା କରିବାକୁଯାଇ ପ୍ରକୃତି ଓ ମଣିଷ ସହ ଥିବା ସମ୍ପର୍କ ଆଲୋଚନା କରିଛନ୍ତି।

କାହାଣୀଧର୍ମୀ ଶୈଳୀ-

ମନୋଜ ଦାସଙ୍କ ପ୍ରବନ୍ଧର ମୁଖ୍ୟ ବୈଶିଷ୍ଟ୍ୟ ହେଉଛି, ସେ ସାଧାରଣରୁ ଅସାଧାରଣ କଥାକୁ ଅତି ଆକର୍ଷଣୀୟ କାହାଣୀ ମାଧମରେ ବୁଝାଇବାକୁ ଚେଷ୍ଟା କରିଛନ୍ତି। ଯାହାଦ୍ୱାରା ପାଠକ ଥରେ ପଢିବା ଆରମ୍ଭ କଲେ ସଂପୂର୍ଣ୍ଣ ଶେଷ କରିବାଯାଏଁ ଲାଗିଥାଏ। କେବଳ ସେତିକି ନୁହେଁ ତାଙ୍କ ରଚନାର ମୂଳ ଉଦ୍ଦେଶ୍ୟଟି ପାଠକ ସ୍ପଷ୍ଟ ରୂପେ ବୁଝି ମଧ୍ୟ ପାରିଥାଏ। ତା'ର କେତୋଟି ନମୁନାର କିଛି ଅଂଶ ଏଠାରେ ଲକ୍ଷ୍ୟ କରନ୍ତୁ-

"କଦାଚିତ ପଥଚାରୀଟିଏ ତାହା ହାବୁଡ଼ରେ ପଡିଲେ ସେହି ସିଂହାସୁରୀ (sphinx) ପ୍ରଶ୍ନ କରେ: "ଏପରି କାହାକୁ ତୁମେ ଜାଣିକି, ଯିଏ କି ପ୍ରଭାତରେ ଚତୁଷ୍ପଦ ରୂପେ, ସମୟାନ୍ତରେ ଦ୍ୱିପାଦ ରୂପେ ଓ ସନ୍ଧ୍ୟାରେ ତ୍ରିପାଦ ରୂପେ ବିଚରଣ କରେ ?"[୮] ପ୍ରାବନ୍ଧିକ 'କେତେ ଦିଗନ୍ତ' ପ୍ରବନ୍ଧରେ ଏହିପରି ଏକ କାହାଣୀ ଦ୍ୱାରା ଜଣାଇବାକୁ ଚେଷ୍ଟା କରିଛନ୍ତି ଯେ, ଆଜିର ମଣିଷ ବସ୍ତୁଗତ ଜଗତରେ କିଭଳି ଅବାସ୍ତବ ସମସ୍ୟାଦ୍ୱାରା ଛନ୍ଦି ହୋଇ, ଦିଗହରା ହେଉଛି ସେ ସମ୍ପର୍କରେ ବର୍ଣ୍ଣନା କରିଛନ୍ତି।

"ଏକଦା ବୋଧିସତ୍ତ୍ୱ ଜଣେ ରାଜକୁମାର ରୂପେ ଜନ୍ମନେଇ ସର୍ବଦା ନିର୍ବାକ ରହୁଥିଲେ। ସେ ପାଇଁ ତାଙ୍କ ବାପା-ମାଆଙ୍କ ବେଦନାର ସୀମା ନଥିଲା। ଦିନେ ରାଜକୁମାର ଉଦ୍ୟାନରେ ଧ୍ୟାନରତ ଥିବାବେଳେ ଗୋଟିଏ ପକ୍ଷୀର କାକଳିରେ ବିରକ୍ତ ହୋଇପଡ଼ିଲେ।"[୯] ଅର୍ଥାତ୍ ଉକ୍ତ କାହାଣୀରେ ପ୍ରାବନ୍ଧିକ କୁହନ୍ତି ଇଶ୍ୱରଙ୍କ ସୃଷ୍ଟି ଓ ମଣିଷ ନିଜର ବ୍ୟବହାରିକ ଜୀବନରେ କେତେକ ଅଙ୍କୁଶ ଲଗାଇବା ଆବଶ୍ୟକ ଯେମିତି ଆମର କାନ ଦୁଇଟି ଓ ଜିଭ ଗୋଟିଏ। ଅର୍ଥାତ୍ ଆମେ ଯେତିକି ଶୁଣିବା ତା'ର ଅଧା ମାତ୍ର ଉତ୍ତରଦେବା। ସୁତରାଂ ଉକ୍ତ ପ୍ରବନ୍ଧରେ ବାକ୍ ସଂଯମ ପ୍ରତି ଆଲୋଚନା ହୋଇଛି।

"ଗୋଟିଏ ବଣର ମାଲିକାନାକୁ ନେଇ ଦୁଇ ସମ୍ଭ୍ରାନ୍ତ ପରିବାର ଭିତରେ ତିନିପୁରୁଷ ଧରି ବିବାଦ ଚାଲିଥାଏ। ବଣଟି ପ୍ରଥମ ପରିବାରର ଅନ୍ତର୍ଭୁକ୍ତ ବୋଲି ବିଚାରାଳୟ ରାୟ ଦେଇଥିଲେ। କିନ୍ତୁ ଦ୍ୱିତୀୟ ପରିବାର ସେ ରାୟକୁ ସ୍ୱୀକାର

କରି ନେଇ ନଥିଲେ।"[୧୦] କାହାଣୀଟିରେ ସାଂପ୍ରତିକ ସମୟରେ ପରମାଣୁ ଯୁଦ୍ଧର ଆଶଙ୍କା ନେଇ ପ୍ରାବନ୍ଧିକ ସତର୍କ କରାଇଛନ୍ତି ଯେ, ସମୟ ଥାଉ ଥାଉ ଯଦି ଆମେ ଏହି ପରମାଣୁ ଅସ୍ତ୍ରର ମୋହକୁ ତ୍ୟାଗ ନକରିବା ତେବେ ଏ ବିଶ୍ୱ ଧ୍ୱଂସ ସୁନିଶ୍ଚିତ ପାଇବ।

"ଛଞ୍ଚାଣଟାଏ ଗୋଟିଏ କଚ୍ଛପ ଟେକି ନେଇ ଉଡିଯାଉଥିଲା। ହଠାତ୍ କଚ୍ଛପଟି ଖସିପଡ଼ିଲା ! ଏବଂ ପଡ଼ିଲା ତ ପଡ଼ିଲା- ଆସି ଏସ୍ ଚିଲାସ୍ ଙ୍କ ମୁଣ୍ଡଉପରେ !! ମରିଗଲେ ଅସ ଚିଲାସ୍।"[୧୧] ମହାକାଳର ଗତିପଥରେ ଆମସମସ୍ତଙ୍କୁ ଏ ସଂସାରରୁ ବିଦାୟ ନେବାର ଅଛି। ଅର୍ଥାତ୍ ଆମ ମୁଣ୍ଡରେ ସବୁ ବେଳେ ଏକ କଚ୍ଛପଟିଏ ପଡ଼ିବାର ସମ୍ଭାବନା ଅଛି। ତେଣୁ ଆମକୁ ଧନସମ୍ପତ୍ତି ମୋହରୁ ବିମୁକ୍ତ ହେବା ପାଇଁ ଉକ୍ତ କାହାଣୀ ଜରିଆରେ ପ୍ରାବନ୍ଧିକ ଆଲୋଚନା କରିଛନ୍ତି।

"ଦିନକର ଶ୍ରମ ପରେ ଯୁବକ ଚଷାଟିଏ ତା କ୍ଷେତ ନିକଟବର୍ତ୍ତୀ ବରଗଛ ତଳେ ବିଶ୍ରାମ କରୁଥିଲା। ପାଖ ଦେଇଗଲା ରାଜାଙ୍କ ଘୋଷକ। ତା' ଘୋଷଣାର ମର୍ମ: ରାଜାଦେଖିଛନ୍ତି ଏକ ସ୍ୱପ୍ନ;...।"[୧୨] ଉକ୍ତ କାହାଣୀରେ ବର୍ଣ୍ଣିତ ଯେ ପ୍ରକୃତିର ବାତାବରଣ ଅନୁସାରେ ମଣିଷର ଆଚରଣ ମଧ୍ୟ ପରିବର୍ତ୍ତନ ହୋଇଥାଏ। ନିୟତିର ଇଚ୍ଛାରେ ମଣିଷର ପ୍ରେରିତ ବୋଲି ପ୍ରାବନ୍ଧିକ ଏଠାରେ ଉପସ୍ଥାପନା କରିଛନ୍ତି।

"ବହୁକାଳ ବିତିଗଲା ଜଣେ ରାଜଙ୍କର ଇଚ୍ଛାହେଲା, ବାସୁକିର ଫଣାରେ କେମିତି ଭାବରେ କଣ୍ଟା ବିଦ୍ଧହୋଇ ରହିଛି ତାହା ସେ ଦେଖିବେ। କଣ୍ଟାର ଅଗ୍ରଭାଗ ଦେଖାଯାଉଥାଏ; ତା' ଚାରିକଡ଼େ ଖୋଳାଚାଲିଲା।"[୧୩] ଉକ୍ତ କାହାଣୀ ଜରିଆରେ ଭୂମିକମ୍ପକୁ ନେଇ ଲୋକ ବିଶ୍ୱାସ ମୂଳକ କଥା ପ୍ରାବନ୍ଧିକ ଆଲୋଚନା କରିଛନ୍ତି।

ଆତ୍ମକଥନ ଶୈଳୀ-

ପ୍ରାବନ୍ଧିକ ଦାସ ନିଜର ପରିଭ୍ରମଣ ଜନିତ ଜୀବନାନୁଭୂତିକୁ ପ୍ରବନ୍ଧ ଗୁଡ଼ିକରେ ସ୍ଥାନିତ କରିଥିବାରୁ, ସେଥିରେ ସ୍ଥାନେ ସ୍ଥାନେ ଆତ୍ମକଥନ ଶୈଳୀ ଦେଖିବାକୁ ମିଳେ। ସାହିତ୍ୟରେ ଦୁଇପ୍ରକାର ଆତ୍ମକଥନ ଶୈଳୀ ବ୍ୟବହାର ହୋଇଥିବାର ଦେଖିବାକୁ ମିଳେ ଯଥା- ପତ୍ରଲିଖନ ଓ ଡାଏରୀ ଲିଖନ ପଦ୍ଧତି ଜରିଆରେ। ଏ କ୍ଷେତ୍ରରେ ବ୍ୟାପକ ଜୀବନର ଅନୁଭୂତି ଓ ଜିଜ୍ଞାସୁମାନଙ୍କର ରହସ୍ୟପୂର୍ଣ୍ଣ ପ୍ରଶ୍ନୋତ୍ତର ଗୁଡ଼ିକ ଲଳିତ ନିବନ୍ଧ ରୂପେ ପ୍ରକାଶ ପାଇଛି। ଫଳରେ ଏଥିରେ ଆତ୍ମକଥନର ଗଢଣ ସ୍ୱତଃ ସୃଷ୍ଟି ହୋଇଥିବାର ଦେଖିବାକୁ ମିଳେ। ଯେଉଁଥିରେ ମୁଁ, ଆମର, ଆମକୁ, ମତେ, ତାଙ୍କର ଭଳି ପୁରୁଷ ଓ ବଚନଗତ ଶୈଳୀର ପ୍ରଭାବ ପରିକ୍ଷିତ ହୁଏ। ସେଥିମଧ୍ୟରୁ-

"ମୁଁ ଅନ୍ୟତ୍ର ଦୃଷ୍ଟି ନିବଦ୍ଧ କରି ଅପେକ୍ଷା କଲି; କିନ୍ତୁ ହଠାତ୍ ସେହି ଯୁବକ ମତେ ଲକ୍ଷ୍ୟ; କରି ପ୍ରଶ୍ନ କଲେ : "ଆଉ ଆପଣଙ୍କର ସବୁ ଭଲ ତ ?"(୧୪)

"ମୁଁ କହିଲି- "ଯୁକ୍ତି ଅଛି। ଦୁର୍ଭାଗ୍ୟକୁ ସେ ଯୁକ୍ତି ଭିତରକୁ କେହି ଯାହାନ୍ତିନାହିଁ। ମଦ ପିଇବାକୁ ଏକ ପାପପୂଣ୍ୟର ପ୍ରଶ୍ନ ବୋଲି ଧରିନେଇ; ନିଜ ବିଶ୍ଳେଷଣରେ ସେଥିରେ ପାପର ଆଭାସ କିଛି ନପାଇ ପିଅନ୍ତି।"(୧୫)

"ତେବେ ଆମଯୁଗରେ ଗୁଡ଼ାଏ କହିପାରିବା ସାମାଜିକ ବା ରାଜନୈତିକ ପ୍ରତିଷ୍ଠା ଲାଭର ଏକ ଅପରିହାର୍ଯ୍ୟ ଉପାୟ ରୂପେ ପରିଗଣିତ।"(୧୬)

"ଆମ ମଗଜରେ ମୂଷାଙ୍କର ଅଭାବ ନାହିଁ ତହିଁ ଉପରେ ପୁଣି ମୂଷା-ଅଧ୍ୟୁଷ୍ୟତ କମ୍ପ୍ୟୁଟର ଆମକୁ ପରିଚାଳିତ ନ କରୁ।"(୧୭)

"ତେବେ ଏ ପର୍ଯ୍ୟବେକ୍ଷଣଟି ଭାରତୀୟ ପରିପେକ୍ଷୀରେ କେତେ ଦୂର ଯଥାର୍ଥ ତାହା ମୁଁ ଜାଣେନା। ହୁଏତ ଭାରତରେ କୁକୁର ଓ ଖାଉନ୍ଦ ଭିତରେ ଏଡ଼େ ସୂକ୍ଷ୍ମ ଯୁଗସୂତ୍ର ବିକାଶଲାଭ କରିନାହିଁ।"(୧୮)

"ସେ ଅଂଶଟି ପଢ଼ି ମୁଁ ଅଜାଣତରେ ଦୀର୍ଘଶ୍ୱାସ ଛାଡ଼ିଥିଲି। ବ୍ରେଣ୍ଟ୍ ସଙ୍କୁଚିତ ହୋଇ ପଚାରିଲେ- କ'ଣ ହେଲା ? ମୁଁ କହିଲି- ଗୁରୁର ମୌଳିକ ମର୍ମସମ୍ପର୍କରେ ମୋର ନିଜର ସାମାନ୍ୟ ଧାରଣା ହୁଏତ ଅଛି, କିନ୍ତୁ ଆପଣଙ୍କୁ ବୁଝାଇଲା ଭଳି ଯୋଗ୍ୟତା ମୋର ନାହିଁ।"(୧୯)

"ଆମେ ଯେଉଁ ଯୁଗରେ ବଞ୍ଚି ରହିଛୁ ଏ ଯୁଗରେ ପ୍ରାୟ ଏକ ସର୍ବଜନସ୍ୱୀକୃତ ନାମକର କରାଯାଇ ପାରେ ତା'ହେଲା 'ଅତୃପ୍ତିର ଯୁଗ'।"(୨୦)

"ଏ ଲେଖକ ସେତେବେଳେ ଚାରି ବର୍ଷର ଶିଶୁ, ସେ ମନରମ ବସ୍ତୁରୁ ପୁଳାଏ ଆତ୍ମସାତ୍ କରିନପାରିଲେ ବି ଅନ୍ତତଃ ତାହାକୁ ଛୁଇଁ ଦେବାର ଶିହରଣ ଅନୁଭବ କରିପାରିବ, ଏହି ମାନସରେ ଦୌଡ଼ିଥିଲା ଦିଗନ୍ତଆଡ଼େ।"(୨୧)

ଆବେଗଧର୍ମୀ ଶୈଳୀ-

ସ୍ରଷ୍ଟାର ସୃଷ୍ଟି ସର୍ବଦା ଏକ ସାମାଜିକ ପୃଷ୍ଠ ଭୂମିରୁ ଉତ୍ପନ୍ନ। ପ୍ରକୃତିକୁ ନିରୀକ୍ଷଣ କରିବାବେଳେ ଭାବାବେଗ ସ୍ଥିତି ସ୍ୱତଃ ତା' ମନରେ ଉଙ୍କିମାରେ। ଯାହାକୁ ସେ ଆବେଗଧର୍ମୀ ଶୈଳୀରେ ପରିବେଷଣ କରିବାକୁ ଚେଷ୍ଟା କରିଥାଏ। ଏଥିରେ ସାଧାରଣତଃ କାବ୍ୟିକ ଭାଷା ଅଧିକ ପରିମାଣରେ ଦେଖିବାକୁ ମିଳେ। ପରିବେଶ ଓ ପରିସ୍ଥିତି ତା'କୁ ଆବେଗ ପ୍ରବଣ କରିଦିଏ। ଯାହା ଦ୍ୱାରା ପ୍ରାବନ୍ଧିକଙ୍କର ବୌଦ୍ଧିକ ଚିନ୍ତନରେ ନୂତନ ପରିକଳ୍ପନା ସୃଷ୍ଟି ହୋଇଥାଏ। ପ୍ରାବନ୍ଧିକ ମନୋଜ ଦାସ ଜଣେ

ସଂସ୍କୃତି ସଚେତନ ଶିଳ୍ପୀ, ଜାତୀୟତାବାଦ ଓ ପ୍ରକୃତିପ୍ରେମୀର ବ୍ୟକ୍ତିତ୍ୱ ହୋଇଥିବାରୁ, ତାଙ୍କ ପ୍ରବନ୍ଧରେ ଅନେକ ସ୍ଥଳରେ ଆବେଗ ପ୍ରବଣତାର ଭାଷା ଶୈଳୀ ପ୍ରୟୋଗ ହୋଇଥିବାର ଦେଖାଯାଏ। ସେଥିମଧ୍ୟରୁ କେତୋଟି ନମୁନା ଏଠାରେ ଆଲୋଚନା କରାଗଲା।

"ସମୟର ଏଭଳି ଏକ ପଟ୍ଟଭୂମିରେ ଛିଡ଼ାହୋଇ ଆଜି ମଣିଷ ଆବିଷ୍କାର କରୁଛି ଯେ ସେ ଇତିହାସ, ସାହିତ୍ୟ, ଧର୍ମ, ନୀତିଶାସ୍ତ୍ର ଇତ୍ୟାଦିରୁ ଯେଉଁ ସମସ୍ତ ବିଶ୍ୱାସ ଆହରଣ କରିଥିଲା, ସେସବୁ ବାସ୍ତବ ଜୀବନ-ନିର୍ବାହ କ୍ଷେତ୍ରରେ ଅଚଳ।"[୨୨] ସଭ୍ୟତା ଆଜି ଏକ ବିପଦଜ୍ଜନକ ପରିସ୍ଥିତିରେ ଗତିକରୁଛି। ଯାହାକୁ ପ୍ରାବନ୍ଧିକ ସାହିତ୍ୟରେ ମଧ୍ୟ ଲକ୍ଷ୍ୟ କରିଛନ୍ତି, ଏଥିପାଇଁ ଉକ୍ତ ପଂକ୍ତି ଜରିଆରେ ଆବେଗ ପ୍ରବଣତା ସହ କୁହନ୍ତି, ସାହିତ୍ୟ ମାଧ୍ୟମରେ ସମାଜର ଉନ୍ନତି କରିବାକୁ ହେଲେ ଆମ ଅଭିବ୍ୟକ୍ତିରେ ସଂଯମ ଓ ସମ୍ଭ୍ରମତାରେ ସୁରକ୍ଷା ରହିବା ଆବଶ୍ୟକ।

"କିଭଳି ଚରିତ୍ରର ଲୋକଙ୍କ ହାତରେ ସେତେବେଳେ ଭାରତର ଭାଗ୍ୟଡୋରୀ ନ୍ୟସ୍ତ ଥିଲା, ସେ କଥା ଚିନ୍ତା କଲେ ପାଷାଣ ପାଲଟି ଯିବା କଥା।"[୨୩] ଭାରତୀୟମାନଙ୍କର ବିଦ୍ରୋହ ଦେଶ ଜାତି ପାଇଁ ଉତ୍ସର୍ଗ ହୋଇଥିଲା। ପରନ୍ତୁ, ସେ ସମୟର ଯେଉଁ ଇତିହାସକାର ଓ ସାମ୍ବାଦିକଙ୍କ ଅବହେଳା ଯୋଗୁଁ ସେମାନଙ୍କୁ ସ୍ୱାଧୀନତା ସଂଗ୍ରାମୀ ବଦଳରେ ଇଂରେଜମାନେ ବିଦେଶୀ ବିଧର୍ମୀଭାବେ ଘୋଷଣା କରନ୍ତି। ଏଥିପାଇଁ ପ୍ରାବନ୍ଧିକ ଆବେଗପୂର୍ଣ୍ଣ କଣ୍ଠରେ ଏହା ପ୍ରକାଶ କରିଛନ୍ତି।

"ସେମାନଙ୍କ ଜୀବନ ଧାରାକୁ ଯେ କେବଳ ଭ୍ରଷ୍ଟ କରିଦିଆଗଲା ତାହା ନୁହେଁ, ବଳପୂର୍ବକ ସେମାନଙ୍କୁ ନିଜ ମାତୃଭୂମିରୁ ଅପହରଣ କରି ଦେଶାନ୍ତରକୁ ନିଆଗଲା।"[୨୪] ଦକ୍ଷିଣ ଆଫ୍ରିକାରେ ଥିବା କୃଷ୍ଣକାୟ ନିଗ୍ରୋମାନଙ୍କ ଉପରେ ଯେଉଁ ଭଳି ଅତ୍ୟାଚାର ସେ ସମ୍ପର୍କରେ ପ୍ରାବନ୍ଧିକ ମନ୍ତବ୍ୟ ଦବାକୁ ଯାଇ ଏପରି ଭାବାତ୍ମକ ଉକ୍ତି ପ୍ରକାଶ କରନ୍ତି।

"ତେବେ କାଳର ବିଚିତ୍ର ଗତିରେ ବହୁ ଅଜ୍ଞାତା ଓ ଅବିଦ୍ୟା ପ୍ରସୂତ ପ୍ରହେଳିକା ତଳେ ଲୁଚିଯାଇଛି ଭାରତୀୟତା; କିନ୍ତୁ ମରିଯାଇନାହିଁ।"[୨୫] ଜଣେ ମହାନ୍ ଜାତୀୟତାବାଦୀ ରାଷ୍ଟ୍ରନାୟକର ପରିଚୟ ଦେବାକୁ ଯାଇ 'ଭାରତୀୟତାର ସଂଜ୍ଞା'ରେ ଶ୍ରୀଯୁକ୍ତ ଦାସ ଆମ ସଂସ୍କୃତିରେ ଥିବା ଆଧ୍ୟାତ୍ମିକ ବିଶ୍ୱାସକୁ ପ୍ରକାଶ କରିବାକୁ ଯାଇ ଏପରି ଉଲ୍ଲେଖ କରିଛନ୍ତି।

"ଚଦର ଉଠାଇ ଦେଖାଗଲା ତାଙ୍କ ଦେହ ନାହିଁ, ରହିଛି ଦୁଇଟି ପଦ୍ମଫୁଲ। ଗୋଟେ ଫୁଲ ନେଲେ ହିନ୍ଦୁମାନେ ଅନ୍ୟଟି ନେଲେ ମୁସଲମାନମାନେ। ଉଭୟ

କଲେ ଦୁଇଟି ସମାଧି।"[୨୬] ସମ୍ପ୍ରଦାୟିକତାକୁ ବିରୋଧ କରୁଥିଲେ ଏ ରାଷ୍ଟ୍ରର ଅନେକ ଯୁଗଜନ୍ମା ସେମାନଙ୍କ ମଧ୍ୟରେ କବୀର ଥିଲେ ଅନ୍ୟତମ ତାଙ୍କ ମର ଶରୀର ପାଇଁ ହିନ୍ଦୁ ଓ ମୁସଲମାନ ମାନଙ୍କ ମଧ୍ୟରେ କନ୍ଦଳ ଦେଖାଗଲା ଫଳରେ ଏପରି ଘଟଣା ଦେଖାଗଲା। ଯାହାକୁ ପ୍ରାବନ୍ଧିକ ଭାବାବେଗ ସହ ପ୍ରକାଶ କରିଛନ୍ତି।

"ହୁଏତ ଯେତେବେଳେ ପ୍ରକୃତରେ ହୃଦୟ ପରିବର୍ତ୍ତନ ହେବ, ସେତେବେଳକୁ ବହୁତ ବିଳମ୍ବିତ ହୋଇଯିବଣି। ସେତେବେଳକୁ ହୁଏତ ଉଭୟଙ୍କ କର୍ତ୍ତୃତ୍ୱର ପରିସର ବାହାରକୁ ଯାଇ ଉଭୟଙ୍କ ପାଇଁ କାଳରୂପେ ପ୍ରଧାବିତ ହୋଇ ଆସୁଥିବା ପାରମାଣବିକ ଶକ୍ତି।"[୨୭] ସମ୍ପ୍ରତି ପରମାଣୁ ଅସ୍ତ୍ରକୁ ନେଇ ଦେଶ ଦେଶ ମଧ୍ୟରେ ଯେଉଁ ଭଳି ଉଦ ?ବେଗ ଜନିତ ଖବର ପ୍ରକାଶ ପାଉଛି, ପ୍ରାବନ୍ଧିକ ତାହା ପ୍ରକାଶ କରି ଏପରି କହିଛନ୍ତି।

"ତାଙ୍କ ଜାତିର ଉତ୍ତ୍ୟକ୍ତ ଲୋକେ ଅଚାନକ ଯାଇ କନ୍ୟାଟିର ପଲ୍ଲୀକୁ ଛାରଖାର କରିଦେଲେ। ସାରା ଗାଁ ଜଳୁଥାଏ। ଧୂଆଁ ସହ ଏକାକାର ଆବାଲ୍ୟବୃଦ୍ଧବନିତାଙ୍କ ଆର୍ତ୍ତନାଦ।"[୨୮] ଜାତିକୁ ନେଇ ଆଜିର ଶିକ୍ଷିତ ସମାଜ ଯେଉଁ ବିଭୀଷିକାମାନ ସୃଷ୍ଟିକରୁଛି, ସେଥିପ୍ରତି ପ୍ରାବନ୍ଧିକ ଚିନ୍ତିତ ହୋଇ ଏପରି ଆବେଗ ପୂର୍ଣ୍ଣ ମନ୍ତବ୍ୟ ପ୍ରକାଶ କରନ୍ତି।

ଚିତ୍ରକଳ୍ପ ଶୈଳୀ-

ଆଧୁନିକ ଓଡ଼ିଆ ଗଦ୍ୟ ସାହିତ୍ୟରେ ଆଙ୍ଗିକ ବୈଚିତ୍ର୍ୟ ବ୍ୟାପକଭାବେ ପରିବର୍ତ୍ତନ ହେବାକୁ ଲାଗିଲା। ପ୍ରାଚୀନ କାବ୍ୟକବିତାରେ ବ୍ୟବହୃତ ହେଉଥିବା, ଅର୍ଥଳଙ୍କାର ସାମ୍ପ୍ରତିକ ସମୟରେ ଚିତ୍ରକଳ୍ପ ଶୈଳୀ ଭାବେ ବ୍ୟବହାର ହେଉଛି। ଶବ୍ଦର ଅର୍ଥ ଦ୍ୱାରା ଏହା ଅଭିହିତ ହେଉଥିବାରୁ ଲେଖକର ମାନସିକତା ଏଠାରେ ବୌଦ୍ଧିକ ବିଚାରରେ ପ୍ରକାଶ ପାଇଥାଏ। କାବ୍ୟ କବିତାରୁ ପ୍ରସାରିତ ହୋଇ ଧୀରେ ଧୀରେ ଏହା ଗଦ୍ୟ ସାହିତ୍ୟରେ ପ୍ରୟୋଗ ହେବାକୁ ଆରମ୍ଭ କଲା। ଓଡ଼ିଆ ପ୍ରବନ୍ଧ ସାହିତ୍ୟରେ ମଧ୍ୟ ଏହାର ପ୍ରଭାବ ଯଥେଷ୍ଟ ପରିମାଣରେ ପଡ଼ିବାକୁ ଲାଗିଲା। ପ୍ରାବନ୍ଧିକ ମନୋଜ ଦାସ ଏହି ଶୈଳୀକୁ ଅନେକତ୍ର ବ୍ୟବହାର କରିଥିବାର ଦେଖିବାକୁମିଳେ। ସେଥିମଧ୍ୟରୁ କେତେକ ନମୁନା ଏଠାରେ ଲକ୍ଷ୍ୟ କରନ୍ତୁ,-

"ଅମରକଣ୍ଟକ ଗିରିଶୃଙ୍ଗ ଉପରେ ଏକଦା ତପସ୍ୟାରତ ଥିଲେ ଶିବ। ଦିନରେ ସୂର୍ଯ୍ୟରଶ୍ମି ଓ ରାତିରେ ଚନ୍ଦ୍ରକିରଣରେ ଝଟକୁଥିଲା ତାଙ୍କର ପୂତ କଳେବରର ଦ୍ୟୁତି। ସେ ରହିଥିଲେ ଆକାଶର ନକ୍ଷେତ୍ର ଭଳି ସ୍ଥିର ଅବିଚଳ ନୀରବତା ଭିତରେ।"[୨୯] 'ନର୍ମଦା'ର ନଦୀ ସୃଷ୍ଟି ସମ୍ପର୍କରେ ବର୍ଣ୍ଣନା କରିବାକୁ ଯାଇ ଏଠାରେ ପ୍ରାବନ୍ଧିକ

ପରେମେଶ୍ୱର ଶିବଙ୍କର ରୂପ ଲାବଣ୍ୟକୁ ଏହିପରି ଚିତ୍ରକଳ୍ପିତ କରିଛନ୍ତି।

"ଏତକ କହିବାର ଉଦ୍ଦେଶ୍ୟ, ଇତିହାସର ଅଦ୍ୟାବଧି ପ୍ରଭାତ ମଧ୍ୟ ହୋଇନାହିଁ, ଉଷାକାଳ ଚାଲିଛି।"[୩୦] ଆମ ଐତିହାସିକମାନଙ୍କ ତତ୍ପରତାକୁ ପ୍ରକାଶ କରିବାକୁ ଯାଇ ପ୍ରାବନ୍ଧିକ ଏପରି ଉଲ୍ଲେଖ କରିଛନ୍ତି।

"ଚକ୍ରାୟିତ ପାର୍ବତ୍ୟପଟରେ ବହୁ ଦୂରରୁ ସୁନୀଳ ଶିଖର ପରିବେଷ୍ଟିତ ଜନପଦ ମେଘମାଳା ଭିତରେ ଏକ ଭାସମାନ ଜାଦୁ-ଗାଲିଚା ଭଳି ଦେଖାଗଲା।"[୩୧] ପ୍ରକୃତିପ୍ରେମୀ ପ୍ରାବନ୍ଧିକ ଶ୍ରୀଯୁକ୍ତ ଦାସ ଭାରତ ସୀମାନ୍ତଅଞ୍ଚଳରେ ଦଳଗତ ସେନା ମାନଙ୍କୁ ଲକ୍ଷ୍ୟ କରି ପ୍ରାବନ୍ଧିକ ଏପରି ଉଲ୍ଲେଖ କରିଛନ୍ତି। ସତେ ଯେମିତି ଏ ସ୍ଥାନଟି ସୁଇଜରଲ୍ୟାଣ୍ଡର ଭ୍ରମ ସୃଷ୍ଟି କରୁଥିଲା।

"ତେବେ କ'ଣ ମଣିଷର ଅବସ୍ଥା ସେହି ମୂଷିକ-କନ୍ୟା ଭଳି ? ତେଜସ୍ମାନ୍, ଗତିଶୀଳ ଯେତେ ଆଦର୍ଶକୁ ବରଣ କରିବାକୁ କୁହାଗଲେ ବି ତାହା ଅବଶେଷରେ ତା'ର ଆଦିମତା ଦ୍ୱାରା ହିଁ ପରିଚାଳିତ ହେବ ?"[୩୨] ମହାକାଳର ଗତି ସମ୍ପର୍କରେ ମଣିଷର ଅସଚେତନତା ପ୍ରାବନ୍ଧିକଙ୍କୁ କ୍ଷୁବ୍ଧକରିଛି ଫଳରେ ସେ ଏପରି ପ୍ରାଚୀନ କାହାଣୀର ଚିତ୍ରକଳ୍ପର ଉଦାହାରଣ ଦେଇ ବୁଝାଇଛନ୍ତି।

"ବାହାରେ ବାରୁଦର ଧୂଆଁ। ମନ ଭିତରେ ଭୟ, ସଂଶୟ ଓ ଅନିଶ୍ଚୟତାର ଧୂଆଁଳିଆ ଅନ୍ଧକାର।"[୩୩] କାଶ୍ମୀର ଓ ପଞ୍ଜାବରେ ଘଟିଥିବା ସନ୍ତ୍ରାସବାଦୀ ମାନଙ୍କ ନାରକୀୟ କାଣ୍ଡ ଦ୍ୱାରା ଲେଖକମାନଙ୍କ ମନରେ ଯେଉଁ ଭୟପୂର୍ଣ୍ଣ ବାତାବରଣ ସୃଷ୍ଟି ହୋଇଥିଲା। ପ୍ରାବନ୍ଧିକ ତାହା ଚିତ୍ରକଳ୍ପ ଜରିଆରେ ପ୍ରକାଶ କରିଛନ୍ତି।

"କ୍ରୀତଦାସତ୍ୱର ନାଗଫାଶରୁ ଯେଉଁ ନିଗ୍ରୋମାନେ ମୁକୁଳିଯାଉଥିଲେ, ସେମାନେ ଯେ ଅପେକ୍ଷାକୃତ ସ୍ୱାଚ୍ଛନ୍ଦ୍ୟକର ଜୀବନ କରୁଥିଲେ, ତାହା ନୁହେଁ।"[୩୪] ଏଠାରେ ସ୍ପେନୀୟ ଓ ପର୍ତ୍ତୁଗୀଜମାନଙ୍କ ଦାସତ୍ୱ ହେଉଥିବା ନିଗ୍ରମାନଙ୍କୁ ପ୍ରାବନ୍ଧିକ ନାଗଫାଶରେ ଆବଦ୍ଧ ହେଉଛନ୍ତି ବୋଲି କହିଛନ୍ତି। ଯେଉଁଥିରୁ ସଂପୂର୍ଣ୍ଣ ଭାବରେ ମୁକ୍ତ ହେବା ଅସମ୍ଭବ।

ବ୍ୟଙ୍ଗ ବିଦ୍ରୂପାତ୍ମକ ଶୈଳୀ-

ମନୋଜ ଦାସଙ୍କ ପ୍ରବନ୍ଧରେ ବ୍ୟଙ୍ଗ ବିଦ୍ରୂପାତ୍ମକ ଶୈଳୀର ପ୍ରଭାବ ଅନେକତ୍ର ଦେଖିବାକୁ ମିଳେ। ଜଣେ କ୍ରାନ୍ତିକାରୀ ବ୍ୟଙ୍ଗାକାରଭାବେ ତାଙ୍କ ସୃଷ୍ଟିସର୍ଜନା ସର୍ବଦା ସଂସ୍କାର ମନଭାବ ନେଇ ରଚିତ ହେଇଥିବାର ଦେଖିବାର ମିଳେ। ବିଶେଷକରି ଆଧୁନିକ ସାହିତ୍ୟ ପାଇଁ ଏହା ତାଙ୍କର ପ୍ରମୁଖ ଦାନ ବୋଲି କୁହାଇପାରେ। ମଣିଷର

ବିଚାରଧାରା ପରିବର୍ତ୍ତନ ହେବା ସହ ନୂଆ ନୂଆ ଶୈଳୀମଧ୍ୟ ସାହିତ୍ୟକୁ ପ୍ରବେଶ କଲା ଫଳରେ ସ୍ରଷ୍ଟାପୁରୁଷ ନିଜ ଲେଖାରେ ଚାତୁର୍ଯ୍ୟତା ନିମନ୍ତେ ଓ ବୌଦ୍ଧିକ ଜିଜ୍ଞାସା କରିବା ପାଇଁ ବ୍ୟଙ୍ଗ ବିଦ୍ରୂପ ଶୈଳୀକୁ ଅଧିକ ମାତ୍ରାରେ ପ୍ରୟୋଗ କରିବାକୁ ଲାଗିଲେ। ବିଶେଷକରି ଫକୀରମୋହନଙ୍କ ଉପନ୍ୟାସରେ ଏହା ଏକ ନୂତନ ଭିତ୍ତି ପ୍ରକଳ୍ପ ସ୍ଥାପନ କରି ଆରମ୍ଭ ହୋଇଥିଲେ। ତାଙ୍କର ଉତ୍ତରଦାୟଦ ଭାବେ ଏହି ଧାରାକୁ ପ୍ରାବନ୍ଧିକ ଦାସ ତାଙ୍କ ଗଦ୍ୟ ରଚନନାର ଶୈଳୀରେ ଏପରି ବ୍ୟବହାର କରିଛନ୍ତି। ଏହି ଶୈଳୀ କେବଳ ପାଠକର ମନରେ ହାସ୍ୟ କିମ୍ବା ପୁଲକ ଭରି ଦିଏ ନାହିଁ; ବରଂ ମରମକୁ ଛୁଇଁଲାପରି ଅନୁଭବ ହୁଏ। ପ୍ରାବନ୍ଧିକ ଯେଉଁ କଥାକୁ ଶାଣିତ କିମ୍ବା କଠୋର ହୋଇ ପ୍ରକାଶ କରିନପାରନ୍ତି ତାହା ବ୍ୟଙ୍ଗ ଛଳରେ ପ୍ରକାଶ କରନ୍ତି। ତା'ର କେତେକ ନମୁନା ନିମ୍ନରେ ଲକ୍ଷ୍ୟ କରନ୍ତୁ-

'ଅଶୁଭ ଆଭିମୁଖ୍ୟ'ରେ ପ୍ରାବନ୍ଧିକ ପ୍ରକାଶ କରିଛନ୍ତି-ପ୍ରକୃତି ଆମକୁ ଅନେକ ସଙ୍କେତ ଦେବା ସତେ, ଆମେ ସେସବୁ ନବୁଝି ଆମର ନିଜସ୍ୱ ଗୁଣଗାନ କରିବାପାଇଁ ଅନବରତ ପ୍ରୟାସ କରିଥାନ୍ତି। ପ୍ରାବନ୍ଧିକଙ୍କ ଭାଷାରେ "ତେବେ ମେଣ୍ଢାଭୁସା ନ ଖାଇ ଯଦି ମଣିଷ ଆତ୍ମସଚେତନ ହୋଇପାରେ କ୍ଷତି କ'ଣ।" [୩୫]

'ମହାନୁଭବତାର ଇତିକଥା'ରେ ବର୍ତ୍ତମାନ ଆମ ସମାଜରେ ଅହଂକାର ବଶବର୍ତ୍ତୀର ମଣିଷ ସହାନୁଭୁତି ନାମରେ ଯେଉଁ ପ୍ରୋପଗଣ୍ଡା କରୁଛି ତାହାକୁ ପ୍ରାବନ୍ଧିକ ବ୍ୟଙ୍ଗକରି ସୁନ୍ଦର କାହାଣୀଟିଏ କୁହନ୍ତି- ଥରେ ଜଣେ ଭିକାରି ଭିକମାଗିବାକୁ ଯାଇ ଭିକ୍ଷାପାଇବା ବଦଳରେ ଗୋଟେ ସ୍ତ୍ରୀ ଲୋକଠାରୁ ଦୁର୍ବ୍ୟବହାର ପାଇ ଫେରିଯାଉଥିବା ସମୟରେ, ଉପର ମହଲାରେ ଥିବା ସେହି ସ୍ତ୍ରୀ ଲୋକର ଶାଶୁ ତଳକୁ ଆସି ଭିକାରିକୁ ଡାକନ୍ତି। ବିଚରାଟି କିଛି ପାଇବାର ଆଶାରେ ଖୁସି ହୋଇ ଫେରିବାରୁ ଶାଶୁ କୁହେ- ସିଏ କିଏ ? ଭିକ ନଦେଇ ଫେରେଇଦେବାକୁ। ମୁଁ କହୁଛି ତୁମେ ଏବେ ଏଠାରୁ ପଳାଅ। କାଲି ଆସିବ। ତେବେ ଆଜିର ସମାଜରେ ଲୋକମାନଙ୍କ ଠାରୁ ଏପ୍ରକାର ହାସ୍ୟତ୍ମକ ଅହଙ୍କାର ଦେଖିବାକୁ ମିଳେ।

'ଅଭିଶପ୍ତ ମେରିନା' ପ୍ରବନ୍ଧରେ ପ୍ରକୃତିକୁ ଉପଭୋଗ କରିବାକୁ ଆସୁଥିବା ମଣିଷମାନଙ୍କୁ ବ୍ୟଙ୍ଗ କରି ଶ୍ରୀଯୁକ୍ତ ଦାସ କୁହନ୍ତି- "ପୂର୍ବେ ଯେଉଁମାନେ ଆସୁଥିଲେ ସେମାନେ ପ୍ରକୃତି-ଯୋଗୀ। ବର୍ତ୍ତମାନ ସେମାନେ ଦୂରେଇଗଲେ; ଆସୁଛନ୍ତି ପ୍ରକୃତି-ଭୋଗୀ।" [୩୬]

'ଶିଳ୍ପୀର ମମତା' ପ୍ରବନ୍ଧରେ ପ୍ରାବନ୍ଧିକଙ୍କ 'ଶେଷ ବସନ୍ତ ଚିଠି' ଗଳ୍ପକୁ ପାଠ୍ୟପୁସ୍ତକରେ ପ୍ରକାଶ କରାଇବା ନିମନ୍ତେ, ସମ୍ପାଦକ ମହୋଦୟ ସେଥିରେ ଗୋଟିଏ ଫୋଟଚିତ୍ର ଦେଇ ଦେଖାଇଥିଲେ- ନିଃସଙ୍ଗ ଝିଅଟିଏ ଠିଆ ହେବା ପ୍ରତିବଦଳରେ

ତାକୁ ବଗିଚାରେ ବସାଇ ଗୋଟିଏ ଖେଳଣା ଧରାଇ ଯାଇଥିଲା ଯାହାକୁ ଲକ୍ଷ୍ୟକରି ପ୍ରାବନ୍ଧିକ କୁହନ୍ତି-"ତଥାପି କାହାଣୀ ଭିତରେ କର୍ତ୍ତୃପକ୍ଷ ଯେଉଁ ଛବିଟି ଦେଲେ ସେଥିରେ ଝିଅଟି ଉଦ୍ୟାନ ଭିତରେ ବସି ଖେଳୁଥିବାର ଦେଖାଇ ଦିଆଯାଇଛି। ଶିଳ୍ପୀ ବୋଧହୁଏ ଭାବିଲେ, ଏଡ଼େ ଟିକି ଝିଅକୁ ଏମିତି ଏକୁଟିଆ ଠିଆକରାଇ ରଖିବା ଅସଙ୍ଗତ-ଖେଳଣାଟିଏ ଦେଇ ବଗିଚା ଭିତରେ ଛାଡ଼ିଦେଲେ ଦାୟିତ୍ୱ ଯିବ।"[୩୭]

'ଅଜ୍ଞାତ ପ୍ରଗତି' ଶୀର୍ଷକ ପ୍ରବନ୍ଧରେ ଆମର ଆଜି ଯେଉଁ ପ୍ରଗତି ସବୁ ହେଉଛି, ତା'ର ସୂଚନା ଗୁପ୍ତରେ ରଖାଯାଉଛି। ଅର୍ଥାତ୍ ବୈଜ୍ଞାନିକ ଆବିଷ୍କାର ଓ ଉଦ୍ଭାବନ ଆଜି ଲୋକ ଲୋଚନକୁ ଆସିପାରୁ ନାହିଁ। କେତେକ ମୁଷ୍ଟୀମେୟ ଲୋକଙ୍କ ହାତର ସୂଚନା ଗୁଡ଼ିକ ରହିଯାଉଛି। ଏଥିପାଇଁ ପ୍ରାବନ୍ଧିକ ବ୍ୟଙ୍ଗ କରି କୁହନ୍ତି- "ପ୍ରଥମ ସ୍ପୁଟ୍‌ନିକ ଆକାଶକୁ ଗଲାବେଳେ ରସଗୋଲା ଆକାରର ଅକ୍ଷରରେ ଘୋଷିତ ହେଉଥିଲା। ଆଜିକାଲି ମହାକାଶଯାନମାନଙ୍କ ବାର୍ତ୍ତା 'ପାତ୍ର ପାତ୍ରୀ ଆବଶ୍ୟକ' ବିଜ୍ଞାପନ ପରିମିତ ସ୍ଥାନ ଅଧିକାର କରେ ମାତ୍ର।" [୩୮]

ସମ୍ପ୍ରତି ବିଶ୍ୱବାସୀ ଯେଉଁଭଳି ମୋବାଇଲ୍ ବ୍ୟବହାର କରୁଛନ୍ତି ତାକୁ ଲକ୍ଷ୍ୟ କରି ପ୍ରାବନ୍ଧିକ "ଦୂରଭାଷୀ କୁହୁକୀନୀ' ପ୍ରବନ୍ଧରେ ବ୍ୟଙ୍ଗକରି କୁହନ୍ତି- "ମନେହେଲା ସେ ମୋବାଇଲ୍ ବହନ କରୁନାହାନ୍ତି; ମୋବାଇଲ୍ ହିଁ ତାଙ୍କ ଇଞ୍ଜିନ; ତାକୁ ଓଟାରି ନେଇ ଆଗକୁ ଆଗକୁ ଚାଲିଛି।"[୩୯]

ଲୋକଉକ୍ତିର ପ୍ରୟୋଗ -

ସାହିତ୍ୟରେ ପ୍ରାୟ ସମସ୍ତ ବିଭାଗରେ ଲେଖକ ମାନେ ସରସ ସୁନ୍ଦର ଓ ଭାବଉତ୍କୃଷ୍ଟ କରିବା ନିମନ୍ତେ ଚେଷ୍ଟା କରନ୍ତି। ଏଥିପାଇଁ ପ୍ରସଙ୍ଗକୁ ହୃଦୟସ୍ପର୍ଶୀ କରିବା ପାଇଁ ଅନେକ ସ୍ଥାନରେ ପ୍ରସିଦ୍ଧ ଲୋକଉକ୍ତିମାନ ବ୍ୟବହାର କରିଥାନ୍ତି। ଏଥିପାଇଁ ପାଠକର ବିଚାରଶକ୍ତି ସହଜରେ ଉକ୍ତ ଲେଖା ସମ୍ପର୍କରେ ବୋଧଗମ୍ୟ ହୋଇପାରେ। ପ୍ରାବନ୍ଧିକ ଦାସ ମଧ୍ୟ ତାଙ୍କ ପ୍ରବନ୍ଧରେ କେତେକ ସଂସ୍କୃତ, ଓଡିଆ ଓ ଇଂରାଜୀର ପ୍ରଚଳିତ ଲୋକୋକ୍ତି ଓ ପ୍ରସିଦ୍ଧ ଦାର୍ଶନିକ ମାନଙ୍କର ବାଣୀକୁ ପ୍ରୟୋଗ କରିଥିବାର ଦେଖିବାକୁ ମିଳେ ଯେପରି-

ସଂସ୍କୃତ—

'ନାହମ୍ ବିଦ୍ୟା ବିକ୍ରୟମ୍ କାରୋମି' (ଭାରତୀୟ ସାହିତ୍ୟ: ଦୁଇ ସମାନ୍ତରାଳ ପରମ୍ପରା)

'ଯସ୍ମିନ୍ ବିଜ୍ଞାତେ ସର୍ବଂ ବିଜ୍ଞାତମ' (ସତ୍ୟ ଅସତ୍ୟ)

'ତ୍ୟାଜେଦେକଂ କୁଳସ୍ୟାର୍ଥେ ଗ୍ରାମସ୍ୟାର୍ଥେ କୁଳଂ ତ୍ୟଜେତ୍।
ଗ୍ରାମଂ ଜନପଦସ୍ୟାର୍ଥେ ଆତ୍ମାର୍ଥେ ପୃଥିବୀ ତ୍ୟଜେତ୍।।'
(ଧର୍ମର ତିନି ପର୍ଯ୍ୟାୟ : ଏକ ବିହଙ୍ଗାବଲୋକନ)

'ଓଁ ଏକାକ୍ଷରୀ ମନ୍ତ୍ର; ଓଁ ନମଃ ଶିବାୟ ଷଡ଼ାକ୍ଷରୀ' (ମନ୍ତ କ'ଣ ?)

ଅସ୍ତ୍ୟୁତ୍ତରସ୍ୟାଂ ଦିଶି ଦେବତାତ୍ମା। ହିମାଳୟୋ ନାମ ନଗାଧିରଜଃ।।
ପୂର୍ବାପରୌ ତୋୟନିଧି ବଗାହ୍ୟ। ସ୍ଥିତଃ ପୃଥିବ୍ୟା ଇବି ମାନଦଣ୍ଡଃ।। (ଶୀତ-ଶାନ୍ତ ହିମାଳୟ)

'ସର୍ବଂ ଖଲୁ ଇଦମ୍ ବ୍ରହ୍ମ' (ଷଡ଼ଦର୍ଶନ...)

'ଗଙ୍ଗେ ଚ ଯାମୁନେଚୈବ ଗୋଦାବରୀ ସରସ୍ୱତୀ
ନର୍ମଦେ ସିନ୍ଧୁ କାବେରୀ ଜଳେସ୍ମିନ୍ ସନ୍ନିଧିଂ କୁରୁ' (ଭାରତର ନଦନଦୀ)

ଓଡ଼ିଆ-

'ଭଲା ରାମଚଣ୍ଡୀ ଭଲାରେ। କଳାପାହାଡ଼କୁ ଦୁଆରେ ବସାଇ
ଭଲା ପାଣିଆଣି ଗଲାରେ'।।(ଲାଳିତ୍ୟ ଇଙ୍ଗିତରର ମିଳନିକା: ଉତ୍କଳୀୟ କିମ୍ବଦନ୍ତୀ ଓ କାହାଣୀ)

'ବଡ଼ ହେଲେ ମୁହିଁ କି କରିବି ଜାଣ। ଗୁଡ଼ିଆ ହୋଇବି କରିବି ତ କାମ!' (ହାଇଫେନ୍)

'ବଡ଼ ଘର ବଡ ଗୁମର କଥା' (ବିଶ୍ୱାସ ଓ ବିଶ୍ୱାସ ଘାତକତା)

'ଧୋ' ରେ ବାୟା ଧୋ' (ଶିଶୁସାହିତ୍ୟ ନୀତିବାଚକ ହେବା କେତେଦୂର ଆବଶ୍ୟକ ?)

ଇଂରାଜୀ

'What's in a name? That which we call a rose by any other name would be as sweet !' (ଭାରତୀୟ ନାମ : ଅନବଦ୍ୟ ଐଶ୍ୱର୍ଯ୍ୟ)

Let not a man guard his dignity, but let his dignity guard him (ଶତାବ୍ଦୀର ସର୍ବାଧିକ କ୍ଷତି)

Power does not corrupt. Fear corrupts, perhaps the fear of a loss of power. (କ୍ଷମତା ମଣିଷକୁ ଦୁର୍ନୀତିପରାୟଣ କରିବା ଅନିର୍ବାର୍ଯ୍ୟ କି ?)

'Could love for ever, run like a river' (ନର୍ମଦାର ମର୍ମ)

'Give a dog a bad name and hang him'

(ବିଚରା ରାଜନୀତି)

'To the free heart, wrath and hatred are impossible'

(ଟମ୍‌କକା ସମାଚାର)

(ଖ) ଗଠନ ରୀତି :

ମନୋଜ ଦାସଙ୍କ ପ୍ରବନ୍ଧର ଗଠନ ରୀତି ପାରମ୍ପରିକ ଶୈଳୀ ଅନୁସାରେ ହୋଇଥବା ଯୋଗୁଁ ତାହା ପାଠକପ୍ରିୟ ହୋଇପାରିଛି। ବିଶେଷ କରି ତାଙ୍କ ପ୍ରବନ୍ଧ କଳାରେ ପଠନ ସମ୍ପର୍କରେ କେତେଗୁଡ଼ିଏ ଦିଗ ଅନୁସାରେ ସଜହରେ ବୁଝିପାରିବା ସେଗୁଡ଼ିକ ମଧ୍ୟରେ- ମନୋଜ ଦାସ ତାଙ୍କ ପ୍ରବନ୍ଧରେ ଅନେକ ମାତ୍ରାରେ ସଂକ୍ଷିପ୍ତତା ଶୈଳୀରେ ପ୍ରବନ୍ଧ ରଚନା କରିଥିବାର ଦେଖିବାକୁ ମିଳେ। ଗାମ୍ଭୀର୍ଯ୍ୟ ଭାବସହ ଯୁକ୍ତିତିଷ୍ଟ ସିଦ୍ଧାନ୍ତ ଗୋଟିଏ ପ୍ରବନ୍ଧର ସଂକ୍ଷିପ୍ତତା ବହନ କରିଥାଏ। ସଂକ୍ଷିପ୍ତତା ଶୈଳୀ ପାଠକ ପ୍ରିୟ ହୋଇଥିବାରୁ ସାଂପ୍ରତିକ ସମୟରେ ପ୍ରବନ୍ଧରେ ଏହି ଧାରା ଅଧିକ ପରିମାଣରେ ଦେଖିବାକୁ ମିଳେ। ଏଥିପାଇଁ ତାଙ୍କ ପ୍ରବନ୍ଧ ଉପରେ ଟିପ୍ପଣୀ ଦେବାକୁଯାଇ ସମାଲୋଚକ ବାଉରୀବନ୍ଧୁ କର କୁହନ୍ତି- "ଏହାକୁ ଶ୍ରଦ୍ଧାରେ କିଏ କହେ ଲଳିତ ନିବନ୍ଧ, କିଏ କହେ ରମ୍ୟରଚନା, ପୁଣି କାହାରି ତୁଣ୍ଡରୁ ବାହାରି ପଡ଼େ ଗଦ୍ୟର ମୁକ୍ତ ଆଙ୍ଗିକ, ଆଉକିଏ କହି ଦିଏ ମନୋଜ ଲେଖନୀ ନିଃସୃତ ସମ୍ବାଦପତ୍ର ପୃଷ୍ଠାରେ ପ୍ରକାଶିତ ବିଶେଷ ସ୍ତମ୍ଭ। କିନ୍ତୁ ଏହାକୁ ଚିନ୍ତା ଉଦ୍ରେକାରୀ ସ୍ୱତନ୍ତ୍ର ପ୍ରବନ୍ଧ କହିବା ସମୀଚୀନ।"[୪୦] ପ୍ରାବନ୍ଧିକଙ୍କ 'କେତେଦିଗନ୍ତ', 'ଅରଣ୍ୟ ଉଲ୍ଲାସ', 'ଜୟ ପରାଜୟ', 'ଏକ ବିକଳ ସିଦ୍ଧାନ୍ତ', 'ପାଠଗାର ଆନ୍ଦୋଳନ', 'ହିଂସ୍ର ମଣିଷ', 'ହିରୋସିମା : ଏକ ମାନସିକ ଅବସ୍ଥା' ଆଦି ଅନେକ ପ୍ରବନ୍ଧ ସଂକ୍ଷିପ୍ତତା ମଧ୍ୟରେ ରଚିତ ହୋଇଥିବାର ଦେଖିବାକୁ ମିଳେ।

ଶ୍ରୀଯୁକ୍ତ ଦାସଙ୍କ ପ୍ରବନ୍ଧରେ 'ସମତା' (balance) ର ବ୍ୟବହାର ଅତୀବ ରକ୍ଷଣଶୀଳ ଢଙ୍ଗରେ ପ୍ରୟୋଗ ହୋଇଥିବାର ଦେଖିବାକୁ ମିଳେ। ଛୋଟ ଛୋଟ ପରିଚ୍ଛେଦ ଦ୍ୱାରା ବର୍ଣ୍ଣିତ ଘଟଣା ଗୁଡ଼ିକ ଅତି ଯତ୍ନ ସହକାରେ ଆଲୋଚନା କରିଛନ୍ତି। 'ହିରୋସୀମା : ଏକ ମାନସିକ ଅବସ୍ଥା' ଶୀର୍ଷକ ପ୍ରବନ୍ଧକୁ ଲକ୍ଷ୍ୟ କଲେ ଜଣାପଡ଼େ ଏଥିରେ ସେ ଘଟଣା, ଯୁକ୍ତି ଓ ତଥ୍ୟକୁ ଛୋଟ ଛୋଟ ପରିଚ୍ଛେଦରେ ସଜାଇ ଆଲୋଚନା କରିଛନ୍ତି। ଯାହା ତାଙ୍କ ସୃଷ୍ଟିକଳାର ସର୍ବୋତ୍କୃଷ୍ଟତା ପ୍ରତିପାଦନ କରେ।

ସଠିକତା ଓ ସାବଲୀଳତା ଦୃଷ୍ଟିରୁ ବିଚାର କଲେ- ମନୋଜ ଦାସ ପ୍ରଥମେ ଜଣେ ବିଶିଷ୍ଟ ସମ୍ପାଦକ ଥିବା ଯୋଗୁଁ ସେ ସଠିକ୍ ତଥ୍ୟ ଉପରେ ଅଧିକ ଗୁରୁତ୍ୱ

ଦେଇଥିଲେ। ଦେଶ ବିଦେଶର ସମସ୍ତ ଖବର ପଢ଼ିବା ଓ ସମ୍ପାଦନା କରୁଥିବା ଯୋଗୁଁ ସଠିକ୍ ପ୍ରମାଣ ଉପସ୍ଥାପନ କରିବାରେ ସର୍ବଦା ଚେଷ୍ଟା କରୁଥିଲେ। ବାସ୍ତବ ଘଟଣା ବିନ୍ୟାସ କରିବା ନିମନ୍ତେ ସେ ତାଙ୍କର ଅନେକ ପ୍ରବନ୍ଧରେ ସଠିକ୍ ସମୟର ସୂଚନା ମଧ୍ୟ ଦେଇପାରିଥିଲେ। ଯେମିତି- 'ତିବ୍ବତର ଅପ୍ରତ୍ୟାଶିତ ମିତ୍ର'ରେ ଲେଖିଛନ୍ତି- "ମନେହୁଏ, ଆମେରିକା ଏଥିରେ ଦବିଯିବ ନାହିଁ। ସରକାର ଚିନ୍ତିତ ହେଲେ ବି ଗୋଟିଏ ଶକ୍ତିଶାଳୀ ଘରୋଇ ସିନେମା-ସଂସ୍ଥାର ସ୍ୱାଧୀନତାରେ ସେ ହସ୍ତକ୍ଷେପ କରିପାରିବନାହିଁ। କିନ୍ତୁ ଖାଲି ଏହି ଛବିଟି ନୁହେଁ; ଆଜି (୨୫.୦୬. ୧୯୯୭) ଏକ ମୁଖ୍ୟ ଦୈନିକରେ ପଢୁଛି, ତିବ୍ବତ ପ୍ରତି ସମ୍ମାନ ପ୍ରଦର୍ଶନ କରି ଆମେରିକାରେ ଆହୁରି ତିନିଚାରିଗୋଟି ଛବିର ପ୍ରସ୍ତୁତି ଚାଲିଛି।"[୪୧]

ସେହିପରି 'ସାଂସ୍କୃତିକ ବିପର୍ଯ୍ୟୟର ବିକଳ ଦୃଷ୍ଟାନ୍ତ' ଶୀର୍ଷକ ପ୍ରବନ୍ଧରେ ଭାରତୀୟ ଜାତୀୟ ସଂଗୀତକୁ ବେଢଙ୍ଗରେ ଗାଇଥିବାର ସୂଚନା ଦେବାକୁ ଯାଇ ପ୍ରାବନ୍ଧିକ ଲେଖନ୍ତି- "କଲିକତାରୁ ଲେଖୁଛି। ସ୍ଥାନୀୟ ଏକ ସମ୍ବାଦ ପତ୍ର "ପ୍ରତିଦିନ"ର ୧୭ ଅଗଷ୍ଟ ୧୯୯୭ ସଂଖ୍ୟାର ପ୍ରଥମ ପୃଷ୍ଠାରେ ପ୍ରକାଶିତ ଏକ ସମ୍ବାଦର ଶିରୋନାମା ହେଲା, 'ବିକୃତ ବନ୍ଦେ ମାତରମ୍ ଗାଇଲେ ରହମନ୍'।"[୪୨] ଅନେକ ଦେଶ ପରିଭ୍ରମଣ କରୁଥିବା ଯୋଗୁଁ ସେଥିରୁ ସତ୍ୟ ଘଟଣା ଆଧାରରେ ପ୍ରବନ୍ଧରଚନା ହୋଇଥିବା ନମୁନା ତାଙ୍କ ଭ୍ରମଣଯାତ୍ରାରୁ ସୂଚନାମିଳେ। ସେହିପରି ତାଙ୍କ 'ବାଲିଯାତ୍ରା' ପ୍ରବନ୍ଧରେ ଉତ୍କଳୀୟ ସଂସ୍କୃତିର ପରମ୍ପରା ସମ୍ପର୍କରେ ଆଲୋଚନା କରିଛନ୍ତି ଯାହା ତାଙ୍କ 'ଇଣ୍ଡୋନେସିଆ ଅନୁଭୂତି'କୁ ଅଧ୍ୟୟନ କଲେ ଜଣାପଡେ। ତେଣୁ ସଠିକ୍ ତଥ୍ୟ ତାଙ୍କ ପ୍ରବନ୍ଧର ଅନ୍ୟତମ ସଫଳ ଦିଗର କାରଣ ବୋଲି ନିଃସନ୍ଦେହରେ କୁହାଯାଇପାରେ। ଏଥିସହିତ ସରଳ ସାବଲୀଳ ଭାଷାଶୈଳୀର ବ୍ୟବହାରକରି ପ୍ରବନ୍ଧରଚନା କରିବାରେ ସେ ଜଣେ ଧୂରୀଣ ଗଦ୍ୟକାର ଭାବେ ସୁବିଖ୍ୟାତ। ତେଣୁ, ତାଙ୍କ ପ୍ରବନ୍ଧ ଥରେ ପଢିବାକୁ ଆରମ୍ଭ କଲେ ଜିଜ୍ଞାସାବୋଧ ଆହୁରି ବୃଦ୍ଧି ଘଟିଥାଏ, ଆଗକୁ ଆଗକୁ ଆହୁରି ପଢିବା ପାଇଁ।

(ଗ) ଶବ୍ଦ ସଂଯୋଜନା :

ସାହିତ୍ୟରେ ଭାଷା ପ୍ରୟୋଗପ୍ରତି ସ୍ରଷ୍ଟାକୁ ଅଧିକ ଗୁରୁତ୍ୱ ଦେବାକୁ ହୋଇଥାଏ। ଅନେକ ସମୟରେ ଜଣେ ସ୍ରଷ୍ଟା ତାଙ୍କର ଶବ୍ଦଜ୍ଞାନର ଯାଦୁଗରୀ ବିଦ୍ୟାରେ ପାଠକକୁ ବାନ୍ଧି ରଖିବା ପାଇଁ ପ୍ରୟାସ କରିଥାଏ। ଆପଣାର ସୃଷ୍ଟି ସର୍ଜନାକୁ ଶବ୍ଦର ଗାମ୍ଭୀର୍ଯ୍ୟ ଓ ଉପଯୁକ୍ତ ସଂଯୋଜନା ପଦ୍ଧତିରେ ବିମଣ୍ଡିତ କରିବାକୁ ଚେଷ୍ଟା କରେ। ସବୁ ସମୟରେ

ସବୁ ସାହିତ୍ୟିକ ପ୍ରଚଳିତ ଶବ୍ଦଗୁଡ଼ିକୁ ନିଜ କୃତିରେ ପ୍ରୟୋଗ କରିବାକୁ ଚେଷ୍ଟା କରନ୍ତି। ମନୋଜ ଦାସ ମଧ୍ୟ ସେ ଧାରାରୁ ବିମୁକ୍ତ ହୋଇନାହାନ୍ତି। ବରଂ ଭାରତୀୟ ବିଭିନ୍ନ ଭାଷା ସାହିତ୍ୟକୁ ପଢିଥିବାରୁ ଓ ଜାଣିଥିବାରୁ ସେ ତାଙ୍କ କୃତି ଗୁଡ଼ିକରେ ସେହି ଶବ୍ଦଗୁଡ଼ିକର ବ୍ୟବହାର କରିଥିବାର ଦେଖିବାକୁ ମିଳେ। ବିଶେଷ କରି ତାଙ୍କ ପ୍ରବନ୍ଧ ଗୁଡ଼ିକରେ ସଂକ୍ଷିପ୍ତବାକ୍ୟ ବିନ୍ୟାସ ସହିତ ବିଭିନ୍ନ ଦେଶୀୟ, ଜାତୀୟ ଏବଂ ଆନ୍ତର୍ଜାତୀୟ ସ୍ତରର ଭାଷାର ଶବ୍ଦମାନ ବ୍ୟବହୃତ କରିଛନ୍ତି। ସେଥିମଧ୍ୟରେ ପ୍ରାଚୀନ ଓଡ଼ିଆ ଶବ୍ଦ, ତତ୍ସମ, ତଦ୍ଭବ, ହିନ୍ଦୀ, ଯାବନିକ ଓ ଇଂରାଜୀ ଆଦି ଶବ୍ଦମାନଙ୍କର ପ୍ରୟୋଗ କରିଛନ୍ତି।

ସୁତରାଂ ମଧୁସ୍ରାବୀ ମନୋଜ ଦାସଙ୍କ ସୃଷ୍ଟି କଳା ବିଦଗ୍ଧ ପାଠକ ମାନଙ୍କ ପାଇଁ ପ୍ରଜ୍ଞାଲୋକର ଅମୀୟ ସନ୍ଧାନ ପରି ମନେହୁଏ। କଳାତ୍ମକ ଦୃଷ୍ଟିରୁ ବିଚାର କଲେ, ତାଙ୍କ ପ୍ରବନ୍ଧ ଏକ ନୂତନ ଶୈଳୀର ଆବାହନ ବୋଲି କୁହାଯାଇପାରେ। ଗୁରୁଗମ୍ଭୀର ଭାବ, ବୁଦ୍ଧିଦୀପ୍ତ ଜ୍ଞାନ ସହିତ ବୋଧଗମ୍ୟ ପରି ଶବ୍ଦଚାତୁର୍ଯ୍ୟ ସହ ଭାବମୂଳକ ବାକ୍ୟଗଠନ ତାଙ୍କ ପ୍ରବନ୍ଧକୁ ଉଚାଙ୍ଗ କରିବାରେ ସକ୍ଷମ ହୁଏ। ତାଙ୍କ ପ୍ରବନ୍ଧକୁ ଅଧ୍ୟୟନ କଲେ ଜଣାପଡେ ସେ କୌଣସି ଶୈଳୀ ଉପରେ ଗୁରୁତ୍ୱ ନଦେଇ ପାଠକ ହୃଦୟରେ ଭାବ ସଞ୍ଚାରର୍ଥେ ନାନା କୌଶଳ ପ୍ରୟୋଗ କରନ୍ତି। ବିଷୟବସ୍ତୁ ଚୟନ ଠାରୁ ଆରମ୍ଭ କରି ଶବ୍ଦ ଶୈଳୀର ପ୍ରୟୋଗ ପର୍ଯ୍ୟନ୍ତ, ତାଙ୍କ ପ୍ରବନ୍ଧକୃତିର କଳାତ୍ମକ ସୌଧ ପାଠକାନୁରଞ୍ଜିତ ବୋଲି ନିଃସନ୍ଦେହରେ କୁହାଯାଇପାରେ।

ପାଦଟୀକା-

(୧) କର, ବାଉରୀବନ୍ଧୁ, 'ଓଡ଼ିଆ ପ୍ରବନ୍ଧ ସାହିତ୍ୟ', ୨୦୧୩ , ପୃ- ୪୭୭।

(୨) ଦାସ, ମନୋଜ, 'ସୃଜନୀ ସମଗ୍ର' ଦ୍ୱିତୀୟ ଖଣ୍ଡ, (ଅବତାରବାଦ ତତ୍ପର୍ଯ୍ୟ କ'ଣ?), ପୃ-୫୨୭।

(୩) ଦାସ, ମନୋଜ, 'ସୃଜନୀ ସମଗ୍ର' ପ୍ରଥମ ଖଣ୍ଡ, (ଅନାଗତ ଅସ୍ତ୍ର), ପୃ- ୧୨୫।

(୪) ଦାସ, ମନୋଜ, 'ସୃଜନୀ ସମଗ୍ର' ଦ୍ୱିତୀୟ ଖଣ୍ଡ, (ଲାଲିତ୍ୟ ଓ ଇଙ୍ଗିତର ମିଳନିକା : ଉତ୍କଳୀୟ କିମ୍ବଦନ୍ତୀ ଓ କାହାଣୀ), ପୃ-୧୬୦।

(୫) ଦାସ, ମନୋଜ, 'ସୃଜନୀ ସମଗ୍ର' ଦଶମ ଖଣ୍ଡ, (ସୁବର୍ଣ୍ଣ ମୃଗର ମୋହ), ପୃ-୩୮।

(୬) ଦାସ, ମନୋଜ, 'ସୃଜନୀ ସମଗ୍ର' ପ୍ରଥମ ଖଣ୍ଡ, (ଶୀତ-ଶାନ୍ତ ହିମାଳୟ), ପୃ- ୫୩।

(୭) ଦାସ, ମନୋଜ, 'ସୃଜନୀ ସମଗ୍ର' ପ୍ରଥମ ଖଣ୍ଡ, (ଚନ୍ଦ୍ରାରୋହଣ), ପୃ-୪୧ ।
(୮) ଦାସ, ମନୋଜ, 'ସୃଜନୀ ସମଗ୍ର' ପ୍ରଥମ ଖଣ୍ଡ, (କେତେ ଦିଗନ୍ତ), ପୃ-୨ ।
(୯) ଦାସ, ମନୋଜ, 'ସୃଜନୀ ସମଗ୍ର' ଦ୍ୱିତୀୟ ଖଣ୍ଡ, (କଥା), ପୃ-୯୨ ।
(୧୦) ଦାସ, ମନୋଜ, 'ସୃଜନୀ ସମଗ୍ର' ପ୍ରଥମ ଖଣ୍ଡ, (ବିଳମ୍ବିତ ସ୍ୱପ୍ନ), ପୃ-୨୦୯ ।
(୧୧) ଦାସ, ମନୋଜ, 'ସୃଜନୀ ସମଗ୍ର' ପ୍ରଥମ ଖଣ୍ଡ, (ଆତ୍ମା ସନ୍ଧାନରେ ଆମେରିକା), ପୃ-୨୨ ।
(୧୨) ଦାସ, ମନୋଜ, 'ସୃଜନୀ ସମଗ୍ର' ଦ୍ୱିତୀୟ ଖଣ୍ଡ, (ଆଚରଣ ଓ ବାତାବରଣ), ପୃ-୫୫ ।
(୧୩) ଦାସ, ମନୋଜ, 'ସୃଜନୀ ସମଗ୍ର' ପ୍ରଥମ ଖଣ୍ଡ, (ଦିଲ୍ଲୀର ଲୋହସ୍ତମ୍ଭ), ପୃ- ୪୮୩।
(୧୪) ଦାସ, ମନୋଜ, 'ସୃଜନୀ ସମଗ୍ର' ପ୍ରଥମ ଖଣ୍ଡ, (ହିପ୍ ପି ଓ ଭାରତୀୟ ଯୁବକ), ପୃ-୬୧ ।
(୧୫) ଦାସ, ମନୋଜ, 'ସୃଜନୀ ସମଗ୍ର' ପ୍ରଥମ ଖଣ୍ଡ, (ଉପଭୋଗର ତୃଷ୍ଣା; ଗ୍ଲାନିବୋଧର ଯନ୍ତ୍ରଣା), ପୃ-୬୭ ।
(୧୬) ଦାସ, ମନୋଜ, 'ସୃଜନୀ ସମଗ୍ର' ପ୍ରଥମ ଖଣ୍ଡ, (କଥା), ପୃ-୯୧ ।
(୧୭) ଦାସ, ମନୋଜ, 'ସୃଜନୀ ସମଗ୍ର' ପ୍ରଥମ ଖଣ୍ଡ, (ଯାନ୍ତ୍ରିକ), ପୃ-୧୧୭ ।
(୧୮) ଦାସ, ମନୋଜ, 'ସୃଜନୀ ସମଗ୍ର' ପ୍ରଥମ ଖଣ୍ଡ, (ଶ୍ୱାନ-ସମ୍ବାଦ), ପୃ-୧୩୭ ।
(୧୯) ଦାସ, ମନୋଜ, 'ସୃଜନୀ ସମଗ୍ର' ପ୍ରଥମ ଖଣ୍ଡ, (ରପ୍ତାନିତ ଗୁରୁ), ପୃ-୧୪୮ ।
(୨୦) ଦାସ, ମନୋଜ, 'ସୃଜନୀ ସମଗ୍ର' ଦ୍ୱିତୀୟ ଖଣ୍ଡ, (ଯୁଗ ସଙ୍କଟର ସ୍ୱରୂପ), ପୃ-୧୩୪ ।
(୨୧) ଦାସ, ମନୋଜ, 'ସୃଜନୀ ସମଗ୍ର' ଦ୍ୱିତୀୟ ଖଣ୍ଡ, (ସଂସ୍କୃତି : ଏକ ବିହଙ୍ଗାବଲୋକନ), ପୃ-୧୯୬ ।
(୨୨) ଦାସ, ମନୋଜ, 'ସୃଜନୀ ସମଗ୍ର' ଦ୍ୱିତୀୟ ଖଣ୍ଡ, (ଅଭିବ୍ୟକ୍ତିର ସଂଭ୍ରମତା), ପୃ- ୨୪୭ ।

(୨୩) ଦାସ, ମନୋଜ, 'ସୃଜନୀ ସମଗ୍ର' ପ୍ରଥମ ଖଣ୍ଡ, (ବିଦ୍ରୋହର ବିସ୍ମୃତ ସାମ୍ବାଦିକ), ପୃ-୯ ।

(୨୪) ଦାସ, ମନୋଜ, 'ସୃଜନୀ ସମଗ୍ର' ପ୍ରଥମ ଖଣ୍ଡ, (ଟମ ?କକା-ସମାଚାର), ପୃ-୨୯ ।

(୨୫) ଦାସ, ମନୋଜ, 'ସୃଜନୀ ସମଗ୍ର' ପ୍ରଥମ ଖଣ୍ଡ, (ଭାରତୀୟତାର ସଂଜ୍ଞା), ପୃ-୨୯୩ ।

(୨୬) ଦାସ, ମନୋଜ, 'ସୃଜନୀ ସମଗ୍ର' ପ୍ରଥମ ଖଣ୍ଡ, (ଦୁଇଟି ସମାଧି), ପୃ-୨୩୫ ।

(୨୭) ଦାସ, ମନୋଜ, 'ସୃଜନୀ ସମଗ୍ର' ପ୍ରଥମଖଣ୍ଡ, (ବିଳମ୍ବିତସ୍ୱପ୍ନ), ପୃ-୨୧୧ ।

(୨୮) ଦାସ, ମନୋଜ,'ସୃଜନୀ ସମଗ୍ର'ଦଶମ ଖଣ୍ଡ,(ଜାତି ଉପଜାତି: ଅହଂ ଏବଂ ଅଜ୍ଞାନର ବିଭୀଷିକା),ପୃ-୨୪ ।

(୨୯) ଦାସ, ମନୋଜ, 'ସୃଜନୀ ସମଗ୍ର' ପ୍ରଥମ ଖଣ୍ଡ, (ଭାରତର ନଦନଦୀ-୧), ପୃ-୧୮୨ ।

(୩୦) ଦାସ, ମନୋଜ, 'ସୃଜନୀ ସମଗ୍ର' ପ୍ରଥମ ଖଣ୍ଡ, (ହରପ୍ପାର ଅଶ୍ୱ), ପୃ-୯୭ ।

(୩୧) ଦାସ, ମନୋଜ, 'ସୃଜନୀ ସମଗ୍ର' ପ୍ରଥମ ଖଣ୍ଡ, (ସୀମାନ୍ତର ସୁଇଜରଲାଣ୍ଡ), ପୃ-୫୨ ।

(୩୨) ଦାସ, ମନୋଜ, 'ସୃଜନୀ ସମଗ୍ର' ପ୍ରଥମ ଖଣ୍ଡ, (ବିସମ୍ବାଦର ଅନ୍ତରାଳେ), ପୃ-୫୦ ।

(୩୩) ଦାସ, ମନୋଜ, 'ସୃଜନୀ ସମଗ୍ର' ଦ୍ୱିତୀୟ ଖଣ୍ଡ, (ଅନୁଚ୍ଚାରିତ ହତ୍ୟା), ପୃ-୪୩ ।

(୩୪) ଦାସ, ମନୋଜ, 'ସୃଜନୀ ସମଗ୍ର' ପ୍ରଥମ ଖଣ୍ଡ, (ଟମ୍ କକା-ସମାଚାର), ପୃ-୨୯ ।

(୩୫) ଦାସ, ମନୋଜ, 'ସୃଜନୀ ସମଗ୍ର' ପ୍ରଥମ ଖଣ୍ଡ, (ଅଶୁଭ ଆଭିମୁଖ୍ୟ), ପୃ-୭୪ ।

(୩୬) ଦାସ, ମନୋଜ, 'ସୃଜନୀ ସମଗ୍ର' ପ୍ରଥମ ଖଣ୍ଡ, (ଅଭିଶପ୍ତ ମେରିନା), ପୃ-୮୬୩ ।

(୩୭) ଦାସ, ମନୋଜ, 'ସୃଜନୀ ସମଗ୍ର' ପ୍ରଥମ ଖଣ୍ଡ, (ଶିଳ୍ପୀର ମମତା), ପୃ-୧୪୧ ।

(୩୮) ଦାସ, ମନୋଜ, 'ସୃଜନୀ ସମଗ୍ର' ପ୍ରଥମ ଖଣ୍ଡ, (ଅଜ୍ଞାତ ପ୍ରଗତି), ପୃ-୧୭୦।

(୩୯) ଦାସ, ମନୋଜ, 'ସୃଜନୀ ସମଗ୍ର' ଦଶମ ଖଣ୍ଡ, (ଦୁରଭାଷୀ କୁହୁକୀନୀ), ପୃ-୫୪।

(୪୦) କର, ପ୍ରଫେସର ବାଉରୀବନ୍ଧୁ, 'ଓଡ଼ିଆ ପ୍ରବନ୍ଧ ସାହିତ୍ୟ', ୨୦୧୩, ପୃ-୪୭୭।

(୪୧) ଦାସ, ମନୋଜ, 'ସୃଜନୀ ସମଗ୍ର' ପ୍ରଥମ ଖଣ୍ଡ, (ତିବ୍ବତର ଅପ୍ରତ୍ୟାଶିତ ମିତ୍ର), ପୃ-୭୯୭।

(୪୨) ଦାସ, ମନୋଜ, 'ସୃଜନୀ ସମଗ୍ର' ପ୍ରଥମ ଖଣ୍ଡ, (ସାଂସ୍କୃତିକ ବିପର୍ଯ୍ୟୟର ବିକଳ ଦୃଷ୍ଟାନ୍ତ),ପୃ-୮୦୯

ଉପସଂହାର

ସାହିତ୍ୟ ମନୁଷ୍ୟ ଜୀବନର ପ୍ରାଣତୁଲ୍ୟ। କେତେବେଳେ ଏହା ଦୈନନ୍ଦିନ ଘଟୁଥିବା ଘଟଣାର ମୂକସାକ୍ଷୀ ହୋଇଯାଏ, ତ ଆଉ କେବେ ଅତୀତର ଖୋଲାଝରକାକୁ ପଢିବାରେ ସକ୍ଷମହୁଏ। କେବେପୁଣି ଭବିଷ୍ୟତର କଳ୍ପନାରେ ଆପଣାକୁ ସଜାଇବାରେ ପ୍ରୟାସକରେ। କ୍ରମବିବର୍ତ୍ତନର ରୂପରେଖରେ ସାହିତ୍ୟର ସ୍ଥିତି ଆଜି ବଦଳିବାରେ ଲାଗିଛି। କାରଣ, ଆଧୁନିକମଣିଷର ମନ ଏବେ ଅସଂଖ୍ୟ ପ୍ରଶ୍ନର ପାହାଚଉପରେ ଦଣ୍ଡାୟମାନ। କେବଳ ସାହିତ୍ୟ ହିଁ ଏସବୁର ସରଳ ସମାଧାନ କରିପାରିବ ବୋଲି ବିଶ୍ୱାସ କରାଯାଏ। ପରନ୍ତୁ, କିଛି ସ୍ୱାର୍ଥକୈନ୍ଦ୍ରିକ ବ୍ୟକ୍ତି ଆପଣାର ଅଭିଳାଷରେ ଲିପ୍ତରହି ସାହିତ୍ୟର ମର୍ଯ୍ୟାଦା ଦିନକୁଦିନ କ୍ଷୁର୍ଣ୍ଣ କରିଚାଲିଛନ୍ତି, ହେଲେ ସୃଷ୍ଟିକୁ ବିଷବଳୟରୁ ମୁକ୍ତ କରିବା ପାଇଁ ନୀଳକଣ୍ଠ ସଦୃଶ୍ୟ ସଫଳ ସ୍ରଷ୍ଟାମାନେ ଆଜି ମଧ୍ୟ ଧରାଧାମରେ ସୃଜନଶୀଳତାକୁ ବଞ୍ଚାଇରଖିଛନ୍ତି। ଏମାନଙ୍କ ପାଖରେ ଅଛି ବିଶ୍ୱନିୟନ୍ତାଙ୍କ ଅଲୌକିକ ଶକ୍ତି। ଯେଉଁଥିରେ ସମଗ୍ର ସୃଷ୍ଟିକୁ ନିୟନ୍ତ୍ରଣ କରିବାର କ୍ଷମତା ରହିଛି।

ସେହିପରି ଜଣେ ପ୍ରତିଭାବାନ୍ ଦିବ୍ୟଦ୍ରଷ୍ଟାଭାବେ ମନୋଜ ଦାସ ଓଡ଼ିଆ ସାହିତ୍ୟ ଜଗତରେ ଏକ ଅମ୍ଳାନ ପ୍ରତିଭା। ଓଡ଼ିଆ ଭାଷା, ସାହିତ୍ୟ, ସଂସ୍କୃତି, ଲୋକଚଳଣି, ପରମ୍ପରା ଆଦିକୁ ଜାତୀୟ ତଥା ଅନ୍ତର୍ଜାତୀୟ ଭେଦରେ ଏକ ସ୍ୱତନ୍ତ୍ର ପରିଚୟ ଦେବାରେ ସେ ଅନ୍ୟତମ ସଫଳ ବ୍ୟକ୍ତିତ୍ୱ। ଅସଂଖ୍ୟ ପାଠକପ୍ରାଣରେ ତାଙ୍କ ସୃଷ୍ଟିଗୁଡ଼ିକ ଚିରଅମରତ୍ୱ ବହନକରିଛି। ଆଧୁନିକ ମଣିଷ ଜୀବନର ବାସ୍ତବ ଚିତ୍ରଶିଳ୍ପୀ ଭାବେ ଓଡ଼ିଆ ସାହିତ୍ୟରେ ସେ ବିଦ୍ୟମାନ। ନିଜର ସାରସ୍ୱତ କୃତିତ୍ୱପାଇଁ ସେ ଆଜି କେବଳ ଜଣେ ବ୍ୟକ୍ତି ହୋଇ ରହିନାହାଁନ୍ତି, ଜୀବନବ୍ୟାପୀ ସାହିତ୍ୟପ୍ରତି ଥିବା ଅନୁରାଗ ତାଙ୍କୁ ଏକ ବୃହତ୍ ଅନୁଷ୍ଠାନରେ ପରିଣତ କରାଇପାରିଛି। ସେ ଅତୀତର ଦୂର ଦିଗବଳୟକୁ ଅନୁସନ୍ଧାନ କରି ଭବିଷ୍ୟତର ଆଶା ଓ ଆଶଙ୍କାକୁ ସହଜରେ ଆକଳନ କରିପାରୁଥିଲେ। ଏଥିପାଇଁ ତାଙ୍କୁ କେହି କେହି ଆଧୁନିକ ଓଡ଼ିଆ ସାହିତ୍ୟର ବିଷ୍ଣୁଶର୍ମା ଓ ପିତାମହ ଭୀଷ୍ମ ଭାବେ ଗ୍ରହଣ କରନ୍ତି। କେବଳ ଓଡ଼ିଆରେ ନୁହନ୍ତି, ସେ ଆଜି ଜଣେ ସଫଳ ଭାରତୀୟ ସାହିତ୍ୟ ସ୍ରଷ୍ଟାଭାବେ ଅନ୍ତର୍ଜାତୀୟ ସ୍ତରରେ ନିଜକୁ ପ୍ରତିଷ୍ଠା କରାଇପାରିଛନ୍ତି। ତାଙ୍କ ସାହିତ୍ୟିକ ଜୀବନରେ ସେ ଜଣେ ସୁକବି, ଗାଳ୍ପିକ, ଔପନ୍ୟାସିକ, ପ୍ରାବନ୍ଧିକ, ଭ୍ରମଣକାର, ଶିଶୁ ସାହିତ୍ୟିକ, ସ୍ତମ୍ଭକାର, ଏବଂ ସଫଳ ସମ୍ପାଦକ ଭାବେ ଉଭୟ

ଓଡ଼ିଆ ଓ ଇଂରାଜୀ ଭାଷାରେ କଲମ ଚାଳନା କରିପାରୁଥିଲେ । ଜୀବନବ୍ୟାପୀ ଅନୁଭୂତି ତାଙ୍କୁ ଏ ଦିଗରେ ଅନେକ ସାହାଯ୍ୟ ହୋଇଥିଲା । ସୁଦୂର ଇଣ୍ଡୋନେସିଆ, ଇଂଲଣ୍ଡ, ଆମେରିକା, ଚିନ୍, ସିଙ୍ଗାପୁର, ଶ୍ରୀଲଙ୍କା, ନେପାଳ ଆଦି ଦେଶ ପରିଭ୍ରମଣ କରିଥିବା ଯୋଗୁଁ ଶିକ୍ଷା, ସାହିତ୍ୟ ଓ ସାଂସ୍କୃତିକ ମୂଲ୍ୟବୋଧ ତାଙ୍କ ମଧ୍ୟରେ ଆମ୍ବ ଗୁଞ୍ଜରିତ ହେଉଥିଲା ।

ମନୋଜ ଦାସଙ୍କ ପ୍ରବନ୍ଧରେ ସମାଜ, ସାହିତ୍ୟ, ସଂସ୍କୃତି, ପରିବେଶ, ଇତିହାସ ଓ କିମ୍ବଦନ୍ତୀ, ଭାରତୀୟ ଦର୍ଶନ, ମନୋବିଜ୍ଞାନର ରହସ୍ୟ, ଆଧ୍ୟାତ୍ମିକ ବିଚାରଧାରା ଏବଂ ଶିକ୍ଷାଭଳି କେତେକ ଦିଗ ପ୍ରତିଫଳିତ ହେଇଥିବାର ଦେଖିବାକୁ ମିଳେ । ସମୁଦ୍ରକୂଳ ନିକଟବର୍ତ୍ତୀ ସବୁଜ ବନାନୀରୁ ଆରମ୍ଭ ହୋଇ, ଛାତ୍ରଜୀବନରେ କମ୍ୟୁନିଷ୍ଟ ପାର୍ଟିରେ ପ୍ରବେଶ ଏବଂ ତା'ପରେ ଶ୍ରୀମା' ଅରବିନ୍ଦଙ୍କ ଆଶ୍ରମରେ ଦିବ୍ୟଜୀବନର ଅନୁସନ୍ଧାନ ଭିତ୍ତିକ ଦୀର୍ଘଯାତ୍ରା ତାଙ୍କ ସାହିତ୍ୟିକ ଜୀବନର ଉତ୍ତରଣ ଅଧ୍ୟାୟ ବୋଲି କୁହାଯାଏ । ଛାତ୍ର ଜୀବନରେ ଫକୀର ମୋହନଙ୍କ ବାସଗୃହ ହିଁ ତାଙ୍କୁ ତାଙ୍କ ସୃଜନାତ୍ମକ କଳା ବିକଶିତ କରାଇବାକୁ ପ୍ରେରଣା ଦେଇଥିଲା । ଏଥିପାଇଁ ସେ ସ୍ୱୀକାର କରି କୁହନ୍ତି- ବାଲେଶ୍ୱରରେ ପଢୁଥିବା ସମୟରେ ସେ ଭାଇଙ୍କ ସହ ମଲ୍ଲିକାଶପୁରସ୍ଥ ଫକୀରମୋହନଙ୍କ ବାସଭବନରେ ଭଡ଼ାରେ ରହୁଥିଲେ । ଏହା ଥିଲା ତାଙ୍କ ଜୀବନ ପାଇଁ ବଡ଼ ଦୁର୍ଲଭ ଯୋଗ । ଉକ୍ତ ପରିବେଶର ପ୍ରତ୍ୟେକ ବସ୍ତୁ ଓ ଉପାଦାନ ତାଙ୍କ ହୃଦୟରେ ସାହିତ୍ୟ ପ୍ରତି ଅନୁରାଗୀ କରାଇବାରେ ମୁଖ୍ୟ ଭୂମିକା ଗ୍ରହଣକରେ । ସ୍ୱାଧୀନତା ପରବର୍ତ୍ତୀ ଓଡ଼ିଆ ସାହିତ୍ୟରେ ଏକ ଭିନ୍ନ ଦୃଷ୍ଟିଭଙ୍ଗୀ ଦେଖିବାକୁ ମିଳେ । ଶିକ୍ଷାର ବିକାଶ ଓ ପ୍ରକାଶ ହେବା ଫଳରେ ପ୍ରାଚ୍ୟ ଓ ପାଶ୍ଚାତ୍ୟ ଜଗତକୁ ସହଜରେ ପଢିବା ଓ ସେହି ଧାରାରେ ଗତି କରିବାକୁ ଲେଖକମାନେ ସହଜବୋଧ ମନେକଲେ । ଜଣେ ବହୁଶାସ୍ତ୍ରଦର୍ଶିତା ହୋଇଥିବାରୁ ମନୋଜ ଦାସ ପ୍ରାଚୀନ ଭାରତର ବେଦ, ଉପନିଷଦ ସହିତ ରାମାୟଣ, ମହାଭାରତ, ଶ୍ରୀମଦ୍ ଭଗବତ ଗୀତା, ସୋମନାଥଙ୍କ 'କଥାସାରିତ ସାଗର' ଗୁଣାଢ୍ୟଙ୍କ 'ବୃହତ୍ କଥା' ବିଷ୍ଣୁଶର୍ମାଙ୍କ 'ପଞ୍ଚତନ୍ତ୍ର', ତାମିଲର ଇଲାଙ୍ଗୋ ଆଦିଗଲଙ୍କ 'ଶିଳାପଦିକରମ୍', 'ବୁଦ୍ଧ ଜାତକ କଥା', କୌଟଲ୍ୟଙ୍କ 'ଅର୍ଥଶସ୍ତ୍ର', ନୀତିଶାସ୍ତ୍ର', କାଳିଦାସଙ୍କ 'ଗ୍ରନ୍ଥାବଳୀ' ସହିତ ଶ୍ରୀଅରବିନ୍ଦଙ୍କ 'ସାବିତ୍ରୀ ମହାକାବ୍ୟ' ଓ ରବୀନ୍ଦ୍ରନାଥଙ୍କ 'ଗୀତାଞ୍ଜଳି' ସହ ଓଡ଼ିଆରେ ଜଗନ୍ନାଥ ଦାସଙ୍କ 'ଭାଗବତ', ଫକୀର ମୋହନ, ରାଧାନାଥ, ଗଙ୍ଗାଧର ଓ ସଚ୍ଚିରାଉତଙ୍କୁ ପଢିଥିବା ବେଳେ ପାଶ୍ଚାତ୍ୟ ସାହିତ୍ୟ ଜଗତର-ସେକ୍ସପିଅର, ଚର୍ସ, ବାଟ୍ରାଣ୍ଡ ରସେଲ, ଟେନିସନ୍, ରିଚାର୍ଡ ହଡସନ୍, ଆଁ. ଏଲ୍. ଷ୍ଟିଭେନସନ, ଫ୍ରଏଡ୍, ଟଲଷ୍ଟୟ, ଷ୍ଟିଫେନ୍ ସ୍ପେଣ୍ଡାର, ହାନ୍ସ ଆଣ୍ଡାରସନ୍,

ଜୟସ୍ କିଲମାର, ଆଦିଙ୍କୁ ପଢିଥିଲେ । ଫଳରେ ତାଙ୍କ ଜ୍ଞାନର ବଳୟ ବୃଦ୍ଧି ଘଟିଥିଲା ।

ଦେଶ ସ୍ୱାଧୀନ ହେବା ପରେ ବ୍ୟକ୍ତିକୈନ୍ଦ୍ରିକ ମନୋଭାବ ମଣିଷକୁ ସାମାଜିକ ଅବକ୍ଷୟ ଆଡ଼କୁ ନେଇଯାଏ । ପ୍ରଗତି ନାଁରେ ସେ ଦୁର୍ଗତି ଆଡ଼କୁ ଆକର୍ଷିତ ହୋଇଯାଏ । ଆଦର୍ଶବୋଧରୁ ପଳାୟନ, ସଂସ୍କୃତିରୁ ବିଚ୍ଛିନ୍ନ, ସାମାଜିକ ଦାୟିତ୍ୱରୁ ଦୂରେଇଯିବା, ଦିଗଭ୍ରଷ୍ଟ ରାଜନୀତିରେ ପ୍ରବେଶ, ନୈତିକଶିକ୍ଷା ଠାରୁ ଦୂରେଇ ଯାଇ ବିଭ୍ରାନ୍ତ ଯୁବମାନସ ଆଜି ଯେଉଁପରି ଅ-ସଭ୍ୟତା ଆଡ଼କୁ ଅଗ୍ରସର ହେଉଛନ୍ତି ତାହା ପ୍ରାବନ୍ଧିକ ମନୋଜ ଦାସଙ୍କୁ ଅଧିକ ଚିନ୍ତାଶୀଳ କରାଇଥିଲା । ଫଳରେ ଯୁଗପ୍ରହରୀ ସତ୍ୟାନୁରାଗୀ ସ୍ରଷ୍ଟା ଭାବେ ସେ ଦୈନିକ ଖବର କାଗଜରେ ଏ ସମ୍ପର୍କରେ ଆଲୋଚନା କରିବା ପାଇଁ ଯଥେଷ୍ଟ ପ୍ରୟାସ କରିଥିଲେ । କେବଳ ସେତିକି ନୁହେଁ, ଜଣେ ଆଧ୍ୟାତ୍ମିକବାଦି ଭାବେ ସେ ପାଠକମାନଙ୍କର ଅହେତୁକ ଜିଜ୍ଞାସାବୋଧ ଜନିତ ପ୍ରଶ୍ନର ଆକର୍ଷଣୀୟ ଉତ୍ତରଦେଇ ଅନେକ ଜଟିଳ ସମସ୍ୟାର ସମାଧାନ ମଧ୍ୟ ପ୍ରକାଶ କରାଇଛନ୍ତି । ତେବେ ଏହି ସ୍ତମ୍ଭ ବା ଲଳିତ ନିବନ୍ଧ ଗୁଡ଼ିକ ପରବର୍ତ୍ତୀ ସମୟରେ 'କେତେଦିଗନ୍ତ', 'ସନ୍ଧାନ ସମୀକ୍ଷା', 'ଅରଣ୍ୟ ଉଲ୍ଲାସ', 'ବିପୁଳାଚ ପୃଥ୍ୱୀ', 'ଭାରତୀୟ ଐତିହ୍ୟ : ଶତେକ ପ୍ରଶ୍ନର ଉତ୍ତର', 'ଅଜଣା ଅନ୍ୱେଷଣ', ଆଦି ନାମରେ ଗ୍ରନ୍ଥ ଆକାରରେ ପ୍ରକାଶ ପାଇଥିଲା । ଯାହାକୁ କେହି କେହି ଲଳିତ ନିବନ୍ଧ, ସ୍ତମ୍ଭ କିମ୍ବା ପ୍ରବନ୍ଧ ଆକାରରେ ଗ୍ରହଣ କରନ୍ତି ।

ଶ୍ରୀଯୁକ୍ତ ଦାସଙ୍କ ପ୍ରବନ୍ଧର ଦୃଷ୍ଟିବଳୟ ବହୁଧା । ସେ ଜୀବନ ଓ ଜଗତକୁ ଅତିନିକଟରୁ ପଢିପାରୁଥିଲେ । ଏଥିପାଇଁ ପ୍ରଚଳିତ ଶିକ୍ଷାବ୍ୟବସ୍ଥାକୁ ନେଇ ଦେଖିଥିବା ସମସ୍ୟା ଓ ତା'ର ସମାଧାନ ପାଇଁ କେତେକ ପ୍ରବନ୍ଧ ରଚନା କରିଥିଲେ । ସେ ସବୁର ମୂଳ ନିର୍ଯ୍ୟାସ ହେଉଛି ବ୍ୟକ୍ତିକୁ ଶିକ୍ଷା କିପରି ଗୁଣାତ୍ମକ ମୂଲ୍ୟବୋଧ ଆଡ଼କୁ ପଥପଦର୍ଶକ ହୋଇପାରିବ । ଏଥିରେ ଦେଖାଯାଉଥିବା କେତେକ ପ୍ରତିବନ୍ଧକ ଗୁଡ଼ିକୁ ସେ ସଚେତନ ମଧ୍ୟ କରାଇଛନ୍ତି । ଶାନ୍ତି ଓ ବିଶ୍ୱାସର ମୌଳିକ ଲକ୍ଷ୍ୟରୁ ଶିକ୍ଷାର ଭୂମିକା ଗୁରୁତ୍ୱ ଲାଭ କରିଥାଏ । ପରନ୍ତୁ 'ପାଠାଗାର ଆନ୍ଦୋଳନ' ଶୀର୍ଷକ ପ୍ରବନ୍ଧରେ ସେ ଲେଖିଛନ୍ତି, ପାଠାଗାର ହେଉଛି ମନୁଷ୍ୟ ପାଇଁ ପ୍ରକୃତ ବିଶ୍ୱବିଦ୍ୟାଳୟ । ଏଣୁ ଏହାକୁ ଆମେ ଯଦି ଶିଶୁପରି ସୁଯତ୍ନ ନ ନେବା ତେବେ ଏହା ଭବିଷ୍ୟତ ପାଇଁ ଲକ୍ଷ୍ୟହରା ମଣିଷପରି ଆମର କୌଣସି ହିତକର କାର୍ଯ୍ୟରେ ସହାୟକ ହୋଇପାରିବ ନାହିଁ । ଜୀବନ ଓ ଜଗତକୁ ନିୟନ୍ତ୍ରଣ କରିବାରେ କ୍ଷମତା କେବଳ ଗୋଟିଏ ଉତ୍ତମ ପାଠାଗାର ଦ୍ୱାରା ସମ୍ଭବ ହୋଇପାରିବ । 'ସ୍ୱାକ୍ଷରତାର ସଂଜ୍ଞା' ଶୀର୍ଷକ ପ୍ରବନ୍ଧରେ ଉଲ୍ଲେଖ କରିଛନ୍ତି- ଭାରତରେ ଏବେ ଯେଉଁ ସ୍ୱାକ୍ଷରତା ଅଭିଯାନ ହେଉଛି, ତାହା ଉପଯୁକ୍ତ ମାନଦଣ୍ଡକୁ ଭିତ୍ତିକରି ହେଉନାହିଁ । ଏହାର ମୌଳିକ ଆଦର୍ଶ ସେତେବେଳେ ସମ୍ପୂର୍ଣ୍ଣ ହେବ

ଯେତେବେଳେ ଜନସାଧାରଣମାନଙ୍କୁ ଶିକ୍ଷିତ କରିବା ନିମନ୍ତେ, ପୌଢଶିକ୍ଷା ବ୍ୟବସ୍ଥା, ଆଇନ୍ କାନୁନ୍ ବିଷୟରେ ଅବଗତ ଓ ଗଣତନ୍ତ୍ର ରାଷ୍ଟ୍ରର ପ୍ରତି ବ୍ୟକ୍ତିର ଥିବା ଭୂମିକା ସମ୍ପର୍କରେ ସଚେତନ କରାଯାଇ ପାରିଲାପରି ପଦକ୍ଷେପ ଗୁଡ଼ିକ ନିଆଯାଇପାରିବ। ପୂର୍ବେ ଗାଁ ଗଣ୍ଡାରେ ଲୋକମାନେ ଅଧିକ ପାଠ ପଢୁନଥିଲେ, ହେଲେ ତାଙ୍କପାଖରେ ନୈତିକ ମୂଲ୍ୟବୋଧ ଥିବା ଯୋଗୁଁ ସେମାନେ ଆମ ପାଇଁ ଆଜି ଆଦର୍ଶ ଓ ପଥପଦର୍ଶକ ହୋଇପାରିଛନ୍ତି। ତେଣୁ, ସେମାନେ ସ୍ୱାକ୍ଷର ନ ହୋଇ ଶିକ୍ଷିତ ଥିଲେ ବୋଲି ପ୍ରାବନ୍ଧିକ କୁହନ୍ତି।

ସଂସ୍କୃତି ହେଉଛି ଆମ ଦେହର ପୋଷାକ ପରିଚ୍ଛେଦ ସାଦୃଶ୍ୟ। ଏଣୁ, ତାହା ସ୍ୱଚ୍ଛ ଓ ସ୍ୱଯତ୍ନରେ ପରିଧାନ କରିବା ଆବଶ୍ୟକ। ତେବେ ଯାଇ ଆମ ପ୍ରତି ଅନ୍ୟମାନଙ୍କର ଦୃଷ୍ଟିଭଙ୍ଗୀ ସ୍ୱତନ୍ତ୍ର ହୋଇପାରିବ। ସଂସ୍କୃତି ସମ୍ପନ୍ନ ଭାରତବର୍ଷ ଏବେ ଅପସଂସ୍କୃତି ଆଡ଼କୁ ମୁହାଁଇଲାଣି। ଏଣୁ ପ୍ରାବନ୍ଧିକ ଦାସ ଏହାକୁ ହୃଦୟଙ୍ଗମ କରି ଆମ ମଧ୍ୟରେ ସାଂସ୍କୃତିକ ସଚେତନତା ସୃଷ୍ଟି କରିବା ନିମନ୍ତେ ପ୍ରବନ୍ଧ ଜରିଆରେ ଅନେକତ୍ର ପ୍ରୟାସ କରିଥିବାର ଦେଖିବାକୁ ମିଳେ। ଏଥିପାଇଁ ସେ ବେଳେବେଳେ ମଧ୍ୟ ନିଷ୍ଠୁର ବାସ୍ତବତା ସହିତ ବ୍ୟଙ୍ଗବିଦ୍ରୂପ ଠାଣିକୁ ବ୍ୟବହାର କରିଛନ୍ତି। 'ସଂସ୍କୃତି : ଏକ ବିହଙ୍ଗାବଲୋକନ' ପ୍ରବନ୍ଧରେ ସେ କୁହନ୍ତି ସଂସ୍କୃତି ଏକ ଦେଖେଇ ହବା ବସ୍ତୁ କି' ଉପାଦନ ନୁହେଁ। ଏହା ବ୍ୟକ୍ତିର ମୌଳିକ ଜୀବନଚର୍ଯ୍ୟାକୁ ନିୟନ୍ତ୍ରଣ କରିବାରେ ସହାୟକ ହୋଇଥାଏ। ମଣିଷର ସାମାଜିକ ଜୀବନରେଖାକୁ ଆଦର୍ଶ, ସଂଭ୍ରମ ଓ ସଂସ୍କାରିତ କରିବା ନିମନ୍ତେ ଏହା ଉଦ୍ଦିଷ୍ଟ। ହେଲେ ସଂସ୍କୃତି ନାଁ ରେ ଆମେ ଯଦି ଅପସଂସ୍କୃତିକୁ ଆଣି ପ୍ରଚାର ପ୍ରସାର କରିବା ତେବେ ଏହା ଭବିଷ୍ୟତ ପାଇଁ ବଡ଼ ସଙ୍କଟ ହୋଇପାରେ।

ମନୋଜ ଦାସଙ୍କ ରଚନାରେ ପ୍ରାୟତଃ ସର୍ବତ୍ର ସାମାଜିକ ପ୍ରସଙ୍ଗ ଉପରେ ଆଲୋଚନା ହୋଇଥିବାର ଦେଖିବାକୁ ମିଳେ। ସେ ଜଣେ ମାନବବାଦୀ ଓ ସଂବେଦନଶୀଳ ବ୍ୟକ୍ତି ବିଶେଷ ହୋଇଥିବାରୁ, ସମାଜ ସହ ବ୍ୟକ୍ତିର ଅନୁବନ୍ଧିତ ସମ୍ପର୍କ ସୁଦୃଢ଼ କରିବା ନିମନ୍ତେ ଯଥା ସମ୍ଭବ ପ୍ରୟାସ କରୁଥିଲେ। ଏଥିପାଇଁ ସେ ସମାଜିକ ଅବକ୍ଷୟ ସ୍ୱରୂପ ଦୁର୍ନୀତି, ଶୋଷଣ, ଅତ୍ୟାଚାର, ଜାତିଆଣ ମନଭାବ, ଭ୍ରଷ୍ଟ ରାଜନୀତି, ନାରୀ ନିର୍ଯାତନା, ମଣିଷର କ୍ରୂର ଆଚରଣ ଆତଙ୍କବାଦ ପରି ସମସ୍ୟା ସହିତ ବିଜ୍ଞାନ ପ୍ରତି ଅଧିକ ଆକର୍ଷଣ କିପରି ଆମ ଜୀବନଶୈଳୀକୁ ପଙ୍ଗୁ କରିଦେଲାଣି ତାହା ବର୍ଣ୍ଣନା କରିଛନ୍ତି। 'ହିଂସା ପ୍ରମତ୍ତ-ଭାରତ' ଶୀର୍ଷକ ପ୍ରବନ୍ଧରେ ଆଜି ଆମ ସମାଜରେ ଯେଉଁ ହିଂସାତ୍ମକ ଆଚରଣ ଦେଖାଯାଉଛି ତା'ର କାରଣକୁ ପ୍ରାବନ୍ଧିକ

ମନସ୍ତାତ୍ତ୍ୱିକ ଦୃଷ୍ଟିକୋଣରୁ ବିଚାର କରିଛନ୍ତି। ମଣିଷର ଏହି ଆଚରଣ ବିଭିନ୍ନ କାରଣ ଯୋଗୁଁ ହୋଇଥାଏ। କେତେବେଳେ ବିବର୍ତ୍ତନର ଧାରାରେ ମଣିଷ ଭିତରେ ଆକ୍ରମଣାତ୍ମକ ଭାବନାକୁ ନେଇ, ତ ଆଉକେବେ ନିଜର କୌଣସି ନିର୍ଦ୍ଦିଷ୍ଟ ଲକ୍ଷ୍ୟପୂରଣ ନହେଲେ ମଣିଷ ହତାଶାବୋଧହୋଇ ହିଂସ୍ରରୂପ ଧାରଣ କରେ। ଏଥିପାଇଁ ପ୍ରାବନ୍ଧିକ ମଣିଷମଧ୍ୟରେ ଆଦର୍ଶବାଦୀ ଚିନ୍ତାଧାରା ସୃଷ୍ଟି କରିବା ନିମନ୍ତେ ଯଥାସମ୍ଭବ ପ୍ରୟାସ କରିଛନ୍ତି। କାରଣ ସେ ଉପଲବ୍ଧି କରିଥିଲେ, ମନୁଷ୍ୟର ଗତି ଯେତେବେଳେ ଆଧ୍ୟାତ୍ମିକ ଆଡ଼କୁ ଅଗ୍ରସର ହେବ, ସେତେବେଳେ ଜାଗତିକ ମୋହ, ମାୟା, ଲୋଭ, ଘୃଣା ଆଦି ନକରାତ୍ମକ ଆଚରଣରୁ ଦୂରେଇଯାଇ ହିଂସାପଥକୁ ଛାଡ଼ିପାରିବ।

ସାହିତ୍ୟ ହେଉଛି, ସୃଷ୍ଟି ସର୍ଜନାର ଅମୃତାକ୍ଷର। ପ୍ରାବନ୍ଧିକ ଦାସ ସାହିତ୍ୟର ଭିତ୍ତିଭୂମିକୁ ମୂଲ୍ୟାୟନକରି ତାହା କିପରି ସମାଜ ଓ ଜାତିପାଇଁ ମଙ୍ଗଳମୟ ହେଉଛି, ତାହା ପ୍ରବନ୍ଧ ମଧ୍ୟମରେ ବର୍ଣ୍ଣନା କରିଛନ୍ତି। ସେଥିପାଇଁ ବୋଧହୁଏ ସେ ଅନୁରାଗୀ ପାଠକମାନଙ୍କର ପ୍ରିୟଲେଖକ ହୋଇପାରିଛନ୍ତି। ଆଦ୍ୟ ଜୀବନର ସାମାଜିକ ଅବସ୍ଥାରୁ ପାଇଥିବା ପ୍ରେରଣା ତାଙ୍କ ସାହିତ୍ୟ ଜୀବନପାଇଁ ମୂଳଉସ୍ତ ବୋଲି କୁହାଯାଏ। ଏଥିପାଇଁ ସେ 'ସାହିତ୍ୟ ଅସାହିତ୍ୟ : ଷଟ୍ ପ୍ରବାହ' ପ୍ରବନ୍ଧରେ ଉଲ୍ଲେଖ କରିଛନ୍ତି, ପ୍ରତ୍ୟେକ ସ୍ରଷ୍ଟାଙ୍କୁ ସୃଜନଶୀଳ କରିବାରେ କେତୋଟି ପ୍ରେରଣା ମୁଖ୍ୟଦାୟିତ୍ୱ ବହନ କରିଥାଏ। ଭାବଗତ ଓ ଶୈଳୀଗତ ଦୃଷ୍ଟିରୁ ପ୍ରାବନ୍ଧିକ ଏହାକୁ ପାଞ୍ଚଗୋଟି ଆଧାରରେ ବିଚାର କରିଛନ୍ତି। 'ସଚ୍ଚା ପ୍ରେରଣା'ହିଁ ସାହିତ୍ୟର ମହତ୍ତର ଦିଗ ଗୁଡ଼ିକ ପ୍ରତିପାଦକ କରିବାରେ ସହାୟକ ହୋଇଥାଏ। ଆଉ ଯଦି ଲେଖକ ଧୂର୍ତ୍ତ ବା ଶୋଷଣଜନିତ ଭାବନାକୁ ନେଇ ସୃଜନକ୍ରିୟା ଆଡ଼କୁ ଆଗ୍ରସର ହେବ ସେତେବେଳେ ସାହିତ୍ୟରେ ସେ ଅଶ୍ଳୀଳତା ପରିବେଷଣ କରିବାକୁ ଚେଷ୍ଟା କରିବ ବୋଲି ପ୍ରାବନ୍ଧିକ କୁହନ୍ତି। 'ଭାରତୀୟ ସାହିତ୍ୟ : ଦୁଇ ସମାନ୍ତରାଳ ପରମ୍ପରା' ପ୍ରବନ୍ଧରେ ପ୍ରାଚୀନ ଭାରତୀୟ ସାହିତ୍ୟ ମଧ୍ୟ ଗୋଟିଏ ନିର୍ଦ୍ଦିଷ୍ଟ ଆଦର୍ଶମୟତା ଦୃଶ୍ୟମାନ ହୁଏ। ବିଶେଷକରି ରାମାୟଣ ଓ ମହାଭାରତରେ ରାମଚନ୍ଦ୍ର, ଯୁଧିଷ୍ଠିର ଓ ସୀତା ସାବିତ୍ରୀଙ୍କ ପରି ଆଦର୍ଶବାଦୀ ଚରିତ୍ରମାନେ ଯୁଗେ ଯୁଗେ ମାନବ ସଭ୍ୟତା ପାଇଁ ଅମର ହୋଇରହିଛନ୍ତି। ସେହିପରି ଗୁଣାଢ୍ୟଙ୍କ 'ବୃହତ୍ କଥା', ଓ 'ଜାତକ କଥା'ରେ ଯେଉଁ କାହାଣୀଗୁଡ଼ିକ ଦେଖିବାକୁ ମିଳେ ତାହା ଆଜିର ସମୟରେ ଆଧୁନିକ ମଣିଷର ପଥପଦର୍ଶକ ହୋଇପାରୁଛି। କାରଣ ଏସବୁରେ ରହିଛି ଜୀବନଜିଜ୍ଞାସାର ପ୍ରତ୍ୟାଶା, ହିତବାଦୀନୀତି, ସାଧୁ ଓ ଦୟାଳୁ ଭାବପୂର୍ଣ୍ଣ ଆଦର୍ଶ ଗୁଣାବଳୀ।

ସମସ୍ତ ନୈରାଶ୍ୟବୋଧ ଭିତରୁ ମନୋଜ ଦାସ ଖୋଜିଛନ୍ତି ଅମୃତର ଉପଲବ୍ଧି।

ନିଆରା ରଚନାଶୈଳୀ ପାଇଁ ମନୋଜ ଦାସ ସର୍ବତ୍ର ସ୍ୱତନ୍ତ୍ର ମନେହୁଅନ୍ତି। ବିଶେଷକରି ତାଙ୍କ ଗଦ୍ୟ ବିଭବର କଥାବସ୍ତୁରେ ଚମତ୍କାରିତା ଆବେଗଧର୍ମୀ ରଚନାଶୈଳୀ ଭାବଗର୍ଭମୟ ସଂଳାପବର୍ଣ୍ଣନା ଆଦିଗୁଡ଼ିକ ମୂଳପିଣ୍ଡ ସଦୃଶ୍ୟ ମନେହୁଏ। ଆଧ୍ୟାତ୍ମିକ ଜ୍ଞାନମାର୍ଗରେ ଉତ୍ତରଣ ହେବାପରେ ମାନବୀୟଚେତନାକୁ ସେ ଏକ ଭିନ୍ନଦିଗରେ ଆଲୋଚନା କରିଛନ୍ତି। ଶ୍ରୀଅରବିନ୍ଦଙ୍କ ଦର୍ଶନରେ ଥିବା ଅତିମାନସ ତତ୍ତ୍ୱକୁ ସେ ତାଙ୍କ ପ୍ରବନ୍ଧରେ ଆଲୋଚନା କରିଥିବାର ଦେଖିବାକୁ ମିଳେ। ଏହାଦ୍ୱାରା ମଣିଷର ଚେତନାସ୍ତରର ଉତ୍ତରଣ ଘଟାଇବା ପ୍ରାବନ୍ଧିକଙ୍କର ମୁଖ୍ୟଲକ୍ଷ୍ୟ। 'ଶ୍ରୀଅରବିନ୍ଦ ସ୍ମରଣ', 'ଶତାବ୍ଦୀର ପଦଧ୍ୱନି', 'ସମ୍ବିଧାନ ସମୀକ୍ଷା : ଏକ ଭୂମିକା' ଆଦି ପ୍ରବନ୍ଧରେ ଏହାର ଯଥେଷ୍ଟ ପ୍ରଭାବ ପଡ଼ିଥିବାର ଦେଖିବାକୁ ମିଳେ। ଏଥିରେ ସେ ଆଲୋଚନା କରିଛନ୍ତି, ମଣିଷର ଅନ୍ୟତମ ଦୁଃଖର କାରଣ ହେଉଛି- ସନ୍ଦେହ, ହତାଶ, ବିଷାଦ, ନୈରାଶ୍ୟ ଇତ୍ୟାଦି ପ୍ରମୁଖ। ମଣିଷ ନିଜର ଅତ୍ୟଧିକ ଆବଶ୍ୟକତାକୁ ନେଇ ଯେଉଁ ଆଶାବାଦୀ ହେଉଛି, ଏହା କେବଳ ତା'ର ଫଳସ୍ୱରୂପ ମାତ୍ର। ସେ ବୁଝାଇବାକୁ ଚେଷ୍ଟା କରିଛନ୍ତି ଯେ, ଜୀବନରେ ସୁଖ ଅଛି ଦୁଃଖ ମଧ୍ୟ ରହିଛି। ଉଭୟକୁ ଆମେ ଗ୍ରହଣ କରିବାକୁ ପଡ଼ିବ। ମଣିଷ ଗୋଟିଏ ବିବର୍ତ୍ତନ ଶକ୍ତିରେ ଆବଦ୍ଧ। ପୁନର୍ଜନ୍ମ ଉପରେ ବିଶ୍ୱାସ ରଖୁଥିବା ଆଧ୍ୟାତ୍ମିକବାଦୀ ଶ୍ରୀଯୁକ୍ତ ଦାସ କୁହନ୍ତି, ଆମର ଏ ଜନ୍ମର ଭଲକର୍ମ ଆରଜନ୍ମକୁ ପୁଣ୍ୟଫଳ ହୋଇଫେରିବ।

ପ୍ରାବନ୍ଧିକଙ୍କ ଦୃଷ୍ଟିବଳୟକୁ ଲକ୍ଷ୍ୟକଲେ ଜଣାପଡ଼େ ସମାଜର ଏପରି କୌଣସି ବିଷୟନାହିଁ, ଯାହାକୁ ସେ ବାଦ୍ ଦେବାପାଇଁ ମନ ବଳାଇଛନ୍ତି। ସୂକ୍ଷ୍ମ ବିଚାରବୋଧରେ ଜଟିଳ ପ୍ରଶ୍ନର ସମାଧାନ ସେ ତାଙ୍କ ପ୍ରବନ୍ଧରେ କରିଛନ୍ତି। ତାଙ୍କ ପ୍ରବନ୍ଧର କଳାତ୍ମକଦିଗଟି ପାଠକକୁ ମନ୍ତ୍ରମୁଗ୍ଧ କରାଇଛି। ଜୀବନଦର୍ଶନ ଭିତରେ ଅତିଭୌତିକସ୍ତରରୁ ଆରମ୍ଭକରି ଆଧୁନିକ ସମୟରେ ଘଟୁଥିବା ସମସ୍ତଘଟଣାକୁ ସେ ପ୍ରବନ୍ଧରେ ବାନ୍ଧିରଖିଛନ୍ତି। ମାନସିକସ୍ତରରେ ମନୁଷ୍ୟ ଯେଉଁ କାମନା ବାସନା ପାଇଁ ଦୁଃଖଭୋଗ କରୁଛି ତା'ର ସରଳ ଉପାୟ ଦେବାକୁଯାଇ ବୁଦ୍ଧ, ଶଙ୍କର, ଶ୍ରୀଅରବିନ୍ଦଙ୍କ ଜୀବନଦର୍ଶନ ମହତ୍ତର ଉପାଦନ ଅବତାରଣା କରିଛନ୍ତି। ମୁକ୍ତ ଆଙ୍ଗିକ ବିଚାରବୋଧ ଓ ଲାଳିତ୍ୟ ରଚନା ପରିବେଷଣ ପାଇଁ ସେ ପାଠକଙ୍କ ହୃଦୟରେ ଚିରବିଦ୍ୟମାନ। ସମାଜରେ ବାସକରୁଥିବା ହିଂସ୍ରମଣିଷକୁ କଟାକ୍ଷକରି ଜ୍ଞାନୀ ଗୁଣୀମାନଙ୍କର ପ୍ରଶଂସା ସେ କରିଛନ୍ତି। ସାମାଜିକ ଦାୟିତ୍ୱପ୍ରତି ଆଧୁନିକ ମଣିଷକୁ ସଚେତନ କରାଇବା ଓ ଚିରନ୍ତନ ସତ୍ୟର ଅନ୍ୱେଷଣ ତାଙ୍କ ପ୍ରବନ୍ଧର ମୁଖ୍ୟସ୍ୱର। ସୁତରାଂ ତାଙ୍କ ପ୍ରବନ୍ଧକୁ ଅଧ୍ୟୟନ କଲେ ଜଣେ ମାନସିକ ସ୍ତରର ଦୁର୍ବଳ ମଣିଷ ଜୀବନଯାତ୍ରାରେ ପଥଚାରୀ ହେବା ପାଇଁ ସାହସ ଓ ପ୍ରେରଣା

ପାଇଥାଏ। ସେ ଆଜି ଆମ ପାଖରେ ନାହାନ୍ତି ସତ; ପରନ୍ତୁ ତାଙ୍କ ଜ୍ଞାନମାର୍ଗ ଆମ ପାଇଁ ସବୁବେଳେ ଦିଗପାଳ ହୋଇ ରକ୍ଷାକରୁଥିବ। ଆଜିବି ଅସଂଖ୍ୟ ପାଠକ ତାଙ୍କ ଫେରିବା ବାଟକୁ ଚାହିଁ ରହିଛନ୍ତି କାରଣ ସେ ପ୍ରତିଶ୍ରୁତି ଦେଇଥିଲେ-

"ମୁଁ ପୁଣି ଆସିବି ଫେରି, ସମୟର ଶୁଭ୍ର ବାଲୁଚରେ
ବାରି ବାରି ପଦଚିହ୍ନ, ଏ ବିସ୍ମୃତ ତିମିର-ଶିବିରେ
ବେନି କରେ ଆଣିଥିବି ସେଦିନ ମୁଁ ଆବୋରି ଯତନେ
ପ୍ରଥମ ପ୍ରଦୀପ ଏଇ ଅଭିଶପ୍ତ ତମସା-ସଦନେ।"

ସହାୟକ ଗ୍ରନ୍ଥସୂଚୀ :

ଓଡ଼ିଆ

(୧) କବି, ଆସିତ୍ : 'ଓଡ଼ିଆ ପ୍ରବନ୍ଧ ସାହିତ୍ୟର ଇତିହାସ', ଗ୍ରନ୍ଥମନ୍ଦିର, ବିନୋଦ ବିହାରୀ, କଟକ, ୧୯୭୮ ।

(୨) କର, ପ୍ରଫେସର ବାଉରୀବନ୍ଧୁ : 'ଓଡ଼ିଆ ସାହିତ୍ୟର ଇତିହାସ', ଗ୍ରନ୍ଥମନ୍ଦିର, ବିନୋଦ ବିହାରୀ, କଟକ, ୭ମ ସଂସ୍କରଣ-୨୦୧୮ ।

(୩) କର, ପ୍ରଫେସର ବାଉରୀବନ୍ଧୁ : 'ଓଡ଼ିଆ ପ୍ରବନ୍ଧ ସାହିତ୍ୟ', ମହାବୀର ପ୍ରକାଶନ, ଅଶୋକନଗର, ଭୁବନେଶ୍ୱର, ୨୦୧୩।

(୪) କର, ପ୍ରଫେସର ବାଉରୀବନ୍ଧୁ(ସଂ) : 'ସାହିତ୍ୟ ସାଧକ ମନୋଜ ଦାସ', ପ୍ରାଚୀ ସାହିତ୍ୟ ପ୍ରତିଷ୍ଠାନ, ବିନୋଦ ବିହାରୀ, କଟକ, ଦ୍ୱିତୀୟ ସଂସ୍କରଣ - ୨୦୧୩।

(୫) କର, ଶ୍ରୀ ବିଜୟାନନ୍ଦ : 'ଧର୍ମ, ଦର୍ଶନ ଓ ମାନବତାବାଦ', କଟକ ଷ୍ଟୁଡେଣ୍ଟ ଷ୍ଟୋର, କଟକ, ୧୯୭୫ ।

(୬) କର, ସୌରୀବନ୍ଧୁ : 'ଗାନ୍ଧୀ ବିଚାରଧାରା', ଓଡ଼ିଆ ଲେଖକ ସମବାୟ ସମିତି ଲିଃ, ଅଶୋକ ନଗର, ଭୁବନେଶ୍ୱର, ୨୦୦୪।

(୭) କର, ସୌରୀବନ୍ଧୁ : 'ମୋ ଭାଷା ମୋ ସାହିତ୍ୟ', ଗଦ୍ୟ ପ୍ରକାଶନୀ, ଗଜପତି ନଗର, ଭୁବନେଶ୍ୱର, ୧୯୯୬।

(୮) ଚଇନି, ଡଃ ରତ୍ନାକର : 'ଆଜିର ପ୍ରବନ୍ଧ', ବିଦ୍ୟାର୍ଥୀ ପ୍ରକାଶନ ବଙ୍କାବଜାର, କଟକ, ୧୯୭୮ ।

(୯) ଚାଟାର୍ଜୀ, ଡଃ ସୁବୋଧ କୁମାର : 'ଗବେଷଣା ପ୍ରବିଧି: ସଂପାଦନା ଓ ଅନୁବାଦକଳା', ବିଦ୍ୟାପୁରୀ, ବାଲୁବଜାର, କଟକ, ୪ର୍ଥ ମୁଦ୍ରଣ-୨୦୧୬।

(୧୦) ଚୌଧୁରୀ, ମନମୋହନ : 'ଅର୍ଥନୀତିର ଗୋଲକ ଧନ୍ଦା', ଗ୍ରାମସେବକ ସମବାୟ ପ୍ରକାଶନୀ ଲିଃ, ବାଖରାବାଦ, କଟକ, ୧୯୯୮ ।

(୧୧) ଦାଶ, ଡଃ ଗଗେନ୍ଦ୍ର ନାଥ ଓ
ମହାନ୍ତି, ଡଃ ପଞ୍ଚାନନ ମହାନ୍ତି : 'ଶୈଳୀ ବିଜ୍ଞାନ', ଓଡ଼ିଆ ଗବେଷଣା ପରିଷଦ, ମଧୁପାଟଣା, କଟକ, ୧୯୮୯ ।

(୧୨) ଦାସ, ଚିତ୍ତରଞ୍ଜନ : 'ଓଡ଼ିଆ ସାହିତ୍ୟର ଇତିହାସ ସାମାଜିକ-ସଂସ୍କୃତିକ ଭିତ୍ତିଭୂମି', ପଥିକ ପ୍ରକାଶନୀ, ରସୁଲଗଡ଼, ଭୁବନେଶ୍ୱର, ୨୦୦୩।
(୧୩) ଦାସ, ଚିତ୍ତରଞ୍ଜନ : 'ପ୍ରବନ୍ଧର ପୃଥିବୀ', ମିତା ବୁକ୍ ସ, ବାଦାମବାଡ଼ି, କଟକ, ୨୦୦୬।
(୧୪) ଦାସ, ଚିତ୍ତରଞ୍ଜନ : 'ଜାତିରେ ମୁଁ ଯବାନ', ପଥିକ ପ୍ରକାଶନୀ, ରସୁଲଗଡ଼, ଭୁବନେଶ୍ୱର, ୩ୟ ସଂସ୍କରଣ-୨୦୦୬।
(୧୫) ଦାସ, ଚିତ୍ତରଞ୍ଜନ : 'ତରଙ୍ଗ ଓ ତଡ଼ିତ୍, ଅଗ୍ରଦୂତ, ବଙ୍କାବଜାର କଟକ, ୨୦୦୬।
(୧୬) ଦାସ, ଦାଶରଥି (ସଂ) : 'ସାହିତ୍ୟ କୋଷ', ସମ୍ବାଦ ଆମ ଓଡ଼ିଶା, ବାପୁଜୀ ନଗର, ଭୁବନେଶ୍ୱର ୨୦୧୮।
(୧୭) ଦାସ, ବସନ୍ତ
ବୈଷ୍ଣବଚରଣ ମହାନ୍ତି : 'ପ୍ରବନ୍ଧ ପ୍ରୟୋଧି', ମିଡ଼ିଆ ଏକାଡ଼େମୀ ସାହିତ୍ୟ ମଞ୍ଚ, ଭୁବନେଶ୍ୱର, ୨୦୧୦।
(୧୮) ଦାସ, ମନୋଜ : 'ଇଣ୍ଡୋନେସିଆ ଅନୁଭୂତି', ଜଗନ୍ନାଥ ରଥ, ବିନୋଦ ବିହାରୀ, କଟକ, ୨୦୧୭।
(୧୯) ଦାସ, ମନୋଜ : 'ଅବଲୋକରା କାହାଣୀ', ଗ୍ରନ୍ଥମନ୍ଦିର, ବିନୋଦ ବିହାରୀ, କଟକ, ୧୯୯୧।
(୨୦) ଦାସ, ମନୋଜ : 'ଅମୃତ ଫଳ', ବିଦ୍ୟାପୁରୀ, ବାଲୁବଜାର, କଟକ, ୭ମ ସଂସ୍କରଣ-୨୦୧୯।
(୨୧) ଦାସ, ମନୋଜ : 'ଅରଣ୍ୟ-ଉଲ୍ଲାସ ଏବଂ ଅନ୍ୟାନ୍ୟ ପ୍ରସଙ୍ଗ', ଗ୍ରନ୍ଥମନ୍ଦିର, ବିନୋଦ ବିହାର, କଟକ, ୩ୟ ସଂସ୍କରଣ-୨୦୧୩।
(୨୨) ଦାସ, ମନୋଜ : 'ଜିଜ୍ଞାସାର ଦିଗ ଦିଗନ୍ତ', ଜଗନ୍ନାଥ ରଥ, ବିନୋଦ ବିହାରୀ, କଟକ, ୨୦୧୯।
(୨୩) ଦାସ, ମନୋଜ : 'ବିପ୍ଳବୀ ଫକୀର ମୋହନ', ହିନ୍ଦୁସ୍ଥାନ ବୁକ୍ ଷ୍ଟଲ, ବାଲେଶ୍ୱର, ୧୯୫୦।
(୨୪) ଦାସ, ମନୋଜ : 'ମନୋଜାୟନ', ଅରବିନ୍ଦ ସମିତି, ବାଲେଶ୍ୱର, ୨୦୦୧।
(୨୫) ଦାସ, ମନୋଜ : 'ମନୋଜ ସୃଜନୀ ସମଗ୍ର'(୧ମ ଖଣ୍ଡ), ଗ୍ରନ୍ଥମନ୍ଦିର, ବିନୋଦ ବିହାରୀ, କଟକ, ୩ୟ ସଂସ୍କରଣ-୨୦୧୮।

(୨୬) ଦାସ, ମନୋଜ : 'ମନୋଜ ସୃଜନୀ ସମଗ୍ର'(୨ୟ ଖଣ୍ଡ), ଗ୍ରନ୍ଥମନ୍ଦିର, ବିନୋଦ ବିହାରୀ, କଟକ, ୨ୟ ସଂସ୍କରଣ-୨୦୧୪।

(୨୭) ଦାସ, ମନୋଜ : 'ମନୋଜ ସୃଜନୀ ସମଗ୍ର'(୮ମ ଖଣ୍ଡ), ଗ୍ରନ୍ଥମନ୍ଦିର, ବିନୋଦ ବିହାରୀ, କଟକ, ୨୦୧୪।

(୨୮) ଦାସ, ମନୋଜ : 'ମନୋଜ ସୃଜନୀ ସମଗ୍ର'(୧୦ମ ଖଣ୍ଡ), ଗ୍ରନ୍ଥମନ୍ଦିର, ବିନୋଦ ବିହାରୀ, କଟକ,୨୦୧୭।

(୨୯) ଦାସ, ମନୋଜ : 'ମହାଯୋଗୀ ଶ୍ରୀଅରବିନ୍ଦ', ଫ୍ରେଣ୍ଡସ୍ ପବ୍ଲିଶର୍ସ, ବିନୋଦ ବିହାରୀ, କଟକ, ୨୦୧୯।

(୩୦) ଦାସ, ମନୋଜ : 'ସ୍ମୃତି ବିସ୍ମୃତିର ଲୁଚକାଳି ଏବଂ ସପ୍ତଦଶ ସନ୍ଦର୍ଭ', ଫ୍ରେଣ୍ଡସ୍ ପବ୍ଲିଶର୍ସ, ବିନୋଦ ବିହାରୀ, କଟକ,୧ମ ସଂସ୍କରଣ- ୨୦୧୯।

(୩୧) ଧଳ, ଗୋଲକ ବିହାରୀ : 'ଓଡ଼ିଆ କେବେ', ଫ୍ରେଣ୍ଡସ୍ ପବ୍ଲିଶର୍ସ, ବିନୋଦ ବିହାର, କଟକ, ୧୯୯୬।

(୩୨) ଧଳ, ଗୋଲକ ବିହାରୀ : 'ବିଚାର ଆଲୋଚନା', ବିଦ୍ୟାପୁରୀ, ବାଲୁବଜାର, କଟକ, ୧୯୬୬।

(୩୩) ନାଥ, ଅଧ୍ୟାପକ ଶତ୍ରୁଘ୍ନ : 'ଶିକ୍ଷାର ଧାରା', ମୟୂର ପବ୍ଲିକେଶନ, ଭୁବନେଶ୍ୱର, ୨୦୧୪।

(୩୪) ନାୟକ, କ୍ଷେତ୍ରବାସୀ, ଓ ନାୟକ, ଲାବଣ୍ୟ (ସଂ) : 'ପ୍ରବନ୍ଧ ଓ ପ୍ରାବନ୍ଧିକ', ବିଶ୍ୱବିଦ୍ୟା ପ୍ରକାଶ, କଟକ, ୧୯୭୨।

(୩୫) ନାୟକ, ଶ୍ରୀ ମୃତ୍ୟୁଞ୍ଜୟ : 'ପ୍ରବନ୍ଧ-ସାରଣୀ', ତାରାତାରିଣୀ ବୁକ୍ ଷ୍ଟୋର, ବାଲୁବଜାର, କଟକ, ୧୯୮୨।

(୩୬) ପଟ୍ଟନାୟକ, କିଶନ : 'ବିଚାରର ତିପାଖାତା', ବିକଳ୍ପ ପ୍ରକାଶ, ବରଗଡ଼, ୨୦୦୪।

(୩୭) ପଟ୍ଟନାୟକ, ପଠାଣି : 'ଓଡ଼ିଆ ପ୍ରବନ୍ଧ ସାହିତ୍ୟର ପ୍ରବୃତ୍ତି ଓ ପରିଭାଷା', ସତ୍ୟନାରାୟଣ ବୁକ୍ ଷ୍ଟୋର, ବିନୋଦ ବିହାର, କଟକ, ୨୦୧୦।

(୩୮) ପଟ୍ଟନାୟକ, ପଠାଣି (ସଂ) : 'ଓଡ଼ିଆ ପ୍ରବନ୍ଧ ଓ ସମାଲୋଚନା ସାହିତ୍ୟର ପରିଚୟ', ଓଡ଼ିଶା ବୁକ୍ ଷ୍ଟୋର, ବିନୋଦ ବିହାରୀ, କଟକ, ୨ୟ ସଂସ୍କରଣ- ୨୦୧୯।

(୩୯) ପଟ୍ଟନାୟକ, ପଠାଣି ଓ ବିଜୟାନନ୍ଦ ସିଂହ (ସଂ): 'ଆଧୁନିକ ଓଡ଼ିଆ ସାହିତ୍ୟ', ଓଡ଼ିଶା ସାହିତ୍ୟ ଏକାଡେମୀ, ସଂସ୍କୃତି ଭବନ, ଭୁବନେଶ୍ୱର, ୨୦୦୯।

(୪୦) ପଣ୍ଡା, ଅନିତା (ସଂ) : 'ଅମୃତ ସନ୍ଧାନୀ ମନୋଜ', ଏଥେନା ବୁକ୍ସ, ଭୁବନେଶ୍ୱର, ୨୦୨୧।

(୪୧) ପୃଷ୍ଟି, ରୁଦ୍ରନାରାୟଣ :'ଜୀବନ ଓ ଜନମତ', ଜୟନ୍ତୀ ପ୍ରକାଶନୀ, ଯାଜପୁର, ୨୦୧୩।

(୪୨) ପ୍ରଧାନ, କୃଷ୍ଣଚନ୍ଦ୍ର (ସଂ) :'ମନୋଜ କଳା-କଳ୍ପନା', ବିଦ୍ୟାପୁରୀ, ବାଲୁବଜାର, କଟକ, ୨୦୧୦।

(୪୩) ପ୍ରଧାନ, ଡଃ ଜ୍ୟୋସ୍ନା : 'ସାହିତ୍ୟ ତତ୍ତ୍ୱ: ପ୍ରାଚ୍ୟ ପ୍ରଶ୍ଚାତ୍ୟ', ଫ୍ରେଣ୍ଡାସ୍ ପବ୍ଲିଶର୍ସ, ବିନୋଦ ବିହାର, କଟକ, ୮ମ ସଂସ୍କରଣ- ୨୦୧୩।

(୪୪) ବଳ, ପ୍ରଦ୍ୟୁମ୍ନ : 'ସ୍ୱପ୍ନର ଓଡ଼ିଶା', ପ୍ରଗତିବାଦୀ ପବ୍ଲିକେସନ୍ସ, ଏକାମ୍ର ବିହାର ନୟାପଲ୍ଲୀ, ଭୁବନେଶ୍ୱର, ୨୦୦୦।

(୪୫) ବଳ, ପ୍ରଦ୍ୟୁମ୍ନ : 'ଚେତନାର ଚିତ୍ରକଳ୍ପ', ପ୍ରଗତିବାଦୀ ପବ୍ଲିକେସନ୍ସ, ଏକାମ୍ର ବିହାର ନୟାପଲ୍ଲୀ, ଭୁବନେଶ୍ୱର, ୨୦୦୧।

(୪୬) ବଳ, ପ୍ରଦ୍ୟୁମ୍ନ : 'ପ୍ରଥମ ବିଶ୍ୱ ଅନ୍ୟ ପୃଥିବୀ', ପ୍ରଗତିବାଦୀ ପବ୍ଲିକେସନ୍ସ, ଏକାମ୍ର ବିହାର ନୟାପଲ୍ଲୀ, ଭୁବନେଶ୍ୱର, ୨୦୦୦।

(୪୭) ବଳିଆର ସିଂ, ଡଃ ଶକୁନ୍ତଳା : 'ଓଡ଼ିଆ ସାହିତ୍ୟରେ ଜାତୀୟତାବାଦୀ ଚେତନା', ଗ୍ରନ୍ଥପ୍ରକାଶନୀ, କଟକ, ୧୯୮୫।

(୪୮) ବେଶ୍ରା, ଦମୟନ୍ତୀ : 'ପ୍ରବନ୍ଧ ପ୍ରତିଭୂ', କିତାବ ଭବନ, ନୟାପଲ୍ଲୀ, ଭୁବନେଶ୍ୱର, ୨୦୧୭।

(୪୯) ବେହେରା, ଡଃ କୃଷ୍ଣଚରଣ : 'ଶୈଳୀ ବିଜ୍ଞାନ', ଓଡ଼ିଆ ଗବେଷଣା ପରିଷଦ, କଟକ, ୧୯୮୯।

(୫୦) ବେହେରା, ରାସ ବିହାରୀ : 'ପ୍ରବନ୍ଧ ମଞ୍ଜୁଷା', ଅଖିଳ ପ୍ରେସ, ଭବାନୀ ପାଟଣା, କଳାହାଣ୍ଡି,୧୯୯୭।

(୫୧) ଭୋଇ, ଡଃ ପରୀକ୍ଷିତ : 'ଓଡ଼ିଆ ପ୍ରବନ୍ଧ ସାହିତ୍ୟର (୧୯୮୦-୨୦୧୮)', କଟକ ଷ୍ଟୁଡେଣ୍ଟ ଷ୍ଟୋର କଟକ, ୨୦୧୯।

(୫୨) ମହାନ୍ତି, ରାମଚନ୍ଦ୍ର : 'ଚିନ୍ତା ଅନୁଚିନ୍ତା', ଅଗ୍ରଦୂତ, ବାଲୁବଜାର, କଟକ, ୧୯୯୭।

(୫୩) ମହାନ୍ତି, ରାମଚନ୍ଦ୍ର : 'ଚିନ୍ତା ଓ ଚେତନା', ଜଲ୍ଲୀ ପବ୍ଲିକେଶନ, ସି. ଡି. ଏ, କଟକ, ୨୦୦୩।

(୫୪) ମହାନ୍ତି, ଶରତ କୁମାର : 'ବିଜ୍ଞାନ ଦିଗନ୍ତ', ଅଗ୍ରଦୂତ, ବାଙ୍କାବଜାର, କଟକ, ୧୯୮୯ ।

(୫୫) ମହାନ୍ତି, ଶରତ କୁମାର : 'ସଂସ୍କୃତି ଓ ଅପସଂସ୍କୃତି', ଅଗ୍ରଦୂତ, ବାଙ୍କାବଜାର, କଟକ, ୧୯୮୪ ।

(୫୬) ମହାନ୍ତି, ଶରତ କୁମାର : 'ଭୂ-ବିଜ୍ଞାନ ସହିତ ପୃଥିବୀ ପରିକ୍ରମା', ଅଗ୍ରଦୂତ, ବାଙ୍କାବଜାର, କଟକ, ୧୯୮୯ ।

(୫୭) ମହାରଣା, ଡଃ ସୁରେନ୍ଦ୍ର କୁମାର : 'ଓଡ଼ିଆ ସାହିତ୍ୟର ଇତିହାସ', ଓଡ଼ିଶା ବୁକ୍ ଷ୍ଟୋର, ବିନୋଦ ବିହାରୀ, କଟକ, ୨ୟ ସଂସ୍କରଣ-୨୦୧୦ ।

(୫୮) ମହାପାତ୍ର, ଡଃ ଖଗେଶ୍ୱର (ସଂ) : 'ଶତାବ୍ଦୀର ଶ୍ରେଷ୍ଠ ପ୍ରବନ୍ଧ ସଂକଳନ(୨ୟ ଭାଗ)', ଓଡ଼ିଶା ସାହିତ୍ୟ ଏକାଡେମୀ, ଭୁବନେଶ୍ୱର , ୧୯୮୨ ।

(୫୯) ମହାପାତ୍ର, ଡଃ ଗୋକୁଳାନନ୍ଦ : 'ଆମ ବିଶ୍ୱ ଓ ଆମ ପୃଥିବୀ', ବିଜ୍ଞାନ ଭାରତୀ, କଟକ, ୨୦୦୩ ।

(୬୦) ମହାପାତ୍ର, ଡଃ ଗୋକୁଳାନନ୍ଦ : 'ଆବିଷ୍କାର ଓ ଉଦ୍ଭାବନ', କୋଣାର୍କ ପବ୍ଲିଶର, ବିନୋଦ ବିହାର, କଟକ, ୧୯୯୭ ।

(୬୧) ମହାପାତ୍ର, ନିତ୍ୟାନନ୍ଦ : 'ପତ୍ର ପତ୍ରିମା', ପୋଥିପୀଠ, ପିଠାପୁର, କଟକ, ୧୯୫୭ ।

(୬୨) ମହାପାତ୍ର, ସୀତାକାନ୍ତ : 'ସଂଭୋଗ, ନିର୍ଜନତା, ଓ ଅନ୍ୟାନ୍ୟ ପ୍ରବନ୍ଧ', ଜ୍ଞାନଯୁଗ ପବ୍ଲିକେଶନ, ଭୁବନେଶ୍ୱର, ୨୦୦୯ ।

(୬୩) ମିଶ୍ର, କୃଷ୍ଣ ପ୍ରସାଦ : 'ଦର୍ଶନ ଓ ସମାଲୋଚନା', କଟକ ଷ୍ଟୁଡେଣ୍ଟସ୍ ଷ୍ଟୋର, କଟକ, ୧୯୫୮ ।

(୬୪) ମିଶ୍ର, ଦେବକାନ୍ତ : 'ଆମ ଦେଶ ପାଇଁ ବିଜ୍ଞାନ', ନିରୂପମା ପ୍ରକାଶନୀ, କଟକ, ୧୯୮୯ ।

(୬୫) ମିଶ୍ର, ଦେବକାନ୍ତ : 'ବୈଜ୍ଞାନିକ ଚିନ୍ତନ',ଫ୍ରେଣ୍ଡସ୍ ପବ୍ଲିଶର୍ସ, କଟକ, ବିନୋଦ ବିହାର, ୧୯୮୯ ।

(୬୬) ମିଶ୍ର, ଅଧ୍ୟାପକ ନରେନ୍ଦ୍ର ନାଥ : 'ଶୈଳୀ ଓ ସୀମାନ୍ତ', ରାଜହଂସ ସାହିତ୍ୟ ମନ୍ଦିର, କଟକ, ୧୯୫୯ ।

(୬୭) ମିଶ୍ର, ଶ୍ରୀନିବାସ: 'ଆଧୁନିକ ଓଡ଼ିଆ ଗଦ୍ୟ ସାହିତ୍ୟ (୧୮୧୧-୧୯୨୦)', ବିଦ୍ୟାପୁରୀ, ବାଲୁବଜାର, କଟକ, ୨ୟ ସଂସ୍କରଣ-୧୯୯୫ ।

(୬୮) ମିଶ୍ର, ସଦାଶିବ : 'ଶେଷ ସଂଳାପ', ଓଡ଼ିଶା ବୁକ୍ ଷ୍ଟୋର, ବିନୋଦ ବିହାର, କଟକ, ୧୯୯୮।

(୬୯) ମିଶ୍ର, ସଦାଶିବ : 'ଅର୍ଥ ଓ ଅର୍ଥାନ୍ତର', ଗ୍ରନ୍ଥମନ୍ଦିର, ବିନୋଦ ବିହାର, କଟକ, ୧୯୮୫।

(୭୦) ମେହର, ଡଃ ମଣିନ୍ଦ୍ର କୁମାର : 'ମନସ୍ୱୀ ମନୋଜ', ଫ୍ରେଣ୍ଡସ୍ ପବ୍ଲିଶର୍ସ, ବିନୋଦ ବିହାର, କଟକ, ୨ୟ ସଂସ୍କରଣ-୨୦୨୨।

(୭୧) ଶତପଥୀ, ସୁରେନ୍ଦ୍ର ନାଥ : 'ଧର୍ମ ଓ ସଂସ୍କୃତି', ପ୍ରାଚୀ ସାହିତ୍ୟ ପ୍ରତିଷ୍ଠାନ, ବିନୋଦ ବିହାର କଟକ, ୨୦୦୧।

(୭୨) ସାମଲ, ଡଃ କୁଳମଣି ସାମଲ : 'ବିଜ୍ଞାନର ବିଜୟ ଯାତ୍ରା', କଟକ ଷ୍ଟୁଡେଣ୍ଟ ଷ୍ଟୋର, କଟକ, ୧୯୯୭।

(୭୩) ସାମଲ, ଡଃ ବୈଷ୍ଣବଚରଣ : 'ଯୁଗେ ଯୁଗେ ଓଡ଼ିଆ ପ୍ରବନ୍ଧ', ଧରାଶ୍ରୀ ପୁସ୍ତକାଳୟ, ଜନୁସ୍ ପାଟଣା, କଟକ, ୧୯୭୮।

(୭୪) ସାମଲ, ଡଃ ବୈଷ୍ଣବ ଚରଣ : 'ସ୍ୱାଧୀନତା ପରବର୍ତ୍ତୀ ଓଡ଼ିଆ ସାହିତ୍ୟର ଭୂମି ଓ ଭୂମିକା', ଓଡ଼ିଶା ବୁକ୍ ଷ୍ଟୋର, ବିନୋଦ ବିହାର, କଟକ, ୨ୟ ସଂସ୍କରଣ-୧୯୭୮।

(୭୫) ସାହୁ, ପ୍ରଫେସର ନାରାୟଣ (ସଂ): 'ଯୁଗପୁରୁଷ ମନୋଜ ଦାସ', ସତ୍ୟନାରାୟଣ ବୁକ୍ ଷ୍ଟୋର୍ ବିନୋଦ ବିହାର, କଟକ, ୨୦୨୧।

(୭୬) ସାହୁ, ଡଃ ବାସୁଦେବ (ସଂ) : 'ପ୍ରବନ୍ଧ ସମାରୋହ', ଫ୍ରେଣ୍ଡସ୍ ପବ୍ଲିଶର୍ସ, ବିନୋଦ ବିହାରୀ, କଟକ, ୧୯୮୭।

(୭୭) ସାହୁ, ମହାପାତ୍ର ନୀଳମଣି : 'ଶ୍ରୀଅରବିନ୍ଦ ମହାକାବ୍ୟ ସାବିତ୍ରୀ ଏକ ଅଧ୍ୟୟନ', ମନୋରମା ପବ୍ଲିଶର୍ସ, ବାଲୁବଜାର, କଟକ, ୫ମ ସଂସ୍କରଣ-୨୦୨୦।

(୭୮) ସାହୁ, ସହଦେବ: 'ସମସ୍ୟା ଆଜି ଓ କାଲି', ଓଡ଼ିଶା ବୁକ୍ ଷ୍ଟୋର, କଟକ, ୧୯୯୯।

(୭୯) ସାହୁ, ସହଦେବ: 'ତାରକା ଯୁଦ୍ଧ ଓ ଅନ୍ୟାନ୍ୟ ପ୍ରବନ୍ଧ', ଜନଶକ୍ତି ପୁସ୍ତକାଳୟ, ବିନୋଦ ବିହାରୀ, କଟକ, ୧୯୮୫।

(୮୦) ସେନାପତୀ, ରବୀନ୍ଦ୍ର ମୋହନ: 'ନାନା ପ୍ରସଙ୍ଗ', ଫ୍ରେଣ୍ଡସ୍ ପବ୍ଲିଶର୍ସ, ବିନୋଦ ବିହାରୀ, କଟକ, ୧୯୯୬।

(୮୧) ସ୍ୱାଇଁ, ଡଃ ଦିଲ୍ଲୀପ କୁମାର: 'ସାହିତ୍ୟ ସ୍ୱରୂପ', ବିଜୟନୀ ପବ୍ଲିକେଶନ, ଶଙ୍କର ପୁର, ଅରୁଣୋଦୟ ମାର୍କେଟ, କଟକ ୨୦୨୧।

(୮୨) ଷଡ଼ଙ୍ଗୀ, ଡଃ ନୃସିଂହ : 'ସାହିତ୍ୟର ମାନଚିତ୍ର', ଏସ୍. ବି. ପବ୍ଲିକେଶନସ୍, କଟକ, ୧୯୯୧।

(୮୩) ହୋତା, ସାତକଡ଼ି : 'ଓଡ଼ିଆ ଜାତୀୟତାର ଉତ୍ସ', ଲାର୍କ ବୁକ ?ସ, ଭୁବନେଶ୍ୱର, ୨୦୧୭।

ପାତ୍ରପତ୍ରିକା :

(୧) 'ଇସ୍ତାହାର' : (୧) "କଥାଶିଳ୍ପୀ ମନୋଜ : ଅନ୍ୟଦିଗନ୍ତ"- ଡଃ ଶତ୍ରୁଘ୍ନ ପାଣ୍ଡବ ନବବର୍ଷ ବିଶେଷାଙ୍କ- ୨୦୦୫।

: (୨) "ପ୍ରବନ୍ଧ-କଳା ସମ୍ପର୍କରେ"- ଡଃ ସନ୍ତୋଷ ତ୍ରିପାଠୀ, ଭୁବନେଶ୍ୱର ୨୭ବର୍ଷ/୩ୟ ସଂଖ୍ୟା, ଜୁଲାଇ – ସେପ୍ଟମ୍ବର ୨୦୦୫।

: (୩) "କବିତାରେ ବିଚିତ୍ର ଚିତ୍ରାଙ୍ଗନରେ ସାଧକ କବି ମନୋଜ ଦାସ"- ରତ୍ନପର୍ଣ୍ଣା ବିଶ୍ୱାଳ, ଭୁବନେଶ୍ୱର, ପୂଜା ବିଶେଷାଙ୍କ ଅକ୍ଟୋବର ୨୦୧୨।

(୨) 'ଉତ୍କଳ ପ୍ରସଙ୍ଗ' : ଦୂର୍ଗାପୂଜା ବିଶେଷାଙ୍କ, ଅକ୍ଟୋବର, ୨୦୧୨।

(୩) 'ଏଷଣା' : (୧) "ସାହିତ୍ୟର ଶବ୍ଦ-ଜଗତ"- ଶ୍ରୀ ରାଇଚରଣ ଦାସ, ସପ୍ତମ ଖଣ୍ଡ, ଅକ୍ଟୋବର ୧୯୮୩।

: (୨) "ଭାରତୀୟ ସଂସ୍କୃତି ପରିପ୍ରେକ୍ଷୀରେ ଓଡିଆ ସଂସ୍କୃତି"- ଡଃ ଦେବିପ୍ରସନ୍ନ ପଟ୍ଟନାୟକ ୫୯ଖଣ୍ଡ, ଡିସେମ୍ବର ୨୦୦୯।

: (୩) "ଓଡ଼ିଆ ପ୍ରବନ୍ଧ ଓ ରମ୍ୟରଚନା : ପ୍ରଗତି ଓ ପ୍ରତିବନ୍ଧ"- ଶ୍ରୀ ଅସିତ୍ ମହାନ୍ତି ଏଷଣା-୬୯, ଡିସେମ୍ବର ୨୦୧୪।

(୪) 'କୋଣାର୍କ': ମନୋଜ ଦାସ ବିଶେଷ ସଂଖ୍ୟା, ଓଡ଼ିଆ ସାହିତ୍ୟ ଏକାଡେମୀ ୨୦୨୨।

(୫) 'ଶୁଭ ପଲ୍ଲବ' : "ପ୍ରଜ୍ଞାନ ପୁରୁଷ ପଦ୍ମଭୂଷଣ ମନୋଜ ଦାସ"- ସଂଗ୍ରାମ କେଶରୀ ସେନାପତି, ୨୭ଏପ୍ରିଲ, ୨୦୨୨।

(୬) 'ସମ୍ବାଦ ' : ଆମ ସଂସ୍କୃତି ଓ ଉଦାରତା', ଶୁଭ୍ର ଅରବିନ୍ଦ ମହାନ୍ତି, ୨୮, ନଭେମ୍ବର, ୨୦୨୦।

(୭) 'ସୁବର୍ଣ୍ଣରେଖା' : "ସ୍ୱାଧୀନତା ପରବର୍ତ୍ତୀ ଓଡ଼ିଆ ସାହିତ୍ୟ : ସର୍ବେକ୍ଷଣ ଓ ଆଲୋଚନା- ଯତୀନ୍ଦ୍ର ମୋହନ ମହାନ୍ତି, ୨୦୦୪।

(୮) 'ସୃଜନି ସ୍ୱପ୍ନ': "ମନୋଜ ଦାସଙ୍କ ପ୍ରବନ୍ଧରେ ଶୈକ୍ଷିକ ମୂଲ୍ୟବୋଧ"-

ଡଃ ନବୀନ କୁମାର ଜାଲ, ଶାରଦୀୟ ବିଶେଷ ସଂଖ୍ୟା,ଏକବିଂଶବର୍ଷ , ପ୍ରଥମ ସଂଖ୍ୟା, ଅକ୍ଟୋବର-ଡିସେମ୍ବର-୨୦୨୧ ।

(୯) 'ଚିରସ୍ରୋତା ମହାନଦୀ' :"ମନୋଜ ଦାସଙ୍କ ପର୍ଯ୍ୟଟନ ମାନସ : ସନ୍ଧାନ, ଜିଜ୍ଞାସା, ଆତ୍ମପରିଚୟ ଓ ଉତ୍ତରିତ ଚେତନା", ଅକ୍ଟୋବର, ୧୬ତମ ବର୍ଷ ୩୧ ସଂଖ୍ୟା ଜାନୁୟାରୀ ୨୦୨୨ ।

English:

1. Gray, Martin : 'A dictionary of literary terms', YORK PRESS, Immeubles Easily, Place Riad Solh, Beirut. New Edition, 1988.
2. Hugh, Walker : 'The English Essay and Essayist', London and Toronto J. M. DENT & SONS LTD. NEW YORK: E.P. DUTTON & CO. 1928.
3. Sri Aurobindo : 'Essay on the Gita', Sri Aurobindo Ashram Publication, Pondichéry New edition-2010
4. Shipley, Joseph, T :'Dictionary of World literature' terms', Cosmo publication, New Delhi, 2008.
5. 'World university unencyclopedic' vol -6, page- 178.

Website links:

1- https // or.m. Wikipedia .org.
2- https // www. Sahityacharcha. com
3- https // sahity-akadmi. gov. in
4- https // openlibray. org
5- https // www. thelvesofsiaurobindo. com
6- https // www. World of manojdas. in

BLACK EAGLE BOOKS

www.blackeaglebooks.org
info@blackeaglebooks.org

Black Eagle Books, an independent publisher, was founded as a nonprofit organization in April, 2019. It is our mission to connect and engage the Indian diaspora and the world at large with the best of works of world literature published on a collaborative platform, with special emphasis on foregrounding Contemporary Classics and New Writing.

www.ingramcontent.com/pod-product-compliance
Lightning Source LLC
Chambersburg PA
CBHW020416110726
47899CB00006B/2013

* 9 7 8 1 6 4 5 6 0 7 2 1 2 *